封越健　孙卫国　编

郑天挺先生学行录

中 华 书 局

图书在版编目(CIP)数据

郑天挺先生学行录/封越健,孙卫国编. —北京:
中华书局,2009.7
　ISBN 978 - 7 - 101 - 06699 - 9

　Ⅰ.郑…　Ⅱ.①封…②孙…　Ⅲ.郑天挺(1899~1981)
-纪念文集　Ⅳ.K825.46 - 53

中国版本图书馆 CIP 数据核字(2009)第 052694 号

书　　　名	郑天挺先生学行录	
编　　者	封越健　孙卫国	
责任编辑	俞国林	
出版发行	中华书局	
	（北京市丰台区太平桥西里 38 号　100073）	
	http://www.zhbc.com.cn	
	E - mail:zhbc@zhbc.com.cn	
印　　刷	北京未来科学技术研究所有限责任公司印刷厂	
版　　次	2009 年 7 月北京第 1 版	
	2009 年 7 月北京第 1 次印刷	
规　　格	开本/700×1000 毫米　1/16	
	印张 35½　插页 8　字数 650 千字	
印　　数	1—2500 册	
国际书号	ISBN 978 - 7 - 101 - 06699 - 9	
定　　价	78.00 元	

青年郑天挺

中年郑天挺（西南联大时期）

郑天挺八十岁登台授课

1947年游卢沟桥，郑天挺与子女合影（向达摄）

1938 年与北京大学中文系毕业生合影（蒙自分校）
前排左起：罗常培、魏建功、罗庸，郑天挺

1937年与北京大学中文系毕业生合影

前排右起：唐兰、魏建功、郑天挺、胡适、罗常培、罗庸、何容

1938年与西南联大历史系毕业生合影（蒙自分校）

前排左起：郑天挺、姚从吾、钱穆

1947年春北京大学、清华大学历史系教授在郑天挺家中合影
左起：郑天挺、谢国桢、孙毓棠、雷海宗、邓广铭、周一良、向达、
　　张政烺（身高者）、余逊、邵循正、杨人楩、孔繁予、赵万里

1948年6月北京大学历史系欢迎陈受颐主任回国在沙滩北楼前合影
前排左起：邓广铭、陈受颐、毛子水、郑天挺、张政烺
后排左起：杨翼骧、胡钟达、杨人楩、万斯年、韩寿萱

1956年郑天挺（右）、雷海宗（中）游卢沟桥

1979年中国历史大辞典编委会合影
左起：史念海、韩儒林、邓广铭、张友鱼、郑天挺

1981 年郑天挺担任国务
院全国学位评定委员会
历史组组长时留影

1981 年庆祝郑天挺（右）执教八十周年茶话会时留影

1980 年郑天挺与何炳棣（右）主持明清史国际讨论会

1981 年辛亥革命七十周年纪念会时郑天挺（左二座者）与陈庆华（左一）、黎澍（右四）、戴逸（右一）等合影

郑天挺《水龙吟》词手迹

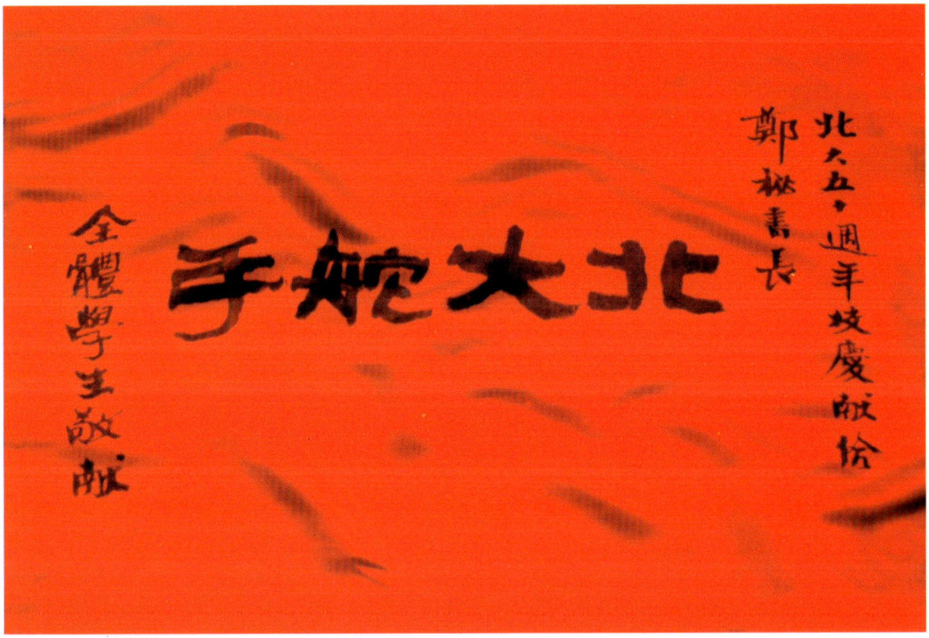
北大五十週年校慶獻給
鄭秘書長
北大舵手
全體學生敬獻

目　录

前　言

郑天挺先生（1899—1981），原名庆甡，字毅生，别号及时学人，原籍福建长乐，生于北京，是我国著名的历史学家和教育家。1917 年郑天挺先生入北京大学国文门，1920 年夏毕业后应聘到厦门大学担任国文课并兼任图书馆主任。1921 年秋，他入北京大学国学门做研究生，师从钱玄同先生，研究题目为中国文字音义起源考。做研究生时期，郑天挺先生加入"清代内阁大库档案整理会"，参加了清代档案的整理工作，奠定了以后从事清史研究的基础。

从 1921 年执教厦门大学始，除极短的时间外，郑天挺先生毕生致力于史学研究和教育事业。他的一生，尽管行政事务缠身，但始终坚持史学研究，在明清史、边疆史地、史料学、文献学、校勘学、历史档案学等领域做出了重要贡献，成为著名的历史学家。尤其在清史领域上，他是继孟森之后清史研究的重要开拓者之一。繁忙的行政工作不能不影响到郑天挺先生的学术研究，兼之他一生慎重为文，他留下的著述不算很多，但自始至终他发表的论著都是精品，如傅斯年先生称郑先生"不为文则已，为文则为他人所不能及"。他的主要著作有《清史探微》、《探微集》、《清史简述》、《列国在华领事裁判权志要》、《及时学人谈丛》等多种，主编《明末农民起义史料》、《宋景诗起义史料》、《中国通史参考资料》9 册（与翦伯赞合编）、《史学名著选读》5 册、《明清史资料》（上下）、《清史》（上），主持标点"二十四史"中的《明史》。晚年任中国史学会主席及《中国历史大辞典》主编。

郑天挺先生是中国二十世纪的杰出教育家，他对从小学到高校的历史教学有一套系统的观点。他一生重视教学工作，视教学为教师的天职，82 岁高龄时尚坚持授课。任继愈先生评价他始终不离教学，他引为知己之论。1979年郑先生还接受教育部委托，主办全国高校明清史教师进修班。在六十年的教学生涯中，他开设过"古地理学"、"校勘学"、"魏晋南北朝史"、"隋唐五代史"、"明清史"、"明史研究"、"清史研究"、"中国近三百年史"、"中国目录学史"、"史料学"、"历史研究法"等许多课程。郑天挺先生为高校教材编写工作付出了极大努力，1953 年与唐长孺教授共同编写了部属高校历史系《中国通史教学大纲》，1961 年参加全国文科教材工作会议，任历史组副组长，主编教材多种。教材编写如何培养学生能力，提高读者水平，郑天挺先生也有许多真知灼见①。郑天挺先生在教学中，循循善诱，诲人不倦，使学生有"铿然舍瑟春风里"之感②。他为我国学术界、社会各界培养了许多人才，当今中国史学界中，有不少大家出自郑先生门下。他爱护学生，"对学生像慈父一般"③，认为"保护学生的安全，保证学术自由的传统，是自己不可推诿的职责"④。上世纪四十年代末北大史学系学生罗荣渠当年的日记真实地记录了郑先生对学生的关心和保护，罗荣渠感叹郑先生"真正是在关心我们"，"先生之关心学生，在今天买卖式的教学法中似乎是要绝迹了。"⑤ 在他的一生中，保护、帮助学生的事例不胜枚举。1981 年秋庆祝郑天挺先生执教六十周年时，西南联大校友会向郑先生献上"春风化雨"的条幅，南开大学全体师生献上"桃李增华"的条幅，是对郑天挺先生作为教育家的高度褒扬。

　　1917 年进入北大后，郑天挺先生就与北大结下了不解之缘。从 1933 年到 1950 年，他担任了 18 年的北大秘书长，期间又担任西南联大总务长、北大文科研究所副所长、北大史学系主任。1948 年在北大 50 周年校庆之际，学生自治会以全体北大学生的名义赠给他"北大舵手"的锦旗。1950 年他辞去秘书长一职时，学校常委会正式表彰他 18 年来为北大操劳的成绩。正如 1999 年

---

　　① 上世纪六十年代编写全国高校文科教材时郑天挺先生的意见和有关信函见《及时学人谈丛》，中华书局 2002 年 9 月版；郑先生关于《明清史资料》的编辑意见可参见南炳文《就治学忆郑天挺先生》、《推动历史学科发展的三十年——郑天挺教授在南开大学》，分载《郑天挺学记》（三联书店 1991 年 4 月版）、《南开学报》1999 年第 5 期，均已收入本书。

　　② 王德昭教授回忆郑天挺先生文章的标题，载《郑天挺学记》，本书也有收录。

　　③ 郑天挺先生的学生王永兴语，见郭建荣：《从〈滇行记〉说起——郑天挺先生之人格境界与中国传统文化》，载《北京大学学报》1999 年第 5 期。又田余庆《忆郑师》亦说郑先生"既使你感到师长的尊严，又使你感到父亲般的亲切"，见《郑天挺先生百年诞辰纪念文集》，中华书局 2000 年 6 月版，第 24 页。又见本书。

　　④ 戴逸：《我所了解的郑天挺教授》，载《郑天挺学记》，三联书店 1991 年 4 月版，第 362 页。又见本书。

　　⑤ 罗荣渠《北大岁月》，1947 年 12 月 24 日日记，商务印书馆 2006 年 6 月，第 212 页。1948 年 4 月学生运动中郑先生与国民党北平行辕强硬谈判，反对传讯北大学生，要求释放师院被捕学生，见罗荣渠 1984 年 4 月 10 日日记；北平解放前夕郑先生坚决不走，见罗荣渠 1948 年 12 月 18 日日记，分载《北大岁月》，第 275、423 页。

郑天挺先生诞辰百年纪念会上北京大学副校长何芳川教授所说，郑天挺先生
将一生最美好的年华献给了北大，在北大几次重要关头，如"七七事变"后
的北大、抗战前的南迁、战后的复员、解放战争时期的护校，郑天挺先生都
发挥了重要的作用，是北大的功臣。郑天挺先生对这一称号是当之无愧的。
1952 年奉调南开大学后，郑先生担任历史系主任，他决心"要使南开历史系
步入强劲之林，与国内素享厚望的几间大学的历史系并驾齐驱。"① 他以渊博
的学识、丰富的教学管理经验和极高的社会声望，主持南开历史系近三十年，
为此付出了极大的心血。南开大学历史系能有今天的成就和地位，郑先生功
不可没，他起到了重要作用。他与雷海宗先生一起被誉为南开史学的两面旗
帜。北大、西南联大、南开的校务和教学建设的成就，也包含了郑天挺先生
作为一位教育家的贡献。

　　郑天挺先生一生品德高尚。他的学生张政烺、王永兴分别以"忠厚诚笃，
诲人不倦"、"忠以尽心，恕以及人"为题纪念老师②，突出表彰郑天挺先生的
品德。他的另一学生杨翼骧 1993 年 9 月在给学生讲课时曾说："郑天挺品德
高尚，一生善良宽厚，提携下属，帮助同事，呵护学生，不争名利，各种各
样的好事大都做过。1979 年中国史学会选举时得票最多，表明德望上最
高。"③ 他的道德文章，有口皆碑，堪称一代师表，与他相处数十年的人称颂
他为旧社会的君子、新中国的模范④、"品德高尚高士君子"⑤、"当代完人"⑥。

　　有关郑天挺先生学行的资料，见诸报刊的已有不少。除任教北大、西南
联大、南开时有关他的教学科研及校务活动的新闻报道外，还有不少关于他
的生平和学术成就的文章。"文革"后，一些报刊和学者对郑天挺先生多有采
访报道。1981 年郑天挺先生执教六十周年时，他的学生弟子纷纷撰文庆祝，
分别刊于《南开史学》1981 年第 2 期和《南开校友通讯》复刊第 1 期。郑天
挺先生逝世后，他的友人和学生追念他的功业，撰写回忆、评论文章。这些
文章先后结集成《郑天挺学记》、《郑天挺纪念论文集》、《郑天挺先生百年诞
辰纪念文集》。此外还有不少散见于报刊和学者回忆录之中。

---

　① 刘泽华：《教诲谆谆多启迪》，载《郑天挺学记》，本书已经收录。
　② 分载《郑天挺学记》、《郑天挺先生百年诞辰纪念文集》，本书均已收录。
　③ 杨翼骧《谈治学与做人》，见氏著《学忍堂文集》，中华书局 2002 年版，第 453—454 页。
　④ 常建华：《求真求用的著名历史学家郑天挺教授》，载《郑天挺先生百年诞辰纪念文集》，中华
·书局 2000 年版，第 60 页。
　⑤ 王永兴：《怀念郑毅生先生》，载张世林编《学林往事》，朝华出版社 2000 年版，第 543 页。
　⑥ 何炳棣：《读史阅世六十年》，广西师范大学出版社 2005 年 7 月版，第 170 页。

　　我们这次选编本书，收录报刊和学者回忆录中有关郑天挺先生的回忆、评论文章，另外《记郑毅生表叔事》（梁培宽）、《忆郑毅生师》（邓锐龄）、《郑天挺与张耀曾》（张丽珠）、《缅怀郑老情》（陈振江）四篇是作者专门为本书撰写的。本书的作者主要为郑先生的友人、亲属、学生，即限于与郑先生有亲身接触者。本书大致按内容分为六辑，第一辑为回忆、悼念文章，按作者年龄排序；第二辑为绍述郑先生生平事迹的文章，按郑先生经历顺序排列；第三辑为有关郑先生的交游，按郑先生友人年龄排序；第四辑为论述郑先生学术、治学的文章，大致按问题排序，其中《"仰之弥高　钻之弥深"——郑天挺先生教席述略》、《记郑毅生先生论史料学》、《缅怀郑老，学海求真——记郑天挺教授对我的一次教诲》三文虽是回忆郑老教学，但记述了郑老有关学术成果和思想，故亦放在这部分；第五辑为记述郑老教学事迹的文章，按作者年龄排序；第六辑为郑先生著作评论，先按郑先生著作排序，再按作者年龄排序。最后为两个附录，一为《郑天挺教授大事记》，二为《郑天挺教授生平论著索引》。我们在编辑过程中除对文中明显错字径予改正外，对文章内容不作任何改动。本书大部分文章已经承蒙作者同意收录，但还有部分文章未能联系到作者或作者后人，希望有关作者或作者后人与中华书局编辑部联系。

　　2009 年是郑天挺先生诞辰 110 周年，谨以本书作为我们献给郑天挺先生的一束小小的鲜花。我们也希望本书的出版能够有助于读者理解郑天挺先生的学行，传承老一辈史学家的道德文章。

　　本书的选编得到了郑克晟、郑克扬、冯尔康、常建华诸师的指导，谨致谢忱。由于编者水平有限，不当之处在所难免，希望得到读者指正。

编　者

2008 年 10 月 6 日

悼念郑天挺先生

黄钰生

我听到郑天挺先生逝世的噩耗，惊愕与伤悼交集。惊愕的是：他一向健壮，怎么突然去世。伤悼的是：我失去了一个知心的益友；青年学生失去了一个道德学问的表率、循循善诱的良师；史学界失去了一位当代的泰斗；老知识分子失去了一个认真学习马列主义并把所学渗透到实际中去的模范；党失去了一个由党多年精心培植的、终生忠诚教育事业的、还有许多事情等待他去做的新党员。

郑天挺先生，字毅生，原籍福建长乐，自幼定居北京。他父亲是前清的翰林。不幸，他七岁的时候，父亲就去世了，九岁又失去了母亲。所以他尝说"天挺早失怙恃，未传家学。"然而他究竟是书香子弟；说他的学问来自家学渊源，未尝不可；但主要还是他自己发奋读书的结果。

我和郑天挺先生，年岁相若，所处的时代相同，一生经历大致相似，家庭背景也有仿佛之处。所不同者，在学问上，我差他何止千丈。他赡博精湛，我了无成就。我对他钦佩羡慕，对我自己遗恨无穷。

郑先生和我都参加了"五四"运动，这是我们这一代人共同经历的起点，也决定了我们这一代人之中大多数终生的政治思想倾向。毛主席把"五四"运动列为中国资产阶级民主革命的一个发展阶段。郑先生，至少是他的前半生，坚持了资产阶级民主革命的立场和观点，这是他在同辈人当中之所以成为先进分子的缘故。

"五四"运动，既是一场政治革命运动，又是一场文化革命运动，又是在思想领域里，封建阶级与资产阶级争夺青年的一场阶级斗争。记得那时北京大学校长蔡元培先生和古文家、多种外文小说的翻译者林纾先生，有一场论战。论战的主题，好像只是文言与白话之争，而议论所及，几乎牵涉到今天叫做意识形态的各个方面。总起来说，蔡先生主张民主进步，林先生主张封建保守。辩论的结局，从青年眼光来看，肯定是蔡胜而林负。我个人的思想意识里封建成份相当多；到了这时候，我从一个赞成文言者，变为一个赞成白话者，从一个林纾的崇拜者，变为一个蔡元培的崇拜者。前些年，我和郑先生谈及此事，他说他与我有同感。我写了一首怀念蔡先生的小诗给他看。我认为蔡先生的思想是"五四"运动初期的指导思想。我自以为我是蔡先生的私淑弟子，他复信同意我的看法，并且论列了蔡先生的历史地位。

"五四"运动，是个爱国学生的运动。郑先生亲身参加了这一运动，所以对后来学生爱国运动，他理解、同情、支持；每逢学生遭到反动派迫害的时候，他总是设法营救，在北京如此，在昆明如此，解放前夕回到北京之后，更加如此。学校保护自己的学生，这本是西南联大三校——北大、清华、南开——共同的传统。郑先生实行这个传统，坚决、勇敢，最善于向反动派作合法、合理的斗争，而终于达到目的，保护了自己的学生。

郑先生除了任教之外，先后是北京大学的秘书长、西南联大的总务长。这都是执掌财政的位置，他不但自己廉洁奉公，而且还督促所属，洁身自爱，遵守纪律。这在旧社会，特别是像北京和昆明那样腐败的环境中，实在难能可贵。尤其难能可贵的是他在繁忙的行政事务中，从来没有间断过他的历史研究和教学。请看他的《探微集》中所收文章，有好些篇是在蒙自和昆明写的。正像他所说的，"独念南来以还，日罕暇逸，其研思有间，恒在警报迭作晨昏野立之顷"（按：指日寇飞机轰炸）。他又谦虚地说："其文无足存，而其时或足记也。"就我所知，关于清人入关前满族的历史研究，郑先生早在抗日战争之前就开始了的，到了云南之后，仍然继续；他力耕不辍，所以收获甚大。他那篇《清代皇室之氏族与血系》是深有用意的一篇文章，外所以驳斥日寇满洲独立之谰言，内所以巩固民族团结之大义。

郑先生是以史学名家的学者。我对于史学是个门外汉，我没有资格评价他的史学；只不过是在和他的谈话中和读他的著作中，对他治史的方法略窥一二。

一、学通中西。就他的师承来说，他是北京大学文学院（科）史学系的学生。北大，当时的校长蔡元培，主张在学术上兼容并包。他网罗了许多名流学者到北大来执教，单是文科就有辜鸿铭、刘师培、黄侃、陈垣、陈独秀、李大钊、钱玄同、蒋梦麟、胡适等人。光从这个名单，就可以说中国与西洋并包，进步与保守兼容。郑先生就是在这样的学者群中，这样的学术空气中成长起来的。这也影响了他的终生。我与他截然不同，我那时候在清华上学。清华还不是个大学，只是一个留美预备学校。那里只有西文，没有汉学，中学更谈不上。

郑先生的学习与研究，是侧重中学与中史的，但他也兼通西学与西史。他初期的史学研究工作，据说，是在陈垣先生影响和指导之下进行的。陈先生是个博物洽闻、精勤刻实的史学家。单从他的《中西回史日历》一书，就得知他是学通中西的学者。陈先生与郑先生的治学方法，大体一致，陈先生与郑先生晚年都光荣地加入了中国共产党，既为学术界做出了榜样，也为党对知识分子的政策树立了典范。

郑先生的中年和晚年，在党的领导之下，认真学习马克思主义，并把马克思主义的精髓，辩证唯物论、历史唯物论，灌注到他的学术研究和著作中去，这是历历可见的。马克思主义来自西方，那么，学通中西这句话，用在郑先生身上，就更为确切了。比如，他研究年代学，不按朝代划分，而按社会发展的阶段划分；他总是把中国社会发展史的每一阶段，与西洋社会发展史中与之相当的阶段，联系起来，比较其异同，从而综览历史的大势；他总要把每一阶段的根源，追溯到上一阶段，总要指出每一阶段，都孕育着下一阶段。这些马克思主义的史学，很清楚地体现在他的著作之中。他的《清史简述》就是很好的例证。

郑先生是专攻明清史的。但他主张讲究明清史者，一定要兼涉宋元史。推而广之，他主张讲究断代史者，一定要兼通通史。他要把一个时代的历史，放在历史的长流中，从它的发展变化，找出有规律性的东西。这是马克思主义的史学，也是中外史学名家共同的主张。

二、重史实、慎史论。史论史实何者为重，史学界常有争论。建国以来，学无根底的人，往往窃得马列主义一词半语，菲薄史实史料，奢谈史论史评，对于历史有真才实学的人，妄肆攻击，什么右派分子，什么反动学术权威，横加诬蔑，致使雷海宗含冤而死于前，吴晗、翦伯赞相继死于后。郑先生之于吴晗，同辈而稍长；与翦伯赞同庚又曾共事。他们都是用马列主义观点治史的学者。郑先生与吴、翦等人，重史实史料而慎史论史评；因此在文化大革命中，也受到猛烈的冲击。纵然受到猛烈冲击，郑先生对党仍然笃信不移。这在老知识分子中，是极其难能可贵的。

重史实慎史论，这是郑先生治史的原则。史实基于史料。郑先生对于史料的收集与提炼，下了很大的功夫。短短不到一百页的《清史简述》，他是占有了成百万、成千万言的史料才写成的。从头到尾，每一个论断甚至于一个句子，都有史实的根据；没有一件史实不是经过复核又复核了的。套杜甫的一句诗：读书破万卷，下笔中准绳。我打个比方：十斛砂砾百担水，淘得闪闪一粒金。

郑先生为了广求史料，又为对学生讲授史料学，他致力于多种学问：古文字学、目录学、版本学、校勘学、印章学、信章学、钱币学、历代度量衡学、年代学、史讳学、古文书学、古文献学、古器物学（据南开大学历史系主任魏宏运同志所举）。我还可以加上：考据学，中国传统的训诂音韵学，西洋的语言学。

为了掌握史料，郑先生学习过多种语言文字。国内者，他精通满文，至于蒙文，我想他也初通。外国文种，他是北大文科学生，当然要读一二种欧洲现代语文的书籍，首先是英文。我从他的著作中才得知他也初通古希腊文和拉丁文；俄文则是解放后学的。郑先生读书之多，通晓的语种之众，学问之赡博，在近代学者之中，我估计，仅亚于陈寅恪。

我还可以补充一点小事，郑先生收藏古墨。他收藏古墨，不是玩古董，他既是为了艺术欣赏，也是为了印证史料，因为古墨不但可以反映魏晋以来的制墨技术，而且墨又是造形艺术的一种材料；它的形状、图案、题词，都可以看成是器物史料。

现在郑天挺先生已经离开我们了。他为人正直，待人宽，律己严，经常以党员准则要求自己；他对待朋友热情真挚；对待青年，既爱护备至，又严格要求；他的道德学问，是全体知识界的楷模。他的去世，识与不识，同声哀悼。他与我时常议论，暮年逢盛世，我辈何幸。现在，我们的国家正在中兴。两个文明的建设，正在顺利进行。这些天来，全国上下都在植树造林，过不些时，祖国大地，即将灌木成丛、乔木森森、繁花似锦、绿草如茵。南开校园，焕然一新。毅生，你的事业，后继有人。你的学问，定能为你的儿子儿媳所继承。迁继谈，固继彪，早见史乘。而且是"芳林新叶催陈叶，流水前波让后波"。毅生、毅生，你放心吧，安息吧。

1982 年 3 月 20 日

（原载《黄钰生同志纪念集》，南开大学出版社，1991 年 4 月）

悼念郑天挺先生

谢国桢

历数我的平生知交良师益友很多，获益匪浅，然细想起来，惟有郑天挺先生是我的畏友，而且是能知道我、最能帮助我和爱护我的同志。我这个人的为人是大大咧咧的，说起话来，不加思索，信口而出；做起事来，粗枝大叶；写起文章来，随所欲言，错误难免，凡是知道我的人，都知道我有这些毛病，我也深引以为恨事。我还记得五十年代初期，郑先生和我同在天津南开大学任教，我的教学效果并不理想，有时使同学们提出了意见。这时正值教改高潮，须要认真备课，要把每节课的主题、内容，让同学听得明了，方可取得成效。每写完一章讲稿，须要试讲一次，由教务处、历史系负责同志，到我家里亲自来听。我本是性情爽快随随便便的一个人，说错了话，连自己还不知道，这时候，我真是如坐针毡，顾虑重重，不知怎样讲才好。郑先生总是叫我不要着急发慌，叫我坐下来吸一口纸烟，慢慢地谈。他坐在一旁，慢慢地听着，讲完之后，别位同志提出意见，郑先生总是不着一语；人散之后，他才把我错误的地方告诉给我。后来想起来，我的体会是，凡是做一件事情，非经一段训练不可，而且必需虚心受教，才能有所长进。后来我到各地方去讲学，每遇大场合的集会，发言不致于发生过大的错误，还有人说我到老年来，思想清楚，说起话来还不至胡言乱语，这都是受了郑先生的督促所致。还有，我虽然多年从事教学和科学研究，有时也办理过采购书籍的事务，郑先生就经常告诫我要公私分明。听说郑先生在西南联大任总务长时，当时是时局变动时期，米珠薪桂，物价一日万变。先生是奉公守法、廉洁自守，克己利人，一丝不苟。同时我还有一位老前辈徐森玉先生，他以平易近人的态度，对我谈不要占书商的便宜，致形成被动，拔不出脚来，以至于后患无穷。他们的这些话，使我听了受到很大教育。回想起来，这都不能忘郑先生和一些老前辈的语重心长，帮助我的好处。

郑先生是著名明清史的史学家，学问渊博，思想极有系统，他除了研究明清史以外，学问涉及的方面很广，凡阅书泛滥所及，都写有分类的卡片，讲起书来，旁征博引，是极其有条理的。在明清史学当中，尤其熟于满洲的兴起，及清初未入关前的社会性质，有其独到的见解和发明。就我个人所感觉到的是：先生不仅是并世著名的学者，而且是兼教育家。以先生的器量恢宏，和蔼可亲，能够领导群伦，只要来学，无不循循善诱，如坐春风化雨之中，凡是听他课的人，无不各有所获，受到益处而去，培养了一批后进有用的人才，为社会主义社会，建设四化，创造了有利的条件。他真可以说是一位卓越的学者而兼教育行政家。郑先生是以学术事业的专家来做领导行政职务，所以处理教学和科学研究工作，推行起来，就极见成效了。郑先生在学术上有深厚的造诣，向以谦虚谨慎的态度，不肯轻于下笔著书，而是以毫不利己，专门利人的精神，从事于教学和研究的工作。做起事来，极为认真，这是人所共知，"有口皆碑"的。我是听过他讲课的，我看见他授课之前搜辑了大批资料，写成了成万张卡片，到讲课的时候，将这些卡片，从事编排，持之有故，学有实据，写成了教学的提纲和讲稿，讲起来条理非常清楚，从容不迫，委婉动人，我就是得到实惠的一个人。同时他为了教学工作，曾勤勤恳恳地为大专院校编写教材，凡是高教部所制定有关历史课程参考资料，和校点《廿四史》中的《明史》的工作，都是由先生精心主持的。他在南开大学时设立了明清史研究室，领导有志于研究明清史的同志们，做科研工作，编写论文，发表于世，卓有成效。他还指导同志们校点有用的书籍，如蒋良骐《东华录》等书，其沾惠后学，受益匪浅。他著书立说，以教诲来者，从事于网罗旧闻，整理出有系统的史料，提供了为作科学的研究的专门的科研事业，以传示后人。今先生往矣，问业无人，真是感慨系之！

　　我认为明清史是在近古史中最主要的课题，凡研究近代事务的起源，都与明清史书极有关系，这项事业，极为国人和国际学术界所重视，是一门热门的科学。可是由于为时较近，又由于清代的禁网森严，钳制了人民的思想，明清时代的著述，湮没而不彰的，实不在少数。这和研究考古学一样，正在要从事于大量的发掘，今后一定会发现不少罕见而有用的精湛的著述，和文物中的珍品。我虽老矣，仍愿追随其后，稍尽绵薄，愿与诸位同志共相勉之。一九八二年三月十二日识于北京团结湖畔之瓜蒂盦。

　　一九八一年十二月二十二日，我从曹贵林同志处得知先生病逝，益觉悲痛，怀念之心情不能已。因随笔成诗一首，以为悼念，诗曰：

犹记华北沦陷日，乘槎浮海结同心；

韭菜园中获聚首，八里台畔倍情亲。

日月不居惊岁月，鸡鸣风雨大星沉；

方期追随函丈后，噩耗传来恐未真。

（原载《中国史论丛》一九八二年第二辑）

怀念郑天挺先生

缪 钺

长乐郑毅生先生天挺，是当代著名的史学家，研治明清史造诣尤为精邃。我对郑先生慕名很久，也读过他的著作，但识面较晚。抗战八年期间，我与郑先生虽然同在西南大后方，但是我任教于浙江大学，当时校址内迁，初在广西宜山，后徙贵州遵义，而郑先生则在西南联合大学任教，居于昆明。山川阻隔，交通不便，故无会晤机缘。

我与郑先生初次相识是在解放后的一九五四年夏天。这时，西南大行政区高教局组织高教参观团，赴北京、天津、青岛等地，向各著名大学参观访问，汲取经验。我是参观团成员之一，于这年七月上旬，到天津南开大学参观访问，住了一个星期。当时郑先生任南开大学历史系主任，他殷勤接待了我们，详细介绍了南开历史系的全面情况以及教学与科研的许多好经验，使我们深受教益。我觉得郑先生为人爽朗、谦和、诚恳，是一位既有渊博学识又有行政治事才能的学者。

一九六一年，教育部组织编选文科教材，郑先生任历史组副组长，主编《中国通史参考资料》（与翦伯赞先生合编）及《史学名著选读》。《史学名著选读》共选了六种史书：《左传》、《史记》、《汉书》、《后汉书》、《三国志》、《资治通鉴》等。我被分配担任选注《三国志》的工作。这是一种供大学历史系高年级学生选修课用的教材，在选注工作中，首先应当考虑符合这个需要。郑先生有丰富的教学经验，而对《三国志》一书又是夙有研究的（曾于一九三五年发表过《杭世骏〈三国志补注〉与赵一清〈三国志注补〉》一文），所以考虑问题，周密惬当。在选注过程中，关于选目取舍、注释体例等，郑先生曾与我多次通函，往复商讨，使我深受启发。初稿完成后，寄请郑先生审阅。郑先生细读全稿，并对于注释中个别问题，提出商榷、修订的宝贵意见。凡此，均足见郑先生治学治事精密切实的精神。

自从一九七一年后，我双目患白内障，逐渐加重，视力锐减，最严重时几同盲人。一九八〇年，右眼施行手术后，戴特配眼镜，始能勉强看书写字。因此，在近十年中，遇有可以赴京、赴津开会之事，我都辞谢未去，所以无有与郑先生晤面的机会。只是当南开历史系教师来蓉或川大历史系教师赴津时，郑先生与我都托他们转致问候相念之意。一九七九年春，郑先生来成都开会，又喜得晤谈。我看到郑先生年届八旬，仍然精神矍铄，步履矫健，论学析疑，妙义纷披，私心庆幸，以为当吾国进行建设"四化"大业之时，郑先生在发扬学术、培育人才方面，将可做出更多更好的贡献。一九八〇年，郑先生所著《探微集》与《清史简述》出版，都寄给我，使我先睹为快，受益甚多。我的旧稿《杜牧年谱》于一九八〇年出版后，亦寄请郑先生指正。

一九七九年下半期，四川大学历史系教师李映发同志赴天津南开大学参加郑先生主办的明清史师资进修班，为期半载。李映发同志回校后，向我谈到，郑先生治学谨严，治事精敏，教导后学，热诚肫挚。在短短的半年之中，郑先生共讲了九个专题，虽遇风雨，亦不停辍，并亲自指导每周一次的课堂讨论，有时且到学员宿舍中看望。又曾率领进修班学员外出参观清西陵，加以讲解。郑先生屡次告诫学员说："研究历史要'求真'、'求用'。'求真'就是摆事实，讲道理，不要空谈，只有掌握丰富的资料，才有说服力；'求用'就是要联系现实，为祖国建设服务，为人类历史发展服务。"又说："搞历史科学也不能闭关自守，孤芳自赏，要学习外国的好东西；关于搜集资料、研究方法、研究手段等等，都要现代化。学术无国界。"李映发同志所谈的关于郑先生的种种情况，我听了后非常感动、钦佩。

一九八一年下半年，郑先生因工作繁忙，积劳成疾，于十二月二十日不幸逝世。老成凋谢，士林同悲。我惊闻讣音后，其为伤痛，当即电唁郑先生之子克晟同志，表示哀悼之忱。十年动乱使我国的学术文化受到剧烈摧残，有青黄不接、人才寥落之叹。正希望多有像郑先生这样的通人硕德，倡导风气，端正趋向，诱掖后学，广育人才，而一旦溘逝，其为损失，宁可估量？所以我之哀悼郑先生，也正如古人所说的，"上以为天下恸，而下以哭以私。"

郑先生逝世已经半年多了，追惟平日交谊，倦倦于衷，因撰此文，以志怀念。至于郑先生在史学上卓越之成就，士林推重，已有定评，故此短文中不复论述焉。

（原载《南开史学》一九八三年第一期）

郑天挺先生行谊

傅振伦

一九八一年十月我参加南开大学研究生答辩会，住校内招待所，朝夕与郑毅生（天挺先生之字）先生相见，时聆教益。握别不及两月，就得到在津逝世的讣闻。凶耗传来，不胜悲伤！我国史学界卓有贡献的老前辈兼一代教育大师竟与世永诀，实文化教育界的重大损失！

我在北京大学读书时，一九二三年九月从预科甲部转入文科（甲部有理科，乙部为文科、法科）。当时《预科规则》第三条规定："乙部以国学论著集要、国文（文论集要）、第一、二种外国文、历史、地理、伦理学大意、公民学、数学、体育为必修科。"中外地理每周三小时，一学期教完，注重人文方面，蔡子民（元培）校长聘郑先生讲授，从此我认识了郑先生。

郑先生学术渊博，基础雄厚，毕业北大本科后，又与同学罗庸、张煦同修业于本校研究所国学门，三人都是绩学之士，因而同时受聘为预科教员。郑先生通英文，浏览很广，所授人文地理一科即参考外文专业图书，编印讲文。郑先生讲人文地理，我受益很深，一九二六年开始研究中国地方志学，即启蒙于先生。

人文地理的课堂在沙滩红楼北大第一院第二层西头南端路西第一教室，这个大教室可容百余人。郑先生熟习地理，侃侃而谈，条理清晰，口齿流利，发音洪亮，当时尚无广播设备，而他的一字一句，无不灌注到学生之耳，听众自始至终毫无倦容，深受欢迎，座无虚席。北大各科教师有个习惯，上课钟敲了十五分钟之后，才结束了聊天，姗姗地走入教室。郑先生一向爱惜时光，上课钟声一响就走到教室，他深深体会到耽误百余人的几分钟，就是时间的巨大浪费。先生教学循循善诱，且尽其所能奖掖后进。年逾八十，犹给中外研究生按时上课，孜孜不倦。

郑先生治学注重外文，注重求学方法。深通沿革地理、史源学、校勘学等历史学的辅助科学。尤精通明清史，对两代典章制度，汉满民族关系，学术思想，社会民俗，都有深邃精到的研究，写为论文，编著专书，受到中外学者好评。去年我谈到中国历史博物馆劳祖德同志整理馆藏《郑孝胥日记》即将印行的消息时，郑先生主张宜印行全文，不宜摘录，这样能以考见一人的生平全貌，社会背景，对于历史研究才有较高的价值。世人审定他人论著，往往任意删改，失去个人的文体、文风，似应作全面的考虑。

一九二二年十二月五日，北大校长蔡元培先生聘李大钊先生（字守常）为校长室中文秘书，其后由郑先生继任。先生常协助代理校长蒋梦麟先生处理校务。谨言慎行，奉公守法，凡有益于校务，有益于学生者，都尽力而为，毫不推诿。当时北大是全国最高学府，是革命的据点之一，反动政府往往指名逮捕革命师生，郑先生闻讯就及时通知转移。在北洋军阀政府时期、抗日战争时期以至解放前夕，无论在北京、在昆明、在北平，无论担任校长秘书，西南联大总务长，或北大秘书长，无时不关心革命师生。

郑先生居常寡言，待人接物，从无疾言厉色，和蔼，近人，虚怀若谷，善倾听别人意见，又善与人合作，凡曾和郑先生共事或曾相接触者，都有这种深刻印象。

郑先生生活朴素，不抽烟，不喝酒。解放前常着蓝布长袍，解放后常着整洁制服。一九三五年我们同在北平大学女子文理学院史地系教书（校址在今北京朝阳门内南小街"九爷府"），当时他和郑奠（字石君）、李宗武（别号季谷，以字行）、林庚等一同住在景山东街中老胡同（俗称"老虎洞"）二号，卧室之中，一榻之外，图书满屋。郑先生勤于钻研，手不释卷，虽近视较深，晚年又患白内障，但仍天天阅读明清图书及学术期刊与学习文件，从无一日放下书本。郑先生的生活作风、学习作风，对家属、亲友、学生，影响深远，培育了一代优良社会风尚和学风。

郑先生以为治学问、做事业，须有健全的体格。自壮及老，天天坚持锻炼身体。一九六二年在北京西郊翠微路中华书局校点《明史》时，我们每天工间操时间在一起打"八卦掌"。晚年他还坚持在校庭散步，上下午各半小时。其毅力之强如此。

郑先生热爱祖国，热爱中国共产党，热爱社会主义，八十高龄光荣地加入了共产党。去年还鼓励我学习不息，争取进步，勿以年事渐长而自悲。音容犹在，而哲人已逝，悲哉！痛哉！

郑先生从事教育工作和科学研究工作，六十余年，著作很多，在史学上给我们遗留了宝贵的文化遗产，并为社会主义社会培育了无数人才，其业绩自足千古，今忆往事而记之，以稔后人，并志悼念之忱。

1982 年 10 月于中国历史博物馆

（原载《南开史学》一九八三年第一期）

怀念郑天挺师

商鸿逵

我记得初识先生，是在沙滩马圈胡同孟心史先生家（孟先生是我的导师）向他介绍我的学习情况，他说很知道，接着对我说："你是弃文就史呀！"之后，每相晤总是那么亲切热情地同我攀谈，话及明清史事时更加意兴浓浓，使我这个二十几岁的学生（天挺师长我九岁）深刻感到，他是一位学问渊博而又循循善诱的难得的老师。

又记得，七七事变爆发，北京大学开始南迁。孟心史先生遭逢国难，悲愤莫已，胃疾增剧，入协和医院治疗。病中作诗多首，以稿付我。先生见到，切嘱好好保存，此稿后由我写印。于此可见其关怀耆旧情意之殷。

一九四六年北大由昆明北还复原，我同先生时相接触。北平解放的第二年，我由中法大学转入北大历史系，先生是系主任，亲炙机会更多，受益良深。我在政治上曾一度受到挫折，意志消沉，在随先生由校同归途中，辄以宽语相慰，希望专力所业勿荒。每忆及此，泪夺眶出。先生是我的业师，也是我的知己师。

一九五二年先生转职南开大学，但以多次留京主编各书，把晤聆教的机会仍然不少。等十年内乱猛临，音讯遂绝，直到粉碎四人帮后，社会再现生机，人与人之间的关系恢复正常，才得开始通问。一九八〇年我参加由先生主持在南开大学召开的"明清史国际学术讨论会"，见到先生体气步履之健，不让中年，诚可为学术庆。更可喜的是，在南开，应当说在天津，建立起一支力量精强雄厚的历史工作队伍，这和先生的殷勤指导鼓励是分不开的。一九八一年十月下旬我参与南开研究生毕业答辩考试，见先生精神体力矍铄如常，衷心大慰。乃不料未及两月竟成永诀，痛哉！

先生治史，先由广博而后进入专深。初于古代史籍、传记以及古地理学等，无不深究贯通。其治断代，先喜三国，继而专攻明清，精力所粹多在于此。今略举要端，简述于下：

一、清前期史的研究。先生在这方面的论著最多，贡献最大，如对清皇室氏族和血系的关系、礼俗的变迁以及包衣制度等，都作出精辟确凿的考析。这些论著都关涉到满洲开国、继明统治及建立一代制度规模的大问题。其所指出满洲早期"行猎更是一种重要的军事训练"。从上三旗包衣的形成、内务府及太监的选验，列举清历朝事例，得出"所以清朝三百年无宦官之祸，这就是包衣制的赐予"的结论。对"觉罗"一词也作了极其细致的探索，谓其本为女真旧姓，即清之国姓所出，"故于族人则称觉罗，赐姓则称赐觉罗，同姓疏族加之民字以示别。"还有在解放后所写关于清入关前满洲族的社会性质的两篇文章，结论为"努尔哈赤所建立的政权是封建政权，此时满洲族已进入封建社会"。这个讲法虽然在清史学界尚存争议，但所持论点则是颇具理据而有着一定的说服力的。

先生治史谨严缜密，可举二例：一，《关于徐一夔〈织工对〉》，先从"缗"、"贯"两词汇的时代惯用和实际所指考察起，再列述洪永间钞米交换比例，以与元末对看，得出的结论，《织工对》是"徐一夔在元末所写，记的是元末情况"。然对"月佣为钱二百缗"一句，以无可信记录证实，仍持存疑，并说"也有可能是二十缗的错误"。这就是一种扎扎实实的科学的治史态度和方法。二，《清代的幕府》，这个问题一向缺乏全面深入的研究。这篇论文集中了丰富的官私资料，更以表格表明从康熙到光绪二百余年间幕宾在幕经管事务活动情况，使读者一目了然。其所指三阶段的变化，观表益明。更能说明问题的是，同处一阶段的曾国藩和张之洞两人的幕宾都是很多，曾有九十五人，张三十六人，而情况显然不同。曾的初为文士，后多成封疆大吏；张则仍是文士学者。于此可以明白，幕宾和幕主的依附倚靠关系，也就是说，幕主的事业发展方向和幕宾的官途归结有着密切联系。中国史学传统本重表格，《史记》、《汉书》早有创例。然于单篇论著使用殊少。先生治史及指导学生写论文，颇注重表格，是史学研究工作的一个进步。

二、整理编辑明清档案资料。原贮清故宫的内阁大库明清档案等文献资料，解放前有为数不小的部分保存在北京大学，其中所具重要参考价值者颇多，曾印行过《崇祯存实疏钞》、《明南京车驾司职掌》、《顺治元年内外官署奏疏》、《洪承畴章奏文册汇辑》等多种。解放后由先生发起，从中选出明末农民起义档案资料，举行展览，即将其编成《明末农民起义史料》出版。这是一个划时代的创作，因为以前虽有档案专题之辑，如《清三藩史料》等，而对农民起义则不够重视。这部农民起义史料参考价值很大，它系根据明末兵部题行稿等档案辑成。明朝档案保存下来的本很少，而作为明末农民战争的第一手资料更是难得的。先生对整理档案工作更着重明快地说道："如果没有理论指导，档案资料就不能发挥应起的作用。必须用马列主义去分析，才不为资料所骗，否则就会引上邪道。"（《清史研究和档案》）这是把档案工作提到了理论的高度。

三、接受马列主义历史科学理论。解放后先生勇于接受历史唯物主义的科学理论，努力学习，卓有心得，当一九五四年《明末农民起义史料》出版时，在《编者的话》中首先讲出"一部可以令人满意的历史著作，应该是正确的掌握马克思、列宁主义的理论，组织了丰富的信实史料，而用生动、整洁、有力的文字写成的。"后于一九六一年发表《历史科学是从争鸣发展起来的》文章，更进而作出具体扼要的阐述，说："真理标准决定于是否符合客观实际"。主张展开争鸣，"为了真理愈辩愈明，旧的问题还必须争论下去，新的问题也一定会不断地提出来，而且还会一再反复。只有大家积极投入自由而充分争鸣，才会推动历史科学的前进。"在今天，在粉碎四人帮之后，学术界所展现出来的百家争鸣，百花齐放的繁荣景象，并且学术的各个领域中都在突飞猛进，就充分证明所见之正确。

以上仅就我的所忆所知，浅述大略，以申我怀念之情，以明先生治学之要。

（原载《中国古代史论丛》一九八二年第二辑）

爱国·进步·谨严·笃实

——悼念郑天挺同志

白寿彝

我国著名的教育家、史学家郑天挺同志逝世了。

天挺同志青年时代，在北京参加了五四运动并在福建参加了学生反帝反封建的运动。他参加工作后，热爱教育事业，维护进步青年。在一二·九运动中，北京大学许多主张爱国抗日的师生被国民党当局逮捕。他以北大负责人的身份亲赴警察局办理交涉，要求无条件地保释被捕师生出狱。抗日战争时期，在国统区极端恶劣的政治环境、经济条件下，他为支撑西南联大这一进步堡垒作了多方努力。抗日战争胜利后，国民党当局猖狂发动内战，一九四八年阴谋逮捕北大进步学生。他不顾个人安危，设法掩护进步师生转移。

解放后，他忠诚党的教育事业，开设多种课程。年逾八旬，还亲自给本科生、研究生、外国留学生开课。他接受教育部的委托，完成了"全国高等院校明清史教师进修班"的任务，主办了明清史国际学术讨论会，促进了国内外对明清史的研究。又承担中国社会科学院《中国历史大辞典》的主编任务，并领导明清史研究室编写《清史》专著的工作。他在教育工作中最显著的特点是：不管行政事务多忙，总是不间断地进行历史研究和教学，并不断开设新的课程。

天挺同志的教育活动，主要是在北京大学和南开大学。但他所关心的，并不限于这两个学校的历史教学，而是全国范围内的历史教育工作。长期以来，我国的小学、中学、大学都设有历史课程。这三级学校的历史课程究竟有什么不同，这是一个急需研究解决的问题。他认为，小学的历史课程应该是给学生以某些具体的历史知识，是一个"点"。到初中，应该成为一条"线"。高中应该扩大为"面"。大学则是让学生了解社会历史的各个领域以及它们的相互关系，这就是"立体"。他期望通过这个办法，提高历史教学的质量。当然，天挺同志的这种设想还有待于深入的研究和实践的检验。但这种区别各级学校历史课程的办法，是很值得参考的。最近，赵紫阳总理在政府工作报告里，提出了加强各级学校中国历史和地理的教学，作为进行爱国主义教育的一个重要措施。天挺同志的这种设想，是很有现实意义的。

　　天挺同志治史，自称是"探微"的工作，从字面上看，这好像是说，他的工作是探讨一些微不足道的东西。其实，从他的具体成就来看，他提出并解释了一些旁人没有怎样解决好或是根本没有提出来的问题。这是探微工作的一个很重要的意思。其次，他努力从一些具体的事物上观察历史的大势，像这样"探微"，其实并不是探的"微"。天挺同志精心研究明清史。他研究断代史，但并没有割断历史。他说："我相信，解释历史，说明历史，总以根据具体历史事实加以比证，比较可信"。他所说的比证，就是把研究对象同它前后的同类进行对比，把同时期的这一事物与它事物加以联系。他说，研究明清史，不能不懂得宋元的历史。还要知道近代史。学习中国史，也不能不了解外国史。他深知所有的社会现象都互相联系，上一个历史时代的东西发展到下一个时代中来，而下一个时代的事物又是上一个时代萌芽的，产生的。他的这种方法自称是"比证"，但实际上远远超出了简单的"比证"之外，这是把一个时代的历史放在历史的长流中，从它的发展变化找出有规律性的东西。我们知道天挺同志的历史考据文章是很有名的，他的文章扎实、谨严、工细。他所谓"探微"和"比证"，都是从传统的历史考据方法着眼的，但是他的成就大大地发展了考据的传统，而有他自己的新的建树。他的"探微"和"比证"的实践，对于当前提倡一种"笃实"的学风，是很有现实意义的。

　　天挺同志对史料学有浓厚的兴趣。他在五十年代中期开设《史料学》课程，明确史料学的任务是阐明史料的研究方法和利用方法而不仅是搜集资料。在这门课程中，他系统地讲授研究历史所需要的古文字学、目录学、版本学、校勘学、题铭学、印章学、钱币学、历代度量衡学、年代学、史讳学、古文书学、古文献学、谱牒学、古器物学等十几种辅助学科的基本内容，至今为同行视为规范。他对于历史资料提倡广泛阅读，力求全面。他提出研究历史，要做到"深、广、新、严、通"五个字。所谓"广"，就是要求详细地占有材料，以尽可能多的资料为前提，提出对历史的看法。要掌握资料，就必须大量读书。他在读书时，力求把握书中的精华，反对"浅尝辄止"，或者华而不实的读书态度。他在占有史料的同时，特别强调对史料的批判。他不是把旧时代的史书资料拿过来就用，而是要认识这些史书作者的立场和史观，要对史料真伪进行鉴定，以便去伪存真，去粗存精，从中引出应有的结论。天挺同志对史料及其运用的看法也突破传统史料学的范围，而向马克思主义的史料学前进。

天挺同志重视古籍整理和运用，充分认识到整理好古籍是继承古代文化遗产的大事，是搞好历史研究的条件之一。他亲自进行重要史籍的标点和校注工作，积极组织力量从事古籍整理。在他主编下，《汉书》、《后汉书》、《三国志》等史学名著的选读本出版问世，《东华录》的标校本也同读者见面。明清内阁大库档案资料的宝库被发现后，天挺同志是早期参加它的整理者之一。他认识到这些资料对于明清史研究的重要意义，到中国第一历史档案馆作《清史研究和档案》的专题报告，指出历史档案在历史研究的各种资料中应占的地位，阐明历史档案的学术价值。此外，他编辑档案资料汇集，著文介绍明清档案保存和整理情况，以便研究者利用。天挺同志的工作实践，对于今天我们的古籍整理工作及档案工作，都富有参考价值。

天挺同志作为一个历史学家是有强烈爱国思想的人，在解放后，进而学习、运用马克思主义解释历史。由于对清朝满族统治的不满，加之随后在日本帝国主义扶植下伪满洲国的成立，一些人对清代历史抱有偏见，产生种种曲解，宣传满族不是中华民族、满族政权历来独立等等荒谬观点。天挺同志有鉴于此，从维护中国的统一、中华各民族的团结、反对日本侵略的立场出发，在日本发动战争的前夕，开始他的清史研究。他自此坚持了这个研究方向。他针对日本宣扬的满洲独立论，写了《清代皇室之氏族与血系》重要论文，以大量的史实为依据，说明满族同内地经济文化交往十分密切，是中华民族大家庭中不可分割的部分，有力地驳斥了侵略者的谬论。新中国成立后，天挺同志的爱国思想有了新的发展，使它与拥护社会主义联系起来。六十年代初，当我国与印度政府进行边界谈判时，天挺同志查到证明麦克马洪线以南大片地区是我国领土的有说服力的资料，提供给我国谈判代表。中苏边界谈判开始后，他把视野转向东北边疆，对奴儿干都司的地理和历史进行了探析，论证了黑龙江流域历来是我国东北地区各族人民生息繁衍的地方。

天挺同志对马列主义的信仰越到晚年越坚定，对于运用马列主义研究历史也就越自觉。我们翻开他的论文集可以发现，解放前的著作，题目都比较小，意思是以小见大，以微见著；但论证周密，结构严谨，具有科学性。解放后的文章，题目变大了，较多地研究带有规律性的问题，如《清入关前满洲族的社会性质》、《清入关前满族的社会性质续探》两篇论文，如题所示，是通过探讨满族社会性质，说明满族社会发展史以及满族与汉族文化融合过程。《历史科学是从争鸣发展起来的》一文，阐述历史科学的发展规律。《农民起义和秘密宗教的关系》一文，分析农民阶级斗争的特点和规律。天挺同志在这些研究中，保持和发扬了他论证谨严的特点，但更重要的是他努力运用马列主义的立场、观点和方法，力求正确地阐明中国历史的发展进程，从而使他的研究更接近于符合历史真实，更加具有科学性，能够更好地为我国社会主义政治和社会主义建设服务。天挺同志在史学思想上的发展过程，反映了老一辈的知识分子在党的领导下前进的道路。

天挺同志去世了。他那种爱国、进步的思想，治学谨严的精神，笃实的学风，将永远是我们学习的榜样。

（原载《人民日报》1982 年 2 月 19 日）

回忆郑天挺先生

杨向奎

　　本世纪三十年代初当我在北京大学历史系读书的时候，郑天挺先生正是北京大学的秘书长，我没有上过郑先生的课，但我始终尊敬郑先生，像老师一样对待他。那时我们有过接触，逐渐地我们过从甚密了。

　　最初的接触由于我违反了学校制度。旧时代的北大是以自由散漫无纪律著称的，这个学校有优良的教师，丰富的图书馆和比较好的试验仪器，但因为散漫无纪律，许多学生不努力学习，少数用功者虽然达到较高的水平，但参差不齐，彼此距离颇远。在这种散漫无纪律的情况下，考试也有时流于形式。我的一位同学因病不能参加学年考试，他要我代考并要求考八十分以上，以便得奖学金。这本身就是笑话，用代考来求得奖金是历史上不存在的。我代他考了，但被教务处的职员发现，他们认识我，知道我是代考，于是报告校方，当时的蒋梦麟校长也许要整顿北大，把我找去，指出我的错误，要给我记过。我只好承认错误，没有话说，于是记大过的牌示挂在二院门口。半年过去了，没有人摘这块牌，老挂在那里，出出进进真不方便，于是我去找郑天挺先生问他是否可以摘去这个牌，他说"你去摘了吧！"我把它摘下，随手丢在墙角落，没有人过问，原来没有人看重这件事。

　　郑先生和平近人，但并不是没有原则，当时北大的散漫自由，不是一张牌能够校正过来的，这郑先生知道。从三十年代初到抗战年间，北大是比较走上正轨的时代，当时出现了一大批有才华有成就的青年，无论文科、理科、法科，后来都有卓越的学术成果，这和郑先生等人当时的努力是分不开的。

　　我在历史系毕业了，留在文科研究所当助理，同时留所的还有中文系的徐芳同学。我整理内阁大库题本，徐芳整理歌谣，我的老师是孟森先生而指导徐芳的是胡适。郑先生这时已经作清史研究，他要我在整理题本时提供他有关"墨勒根王"的材料及注意"皇父摄政王"的题本。墨勒根王和皇父摄政王都是指多尔衮。我知道郑先生在研究清初历史，也许在注意太后下嫁的故事了。

　　孟森先生是清史老一代权威，天挺先生当时是中年专家，而我是青年学生。那么丰富的史料，这样好的专家导师，我理应走上研究清史的路，但我别有所好，我喜欢今文经学，以此顾颉刚先生对我的影响更大些。不过我还是注意清史，对于太后下嫁等问题，我始终在采索中，我认为这不是清初汉人的恶意中伤，这是历史发展的必然结果。孟森先生是不相信这种传说的，他的《太后下嫁考实》，是一篇有力的文章，他的结论是："私念清初果以太后下嫁之故，尊摄政王为'皇父'，必有颁诏告谕之文；在国内或为后世列帝所隐灭，……不得于中国官书者，必得求彼之实录中。……既遍检顺治初年《李朝实录》，固无太后下嫁之诏，而更有确证其无此事者。……世间浮言可息矣。"

　　孟先生虽然言之有据，究无充分说服力，所以胡适当看完此文后，仍然在给孟先生的信内说："读后终不免一点感想，即是终未能完全解释，'皇父'之称之理由。"他的疑问还是有理由的，"皇父"之称虽然与太后下嫁不必连系起来，但在古代社会，尤其是奴隶社会，长嫂之转嫁诸兄弟几是通例，汉代王嫱及唐代诸公主之嫁于中国少数族者多有类似遭遇。解放前凉山彝族奴隶社会还流行着这种"转房"制度，丈夫故后，寡妻必须上转，下转或旁转，前几年我曾经请参加过凉山彝族社会调查的刘炎同志结合历史记载作转房制度研究，可惜事情未完，人已故去。

　　清朝入关，刚进入封建社会，奴隶社会的残余仍在影响他们，那么"春官昨进新仪注，大礼恭逢太后婚"，非无根据也。

　　当郑先生在中华书局标点《明史》时，我们更时常见面。我们谈北大的掌故，谈我们共同认识的胡适、蒋梦麟以及徐芳同学，如今蒋、胡逝世，郑先生也离开我们，徐芳同学远在台湾，翘首云天，甚望其驾鹤归来，共祝中国统一大业的完成！

（原载《南开史学》一九八三年第一期）

敬悼郑天挺先生

傅衣凌

　　去年年底的一天，突然传来郑天挺先生于十二月二十日去世的噩耗。一时间，我变得发呆了，一直不相信有这样的事。因为十七日我刚参加全国政协会议后离京返闽，而郑老则开完五届人大四次会议返回天津，那时并未听闻他有身体不适之说，而且这不幸的消息只是得自北京来信，恐怕是一个误传。直到南开大学发来讣告，我才不得不相信这悲痛的事确已发生。这些日子里，我的心情一直不能平静，和郑老交往过从的往事，一幕幕展现在我的眼前。

　　郑天挺先生早在解放前就是享有盛誉的明清史专家、北大教授。我从北大的《国学季刊》和《清史探微》中增益颇多，深佩郑老谨严的治学态度和学术成就，却无缘会面。我和郑老的接触是解放以后的事。一九五四年，我到京参加教育部召开的第一次文科教学座谈会，郑老是历史组的召集人，我恰分在他这个组里。记得我发言时，郑老十分注意，用亲切的眼光久久端详着我。会后交谈，郑老告诉我他原籍福建长乐县，老家住在福州西门大街亮功七贤境附近。我家适在西门外半街，近在毗邻，一时倍感亲切。郑天挺先生早岁随家北迁，福州话能听却不能说，但乡情仍厚。那时我不过是四十刚出头的人，他对我这个陌生的后辈却很爱护。郑先生青年时代就读于北京大学，参加过"五四"运动和福建学生反帝反封建运动，在这次谈话中，他问过当年在北京高师搞学生运动很活跃的刘庆平老师还在不在？并谈到北大福州学生朱谦之、郭梦良等的一些情况。从那以后，我和郑老在文科教材会议、学部扩大会议等场合经常接触，特别在文科教材会议中，往来更为频繁。郑老和翦老主编《中国通史参考资料》，我被分配主编古代部分第七册，即明史部分，一遇有疑难，郑老总是不吝指教。初稿完成后寄请郑老审定，一九六二年十二月十一日，郑老致我一信，内云："大稿明史资料早经奉到，并已付印，因弟往来京津，未及早日函陈，至深歉疚。资料原定今年出版，因印刷任务关系，明春始能排竣，将来清样打出，当即寄请审定也（无改动，只有几处用文言"也"字，换一二字）。杨英《从征实录》拟名原不甚妥，今得新本确证原名《先王实录》，为之大快，校记在何处发表，蒙早见示。"这封信在十年浩劫中有幸保存下来，但明史资料清样在中华书局排竣后却被毁掉了，原稿也不知下落。一九七八年六月在武汉召开第二次文科教材会议时，我和郑老住在一起，谈及此事，他不胜扼腕，痛恨四人帮摧残文教事业的罪行。他鼓励我重新编辑，我因诸事羁绊，初稿近日始成，但他已来不及为之审定了。

一九二〇年秋陈嘉庚先生筹办厦门大学时，郑天挺先生刚从北大毕业，他和周予同先生应聘来厦大任教，担任国文课。虽然他在厦大一年后便辞聘北上，但对厦大仍有深厚的感情。一九六二年春，郑成功收复台湾三百周年学术讨论会在厦门召开，郑老在百忙中抽身南下，首次重返厦大，以炽热的爱国主义激情，景仰故乡的民族英雄郑成功，并在我校作了学术报告，给大家留下了难忘的印象。一九八〇年六月，中国经济史学术讨论会在厦大召开，郑老无暇南下，于五月三十日给我写了一封热情洋溢的信，其中说：

这次大会，从您一告诉我，我就决定无论如何总要参加。这是由于：（一）我是厦门大学校友，想回去看看各位老师和同学。我一九二〇年在北大毕业就接受厦门大学聘书，那时还在筹备，一九二一年四月才正式上课，我教国文，到今天已经六十年了。一九六二年回去看过一次，迄今已二十年，所以归心似箭。（二）我受旧思潮影响，乡土观念颇重，故乡虽无直系亲属，总想故乡的四化，故乡的生产，故乡的教育。乡音久改乡思在，确是如此。（三）我是学习明清史的，明清社会经济是我学习中的薄弱环节，我迫切希望向各位专家多学习，以增益识见。直到三天前我还是决定去的。但是这两天情况有些变化。市人民代表大会就要开会，我们八月份举行学术讨论会的筹备工作纷至沓来，不允许我短期、特别是在六月份短期离开天津。我只好请求您的原谅，厦门大学的原谅，大会的原谅。这次克晟去参加，我已嘱咐他，把大会的发言详细记录带回来，供我补课。厦门我还是要去的，我还是争取去的。

一九八一年四月，厦大举行六十周年校庆纪念，郑老不辞辛苦，回校参加。在校庆期间，他以八十高龄为师生们作学术报告，并和教师座谈。他追忆六十年前在厦大的往事，提到演武亭校址奠基典礼时，曾经搭了一个牌楼，当时他横书"南国启运"四个大字,还有一副对联(已记不起来了)。那时厦大正在草创,他却看出是南方文化教育事业兴起的希望,真是独具慧眼,远识卓见。他喜看今日厦大的进步,充满激动和喜悦,连声说:"厦大我一定再来,一定会来的!"十一月间,我将福建省委决定今年在厦门召开郑成功学术讨论会的消息告知克晟同志,郑老欣然命驾,并约同在南开大学向他学习的日本东北大学教授寺田隆信博士联袂同行。孰知郑老遽归道山,未能实现重返厦大的宿愿。这是多么令人遗憾的啊!

郑老是一位历史学家,又是一位教育家,一生培养了不少人才,今天有名的史学家许多出于他的门下。郑老对我是关怀备至的。记得在一九六三年学部扩大会议期间,他在史学组座谈会上,对我运用土地契约文书研究历史大为激赏和鼓励,虽岁隔多年,记忆犹新。一九六二年五月一日,郑老从北京给我写了一封信,推我主编《明代史纲要》,信中说:"此间近有编纂中国断代史计划,分九册,每册三十至三十五万字,……其中明代史纲要,咸推吾兄主编。亦知吾兄工作甚忙,但此事关系教育下一代,十分重大,且众望所归,想必蒙惠允。"我在郑老的鼓励下接受了这一任务,但迄今没有完成,真是愧对郑老。厦大历史系陈诗启同志研究中国近代海关史,他得知后十分赞赏,还特地发函邀请他参加明清史国际学术讨论会。杨国桢同志写的《林则徐传》,他不仅在百忙中抽暇读完全书,还给了很高的评价。认为该书"文字生动、简炼,史料丰富、翔实,……确乎难能可贵"。他对后辈如此关心爱护,完全是出于他对事业的责任心和高尚的品德。

我和郑老交往过从多年,深为他的学识和品德所感动。谨以此文,聊表我对他的哀思,并录存郑老的一些行迹。郑天挺先生的高风亮节,永远活在我们的心中!

(原载《光明日报》1982 年 2 月 21 日)

忆念郑毅生先生

季羡林

一想到郑毅生（天挺）先生，立即展现我眼前的是他那满面春风的笑容，我确实不记得他曾有过疾言厉色的时候。

我同毅生先生不能算是很熟识，却又不能算是很不熟识。我于 1946 年来北大任教。那时候的北大确实是精兵简政。只有一个校长，是胡适之先生，并不设什么副校长。胡先生大概有一半时间不在北京，当时还叫北平。他下面有一个教务长，总管全校的科研和教学。还有一个秘书长，总管全校的行政后勤。再就是六个学院的院长。全校的领导仅有九人。决不像现在的校长一走廊，处长一礼堂，科长一操场这样伟大堂皇的场面，而学校的工作，至少从表面上看起来，依然如"源头活水"，并没有任何停滞的现象。

我进北大时的秘书长就是毅生先生。他是清史专家，蜚声士林。以后有一段时间，北大的历史系的教授队伍齐全，水平较高。从古至今，每一个时代都有一位专家担任教授，按时代先后排列起来，有张政烺、翦伯赞、周一良、邓广铭、邵循正、郑天挺等，其中有几位是后来加入的。不管怎样，这个阵容之整齐，在当时，甚至以后，都是难能可贵的。

当时北大校部就设在沙滩孑民堂前面的小院子里。东屋不过十几平米，是校长办公室。同样大小的西屋是秘书长办公室，毅生先生就在这里坐镇。六大学院，上万名学生，几千个教员，吃、喝、拉、撒、睡，工作头绪是异常复杂的。虽然六院的院长分担了一部分工作；但剩下的工作也还是够多的。作为这样一个庞大机构的秘书长，其繁忙程度可以想见。我当时是东方语言文学系的系主任。虽然只有四个教员，十几个学生，在八九平米的系主任办公室里就能召开全系大会；但是，正如俗话所说的："麻雀虽小，五脏俱全"，有时也免不了同秘书长打打交道。这就是我认识毅生先生的客观条件。我每次去见他，他总是满面春风，笑容可掬。能办到的，立即办理，从来不推托扯皮。到现在已经过了半个多世纪了，毅生先生也已离开了我们；但是，他留给我的印象，依然宛在目前。只要我还能存在一日，这印象就永远不会泯灭。

　　按照学术界论资排辈的习惯，毅生先生长我一辈，是我的师辈。但是，对他专长的清史研究，我几乎是完全陌生的。他的文章，我读过几篇，也不甚了了，除了高山仰止之外，实不敢赞一词。院系调整后，留给了我两个疑问：一是，为什么让一个学有专长的学者担任繁忙的行政工作？二是，为什么把阵容整齐的北大历史系人为地搞得支离破碎？这些问题都不是我能回答的。我想，毅生先生也是回答不了的。他调往南开，又给我带来了点欣慰。南开和北大是兄弟学校，友谊极深。他可能把北大的学风带了一点过去，与南开的学风融合在一起，形成了一种崭新的学风。至于这种新学风是什么样子，愧我孤陋，实在说不明白了。

　　南开和北大的传统友谊将会永远存在下去，而且日益加深。毅生先生的满面春风的笑容也会永远留在我的眼前，他会永远活在我的心中。

1999.10.19

　　（原载南开大学历史系、北京大学历史系编：《郑天挺先生百年诞辰纪念文集》，中华书局 2000 年 6 月）

悼念毅生师

何兹全

接到毅生师去世讣告的前两天，一位朋友来我家坐，谈话中说到"郑天挺先生去世了"。我听了大为震惊。先生一向身体健康，不久前还在北京开会，我们都说他身体好、精神好，至少可以工作到九十岁。怎么会……?然而，这位朋友的话是可信的，不两天也就证实了。晴天霹雳，使我悲痛难已。

我在北大读书时期（一九三一—一九三五）和先生并无个人来往。先生认识我是一九三九年以后。当时我在重庆，正陷入半失业状态，加以国民党管区物价开始猛涨，生活极为狼狈。有一次实在揭不开锅盖了，我爱人找朋友借了点钱买面，背回来烙饼给我吃，我一面吃一面落泪。

就在这时候，中英庚款董事会拨出一部分钱作专款，协助一些人作科学研究。申请须要有知名学者推荐，毅生师作了我的推荐人。我得到了中英庚款董事会的专款协助。研究专题是魏晋南北朝史，依附在沙坪坝中央大学历史系，同时还在该系讲授中国通史。当时中大历史系主任是金毓黻先生。

这样，生活暂时安定下来。旧社会，特别是战争年代，失业是可怕的。毅生师对我的推荐，我终身难忘。

解放后，和先生的接触多些。一九六一年文科教材会议，毅生师和翦伯赞先生一起主编《中国通史参考资料》。古代史部分的第一、二册由北师大历史系主编。选材和工作中有了问题，就找毅生师指导、解决。

"文化大革命"前期，大约一九六七年十一月以前，一天，我路过新街口电车站，看见先生正在挤电车，他吃力地刚刚挤进车门，车就开走了。相距不远，我本来可以大喊一声的，但我没有喊，默默地看着电车向西直门方向驰去，望着先生的身影随车消逝。我欣慰先生的身体还算健康，也默默地为先生祝福。但也有一点伤感：先生老了。

"文化大革命"后期，大约一九七三年左右，南开大学历史系中国史教研室的同志到北京来，好像就住在北师大，还和北师大历史系中国古代史教研室的同志开过一次座谈会，交流教学科研经验。南大的同志都很敢讲话，这说明他们都是思想解放心胸舒畅的。毅生师依然老是微笑着，和蔼可亲，但却比较沉默，不大讲话。这或许是长者的风度吧。但我总想："文化大革命"的影响，还在先生心里留有影子吧？

过后我才听说先生在"文化大革命"中受的折磨。

近几年来常和先生一块开会，见面的时间更多了。先生言谈身教，更使我获益匪浅。

我最后一次看见先生是一九八一年夏天，教育部召开的一次关于学位和科学的会议上。这次会上，先生给我的印象是情绪好，精神好，身体好。会上、会后，说话多，兴致高，时时发出爽朗的笑声。八十多岁的高龄，有这样的好身体，至少可以工作到九十以上的。万没有想到，这次见面竟是永别，不到半年，先生就遽归道山了。

先生的品德学问都是我敬佩的。他是史学家，更是教育家。先生奖掖后进，治学严谨，严于律己，宽于待人，永为后辈的师表。我要勉力向先生学习。

（原载《南开史学》一九八三年第一期）

忠厚诚笃·诲人不倦

——悼郑天挺先生

张政烺

　　我是从事历史教学、研究工作的一员老兵了。近年来，一方面我十分欣喜地看到史学战线队伍不断扩大，新秀竞出，成果累累，令人鼓舞。另方面，由于自然规律的结果，目睹许多史学界的师友故旧，相继辞世，感慨万千，倍觉自己肩上责任之重。每当此时，许多旧识和友人，总邀我写一些文字，以示悼念之意。然而，我却始终力不从心，故所欠"文债"甚多。这次郑老去世，回顾与他半个多世纪的交往和友情，往事历历在目，音容笑貌，萦绕脑际。在他毕生追求进步、追求光明的漫长途程中，我常常为他的严谨的学风、忠厚诚笃的高尚品德、诲人不倦的精神所感动和激励。因此，记述一些事，借以表达对郑老的哀思。

　　郑天挺先生是福建人，祖籍长乐，世居福州，随宦迁居北京，曾在北京第一中学上学，后入北京大学中国文学系，于一九二〇年毕业。青年时代的郑天挺先生，就怀着一颗强烈的爱国心，在北京参加过五四学生反帝反封建运动。解放战争时期，曾以各种方式积极支持北大学生反对国民党反动当局的斗争。每当爱国进步学生遭到国民党反动当局的逮捕和种种迫害时，郑先生总是以北大负责人的身份，挺身而出，大义凛然，同反动当局据理力争和交涉，并利用自己各方面的关系，多方设法奔走，一次次救援爱国进步学生。他的这些爱国进步之举，在当时广大师生中间，赢得了很大的尊敬。

　　天挺先生正直、坦率、忠厚诚笃的高尚品德，使他在数十年的教学工作、研究工作和日常生活中，保持严于律己，宽以待人的作风。他执教六十一年，培养和教育的大学本科生、进修生、研究生，遍布国内外。而且其中许多人，成为史学界的知名学者。他在科研工作中取得了很高的成就。因此，党和人民十分敬重他。然而他从不自恃盛气，无论对同辈或晚辈的学者以及青年学生或工作人员，他总是一律平等相待，在学术上发扬共相切磋、百家争鸣的学风；遇有事务性的繁难工作，他总以谦和的态度和认真的精神，妥善地解决问题。这都是十分难能可贵的，也是对后人的身教。

郑先生在学术上的成就是多方面的。而他对明清史的研究成果则尤为显著。他幼时在北京度过童年和少年时代，从家人和亲友那里，耳闻目睹许多清代掌故和官场作风，对清代的许多逸闻轶事，十分熟悉。这许多有用的"活"知识，则是书本上所没有的。故他自幼便对明清史兴趣甚浓。而这些知识对他后来从事研究工作则有一定的裨益。因此，天挺先生从事明清史研究工作，从某种意义上而言，自小便具备得天独厚的有利条件。

孟森先生是我国研究清史的老前辈和开拓者之一，三十年代在北大历史系任教，讲授明清史。孟先生知识面很广博，学问根底也颇深，他的《明清史讲义》就充分表明这一点。郑先生对孟森先生十分敬重，因而受他的影响颇大。他自三十年代起，便开始对清史深入研究，解放后更在马列主义指导下，继续这项工作，他在对清朝开国史的研究中，对满族起源，入关前后满人宗教、婚姻、习俗的变化，满洲八旗制度及包衣制度，入关前后的许多重要历史人物（多尔衮等），入关前满族的社会性质等重要问题，都有自己独到而深入的科学见解。同时，他对清朝的典章制度史的研究，也用力甚勤。诸如对清代兵制、章奏、服饰、职官、教育和科举制度等问题的研究方面，也取得了积极和重要的成果。郑天挺先生的这些研究成果，对促进国内清史研究工作的发展，有着功不可没的作用。

特别应当指出的是，郑天挺先生非常重视整理明清档案工作。明清两代都设有内阁，其地点在故宫东华门内。内阁的文书档案，对研究明清两代历史具有十分重要的史料价值。可惜明朝灭亡时内阁档案全部焚毁，后来清政府收集了一点存放在内阁大库保存。而清代二百余年内阁的档案，包括清军入关以前的一些旧档案，均保存得相当完整。到光绪末年（一九〇八年）移归学部保存。辛亥革命后，由教育部管理，拨交给历史博物馆，横遭摧毁。一九二二年，陈垣先生作教育部次长，将这批档案拨给北京大学一部分。为了整理这批档案，当时北大专门成立了清代内阁大库档案整理会。对这批档案的整理，为北大最早利用这批档案，对明清史进行研究，开创了极为有利的条件。抗战胜利后，北京大学文科研究所恢复了明清史料整理室，郑先生亲自主持工作，作出了不少成绩，曾与故宫博物院合编《清内阁旧藏汉文黄册联合目录》，帮助东北图书馆印行《明清内阁大库史料》第一辑明代上下两册。一九五〇年五月举办"明末农民起义史料"展览，并把展品印行，使厂大参观者和读者对明末农民起义这一伟大运动得到正确认识。每当忆及这一切，还总感到这一意义重大的整理工作得以开展和进行，是与陈垣先生的大力支持和郑天挺先生的具体组织分不开的。

除了在明清史研究方面的成就外，郑天挺先生早年在校勘学方面，也取得了很大的学术成就。一九三六年初，在郑先生主持下，北大影印了赵一清的《三国志注补》一书，同年二月，郑先生曾亲自为此《注补》的影印本作序。同年七月，他又在《国学季刊》杂志上，发表了《杭世骏〈三国志补注〉与赵一清〈三国志注补〉》一文，详细探究在清代治《三国志》博负盛名的杭、赵两书，对两书详加校勘和考释。抗日战争期间，郑先生身居大后方的云南，虽然生活和工作条件极端艰难困苦，但他对研究工作仍始终坚持不辍。这一时期，他虽生活很不安定，但却写下了许多对中国古代边疆史、西域吐蕃史的研究论文，如《发羌之地望与对音》（一九三八年六月）、《〈隋书·西域传〉附国之地望与对音》（一九四〇年二月）以及《〈隋书·西域传〉薄缘夷之地望与对音》（一九四二年八月）等论文，对研究中国古代边疆和西藏史，作出了自己的重要贡献，这些论文具有很高的学术价值。在当时条件和环境下，这样作是十分难能可贵的。此外，他对我国东北、西南、西北史地的研究也用力甚多，深入地探讨了女真族、满族、藏族的历史和他们在不同历史时期对发展祖国文化和经济所作出的贡献，郑先生的这些著述，极大地丰富了我国古代边疆史地学和民族学方面的科学研究。

郑先生丰硕的学术成果的取得，是与他科学的研究方法和谨严的学风分不开的。

在研究工作中，他常常采用科学的探微的方法，即具体地解决具体问题的方法。郑先生把他的书叫作《探微集》、《清史探微》。他一方面说"书的内容微不足道"，表示谦逊之意；另一方面也表明他主张"探微"，即研究比较小的题目，然后以小见大，以微见著。这种研究方法，实际上是从具体的研究问题着手，研究具体问题、比较小的问题，这样作可以做得深一些，好一些，一个问题一个问题地加以研究解决，集少成多，积小成大，以求对历史的某个方面和大的历史事件有所说明。他还提出，研究历史，要做到"深、广、新、严、通"五个字。所谓"广"，就是要求详尽地占有材料，以尽可能多的资料为前提，在马列主义指导下，提出对历史的看法。要掌握资料，就必须大量读书，他自己读书就极多，故才博通古今。他在读书时，又力求把握书中的精华，边读边思考问题，摘抄卡片。他特别反对"浅尝辄止"，或者华而不实的读书态度。他在占有大量的史料时，又特别强调对"史料的批判"，对这些史料的真伪进行鉴别，对其科学价值进行认真的估价和分析，以便去伪存真，去粗存精，然后从中引出应有的结论。

郑天挺先生擅长史学考证，他的考据文章扎实、严谨、工细，正是他的优秀学风的具体体现。解放后，他更逐渐运用马列主义观点进行考证，具有许多新的特点，在文章中绝非就事论事，而是通过考证去解决某个大的历史问题。其次则是运用辩证唯物主义和历史唯物主义观点，进行史事考订。他的《关于徐一夔〈织工对〉》一文，就是这种考证文章的良好典范。过去，学术界对《织工对》反映的是元末还是明初的丝织业、抑或是棉织业的情况，有着不同的意见和争论，经过郑先生严密的考订和论证，指出《织工对》所反映的是元末丝织业的情况。后来，《织工对》的史料，被学者们用于讨论中国资本主义萌芽的问题，从而表明，郑先生的考证文章，为中国资本主义萌芽问题这一大的课题讨论的开展和深入，作出了自己的具体贡献。同时，在研究方法和学风上，也为后起的学者树立了一个良好的范例。

郑先生一生中，先后在北京大学、南开大学执教六十余年，曾经培养和教育了许许多多的学生和学者。因此，他不仅是一位著名的史学家，也是一位成绩卓著的教育家。他的渊博的学识和诲人不倦的精神，在数十年的漫长岁月中，博得了广大师生的信赖和钦佩。他讲授过很多课程，有"魏晋南北朝史"、"隋唐史"、"元史"、"明清史"、"明史专题"、"清史专题"、"明清土地制度史"、"明清政治制度史"、"中国近三百年史"、"中国古代地理学"、"校勘学"和"史料学"等十几门课目。而这些课程均是在他深入研究的基础上开设出来的。同时，他还在长期教学和研究的基础上，撰写了学术专著《探微集》、《清史探微》、《清史简述》等书。他还参加了《资治通鉴》的标点整理，主持过二十四史中的《明史》的标点整理工作。他先后主编出版了《明清史资料》、《明末农民起义史料》、《宋景诗起义史料》、《中国史学名著选读》等书，同著名史学家翦伯赞同志一起主编了《中国通史参考资料》。更为令人尊敬的是，直至逝世前，他还以年过八旬的高龄，积极参加和主持《中国历史大辞典》和《清史》等书的编写工作。可以毫不夸大地说，郑天挺先生把自己整个的身心都献给了历史科学的研究和教育事业，真正做到了鞠躬尽力，死而后已。

我与郑先生共事多年，亲眼目睹和感受他循循善诱和诲人不倦的作风和可贵精神。他的讲课，不仅有很高的学术水平，而且能深入浅出，使听课者感到所论述的问题清晰、透彻、易懂。特别是他讲授的明清史，不仅学术造诣深，且讲课时生动流畅，深受听课师生的欢迎。至于在课堂内外、学校和日常生活工作中，对自己的学生和年轻的同志，他总是平等相待，对他们的学业循循善诱，具体帮助和指导，而从不厌其繁难和琐碎。至于对同志、同事和朋友，他则更是采取与人为善的态度，谦虚谨慎、真诚待人。他的这种谦逊和气，充分表现了对于人生的诚恳的、严肃的态度。孟子说过："爱人者，人恒爱之；敬人者，人恒敬之。"当然，所谓尊敬，不仅仅是表现在礼貌上而已，而且也包含着在工作中对于对方意见的尊重，很好地倾听对方的意见，并进行郑重的考虑和取舍，即能择其善者而从之，择其不善者而改之。只有这样，才能做到真正的互相了解，并同心协力的工作、学习和生活。而郑天挺先生正是这样做的。特别是在解放前，在那种腐朽、庸俗、尔虞我诈风气盛行的世道里，郑先生却始终保持了为人正直、坦率、忠厚、诚笃的精神，廉洁的生活与工作作风，而决不与世俗同沉浮，其品德的可贵，更是显而易见的。

郑天挺先生主张治史应做到"三求"，即求真、求新、求用。而要真正做到这一点，郑先生又特别强调历史科学工作者，应当很好地学习和掌握运用马列主义的理论原理。解放后，他如饥似渴地阅读马列主义经典著作，并力求用马列主义原理来具体指导自己对中国古代史的研究工作，并取得了一定的可喜成绩。即使在文化大革命的十年浩劫期间，他对党、对马列主义的信念，仍坚信不疑。他曾经深有感触地说过："马列主义我没有学好，但从我的经历中我体会到，马列主义比其他主义要高明得多，不能同日而语。"他愈到晚年，信念弥坚。最后，他终于以八十一岁的高龄加入了伟大的中国共产党。一生追求光明、追求真理、追求进步的郑天挺先生，最后终致找到了自己政治上的归宿。这是令人十分庆幸和欣喜的。

李世民（唐太宗）说过："以铜为镜，可以正衣冠；以古为镜，可以见兴替；以人为镜，可以知得失。"在悼念郑天挺先生逝世的时候，回顾他的一生，我们就应当以他忠厚笃实、诲人不倦的精神，严谨的学风，不断追求真理、追求进步的崇高品德和品格，作为我们史学界同志工作、学习和生活的良好借鉴，并从而更好地鼓舞和鞭策我们为推动历史科学事业的前进和发展，为祖国的四化建设和新的社会主义精神文明建设，作出高质量的贡献。

（原载《中国史研究》一九八二年第二期）

怀念毅生师

阎文儒

予与郑天挺师相识已逾四十年。在近半世纪交往中，先生给予留下印象为：和蔼可亲，助人为乐；学而不厌，诲人不倦；治学谨严，成绩斐然。今举其要者以述焉。

"七七"事变后，北大南迁。一九三八年在云南予考入北京大学文科研究所。其时郑先生任副所长。予之业务导师虽为向达先生，但涉及历史学，尤其是明清史诸问题，每问及郑先生，总是循循善导，详为讲解。先生不仅对予如是，对其他所有学生均如是，为此文研所之同学者，每谈及先生，均道及非一般教授可比拟，可敬可亲，并视郑先生为良师益友。

予自研究所毕业后，郑先生等留任予为研究助教，此后予赴西安考古，一九四三年又与向达师、夏鼐先生至河西考古，直至抗日战争胜利归来，均得到郑先生之许诺与经济上得到北大之资助。倘无此段实地发掘，调查学习与经验，予亦不可能在北大考古专业任教三十年。

向达师逝世十八年矣，当日在敦煌率予发掘时，经常道及郑先生之为人，忠于友谊，倘无郑先生之推荐，亦不可能再莅敦煌，偕予西上也。

前故宫博物院副院长唐兰先生，予之业师也。居滇时，唐先生升任副教授，但研究所重新招生，即任为古文字学导师，当时固有某教育专家之任命，而实际能识唐兰师之学识者郑先生也。予前兼任故宫博物院研究员时，此为唐兰师于闲谈时，亲自告予者。

金毓黻先生，予之乡长也。一生浮沉有年，曾任中央大学（南京大学）历史系主任，沈阳博物院院长。最后任北大文研所明清组研究员，而郑先生除任北大秘书长外，又任明清组主任。金先生告余曰：余宦海浮沉数十年，识人多矣，但对老年和蔼可亲，无过郑公者，真可称："礼之用和为贵"。真诚热情，笔难罄述。

一九四六年底予负责于沈阳博物馆事，一九四七年改为国立沈阳博物院，由金毓黻任主任委员，余任委员秘书主任；是年余因公来京，时郑先生寓居北平小酱坊胡同，约数同学饱以盛餐，饭后告予曰："汝在胜年，宜戒骄戒躁"。予深聆受，归时常以此语记心中，盖予躁时固多，尤其对数百人三馆一故宫之事务纷乱杂沓，但仍遵师训，于不骄躁中写出《唐代贡举制度》一书。

向达师逝世十余年，予负为纪念向师而征集国内学人论文，专出一文集以纪念之，特请郑先生为题书签，并及序言，郑先生以八十高龄，屡次为书论文之书签，从不言烦，爱人之深，诚非泛泛者可比拟。

予在昆明读书时，文研所负责人学术权威人士，对下乡攻读之研究生，必招入其宅，享以盛餐。餐后告余曰：郑副所长不为文则已，为文则为他人所不能及者，当时所指之文，即《发羌之地望与对音》、《〈隋书·西域传〉附国之地望与对音》。二文具成于入滇后，一刊史语所集刊，一刊于北大国学季刊，其次为《〈隋书·西域传〉薄缘夷之地望与对音》。虽记成于一九四二年，实亦当时之著作。从此数著作，则知郑先生不仅通史学而且通音韵语言学，故罗常培师《〈恬盦语文论著甲集〉序》、及《悼念罗常培先生》二文，俱涉及语言、音韵问题，实际以上数文，俱用语言、音韵以证地望者。

早期又有《〈莲华庵书画集〉序》、《四川乐山（嘉定）重修凌云寺记拓本跋》，由此二文可证郑先生早年虽专攻明史，但写出以上二文，可证先生通"金石学"也。

先生一生中治明清史，虽然《探微集》后记云："我五十岁以前，忙于生活，没有认真读书，五十岁全国解放，才能安心学习……今天的成果，只这样一点，真是惭愧之至"。先生一生中治学精神细致精微，如早期写成之《清代皇室之氏族与血系》一文，共分八段详论：清代以满洲表部族、满洲之部族与在元明时之地位、爱新觉罗得姓稽疑、氏族与旗籍、诸帝之血系、佟氏与汉人、清初通婚政策、选秀女之制。早年讲于西南联大文史会，刊于《清史探微》，但见之者极少。

其后所写《清初入关前满洲族的社会性质》二文，详论入关前之满族，并非氏族制或奴隶制，开始即进入封建制，不过仍有氏族与奴隶之残余制而已。

又详论《清代入关前后几种礼俗之变迁》，有渔猎、祭告、祭堂子、丧葬、殉死、婚嫁、剃发、衣冠等八项，尤其从殉死制度，虽在关外太祖、太宗时有殉葬之后妃，嫔妾。但入关后即明令禁止之。至于《清代包衣制度与宦官》详论内侍宦官，即后如李莲英之辈，亦有弹劾之，致有清一代内侍非如前代李唐时之握六军之郑注、李训之死，皇帝欲制而不能也。

《清史语解》一文，乃郑先生治清史多年收获而未公诸世者。后见陈寅恪师论《史乘胡名考证》之文，乃以多年习见满语十六条之要者，加以考释。《清史探微》虽亦印出，但读者少。今再刊印使治明、清史者，由此文可知与汉人不同之语言而其原意为何也。

予家世居辽西，祖籍汉军镶黄旗，三代祖又为固山额真，予父披甲当差，满名特彤阿。予外祖家为满军正红旗，译成汉姓为"敖"。传为八家满洲人，入京时从后宰门进，想即从景山公园前今博物院办公室之门入宫也。内为坤宁宫、乾清宫、左右六宫。非进午门，首见者办公地点之太和殿、保和殿等三殿也。郑先生之《清代的八旗和绿营兵》，即详论黄、白、红、蓝四旗及镶黄、白、红、蓝等八旗，蒙古、汉八旗，共二十四旗之制度，以及入关后招募之汉兵，即所谓绿营之由来。

清初功绩最高者为多尔衮。由一九三六——一九四〇年郑先生写成四篇多尔衮论文。称皇父、墨尔根王、阿玛王、九王爷实则一人耳！先生于此考证详明，显解疑团。

《明史读校拾零》共四十余页，虽名为拾零，实以百衲本《明史》为主，与明历代《实录》、《明一统志》为主，《寰宇记》、《辽东志》、《礼记》、《汉书》等，互相校正得数百条，由洪武至崇祯，二百七十余年，能按年校正其不同之处，诚清代汉学家所少见者。《十三经注疏》固为汉学家集大成之作，史学有《廿二史札记》、《十七史商榷》，而专究明史，按年校释，郑先生外无他人焉。

近十年来，大谈丝绸之路。虽新疆考古者亦有发现，唐诗中亦有诗述及，但我心中实未决此疑难，觉得唐时安西都护府虽在中亚，但丝绸未必俱由中亚运出。今读郑先生《关于丝绸之路》一文，知班固送弟西域都护班超白素三百匹，又窦宪执政予班超杂彩各色丝绸七百匹，白素三百匹代买月氏马及苏合香、毛毡等。（见《太平御览》卷八一四、《全后汉文》卷二五）从此确信丝绸运出，已自汉时起，当然汉后中西交通更无疑矣！

《宋景诗起义文献初探》，详述宋景诗一生中事迹，实多根据清《文宗、穆宗实录》及《山东军兴纪略》、档案馆中之档案，始能清楚提出山东农民起义军，尤以黑旗军宋景诗为最壮。因而《清平县志》云："部伍整齐，骑卒精健"。虽然降清但黄河北、大名东、济南西，此一地区仍为其驻防之地。

以上为予四十年中所了解郑先生之事迹。一九五二年以后，虽身居两地，但心向先生无时或已！其所能如此者，不只敬先生一生中深究明清史为他人所不及，尤敬先生为人谋而忠，与朋友交而信，待人以诚，处人以和。凡一后学，无不以此四者敬重先生。先生离开我们已近三年，仅书此短文，以缅怀先生。

（原载《郑天挺学记》，三联书店，1991 年 4 月）

忆郑毅生师二三事

王玉哲

　　一九八一年冬，我国著名的教育家、史学家郑毅生（天挺）先生突然卧病、与世长辞。巨星殒落，学术界无不同声哀悼。作为他的及门弟子，四五十年来使我印象最深、永远难以忘怀的，是他那助人为乐、诲人不倦的待人情操和严肃认真、一丝不苟的治学精神。

　　郑先生的为人和学术成就，已详于其他同志的纪念文章中。这里，我只记述郑先生与我有关的一些片断，作为对先生景仰和怀念的敬奠。

　　先生的大名早在我念中学时期便已有所耳闻。那时先生是北京大学的副教授兼秘书长，日报上经常刊载着先生代表校长主持学校的有关会议。北京大学是学术界公认的好学校。抗日战争前，北大原校址分为三院，一院是文法学院的教学区，就是至今依然存在的沙滩红楼。于是这座"红楼"，也就成为北京大学的象征。每年不知有多少中学生在做着"红楼梦"，向往着考入这座名牌大学。我很幸运，高中毕业后，很顺利通过北大的入学考试，居然正式成了这座红楼中的"莘莘学子"之一了。

　　记得我刚进入北大的第一天，在红楼上课就是听先生教的"魏晋南北朝史"。那时先生才三十多岁，年富力强，在课堂上讲解起来，口若悬河，声如洪钟。从课堂的讲授中就可以看出，这位老师的性格，是虚怀从善，而决不苟同于人。

　　一九三七年夏"七七事变"爆发，北京沦陷，北大、清华与天津的南开三大学南迁湖南，在长沙联合建立"临时大学"。半年以后，宁、沪战争吃紧，长沙连日遭到日军空袭。于一九三八年春，学校乃再次西迁云南昆明，"临时大学"改名为"西南联合大学"。当时由于筹建校舍的困难，文法学院决定南去滇南的蒙自上课，一直到一九三八年秋才又从蒙自迁返昆明。在西南联大念书的学生，大部分是从华北、华东等沦陷区来的，由于家乡被日军侵占，经济来源断绝，有很多同学不得已只得退学。留在学校学习的，则天天在饥饿线上苦撑着。抗战期间，物资短缺，百货腾贵。当时联大的教师虽然每月有工资维持生活，但仍是很艰苦的。在这种情况下，北大历史系以郑先生为首的几个教授，为了使我们几个历史系的穷学生完成大学的学业，他们从生活费用中抽出一部分钱来，作为我们的救济金，这种"雪中送炭"，解人于倒悬的品德，是我们终生不能忘怀的。

大学毕业后，我投考了北京大学文科研究所。这件事又遇到一个小小的波澜。

事情原委是这样：我在大学二年级时写过一篇有关"庄子"的文章，对当时学术权威某公的论点提出了商讨的意见。我那篇小文颇得当时治庄子的专家刘文典先生、冯友兰先生、闻一多先生的好评。罗常培先生主编《读书周刊》，想把它刊载出来，于是把我那篇文章拿去给某公看，请他写篇答辩，准备同时发表。不料此公看后，大发脾气，从此对我记恨在心。此公即是北大文科研究所的负责人，在我投考研究生时，他曾公开宣称："这个学生城市气味太浓，不安心刻苦读书，专门写批驳别人的文章，我们决不能录取这类学生"。后来几经折冲，还是通过郑先生和汤用彤先生、罗常培先生从中排难解纷，大力推荐，才勉强把我录为备取。入学以后，我的导师唐立厂（兰）先生第一次同我谈话，即告诫我说：研究学问，正面的题目很多，还是以少写批评别人的文章为好。唐先生这些教导，我印象极深。真是，古人有一字之师，今人有一语之敌，不禁令人为之浩叹！

北大文科研究所最初设在昆明城内，由于市区连日遭到日机轰炸，于是研究所迁往距昆明市约二十里的一个小乡镇龙头村，地处昆明的名胜"黑龙潭"与"金殿"之间，这是一个宁静幽美的僻乡。当时清华研究所在司家营，北平研究院历史研究所在洛索坡，几个村庄相距不过二三里，这一带自然形成了一个小小的文化区。北大文科研究所的导师，如罗常培先生、汤用彤先生和郑天挺先生，大部分时间和我们住在这里。他们除了到联大上课时进城外，一般都和我们共同生活，朝夕相处。所居乡村，仅数十户，平时荒僻清冷，几不闻人声。研究所坐落在龙头村旁的宝台山上，设备很简陋，我们住的几间小土房既是宿舍，又是图书室，连做饭、吃饭也在里面。隔壁是只住有一两个老僧的破落寺院，从不见他们拜佛、诵经，而外面香客亦复鲜过。这也增加了我们似乎旧式书院的清静生活。几十个师生每天除了读书之外，便促膝纵谈学问，别无他事。由于乡下没有电灯，晚上我们是在菜油灯下攻读的。回想做研究生时那段生涯虽然艰苦，但也很愉快。时至今日，似乎还别有一种耐人寻味的憧憬心情。那时我们研究所的所长是傅斯年先生，但是真正关心我们学习和生活的，却是做副所长的郑先生。同学们曾戏编一副对联曰："郑所长是副所长，傅所长是正所长，郑、傅所长掌研所；甄宝玉是假宝玉，贾宝玉是真宝玉，甄、贾宝玉共红楼。"

抗战期间，郑先生在昆明主持的这所文科研究所培养出了几批学生，现在分散在全国各大专院校或科研单位工作，不少已在学术上作出重要贡献。有些教育界人士经常怂恿郑先生，写一篇总结那时在宝台山上培养研究生经验的文章。郑先生生前曾几次当面向我谈论此事，并说已经动笔，把我们那时的同学名之为"宝台山子"。

研究所毕业后，我便离开昆明，西去大理一所大学任教，抗战胜利又随该校复员迁返原来的校址武昌，长期与先生分处两地，直到一九四六年夏，我借回北方省亲之便，到北京拜见先生。当时先生还和汤用彤先生、姚从吾先生挽留我在北大任教。我因与南方一个大学的聘约未满，乃婉辞谢之。直至我动身到达天津时又接到先生一再挽留的电报。可见先生对后学的关切和殷望了。

解放后，一九五二年高等院校调整，郑先生调来南开大学，从这时起，我更与先生朝夕聚首，得以亲聆教言三十年。

先生一生志在学术，研治乙部，博极群书，为学谨严持重的精神，久为时人称道。所著诸稿，往往藏之箧笥，非有十分之见，不轻于示人也。数十年来郑先生更以关心教育，培养青年为己任。逝世前不久的一个傍晚我陪同他在校园里散步时，还谈到近年来历史系的学生立志学先秦史的人，越来越少，建议我筹办一个先秦史研究室，谆谆嘱咐要大力培养这方面的人才。先生的音容笑貌，现在回想起来，历历如在目前，孰意这样一位可亲可敬、精神矍铄的老人，为时不到一月，竟霍然长逝。使我们后生小子，从此请教无门，长期失所宗仰，悲夫！

（原载《南开史学》一九八三年第一期）

怀念郑毅生老师

程溯洛

　　大约我还在上中学的时候，就知道北京大学历史系有一位治明清史的专家——郑天挺教授，听说他不但是一位谨严的历史家，而且很同情青年学生，支持过学生运动，营救出被捕的同学。

　　"七·七"抗日战争开始后不久，北平沦陷，北京大学、清华大学和南开大学相继南迁，在云南昆明组成西南联合大学，继续招生上课。一九三八年秋，我也来到后方，考进西南联大，在那里上学。久已敬仰的郑先生，终于开始和我们见面了。那是三年级的上学期，我选修了郑先生的明史课。一个秋风送爽的季节，在战时后方那简陋的平房教室中，走进来郑老师，他有高大的身材和洪亮的嗓音，讲课时，态度显得那样庄严而慈祥，内容生动而有条理。记得他在讲正课之前，照例先介绍这一课程的资料目录学，光用板书写出明史的史料和参考书刊，就足足花去两小时。等到讲正课时，他就不再带讲稿，只在黑板上写几条重要的提纲，于是逐条凭记忆口述，由浅入深，顺序阐明。讲的速度不快，一字一句，铿锵入耳，有时有重复，使学生易于笔记。他真不愧为一位教育家，一位富有教学经验的好教授。

　　先生又是一位干练的教育行政家，听说他抗战前在北大除任课外，还担任过学校的秘书长；抗战期间在西南联大又兼任总务长。他白天常坐办公室，全校师生找他的可真不少，一间小屋子里常挤满了人。当时国统区民穷财尽，物价飞涨，教育经费奇绌，师生生活困难，他一手能掌持偌大学校的门面，真不容易；而先生总是从容不迫地处理、应付裕如。先生白天既忙于事务性工作，而治学只能在晚上进行。记得他住在城里云南大学附近的靛花巷，还担任北大文科研究所研究生的导师。我在西南联大毕业后，考进北大文科研究所当研究生。在靛花巷后院楼上的宿舍中，每逢夜深人静，在那微弱的电灯光下仍不停看书工作的老师中，总少不了郑先生一人。

　　先生不但专心致志于治学、办教育，而且很关心学生的学习和生活。别的我不清楚，当时北大文科研究所因昆明城里常遭到日本军阀飞机的轰炸，研究工作不好进行，大约在一九四一年左右就搬到昆明东北部龙头村前中央研究院史语所临时的旧址——宝台寺中几间简陋的平房中去。在离城数十里、交通不便的村寺中，先生以研究所的导师和研究生生活负责人的身份，常常不辞徒步之劳，从昆明城里远来宝台山关心我们的学习和生活。他曾负责与史语所交涉，留下不少他们的图书。当时在那样艰难的环境下，我们研究所图书室中，凡《道藏》、《大藏经》、《四部丛刊》、《丛书集成初编》、《廿四史》等差不多都有了。他又为我们雇来一位炊事员，以改善生活。

　　先生胸怀坦白，临危不惧，处之泰然。记得抗战时期，昆明城郊经常遭到日本军阀侵略飞机的袭击，西南联大师生时常要"跑警报"。记得有一天，我们已在大西门外校本部教室中上课，忽然从城楼上传来一阵预行的空袭警报声，我们师生都照例跨步走过学校北面的莲花池，奔向黄土坡附近的防空的土洞中去，我看见郑先生也已来到那里，和我们所聚的土洞相处不远。忽然上空远处飞来几十架日本轰炸机，机声隆隆，震耳欲聋。我们正抬头看望时，只见天空中已纷纷落下几十颗银灰色的炸弹，顿时即在我们所处土洞约几百米以外的地方炸开，一阵阵红光与浓烟凌空而上。我自分自己可能九死一生。等到警报解除时，我们探头出洞，只见同学们都面无人色，而郑先生离洞出来时，我只见他拂去旧大褂上的灰尘，神态安详自若。

　　一九四五年日本侵略军失败投降，抗战胜利，西南联大开始北返。北京大学派郑先生接收伪北大，坐飞机先行北上。我也接着随北平研究院复员来到北平，看望先生于沙滩北大蔡子民先生纪念堂。时先生正忙于整理校务。我问先生其宝眷是否已来，才知尚留在昆明。先生这种先公后私，公而忘私的精神，是永远值得我们学习的。

　　解放后，先生思想进步，工作更加积极，服从组织分配，于一九五二年北京高校院系调整时从北京大学调到天津南开大学历史系，主持系务，把南开大学历史系办得很出色，在国际上享有声誉。晚年光荣地加入中国共产党，领导史学界，在历史教材的编纂和明清史研究的领域，作出巨大的贡献。

（原载《南开史学》一九八三年第一期）

忆 郑 毅 老

罗继祖

毅老是我国史学界尊宿，明清史专家，我耳其名甚久。一九六三年，我获参预廿四史校点工作，才在北京复兴门外翠微路中华书局与毅老初次见面。那时中华召集全国高校历史教师，毅老和我外计有武大唐长孺、陈仲安，山大王仲荦、张维华、卢振华，中大刘节，师大刘乃和，山西教育学院王永兴，民研所冯家昇、翁独健，民族学院傅乐焕，还有汪绍楹。每人各校一史。有的人住局，为毅老和我及唐、陈、王、张、卢、刘、王诸君，有的家在京即在家工作，每开总会时才聚集一堂。

毅老和我连屋而居，共案而食，日得数见。当时住局诸君以毅老年龄最长，因共推为祭酒。毅老体质甚健，晬面盎背；对人态度寓和蔼于严正之中，言笑不苟；谈起学问来，虚怀若谷。

公余，三五相聚闲话，有时涉及校点中问题，有时上下古今，无所不谈。唐先生好购古画，张先生好搜罗乡邦文献，他们常逛琉璃厂和宝古斋，我有时也同去，有所得，拿回来共同欣赏。毅老虽没有这种嗜好，但如遇到有关清朝掌故的东西，也特别注意。记得有一次谢刚主丈拿来一卷《宣南吟社图》，毅老即借去，想藉以考一考林则徐有没有参加宣南吟社的事。

一九七五年冬，我随吉大法律系于役津门，曾趋谒毅老，为十年浩劫后再得相见。乍见，觉毅老仪容宛如翠微初见面时，不见老态。谈起翠微旧事，不堪回首。

粉碎"四人帮"后，知识分子得以扬眉吐气。毅老培育后进的精神更加勇往。大抵毅老培育后进有三途：一，南大历史系本设有明清史研究室，其中不少骨干分子和后起之秀，这些人都是在毅老的精心指导下壮大成长起来的；二，外校的中青年进修教师，如我系梁希哲同志即其一。希哲回来告我，郑老高年亲给我们讲课并指导，还亲领着我们参观清东西两陵，感到收获很大。我听了也高兴；三，指导研究生。

　　回顾翠微旧侣，刘、卢、冯、傅、汪都墓有宿草。唐先生夙患目疾，现在还力疾研究高昌文物，著有成书，又出国至日本讲学。王仲荦先生新著《魏晋南北朝史》两巨编，为高校历史参考书。张先生老病颓唐，而心情愉快，《秦汉史论集》亦已刊出。我自己却做得最差，考古和东北史都没能很好的完成任务，平日虽不断东涂西抹，都是钉饳之学。

　　谢刚主丈告我，平生交游多，然最称莫逆者郑毅老外，止有刘（盼遂）、向（达）、王（重民）四五人耳。我在京得识刘、向，而王则未一面。今毅老等俱作古人，而谢丈亦于本月四日逝矣！忆毅老兼忆及谢丈，瞻念旧游，黯然伤怀！

　　　　　　　　　　　　　　（原载《南开史学》一九八三年第一期）

郑老的"身教"永志难忘

——敬悼郑毅生老师

熊德基

一九八一年十二月二十一日我们历史研究所几个负责人正在开会，一位同志走进来报告："郑天挺先生昨天逝世了。"大家齐声的问，"消息可靠吗？"回答是"天津来了长途电话。"同志们都说他刚在北京开完会回去，只听说有点感冒，前后不过三天，当然，享寿已八十三了，也不能算突然。可是我却深悔不知道他此次来京，否则也有最后一面的机缘。一时，顿然陷于沉哀中。

我认识郑老是在一九三九年秋天，那时我因意外的要去复学，因而转移到昆明。由于全无经济来源，就只好插班于西南联大师范学院史地系三年级。后来虽知道文科学生家乡沦陷的也可领取贷金，我认为反正讲课的同样是北大、清华和南开的教授，也就无所谓了。这时，几位在北京相识的旧友已任助教了。他们为我详细的介绍了一些教授的学术专长和作风。当谈到郑老时，都说他学术渊博，不仅精于清史，而且对古典文学素养很深，以前讲过"六朝文"，这在史学界是罕见的，恰恰适合我的兴趣。因而第一学期即选修了他的"明清史"。

在上第一节课时，我才初次见到郑老，当时不过四十岁左右，朴实温和，给人亲切之感。他刚在黑板上写了今天讲授的题目，一手刚劲有力的板书，引起我这个书法恶劣的人的欣羡。他教课是在讲内容之前，首先介绍"明清史"的主要史籍，这使我可以摆脱一般参考书而直接阅读原著。每当课余我读《高青邱集》或《吴诗集览》等，总爱翻翻《明史》和《明季南北略》等，大体搞清当时的历史背景。近数十年，偶然我也写一些清初遗民文学的文章，实拜先生之赐。不过，郑老给我的最宝贵的教导，却是他的"身教"。这是一种人格上的无言之美，感人至深。使我没世难忘的是：

（一）当时西南联大的师生，生活是很艰苦的，教室和学生宿舍都是草棚，而且日机天天来轰炸，师生都只好整天蹲在校舍北面的山沟里看书、打桥牌或睡觉，因此课程都排在上午十时前和下午四时后，警报解除后，整天忍饥耐渴的师生还得照常上课。郑老不但要讲课，而且兼任了联大总务长，又是北大文科研究所的实际负责人，当然比任何教授都辛劳。可是他仍尽力保持传统的科学研究的风气。记得有一次北大文科研究所举行学术报告会，邀请向达先生讲《唐代俗讲考》，会前他亲自认真的检查了会场上展出的有关的书刊和向先生自欧洲抄回来的资料和照片，又陪同主讲人到场，并加亲切的照顾。试想，他自己也是知名的清史专家，在坚持本位工作之外，还如此的重视科研工作，如此的尊重别的学者。这需要何等的毅力！何等的气度！

（二）一九四六年由于我的学习成绩好，系主任雷海宗先生和地理教授洪思齐先生原想留我任助教，却遭到了师范学院两位负责人意外的拒绝。当时我是昆明私立天祥中学创始人之一，已兼教务主任，工作和生活原无问题。不久即证实一个我领导过的党员因动摇而叛变了，迫使我不得不按照党组织的规定而离开云南。当我到联大总务处办理手续并领取"临时毕业证明书"时，遇见了郑老，他竟然认识我（他讲课是从来不点名的，而我也因提不出什么有意义的学术问题向他请教，故从未去找过他）。他问我将去哪里，我感于他对我的关心，如实地告诉他将去湖南蓝田（今改为涟源县），任国立师范学院史地系讲师，他很高兴的说："那儿我有几位朋友，我给你写几封信，托他们照顾照顾你。"那时我正愁该校上自校长下至工友，我没有一个熟人。郑老当即抽毫为我写了三封介绍信，我真喜出望外。其实，何止对我一人，不知多少学生得到他的各种帮助。这种主动地无私的爱护和关心青年，实足为我们的楷模。

（三）在"十年浩劫"中，许多在高等学校任教的老友都不讲书了。在当时，我都报以会心的微笑。但打倒"四人帮"后，有些人仍如此。我每见到这情况总是诚恳的劝他们，"现在正该积极的培养下一代，补救这十年人才的损失，为什么只管自己搞研究而把一些课程堆在年轻的助教身上？为什么不发挥自己的专长去讲书，让年轻的同志能好好的读几年书？即使是一年级的通史，也只有老教授才能左右逢源、得心应手的引导青年走上科学的大道，这是婴儿的'开口乳'，十分重要啊！"他们也同意我的看法，有的人也告诉我有些为难之处，我也同情和理解。不久，也有不少人已带研究生了。

一九七九年秋我到天津开会，特地去南开看望郑老，当时他住的是一所平房，一进门即见他俯首坐在一张大书桌旁，桌上堆满了《清实录》和有关典章制度的书，见面后他十分高兴，我也觉得"如坐春风"。他已八十高龄了，还是孜孜不倦的搞专题研究，而且带了好几名研究生和外来的进修生，因此每个星期还去课堂上讲几次课。前辈这种"诲人不倦"的精神何等感人啊！因此南开历史系的教授没有人不讲课的，所以这个系始终在国内保持较高的学术水平。我因时间有限来不及在南开参观，他却坚持要陪我走走，我们于是在周总理纪念碑前合摄了几个照片，想不到这竟是我们最后的一面。

（四）自我离开昆明后，我仅在到湖南之初向他写了一封谢函，直到一九五○年夏我到北京开会，趁此到北大匆匆和他见过一次面。后来我调到北京，见面的机会就多一些。近年他曾将他的论著寄给我，拜读之余，我觉得实是对我的鞭策。

郑老的学识广博，六十年教学生涯中开过许多课。他的目录、版本、校勘和文字学的素养都是很深的，以此从事考据，故能阐微发覆，却从不为新奇可怪之论。难能可贵之处是在任何艰苦的条件下始终勤学不辍，而且数十年中他总是负责一部分行政工作的，可是他的论著仍保持一定的质量，例如《发羌之地望与对音》和《〈隋书·西域传〉附国之地望与对音》等竟是联大南迁云南，他在蒙自行装初卸时的作品。在昆明尽管工作十分繁重，仍陆续有鸿篇巨制发表。如《满洲入关前后几种礼俗的变迁》、《清代皇室之氏族与血系》和《清代包衣制度与宦官》等等，无不繁征博引、十分精湛。他在一九四五年印行的《清史探微》的叙言中说，"比岁僻居无书，日罕暇逸，其研思有间恒在警报迭作晨昏野立之顷，其文无足存，而其时或足记也"。可以想见他在那艰危困苦中对史学锲而不舍的精神。而《清代的幕府》一文，竟出于八十高龄老人之手。不能不令人敬叹！

还必须指出的是：郑老治学的态度是十分谨严的。即使对一条史料，也必细下功夫寻根究底，把它的时间和可靠性彻底弄清。如《关于徐一夔〈织工对〉》一文，即其明证。

（五）更令人敬佩的是郑老的追求真理老而弥坚的精神。众所周知：郑老是个爱国主义者，青年时也参加爱国群众运动。李大钊同志殉难后，他和一些师友冒着风险才使李大钊同志的忠骨得以安葬。在国民党反动派的黑暗统治的二十多年中，郑老虽一直负责一部分行政工作，而每当恶风狂浪中，他总是千方百计的竭尽全力保护青年学生，营救被捕者，甚至掩护其中的党员脱险，如果不是具有高度的正义感，焉能办到！有的唱高调而不食人间烟火食的人，是不能理解处在他那种情况下，经过千思万虑、苦心孤诣而采取的有效措施的。解放后，他即努力学习马克思主义，《明末农民起义史料》的序言，即可看出他迈开的第一步，其后不断精进，而且对每一个新生也总是鼓励他们学习理论，故六十年代初他已运用马克思主义理论来探索《清入关前满洲族的社会性质》这样的大问题了。姑不论此文能否成为定论，但这种精神是多么可贵啊！——记得解放初我曾力劝几位旧学根底很好的三四十岁的朋友努力学习马列主义，其中一个很诚恳的对我说："解放初，我在革大即曾诚心诚意的学，经过几年捉摸实在学不进去，太难了。"我惊奇的问："难道比你释读甲骨金文，钻研古文经学更难？"他说"确是更难，读不懂，我只能搞考据。"甚至说："你看中年的旧知识分子谁学好了，他们无非是在必要时贴贴标签而已。"当时我想，一个读惯了古书的知识分子，社会科学许多名词的概念对他们来说的确比什么典故都难懂。搞考据，大都用的是归纳法，而辩证法，更是他们不习惯的思维方法，无怪他们读不进去，因此对之有些同情的谅解了。——现在看来，郑老在解放时已是五十多岁了，在旧学的漩涡中已沉浮了半生，但他却有追求真理至老不倦的精神，所以走过艰苦的道路，终于在八十高龄加入了中国共产党。这有力的说明一个人，只要服膺真理，追求真理，即使"人到中年"，也是可能成为马克思主义者的。郑老就是一个很好的榜样。

作为他的学生，我始终认为郑老不仅是"经师"，而且是"人师"。言教之外，更留下了宝贵的"身教"。我将终身永志不忘。

（原载《中国古代史论丛》一九八二年第二辑）

郑天挺师百年诞辰纪念

——解答六十年一疑团

吴相湘

本年（一九九九）八月九日，是先师北京大学郑天挺（毅生）教授百年诞辰纪念。

郑毅生师原籍福建长乐，清光绪二十五年七月四日（一八九九年八月九日）生于北京。父亲叔忱公是清光绪十六年（一八九〇）进士。后在翰林院任职。光绪二十年（一八九四）任顺天乡试同考官。光绪二十八年任奉天（沈阳）学政。后以丁忧回北京，在京师大学堂（即北京大学前身）任"教务提调"（教务长）。一九〇五年病逝，时年四十二岁。天挺年甫六岁。其母陆嘉坤氏是广西临桂人，一八九六年与郑叔忱公结婚。她亦通经史，热心于教书。叔忱公逝世后，没有遗产，乃应傅增湘之聘，到天津担任北洋高等女学堂总教习。那时女子还没有到社会上工作的风气，许多亲友不赞成她去。她为家庭生活计，决心孤儿寡母相携到天津。不幸，不到一年，即染白喉病逝世。

郑天挺师的外祖母姓梁，郑母临危前委托梁济（巨川）为郑天挺（年七岁）与其弟（年二岁）的监护人。巨川先生有两子：梁凯铭及梁漱溟。故郑天挺与梁氏有表兄弟关系。实际上，郑与幼弟是寄养于姨父母（均早逝）、表兄张耀曾和张辉曾家中。

张耀曾当时正在日本留学，乃由辉曾教郑天挺读书。一九〇七年，天挺在北京入福建同乡会设立的"闽学堂"初小肄业。一年后，以同班只五人，停办。改入"江苏学堂"读书。一九〇九年，"闽学堂"成立高级小学，郑又回闽学堂。肄业两年，一九一〇年冬，又因经费不足停办。

晚清设立的学堂，仍是以读"经"为主，不过读经的方式与私塾不同。郑天挺在小学的几年，主要读物是"书经"、"诗经"，另加"修身"、"作文"、"算术"、"史地"等。

　　当时，郑的同学中有广东香山县人杨健（壮飞）将香山县印行的葡萄牙侵占澳门图片传送同学观看；另一同学福建惠安人庄绍祖也时时传送华侨反满的言论。这两件事在郑天挺幼小心灵中，印象很深。

　　一九一一年，郑天挺十二岁考入顺天高等学堂的中学一年级。同班人很多都比郑年长，同年的只有几人。梁漱溟、张申府、汤用彤等都在高年级，只有李继侗与郑同班。所学课程很深，如"修身"课是读"明儒学案"节本，英文、数学课本也很高。是年秋，武昌起义，辛亥革命发生，学校停办。郑在校时参加军事兵操，但背不动步枪，只是随队走走。

　　武昌首义，推翻满清，中华民国建立，郑天挺当即剪掉辫子，心情快乐，至老年仍难忘。

　　中华民国元年（一九一二），郑天挺考入北京高等师范附属中学（即后来北京师大附中前身）。在校肄业四年。身历第一次世界大战，日本向中国提出"二十一条要求"，对郑天挺刺激最大印象最深。

　　一九一六年，郑天挺在家自修，专门读父亲遗留的中国史籍。从此养成读书习惯，也奠定后来学习史学的趋向。

　　一九一七年夏，北京大学第二次招生，郑天挺报名投考大学本科国文专门，经录取后，即入学。同班三十二人。年龄与郑天挺同样的约占一半，只有罗庸（后来亦是北大中文系教授）年十七岁。

　　一九一八年时，北京大学的同学很活跃，有三种不同方面的刊物出版：《新潮》、《国民》、《国故》。郑天挺与同班同学大都各自埋头读书，很少参加活动。有一人投稿给《国故》，受同学的揶揄，大家都自命清高，认为投稿是自己炫耀才识，颇不以为然。郑天挺受这种思想影响，后来不敢也不愿以自己文章就正于人，因而也很少写文章。

　　当时，郑天挺与北大同学较熟识的有郑奠、罗庸、罗常培、杨亮功、邓中夏等。后来都学有专长，知名于时。

　　一九一九年"五四"爱国运动发生，郑天挺也走出了书斋，参加学生会工作，且曾代表北大到天津南开中学联系，并走向街头作一些宣传活动。是年十一月，日本军舰在福州登陆残杀中国人民。北京的福建学生乃组织"旅京福建学生联合会"，抗议日本的暴行，郑天挺也积极参加这一运动，到街头演讲、宣传不买日本货等。并用"攫日"笔名撰文送刊学生联合会出版的《闽潮周刊》。

　　当"五四"及"闽案"运动时，常与郑天挺在一起的有郭梦良、黄英

（庐隐女士）、郑振铎、朱谦之、许地山等人。其中郑振铎（一八九八——一九五八）是天挺本家侄子，以后过从亦多，振铎时在铁路学堂肄业。

一九二〇年春，旅京福建学生在北京组织 SR 学会（Social Reformation），郑天挺、郑振铎、郭梦良及女高师黄庐隐，师大、清华等十四人组成，不公开活动。

郭梦良、黄庐隐经三年文字交往于一九二四年一月十三日在上海结婚，翌年郭梦良病故。黄庐隐后以文学著名，与冰心女士有来往。

一九二〇年夏，郑天挺在北京大学毕业。经人介绍南下前往华侨名人陈嘉庚（一八七四——一九六一）创办的厦门大学任教，厦门大学校舍奠基典礼在郑成功操练水军的"演武亭"举行。郑天挺在奠基典礼牌楼横额手书"南国启运"四字。当时厦大教师如刘树杞、周予同、郑贞文等与郑天挺时常往来（刘树杞于一九三〇年代任北京大学理学院院长，郑天挺亦在北大任总务长）。

是年六月，厦门大学更换校长，郑天挺与一部分教师即辞职离校。

同年秋，北京大学研究所国学门成立，郑天挺与罗庸等入所做研究生，研究题目是"中国文字音义起源考"，由钱玄同先生指导。

清代内阁档案一部分移交北大研究所后，郑天挺也参加整理工作。这对郑是一件大事，从而奠定了以后从事明清史事研究的基础（后来刊行《清史探微》及《探微集》，内容甚多是整理研究清代档案的心得）。

一九二一年秋，郑天挺与周侬（稚眉）结婚。为补助家用，在表兄张耀曾主持之"法权讨论会"兼任秘书。

法权讨论会是当时政府筹备收回欧美日本诸国在中国的领事裁判权的机构，会中保存了大批中外文献及一些外交档案。在会中工作的青年秘书还有戴修瓒等，后来三十年代都是北京大学法律系教授。

一九二二年八月，郑天挺撰《列国在华领事裁判权志要》一册，以"法权讨论会"名义正式出版。是郑天挺编撰的第一部学术著作。书中指出：领事裁判权明确确定而订立于条约中，系一八四三年（清道光二十三年）中英五口通商章程第十三款，但语意尚较含混。随后又与英、法、义等国订约，领事裁判权即于是时明确确立，中国完全丧失其治理外人之权。书中第五章还列举种种事实，揭露领事裁判权侵害中国主权，紊乱中国治安秩序，轻视中国人民权利，妨害经济及一切文明事业之发达等等。主张领事裁判权必须废除。是书出版后，曾获得当时一些法学家好评，刘师舜即曾撰文，称赞是书（按：各国在华领事裁判权，至一九四三年中国对日本抗战时，英美与中国订立平等新约才告废除）。

一九二〇年中叶，北京政府在军阀混战政潮汹涌时，财政收入大都支付军费，一般政务尤其教育经费时常无款拨发，学校教师只有在多所学校兼课，集少成数的收入以维家计。郑天挺于一九二四年夏任北京大学讲师，每月领得薪资不到聘约的十分之一。在北京女子师范大学兼课。"三·一八惨案"发生，北大及女师大学生数人死亡。郑天挺愤北洋政府无道，又悲青年学生壮烈牺牲，仍节衣缩食捐款助丧葬。

一九二七年五月，北大教授马叙伦受任浙江省政府民政厅厅长，郑天挺应邀南下。在杭州工作只两月，即因马叙伦辞职而离开。

一九二八年二月，郑天挺表兄梁漱溟在广东广州政治分会建设委员会任常务委员，邀郑天挺前往担任秘书。

当时，北大同学如罗常培、丁山等甚多在广州中山大学任教，时常聚晤谈论学问，郑天挺得到鼓励开始写作，研讨中国史料问题。

梁漱溟在广州原计划推行乡村自治，只以当时派系复杂，梁的计划未获通过。适浙江大学校长蒋梦麟电邀郑天挺前往工作。天挺乃离穗北上赴杭州，担任浙大秘书兼文理学院讲师。

一九三〇年二月，蒋梦麟任南京国民政府行政院教育部长时，为召开全国教育会议，要郑天挺前往南京教育部任秘书。

是年即一九三〇年十一月，蒋梦麟出任北京大学校长，郑天挺也随同回北大任校长室秘书。

一九三三年暑假，北大秘书长王烈辞职，由蒋梦麟暂兼。是年十月，北大学生用浴室以年久未加维护修理而倒塌，压死学生一人，重引起学潮（当时相湘在北大文学院史学系肄业，时常自西斋宿舍步行前往位于"红楼"文学院后之小浴室）。蒋梦麟大惧，急忙物色专职秘书长。蒋初意法学院院长周炳琳教授，周不允，推荐郑天挺出任，蒋征求刘树杞、胡适诸院长意见后即决定由郑天挺出任北京大学秘书长。

北大秘书长十八年　三大新馆厦的兴建完成

郑天挺明知困难很多，例如一就职首先碰到的是死亡同学开追悼会问题，颇感棘手；其次即许多人事上的困难。因为论资历，自己不是留学生；论关系，还有许多人与蒋梦麟更密切。何况还有一些校方负责人愿意担任此职。后来经过反复协商，再加上许多人的鼓励，郑天挺就同意担任，从此以至一九五〇年五月，长达约十八年的多灾多难岁月，郑天挺肩负了日常琐务以及在北京大学历史上一次先后兴建地质学馆、图书馆、学生宿舍的大事，种种行政事务占去大部分时间的情况下，郑天挺始终在中文系任教，讲授古地理学及校勘学等课程，编印讲义分发学生。并且每日利用晚间（假日亦不间断）每日校勘《世说新语》数页，又利用校勘学方法写出《杭世骏〈三国志补注〉与赵一清〈三国志注补〉》一文，证明"赵书"所征引的文献，多于"杭书"七八倍，而雷同者则少，从而证明赵一清是清代一位"捃摭益富、考订綦详"的学者，而不是"攘美窃名之流"的文抄公。另一《张穆〈月斋集〉稿本》亦珍贵。

先师孟心史（森）教授阅天挺校勘杭、赵有关《三国志》文后，极以为然，因请将赵一清《三国志注补》由北京大学出版部影印刊行，且撰《书郑毅生先生〈影印三国志注补序〉后》以赞扬之。

由此可见，郑天挺师在北大秘书长行政事务丛集之余，晚间专心做校勘学的缜密工作的成绩。真如胡适之先生撰北京大学《国学季刊》发刊词中所指称：国学研究需要如绣鸳鸯一样一针一线的动手做。

先师孟心史先生于三十年代初刊行《清初三大疑案考实》一书，对顺治帝母后下嫁摄政王多尔衮的传说，力加辟斥其无根据，指出多尔衮之被尊称为"皇父"犹如汉人之称呼"尚父"、"仲父"。郑天挺师因根据北大研究所收藏明清档案，且参阅故宫博物院文献馆、中央研究院历史语言研究所收藏清初档案，于一九三六年七月写成《多尔衮称皇父之臆测》。经罗常培先生鼓励催促才送刊北京大学《国学季刊》。指出，皇父摄政王是当时一种爵秩，是为酬报有大功勋之亲王的，即"摄政示尊于国，皇父示尊于家"，多尔衮即因此由"亲王"、"叔父摄政王"，进而尊为"皇父摄政王"。这种称谓亦与其左右希旨阿谀，满族旧俗有关；而决无其他不可告人之隐晦原因。

这是郑天挺运用明清档案考证世人传说的清代大事之始。其后多年再汇辑明清档案刊行《明末农民起义史料》、《宋景诗起义史料》、《太平天国史料》等，也为清史研究提供第一手史料。其有关宋景诗起义史事的考索发表后，德国贝喜发教授（Prof. Siegfried Behrsing）来中国访问于是文兴趣特浓，并将郑文译成德文加注于一九五六年刊载于《柏林德意志科学院东方研究所通报》第四卷一期。

郑天挺师上述学术研究工作，是在学校行政事务繁忙之余晚间完成的。当他就任北大秘书长后，首先受命主持兴修图书馆、地质学馆、男生宿舍三大工程。是北大创立以后的大工程。如图书馆阅览室大书桌尺寸、台灯款式与距离，大都参照美国国会图书馆模式，施工要求极为严格；建筑之质量、图书之收藏，在当时北平各大院校中居首要地位。郑天挺师每日与庶务组主任沈肃文都亲赴工地监督施工，许多问题现场商议，就地解决。一九三五年八月二十七日验收图书馆工程。十月十日下午二时，北大新图书馆和地质馆举行落成茶话会，在图书馆顶楼招待中外人士三百余人。翌年夏，男生宿舍也完成并启用。

北大三大工程的兴建与完成，是在一九三三年"塘沽协定"后，日本陆军在北平、天津横行无忌，北京大学在危城讲学，是大义凛然精神的具体表现。但道高一尺魔高一丈，日军飞机在北平上空示威，日本宪兵甚至到北京大学校长室强邀蒋梦麟校长至日本大使馆，蒋校长充分表现"威武不能屈"的风骨（事详《民国百人传》第一册《蒋梦麟传》，及《三生有幸》）。

一九三五年，日本军阀逼迫冀察政务委员会委员长宋哲元宣布"华北独立"，建立第二个伪组织。北平各大中学校教师学生为维护国权纷纷起来表示严重抗议。十二月九日及十六日，学生大游行（史称"一二·九运动"、"一二·一六运动"）中，北大同学九人受伤，五人被捕。当日下午，郑天挺师与教务长樊际昌师同往协和医院慰问受伤同学。十二月十九日下午，郑天挺师亲往北平市警察局将北大被捕同学王德昭、巫省三等无条件保释回校（王德昭于一九五〇年代任台湾省师范大学教授，后应聘香港中文大学任教时，曾撰文忆述系狱及被保释回校经过）。

家难国难　公而忘私

一九三七年中国春节时，郑天挺夫人周俶女士因难产病逝于北平德国医院，对郑师是一大打击。

郑师自幼丧失父母，缺乏天伦之乐。一九二一年九月结婚后，伉俪情深，从未吵嘴。成家后，添人进口，经济虽时有拮据，却感到家庭的欢乐。周女士逝世时未及四十岁，家中遗下五个儿女，长女不过十三岁，幼子年仅三岁。

因此，夫人的去世，对郑天挺师精神上产生极大的打击，万分痛苦，又无处倾诉。有一时期，甚至经常念佛经以悼死者，藉以消除心中烦闷。其后友人多次劝郑续娶，但郑见到一些友人重建家庭后带来的矛盾和不安，私自下定决心：一切以学业为重心，决不以家事干扰自己的事业。从此以后，郑天挺师一直没有再结婚的念头。

是年夏，郑天挺师任北大中文系教授，仍兼北大秘书长。

一九三七年"七七事变"发生时，相湘早于半月前毕业考试完成后，南下湖南省亲侍父病。

"七七事变"发生时，北大校长蒋梦麟与文学院院长胡适都在南京参加会议。其后不久，学校负责人纷纷南下。北京大学的校务全部由郑天挺师负责办理，北大老教授如孟森与马裕藻等天天到秘书长室共同商议应付变局方策，首先采取同学建议：在校中学生经济困难的由学校每人发给二十元使之离校。故七月二十八日，北平沦陷时，北大校内已无学生。

是年八月九日是郑天挺师三十八岁生日，姑父董季友先生到郑家看望，时郑天挺师正为学校事各处奔忙。董老先生乃在郑书案头写上"鸿冥"二字，促郑远走。其后数日，郑之表姐夫力舒东医师传闻日本人要逮捕郑天挺，急忙雇辆汽车强拉郑到其西长安街尚志医院三楼病房躲避。翌日晨，郑私自回家。一夜未回医院，戚友都担忧不已。

八月某日，日本宪兵搜查北大办公室，发现抗日宣传品。日本宪兵问是谁的办公室？郑天挺说是"我的"。日本宪兵似乎不大相信。因为当时各处的负责人早已逃散一空。

一九三七年八月底，华北汉奸组织的"维持会"派人接收北大。从此，郑天挺师就不再到校了。

当时，北大、清华、南开已联合在湖南长沙成立临时大学。十月，北大教务长樊际昌北上至天津接教授。但并未携带旅费及安家费用。北大同仁十分怀疑。郑天挺师乃请心理系教授陈雪屏到天津与樊际昌面商：请长沙迅速汇款。十月底款到，郑天挺师乃分送同仁，陆续南下。十一月十七日，郑天挺师离别五幼儿，只身与罗常培、魏建功、罗庸等同乘火车到天津，再乘海轮赴香港转湖南长沙，是北大教授最后一批离开北平的。十二月十四日到达长沙。"临时大学"又准备迁往云南省境。

郑天挺师临行前，两次到北平协和医院看望患胃癌的孟心史（森）教授。孟师见郑师，特以病榻日记相示。日记中无时无刻不以国事为念，并以诗讽伪满洲国郑孝胥。孟师与郑天挺师临别尚执手殷殷，潸然泪下。不两月，孟心史师（一八六八——一九三七）遽归道山（详见《民国百人传》第一册）。

一九三八年二月十五日，长沙临时大学西迁，师生分别乘火车或步行。郑天挺师等到达云南昆明后，组成"西南联合大学"，由北大、清华、南开各派一人到蒙自县设立分校。郑天挺师受北大派在蒙自分校设立北大办事处，负责一切事务，并担任史学系教授讲授"隋唐五代史"，并注意对西南边疆史地的研究。

北大史学系师生在蒙自曾召集几次会议，纪念孟森（心史）教授。史学系主办的《治史杂志》中，郑天挺师特撰《孟心史先生晚年著述述略》一文。文中提及孟心史师逝世后，以所有北大教授邮信均由邮局转寄长沙临时大学代收转。郑天挺师收到河南省开封市许溯伊先生致孟师手翰有云："承询燕斋之名，弟一再考据，大约为广东盐运使瑞璋，后署广东臬司，总办洋务局。本总署章京，俸满外用，故有熟习洋务之称，与沈芸阁同为文襄（张之洞）倚任。至刘永福将只有黄守忠并无方姓其人。彼时粤中将弁有水师提督方耀、潮州营游击方恭，又有率勇援闽之副将方友升，皆与永福不相联属，此见于文襄电牍者也。"

郑天挺师引录许溯伊来翰时特加赞语云："此书先生（孟师）既不得见，因录于此，以见先生好学不倦、老而弥笃"云云。

一九四〇年六月，郑天挺师在西南联合大学任教时，得见《张文襄书翰墨宝》上下二册〔民国三年（一九一四）上海文明书局影印〕，内容四十八页，为札六十通。其中致燕斋者二十八、致芸阁者二封。都是张之洞任两广总督时手书，为张文襄公函稿所未收录。经详细阅读比证，确知"燕斋"是广东署盐运使蒋泽春的别号，不是许溯伊所指的"瑞璋"。稿成后送刊重庆出版的《文史杂志》第一卷第六期。

上述两文刊载的《治史杂志》及《文史杂志》都是在抗日战争时的陪都重庆市，战时交通困难，没有铁道输送，只有运输乘客的汽车或载运军用物资或出口货物的车辆，极少书刊流通发行。相湘在对日抗战八年中始终在湖南省境内工作，自无法可以见及。直至一九五〇年代中，转徙流离暂得栖身鲲岛，在台北市郊南港中央研究院历史语言研究所傅斯年图书馆藏书中才得见《治史杂志》——这是史语所于抗战时自南京迁移四川省时搜集的。由此才知相湘前在故都购得近贤手札蒙先师孟心史（森）先生题记。曾于《三生有幸》中录存张之洞、吴大澂两公手翰全文及先师"题记"全文。

一九七五年，相湘夫妇迁居美国照顾儿女、孙儿女时，曾将自台北邮运书籍中的上述两贤函札两件，捐赠哈佛大学哈佛燕京东亚图书馆珍存。因经过多年多次转徙，深知私人收藏之不易，图书馆较可永久保存。

至郑天挺师撰《张文襄书翰墨宝跋》是去年（一九九八）十月才自郑师公子郑克晟（一九五五年北大历史系毕业。一九六三年任南开大学历史系教授。一九九六年退休）来美国探亲时寄赠郑师之《探微集》（一九八〇年六月北京初版）中才得拜读。

郑克晟教授撰《郑天挺先生与史语所》（中研院历史语言研究所七十周年纪念文集《新学术之路》，一九九八年十月台北印行）于"郑先生的治学方法与史语所的学风相近"节有云："《张文襄书翰墨宝跋》一文，举出五证，证明'燕斋'应即当时署两广盐运使之蒋泽春。"郑先生这一结论，只能告慰于孟先生九泉之下了。但这篇文字，郑先生比较满意，他在晚年曾说："这就是在没有什么线索的情况之下，如何找到线索，如何进行比证，从而得出比较满意的结论。这是起码的考证方法，年轻人不能不知道。"

郑天挺师对于"燕斋"其人姓氏，念念不忘，务求获得真实结论，终于如愿以偿。这种治学精神，相湘非常感动而景仰不已。

郑师于一九八一年十二月二十日逝世，已无法禀报此原委矣，愧疚实深。

今幸张之洞、吴大澂两公原札俱在，以郑天挺师始终没有见及之。一九四六年夏，对日抗战胜利后，相湘初次北上至北大母校拜谒诸师长时，郑天挺师且特召宴于故都著名烤肉店，殷殷话往事，也未提及此。质言之，郑天挺师固始终不知心史先生之致信许溯伊先生是为应相湘请求"题记"张之洞、吴大澂两公的手翰。今为供年轻史学研究同仁参考，特先钞录张之洞原札于下：

> 刘永福已到南宁，西省无可安置。琼如不能行，或屯廉，或屯省城外；再徐筹任使（藉可察看其性情纪律）。两处孰胜？请酌示。芸阁年兄、燕斋仁兄阁下。洞顿首。
>
> 方部二十人可归营务处，余只可另设法（现详筹处刘办法，所省已甚多，此小费不必惜也）。徐陈亲兵与张都司已招，须该员自选者方听说也。此时临行，自宜发两月粮（往返两月有余），俟一切派定，开单告局，并公牍行知也。洞又及。

心史先生题跋云：

吴生得近贤手札，索题跋。此张文襄手札，所致芸阁、燕斋两人；据文襄集，书问较多，知为姓沈，余未了了。许君溯伊乃独力为文襄辑遗集者，问之但言此札未入集，当是因处置刘永福事已详他牍故。余亦未能言。再函老友赵竹君，乃复言：许君说非是，文襄亲笔信随写随发者多不存卷，其存卷者虽亲笔亦过录始发也。芸阁名镕，广东藩司，殁于任，文襄为请入循吏传；燕斋姓蒋，粤西道员，留东省供营务处差；方部则谓道员方长华也。记此可以参证于清史及文襄集矣。丁丑春初，孟森记。

吴大澂手翰原文云：

节子仁兄大人阁下：念劬交到手书，猥以六十初度，蒙赐联轴，古雅可喜。谨谢，谨谢。湘中吏治未易振作，弟不以责人，而先以自责。疆吏所司何事？转移风气，岂得委之气数耶！与念劬晤谈数日，皆迂阔语，别无政绩可言，但得一书生可为名将，此求贤馆之小效也。手复鸣谢，敬请台安，藉璧谦版。弟大澂顿首。五月十七日。益吾祭酒近著汉书补注，已刻天文志，真大勇也。

心史先生题跋云：

此亦吴生所得近贤手札之一。吴清卿中丞与张文襄为儿女姻家，适同留此手迹，想其原藏弆之家与两公俱相近也。节子为傅以礼字，念劬为钱恂字，俱有述作存世，节子题跋书籍尤有名。中丞虽功名蹉跌，然金石篆刻亦足显于世。所涉益吾祭酒，今尤为著述问世之最富者，片楮中想见方以类聚也。孟森记。

今按张之洞（一八三七——一九〇九），直隶（今河北省）南皮县人，字孝达，号香涛，同治朝进士。一八七九年（光绪五年）反对崇厚签订丧权辱国的中俄条约与张佩纶等议论朝政，弹劾权贵，时称"清流党"。一八八一年任山西巡抚，整顿吏治，严禁鸦片。一八八四年中法战争时调任两广总督，起用冯子材抗法获胜……。据此，可知上录张之洞手翰是一八八五年（光绪十一年）所写，是在广州省城就近致经办人员的。只以沿旧习未写年月日，今按之刘永福事可资考证。

刘永福（一八三七——一九一七），广西钦州人（编者按：钦州在一九五一年以前隶属广东），又名义，字渊亭，早年参加广西天地会起义。一八六五年（同治四年）在广西云南边境组织"黑旗军"。一八七三年应越南政府约请，率军抵抗法国侵略。十二月，在河内城郊击毙法军头目安邺。次年，被越南封为三宣副提督。一八八三年（光绪九年）在河内城西纸桥大败法军，击毙法军司令李维业，升三宣正提督。一八八四年中法为越南攻防发生战争时，在越南会同中国军队阻击法军，接受清政府收编。一八八六年任广东南澳镇总兵。一八九四年帮办台湾军务。第一次中日战争（甲午战争）时，在台南设防。中日马关条约前，刘永福被推为台南军民抗日首领，联合义军抗日。后奉命内渡厦门。一九〇二年署广东碣石镇总兵。一九一一年（宣统三年）武昌起义，十一月，广东省光复，刘永福被举为广东民团总团长，旋辞职归原籍，终老故乡。

据上录可知：张之洞上函应是一八八五年中法战争终止并进行和议时，正议收编刘永福"黑旗军"时所写，故内有"藉可察看其性情纪律"语。

相湘在北京及台北曾得览清代名臣诸人文集年谱。知中法战争时，香港码头工人拒绝为法国轮船起卸货物等。两广总督张之洞曾加慰勉。当时孙文（逸仙）在香港求学，目睹耳闻种种，深感基层民心爱国情深，"革命思想乃因之产生"。编撰《孙逸仙先生传》时曾引录张之洞文电，固为记录史实，亦念念不忘先师孟心史先生教诲深恩。

吴大澂（一八三五——一九〇二），江苏吴县人，字清卿，号恒轩，别号愙斋。清同治朝进士。一八八五年（光绪十一年）在左副都御使任内，奉诏赴吉林省与俄国使者勘定边界，争回珲春黑顶子地区并树界碑。次年升任广东巡抚，反对总理衙门与葡萄牙定约划澳门归葡萄牙管辖。一八九二年调湖南巡抚。中日甲午战起，率湘军出关抗日，兵败革职。生平留心古代器物收集，精于金石学、古文字学，甚多著作存世。

吴大澂手翰中提"益吾祭酒"，是指湖南长沙人王先谦（一八四二——一九一八），字益吾，号葵园。清同治朝进士，历任国子监祭酒、江苏学政等职。一八八九年（光绪十五年）辞官回籍后，主城南、岳麓书院讲席。致力古籍与历史文献的编印校刊。《汉书补注》内容"详瞻足资参考"（《辞海》，中华书局一九三〇年代刊行）。吴大澂赞许其"大勇"，以其为颜师古作《汉书注》，后又有数十家作汉书注，王先谦不仅集其大成且更增益甚多。

王先谦又根据满清历代皇帝"实录"钞辑成《东华录》（清"国史馆"在北京宫城东华门内）在长沙木刻印行。孟心史师曾嘱相湘在长沙代购其同治朝一部邮寄到北平，以七十高龄阅读木刻大字书比较不多费眼力。陈援庵（垣）师也曾嘱相湘代购赵翼（瓯北）之《廿二史札记》，以长沙木刻本比较他处刊刻本多出一条。长沙古籍木刻版故著名于世。

张、吴两公手札内容说明既如上述，史学界年轻同仁再细读孟心史（森）教授之"题记"，应可得较多了解。而对于郑天挺教授念念不忘企求知晓"燕斋"其人姓名，终于自《张文襄书翰墨宝跋》中得到解答。是史学方法最佳范例，郑师学术论著名《探微集》，真是"见微知著"：从大处着眼，小处着手也。

爱护鼓励学生 "北大舵手"荣誉

相湘在北京大学史学系毕业论文《咸丰辛酉政变纪要》，受孟心史（森）教授指导，适逢最关重要的史料——李慈铭《越缦堂日记补》于一九三五年由商务印书馆影印出版，内容正是有关此一政变若干重要情节纪录。加以其他史料比证，相湘进行研究时，乃得纠正清季王闿运、薛福成有关记述之错误，加以在故宫博物院文献馆查阅文献，撰成论文，蒙心史师赞许，傅斯年、姚从吾诸师详阅后均认定相湘已得研究途径与方法，因此，北京大学研究院及中央研究院历史语言研究所均给予工作。事详拙撰《三生有幸》书中。只惜对日抗战发生，相湘不能北上。在历史语言研究所自南京迁移湖南长沙设立工作站，相湘报到入所校勘《明实录》不同钞本异同，嗣又以战局急转，历史语言研究所与北大、清华、南开三校合组之长沙临时大学均西迁云南省。相湘因母老、胞兄体胖血压高，未能远行。一九三八年春，相湘见报载：中英庚款管理董事会可补助在后方研究文史的研究生。因上函时在昆明的姚从吾、郑天挺两师，请赐予推荐，以便继续进行清代史事研究，幸蒙俞允。今承郑克晟世兄影印天挺师当时日记：中华民国二十七年（一九三八）六月十三日夜"作书介绍吴相湘于中英庚款会"。捧阅之余，愧疚实深。以此事并未成功，可能是清史题目不合该会补助旨趣。但郑天挺师鼓励相湘继续研究清代史事，以报答北大母校与心史先生培植教诲之心意，至深且切。而相湘终以离群索居，无从接触清代直接史料，即将"咸丰辛酉政变"一稿于抗日战争胜利后，在南京朝天宫故宫博物院仓库中查检出若干档卷，而加增订成《晚清宫庭实纪》第一册。后获得入北平故宫博物院文献馆聘任编纂职位工作，日常得阅清宫秘藏。又以国共内战被迫南下而转徙流离于台湾及美国，无时或忘研究清史，曾就能力所及取得新刊史料集，撰成数篇史述，刊于《历史与人物》（台湾三民书局刊）等，终未能完成《晚清宫庭实纪》第二、第三卷初计。

史料难得，是大因素，而时势趋向与需要，相湘不得不由晚清进入国民革命及对日抗战史料史实之搜集与研究。

郑天挺师《自传》自言："一九五二年，全国高等院系调整，奉调任为南开大学历史系教授。在思想上颇有波动；多年从事清史的研究和教学，北大及北京其他各单位的清史资料浩如烟海，绝非其他地方所及，也不得不离开北京到天津去。"可见个人研究兴趣常被大环境的变化而不得不被迫而改变。

郑天挺师为人处世谦虚谨慎，担任北京大学秘书长达十八年，面向对日抗战十四年内外险困环境，为北大日常行政事务冷静处理及灵活应付环境。"一二·九"时保释被捕学生，已如上述。对日抗战胜利后，北大、清华、南开三校师生自云南分别北上回返旧居后，国内政争又逐渐演成内战。北平、上海等地学生"反饥饿"、"反内战"等运动纷纷出现，加以北京大学一沈姓女生被美国士兵强暴案发生，学潮更加炽烈，北大校长胡适亲往美军法庭作证，也未能稍稍缓和局势。学生愤怒而罢课游行。南京中央政府在北平的情治单位人员，时或入北京大学宿舍逮捕学生，甚或开列名单向北大当局要即交出学生。当时担任秘书长的郑天挺教授秉承胡适校长意旨，冷静缜密处理一切，明确决定：绝不交出一名学生，并用一切手段阻止军警入校。充分表现出大学独立自由正义的尊严和郑天挺师本身高度的责任感。每日同北平警备司令部周旋，为保护学生的安全，竭尽全力。

一九四八年十二月十七日，是北京大学五十周年校庆纪念日，事前在北大图书馆内已陈列各种有关文献，如原始档卷及胡适先生手写日记原本、各种相片等，举行展览。相湘时在故宫博物院文献馆工作，特抽暇前往参观。嗣以时局非常紧张，相湘家属均在南京，不得不请假搭乘民航客机自北京经青岛到南京，筹划一切。而胡适校长与少数教授也乘专机自北平到达南京。北大五十周年校庆纪念，参加人数不多，但意义非同寻常。出席师生抚今忆昔，感慨非常。北大学生自治会的代表特别感念郑天挺先生保护及关爱学生，特敬献红绸锦旗一面，上款书："北大五十周年校庆献给郑秘书长"；锦旗中央四个大字："北大舵手"；落款："全体学生敬献"。

郑天挺师在师生掌声中，成为北京大学百年历史上唯一接受此殊荣的人。学生代表在致郑天挺师信翰上称赞："敬爱的郑秘书长：在炮火连天中，您倔强地坚守自己的岗位，维护学校秩序，保障同学生活、安全和学习……您这种爱护学校、爱护同学……的精神，是无上光荣的……全北大同学，不会忘记您……"

同时，著名历史学教授向达（一九〇〇——一九六六）等、讲助会、史学会团体或个人致郑天挺先生信中也称赞："局势骤变以来，全校校务及师生安全端赖钧座筹划保障，辛劳备至。敝会同人兹特谨致慰问之忱。自胡校长南飞后，钧座肩荷益形沉重，敝会同人决尽力支持，俾校务得顺利推进，师生安全得能完全保障也。"（《百年学府纪闻》（二），《文史精华》第七期，一九九八年五月刊行。）

一所大学行政与教学是两大主要工作，需要平衡进行，担任行政职务的人很少有时间埋首书卷间，但任何一大学没有行政工作的人是极难维持安定的教学环境。尤其二十世纪开始的五十年的中国一直是处于内乱外患连续不已的情势下，北京大学于三十年代"危城讲学、大义凛然"，教学研究及物质建设都是北京大学百年历史中空前光辉的。蔡元培及蒋梦麟、胡适诸位校长贡献至大，郑天挺秘书长则是在以蒋、胡校长为"船长"的"北大之舟"行进时的"舵手"，功在校史。他老人家在百忙中仍尽可能把握时间研究著述，《探微集》一册是具体成绩，实在难能可贵。值得今人效法。

一九九九年五月四日于美国伊州自由村

（原载台湾《传记文学》第 75 卷第 2 期，总 447 期，1998 年 8 月）

忠以尽己，恕以及人

——怀念恩师郑天挺先生

王永兴

日前，郑克扬教授来寒舍。克扬，吾师郑天挺先生之哲嗣。这是我们第一次见面，在我的心中涌起亲切之情，而又感到怆然。天挺先生离开我们太早又太突然。先生逝世时八十二岁，似亦可谓高龄，但以先生宽容大度仁者之性情，体质健康，我们学生间时以尊敬之心情谈及先生必年及百岁。但突然间，讣告出现在我眼前，先生远行不归，我悲极而泣。现在看到克扬，一语一笑之间酷似先生，我感到亲切；但同时想到先生永别，我不得再奉侍左右聆受教诲，又为之怆然也。

吾读朱熹注《论语章句集注·里仁篇》：

> 子曰："参乎，吾道一以贯之。"曾子曰："唯。"子出，门人问曰："何谓也？"曾子曰："夫子之道，忠恕而已矣。"

读下文朱子注程子注，我对圣人言似有所了解，实末真了解也。后读《朱熹集》（四川教育出版社）卷六七《杂著类》忠恕说，在上所引圣言之后，朱子有言曰：

> 然门人有问而以忠恕告之者，盖以夫子之道不离乎日用之间。（永兴谨按：此即陈寅恪先生所谓"盖孔子说世间法"也。见《金明馆丛稿二编》载《杨树达论语疏证序》。）自其尽己而言则谓之忠，自其及物而言则谓之恕。本末上下皆所以为一贯。惟下学而上达焉，则知其未尝有二也。夫子所以告曾子，曾子所以告门人，岂有异哉！

"自其尽己而言则谓之忠，自其及物而言则谓之恕"，以此二语衡量天挺先生一生为人行事，无愧于我华夏民族之圣人忠恕之道。其事实甚多，不能尽述，又不能不述；今只以忠恕二字赞颂之，虽不误，但空疏不成文也。

一九三一年九月，日本军国主义者侵占我国东北三省，不久，又侵占冀东；至一九三七年初，日本侵略者要发动全面侵占我国神圣领土的战争，灭亡我华夏民族的狼子野心，已昭然若揭。形势危急，北京大学不能不迅速南迁。天挺先生时为北京大学秘书长，学校南迁长沙之重任，主要为天挺先生肩负之。教职员工学生之南行，图书实验仪器之南运，经费之筹措及使用，各方面各项主要事项负责人之选任；天挺先生虽有经纬万端之才，其负担实过重矣。

此年年初，师母不幸病逝。师与师母，伉俪情笃，先生之悲痛可知矣。失去慈母之子女五人，长女才十三岁，幼子只三岁，先生何能离开他们南行？但又不能不离开他们，只能委托先生之弟照料。幼小子女与严父（同时也是慈母）相别离，此情此景，虽在六十余年后的今日，其悲痛可见。此为常人所不能忍受者，先生忍受之，为忠于北京大学也，为忠于华夏民族禹域九州广土众民之国也。

南开大学、清华大学与北京大学合并组成长沙临时大学。驻足不及半年，因抗日战场临近，不得不再次南迁云南，三校师生员工逾万人，迁云南万事之大端，主要仍由天挺先生肩负。师生员工到达云南之前，宿舍、教室、图书馆以及有关食住诸事，均须有所安排。借用大西门外昆华农业学校之教学楼，借用文林街昆华中学南院为女生宿舍，北院为教室及男生宿舍；此外，还须自己快速建筑草房土屋数百间。房屋仍不足，文法学院不得不暂在蒙自。凡此种种，虽三校皆有分工负责之人，但天挺先生计划安排，责任更为重大。此外，天挺先生尚有传道授业之重任，先生备课教课极认真。我为研究生之时，学生与导师同住青云街靛花巷小木楼中，粗知先生之生活。日间，先生在校办公室处理有关财务人事诸大端以及教课；夜间，在宿舍楼读书备课研究撰著，虽非通宵达旦，但深夜不眠乃经常之事。

西南联大在云南近八年，南开大学校长张伯苓、北京大学校长蒋梦麟多在重庆，很少到校；领导主持西南联大校政者，惟清华大学校长梅贻琦、郑天挺、潘光旦三位先生。天挺先生之任尤重。校务委员会主任梅贻琦要天挺先生兼任总务长，先生三辞不获允，不得已，以北京大学秘书长兼任西南联大总务长；因此，在财务、人事、庶务三方面，不仅治其大端，一般较重要之事，先生亦不得不亲自处理矣。

我在西南联合大学毕业后，考入北京大学文科研究所（当时规定，研究所仍由三校各自创办，各自管理）。文科研究所之创办者为汤用彤、罗常培、傅斯年三先生与天挺先生。孟真（傅）先生本为中央研究院历史语言研究所所长，任重而事务多端，无暇顾及北大文科研究所之事；天挺先生任副所长，主持处理研究所一切事务。故当时有谚语云："正所长是副（与傅谐音）所长，副所长是正（与郑谐音）所长。"记实也。

据以上之简略记述，可见天挺先生工作任务之重，非有超人之才能，不堪负荷也。先生负重任固由于才能超群，但更重要的是先生之德，即圣言之"忠"也。先生忠于北京大学，忠于西南联合大学，忠于我华夏民族禹域九州广土众民之国也。

抗日战争八年，西南联大对民族国家之贡献为：（一）以陈寅恪先生为首的诸大师传道授业著书立说，使我华夏民族优良的传统学术文化于万分艰难危险中保持不坠，并有发展。天挺先生乃诸大师之一，他是精于清史的史学大师孟森先生的传人。在天挺先生所撰自传中述及这位史学大师，先生云：

> 临走前（永兴谨按：即先生离北平南去长沙之前），我两次到协和医院看望了史学系孟心史（森）先生，他当时已患胃癌，生命垂危；但他见到我尚以病榻日记相示。日记中无时不以国事为念，并以诗讽刺郑孝胥。临别时执手殷殷，潸然泪下，我往日所作清史论文，颇得先生奖饰，已感不安，今见先生如此，我亦深受感动，为之动容。不料两月后，孟先生即遽归道山。

可见天挺先生与心史先生之关系也。

（二）为民族国家培养诸多方面的人才，天挺先生贡献尤多，他谆谆教诲我们学生，善于培养选拔青年教师，时至今日，人们尚称道西南联大培养人才之多之超群，非今日北京大学所能及。

夫诸大师传道授业著书立说，学生孜孜不倦勤奋学习，因而对民族国家做出重大贡献；但如无适当的必要的客观条件，亦不克臻此。天挺先生既传道授业教育学生，又为全校师生创造教与学的必要条件；据此而言，西南联大对我民族国家之重大贡献，天挺先生之功岂可不表彰之耶！

天挺先生乃谦谦君子，从不漫论他人之长短是非，亦从不计较无知小人对先生之妄说以至诽谤。吾辈学生对先生均甚景仰，但亦有狂妄自大之人，在众人中妄论先生之是非，甚至诽谤，同学们不能不劝告他，因而引起争论，同学们感到愤慨。先生听到此事，特意教诲我们，先生自谦地说，他的讲课与工作中难免有错误，此人指出并无恶意；同时，各人的性情不同，所见多有不同，都应互相谅解，不能因争论而使同学们的友谊受到损害。我们当然听从先生的教诲。先生对此人仍一如既往亲切教导之。先生之言行即圣言之"恕"也，亦即朱子所谓"自其及物而言则谓之恕也"。古圣先贤之言，人多能言之，但未必能行，惟先生能言之并能行之。此先生之所为仁人君子也。

一九五九年，我参加中华书局点校二十四史工作，时先生亦被邀请点校《明史》，因而我得侍从先生左右。当时中华书局在翠微路，入门处有数间颇为整齐的房屋。一日晚饭后，我陪侍先生在门前散步，先生指此房屋笑谈，多年前，他曾在此屋中与房屋买卖商人会面，为北京大学买或租赁房屋，商谈一下午，盖北大缺少自建的教职员工家属住房，须买或赁租民房也。我曾拜访过几位北大教授，其家属住房均甚良好。此类房屋多至百处，多为先生主持或经手获得者。但先生在西四牌楼以北前毛家湾的住宅不过数间普通旧屋，虽尚未残破，但也只能避风雨而已。先生居住数十年，泰然也。先生主持管理北京大学经费数逾千万，数十年中无丝毫差异之事。在北京众多高等学校教职员工之间，均谓出污泥而不染者，惟天挺先生能之。一身正气，两袖清风。非仁人君子孰能为之。

在先生逝世前二年，我去天津南开大学拜谒先生，时先生小病初愈，已完全康复。谈话中，先生似有意以其在昆明治北大文科研究所之精神教诲我。先生命我详述四届学生之人数姓名以及目前的工作情况，我一一禀告之，数十人均在高等学校任教和高级学术研究机构从事研究工作。我的禀述有脱漏或错误，先生补正之。最后，先生笑语曰："我们（指昆明北大文科研究所）没出一个废品。"并语重心长地教诲我说："你现在北大任教并主持敦煌文书研究室，也要不出一个废品。"又说："只要尽心尽力，是可以办到的。"我深为感激。回忆过去先生教我如何为人读书，我今兹为人师，先生仍教诲我，感何可言。先生所教诲"尽心尽力"，我理解即朱子所谓"自其尽己而言则谓之忠也"。今先生虽远行不归，但先生教诲我的圣言之"忠"仍将永远铭记我的心中脑中，并身体力行之，以期不辜负先生之冶溉培育也。

受业王永兴敬述于一九九九年初夏

（原载《西南联大北京校友会通讯》总 26 期，1999 年 8 月）

铿然舍瑟春风里

——述往事忆郑天挺毅生师

王德昭

　　我是在一九三四年进的北大史学系。在这以前我曾在中法大学读过一年化学，这是因为在高中我读的是师范科，毕业后不能立即投考公立大学的缘故。中法在东皇城根，和北大的红楼近在咫尺，结果这一年中我在北大的时间多，在中法的时间少，在未入学前先已做了北大文科的学生，也先已知道了一些北大的事情。毅生师早年的专门之学，在学生中间闻名的是魏晋南北朝史。他的长文《杭世骏〈三国志补注〉与赵一清〈三国志注补〉》，便发表在北大《国学季刊》五卷四号（一九三五年）。他也从魏晋旁及西域史地，兼治中西交通。《探微集》中从《发羌之地望与对音》（《史语所集刊》八本一分册）以下考证西域与西南夷史地的诸文，都发表于一九四〇年前后。但在抗战前的几年当我在北大做学生时，毅生师是大学的秘书长，任重事繁，不能多开课，所以学生们在课堂上请益的机会也不多。及至抗战军兴，北大和清华、南开南迁，先在湖南长沙合组临时大学；半年后迁云南，称西南联合大学，文学院暂设在蒙自。毅生师在北大南迁后，为负责留守，到当年冬才离开北平南来。在西南联大时期，北大在昆明虽设有办事处，但事务一定清简得多。所以一九三八年的春夏，毅生师常在蒙自，我们执卷请益的机会也才增多。但可惜这已是我在北大的最后数月了。

　　开始读到毅生师的有关明清史研究的著作也很早。在他发表于抗战以前的著作中，《张穆〈㐌斋集〉稿本》一文可能仍与域外史地的兴趣有关，而《多尔衮称皇父之臆测》（《国学季刊》六卷一号）和《清世祖入关前章奏程式》、《墨勒根王考》、《多尔衮与九王爷》（《天津益世报》一九三六年三月二十六日、十月二十二日、十一月二十六日《读书周刊》）等文，则都是重要的清史研究的论文了。但毅生师的专心致志于明清史的研究，当在他一九三七年冬离平入滇之后。在他离平后不久，同年冬天，孟心史师在北平病故。孟

师虽从一九三一年起在北大和毅生师同事，但他年事既高，在明清史研究上
又属先进，所以论两人的交谊应在师友之间。毅生师于明清史既有宿缘，加
以和孟师的情谊，他之从中年以后以明清史研究为身命之学，可说是继孟师
之后，维持北大明清史学的一脉，而更发扬光大之。其后毅生师移帐到南开
任教，中国明清史研究的重镇也遂移到南开。

　　如上所说，一九四〇年前后，毅生师仍有关于魏晋和域外史地的论文
发表，但授徒著作，则无疑已是以明清史为主了。他的几篇长文如《清代
皇室之氏族与血系》（《人文科学学报》一卷三期）、《满洲入关前几种礼俗
之变迁》、《清代包衣制度与宦官》（一九四二、四三年在西南联大讲演）和
《清史满语解》多篇（《真理杂志》一卷一、二、四期），都发表于留滇期
间。一九四五年遂有论文集《清史探微》在昆明印行。我在一九三八年在
昆明拜别毅生师后，直到一九八〇年两度返国，才获再亲謦欬。第二次是
参加南开主办的明清史国际学术讨论会，由毅生师主持，所以一连有几天
都能见到。在这睽违的四十余年中，虽有时读到毅生师的著作，也听到一
些有关他的消息，但要到这次见了面，读了新出版的论文集《探微集》（一
九八〇年）和《南开大学学报》，才真正知道这数十年来老师如何为学问堆
日孜孜，有如此丰富而广博精微的著作昭示当世，而且身心健康，为一代
学术界的导师和楷模。在北大史学系的毕业学生中，我是一个"杂家"。姚
从吾师在一九六〇年前后曾批评我的治学，说有如蜻蜓戏水，点到即止，
自是确论。我的治学之杂，其先原也有一种奢望存乎其间，只是力不从心，
事与愿违，以至垂老无所成就。我尝好以"岁月蹉跎，心为形役"八字，
以聊自解嘲，但见到毅生师的精诚卓绝、一往直前的精神，以后再不敢用
此八字以为自己的不学搪塞了。

　　在北大我也不是一个循规蹈矩、一帆风顺的学生。有几件事我都曾受到
毅生师的照拂和成全，但他可能已不再记得了。第一，旧北大的学生宿舍，
一般多由老学生移让给相识的新学生，没有统一分配的措施。一年级新生虽
在斋务处登记，申请住宿，但要想由此分配到宿舍，遥远难期。我们的一班
新生入学后，第一件事便是要求大学普遍配给宿舍。我们的代表见过一两次
蒋梦麟校长，也见过毅生师，《世界日报》教育版曾以头条新闻登载过这项消
息。这次请愿得到了结果，在北大校史上可能是第一次，全体一年级新生有
愿住校者，一律配给宿舍。北大第三院，旧译学馆址，有楼房多座关闭不用，
只有少数四年级的同学盘据在内，现在全部开放，改为宿舍。这次决定是如

何产生的，我们不知道，但我们相信毅生师以他的职务和地位，加以一向对学生的同情，必曾出了大力。这次请愿我算是一个领头的人，因为有没有学校的宿舍可住，对我的关系要比对别的同学更加重要。这和下面的一件事有关。

我因家贫，未能读初中，以同等学力考进杭州的浙江省立民众教育实验学校师范科，一所不需要缴学宿膳费的学校。毕业的那年，校长尚仲衣先生应北大之聘，去任教育系教授，也鼓励我上北平读大学。在他的资助之下，我终于得以成行。但如上所说，第一年我在中法，却因转学北大虚度了。第二年在北大读一年级，一心想得到大学为新生所设的每系一名的奖学金，但第一学期结束，余文豪同学的平均分数超过了我，他得了奖学金，我没有得到。第二学期缴费注册在即，我傍徨无计，记得曾见过系主任陈受颐师，似乎是他的意思要我去请见秘书长，说明我的困难。在大学秘书处我没有见到毅生师，是一位海盐朱先生接见了我，他说他会把我的话转给秘书长，要我过几天去听回音。过几天我再去见朱先生时，知道我应缴的学费连体育费十一元，毅生师已替我缴了，还给我在文科研究所挂了名做工读生，每月津贴五元。这超过了我原先的希望，不仅使我度过了可能停学的危机，而且使我每月有了基本的生活费用的保障。当时我的心情，真如出云雾而见青天。但最深铭于中的感激之心，也最不容易吐露，因为不知道应怎样表达才好。所以这事至今已过了近五十年，我虽时常对同学和友好们谈起，却从不曾当面向毅生师道谢过一声。每月五元的工读津贴我没有多领，一则因为文科研究所经常没有工作要我做，再则也因为就从一九三五年起，我开始写稿换稿费，足以自己维持生活。当时我的稿件偶尔也登在《东方杂志》和《中山文化教育馆季刊》等稿酬优厚的刊物，但最多是在《时事类编》，一个选译外国书报的刊物，稿酬每千字三元。这也是为什么有的同学至今还记得我常在图书馆翻译文章卖稿费的原因。但同学们一般都藉祖先的余荫，席丰履厚，不会知道在这"卖稿费"三字后面的酸辛。

"一二·九"运动起来后，坚决主张抗日的同学很快结成了同志，我也算是其中的一人。就当时北平的学生运动来说，我自然只是在外围摇旗呐喊的一人，但唯其如此，倒也真做了不少摇旗呐喊的事，结果引起了北平侦缉队的误会，以为我是一个重要角色。在"一二·一六"这一天清晨，北大示威的队伍尚未集合，我在从西斋去新四斋的途中被捕。约有三个星期，我和队伍出发后被捕的同学同因在前门警局。其中我还记得的有史学系的巫省三、外语系的李俊明、似乎还有理学院的葛佩琦等人。有两位早在牢中的向我们自我介绍，一位是周全平先生，一位是许杰先生。但同学中也有人警告大家，说我们过去虽读过周、许两位的文章，却未见过本人，谁知道他们是不是真的，宁可说话小心一点。但究竟是不是真的，以后也没有机会再去求证。我们这次被捕，是毅生师以学校负责者的身份，把我们保释出去的。记得有一天管牢的叫我们北大的几个学生出去，我们以为又要提堂了，但出去却见毅生师在外面。警局要我们各人盖了指印出去，有的同学抗议，吵嚷一番，结果还是让我们跟着毅生师走了。

如上所说，我在一九八〇年去天津再获拜见毅生师以前，最后一次见到他是一九三八年夏天在昆明。当时大学学业结束，我已有了一个大小四口的家，妻子儿女依外舅陈季聪先生住在贵阳。所以我急需有一份工作，目标是贵州，想去中学任教。我在昆明的北大办事处进见毅生师，申请要一份学校的介绍信。毅生师说，学校的介绍信无非是一封八行书式的公函，恐怕没有大用，他要自己为我给贵州教育厅的张志韩厅长写一封亲笔信。张厅长也是早年北大的毕业生，我先递进了毅生师的信，约了日期，去见他。他对我说，省立毕节师范当年冬天要改组，到那时可能有机会，要我等半年。但因为我急于要工作，不能久等，所以只能另作别图，结果辜负了毅生师的好意。凡此往事，都是有关于我个人的事，有的乃至是私事，但也因此都是我亲身所经受。从这些往事，可见毅生师如何在以仁者之怀待人，而以我为例，则可想见他人从毅生师有过和我相同的经受者，更不知凡几。毅生师彰人之善惟恐不及，而于一己的治学之事，则虚怀若谷。他自己说他在学问和教育上所有的成果是五十岁以后的事（《探微集》后记），这自然是他的自谦之辞，因为我以上所说的都是他四十岁以前的事。但以昔证今，则他在五十岁以后，也即是一九四九年新中国成立以后的贡献为如何，便更可以想见了。

我从离开母校北大后，到今天足足有四十三年，自己也已是一个望七之年的人了。而且，当毅生师尚在岗位上辛勤时，我却因服务地区的制度的关系，已以年老退休，在原任教学校只留了一个名誉的职位。在这四十多年中，连同退休后的几年，我在大学任教也约有四十年。但过去因为治学之杂，又常有院系等行政事务缠身，碌碌无所表见。此后我是否能好自收敛，以一个自由之身集中心力，做一点对学术真有贡献的事，现在还不敢确说，但我当尽力为之。我以王阳明诗的"铿然舍瑟春风里"句作这篇短文的题目，以记我们做学生的过去侍同毅生师论学言志的乐趣，也以见毅生师数十年来春风风人的高怀。

一九八一年八月于香港中文大学中国文化研究所

（原载《郑天挺学记》三联书店，1991 年 4 月）

忆郑天挺先生

邓云乡

郑先生是我大学时的教务长，我虽然没有直接听过他老先生的课，但我一直佩服先生的学问和为人。

前几年我偶然得到一本汪龙庄的《佐治药言》，不久居然又得到他的一本《学治臆说》，对于这样一位作了一辈子师爷，晚年才中了进士的汪辉祖，我是不陌生的，他的名著《病榻梦痕录》，我很早就读过，而且是一本爱读的书。当前，讲求法治，我觉得这种人很值得介绍一下，其特征是既明察秋毫、精细干练，狡诈之徒绝欺骗不了他，又诚恳忠厚，古道热肠，能为老实善良的人主持一点正义。这样的人在历史上是难得的。因为精明干练者，常常失之刻薄、狠辣，诚恳忠厚者，又往往失之庸碌无能，这两种都叫人受不了。而汪辉祖却似乎能二者兼之，但又未能为世所用，二十岁开始作师爷，到五十来岁才中进士，只在湖南作了一任知县就罢官回家了。因而我想介绍介绍他，顺便也谈谈清代的幕府情况，多少也有些意义。而其中关于各种师爷的分工，想找一位老先生请教请教。这样就想到郑先生，便将一些要点和看法写了封信，寄到天津南开大学，不久，便接到了先生写于 1981 年 3 月 27 日的回信，其中一段写道：

"来示知在整理《佐治药言》与《病榻梦痕录》，快慰之至。所谓征比，诚如尊论，即征比钱粮。征比，主征收催比；钱谷，主收支核算。两者均旧日官署不能或缺者也，而钱谷尤要，不知兄意若何？"

我接到这封信后，自然是十分感动的。想到先生居然没有忘记我，而且不嫌麻烦地回答了我的问题，这对一个顽劣的老学生说来，是特别感到安慰的。又过了一段时间，应有关单位之约，写了一篇谈清代物价变化的东西，篇幅较长，南开大学一个刊物要刊载，我一直想写封信告诉先生，以便求教，却一直拖着未写，如今整理《佐治药言》的工作也未继续动手，谈清代物价的文章也尚未刊出，而先生便已匆匆去了，这怎能不使人感到无比哀挽呢？

（原载《人民日报》1982 年 5 月 24 日）

怀念先师郑天挺先生的教诲

成庆华

　　抗日战争前，一九三六年秋，我高中毕业，考入北京大学史学系。当时，史学系规定：关于中国史必修课，可以免修文学院各系必修的中国通史；前二年以读完先秦史、秦汉史、魏晋南北朝史、隋唐史、辽宋金元史、明清史六门课为主，每年开三或四门，因前五门各开一年，明清史分明史、清史各开一年，都是每周四小时。我入学这年，开的课有钱穆先生讲的先秦史，郑天挺师讲的魏晋南北朝史，孟森师讲的明史。他们讲课，各有特点，当时，钱穆先生声名籍甚，虽已形成一套儒家士大夫史观，但在课堂上很少流露，讲先秦史实际是讲所著《先秦诸子系年》，近于烦琐考证。孟森师年高望重，讲明史，印发讲义，内容完备，叙述详赡，课堂上发挥不多。郑师是第一次来史学系讲课，未发讲义，发《魏晋南北朝史大事年表》。郑师讲课，注意讲清楚基本问题，每讲到关键处，辄结合史源及有关研究，阐述自己看法；每讲完一章，做小结，联系前后发展源流，介绍史料及参考书，非常具体。因此，学生必须上课记笔记，下课整理笔记。当时，北大图书馆文科阅览室把常用的重要工具书及大部头专业书等，如《廿四史》、《四部丛刊》、《四部备要》等等，都开架陈列。我们翻阅史籍，整理笔记，不甚困难。我们长期这么做的结果，既阅读史料，又阅读参考书，逐渐培养起学习兴趣和学习能力，收获很大。现在回想郑师讲课，有几个问题印象犹深：如讲三国局面的形成，开始于东汉末期的改刺史为州牧；讲西晋为什么能统一，从比较三国经济实力的恢复与发展看；讲"五胡"如何进入中原，从汉魏以来西北经济破坏，各少数族不断被迁移到边地，然后根据《晋书》的《傅玄传》、《郭钦传》、《江统传》等说明各少数民族发展情况；讲北方各少数族政权，对苻坚的改革、魏孝文帝的改革、北周武帝的改革，皆非常注意其汉化的发展趋势。当时，郑师对历史上民族问题的认识，当然不符合马列主义，但决不是大汉族主义，更不是狭隘的民族主义，从魏晋南北朝史学年考试题目：《前人论元魏衰乱之由，多归咎于孝文之迁洛，然数南北朝之明主，其政事改革之猛，固无逾于孝文者，其要可得而述欤？》，可以看出一斑。

郑师讲课，注意讲重大事件及其联续发展的真相，史实具体清楚，发展系统分明，深受多数同学、尤其是我们高中毕业同学的欢迎。郑师所以能做到这步，除前述外，是因郑师对魏晋南北朝史进行全面研究后，编辑《魏晋南北朝史大事年表》。郑师所谓大事，指："一、执政更迭，二、邻国交绥，三、庶政兴革，四、灾祲丰有"；所谓年表，指编年系干支、西历及列国纪年。我记得我们最初不明白大事年表的重要作用，就以问郑师。郑师给我们讲大意如下：魏晋南北朝史内容复杂，头绪繁多，极难掌握全局，目前尚编不出讲义，所以印发大事年表。历史事件的因素是时间、地点、人物，历史事件贯串起来，成为发展过程，必以年代为线索。大事年表是选择有代表性的各项重大事件，列为年表，年经事纬，纵横联贯，分析综合，纲举目张，为以后写讲义打基础，为当前教学备查考。又讲：研究历史，无论研究什么问题，当史料搜集大致齐备后，必须按时间排列大事表，这是科学方法的必要步骤等等。郑师编辑《魏晋南北朝史大事年表》，按计划仅是这课程的附表一，装订成册共四十张、八十页，是迄今这段历史比较详细的年表。惜郑师这次讲课后，抗日战争爆发，研究重心转移到清史，未能继续下去。《魏晋南北朝史大事年表》对我们学习起作用很大，印数不多，流传不广，所以我把它写出来。

当时，郑师是中文系副教授，在史学系兼课，还兼任北京大学秘书长。有一事应该写出来。北京大学制度，每年新生入学，发给一套呢子制服，由学校领经费办理。抗日战争前一二年，物价下降。教育部发经费仍按每一个学生十元，但实际只需七八元。这年冬，学校发完制服后，宣布每一套十元。各系一年级学生大哗，认为是经手人员集体舞弊，选派代表，组织起来，上告到北大校长蒋梦麟。蒋梦麟派郑师接见。我代表史学系，参加学生代表团。会上，各系代表纷纷提出问题，郑师要我发言，我把所知传闻舞弊情况讲出来。当场，郑师决定要我们代表按线索把这问题调查清楚，向他汇报。我和几个同学代表去前门外门框胡同军衣庄集中的地区调查，果然发现具体舞弊证据。原来，某军衣庄已与北京大学订好合同承包，每套制服按身材大小尺寸，价钱比较便宜，只因贿赂问题，被后来这家军衣庄把这笔买卖夺去。旧社会，同行是冤家。某军衣庄把原订合同稿，给我们看。我们抄下，交给郑师。郑师经过复查，很快，由学校公布按每个学生身材大小尺寸退给二三元。

郑师做行政工作公正和平、通情达理，所以被各方面信任。当然郑师为这费去很多精力和时间，影响教学和科研的开展。这可能就是郑师在《探微集》《后记》所说："我五十岁以前，忙于生活，没有认真读书；五十岁全国解放，才能安心学习"的实况。

一九三七年，七七事变，抗日战争开始后，我因忽然患有肺病症状，不能去内地。我知道郑师即将南下时，去见郑师。郑师要我病好后赶快去内地复学，要注意出处大节，不要当汉奸！我在北平图书馆研究室埋头读书三年后，被迫去辅仁大学借读，不久参加革命，终于没有去西南联大复学。一九四五年，抗日战争胜利后，我继续在北平工作，为掩藏身份，想谋一教书职务。这年底郑师回北平主持临时大学，我去看望郑师。郑师一见我面，即叫出我的名字，问我过去情况。我说：未做汉奸，读书八年，没有专长，等待就业。过几天，郑师通知我去见他，告诉朝阳学院副院长陈瑾琨请他去朝阳学院教中国通史，他不能去，推荐我代表他去朝阳学院教中国通史。郑师对我的信任，有如此者。我为掩藏身份在朝阳教书，把早年写的中国史稿一部分印做讲义，还在报刊上发表几篇文章。我把这些粗浅作品送上郑师，多蒙郑师赞许、并鼓励我继续写下去。我在朝阳学院教书非常谨慎，没有料到当陈瑾琨先生在中山公园被国民党特务殴打及陈去解放区后，学生不断有组织地要我发表意见；我虽然注意发言，但仍然不由说出国民党特务政治、不能久长等语。因此我被特务学生注意，几次无理取闹、跟踪、调查。我的主要任务不在学校，不能因小失大，遂决定辞职、离开朝阳学院。我为革命，不能把真情告诉郑师；为感情，怕自己出事连累郑师。反复考虑，百般无奈，只有听之任之，没有去见郑师。后来，听说郑师没有为这事责备我。郑师的宽洪大量，有如此者。

北京解放后，郑师非常自觉要求进步，努力学习，努力工作。一九五二年，大学院系调整后，郑师被派去天津南开大学工作。不久，我被留在北京师范学院历史系工作。大约在一九六〇年前后，郑师来北京住翠微路中华书局招待所，主持校点《明史》。我知道后，几次看望郑师。一九六二年六月二十三日，北京师范学院请郑师为历史系师生做学术报告，题目是《如何读书和研究历史》，目的是要纠正当时史学界极左思潮，讲史料学，告诉学生学习历史要认真读书，指导教师研究历史要搜集史料、运用史料。我当时听郑师报告，做了笔记，郑师最后总结的几句话是："读书是好事，不要转化成坏事。不是读死书，死读书。要警惕。要学习、运用马克思列宁主义毛泽东思想指导，为社会主义建设服务。"我听报告时，不禁屡次回想、对比二十年前郑师在课堂上讲魏晋南北朝史情况，郑师的音容和精气神宛然犹昔，但郑师的指导思想已根本改变了。

"无产阶级文化大革命"中，我从一九七二年秋起，因患高血压、冠心病、糖尿病，全休住家北京师范学院养病。一九七五年冬，郑师以七十六岁高龄，来住北京师范学院招待所，为北京师范学院、南开大学等诸院校历史系部分教师编写的《中国近代史》和《中国近代史知识手册》做审查定稿工作。我知道后，非常惊讶，非常钦佩，不断看望郑师起居健康，几次谈话到深夜，师生无拘无束，受到教诲极深。郑师曾问我解放后为什么没有发表文章？我说：解放后被留在新建的北京师院工作，本想一方面教学，一方面科研，没想到教学以外的各项工作太多，挤了科研，所以除写了中国古代史讲义和编了参考资料外，虽然积有关于史学方法论、中国历史发展特点、中国古代史诸问题的文稿多篇，但无暇整理清稿。郑师很同情，要我注意养病，病好，努力写出来。我知道郑师曾一度受到冲击，安慰郑师，并说：这次运动太不正常，不要看一时，无论如何要相信党、相信党的政策！郑师非常感慨、坚定地说：我自解放起，即从内心认识只有中国共产党领导建设社会主义能救中国，为贡献自己力量，努力学习马克思列宁主义毛泽东思想，努力工作，争取入党；在这次运动中，虽遭受些冲击，但还是受教育不少；历史道路是曲折的，前途是光明的；今后无论如何，一定要更相信党，更努力工作，以党员标准要求自己，争取入党！

"四人帮"被打倒后，一九七七年秋，郑师把一九三七年六月我在北京大学的魏晋南北朝史试卷托人送给我。我感慨万端，反复阅读四十年前这份试卷，回想这四十年来，中国共产党领导无产阶级革命，打倒法西斯蒋家王朝，推翻二千多年封建统治，建立起社会主义新中国。这份试卷经过抗日战争、经过解放战争、经过"无产阶级文化大革命"，从华北到西南、再从西南到华北，郑师能完善保存起来，现在又能归还给我，充分反映郑师崇高的教育家品德和对我的关怀。这份试卷的内容，从题目看，反映郑师中年时期的学术思想；从答题看，反映我青年时期的幼稚面目。俱往矣，数风流人物，还看今朝！果然，一九七八年中国共产党第十一届三中全会以来，随着政策落实，郑师心情开朗，工作任务越来越重。一九七九年，开始担任《中国历史大辞典》的主编工作。一九八〇年四月中国史学会恢复工作，郑师以最多票数被选为理事会理事、常务理事、主席团成员。十月，郑师八十一岁高龄，被光荣吸收为中国共产党党员。这么高龄被吸收入党，就我所知，是空前的。我欢呼我党的伟大。我钦佩郑师的夙愿得以实现。我党教育界，史学界增加一份领导力量。一九八一年五月，郑师又被推举为中国史学会主席团执行主席。这时，郑师仍坚持在教学第一线上，为学生讲史学研究法课；下半年，甚至连续几次在天津或外地，主持或参加各种会议。郑师工作一向认真，无限的工作必然影响他老人家的健康，终于积劳成疾，于十二月二十日在天津逝世！郑师晚年不愧是当代老一辈知识分子中的楷模！

　　现在，我病情依旧，回想四十多年来，多受郑师教诲，因写出以上亲身经历的几事，不仅纪实、用供怀念，亦反映在这伟大变革时代、老一辈爱国知识分子的前后变化、中国共产党领导革命事业中的一个侧面！

　　　　　　　　　　　　　（原载《南开史学》一九八三年第一期）

回忆在云南和郑师相处的日子

杨志玖

　　一九三四年秋，我考入北京大学史学系。第二年，我选修了郑先生的魏晋南北朝史课。当时我年轻，史学没有根底，但总觉得郑先生的课讲得非常清楚，给我深刻的印象。到现在已将近五十年了，我还记得他第一讲的题目是东汉末年州牧的设置；在学期考试时，有一个题目是对于刘裕的评论。那时我并不知道郑先生对魏晋史的研究情况，其后看到他的《杭世骏〈三国志补注〉与赵一清〈三国志注补〉》，才发现郑先生对这一时期的史料非常熟悉，而且为赵氏的《注补》影印作序，归纳其书的十项成就（《探微集》三七〇—三七五页），说明郑先生对魏晋史研究有素，造诣颇深，无怪他讲的课听来眉目清楚、深入浅出，给人难忘的印象了。

　　我生在小镇，怕见大人物，在北平三年，除听课外，竟未私下拜见过郑先生。直到一九三八年上半年北大文学院从长沙迁到云南蒙自，我才和郑先生有次接触。那时我差半年就毕业，因为在战乱中，学校不要求毕业生写毕业论文。但我到云南后，想研究云南史，也翻阅了一些资料，打算写云南史的论文。我草拟了一份写作提纲，从庄𫏾到云南开始，一直到明清为止。其时我们师生都住在一个法国人留下的"哥鲁士洋行"里，我便拿着提纲，到郑先生的房间请他指教。他看过后说，这个提纲涉及面太大，你能把庄𫏾的问题弄清楚就很好了。我遵照他的指示，把《史记》、前后《汉书》以及先秦诸子有关庄𫏾的资料收集、鉴定、排比，写成一篇《庄𫏾王滇考》，并请钱穆先生审正，郑先生看后也认为满意，以后刊登在北大史学会编的《治史杂志》第二期上。郑先生的《孟心史先生晚年著述述略》也在这期发表。

　　现在想来，假定没有郑先生的指点，照我原先设想的提纲写下去，一定写不出什么来，写出来也不会像个样子。这是我第一次习作史学论文，由于及时向郑先生请教，得以少走弯路。受益匪浅，永志不忘。

　　大学毕业后，文学院迁到昆明。我第一年作当时的中央研究院历史语言研究所的津贴研究生，第二年北大文科研究所恢复招生，我考取为姚从吾先生的元史研究生。当时的所长是傅斯年先生，郑先生当副所长。傅先生是兼职，仅顶个名义，郑先生才是真正的主持人。不过郑先生为人宽厚谦和，平易近人，同学们并没有因为他是副所长或实际负责人而畏惧回避他。研究所当时在昆明青云街靛花巷三号，因为人数不多，同学和几位导师都住这里。住所的导师除郑先生外，还有陈寅恪、罗常培、姚从吾先生。我们第一期的研究生有任继愈、王明（哲学），阴法鲁、逯钦立（中国文学），马学良、周法高、刘念和（语言；另有傅懋勣、陈三苏入学不久离去），阎文儒、汪篯和我（历史）。以后因敌机轰炸，又迁到离城不远的龙泉镇（龙头村）的宝台山上去，但靛花巷的所址一直保留。

这时我和郑先生可说是朝夕相处。我的研究室和郑先生的住房只一墙之隔，而墙还是木板做的，可以互听声讯。我就听见郑先生告诫一个同学搞政治和做学问是两回事，要他老实治学；又听见郑先生同人说，我现在要好好学英文。但一来郑先生工作很忙，他是联大总务长，又教明清史，又管所务；二来我学的是元史，由姚先生指导；同时我又不会交际，因而虽然朝夕相处，却很少主动向他请教。现在想起来，不胜遗憾。

郑先生是到云南以后才开明清史课的。在北平时，这一课由孟森（心史）老先生主讲，郑先生当然不便开课。实际上，郑先生在北平时已对明清史颇有研究。收入《探微集》中的《多尔衮称皇父之由来》、《墨勒根王考》、《多尔衮与九王爷》和《清世祖入关前章奏程式》诸文都是在北平作的，可以为证。郑先生在昆明作的《孟心史先生晚年著述述略》，对孟先生研究清史的业绩予以钩玄提要的概括，非精于此道者不能为此精辟的概述，亦可见其对前辈学者成就玩味体会之深，故能汲取精华，有所资益。至于解放后郑先生学习了马列主义，以唯物史观治明清史，与限于时代的孟心史先生相比，当然更进到一个新的境界了。

郑先生在云南这八年，生活不安定，工作繁重，又有教学任务，但他在这忙乱纷扰的环境下，仍然关心学术研究，努力著述工作。从《探微集》所收的论文统计可以看出：全集收论文四十三篇，在云南所写有十二篇，占全书四分之一强；全书四六六页，在云南所写有一五一页，占全书三分之一弱。分量比重很大。在这十二篇中，清史论文占七篇，南明史一篇，云南史一篇，西藏史三篇。西藏史是郑先生到云南后新开拓的研究领域，实际上是他融会了隋唐史研究和音韵学知识的成果。我在研究所毕业后，郑先生曾提出同我合开西藏史一课。这一方面是他对我的关怀和提携（西南联大青年教师很难独立开课），一方面也可看出他对西藏史的兴趣。只是由于我对西藏史毫无知识，不敢贸然应承，辜负了他的好意。至今我对西藏史还是不懂，什么时候能使我补上这一课，以告慰郑师于地下呢？

在这十二篇中，《〈张文襄书翰墨宝〉跋》一篇虽然篇幅不长，题目一般化，却是一篇功力深厚的著作。孟心史先生生前，曾致函张之洞的幕僚许溯伊（同莘），询问张的僚佐"燕斋"是什么人。许复信认为"燕斋……大约为广东盐运使瑞璋"。郑先生根据《张文襄书翰墨宝》中函札，举出五证，考定燕斋姓蒋。主要证据是同一性质、内容的信件，有时称燕斋，有时则称蒋大人。这就是用内证的方法对照而得的结论。又从函札中对燕斋官衔的称呼，据《文襄奏稿》中的三件奏折，考出此蒋大人是署两广盐运使蒋泽春。这就把孟森先生的疑问解决了。从此可以看出郑先生读书的精细和运用考据方法的纯熟。在另一篇《清代包衣制度与宦官》文中，在仔细考察了包衣的名称、性质、产生、来源、组织以及叙述了入关后关于宦官的几次争斗后，结论说：

> 汉朝宦官利用了他们的密近地位，假借皇帝或太后的权威，"手握王爵，口含天宪"以专制朝廷。唐朝宦官把持住皇室兵权，东南财富，养成他们的特殊势力。明朝宦官以批红操政柄，厂卫立刑威，宫帑供财用。清朝宦官没有这些凭藉，所以清朝三百年无宦官之祸，这是包衣制的赐予。

这一结论是纵观历史全局得出的。它高屋建瓴，有立体感，读后使人对清代包衣制的历史地位以及历代宦祸的由来有清晰的概念。没有对我国历史的广博的知识是很难做到这点的。这也是由博返约，博约结合，宏观与微观结合的范例。

以上仅举两个例子，说明郑先生治学之博与精。其他文章也都有类似的特点。例如《发羌之地望与对音》是登载在前《中央研究院历史语言研究所集刊》上的，这个刊物对稿件要求很严格苛刻，没有高质量的文章很难入选。就此一点已可觇出该文的价值了。假定我们知道，这些文章是写于战乱的年代，不安定的环境中，对郑先生的这种治学精神和毅力怎能不肃然起敬。

一九四四年三月，我离开昆明到四川李庄。四六年十月，我从四川到天津南开大学，郑先生也于同年从云南返回北平，主持北京大学校务并兼北大历史系主任。这期间我虽和他见过几次面，但不像在昆明时那样接近了。直到一九五二年郑先生调到天津作南开大学历史系主任，我才在他的领导和教导下，以同事和师生的关系，和他恢复了昔日的交往。

　　回想我初次听郑先生课时，才是个二十岁的青年，郑先生那时也不过三十六岁；到今天，我已将近古稀，郑先生若在世，也是八十五岁高龄了。郑先生的道德、文章，永远值得我学习；郑先生对我的关心和教育，使我永远铭感。谨以此文，作为对老师的哀思和对他八十五岁冥寿的纪念！

　　　　　　　　　（原载《郑天挺学记》，三联书店，1991 年 4 月）

回忆郑毅生先生几件事

任继愈

（一）我们尊敬的"山长"

"山长"从来是我国书院的负责人的称号。

一九三九年，北京大学在昆明招收文科研究生。北大、清华、南开三校成立西南联合大学，成立的时候，三校各有自己的分开以后的打算。北大恢复研究所的招生，先后共招收两届，共不到二十人。办学的条件十分艰苦。西南联大的校舍是土坯作墙，稻草作顶，有门窗而无玻璃。有时学生去迟了，或者学生人数多，教室内容纳不下，索性站在门外或窗外听，因为离讲台近，比在教室内坐在后排听得还清楚，只是没有扶手椅，记笔记不大方便，人们还是尽量争取坐在教室里去。文科研究所招收大学毕业生，入校后，基本不上课，外语在入学考试时必须通过。当时多用英文为第一外语，没有什么专业课，仍然保持北大过去那种极端自由松散的风气。作息时间也不作任何规定。由于山河破碎，国难当前，心情沉重，大家都有一种学术上的责任感，学风也沉潜笃实。同学们没有人混日子、不钻研的，也没有追求个人物质生活的。郑毅生先生负责我们研究所的全部教务和总务工作。师生们在云南大学附近青云街靛花巷三号租了一所楼房，共三层十八间。食堂、图书室都在一起。郑先生当时没有带研究生，而十几个研究生的生活、学习各方面的大小事，都由郑先生操心经管。郑先生是西南联大历史系教授，同时兼西南联大的总务长，总管后勤，既管财务计划，也管教务，工作比较忙。无论怎么忙，他一直坚持研究和教学。老师们当中，天天在十二点钟以后才熄灯的只有两位，一位是汤用彤先生，一位是郑毅生先生。老师们窗口的灯光，也激励着学生们的勤奋不息的干劲。

云南昆明和全国后方的城乡一样，物价飞涨，靠固定工资为生的人，生活越来越困难。有不少西南联大的师生在校外兼几门课，以资贴补。靛花巷住的几位老师，郑毅生先生和汤用彤、罗常培、陈寅恪、向达、姚从吾几位先生都以全力从事教学和研究，未在校外兼职。这种风气也给学生们树立了榜样，研究生们也都专心从事学习，心不旁骛。北大文科研究所不大像现代化的大学的研究院，有点像中国的书院，书院的总负责人称山长。罗常培先生戏称郑先生为山长，郑先生是当之无愧的山长。

（二）数十年持身清廉

中国旧社会与总务打交道的人，多半受到一些不同程度的感染。郑先生在西南联大主持总务工作九年（抗战八年，日本投降后又过了一年才回到北平），郑先生一尘不染。他一年到头穿一件旧蓝布长衫，自己洗衣服，打扫房间，中年丧偶，未曾续弦。他不但自己以清俭自励，他也从未利用他的职权为自己的亲故友好谋私利。北京大学迁回北京后，他仍然以历史系主任兼任秘书长（即总务长），仍然保持他几十年一贯的清操。国民党面临彻底崩溃的前夜，发行金元券，物价一天涨几次，郑先生清贫自守如故。他家住西城毛家湾，有不少人到他家谈工作问学业，有时正赶上他吃饭，全家啃窝头。解放后不久，全国举行"三反"、"五反"，凡是管总务的都曾作为重点审查对象。北大总务部门也打了不少"老虎"，后来发现"查无实据"的也有不少人。郑先生的朋友都相信他没有问题，却也很关心他，认为总免不了受些牵累。而群众对总揽北大财权多年的郑先生没有提过什么怀疑。这是他几十年清白自持、廉洁奉公博得的信任。

（三）由人民的教师到马克思主义者

北平解放前夕，胡适先逃往南京，并不断在南京安排飞机，迎接北平的一些有影响的教授，希望他们乘飞机南逃。当时北京大学一度作为联络中心，胡适临行前还曾委托北京大学原负责安排南逃的教授们的飞机票。但是郑先生接受我们党的指示精神，坚守岗位，安心迎接解放，北大的绝大多数教授在党的影响下没有南逃。当时的一些高级知识分子，虽说不上对共产党有多少了解，但对国民党几十年来的日暮途穷，倒行逆施，毫无希望，是十分清楚的。有一次有事到办公室，正遇上有位清华大学教授和他通电话，问他走不走。郑先生用安详稳定的口气，慢条斯理地说"不——走。"胡适在南京天天盼北平来的飞机，离开北平最后一架飞机，胡亲自去飞机场迎接。只接到北大一位历史系的教授毛子水。这个人与国民党特务头子戴笠是好朋友，他心虚，仓惶逃走了。

郑先生把北京大学的物资、档案，完整地移交到人民手中。旧北大从此结束，新北大从此开始。郑先生响应了党的号召，从他自己的岗位上尽到了他的责任。

郑先生继承了中国知识分子的优良传统，重实行，不尚空谈，洁身自好，有所不为，继承了中国乾嘉以来朴学实事求是的治学传统，使他有可能比较稳固地接受科学的历史唯物主义治学方法，终于成为一个优秀的马克思主义者。

全国解放后，郑先生努力学习马列主义、毛泽东思想，并力图运用历史唯物主义观点解释历史。半辈子从事旧史学的教授，改弦更张，不言而喻，要比年轻人付出更大的辛劳，但是郑先生一步一步地、坚实地也是艰难地走过来了。不但学到了马列主义、而且运用得很好，做出了优异的成绩。他成了一些旧史学者转变为新史学者的光辉榜样。他留传下来的《清史探微》，既有清代朴学者的谨严，又有历史唯物主义的科学见解，有识者都相信这一部书是一本值得流传的学术论著。

郑天挺先生少年时期曾在北京顺天高等学堂读书。这是一所历史悠久，水平较高的中学（该校抗战前称为河北高中，现改为北京东城区教师进修学院，地址在地安门东大街），国内知名之士，据先生回忆，当年梁漱溟先生在丙班，张申府先生在丁班，汤用彤先生在戊班，郑先生与李继侗先生（生物学家）在庚班。这一些零碎史料是郑先生告诉我的，社会上知道的人不多，附记这里，以备参考。

（原载《南开史学》一九八三年第一期）

师友丛忆·郑天挺

何炳棣

也许是由于特别缘分，我早在清华三年级时就知道北大秘书长郑天挺（毅生）先生清史造诣甚深。那年清华行"导师"制，我特选陈寅恪先生为导师，因此课外有正当理由偶尔登师门请益。当我到西院陈府面呈隋唐史班习作论文（"唐代皇位继承问题"）之后，陈师即精彩地发挥何以唐太宗和清康熙这两位最英明的君主都因皇储问题不能解决，而感到长期的烦恼与苦痛。谈话上溯到有清开国时，陈师曾提到郑先生对多尔衮称皇父问题考证的精到。那时我虽注重西洋史，却随时也注意到国史研究方面较精彩的文章。七七事变前夕，读了孟森《八旗制度考实》这篇文章之后，对北大的明清史产生很大的敬意。1939年秋到昆明以后与清华办事处的几位"故人"偶尔谈及联大人事时，发现清华的人对北大校长蒋梦麟、教务长樊际昌皆不无微词，独对秘书长郑天挺的学问、做人、办事才干和负责精神都很倾服。所以我1940年2月得悉郑先生已同意继清华沈履为联大总务长的消息后，深信此后三校合作有了保障不是没有理由的。

关于这位名副其实的"北大舵手"崇高的品德、史学成就及其对北大及联大行政方面的贡献，目前已有不少资料可供参考。① 本文只需要追述前此从未被人谈及的有关郑先生的轶事二则。

1944年初夏，某日我上午去地坛历史系办公室翻选西文书籍，照例要先穿过联大新校舍大院。将进校门不远，听见后边有人叫"何先生"。我回头一看是郑天挺先生。郑先生马上就说清华留美考试的结果一两天内就要公布了，现在讲话已经没有嫌疑了。"明清史那门题目是我出的。"他说有一件事藏在

---

① 其中重要的是：冯尔康、郑克晟编：《郑天挺学记》（北京：三联书店，1991）；南开大学历史系、北京大学历史系合编《郑天挺先生百年诞辰纪念文集》（北京：中华书局，2000）。介绍评价郑先生一生学术贡献最好的一篇是陈生玺，"史学大师郑天挺先生的宏文卓识——纪念郑天挺先生百年诞辰"。

他心中已经很久：有一份答卷对较容易的题目如同、光之际满人主张维新的是哪些人之类的，答得不好；而对两个重要的题目，如明太祖开国规模和雍正一朝多方面的改革与建树答得不但很好，而且对摊丁入地颇有创见。他问我这卷子是不是我的。我想了一下，回答说很像是我的。他半笑着问我："你自己打多少分？"我当然谦虚一点地回答，只能打四五十分，因为三个史实性的问题都答得不好，而且同、光之际满人主张维新者只能答出恭亲王奕诉一人。他说我得了74分，是最高的。听了这话我内心才千肯万定，我今番考取了！因为我前此确以明清史是我的"弱科目"。极力维持表面的镇静，故意和郑先生开个小玩笑，我说："那么您一定不是按每题20分客观原则打分的。"郑先生提高声音回答："那当然喽！留美考试是国家抢材大典，如果按照呆板式的打分，那不就变成了三点水的沦材大典了吗？！"

1974年夏，我一人去天津，与莲生妹扫父母墓。次日上午8点半钟南开大学即有车来接，对南大历史系教师做一学术报告（题目是"中国文化土生起源的研讨"）。杨石先校长致词后，我未开讲正题之前，先追述了以上真实的故事，并声明无论国内"文化大革命"如何破旧立新，我在海外是永改不了我的"封建"观念，内心上一直称毅生先生为"恩师"。

郑先生另一轶事年月已记不清，但应发生于我1943年春返回昆明之后。1940年因日机频频来袭，北大在东北郊离城5公里多的岗头村盖了一所平房，为蒋梦麟校长疏散之用。此外在阶下另一大院里盖了7间平房，另加一大厅及小间房以备紧急时北大同仁暂避之用。吴大猷先生对北大岗头村这所大院在空袭频仍岁月里，拥挤、紧张和教授多家之间时或不能避免的"摩擦"有极生动的回忆。[①] 我返昆后，日本空袭频率大减，美国"飞虎"空军大队扬威，人心大定。想像中岗头村的北大大院应远不如初期那样拥挤。可是人事方面摩擦仍是不免。盛传蒋梦麟夫人陶曾毅女士与北大同仁及家属不睦，与周炳琳个性上冲突尤烈。因此双方都向秘书长（郑先生始终是北大秘书长，在联大是总务长）抱怨，要求大院与蒋寓之间筑一高墙，互相隔绝，永避冲突。郑先生一再调解无效，最后只好同意搭墙；墙确是搭了，但只搭到一尺多高便停工了。无论双方如何施压，郑先生也不把墙搭高。不到半月，双方羞愧难当，不谋而合地又要求秘书长把这道碍眼的矮墙拆除了。

只有毅生先生才具有儒、道两家智慧的结晶！

---

① 吴大猷：《回忆》（台北：联经，1977），页43—46。

　　1948 年 12 月 17 日，北平已被解放军包围之中，北大全体师生举行五十周年校庆纪念会，数日后学生自治会以全体学生名义赠献郑先生一面"北大舵手"的锦旗以感谢他多年来对北大做出的积累贡献。"北大舵手"这一崇高荣誉郑先生是受之无愧的。最令我不解的是：1952 年院校调整时，大大扩充改组了的北京大学竟容不下这位全部身心奉献于北大如此之久（至少从 1933 年受命为北大秘书长起），生平最喜爱、最需要北京这清代文物史料中心的清史权威；竟把他与清华的雷海宗拔根调到天津南开大学。此中内幕，希望今后学人多做考证。

　　只有胸襟豁达似海、学养兼儒、道之长的郑先生，才能抑制自己极度的失望①，另起炉灶，以全部身心投入领导和发展南开的历史教研工作。自 1952 至 1981 年底的 29 年间，南开历史教研的累累成果是与郑先生的领导分不开的。我个人方面，1979 年秋至次年初春，能自海外协助南开筹开明清史国际学术研讨会，并能于 1980 年夏亲自看到郑先生身心两健、会议十分成功，感到无限快慰。不料郑先生竟于 1981 年 12 月 20 日在天津仙逝。接到南开准备为郑先生出一本纪念文集的通知之后，我极用心地赶撰了一篇有"革命"原创性的长文《鱼鳞图册编制考实》，聊表对这位当代"完人"的尊敬和爱戴。

补　录

　　此忆撰就之后，南开大学历史系郑克晟教授以其尊人毅生先生有关详阅第六届清华留美考试明清史试卷的 13 天日记（1944 年 1 月 16 日至 28 日）影印惠赠。第一日所述阅卷打分原则最有参考价值：

　　中华民国三十三年一月十六日，阴历十二月二十一日星期日，晴。

　　八时起，阅清华大学留美公费生考试明清史试卷。先将弥封试卷十

---

　　① 《郑天挺自传》："1952 年，全国高等院校进行院系调整，我奉调来南开大学，任历史系教授、中国史教研组主任、系主任。这一决定在我思想上颇有波动。第一，我五十多年来基本在北京生活，热爱北京；第二，我中年丧偶，一直和子女一起生活，而他们也都在北京，到天津后我必然又如在昆明一样，过孤单的生活；第三，我多年从事清史的研究和教学，北大及北京其他各单位的清史资料浩如烟海，绝非其他地方所及。但是经过郑重考虑后，我决定不考虑个人的生活及其他方面的变化，愉快地只身来津任教。我知道如果当时我提出任何要求，会引起许多不同反应的。"（《郑天挺学记》，页 400—401）

五分各编一号数，粗阅一过然后分题按号详阅，较其优劣定分。先录于纸，阅毕一题审视无异乃登于试卷。俟五题均毕，积其总分登于卷面，以求公允。……

午后小睡。……

[晚] 九时归。阅卷至二时始毕。第一题每卷各阅三遍，几于一字不敢遗。幼时读　先君甲午（1894）北闱同考笔录册，用蓝笔登录极详，有已荐而涂去者，有已弃而重荐者，知每卷盖数阅焉。其后视学三省，小子闻之于董季友姑丈，亦若是焉。小子谨识之不敢忘。民国十七、十八年，两次襄校浙江县长考试试卷，十九年奉命为浙江县长考试委员，皆矢公矢慎，恐堕祖德。今日所甄拔仅一人，更不敢稍懈也。

评阅清华留美考试试卷如此慎重，也是反映郑先生处世为人的道德，确是足为后世法的。

（原载何炳棣《读史阅世六十年》，广西师范大学出版社，2005年7月版）

回忆我的老师毅生先生

潘　镛

　　我接受先生的教育，首先是在西南联大听他讲授的隋唐五代史，还旁听过明清史；抗战胜利后，北大复员北平，我又在北大正式选过先生的明清史，深感获益匪浅。他循循善诱的教学方法，和蔼可亲的音容笑貌，一丝不苟的谨严学风，丰富的教材内容和周密的逻辑系统，至今犹令人难忘。世人皆知先师精于清史研究，而少知先生对明史研究的深厚，当同学们听了先生讲授明史之后，深感老师在明史方面的研究也很精深。无论在讲授朱元璋从起事到渡江取集庆，或处理朱元璋与陈友谅、方国珍、张士诚之间尖锐复杂的矛盾斗争，以及靖难、夺门、议礼、前后期党争等问题上，不仅溯源探微，详论当世，考证同异，颇有创见，而且娓娓动听，给我们留下了深刻的印象。注意是知识的天窗。先生在教学中，经常培养学生的注意力，提高学生的学习兴趣。任何知识的甘露，首先是从注意这扇天窗滴入的，而先生很重视讲授中的科学性、系统性和注意力，引导我们去作进一步的研究。先生的教学方法有趣味性，使学生产生强烈的兴趣，老师的教学艺术，给了我很大的启发和教育，是我三十多年来在教学中一直所楷模的！

　　先师治学谨严，主张研究历史应从客观事实出发，要做到"深、广、新、严、通"五个字，其中所谓的"深"、"广"，就是要求详细地占有材料，只有在尽可能多的占有材料的前提下，提出来的看法才可能"新"，才有说服力。记得我们在学习"靖难之变"、"夺门之变"、"议大礼"以及南明鲁监国事的时候，在对待材料上缺乏深广，缘由是有的教师在讲授目录学时，认为《罪惟录》中常有颠倒错乱和"水溢火焦，泥涂鼠啮，零落破损"之弊病，值不得重视，不注意应用它的材料。郑先生却教导我们说，这部书虽然有缺陷，但很值得你们重视，因为作者是明末遗老，又做过鲁王府的官，有些材料是作者亲身经历的，有些材料是他经过调查得来的，崇祯以前的史料，有一部分是来自受清文字迫害的庄廷钺的《明史》，因此，《罪惟录》有它的特点，有些材料是正史——《明史》上找不到的；从收集材料要"深""广"的角度上看，《罪惟录》是不能漏掉的；在收集材料时，要求尽量的不漏掉一条史料，要自己去发掘材料，不能光靠别人整理过的；在应用材料时，又不能全都用上；材料俱备，才能通达，才会做出正确的结论，不流于空谈，也能让人信服。同学们听了先生治学方法的教诲后，都很佩服。对明史有兴趣的同学，经先生指引后，就去学习和钻研《罪惟录》，确感很有收益。我因兴趣不在明史，对《罪惟录》没有去深入地学习，自愧学不加进，有负师门教诲，但先生所教的治学方法和态度，给我留下了深刻的印象。这里使我想起了两句古诗："鸳鸯绣出从君看，不把金针度与人。"就是说，我绣出来的光彩夺目的鸳鸯锦，可以凭你欣赏，但那穿针引线的刺绣技术和方法是决不能传给别人的。这是封建主义文化私有的恶习。而我的先师却反其道，是"把金针度与人"的。他老人家不仅把知识的"金子"交给了我们，而且还教给我们点"金"的方法。《列仙传》里的许逊不亦活在人间了吗？

在西南联大讲授清史时，先生曾详细地讲授明末清初这段历史，他以《满洲的崛起和强大》、《明清战役》、《明末辽帅之数更与清太祖之对策》、《清太宗之扰明与明清和议》、《南明与满清入关》、《明代灭亡的时代》等六个标题囊括了这一段复杂的历史，先生不但详细地论述了这一段矛盾复杂的史事，而且很注意中华民族是一个不可分割的整体。当时国难当头，日本帝国主义侵凌我国，并制造"满洲独立论"等谬论，先师在讲授《满洲的崛起与强大》时，用大量的史实，证明清代皇室包含有满、蒙、汉三族的血液，在入关前就和内地在政治、经济、文化方面有密不可分的关系，满族是中华民族大家庭中的一员，不是外来民族；入关以后，满、汉两族的文化更加融合，关系更密切。这不仅有力地驳斥了日本侵略者"满洲独立论"的谬说，而且对个别教授高唱的"中国两次亡国论"（一次是元朝，亡于蒙族；一次是清朝，亡于满族）给予有力的抨击，因为他们这种谬说，有意无意地在为帝国主义侵华找历史依据。先师的论述，更高地激发了学生们抗日救国的热情。这是先师从一九二二年以来充满着强烈的爱国热情的又一表现。

孟森先生在明清史研究上是用近代方法取得成就的学者，是先师的长者、友人；在教学中曾引述孟先生的论点，而且清楚地指出，哪些是孟先生的意见，哪些是自己的看法，交代很明白，丝毫没有糅合之处，表明了先师有高尚的"史德"，受到学生的尊敬，同时对学生也是一种身教。

在旧社会里，大学毕业是经常找不到工作的，语云："毕业就是失业"，为了让学生能够就业，先生往往利用各种关系，帮助学生就业，对学有专长的学生，辄以自己的学术威望和社会地位，推荐给有关部门，以发挥他们的专长，我也曾经享受过先生的这种恩惠。

这里，我还要着重回忆的是一九七九年以来，先生已经是八十开外的老人了，还担负着《中国历史大辞典》的主编工作。一九八一年五月，为了促进辞典各分册的编纂工作和统一辞典的编纂体例以及文风问题，在上海召开分册编委会议，郑先生亲赴上海主持其事，他根据多年的教学、科研经验，提出了许多好的建议，为共同搞好这项工作，打下了基础。在会上，他号召大家三年内完成十八个分册，然后用两年的时间来综合，预计八六年成书，他希望在他八十八岁时能见到全书。当时有人插话说，要以《中国历史大辞典》的合成本向郑先生的九十大寿献礼。不幸，先生因积劳成疾，于一九八一年十二月二十日，离开了我们，未能见到辞典的完成，这是我们非常沉痛而又感到自愧的！

记得在上海会议时的一次中餐时，我在餐厅得与先生会晤，先生带着关切而又有点责备的口气说："你是潘镛吗？""是的，郑先生。""你迟到了，是工作忙，还是身体不好？"

我当时正是刚出医院而赶赴上海开会的，听了老师的话，一阵心酸，感动得几乎流下泪来！我与先生已三十多年没有见面了，而他老人家还是那么关怀备至！更值得我回忆的是：先生离开饭厅后，碰上王玉哲先生就说："潘镛来了，你去看看他吧！"从这些简单的回忆里，使我回忆起先师几十年如一日的爱护自己学生的高大形象，在学校读书时如此，离开学校几十年也是如此，真是一日之师，百年师。

今追述一些琐事，唤起我对先师的无限景仰和深切怀念的心情，学习他严谨的治学态度和笃实的工作作风，争取为"四化"多作贡献，以不辜负先师的谆谆教诲和爱护备至。

（原载《郑天挺学记》，三联书店，1991年4月）

怀念郑天挺先生

张守常

　　郑毅生（天挺）先生是我的老师。解放前我在北京大学史学系上学时，他是我们的系主任。我听过他讲授的"明清史"和"历史研究法"。他对我个人还有多次关怀。值此纪念他百年诞辰的时候，更使我怀念无已。

　　他道德高尚，不论是私德、公德，人无闲言。他学问渊博，古今贯通，文史兼治。他勤于治事，又善于治事。我在校那几年，校长是胡适先生，没有副校长；郑先生任秘书长，总揽全校行政事务，实际上是常务副校长。史学系主任姚从吾先生，复员不久，就做河南大学校长去了，谁来接系主任呢？当时向觉明（达）先生呼声颇高，但向先生坚决不干。那时学者都愿意自己作学问，不愿意当"官"干管理，于是这项不受欢迎的差使就又落在郑先生身上，真是百忙中又添上一忙。在担任系主任的几年间，没听说系领导的工作出过什么问题，也没听说和哪位教授有过矛盾、闹过意见，他能团结人。

　　他坚持讲课。他讲课都是有准备的，这听得出来；他把备课的材料带到课堂上来，也都看得见。那是他在一天忙于校务之后，晚上在家开夜车赶出来的。他讲课条理清楚，内容丰富细致，且有头有尾，全始全终，给我们以完整的知识。

　　郑先生爱护学生，支持同学们的进步活动。

　　北京大学图书馆素以藏书丰富见称，但缺乏进步书刊。同学们要求订一份《文汇报》，馆长毛子水（准）先生都不准。于是同学们自己办起了一个"孑民图书室"。胡适校长认为学校已有一个很好的图书馆，同学们何必再另搞一个？心知有异，不予支持。胡校长如此表态，郑先生在场，而郑先生却另外悄悄地拨给需要的房子和桌凳等，遂使同学们自己筹建的这个小图书馆得以顺利开张。这个馆虽小，当时在北京大学的校内和校外所起的作用可并不小。

　　那几年学生运动蓬勃发展，北京大学又是学运中心，面对国民党的镇压，时有险情。郑先生作为学校的一位主要负责人，总是出来保护学生。

1948 年春的反迫害运动，一直延续了两三个月。北平警备司令陈继承发出传票，要逮捕北大学生自治会主席柯在铄等 12 名同学。时胡适校长在南京参加蒋介石的所谓"行宪国大"选总统，郑先生代表学校与之周旋，并把他们提出来的黑名单及时通知学生。学生鸣钟报警，在民主广场（红楼北面的大操场）紧急集合，把被传讯的同学围在中央，坚决不许来捕人，高呼"一人被捕，集体坐牢"，"团结就是力量"的歌声不断，迫使陈继承未敢进北大捕人。但在当夜闯入北平师院捕去 8 名学生，并打伤多人。次日，愤怒的学生到新华门向北平行辕请愿，各大学集合来的达六七千人。郑先生，还有其他大学的负责人，奔走其间，进行交涉。郑先生，还有训导长贺麟先生，到警备司令部去找陈继承，在门口遇见北平市长何思源，何悄悄地告诉郑先生：陈继承在傅作义那里碰了钉子啦。那时傅作义刚就任华北"剿总"司令官，说陈不该在他刚上任的时候来惹学生，添麻烦（见郑先生当夜写给胡适校长的信）。郑先生心里有了这个"底"，就敢提高并坚持要求的条件了，于是经过一天的紧张交涉，不但师院被捕的 8 名同学获释，北大的 12 名同学也不再传讯，大获全胜。

接着在 6 月又发生"反美扶日"运动，学生游行队伍在东华门外被荷枪实弹的军警截住，学生要冲过去，军警以开枪相威胁，现场形势很紧张。郑先生闻讯赶来，在两者之间说合交涉。那时学生游行，有地下党的领导，能放能收，见机而退，避免了一场流血。而郑先生亲身折冲其间，不避危险，也使人难忘。

这年 8 月 19 日，国民党在报上公布黑名单，要大批逮捕学生，郑先生也是尽力保护的。例如史学系同学戴逸，暑假回家，时在上海，郑先生去信提醒他注意，他遂去了解放区；否则，他若贸然返校，就有被捕的危险。

1948 年 12 月 17 日是北京大学五十周年校庆，学校早已着手筹备，要大肆庆祝一番。这年下半年"大决战"的形势发展很快，东北解放，大军入关，直指平津。校庆正日前两天，即 12 月 15 日，胡适校长飞走了。17 日，西直门外传来清脆的枪声，北平城外的解放军已合围。这一天，北大校庆纪念还是开了一个会，在校长办公室的院子里举行的，我去了，到的人不多，正房子民堂前的台阶作了主席台，汤用彤先生主持开会，我记得郑先生是也在主席台上的。

北平即将解放，学校当前的主要问题是"护校"，即保护学校不受损失。郑先生久任秘书长，总揽学校行政事务，是北京大学的大管家，对"护校"来说，他是处在关键位置上的一位学校负责人。那时城内在东单练兵场又修了个小飞机场，陆续有人由此飞走。北大就有图书馆馆长毛子水先生，带着供胡适校长研究用的《水经注》某某种善本，飞走了。郑先生会不会也走了呢？这是全校师生员工最为关心的一天，民主墙（民主广场西面长墙是集中贴壁报的地方，同学们称之为民主墙）上贴出郑先生的谈话，那是对去访问他的同学说的，内容主要是他决不走，一定和大家一起保护好学校。我印象特别深的是这样几句话：他说他平生注重"敦品"，意即信守诺言，决不会说不走而又走了。"敦品"这两个字特别大，比拳头还大，抄写的同学特意用这种方式传达出郑先生的加重语气。郑先生的这一谈话公布之后，在北京大学，上上下下，起了很大的稳定作用。不久北平解放，北大接管，未听说出过什么问题，可以说顺利，圆满。我那时已转入图书馆专修科，照常开学上课，亲身感受到的是：一点也没乱。这其中，郑先生是起了重要作用的。联想到抗日战争爆发后，他尽力于安排师生南迁，胜利后他先期北归，尽力于学校复员，这一次保护学校，迎接解放，可以说，他又一次为北大作出了历史性的贡献。记得当时北大学生自治会送给他一面大红绸子作的旗子，大书"北大舵手"，上款写"郑秘书长"，是对郑先生为北大全校所作贡献的充分肯定。

　　曾经有过这样的说法：郑天挺和胡适关系密切。这话有其一定的根据。郑先生早年在北大上学时，胡适已是北大教授，有师生之谊。以后又长期在北大共事。特别是解放前这几年，胡是校长，郑先生是秘书长，胡校长的办事能力，用傅斯年的话说，是"真不敢恭维"的（蒋梦麟《忆孟真》），于是郑秘书长就成为胡校长的得力助手，郑之尽职尽力是会得到胡的赞赏和信任的。那时常看见郑先生出红楼前门向东走去，那是到东厂胡同胡校长住所去谈校务（那时毛子水先生也常去胡校长家，他是去陪胡太太打牌的，人们戏称毛先生为"胡公馆行走"；而郑先生是没有坐下来"打八圈"的闲暇的）。至于在松公府北大办公总部，更是随时晤谈的。不过，郑先生并非事事和胡校长同心。例如对于学生运动的态度就不一样，郑先生是同情学生并予以支持和保护的。到解放前夕，关系到中国命运和前途的"大决战"已到关键时刻，政治形势是非国即共，已无第三条道路可走。胡校长飞往南京，选择了前者；而郑先生则选择了后者，他毫不含糊地说："我当然不走"（郑先生自传）。从郑先生一生的立身行事来看，他"敦品"，他如此果断地作出"不走"的选择，是合乎他的思想发展的逻辑的，合乎情理，顺理成章。

　　郑先生关怀北大，关怀北大师生。我，作为北大的一个学生，是也亲身感受到郑先生的关怀的。

　　1948 年夏，我在史学系毕业了。郑先生找我谈话，和我商量考研究生的问题。我那时已安了家，为此已在我的母校北平私立山东中学兼课两年半，郑先生知道这情况。他说，研究生的钱比本科生的"公费"（那时公家发给学生的生活费）多，但不知够不够我养家的，因为研究生不许在外兼课。我算了一下，不够，研究生念不成。郑先生又说：北京图书馆的王有三（重民）先生来北大创办图书馆专修科，在文史各系毕业生中招收十名学生，不限制学生在外兼课，建议我可以考这个专修科，有王有三先生讲授"目录学"，赵斐云（万里）先生讲授"版本学"，即使将来不作图书馆的工作，这对作学问也是很有用的功课。学校为了表示支持，还拨给一个"公费"名额，我若考得好，争取到这份"公费"，还可以添补家用。郑先生为我考虑得周到、亲切，使我铭感不忘。我于是转入了图书馆专修科，大约考分不低，果然又获得了一份"公费"。王、赵两位先生的课讲得极好，使我深受教益。我继续是北大学生，还可以继续使用北大图书馆。只是解放后，我在山东中学作政治教员、教导主任，越来越忙，实在来不及到北大上课了，王有三先生为我办了休学手续，希望我有了时间再复学以完成学业。我还保留着王先生为此写给我的信，但我后来一直未能复学。不过由此使我和这两位先生熟识起来，在以后的许多年中，继续得到过他们的教益。

　　1949 年，中国历史博物馆建馆需人，郑先生推荐我，同时写信给我征求意见。记得该馆一位负责人事的同志，穿着旧军装，是从解放区来的老干部，到山东中学找我谈过一次。他说是坐班制，很强调工作纪律。我想这样太没有机动时间，连图书馆专修科每周两次的课也不能去听了，中学的事一时也不好放下，所以未就。

　　后来我到北师大任教，也是出自郑先生的推荐。1952 年院系调整前，辅仁大学历史系主任柴德赓先生要"明清史"教师，向郑先生要人，郑先生推荐我。这是事后柴先生告诉我的，还说"郑先生老夸你"；当时只是由余让之（逊）先生传话（余先生是我北大毕业论文的导师，也在辅仁有课，和柴先生很熟）。我向山东中学党支部报告可否去辅仁的事，书记说不能走，因为北京私立中学都将改为市立，怕一时出现混乱，主要干部要严阵以待，这事便搁下了。山东中学改为北京市立三十中学。同时大学院系调整，辅仁大学并入北京师范大学，柴德赓先生仍为历史系主任。第二年，即 1953 年，市教育局对各中学全面调整，三十中学因校舍狭窄，取消高中，调走一批教师。我仍经由余让之先生重申前议，遂调来北师大。我这时刚出版了一本小册子《中国近代史纲要》，系里也正要成立"中国近代史"教研组，遂派我参加了这个组。迟了一年，便未能以从郑先生学过的"明清史"为专业，否则，会更多地向郑先生请教，更多地获得他的教诲的。

院系调整后，郑先生到天津南开大学去了，不在一个城市，见面的机会就少了，偶尔也还有书信来往。我还有郑先生来信的一个封皮，不记得是什么时候的了，也不记得是为什么写的信，总归是答覆我请教的什么问题的。这样一个写给学生的信皮上的字，也那么规范、好看，也反映郑先生为人和待人的一丝不苟。这信皮是我无意中留下来的，恩师手泽，已成为我的珍贵的纪念品了。

1980年12月在济南参加义和团学术讨论会时，听说郑先生入了党了，一时哄传。我也很高兴。这标志着郑先生一生立身行事，正派无私，总是朝着进步的方向走过来的；终于在81岁高龄的时候进入无产阶级先锋队的行列。这是党从政治上对郑先生的充分肯定。

我想，我见到郑先生，要热烈地向他祝贺。京津不远，以为见面不难；不想蹉跎经年，竟传来郑先生以微疾逝世的噩耗，深感悲痛。追思几十年来的师生情谊，使人不能忘怀；先生一生执教治学的崇高成就，更使人景仰不已。当时同在北师大工作的吴世俄、张文淳，都是曾受教于郑先生的北大史学系同学，我们商量参加郑先生的追悼会，并送一挽联，词是我拟的。继又接到南开来信，丧事从简，挽联遂未送出。吴、张两位老同学也已于前几年相继病故。若他们尚在，我们共同写这篇怀念郑先生的文章，会写得丰富的多。例如吴世俄到辅仁大学任教是郑先生介绍的，张文淳之分配到北师大工作，也和郑先生的关照有关。郑先生的关怀学生并不是到毕业为止，毕业后的工作问题也是时刻放在心上的，不止是对我一个人如此。而现在却是我一个人写这篇怀念文章了。我们三个人挽郑先生的联语我还记得，现在写在下面，还算是我们三个，或不止我们三个，对郑先生的纪念罢：

　　　　一代师表，我师不死；
　　　　平生史学，历史长存。

1999年11月于北京师范大学历史系

（原载《北京大学校友通讯》第 27 期，1999 年 10 月）

忆 郑 师

田余庆

郑师百年诞辰将要到来，我收到南开来函，知道纪念活动正在筹备之中。近此时来，郑师的高大形象，常在脑中浮现。过去有过几次纪念郑师的活动，想写点纪念文字，都没有成功，始终感到遗憾和愧疚。岁月不居，当年郑师的学生也都趋老，往事的印象越来越模糊。所以这次一定要就记得起的有关郑师的事情，哪怕是一些琐事，也要写下来，以志我对郑师的怀念之情。

我同郑师，个人接触并不多，但有的接触对我影响较大。1946 年，学校刚从昆明迁回北平，当时郑师是北大秘书长。史学系主任陈受颐先生不在国内，郑师还代理系主任职。我头一回跨进秘书长办公室，是为了请求同意我转入史学系的事。我陈述了自己的请求，心里有点紧张。因为此前我已在大学读过两个系，而且各在不同的学院，很怕郑师责怪我心猿意马，见异思迁，不是真正"钟情"于史学。我作了碰钉子的准备。但是出乎我的意料，郑师对我并没有什么怀疑。他注视我，听取我的陈述，问我读过什么历史书，然后看了看我以往修过的学分，就签字同意了。郑师须臾间定下了我的"终身大事"，我的感激之情，自然是不言而喻。

早听说郑师是北大挑重担的领导人。近来我从郑师《滇行记》一文得知，"七七事变"骤发之时，郑师已是北大秘书长，那时蒋梦麟校长、胡适院长都不在北平，而且联系不上，学校一切应急措施，都要郑师拿主意，苦撑了数月之久。那年郑师还不到四十岁。但是我以前并不知道这些具体事情，又不曾有机会与郑师接触，无从获得直接印象。这次在郑师办公室里可能只有短短十来分钟的停留，说是须臾间，却让我对郑师挑重担有了一点理解。郑师办公桌上有几部电话，容不得我把一句话说完，电话铃就响了。他刚拿起话筒，另一个铃声又起。从郑师回复的话语中，好像谈的都是棘手的事。那时胡适校长对具体校务管得不多，繁难事务都是郑师处理，而集中在孑民堂的各部门，总共并没有多少办事人手，郑师负担之重，我算是有了一点直接印象。郑师对学生，哪怕在百忙中也不拒绝求见。他既使你感到师长的尊严，又使你感到父亲般的亲切，这种印象，也是我一辈子不会忘怀的。

郑师的教学工作，并没有由于行政负担太重而有所减免。他的明清断代史课程年年照开。有一年，向达师休假赴南京作研究工作，向师的隋唐史课程又不能停，我们猜不着谁来讲隋唐史。结果到开学时课程表公布出来，代替向师课程的竟是最忙的郑师。郑师用卡片讲隋唐史，与讲明清史办法一样。那时学生们只知道郑师是清史名家，而对郑师以前发表在《史语所集刊》和北大《国学季刊》上有关《三国志》杭、赵二人《补注》和《注补》研究论文以及有关隋唐古地理研究论文都没有读过，更不知道郑师曾长期讲授隋唐五代史，到昆明后为了完成孟森先生未竟之业，转而钻研清史这一事实。郑师由于知识渊博，学养深厚，研究面广，所以不但在校务工作上挑重担，在史学系教书工作中也挑重担。五十年代初，系里缺中国近代史教授，好像郑师又不得不顶起中国近代史教学的事，后来院系调整，情况才有改变。

郑师由于学识、品德与才干，从年轻时就是工作负担沉重，用后来的术语说，是"双肩挑"。比起同辈教授来，他要付出双倍精力才行，个人研究工作自然要大受影响。郑师八十寿辰之时出版《探微集》，在后记中说："我五十岁以前，忙于生活，没有认真读书"。我读了，感慨很深。"没有认真读书"当然是自谦之词。但把为公务操劳而付出巨大精力说成是"忙于生活"，无居功的意思，无追悔情绪，这种高尚情操，特别令人敬佩。郑师为人处世的一贯态度都是这样，"忙于生活"四个字掩盖了郑师的多少奉献。

郑师以他自己谦虚为学的言行，为学生们树立了楷模。郑师在明清史课堂上常常提及孟森先生的见解和成就，特别推崇《明元清系通纪》。让我们读一读。他还推荐美国近出的《清代名人传记》，说是有不少著名学者参加了编写工作。但是郑师对他自己的著作《清史探微》却不曾提及，我也未见到过。我趁给郑师拜年机会，问到此书，并贸然向郑师索求，郑师果然赐给我一本，我都细细拜读了。郑师的精微创获之处，我不具备完全领会的水平，但我多少习染到一点探微的方法。郑师后来编定论集，仍以"探微"为名。以探微称，古人有之，但是以此作为一种研究历史的方法进入我自己的思想之中，都是从郑师学来的。多年以后我把自己的论文集冠以探微之名，确实是郑师给我在脑子里留下的烙印。郑师所赐著作，我珍藏了十年，五十年代人人缺书，为了物尽其用，我把郑师的书郑重地转送给教明清史的一位同人，他从此书汲取的养分，一定比我大得多。

　　我在北大文科研究取得助教时，郑师兼所内明清史料整理室主任，有时能见得到。郑师调南开后，见面就少而又少。文革前一个冬天，我在南开拜望郑师，他下乡去了。我见到克晟，得知郑师所住楼房不供暖气，原因是住户普遍贫困，宁愿领一点烤火费自己生炉取暖。那时郑师已是望七之年，生活竟是如此。后来，文革中，我听到郑师受到折磨，非常愤慨，非常难过。郑师谦谦君子，一生宽厚，自处恬淡，就我所知，对人从不说一句重话。50年代初，在思想改造运动中，郑师由于他在老北大的地位，是受重视的人物。但据回忆，郑师作思想检查时诚恳从容，给人以坦荡荡的印象，在压力下不乱方寸。对同人提意见，也是平和务实，没有留下一句过火的言辞。郑师这种炉火纯青的人格修养，至今还是学生们谈及的话题，影响既深且久。

　　在郑师百年诞辰纪念时草成此文，作为我献上的心香一瓣，让郑师知道，他的遗泽将永远留在学生的心中。

　　（原载南开大学历史系、北京大学历史系编《郑天挺先生诞辰百年纪念文集》，中华书局 2000 年 6 月版）

回忆郑天挺老师

钟文典

一九四六年冬初，我从重庆辗转赶到北平，进北京大学历史系学习。郑老师当时是学校的总务长和历史系主任。进校之前，我就听说郑老师是著名的历史学家，尤其精于明清史。进校以后，他在百忙中开讲明清史必修课，大家非常高兴。郑老师家住校外，每次上课，不论天气是阴晴雨雪，他都按时到校，从不缺课。一登讲台，就"言归正传"，不叙闲话。一部《明清史》，从《绪论》到《南明与满洲入关》，分七章讲完。他不但对明清史中的重大问题进行精辟深刻的讲解，而且对许多重要的历史事件、人物、制度等也都作了精细的介绍和考证。每次讲课，从不拘于一家之言。对一些重大问题，除了阐述自己的见解外，还经常介绍孟森、朱希祖、吴晗等先生的看法，以开阔同学们的视野，启发大家独立思考。讲到战争或各派政治势力分野一类问题，郑老师总是即席板书图表，结合讲解。每讲完一个题目，便针对问题列出参考书目，指明某书章节或某卷、某人传，以便大家课后进一步研究。郑老师对教学工作认真负责，在学术问题上严肃、虚心的精神，使大家不仅学到了知识，而且学到了如何做人、做学问的道理。

北平解放时，我已转到政治系学习。一天，看了新京剧《九件衣》，又引起我研究明末农民战争史的兴趣。我把自己的想法向郑老师做了汇报，他满怀高兴地连说了几个"好"，随即给我开了十几部参考书。在他的指点下，我一边读书，一边积累资料。后来，虽然因为其他工作要做，研究没有继续下去，但郑老师从事科学研究的严谨态度和方法，却给我以深刻的教育。

我是一九五〇年秋季毕业的。因为工作需要，我继续留在北大两年，进修《中国近代史》，凑巧郑老师决定在暑假后开讲这门课。经王铁崖老师的提示，我又拜郑老师为师，并准备协助他做些开课的事务性工作。郑老师不仅很愉快地答应了我的要求，而且马上给我开了包括《筹办夷务始末》、《东华续录》等在内的二十多部书籍，同时把他早已拟好的讲课大纲给我，让我结合着阅读参考，给他撰写讲稿；要求根据内容的多少轻重，每章限在两万字到四万字左右。这个任务，对我来说是十分艰巨的。但老师既然吩咐了，就得积极去做。经过一个暑假的努力，勉强完成了三章稿子，其余部分，只有依照讲课进度逐章交卷了。郑老师看了我写的第一批讲稿，说了不少鼓励的话。可是在讲课时他只把讲稿放在讲台上，并不使用，而是按照他所准备的卡片讲授。我难免有些纳闷。过了几天，郑老师很谦和地向我征询听课的意见。我如实地汇报了自己的体会和收获。他听完以后，爽朗地笑着对我说："你不能光说好的呀！难道我讲课总没有缺点？今后听课，要一面听，一面比较，看一看哪些你写的比我讲的好，又有哪些写得不足；还要想一想其中的道理。每堂课都这样做，领会可能更深，收获会更大些。"说罢，把他讲课的卡片也都借给我参考、比较。至此，我才真正懂得郑老师对我培养的方法和要求。我深以得到良师教育感到幸运。

记得郑老师讲完中国近代史的第二个学期，又聘请了邵循正先生到系开讲中国近代史。他把这个决定告诉我。本来，我已经系统听完郑老师的课，而他却叮嘱我一定要系统听邵先生讲课。他说："邵先生讲课很有特点，尤其是他对近代中外关系史的论述，要注意听好。"这件事，也体现了郑老师为人虚怀若谷，在学术问题上毫无门户之见，对学生认真负责的崇高品德。

还有一件事，给同学们教育很深。郑老师讲课，很重视"结论"。记得开讲明清史时，《结论》一章讲了明清史和前后历史的关系与异同。它的分期和在史学上的地位，学习方法以及主要参考书目等等。但在解放初期讲中国近代史课的《结论》时，除了前述的各项内容外，还着重讲述如何运用历史唯物主义的观点指导我们的学习。这是以前所没有的。说明北平一解放，他就自觉和积极地学习马克思主义，用理论指导历史教学和研究，做得十分出色。这一进步，在同学中引起了极大的注意，为大家树立了良好的榜样。

抗美援朝战争开始以后，全国掀起了捐献飞机大炮支援前线的热潮。郑老师以饱满的政治激情，积极投入这场爱国主义与国际主义相结合的伟大运动中，他一面和当时的上海《大公报》、天津《进步日报》以及开明书店联系；一面发动师生撰写文章和书稿，以历史科学为武器，揭露敌人的罪行，鼓舞人民的斗志。并把所得的稿费全部捐献购买飞机大炮。在他的直接组织和带动下，大家热情很高，取得了很好的成绩。

一九五一年秋，北大、清华、燕京、辅仁四大学法学院的部分师生，组成中南土改工作团，到南方参加正在轰轰烈烈展开的土改运动。当时，我的进修任务还没有完成，也报名申请参加。郑老师听了我的汇报，积极鼓励我说："参加好，那也是学习近代史的好课堂。"而且表示他也希望能有机会参加。我到广西不久，果然听说郑老师随土改参观团到江西去了。

我是一九五二年九月离开北京的。两年后，我因公到天津，专程去南开看望了郑老师，向他汇报两年来的工作，又得到他许多宝贵的教诲。从此以后，就无缘相见了。"十年动乱"期间，我在劳动中听到郑老师因受迫害辞世的消息，深感悲愤。后来知道是讹传，才转忧为喜。一九七九年五月，我去南京参加学术会议，恰好郑老师参加全国政协视察团也在南京。我得到消息，喜出望外，马上和几位学友去看望他。当时他已经登车即将启程北上了。匆忙中大家只同他握手致意，无缘叙谈。谁知那一次竟是我和郑老师的最后一次见面！

郑老师虽然离开我们了，但作为人师与学者，他的道德文章当与山河同寿。我所写的片断回忆，谨作为对恩师的一点纪念。

（原载《南开史学》一九八三年第一期）

纪念郑天挺先生

柯在铄

1946 年 5 月西南联大在昆明结束，秋天我来到北平，进入北京大学经济系继续学业，当时北大的校长是胡适之，训导长是贺麟，秘书长是郑天挺先生。由于胡适校长十分热心政治与社会活动，暇时沉埋于《水经注》的研究中，因而对学校的事情管得很少，郑先生实际成为了北大的大管家，各种繁杂的行政工作都得他亲自过问。在国民党腐朽政权统治之下，经济进一步恶化、局势动荡不安、民怨鼎沸，"偌大的中国，几乎快放不下一张书桌了"，学校资金短缺，教授和学生生活不得保证，北平、南京、上海等地先后爆发声势浩大的爱国学生运动，"反内战、反迫害、反饥饿"的怒吼声响彻中国大地。从五四运动开始，北大就一直是爱国学生运动的策源地，"民主"、"科学"是北大两面最鲜艳的旗帜。当年，我还不到二十二岁，经历了昆明"一二·一"运动的洗礼，我和许多同学一道很快又汇集在这二面伟大的旗帜之下，投身于这场滚滚洪流之中。在复员后不久，我就参加了学生自治会的工作，以后还被推选进入院系联合会和华北学联，并被推选为学生自治会主席。我亲身经历并参加了五·二○大游行、六月一日"民主广场"命名典礼、华北学联成立等重大事件的组织工作。我所负责的很重要的工作是，联络进步教授，如许德珩、冯至、向达、钱端升等，此外代表学生自治会与学校当局交涉，我曾去东厂胡同找胡适进行"对话"。郑先生因为是学校主要行政负责人，因此也常常成为我们做工作的主要"对象"。很多人都知道，郑先生是胡适之先生得力的助手，从 1933 年 12 月起就担任北大的秘书长，主持过北大文科研究所；在联大时，他当过总务长；他是公认的明清史研究的权威，他亲自授课，发表许多很有影响的学术文章。郑先生不愧是有名的学者，面对情绪激动的学生，谦逊平易，从不失师长风范，他总是很有耐心地听完学生代表的质问、陈述，有些言辞不无过激与不恭之处，然后一一给予解释或回答。他一面要维护学校行政的秩序，使局势不致失控，另一面还要与当局周旋，使学生免受特务、军警的拘捕。北大是北平学运的中心和华北学联的所在地，当局认为镇压北大就可"消弭学潮"，除了在北大校园利用三青团和反动学生监视进步师生的行动；还在学校的围墙外面布置大量军警、特务；经常会有特务借口搜查闯进学校殴打、逮捕进步学生、撕毁壁报、捣毁会场的事件发生。

1948年4月7日凌晨3时，郑先生接到警察局长汤永咸的电话，要求学校交出我和其他11名学生自治会的成员。不久，汤永咸随即驱车来到郑先生住宅，出示警备司令部命令，要求马上交人，郑先生没有答应，并前往警察局交涉。清晨6时，郑先生找到学生自治会和我们，希望我们暂时躲避；8时左右，郑先生又同训导长贺麟、教务长郑华炽一同赶去警备司令部找警备司令陈继承交涉，陈继承很蛮横地说："不答应交人，就由我们自己进去包围逮捕。"他口口声声要做"关麟征第二"，关麟征是制造昆明"一二·一"血案的凶手。当时，胡适在南京参加蒋介石的"行宪国大"，学校的事务由郑先生主持。郑先生利用自己的各种关系与当局周旋，他曾向学生发表谈话："对治安当局传讯几位同学，由校方负责交涉，不使成为事实；连日发生之不幸事件，由校方向北平治安当局提出严重抗议，并提出具体要求；对全体师生员工今后之安全，由校方负完全责任。"他还说过，传讯十二同学是对北大自由传统的污辱，如果法院坚持传讯，北大同学可以全体去。他的态度很明确，绝不能让一个学生被抓走。在地下党组织安排和组织下，上午10时全体同学紧急大会在民主广场召开，"一人被捕，全体坐牢"的口号震天动地，中午时分，2000多同学搬来板凳，一层层把我们紧紧围在中间。全场同学一遍又一遍高唱：《团结就是力量》。下午，冯至教授代表教授会向广大同学慰问，他转述美籍教授傅汉斯的话："这样的事，我以一个外国人的身份是看不惯的。假如你们政府真要这样无理逮捕学生，我愿同他们十二个学生一起坐牢"。与此同时，燕京、清华、中法、师院、南开、北洋、河北工学院等院校同学也先后宣布罢课，走上街头声援北大，北平的街头成为一片抗议的海洋。在学生、教授和社会各界的强大压力下，当局的企图终于没能得逞，我们十二名同学终于脱离了危险。

对于我们这些二十几岁的年轻人说来，当时，或许还并不十分体会生命的含义，而作为我们的师长，郑先生与许多正直、正义的教授一方面更加关切我们的安危，想尽一切办法与当局周旋交涉、大声呼吁、多方奔走；另一方面，在许多由教授们签署的抗议书、声明、宣言中经常出现郑先生的名字。

他与许德珩、樊弘、袁翰青、郑华炽、贺麟等 35 位教授一起听取学生报告"四一一"暴行经过，决定成立沙滩区教授联谊会，建议学校罢课声援受迫害的教授和学生。他们当然了解国民党特务的残忍、卑鄙的手段，闻一多先生喋血昆明街头也就是仅仅几年以前的事情。为了学校不受玷污、为了学生免遭迫害，郑先生和其他教授一起，挺身而出，仗义执言，中国知识分子爱国、正义、尊严的品格在他们身上有了最好的体现。[①]

在纪念郑天挺先生百周年诞辰的时候，我们深深怀念这位北大的前辈，他的精神、他的风骨、他的学问永远都是我们学习的榜样。

2000 年 1 月 18 日

（原载南开大学历史系、北京大学历史系编《郑天挺先生百年诞辰纪念文集》，中华书局 2000 年 6 月）

---

① 编者按：据王效挺《北大地下党史料选》载：1948 年 4 月 6 日深夜 3 点北平警备司令部突派人拿了公函向北大秘书长郑天挺交涉，要学校交出柯在铄等 12 名学生。北大校方认为此举侵犯校内自由，予以拒绝。北大的教授及同学以及平津各校同学闻讯后，以各种方式抗议。郑天挺秘书长和贺麟训导长 3 次去警备司令部交涉，司令陈继承还是坚持要捕人，并说他愿做关麟征第二，不惜重演"一二·一"血案，经校方一再交涉，最后才协议由法院传柯在铄 6 位同学。北大同学 7 日清晨听到消息后，非常愤怒，上午 10 点，学生自治会罢委会在民主广场召开全体同学紧急大会，一致认为那 12 位同学并无犯法，只是替同学做了同学要求的事，并认为这是大规模迫害的开始，因此大家主张"一人被捕全体坐牢"，用团结的力量来粉碎迫害。北大教授们于 7 日下午 2 点在孑民纪念堂开会，一致表示支援，并要求校方坚持合理态度来处理这事。北大、清华、南开、北洋、中法、朝阳、铁院等校决定 8 日起罢课。北大秘书长郑天挺教授表示，如法院传讯北大的 6 位同学，北大全体师生当一起陪赴法院。

又据《北京大学史料》第四卷（1946—1948）第 1022 页引《北大半月刊》第三期（1948 年 4 月 16 日出版）文章载："四·一二在北大校史上将是另一个光荣的日子。我们所敬爱的师长们一齐站出来，为维护学府的尊严，为保卫自由民主而罢教抗议。值得特别指出的是，郑秘书长所表明的严正的态度——绝对不准传讯十二同学，由校方负全责；校方负责保障师生员工安全。这种严明的立场以及如同家人父子的情感使我们欢欣鼓舞。孑民先生有灵，他一定在对民主广场而微笑。"

毕生心血献史学

——忆郑天挺教授

魏宏运

我国著名历史学家和教育家郑天挺教授离开我们已近三年。他一生执教六十多年，而三十个春秋是在南开园度过的。他留下的史学遗产是《清史探微》、《探微集》、《清史简述》等著作，颇为史学界推崇。他多年呕心沥血，经营南开历史系，也是人们所称赞的。我和郑老相处三十多年，过从甚密。在文化大革命期间，又一起过"牛棚"生活，受尽折磨。对他的业绩、乐观精神，虚怀若谷和遇事能泰然处之的态度，我是很佩服的。

一

郑老是一九五二年全国院系调整时，由北京大学调来南开主持历史系工作的。那时他已年过半百，但身体健康，精神饱满，充满青年人的朝气，这是第一次我们见面时，给我的印象。

当时郑老是系主任，我是系助理，因为工作的关系，我们朝夕相处，经常谈论各种问题。范围极其广泛，从国内外大事到个人生活，无所不谈。议论最多的是办学方向、师资队伍的提高，学生的培养、图书资料的建设等问题。起先在一块聚会谈论的还有雷海宗和冯文潜两位老教授，后来雷先生被康生点名定为右派，不久就去世，冯先生也千古，我和郑老单独接触就更多了。有时在郑老家中，有时郑老来到我的家中，有时我们则漫步于南开园的林荫大道，或在湖边叙谈。

郑老学识渊博，功力深厚，经验丰富，经常纵论古今，向我讲过许多历史知识和治学之道，实是难得的良师益友。使我最感兴趣的是他对清末到民国初年的社会状况和五四运动时期人物的看法。对蔡元培、李大钊、胡适、吴虞等，他都有中肯的评价。他很敬佩李大钊，正因为如此，一九三三年四月全国百数十名人士捐款，公祭李大钊，郑老捐了款。当灵柩由宣外下斜街妙光阁浙寺迁至香山万国公墓时，护灵的只有少数几个人，郑老是其中之一。在国民党白色恐怖下，可以想见，积极参加这一活动，是要有多么大的勇气！

郑老一个突出的特点，就是总是手不释卷，顽强地学习。在他去世前的一些日子，还要每天读书六个小时以上，他和他的书斋已融成一体。我每次去他家，他总是伏案读书、写卡片。他常讲，不要相信自己的记忆力，时间长了，记忆就模糊了，要运用卡片，帮助自己。他写一篇文章，要翻阅大量资料，构思很长时间。据我所知，他写《织工对》那篇文章，研究中国资本主义萌芽问题，是花了很多精力的。他治学严谨，不赞成轻率写文章去发表。

郑老对刘知几讲的治史必须具有才、学、识的见解，颇为欣赏，他在这方面一有机会就发挥自己的思想。

他还有一个看法，就是治史的人应该懂得一点音韵学和古典文学，他认为中国历史上文史是不分的，现在科学进步了，学科分得细了，但要治古史，就要从古史所具有的特点上去下功夫。

二

郑老有一坚强的信念，就是要办好南开历史系。他认为这是他的事业，是组织赋予他的使命，他因此花费了很多精力和时间，经营这块园地。

在历史系，他颇有威望，能团结人，老中青教师都尊敬他，谁有问题，就向他请教。他也乐意帮助别人，使每个人都可得到圆满的答复。

他以自己的行动为人表率，除担任繁重的行政工作，处理日常事务，还坚持讲课。每天造访他的人很多，但他从未耽误授课。他把教书当作自己神圣的职责。他讲的明清史和史料学是很受同学欢迎的。以史料学来讲，系统抠要地传授治史所需要的古文字学、目录学、版本学、校勘学、题铭学、印章学、钱币学、历史度量衡学、年代学、史讳学、古文书学、古文献学、古器物学等方面的知识，讲述了鉴别史料真伪正误的方法和手段。他讲授没有华丽的词藻，但一字一句都显出质朴、厚重。他八十二岁高龄时，还登台演讲，为明清史研究班讲清代制度等课程，一连讲四个小时，也不知疲倦。

为提高师生水平，他在很多场合都阐述过"博"和"专"的关系，他说

"专"必须建立在"博"的基础上，不博就去专，根基就不厚。他以自己曾担任过语文、中国通史、魏晋南北朝史、明清史、近代史诸课程来说明这对他专攻明史是很有好处的。他讲他曾研究过历史地理学、史料学、校勘学、音韵学，而不是只攻明史，这对他后来标点《明史》，是不可缺少的。

在郑老的带动和影响下，五十年代历史系的教授们都冲出了只研究一个断代史的圈子，在更广泛的历史领域里驰骋，都自觉地担任两门课程，还带研究生，对教师这一辛勤的努力，郑老表示衷心的祝贺，并从各个方面做工作促成此事。

郑老认为教学和研究是互相促进的，没有研究，教学是提不高的，只能起传声筒的作用。他说在教学中只要付出巨大的劳动，就会结出丰硕的果实。五十年代历史系几位教师出版了几部颇受好评的书，就是在讲稿的基础上写成的。

郑老对青年教师的要求是很严格的。那时历史系青年教师较少，包括我在内，只有几个人，一当发现我们的知识有缺陷，他执意要弥补，让雷海宗教授开了一个小班，讲授中国上古史。

他很注意理论的修养和学习。我们曾一起上马列主义夜大学，他从未旷课，有时因事去北京，也要按时赶回来。平时他要求历史系教师多读马列诸大师论历史科学的著作。我记得我们曾多少遍地读过一九四三年联共中央通过的《论写历史》和毛泽东的《中国革命和中国共产党》等文章，以便从中获得研究历史的立场、观点和方法。他认为我们的理论水平太差，一九六○年前后，他在北京获得翦伯赞教授写的《对处理若干历史问题的初步意见》，一共八条，其时还未公开发表，他高兴极了，拿回天津翻印给每个教师，人手一册。

在郑老的心目中，范文澜、翦伯赞、吴晗等马列主义史学家占有崇高的地位。他常去北京向他们请教讨论。好几次也约我陪他同去。

当时历史系的学术空气是很活跃的，大家对历史上的阶级关系、土地制度、农民战争、资本主义萌芽、人物评价等问题产生了浓厚的兴趣。郑老还特别请翦伯赞、吴晗、白寿彝等先后来南开讲演，以推动历史系的学术研究。学生去北京实习，他多次自己带队，在北京请史学界名流作报告。

郑老还用自己的稿费为历史系买了几乎是一整套《东方杂志》。

郑老以全部心血灌注于南开园。在他执教六十年时，南开大学举行了隆重的庆贺活动，全校师生员工赠送一幅条，上面写着"桃李增华"四个大字。

名画家范曾创作《苏子赤壁吹箫图》赠送给自己的老师。那天郑老是很兴奋的，特地请了几位学生到他家里作客，郑老眼神里露出了喜悦之光。

三

郑老是从旧社会走过来的知识分子，经历了清末、民国初年、北洋军阀统治和国民党统治时期，但他的思想毫不守旧，一直在追求进步，他的思想没有停留在一点上。一九一九年五四运动时，他已是一位爱国者，卷入了反封反帝的洪流。后来他在北京大学任教，还担任北京大学秘书长，地位已很高了。但在民族受屈辱的年代，他怎能安心呢？他内心是倾向于学生运动的，也有所表现。在抗日战争中，他发表的《满洲入关前后几种礼俗之变迁》、《清代皇室之氏族与血系》都寓有时代的反抗精神，以确凿的证据说明满族历来是中华民族的一部分，阐明满汉民族之间的关系，指出：东三省"元明以来我国疆圉固极于其地"，而"近世强以满洲为地名，以统关外三省，更以之名国，于史无据，最为谬妄"，这一宏论是对日本制造伪满洲国，肢解中国，而德意法西斯等国予以承认的有力的回击。

一九四九年中华人民共和国成立后，郑老主持整理出版《明末农民起义史料》、《宋景诗起义史料》，撰写《清入关前满洲族的社会性质》、《清入关前满族的社会性质续探》，着重从理论上探讨。这说明他的学术思想是有时代的特点的，是随着时代的前进而前进的。一个人的学术思想和政治思想有时是不一致的，有时则是同步增长。郑老学术思想的特点，一是有时代的特色，从中可以看出历史和现实的关系；一是像他自己所讲的"探微"二字。他主张研究历史应从客观事实出发，而目的应在于求真、求用。他采用探微的方法，即研究比较小的题目，然后以小见大，以微见著。研究具体的，比较小的问题，就可以做得深一些，好一些，这样一个问题一个问题地加以研究解决，集少成多，积小成大，以求对历史的某个方面和大的历史事件有所说明。他的论题往往初看范围比较狭小，但阅读后，才了解它是联系较大问题的。如《"黄马褂"是什么》好像只是解释清朝官吏的一种服装，但文内却将它与清代的服制、政治制度和清后期的阶级斗争联系起来。

郑老思想的高峰，是他八十一岁时参加了中国共产党。当时他身心健康、生气勃勃，人们期望他步入期颐之年，为社会主义作出更多贡献，但死神夺去了他的生命。我们再也听不到他的教诲了。

　　可以告慰的，先生去世前所关心的两件事，一是中青年教师的成长，一是办好《南开史学》，都有了积极的结果。

　　郑老的业绩是永存的。

（原载《天津日报》1982 年 2 月 5 日）

记郑毅生表叔事

梁培宽

郑毅生先生是先父梁漱溟的表弟，是我们的表叔。现即从此"表"字入手，先述说梁、陆、张、郑四家之间的姻亲关系与情谊。

为说明此"表"字的由来，须从我们的祖父梁巨川（名济）老先生说起。

1867年（同治六年），巨川老先生时年九岁，他的父亲（我们的曾祖）因积劳成疾，病逝在山西离石任上，于是巨川老先生的母亲携他扶柩返回北京，同行的还有巨川老先生的祖父。回京后即借住于姑母家。姑母家并不富裕，住处也不宽敞，可巨川老先生一家更困难，无力赁屋自住，只能借住以度难关。

姑母的婆家姓陆；姑夫名陆仁恺（字澹吾），他们有两位女儿。大女儿（陆嘉年，字祖庚），长于巨川老先生一岁，时年十岁，是他的表姐，小女儿（陆嘉坤；字荇洲），少于巨川老先生五岁，时年仅四岁，是他的表妹。自1867年借住于陆家之后，他们即生活于同一个庭院之中，朝夕相处，共同嬉戏，彼此情谊自然更加深挚，而且姑母的次子（陆静存），即是巨川老先生的表兄，又是为他授课的老师；就在数年后不再借住在陆家，有一个时期巨川老先生仍每日往陆家，在表兄指导下读书。巨川老先生青少年时期的生活与学习，可以说与姑母陆家实密不可分。

巨川老先生的两位表姐妹先后成婚。表姐嫁给了云南大理张家（张士镠，字励吾），她就是张镕西先生的母亲。表妹则嫁到福建长乐郑家（郑叔忱，字宸丹），她即是毅生表叔的母亲。由上述梗概可知，先是梁（姑母）陆两家的联姻，后有陆家两位女儿分别与张、郑两家成为亲家，于是就有了梁、陆、张、郑四家之间的姻亲关系。

在此，还需补述一点：巨川老先生的夫人（张滢，字春漪），即我们的祖母，本是云南大理张士铨（张士镠的长兄）老先生的长女。这就是说梁、张两家在上述姻亲关系的同时，又有另一层姻亲关系。

　　不料在五年之内，四次不幸之事竟接踵而至，降临于陆家表姐表妹两家。1902、1903 年表姐夫与表姐先后病故。事隔一年（1904 年），表妹夫与表妹又于 1905 年、1906 年相继病逝。短短五年之内，两家的子女均陷于孤苦无依的境地。

　　先说表姐家的不幸。1902 年表姐夫"卒于京馆"。因他本是位"贫无一钱之固穷君子"，"身后至无以为殓"。于是巨川老先生执笔，"写信寄讣将及百函"，向表姐夫的"同年"（同年考取进士者；当年这种"同年"关系是终生的，在患难时刻均有相互顾恤之责）以及同乡，筹募"得三千一百余金"，将丧葬之事办了。随后表姐即被巨川老先生"迎奉"，"挈诸孤来寓扁担胡同之西院"同住。出乎意料，转过年来（1903 年秋），表姐竟又病逝。巨川老先生再次为她募集丧葬费用。事后以余款代为经营，供"诸孤十一年来京津学膳费、居家用度"。

　　再说表妹郑家的不幸的遭遇。表妹夫郑叔忱（即表叔之父）为清季著名翰林，曾任"奉天（今辽宁）学政"，后又"改任奉天府丞"。1905 年 9 月竟"在京寓病故"，"临终时亲友多人毕集，而公独托孤于"巨川老先生。后巨川先生表妹受聘于北洋女子高等学堂，任总教习，遂携子女三人移居天津。京津相距不远，巨川老先生"间时往视之"。就在移住天津不久，1906 年天津流行白喉症，表妹染病病危。巨川老先生闻讯，"赶往照看，又重受托孤之命"，当年 9 月表妹继郑公之后病故于天津，而二子一女"并染于疫，既丧其一，余二亦危"，于是巨川老先生携两位外甥（即毅生表叔兄弟二人）回京，由巨川先生的夫人（即我们祖母）"亲为看护"。"两子既获痊"，而夫人"大病"，"喉肿饮绝，亦几危笃"。郑家同样并不富裕，只遗有一些"摺券票据之属"，由巨川老先生代为"别存于林公朗溪所，而己为之经营挹注，前后十余年"。至 1918 年巨川老先生"殉义后乃归诸郑氏子"，由毅生表叔自理。

　　林公朗溪先生为毅生表叔之父的执友，也有文字记其事："余初识公（即巨川老先生——笔者）在亡友郑宸丹府丞丧次。宸丹病弥留，诸孤均在襁褓，属后事于公。逾岁郑夫人卒。饮食教诲之事，公乃以一身肩之。遗资故不丰，公为之悉心规划，俾足以敷馆粥，而存其契券于余，综其家用，一丝一粟，率月计而岁要之，出不爽累黍，如是二十年如一日，至于其孤之读书立品，尤谆谆致意，有过督责不稍贷，以迄于成，虽家人骨肉不啻也。"（林灏深：《桂林梁先生遗书序》）

　　家庭在往日中国人的社会生活中有着无比的重要作用，由此种人际关系而重视伦理情谊，且将这种骨肉之情推而及于社会有关系之人。这首先见于家族中，但又非止于家族。情同一体，互相尊重，彼此关切，相互顾恤；重情谊，尚义理，这是昔日人们普遍认同，并共同遵行的处世之道。而梁、陆、张、郑四家之间如何相处，在一定程度上或可说正是此种处世之道反映。不过这已是距今百年前后的事了。（以巨川老先生一家借住于陆家的 1867 年为起点，如今 2008 年，距今 140 年；以 1906 年毅生表叔之母病故之年计起，距今 2008 年约有百年。）而从此以后，由于西风东渐等剧烈变化，此种处世之道渐为人们所淡忘，甚至遭厌弃，而新型的人际关系又始终有待形成建立。

在伦理情谊风习熏陶下生活与成长起来的人，对这种巨变自然难于认同，苦于承受，而感叹"民德堕落，风俗极坏"。我们的祖父巨川老先生就是为此而深感痛心之一人。他认为"今世风比二十年前相去天渊"，指出人们如今往往"重财利而轻骨肉"，"伦常败坏，天理沦亡"。他原以为辛亥革命后可有好转，不料"共和以来"，与此前"毫无殊异，且更黑暗加甚"。这促使他将深埋于内心多年的决定——以一死警醒国人——付诸实践。1918 年，他选定在自己 60 岁生日前三天（农历 10 月 7 日）投水积水潭自沉，留下《敬告世人书》，书中说他之自沉是"为彰明世道而死"，另留有致平素交好的朋友信函多件，其中致林朗溪先生函中写道："至于郑世兄（指表叔），近两年大见进步，亦英爽亦稳成。弟勖以处世修身之道，亦极听从，……可望成人矣。"至于郑家财款，"清算后即由兄代管两年，勿再由舍下经理，……再两年大学毕业娶妻，可以自管矣"。

少年时期因同住于我家崇文门外缨子胡同 16 号，表叔与先父曾朝夕相处一个时期。1928 年在广东省建设委员会时二人曾共事，也仅两三个月。以后即均各忙于自己之所事，常分处两地，彼此晤面并不多。建国后，先父梁漱溟得安居北京，而表叔先任教于北京大学，后工作于南开大学；京津两地相距不远，因此彼此会晤机会远多于上世纪五十年代之前。这由表叔精心所收存的先父致表叔信函多件可见。这些书信均甚简短。如 1951 年，先父借住于颐和园内时，曾写信说："假期可来郊外游玩否？"1952 年表叔调天津南开大学任教前，先父特致函说："久不晤，在弟出京之前不可不一聚也。"1955 年，因为又失去一次晤谈机会而致函表叔说："去年春节未见弟来，时以为念。此次春节原料可以见面，不意弟日前到我家，我又适住医院，卒不得一谈，怅怅。"自 1954 年至 1956 年，有三年未得会晤，1957 年 11 月在致表叔信中先父说："久不见，日思一谈。假如有便到京，或假期回京小住，请赐电话。"

1959年一信又说:"久不晤,切盼一谈。"而次年一信中写道:"亲友中同辈人日少,弟假期到京,总望有机会晤面。"思念之情在在流露。而这些往往只是三言两语的信函,均为表叔一一保存至今,这又何尝不是由于表叔对彼此情谊的珍视。

"文革"十年,彼此联系被迫中断多年后,表叔曾以自己著述多种赠先父,如《清代幕府》(明清史国际学术讨论会论文)、《清代幕府制的变迁》等。在毅生表叔病故后,先父曾写有《我对郑天挺教授家世之回忆》一文,并于表叔所赠论文之末页,写了这样一句话:"郑毅生教授人品才识俱佳,是我的表弟,不料竟先我去世。"

(2008年5月完稿)

忆郑毅生师

邓锐龄

1946 年我在北京大学文学院史学系读书时，最初系主任是姚从吾先生，后来姚先生去河南任河南大学校长，郑毅生师遂以教授、北大秘书长兼史学系主任。第一面的印象已记忆不清。他在事务丛脞之馀，给我们开明清史课程。那时郑师大概近五十岁了，发往后拢，脸色红润，态度和蔼，笑容满面，戴着近视镜，穿着一领洁净的长衫，手持一叠卡片，滔滔不绝地讲授，虽自云祖籍福建长乐，可是说的是极流畅地道的北京话。因为明代政治史上故事较多，如"一条鞭法"、"移宫梃击红丸三案"等，先生讲得本末分明，条理清楚，引人入胜，所以系内外听讲的学生很多。

当年，系内不少同学积极参加民主运动，我听到他们对校训导长的议论尽是负面的，对毛准（子水）教授的评论也多微词，说他奔走出入胡适公馆，以致在史学系开的中国科技史课程，很少有人选读。唯独对郑秘书长没有人说他不好。

记得有一天，在图书馆一楼的西侧大阅览室读书，案的左边是一长排开架的文史古籍，多是丛书类书①，忽然抬头看见胡适校长，由郑先生等陪同从一楼大厅走进来，一边走一边谈些什么，只听见郑先生说："那是乐史的《太平寰宇记》。"他们在室西端停了一会儿，就离开了。此时读书的同学们都治学如常，并不起立，先生们也不干扰大家。不知为什么这件事给我留下极深刻的印象。我回想，往浅处说，是当时我知道那长长的书架上就陈列着乐史的这部书，更深的是那时学校的学术气氛、自由民主气氛，沁透了内心。以此一小事论，胡校长或许来馆视察，但不摆官架子，就如此而已；而一校的秘书长郑先生本人亦即学者，陪校长谈史学要籍，也事属平常。不像近年衙

---

① 关于这座图书馆，在邓广铭师《我与北大图书馆的关系》中有很详细的描写，载庄守经、赵学编《文明的沃土》，北京大学出版社，1992 年。

门化的学校和科研单位，领导者亲临某处，必发指示，而主持事务的要员从来不亲书本，专以交际奔走、财物出纳为能事。

1947年夏，我本科毕业后家居，忽然一天郑先生通知我来校，当时秘书长在以子民纪念堂为中心的中式院落的西房内办公，我们学生一般都不到这里，办公室内外两间，清洁得一尘不染，外间有一位老年工友值班，先生在里间，见我就给我一封信，介绍去北平市立第二女子中学教书，并夸赞了几句。我很兴奋地退出，以后就在该校教高中历史，到1949年解放后还在私立贝满女中兼课；同年秋，我考入北大文学院研究部，才获准离职。在此前准备应考时，借读同学袁良义听郑师的隋唐史课笔记并读了新刊陈寅恪先生的《隋唐制度渊源论略稿》、《唐代政治史述论稿》，获益良多。也约在此时购得郑师在抗战后期刊印的《清史探微》，序言云"早失怙恃，未传家学，粗涉典籍，未能通贯"，又云"南来以还，日罕暇逸，其研思有间恒在警报迭作晨昏野立之顷"，读来让我深深感动，至今仍回旋脑际，因由此足见先生为人的谦虚和治学的勤苦，是我的楷模，至于文笔的典雅，还在其次。

在研究部我真正听课读书不到两年，屡因频仍的政治活动及运动打断。学生们的情绪是兴奋浮动的。许多领导人物来校做报告，就中只有陈毅将军报告里敦劝我们学习董仲舒读书三年不窥园，学好本领，服务人民，其馀的都是讲解形势、宣传政策、强调政治第一。我还兼做助教、研究生团支部工作，曾陪民主人士参观土地改革。1951年冬郑师也带着学生去江西泰和参加土改。

1952年1月北大开始三反运动，接着转为思想改造运动、忠诚老实运动，停课几达半年。三反运动由马寅初校长动员、汤用彤副校长带头检讨，全部教职员卷入，是北大第一次政治运动。当时我助办系务，也是史学系教师学习小组的一员。郑先生在1月下旬自江西回来，参加稍晚，对前面的事一概不清楚。如揭发贪污浪费官僚主义现象，有先生下属包某、梁某二办事员涉嫌贪污（专设一调查委员会，究竟结论如何，不知）等等，系里就议论郑先生在北大任职时间长，知道内幕事情多，应该揭露并检讨官僚作风。郑先生对我说他回京一听到包、梁问题，就闭门思过，等候审察，从来不知道应主动做检讨。据我残破的日记，2月3日，他约了邓广铭先生、李克珍、陈楠和我，试做检讨，但只是历史交代；4日在史学系教师组内做非正式检讨；23日面对全系师生做正式检讨。听众，尤其是老师们，则要求他揭露蒋梦麟、胡适主政时代的内幕，检查对史学系教学工作中的缺点，先生当然同人家一样，也彻底否定过去，说自己作风敷衍塞责，八面玲珑，不当面得罪人，处处讨好。总之，这个月内先生处于窘境，大小几次检讨总未使人满意。可惜他的 2 月 23 日发言要点我没有记下。值得注意的是：当胡适校长 1948 年仓惶离京后，校务由汤用彤、郑天挺、周炳琳主持，至是，汤先生为副校长，不得不率先做自我批评，周先生则是全校思想改造运动的重点，郑先生只不过在本系内做检讨而已。就我来说，如果先生确有严重问题，必会留下深刻的印象，但至今仍想不起来什么。

在同一组内杨人楩先生屡屡对我说，郑先生解放前任秘书长十八年之久，为人清廉少有；胜利复员后，他不住北大的教职员宿舍，为了避嫌，宁肯外面觅房住，这是难得的。但有位先生则抱异议，有一天，他和我到郑先生家谈如何"洗澡"过关。——现在一点也回想不起郑先生住在什么街巷，只记得在平常的一间北客厅里谈话，屋内陈设极简单洁素，书架上有风行一时署名马铁丁的谈思想改造的杂文小册子。——该先生屡屡质疑，惹得郑师发了脾气，满面通红地说："你是不是因为从东北回来，系里聘请你，未给讲师职务，心里不满而这样逼人呢？"他则语塞。郑先生立刻改容，后悔说："刚才是我失态失礼，实在对不起。"这是我第一次见到一向和蔼的郑师发怒。后来党委派王学珍同志约该先生及我商量运动事，记得在红楼二层东侧北面的一间屋内，王学珍静听我二人谈话，该先生力言郑天挺任秘书长十八年，不可能没有贪污，我说："说他贪污，须拿出些证据。据我所知，郑先生注意操守，不是这样的人。"该先生怒斥我"狡辩"，随即改口说："这话说重了！"倒是王学珍和气地说："看来应该让郑先生下楼了。"这样，先生的检讨才得通过。

在史学系学习小组内开展批评时，邓广铭师一向议论风生，词锋锐利，笑着说郑先生言行整饬，大似李光地。会后，郑师含愠对我说："他说我是谁不行，说我是李光地！"可是他为人宽厚，对邓师并不计较。我当时想，换另一个人处在郑师的地位，必结怨不解了。

运动结束后实施院系调整，先生即被调至天津南开大学，从此离开他大半生的生活重心北大。同时汤用彤副校长叫我们这批研究生全部毕业。我服从人事部分配到中共中央统战部，从事民族工作，主要在西藏方面，平日起草文件、报告、电报等，工作繁重，只能用很少的业余时间温习旧课。1955年结婚后，更没有闲暇治学了。

1956 年初，中央开了知识分子问题会议，号召知识分子归队。一天，先生从津来京莅临我家，问我能否去南开，我当然愿意回大学。稍前，新成立的中国科学院历史研究所第二所向达先生也愿我去他那里。可能两方都发来公函，而部里不放。虽然这一年社会主义阵营出现大的问题引发动荡，但国内政治空气却一度宽松平和，大家觉得我们正走上一条社会主义民主的新路。尤其最高领导人提出双百方针，倡言接受批评和倡议，我不知这是策略，1957 年遂因言语获罪，戴上右派帽子，从此成为不可触者长达二十一年，期间不敢再与旧日师友接近。

1960 年，我在下放劳动两年多后被分配到社科院民族研究所。1962 年，在北京民族文化宫举行一次关于满族入关前的社会性质问题讨论会，许多名人都到会了，很巧先生与我在今复兴门内大街的北侧人行道上不期而遇，我们都在赴会途中，走得匆忙，无暇多谈，先生忽然问我："前面走的那个人是谁？"我答："先生治清史，这人怎么不认识，他就是宣统啊！"那次会上溥仪也发言了，一开头就长篇检讨，主席笑着阻止，让他赶快进入正题。

"文化大革命"结束后，中央拨乱反正，我也得到彻底平反。1980 年 4 月 8 日至 12 日，在北京市京西宾馆召开的史学会重建会议，又一次见到郑师，郑师风度依然如旧，我向他简单地报告了别来情况。

大会代表一百六十多人，酝酿领导集体即理事时，记得会场上邓广铭师等提出郑先生是最好的人选，长身玉立的刘大年先生忽然在前排起立，力言唯有张友渔先生胜任。大概因为这一组织将有国际活动，故党领导似乎要用张友渔挂头牌，刘则受命促成之，最后全会实行民主无记名投票，郑师年高德劭，以最高票被选为史学会理事，法学家张友渔先生反居后列。据我的记录，理事 61 人，前 11 名及得票数如下：

郑天挺 125　　　周谷城 124　　　白寿彝 124　　　邓广铭 123

黎　澍 123　　　刘大年 123　　　韩儒林 122　　　夏　鼐 121

唐长孺 120　　　翁独健 120　　　谭其骧 119

复由这 61 名理事中选出 15 名常务理事，再由常务理事中选出 5 名组成主席团，此即郑天挺、周谷城（执行主席）、白寿彝、刘大年、邓广铭。郑先生仍居首位。

从此以后，我再没有见到先生，也未写信问候。原因是 1957 年和"文化大革命"经受的磨难，使我由年轻时的活泼好动变为习惯于沉静独居。深感时日一去，何可追攀，书剑无成，惭对恩师了。

先生解放前任北大秘书长十八年之久，责任之重，事务之繁，可想而知。

而百忙之馀，先生在清史研究方面撰写了若干篇重要论文，做出开创性的贡献。此外，还写出论发羌、附国的地望、论杭世骏《三国志补注》与赵一清《三国志注补》、罗常培先生语文论著序等文，读来即知先生古典文史修养的宽博精深，是我们这一辈人难于企及的。解放前后他任北大文学院史学系主任，1952 年调任南开大学历史系主任，又任副校长，1960 年后和翦伯赞先生主编《中国通史参考资料》、世纪末和谭其骧先生主持编纂《中国历史大辞典》，完成嘉惠士林的这类大工具书，而他都躬亲第一线战役，不图虚名，可以说他毕生精力都用在大学建设、史学发展这两项事业上，真是鞠躬尽瘁，死而后已。

据我短时间的亲炙经验，感觉先生不但学问好，品德也很高洁，是世间少见的汉宋兼修的学者。想来他也于闽学有深的造诣，但困学力行，严于律己，并不见于言谈。他既不宣扬自己，也从不教训苛求别人。当人们不理解甚至误会他时，他也淡然处之。平日谦恭和蔼，尤其对待后辈，循循善诱，如春风化雨，润物无声。这使我一直衷心感佩，视之为努力学习的榜样。

愿先生在另一世界里安息，他遗留的事业，我们将竭力完成。

（原载《学林漫录》十七集，中华书局，2009 年 6 月）

我所了解的郑天挺教授

戴 逸

郑天挺教授是我的老师。我听他讲课、和他过从较多是在一九四六至四八年。那时，我是北京大学史学系的学生，郑老师则是史学系的主任，兼学校的秘书长。北大的校长胡适是社会名流，从事政治活动，暇时研究《水经注》，管不了学校的许多具体事务。北大不设副校长，而设秘书长、教务长、训导长，由三长分工代行校长的职权，其中秘书长尤其重要，对外代表学校，事务繁多，差不多相当于副校长，实际管理着这座名闻遐迩的最高学府。所以，郑天挺先生是十分忙碌的，每天来校上班，他工作勤勤恳恳，兢兢业业，生活很有规律。每天早晨，在上课铃打响之前，一辆三轮车从沙滩的西门进来，郑老师端坐在车上，带着公事包，天冷时盖着一条呢毯，直奔孑民堂（秘书长的办公室在孑民堂西侧厢房，与校长办公室相对），他整天忙着和各方面打交道，或埋头处理学校的公务。当暮色苍茫，同学们准备吃晚饭时，他才乘车离去，回到西城毛家湾住宅。北大的同学经常见到辛苦忙碌的郑先生风雨无间，早来晚归。这一情景至今深印在我的脑子里。

那时，郑天挺老师将近五十岁，身体健康，精力过人。工作那样繁忙，待人接物却总是和蔼可亲、从容不迫，工作有条不紊、深入细致、效率很高。北京大学是包括六个学院（文、法、理、工、医、农）的大学校，机构繁多，人员复杂。解放战争正在激烈进行，学校碰到许多困难，物价飞涨，经费拮据，学生运动正在蓬勃开展。郑先生要照管全校几千人的学习、吃饭、人身安全，肩上的担子是很重的。可他还兼史学系主任，给学生开课，处理系里的工作。现在说这些，也许令人难以置信，偌大的北京大学史学系并没有一个专职干部，系里的具体事务是郑天挺老师亲自处理的，只有一位助教协助他工作。郑老师对具体事务极其认真。记得我刚入学校，开学选课时，郑老师主动找我们几个同学谈话，指导我们在选课时应注意的问题，这是我第一次和他接触。他对青年学生诚恳、亲切、以平等态度待人，十分关心我们的学业和生活。

郑天挺老师坚持不脱离教学，给我们开设明清史，认真讲课，从不缺课或迟到。他讲课是没有讲稿的，只带一叠卡片，讲起来却成竹在胸，旁征博引，滔滔不绝。他知识渊博，观察力敏锐，讲话既清晰扼要，又条理井然，记录下来就是一篇好文章。他的课是最叫座的课程之一，同学们都喜欢听这门课，选修的人很多，教室里总是坐得满满的。他又乐于和青年学生接触、谈话，我和郑老师就是这样逐渐熟悉起来的。他曾经借给我一部《明元清系通纪》，做课外读物。我那时花了很多时间，读了半部《明史》，也是在他的鼓励和指导下进行的，这是我生平第一次阅读大部头的历史著作。阅读中碰到一些问题和心得，我多次去请教郑老师，每次他总是放下公务，兴致勃勃地和我谈史说古，议论风生。从几次谈话中，我开始领会到了做学问的方法和道理。

我和郑天挺教授的接触是从求学问业开始的，建立了颇为融洽的师生之谊，我们的谈话内容都是有关历史的。但后来，民主学生运动勃兴，我越来越多的从事进步活动，和郑天挺老师发生几次政治性的交往，几次交往中，郑先生都是以北大校方负责人的身份和我谈话，因为他和我已经相当熟悉，所以谈话很随便，不拘束，从中可以了解他当时的思想和对学生运动的态度。

较早一次是在一九四七年，我们开始筹办子民图书室，这是北大学生自己组织起来的。当时，青年同学们如饥如渴地希望阅读进步的书籍、报刊，北大图书馆虽然号称藏书丰富，却没有进步书刊，连一份《文汇报》都找不出来。为此，同学们在墙报上对北大图书馆多次提出要求和质问，后来，我们索性自己创办一个图书室，向各处募捐书籍，给同学们提供精神食粮。我们本想争取得到学校当局的支持，图书室以蔡元培先生的号（子民）命名，提出"学术自由、兼容并包"的宗旨，想通过正式的交涉和申请从学校获得一些经费，并解决房屋、家具的困难。为此，我和另一位同学被推举去找校长胡适，带着学生院系联合会的信函走进校长办公室，胡适询明了来意，眉头紧皱，很不高兴，他说话的大意是：学校已有设备良好的图书馆，学生没有必要自办图书室。学生的本分是努力读书，不要把时间浪费在没有意义的活动上。他不但不同意拨给经费、借给房屋家具，反而要我们把已经募捐到的图书交给学校图书馆，代管代借。我们反复申述自办图书室的理由，他坚决不同意。我们碰了一鼻子灰，交涉未得结果。图书室在筹备期间占用一间小教室，总务科天天催我们搬走。后来由我单独去找郑天挺老师商谈，郑已经知道我们和胡适交涉的情况，当然不好公开违反校长的决定，但他耐心、同情地听取学生的要求，详细询问我创办图书室的困难，并且说：你们已占用的那间教室可以暂时不退出。他的态度和蔼、恳切，和胡适的严厉训斥恰成鲜明对比，他还答应以后再考虑同学的要求，后来子民图书室虽然没有得到学校一分钱的资助，可是总务科不再催我们搬家了，并且给送来一些书架和桌椅，这正是我们急需的家具，还在教室内多接了几盏电灯，作阅览照明之用。我们没有询问谁给送来的家具，但心照不宣，知道是郑天挺老师在默默地支持学生们的事业。

郑天挺先生是北京大学的实际负责人，不好公开发表支持学生运动的言论，也没有参加过学生中的政治性集会，谈话中也不涉及现实政治，但他对学生运动是同情的，视学生如同自己的子弟，尽力保护学生不受反动派迫害，尽可能利用他的地位和权力，暗中帮助学生运动。北大学生中有很多社团，不少社团都占有一间房子（或地下室），作为活动场所。还有北大的学生宿舍里，居住着不少没有北大学籍的青年，他们大多生活贫苦、思想进步、在北平无亲友依靠，通过种种关系住进北大学生宿舍，有的还在旁听北大的课程。有一次，国民党的党部要求北大校方清理房产和"闲杂人等"，也就是收回学生社团使用的房屋，驱逐宿舍内的非北大学生。这是很毒辣的一招，实际上是釜底抽薪，要取缔学生集会和活动的场所，驱赶进步青年，打击革命力量。我们听到这个消息，很着急，就分头活动，希望阻止这一活动。我到郑天挺老师处探问校方的意图，郑先生很坦率地告诉我：学校受到外界的压力，这一行动是迫不得已的，但决不会和同学们为难，请同学们谅解。此事是学校的内部事务，由校方调查、处理，决不让校外任何机关干预。凡是同学们正当活动的用房，包括学习、社交、歌咏、座谈、办福利的用房，只要登记一下，仍可使用，不必收回。并且告诉我：在某天，学校要派人检查和登记房屋，希望同学们把违禁物品转移，以免引起麻烦，并且在登记、检查房屋时，如来人有粗鲁行为，可以向学校报告，千万别和来人发生冲突。我们探知这一消息后，就放下心来，后来学校果然派人到一些房子去看了一下，不过是应付了事，没有发生什么事端，也没有收回一间房子。这件事，我不知道北大校方受到了什么压力？怎样进行交涉？但即将来临的一场风波，由大变小，消弭于无形，郑天挺老师和其他教授想必花费了不少心力和口舌的。

一九四八年，国民党在战场上节节败退，全国学生运动的声势日益浩大，北大更多的师生员工投身于进步运动，校园内贴满了揭露国民党黑暗腐败的大字报，学生自治会和各种群众组织都掌握在进步学生的手里。国民党作垂死挣扎，准备武装镇压，颁布了《戡乱治罪条例》，磨刀霍霍，对准了青年学生。这年四月间的一个夜晚，国民党的特务黑夜闯进北大校园撕壁报、砸家具，又炮制反共游行，雇人在学校周围乱吵乱嚷，冲进教授宿舍，捣乱破坏。北平警备司令部下令取缔华北学联，指名逮捕进步学生，声称如不交出这些学生，将武装冲进北大，进行搜捕。同学们紧急动员，连日集会抗议国民党的暴行。为自卫计，我们在宿舍和教室内用桌椅堆置障碍，警戒巡逻，并联络全校教职员工和校外力量，进行坚决斗争。进步势力和反动势力针锋相对，剑拔弩张，形势十分严峻。我，作为北大学生自治会的一名理事，曾和学校当局以及许多教授联系交谈，我们当时的策略是：团结全校师生，也要争取学校当局能和同学站在一起。刚好校长胡适不在北京，郑天挺教授是学校的实际负责人，我和他多次恳谈接触，他怀着正义感和高度的责任心，同北平警备司令部周旋，为保护学生的安全，竭尽全力。那几天内，他奔走交涉，忧虑焦急之情，溢于眉宇。郑先生的态度十分明确，决不交出一个学生，并用一切手段阻止军警入校。为了声援学生，郑先生和上百名教授举行全体教授会议，发表宣言，决定罢课几天，以示抗议。郑先生作为北大的负责人不仅参加会议，而且是会议的召集人，向大家介绍了和军警当局谈判交涉的情形。他的信念是：保护学生的人身安全，保卫学术自由的传统，是自己不可推诿的职责。他亲口对我说：坚决不能让军警入校抓人，如果努力失败，将和其他教授一起，辞职抗议。他的几句话，说得斩钉截铁，明确坚决，铿锵作声。

由于北平各院校师生员工团结一致、坚决斗争，又由于社会各界的有力声援，国民党政府怵于事态扩大的后果，只得暂时退让，没有武装入校，避免了一场流血冲突。这次斗争取得了胜利，其成功的经验之一，是我们扩大了团结面，争取学校当局和学生站在一边，这是和郑天挺老师的态度很有关系的。在那紧张的几天内，郑老师代表北京大学，向各方呼吁交涉，他把和军警当局谈判的情况、结果及时地告诉我们，和我们商量对策，协同掩护被指名缉捕的学生，为同学的安全费尽了心力。

自然，国民党反动派是不甘心失败的，它只是暂时缩回了魔爪，而在窥伺时机，进行更大规模的镇压。一九四八年暑假期间，便发生了"八·一九"大逮捕事件，大批学生被列上黑名单，以"共匪嫌疑"，刊登在全国报刊上，指名通缉。我的名字也被列在黑名单上，当时，我放假回到了南方，对北平和学校中的情况一无所知,从报纸上看到了被通缉的消息。不久,我的父亲接到了郑天挺教授的一封信,告知我被通缉的消息,叮嘱我善自躲藏,不要住在家里,以免搜捕。信中还说今后的生活和前途,等待事态平息,他可以设法介绍职业。以后,我和组织上取得了联系,经过一些迂回曲折而前往解放区。但郑先生的来信是我在被通缉以后从北平得到的第一个信息。

解放以后我回到北平已在一九四九年五月间,去看望了留在北大的老同学和师长,当然也去拜访了郑天挺老师。那是一个下午,仍然在子民堂西厢房他的办公室内,这天他公务不多,所以谈话的时间很长,他心情很欢畅,有点兴奋、激动,很健谈,在他面前似乎不是一个青年学生,而是一个可以倾吐心曲的老朋友。他告诉我,亲自看到了北平解放时,万众欢腾的动人场面,看到了进城的解放军和干部公而忘私、纪律严明的好作风,体会到长期受屈辱的中华民族正以雄伟的姿态站立起来。他反复赞叹:"这样好的干部,这样好的军队。"他详细询问我解放区的情形,渴望了解党的政策、革命的道理。他还说:北平解放的前夕,国民党动员他离开北平,到南京去。他激动地说:"我留下来是对的,我的选择是正确的","胡先生(指胡适)他们是错了,他们也应当留下来,也应当留下来。"当然,像郑天挺这样有地位、有名望的教授一定是国民党在南逃时要敦促撤离的重点对象,但是郑先生和其他许多教授一样留下来了,这标志着他和旧势力的决裂,标志着他新的生活的开始。他所以留下来和他一贯的思想信念有关,和他对进步学生运动的态度有关。一个正直的、爱国的老知识分子在关键时刻是会做出正确的选择的。

解放以后,我不在北大了,学习、工作又很忙,没有像从前那样向郑先生问学请教的机会,以后郑先生调往天津南开大学,见面很少,只在偶然的会议上叙谈几句,也不很了解他的工作和思想。但每当我想起解放前夕风雨如晦的岁月,我总会想起郑天挺老师为保护学生而做的努力。我相信:在社会主义的新中国,他必定会按照自己的生活逻辑不断地前进。"条条道路通向共产主义",一个正直的、博学的、爱国的知识分子,将会看到自己爱国爱民的理想得到实现,而日益信赖和靠拢共产党,走上光明、宽阔的道路。后来,当我听到郑天挺老师以八十岁高龄参加共产党的消息,我并不感到奇怪,感到这是郑天挺老师最后的、必然的归宿,我对郑老师的不断进步、勤奋工作追求真理,老而弥笃的革命信念和革命精神深怀崇敬之心。

纪念郑先生的文章已经发表了不少,很多是谈他的学术成就和道德品质的，这方面已用不到我赘言。我所亲历和了解的一些情节，表现了郑老师在革命和反革命搏斗时的政治态度和优秀品德，知者并不很多，我有义务写出来让大家更加了解他。

（原载《郑天挺学记》，三联书店，1991 年 4 月）

怀念郑天挺先生

罗泽珣

著名历史学家郑天挺先生和先父罗常培先生（语言学家，中国科学院院士）是 1899 年 8 月 4 日同年、同月、同日生的北大同学。两人虽不在一个系，但交往颇多，于是经两人认同，我家的子女管郑天挺先生叫郑干爹；郑家子女管先父叫罗干爹。

虽说如此，两位老人的工作均很忙，而且两家住得又很远，两家子女见到干爹的机会并不多。郑天挺先生是福建省长乐县人。早年来北京读书，能讲一口流利的普遍话。人极朴素，始终留着平头，穿一件布长衫。圆圆的脸，总面带微笑，喜、怒、哀、乐不形于色，这和先父形成鲜明的对比。

记得当年给我印象最深的一次是我上小学的时候。郑干娘去世，先父带我去吊唁。在整个吊唁过程中，我看不出郑干爹有什么哀痛的表情；为了 5 个孩子，当时不到 40 岁的他竟终生没再婚。他虽爱自己的子女，但抗日战争爆发后，他把子女托弟弟照看，一个人随北大南迁至昆明。

1943 年，我不愿在日军占领下的北京再当亡国奴，和姐姐以及后来成为姐夫的董式珪同志，带着很少的一点路费，离开北京去昆明寻父。旅途十分艰苦。先坐火车至徐州，转车至商丘。开始步行至安徽亳州，再回河南界首。过日军、伪军和国民党军三条封锁线。渡过黄泛区（蒋介石为阻止日军，炸开黄河大堤，淹了几个县），再步行经漯河、临汝至洛阳后乘火车至灵宝。冒日军从山西风陵渡打过来的炮弹，乘钢皮火车的货车，夜闯潼关，至西安、宝鸡。搭运货的汽车翻秦岭，至陕西城固西北大学。等先父寄路费后，经成都、重庆，至昆明。整个旅程近半年。

不久，郑天挺先生的大女儿郑雯也由这条路来昆明，而且是一个人，本事不小。她的到来，使郑天挺先生不再孤寂。

我刚到昆明时住校。联大附中的宿舍在校外，几乎无人看管。不久我的棉被等被小偷偷光。不得已，搬到先父的靛花巷宿舍，和先父挤在一间约 15

平方米的小屋里，与郑天挺先生同在二楼，成了近邻。我发现郑先生生活十分俭朴。穿的是一件旧长衫，里面的衣裤也很一般。大女儿郑雯住校，每周来靛花巷替他洗一次衣服。他吃饭在一楼宿舍职工的小食堂，两位江西省的农民（国民党军队抓来的壮丁）替教师们做饭。两位厨师厨艺虽一般，但人品很好。伙食费虽有限，而物价又贵，当时市场上最便宜的肉是猪脖子（俗称"血脖子"），肉质不佳，松软没法炒菜。他们精心加工，红烧得很烂。这算是给教师们改善生活了。我吃过客饭，也吃过红烧猪脖子，比学校食堂的菜有油水。过春节，教师们大都买一只母鸡。没有锅，只好把搪瓷洗脸盆洗净，用酒精消毒后煮鸡，改善生活，戏称"脚盆鸡"。我晚上在小食堂桌子上铺上报纸自习功课。对来自沦陷区的流亡学生，有这么个地方自习已很满意了。

当时昆明的交通全靠步行，而且所住的青云街靛花巷至西南联大以及联大附中，全是石板路，下雨后路很滑。教授们虽多是中年，但每人都有一条手杖。郑先生的木质手杖顶部弯曲，是学生送他的，杆上刻上几个字叫"天挺虬杖"。就凭着这条"天挺虬杖"，郑先生每天风雨无阻地奔波在石板路上。据报道，海拔每升高1000米，氧气减少10％。昆明市海拔近2000米，氧气减少近20％。郑先生当时已年过40岁，终日如此奔波，其劳累可以想见。

郑先生是西南联大教授，又兼任西南联大总务长。具体的行政工作的重担全落在郑天挺先生身上。事后才知道，西南联大的教职工当时之所以能按时发出工资，和郑先生到处筹措有关。虽大权在握，但郑先生遇到大问题却常常去北大校长蒋梦麟先生和清华大学校长梅贻琦先生处去请示汇报。南开大学校长张伯苓先生当时不在昆明，有大事他也找南开大学元老杨石先先生商量。抗战8年，三校职工均能和睦相处，在极艰苦的条件下，办成了国际一流的大学，培养出大量优秀的人才。有的学生后来得了诺贝尔奖金，有的人后来在研制两弹一星工作中发挥了重要作用。这些人，至今没忘了西南联大。办好学，要有后勤工作保证。倘若当时连工资都发不出来，教学工作也难于正常地进行。西南联大之所以在当时能办成国际一流的大学，与郑天挺先生当时挂着"天挺虬杖"，终日奔波在石板路上，风雨无阻地为办学而操劳有关，郑天挺先生的默默奉献，对西南联大8年办学功不可没。

1945年抗日战争胜利后，有鉴于两家子女由北京来昆明旅途的艰难，而这么一大批人由昆明往北京复员，困难会更多，同时为了保证能及时开学，复员的时间又不能拖得太长。在经费十分紧张的条件下，郑天挺先生通过和当时欧亚航空公司经理查阜西先生的关系，包了廉价的飞机（旧运输机改装的客机，飞机很小，机舱内两侧坐人），将北大的教职工及家属，分批送回北京。新中国成立后，才知道查阜西先生是中共地下党员，党内的名字叫查夷平，江西省修水人。早年他曾经是孙中山先生培训的中国最早的 7 名空军中的一员，后来发现他有近视眼，于是转到民航。解放后，国家派他去香港策动国民党民航起义成功，是位功臣。晚年在中央音乐学院教古筝。抗战期间为躲避日军轰炸，他把家属安置在昆明郊区岗头村，和西南联大躲避轰炸来岗头村的教授很熟。因此，为复员人员租到了廉价客机。

由昆明至北京，在重庆要换一次飞机。郑先生在重庆设了一个临时办事处，租了一个小旅店，办了一个廉价的小食堂，为北大教职工和家属解决了食宿问题。我是亲身经历 1943 年由北京至昆明旅途的艰辛，更感激郑天挺先生租用民航飞机把北大教职工和家属送回北京，这是一件多么大的好事。抗战 8 年，生活艰苦，大多数流亡来昆明的人被褥已十分破旧。郑天挺先生在经费十分困难的条件下给北大教职工和家属每人发了一套被褥，至今我仍保留，作为纪念。

郑天挺先生行政工作如此之忙，但仍坚持研究明清史，是中国著名的史学家。在昆明，不仅讲课前必备课，而且当时正研究清王朝开国元勋多尔衮的生平事迹。由于先父是满族人，又是他的同学和好友，常和先父讨论。多尔衮是努尔哈赤第 14 子，12 岁即随军打仗。后来，是他率领清军入关。取胜后，立 8 岁的爱新觉罗·福临为帝，即顺治帝。尽管后人对多尔衮的功过有争议，但史学家无论对他是褒或贬，均需立论有据。郑天挺先生的研究，校订了史实，充分地论证了这个问题。他白天干行政工作，累了一天，深夜灯下夜读，这种勤奋治学精神，确实让人感动。

1943 年寒假，先父受聘主编云南大理县志。历史部分请郑天挺先生主持编写。他对大理和白族的历史进行了深入的考证。

新中国成立后，郑天挺先生被南开大学请去天津从事历史教学和研究，很少有机会和他见面。只见过他两次，而且均与丧事有关。一次是先父去世（1958 年 12 月 13 日）。当时，他没来。事后专程来我家看望我母亲。他和我父亲两人感情很深，对先父之死，郑先生是悲痛的，但在表情上，仍平静如水。第 2 次见面是他女婿黄熊去世，他来参加追悼会。郑天挺先生有两个女儿，是双胞胎。大女儿叫郑雯，1945 年抗日战争胜利后，复员回北京，中途飞机失事，不幸遇难。她在昆明时的男友，就是黄熊。二女儿郑晏一直在北京，照看三个弟弟。黄熊回到北京后，不久与郑雯相貌相似的妹妹结婚。黄熊之死，郑先生必然联想到大女儿郑雯之死，心情悲痛可想而知，但在追悼会上，郑先生仍平静如水。

郑天挺先生已去世多年。回顾与他过去几十年的接触，对他一生喜、怒、哀、乐不形于色的稳健长者风度，由不理解，到渐渐有所理解。人的一生不能不遇到喜、怒、哀、乐的事，但对待的态度，却人各有异。喜、怒、哀、乐形之于色的人如先父，遇事不冷静，有时表态过早未免考虑不周；另外，对身体也不利。先父脾气急，血压高导致心脏病，59 岁即去世。喜、怒、哀、乐不形之于色的人，遇事冷静，经过充分思考后才表态，一般能妥善处理。就以郑天挺先生在西南联大当总务长的工作来说，三校教职工汇集到昆明，条件很差，经费又不足，人际关系复杂，没有郑天挺先生这种修养，西南联大是不会在抗战 8 年中如此顺利地办成国际一流的大学，培养出如此多的国际一流人才的。至今五十多年后，提起西南联大，仍使人念念不忘，有口皆碑。

在与郑天挺先生的接触中，从来没听他提到过自己的功绩，但他的功绩却在人们的心目中，这才是对人民事业默默地奉献。他虽已辞世多年，但他对人和处事的形象，确实是我们的模范，值得永远地怀念！

（原载《西南联大北京校友会简讯》第 34 期，2003 年 10 月）

循循善诱　诲人不倦

汤　纲

我第一次见到郑老，是在一九六○年的秋天。我从复旦毕业分配到南开大学历史系，郑老当时任系主任。我在办好了报到手续以后就去谒见郑老。在著名学者、前辈面前，我感到局促不安，但在郑老的亲切垂询下，我那种局促之感就立即消失了。郑老知道我是从复旦分配来的，就说："希望你能把复旦的优良学风带到南开来。"可见郑老是积极主张高校之间互相交流，丝毫没有门户之见的。

我到南开后，感到教师之间没有"文人相轻"的习气。当时已蜚声学术界的教授们，也都平易近人，全系漾溢着严谨的学术空气，这使我在其中生活得十分融洽，虽是刚从外校分配来的，却没有孤独之感。以后与同志们交谈，才知道这种气氛的形成，与郑老身教言教，积极提倡有关。

我到南开后，开始是在中国古代史教研室，担任杨志玖教授的助教。一九六二年转到了明清史研究室，郑老兼任明清史研究室主任，从此，直到一九八一年八月离开南开调来复旦的二十年中，一直在郑老的直接教诲下从事科研和教学工作。

我在复旦历史系学习期间，就对明清史感兴趣，但并没有系统的学习，对明清史远未入门。我出生在农村，且幼失怙恃，门衰祚薄，连中学的门槛也没有跨过。后来参加了中国人民解放军，学得了一些文化，一九五五年复员后，才以同等学历考上了大学。因此，对中国历史和其他基础知识都很贫乏。为了弥补这方面的欠缺，在郑老的同意下，我一方面工作，一方面参加了当时由郑老主持的明清史研究生班的学习。

郑老循循善诱，使我在明史研究中得以登堂入室。当年，郑老在课堂上教导我们如何学习明史的情景历历犹在目前。他说："研究历史不要猎奇，要从基本的史籍入手。学明史，要先看《明史》、《明史纪事本末》、《明通鉴》及《国榷》，尤其要精读《明史》。"当同学们面对几百万字的《明史》感到茫然时，郑老就不厌其烦地讲解对《明史》的阅读方法。他说："《明史》文字上好读易懂，但是读它也有一定的困难，它同其他纪传体史书一样，让你一下摸不清头脑，找不到线索。读《明史》或其他纪传体史籍，我认为要以'时'为经，以'事'为纬。如何以'时'为经，以'事'为纬呢？具体地说，《明史》的纪、传、志、表如何读法？从何处下手？我认为先从'志'入手，先读'志'，因为它叙述一桩事情的发生、发展的过程，它的影响，它同其他事情的关系，实际是一种纪事本末。然后用'纪'说明其先后关系。用'传'充实其内容，所有宝贵的材料，都在'传'里。但若不以'志'作为纲来读，作为线索来读，就做不到有计划有系统地读'传'，就不易找到许多资料。反之则收效快，收获大。"并且列出哪些"志"和"传"应作为重点来读。这就使我能循着郑老所指引的捷径去阅读《明史》，起到事半功倍的作用。不仅如此，郑老还结合《明史》列传的情况，指出写史一定要内容充实，具体生动，不能沉溺于辞章的修饰上，否则就不是历史。郑老说："《明史》中的《于谦传》是一篇好文章，但它不是一篇好传记，它叙事不具体，过于简略，如说'万历中，改谥忠肃'。为什么在那个时候忽然改谥，没有交待，没有反映出那时防务紧急，使最高统治者想起昔日之忠臣。而《杨继盛传》是一篇好传记，内容充实，文字生动。"以后我在阅读史籍或撰写论文时，也就注意这些方面的问题。今天当我在讲坛上向青年学生讲授如何研究历史时，饮水思源，自然就想起夫子循循然善诱的情况。

我到明清史研究室以后，就参加了郑老所主持的《明史》点校工作。郑老反复强调史籍的点校工作，是从事历史研究的基本功。通过点校《明史》可以培养我们从事史学研究必须具备鉴别史料的扎实功夫。事实确是如此，平常在阅读史籍时，认为已经懂了的文字，但要在下笔标点时却迟疑了，究竟应该断在哪里，需要仔细阅读上下文及查考其他史籍来印证。尤其是校勘，开始时，我们几个年轻同志觉得这一工作枯燥单调，有些厌烦，因此，在工作中出现了一些马虎的地方。郑老审阅时，发现其中的问题后，就耐心地指出："校勘工作是提高一部古籍的关键。国家把《明史》的点校任务交付给我们，我们就要严肃认真地对待，尽量把《明史》中存在的问题校出来，这样就可以减少读者对《明史》因讹传讹的错误。"郑老又根据《明史》的具体情况，指出重点是本校，纪与传校，志与传校，传与传校，纪与志校。通过这样一段时间的艰苦工作，我们每个人的校勘资料都积盈数尺，最后才在这一基础上，挑选比较重要的撰成二千多条校勘记，纠正了原来《明史》的不少谬误，或指出其中史实有歧异的地方。对我来说，通过《明史》点标工作，确实受惠不浅。以后，每当阅读史籍，搜集材料时，总是要与其他有关史籍和篇章进行校核。这一习惯，也都是在郑老的教导下养成的。

郑老对工作，不论巨细，都极端认真负责。我们在点校《明史》时，发现其中的干支常有差错，而查核又很麻烦。郑老了解到这一情况，就亲自设计制作了干支换算年月日的计算尺，每人发给一把，使用起来极为方便。今天，每当我拿起这一把计算尺时，就会想到郑老极端认真的工作态度，它无异成为我一把"戒顽""警惰"的戒尺。

十年动乱中，郑老受到了迫害。一九七六年打倒"四人帮"后郑老立即精神焕发地投身于教学科研工作，一九七八年又开始招收研究生，还愉快地接受了为全国各高等学校培养明清史教师的任务。当时，我们研究室的一些同志，愿意搞科研，不愿意搞教学。郑老就耐性地开导大家："教书育人，不仅为国家培养人才，同时对自己也是一种很好的锻炼。要登上讲台传授知识，事先自己就要有充分的准备。往往出现这样的情况，原来以为自己已经掌握的内容，但当组织材料时，却觉得还不能说明问题，于是又得去寻找材料，充实内容，弄清史实。"郑老还从自己半个多世纪的教学生涯中总结出一条宝贵的经验，说："我守住这样一条根本原则：不管工作性质有何变动，始终不离讲坛。"郑老认为这样可以达到三方面的目的。一是在讲课中，同学们提出的一些问题往往为自己所忽略的，可以促使自己去思考、去钻研，从而使自己对问题认识得更全面更深入。二是讲课需要不断充实和更新教学内容，可以使自己跟上时代的步伐，不致与社会脱节。三是科研与教学互相促进，把科研成果带到课堂上传授给学生，又把教学中的问题带到科研中去深入研究，这样循环往复，才能使自己的知识不断深化。郑老是这样说的，也是这样做的。我在南开大学的二十多年中，郑老出任过南开大学副校长和全国人大代表，社会活动十分繁忙，但他仍坚持为学生讲课。一九七八年，郑老已八十高龄，仍然为研究生和明清史教师进修班授课。郑老在讲台上精神矍铄，声音洪亮，板书挥写自如，苍劲有力，往往一站就是两个小时甚至三个小时，连续讲授，使我们在座的同志都肃然起敬。在郑老言教身传的带动下，我们研究室的同志圆满地完成了教育部交给的明清史教师进修班的教学任务。郑老还考虑到明清两代的史籍繁多，有的文献材料已难于见到，解放前后的一些专著及论文一般读者也不易搜寻，更不便集中阅读，为了帮助明清史教师进修班同志的学习，在郑老的主持下，选编了《明清史资料》上下册。直到今天，每当我在教学科研工作中萌生怠惰情绪时，回想起郑老忠诚党的教育事业，对教学工作极端负责的精神，就会感到自愧，从而振作起来，克服自己的这种陋习。

郑老始终坚持用马列主义立场、观点和方法来研究历史。他认为自己在旧社会对马列主义接触得比较少，今天就要加倍努力，学习马列主义、毛泽东思想。他经常对我们说："马列主义是明灯，对知识分子来说，它既是改造主观世界的锐利武器，又是从事历史研究的指针。"实事求是，是马列主义的根本观点，郑老在讲课和写作史学论文时，也贯彻这一原则。他反复强调研究历史要求实，要写信史，他说："只有在马列主义的指导下，详细地占有材料，才能得出符合历史实际的结论。"所以他在自己的史学论著中总是搜集着丰富的史料。他曾说："讲课中，在阐释一个历史事件时，在它的背后，起码应有三条以上的资料作根据。孤证不立，写文章和讲课的要求是一样的。"这些都说明了郑老实事求是的优良学风。

博大与精深相结合，这是郑老治学的一个特点。从先秦典籍到近代历史，他都很熟悉，对明清历史则更为精深。他也以此要求我们。他常在课堂上讲，要想对明清历史了解得深刻，对先秦直到宋元和近代的历史也必须有所了解，把明清这一时期放在中国整个历史的长河中去考察，这样对明清史的研究才能深透。因此他主张史籍要泛读和精读相结合。他常在课堂上说："对有的史籍是浏览一下就行了，甚至有的只要翻一下序跋及目录，但对重要的典章制度，就要精读，要彻底的弄懂它，要求甚解，如果不求甚解，只是一知半解地去讲历史，写历史，那末历史就必然会走样。"郑老对一些典章制度穷源究委的态度，确是我们的楷模和表率。对我印象最深的是郑老关于明清时期科举制度的一次讲授。平时我对明清的八股文的了解很疏略，对《明史》卷七〇《选举志》中说的一段话："其文略仿宋经义，然代古人语气为之，体用俳偶，谓之八股，通谓之制义。"粗看它似乎已经了解，细看则不然，怎样"仿宋经义"？怎样"代古人语气为之"？郑老找来了清人应试时所写的八股文进行剖析，这样才使我对八股文有了深刻的了解。

郑老常以钱大昕《十驾斋养新录》的含意来鼓励大家。他说"钱大昕这样一个清代乾嘉时代的大学者，还以驽马自况，这说明钱大昕抱有的锲而不舍的治学精神。《荀子·劝学》篇说：'骐骥一跃，不能十步；驽马十驾，功在不舍。'我以此自勉，也希望大家发扬'驽马十驾'的精神去治学，我相信一定能在史学方面做出成绩来的。"郑老的这一教诲，对我的印象是特别深刻的，我自知原来的基础薄弱，只有遵照郑老的这一教导，发扬"驽马十驾"的精神，才能在史学方面作出一些贡献。

　　一九八一年八月，我调离南开来复旦历史系工作。临行前夕，我去向郑老辞行。当时郑老的身体还是那么健康，他在书斋里接见了我，表示说："汤纲同志，从工作方面考虑，我是舍不得你离开我们明清史研究室的；但为了照顾你家庭的团聚，我没有理由来阻拦你。希望你仍在明清史学术领域中，一如既往那样继续探讨与研究，为史学界作出贡献。"并鼓励我，希望我和南炳文同志合写的《明史》早日出版。面对着慈祥的郑老，我嗫嚅着说："郑老，二十年来您对我的教诲，永志不忘。您对我的临别赠言，一定铭记在心，朝着您所指引的方向去做。祝愿您老健康长寿。今后，当您老九旬、百龄高寿时，我一定专程前来向您祝贺。"辞别郑老出来，思绪万千。我从而立之年来到南开，在郑老的直接教诲下，度过了二十个春秋。我和南炳文同志合写的《明史》中的不少观点，都是在郑老的教导下形成的。在南开园我经过了风雨如晦动乱的十年，也经过了欣欣向荣的社会主义建设的春天。今天要离开南开园，离开同志们，离开郑老，真是别有一股滋味在心头。我不觉又折回到郑老的书斋外，良久伫望郑老伏案读书的身影，默祷着老人家健康长寿。

　　我到复旦不久，就完成了我和南炳文同志合写的《明史》上册。如果我和南炳文同志合写的《明史》，对史学界有一点贡献的话，那也是我们长期以来在郑老循循善诱诲人不倦的教导下所取得的。但遗憾的是《明史》尚未出版，而我们敬爱的郑老却溘然长逝。悲痛之余，我们只好加倍努力，完成《明史》下册的撰写来纪念郑老。

（原载《郑天挺学记》，三联书店，1991 年 4 月）

怀念郑毅生师

周清澍

1950年，我考上了当时还在沙滩的北京大学史学系，系主任是郑毅生师。系办公室在北楼，我是在入学报到时第一次见到他。郑先生同时兼任北京大学秘书长，当时学校没有校长，只有校务委员会主任和教务长，除此二人外，其余全校行政、总务工作都由郑先生主管。当时系里不设副主任、秘书，干脆没有一个行政干部，他仍像其他教授一样，担任基础课中国史（四）元明清、选修课明清史和中国近代史（因土改下乡停开）等三门课；还兼任北京大学文科研究所史料整理室主任。这种现象当时并不感到特殊，现在回想起来，说给在高校工作的人听，肯定会认为是海外奇谈。

毅生师不教一年级的课，接触不多。一年级课程除外语、政治、外系公共课外，本系课只有张苑峰（政烺）先生的中国通史（一）先秦史，余让之（逊）先生的史学文选。我由于入学考试时语文只写了半篇作文就到时间了，匆忙交卷，只考了二三十分，按照规定，语文不及格的学生，必须补修一年国文，不能学史学文选。但我仍偷去旁听余先生的课，一次在事先没通知的情况下，宣布对大家进行一次古文程度测验，测验内容一类是出题问答，一类是询问入学前读过哪些古文。这件事过了十余年后，我才听到一位老师说，这是郑先生布置的一次考查，考查结果还在少数老师中讨论过，目的是了解学生的古汉语程度，以便了解学生阅读史籍的能力。我是从湖南一个县城的中学毕业的，当地缺乏师资，国文教师多由读老书的先生担任，课文不用国定本教材，以讲古文为主，高中课文已选入大量经书、先秦诸子的内容；课外我还读过《孟子》、部分《史记菁华》和《左传》，选学历史，坏事反而变成好事，据说因此我被列入全班三个古文基础较好的学生之一。确实，当时我们三人最喜欢听张苑峰先生讲人们认为最难懂、最枯燥的课，每周辅导必到，后来除我走了弯路外，他俩皆毕生从事先秦史和甲骨文的研究，作出了成绩。南开大学纪念郑先生百年冥诞，给他在史学家之前冠以教育家的头衔，真是恰当不过，我想，评论80年代以前我国的史学界，论学术成就，郑先生可能不是最杰出的，但就解放以来活跃在史学界的学者而言，居多出于他的门下，而且大多还得到他的特别启发和关怀。他善于从基本训练教育学生，如1951年将毕业的四年级学生在作毕业论文前，他曾给他们作了一个如何写毕业论文的讲演，不仅对作毕业论文的同学帮助很大，而且在我们低年级同学中传播，都得到了很大的启发，他用一些非常精练、贴切的成语作比喻，直至今日我指导学生写论文，仍能用得上他的那些警句。

当时全国刚刚解放，他热情地追求进步，学习历史唯物主义，将研究重点转向农民起义和近代史，在文科研究所利用档案领导主编《明末农民起义史料》，并配合电影《武训传》批判，主编《宋景诗起义史料》。他还组织了有关电影《武训传》的座谈会，他的发言没有也没学会随大流的空疏指责和咒骂，只就清朝赐黄马褂的制度作了说明，认为电影中说武训被赐给黄马褂纯属子虚乌有。今天看来，这是一场诋毁一个乞丐教育家的闹剧，但郑先生的发言仍对我是很好的教育，分析任何事物，尤其是研究历史，决不能脱离当时的历史背景和历史条件。

郑先生也满腔热情地投入政治运动，他发起编写一套爱国历史小丛书，想出用稿费捐献飞机大炮的办法。他拟出题目，贴在学生常聚会的系里，由师生任选。学生除高年级有个别人认题外，我也冒冒失失的认选了一本《达赖喇嘛和班禅额尔德尼》。当时的运动都是一哄而起，一晃而过，只有我坚持了近一年，翻阅了图书馆一抽屉分类卡片中有关西藏的书（那时我还没有查阅原始史料的目录学知识），写出一两万字的稿子，由于水平太差，不敢示人，但对自己毕竟是一次很好的锻炼，对我以后从事民族史研究不无关系，这是我要感谢郑先生的。

郑先生兼任北京大学秘书长，我听人说，他对行政工作人员（当时称职员或工友，合称职工）特别宽厚，当时的工友以至职员，收入很低，不仅不能同教授相比，也远低于讲师、助教，生活有困难，向他借钱，只要属实合理，他都是有求必应。我就曾亲身了解一件类似的事。法律系有位四川同学，想转学到历史系，主动同我交朋友，通过我了解历史系的情况。后来他告诉我，他曾去找过郑先生，经过郑先生的耐心开导，他听从郑先生的劝告，打消了转系的念头，但因此结识了郑先生。不久，他去找郑先生借30元钱，郑先生二话没说，就把钱借给了他。当时，30元相当于我们半年的伙食费，穷学生借这么一大笔钱，肯定是有借无还，而且与他仅是一面之识，我听说此事后，郑先生在我的师长中，他那仁慈宽厚的形象从此终生留在我的记忆中。

1951年秋季开学后，北京高校文科师生组团参加土改，他担任江西土改团团长，史学系部分教师和三、四年级学生也随同前往。寒假以后，留校的教师和一、二年级学生也投入了思想改造运动，学校停课。约三、四月份，郑先生从江西土改"前线"返校，这位诚心诚意去农村接受改造归来的老教授，学校正以重点改造对象迎接他。这时学校内批判的劲头越来越大，郑先生几次检讨不能通过，原因是没有同国民党，同胡适、蒋梦麟划清界限。他虽然想彻底交待，尽量回忆自己认为曾作过的错事，仍认为检讨不深刻。我有一次曾忝列郑先生的帮助小组，所谓"帮助"，就是让几个学生到老师家里，教训老师应如何端正思想、提高认识、作好检讨。郑先生弄得几乎要哭了，说：我同蒋、胡等的关系实在没什么可交待的了，如果你们不信，多年来我每天都有日记，你们可拿去审查。领导这次运动的同志都曾参加过学运，他们知道郑先生在接到搜捕学生领袖的黑名单时，是他一一通知后才逃脱虎口的，甚至有人即其中的受惠者。我虽然是热情参加运动，也不禁产生怀疑，在郑先生接到黑名单时，难道一定要他去向国民党政府抗议，领着学生上街游行，才能算划清界限，对于从旧社会过来的老知识分子，怎么能如此苛求呢？其次，由于郑先生人缘很好，也遭到批判，说他为人"八面玲珑"，甚至还有用小恩小惠拉拢职工的说法。试问，难道对下属和学生宽厚一些也有错吗？加上我得知法律系那位同学向他借钱的事，如果他不告诉我，恐怕没一人知道，郑先生这样做，不管如何上纲，到底有何利可图、何名可沽呢？当时郑先生遭批判的大问题就是这些，连我这个旁观者思想都搞不通，他内心的委屈就可想而知了。

由于运动的影响，1952年上学期到五·一以后才开学，郑先生给我们讲授基础课中国通史（四）元明清史，不到两个月一学期的课就结束了，我在三、四年级、研究生时又被分派学习外国史，当时学过的很快就还给了他。但后来当我去牧区体验生活时，当年他在课堂上大讲蒙古人如何制作马奶酒的生动描述，立即浮现在我的脑海中。转来转去，我的专业最终转到郑先生所教基础课的范围内来了，曾有人问起，我学元史，在大学时代是听哪位先生的课？我常以郑先生是我的恩师而自豪。

暑期过后，郑先生调往南开，虽然再无缘受教，总算还有机会见面五六次。如1961年他出任教育部领导的文科教材历史组副组长，住在北京民族饭店，1963年秋，他为了集中力量点校《明史》，住在翠微路中华书局宿舍，恰巧我因故也同他住在一起，不仅见到阔别多年的老系主任和恩师，还有幸能经常见面。我得知他具体分工主编的《中国通史参考资料》陆续交稿，《明史》的点校也在顺利进行，不禁为他老的工作精神和成就感到由衷的敬佩。

然而，好景不长，史无前例的文化大革命爆发了，他的遭遇可想而知，《明史》的点校任务被剥夺了。1973年，我因参加点校《元史》，感到许多方面学力欠缺，为了力争少出差错，专程前往天津向郑先生讨教。当时在南开的北大老同学大多被插队落户农村，也不知道郑先生的住处，我只好通过历史系办公室打听。说明来意后，接待我的人不由分说，声称派人去把郑先生叫来，犹如文革中常见的提审一般。古人学生如向老师问学，要老老实实地"立雪"门外，等候召唤，如今竟可随便呼之就来，不难想见，这次久别重逢就在这种尴尬的气氛中草草结束了。

一场浩劫之后，毅生师又恢复了工作。1979年3月，他以八十高龄赴成都出席中国历史学规划会议，3月26日在中国古代史的会议上，就倡议全国史学界合作编写《中国历史大辞典》作了发言。我也出席了这次会议，不仅能在愉快的心情下看到他，而且还有幸同分在华北组，对《1978年至1985年历史学（中国古代史部分）发展规划》一起讨论。会后，《中国历史大辞典》编纂委员会成立并开展工作，郑老众望所归，出任编委会主任兼主编。我也在毅生师的领导下，参加了辽夏金元卷的编写工作。可惜，他没能看到自己精心策划的这项巨大工程的完成。

同年10月，我去天津开会，会后去南开探望了他。一年内能两次会见，虽然高兴，但发现老师终究老了，他已没精神与人寒暄。我也不敢多打扰他，就在客厅同克晟、同钦两位同学叙旧，放眼望去，整个上午，他仍在隔壁房间伏案辛勤工作着。年过八十，日渐衰老是不可抗拒的自然规律，但通过这上午我亲眼所见，从他身上，使我真正懂得了所谓"老当益壮"、"老而弥坚"的含义，因为毅生师有一股献身史学和教育事业的精神在支持着他。

第二年，他的著作《探微集》和《清史简述》出版了，中华书局根据毅生师的指示，将他赐赠的两书直接寄给我。不久，传来了他突然病故的噩耗。悲思之余，我仍庆幸他老能看到自己著作的出版；也庆幸自己在受业30年之后，仍能从他的著述中，再一次获得新的教益。

（原载南开大学历史系、北京大学历史系编：《郑天挺先生百年诞辰纪念文集》，中华书局2000年6月）

追忆郑天挺先生

〔日〕 寺田隆信

郑天挺先生的大名，我早在还是学生的时候就通过先生的论文得以知晓。可是初次和先生会晤是在一九八〇年八月，郑先生主持召开的"明清史国际学术讨论会"的会议时。就因为此次的缘分，我于次年十月开始，作为文部省派遣出国研究员出差赴中国时就决定了在郑先生之膝前领教。所以我可以说是先生晚年的受业生。

我一到天津，先生就设宴为我洗尘，询问研究计划并给予种种有益的建议和教导。更使我感动的是：郑先生主动地提出，在百忙之中，每隔一星期给我上一次"个人指导"课的提案。这种对一个外国学生的厚待我以为一定是破格的，我不免感到惶恐。但再一想，我领会到郑先生的这种好意并不是对我个人的，而是对日本的中国史学界全体的，所以我才领情地接受了。我相信：先生的这种体贴正是和当年的藤野严九郎先生之对待周树人，继之、鲁迅先生之对待增田涉出于一模的，同时也是先生的通过学术交流而加强日中友好的愿望所致的。

只是，遗憾的是，个人教授的良机由于先生的急逝仅仅三次而告终。但在这短暂的时间里实在受益非少。关于中国的传统的学研方法得蒙其实践者郑先生的直接传授，实在难得。我虽没有充分的资格来谈郑先生的学问，但我由此理解了先生的学问的基础里有："凡是历史的一种现象决非孤立地存在，而是个个相连结的。"这种认识，使我感动非常。这种认识乃是中国的学问，至少是一流学家所有的基本性格，同时也是日本的中国史研究家每每所缺欠的。我理会了这一点以后，未经先生的诺许，决意自称是先生的弟子。

另一面说来，先生的日常，丝毫看不出学问的造诣之深，经常笑颜对人，好像生来就入老境似的和蔼亲人。圆脸红颜里又加上天造之工，使人感觉到好似从三千年的文明的历史里诞生出来的一表非凡的风采。传闻的中国的所谓"大人"就是指先生这样的人物吧！可惜在日本很难见到这样的老者。

　　我在先生跟前的期间虽然一共只有三个月，但逝后已经两年半的今天，先生的姿容仍深刻地留在我的眼睑。因为最后一次会晤先生的情景印象太深了！一九八一年十一月二十四日上午十一点左右，偶然碰见在南开大学正门附近散步的郑先生，站着谈了几分钟而分手了。个子不高的郑先生不一会儿就消失在正门的人群里了。这位当代的硕儒就这样永远地离开了我的眼界！

　　　　　　　（原载《郑天挺学记》，三联书店，1991 年 4 月）

忆 郑 老

曹贵林

　　郑老晚年，虽已耄耋之年，但仍精神矍铄、满怀信心地承担着《中国历史大辞典》的主编，主持全书的编写工作。我曾有机会多次听到郑老关于编写《中国历史大辞典》的有关讲话。他声音洪亮、侃侃而谈、条分缕析、深入周到，充满着巨大的力量和信心，使我倍受鼓舞。一九七九年十一月的天津会议、一九八〇年八月的太原会议、一九八一年五月的上海会议，郑老就辞典工作都作了重要的讲话。他反复强调编写辞典的指导思想是"坚持四项基本原则，以马列主义、毛泽东思想为指导"；要达到"大辞典"的目标，就要"气魄大"，"补上过去的空白"，"要反映当代科研的新成果"，"要有创新"，做到"深、广、准"，使"老者安之，少者怀之"。这种雄心壮志和对学术质量的高标准、严要求，不仅对辞典工作是个有力的推动和鼓舞，也反映了郑老的治学态度和作风，对我从事学术工作也是很大的帮助和教育。

　　特别值得提出的是，郑老十分关心辞典明史分卷的编写工作。一九八一年下半年，在他的推动和倡议下，决定于十二月同清史分卷一起，在天津召开编委工作会议。当时郑老正在北京参加全国人大五届四次会议，工作很忙，但他多次通过电话或口信，关心我们会议的准备工作，并表示人大会后即刻回津参加我们的会议。令人痛心的是，郑老回津后卧病不起，又因医治无效而遽然长逝。我们失掉了再次聆听郑老指教的机会，实在惋惜和哀痛。

　　郑老是我国当代著名的明清史专家。他在明清史方面，特别是清史研究中作出了多方面的贡献。郑老学识渊博、造诣精深、治学严谨、一丝不苟，而在学术问题上却从不自以为是，总是虚怀若谷，多方倾听和认真对待其他同志的意见。

　　郑老对入关前满洲族的社会性质有精深的研究，先后有两篇论作发表。我记得他为写这两篇论文，曾经广泛收集有关资料，付出了艰辛的劳动。每当节日由津回京与家人团聚之时，常常要借阅和查对太祖、太宗两朝的满文老档或其他有关材料。有时我去看望他，总是见他伏在小桌上专心阅读或一笔不苟地摘录有关材料。不仅如此，在文章写作的前后，郑老为了广泛听取意见，还要克晟同志专程来京，向有关同志征询意见。老一辈的这种抓紧利用一切时间扎实工作的精神和严谨的治学态度，以及朴实虚心的作风，是非常值得我们后辈敬佩和努力学习的。

郑老在标点《明史》和筹备撰写清史过程中，曾经写信给我。信中说："清史有哪些问题必须列入，某些问题以怎样处理较好，对于清史目前史学界有哪些看法，有哪些新发现的资料，非常希望在百忙中抽空告诉我。"我不惮冒昧，曾就"清史在中国通史中的地位和意义"、"清初社会矛盾和抗清斗争"、"满族的兴起和社会性质"、"清代社会经济的发展、变化和资本主义萌芽"等方面，求教于郑老。他从资料到方法，不时给我以多方面的启示和帮助。郑老语重心长地对我说，这些都是清史研究中的重要方面或是应该深入研究的领域，要开展专题研究，才有可能把问题逐步深入下去。他说，在选题上，既反对大而无当，又不要钻牛角尖儿；要多读书，收集有关资料，从联系中广泛占有材料；对史实要搞清楚，还历史以本来面目；研究要有创新和发展，每个问题都要多问几个为什么，这就是钻研，才能对问题的研究步步深入下去；研究中要从前后左右联系中，寻求历史发展的内在规律。郑老特别告诫我，从事学术研究一定要勤奋、要扎实，反对华而不实、脆而不坚，反对自以为是、固步自封，反对人云亦云、浅尝辄止。他还不时叮嘱我，要加强理论学习，注意和了解各类学术见解，多方征求和听取不同的意见，集思广益，精益求精。郑老的言教和身教，使我受益匪浅，深受感动。

我有幸在郑老生前得到他不少的教益，但我却没有做到郑老对我的要求和希望，内心颇感愧疚。往者已矣，来日方长，任重道远，我将在工作中奋发努力，以不负于郑老等老一辈长者对我的教诲和帮助。

（原载《郑天挺学记》，三联书店，1991 年 4 月）

教诲谆谆多启迪

刘泽华

一、忆郑老与我的最后一次谈话

十几年来，每过一段时间与先生畅谈一次，已成为先生与我生活中不可缺少的内容。十一月二十五日下午，我前往拜见先生。我怕影响先生第二天上午启程前的准备活动（出席全国人代会），谈话中间两次起身告退，先生用带有几分命令的口气说：坐下，坐下！我们从四点许一直谈到六点半。我们谈话似乎从来没有完结，只是中断，这次也不例外，约好等先生从北京开会回来后再谈。谁知这竟成了最后的一次。

我们的谈话从来没有议题，但又从来没有离开过教学与研究。这次谈话是从如何评价郭老的《甲申三百年祭》开始的。在回顾了有关评价之后，先生言道：我与郭老是朋友。郭老在世时，我讲到李自成，曾发表过与郭老相左的意见，郭老去世之后，我不再说更多的话，有人批评郭老阅览不广，其实，如果设身处地想想四十年前重庆的环境，这个问题可以不必提出。先生谈了一些具体问题之后，换了一个角度说，没有十全十美的文章，只能从主流上进行判断。像郭老这样在多方面作出了巨大贡献的人物，我们不能苛求其细。郭老是一位杰出的开拓者，有些地方可能不够工细，这是难免的。有人对郭老工细方面多所批评，依我看似不尽公允。我不是说不可以批评郭老，但一定要分清主次。先生在停顿片刻之后继续说道，对古人和先亡者，可以用我们已达到的认识评论得失，但不能当作要求，要求只能对我们活着人讲。先生的这些话是非常中肯的，我由衷地赞成。

由谈工细问题，很自然地转到考据学上的一些问题。我向先生求教，提出可否对考据学的发展划一划段，作一下分期分析。先生听后兴致倍增，连说，要的、要的。先生概要比较了清代考据与五四以后非马克思主义史学家考据异同，又讲到把马克思主义的科学方法运用于考据，使考据学发生了革命性的变革。这时先生再一次肯定了郭老的贡献。

先生在谈考据学的过程中，还对自己作了解剖。先生说，我这个人主要写了一些考证文字。外间人说我受胡适的影响，其实，我的老师是黄侃、刘师培，另外也听过有关科学方法论的课程。胡适提出的大胆假设、小心求证，在一个时期内有过广泛的影响，可以研究一下。不过解放前，我走的并不是这条路子。解放后学习了马列主义，有了新的认识。谈到这，先生一再自谦地说，我没有学好。写到这里，我想起了去年冬天一次谈话，言谈中我讲到有些人对马克思主义灵不灵产生了疑问，先生听后大为吃惊。先生说，马列主义我没有学好，但从我的经历中我体会到，马列主义比其他主义要高明得多，不能同日而语，有机会我要讲一讲。过后不久先生对《光明日报》记者发表谈话，强调历史研究必须以马列主义为指导。另据有关同志告诉我，先生在讲授史学研究课中又反复强调了这一原则。

由先生耄耋之年仍奋力执教，我想起了先生对教学的看法。今年酷暑之季，先生从教育部开会回来，我去看望先生。在谈话中，先生又一次谈到教学问题。先生针对一些同志把教学当成支出，把研究当成收入的说法，发表了一些精深的见解。先生说，把教学当成支出的同志恐怕还不大懂得教学。没有收入怎么支出，那不是给同学开空头支票吗？不要认为讲了几遍课之后，就认为是简单的重复劳动。有了教材，为什么还需要教师讲授呢？教材不可能年年变，可是学科年年在发展，教师应该把最新研究成果传授给学生。如果不补充新材料、新观点，把往年的讲稿拿出来，打打尘土就去上课，对于教师来说，是失职行为。这就像不正当的商人把陈货冒充最新产品卖给顾客一样，是万万不应该的。先生又说，我非常赞成教师搞研究。不研究只借助他人的东西，也可以过得去，但这样做只能给学生以知识，很难在科研方法上给同学以帮助。搞科研是非常必要的，但对于教师来说，研究一定要为教学服务，我不赞成不愿教书光想搞研究的做法。教师不教书那还算什么教师？先生说，如果研究方向与教学方向不一致，作为教师，应该改变研究方向，转到为教学服务的轨道上来。一个教师在科研上取得成绩是很好的，但要把培养出人才作为最大的欣慰。先生过世之后，他的几代弟子在一起回忆先生往事时，大家深切地认识到先生正是这样实践的，而且整整奋斗了六十年！先生在与我谈话时，他已辞去副校长职务。联系到这件事，先生又说道：我辞去了行政职务，但我还没有辞去教授职务。只要我还当教授，我还要继续进行教学；如果我不能教书了，我就一定再辞去教授职务。也只是在先生仙逝之后，我才悟到：先生把教师视为圣职，把教书视为圣事的。就在这次谈话中，先生特别向我提出：只要你身体好转（这两年我身体不太好），就一定要坚持教学！先生对我讲这句话时，带有开导、劝告和要求几种成分。我一想到这句话，先生当时的颜面表情立刻浮现在我的面前。我将永远铭记先生的教诲！

我还回到最后一次谈话上来。在这次交谈中，还谈到了百家争鸣问题。先生说，史学要发展，唯一的道路是展开百家争鸣。百家，就是要允许不同风格、不同流派同时并存。史学工作者每个人的具体情况不同，经历不同，治学之路不同。有的用力于史料的整理，有的侧重于原委的考证，有的愿意探讨历史内在的规律，这些都是发展繁荣历史科学所不可缺少的，要互相尊重，切不可以己所为衡裁他人。争鸣，贵在争理和求实，切不可争气。争鸣不免会有锋芒，锋芒是为了析理，但不可刺人。为了把问题说得透彻也不妨尖锐，但千万不可尖刻。争鸣对于学问是相得益彰的好事，切不可在争鸣中夹杂着学术以外的事情。先生的这些话都不是泛论，而是有鲜明的针对性的。有的是历史经验的总结，有的是针对当前史学界存在的某些须待改进的情况而言的。在先生逝世之后，我更深切地感到这些教诲的分量。

我是先生的学生，又是晚辈，但是先生对我从来是平等以待。我们的交谈多半是在谈笑声中度过的，不过有时我们也有热烈的、更确切地说有激烈的争论。因为声音高，先生的亲属都不免要进来一下，看看发生了什么事情。今天想起来，实在是失礼，可是先生从来没有介意。我们的争论反而加深了师生之情。

在我与先生的交往中，无论从年龄、名望、地位上看，自然都应该由我去拜见先生，或应召前往。实际上并非如此。先生常常屈身陋舍。过去我住在一层楼，先生常来。后来我搬到四层高楼，先生依然常来。每逢此时我都感到万分不安。先生屈身多与回答我提出的问题有关。中国的旧传统是"只闻来学，并无往教"，先生却不是这样，他不仅热情接待来学，而且热情主动往教，为我们树立了榜样和新风。

二、在筹建《中国历史大辞典》的日子里

一九七八年底，郑老应中国社会科学院之聘，担任了《中国历史大辞典》

的总编之职，随后便开始了紧张而繁杂的筹备工作。因先生实在太忙，一九七九年下半年，先生要我协助他处理一些具体事情，并参与筹备事宜。一九八〇年夏我因健康状况不佳不得不停止工作。在这近一年的时间里，我常在先生左右。先生关于《中国历史大辞典》的许多设计，也多有与闻；受先生之托，多次奔走于京津之间，转达和沟通先生与北京有关负责同志的意见及设想。先生谈得最多的是关于辞典的编辑方针、意义、作者队伍的组织、总体规划以及如何落实诸问题。

先生早在解放前就有意邀集同好编纂一部中国历史辞典，在那兵荒马乱之时，只能是想想而已。一九五八年先生再次倡议编纂历史辞典。先生当时任南开大学历史系主任，于是动员了历史系部分师生进行了一段尝试。由于当时是多变之时，参加人员像走马灯一样换个不停，即使如此，先生仍付出了心血，断断续续搞了一年多，最后终因无法掌握自己的命运，而不得不中途而废。这次社会科学院把编辑历史辞典的重任委托给先生，正与他的宿愿相吻，先生格外兴奋。先生一再告诫我们这些工作人员，且不可等闲视之，要把这项工作看成史学界一件大事，看作文化建设的一项重要任务。在一九七九年第一次编委会上，先生对编辑这部辞书的意义作了精辟的论述，他指出：我国史学之发达与历史之悠久，在世界上是无与伦比的。但是至今尚没有一部现代的专门辞典，这实在是史学界的一大憾事。我们现在集中力量编辑这一部书，可以说是一项继往开来的大事。所谓"继往"就是把具有几千年历史的史学研究成果，以辞书的形式集中起来，表现出来；所谓"开来"，就是为今后推进历史科学的发展提供一本基础性的工具书。编这本书，对提高全民族的文化水平也将有重要意义，对促进各国文化交流，必将起到有益的作用。

先生的话虽然很简短，问题说的很透彻，先生无论于文章，还是讲话、讲演，历来讲求少而精，对编写辞典的意义的论述可谓言简意赅。于此也可见到先生考虑问题之精审。

关于如何组织作者队伍问题，先生一再强调，要面向整个史学界，要把热心于此事的史学家尽可能多地吸收到作者行列中来。在谈到队伍的组织时，他特别强调专家作用，一再说，只有众多的专家参与此事，辞书才能具有权威性；辞书的权威性不是靠行政，而是靠它内容的丰富和准确。为此，没有专家的指导和把关，是难于作到这一点的。为了延聘专家，他或自己写信亲自聘请，或派工作人员造门拜访。正是在先生这一思想指导下，聘请了一批有相当成就的学者，参加到编纂行列。先生对有一定基础的中年史学工作者也给予了极大的重视，一再提出作者的重点要放在这些人身上，要大胆起用这些人。这一思想也得到其他负责同志的支持，所以各分册的副主编和编委大都是中年史学工作者担任的，还有几位中年同志担任了分册主编。先生曾在一次会上风趣地讲到，这部辞书要做到："中年为之，老者安之，少者怀之"。先生这句话既讲明了如何组织写作队伍，又提出了质量的要求。中年是写作的主力，老专家把好关，使辞典成为青年人的良师益友。

　　在筹备初期，对辞典规模的设想几经反复，关键是要不要加上一个"大"字。先生和其他的几位负责同志从一开始就主张加上"大"字，可是我们几位做具体工作的同志，一谈到大字就常常有畏难情绪，怕被拖进去，影响自己的进修和研究。先生针对这种情况，总是和蔼地开导我们，要我们放开眼界，并一再讲述要加"大"字的道理。他说："不大"，就不能把丰富多彩的中国历史面貌反映出来；不"大"，就满足不了历史专业人员和广大读者的要求；不"大"，就不能立足于世界辞书之林；不"大"，就有愧于领导的关怀和读者的希望；不"大"势必出现这种情况：别的辞书，特别国外的有关辞书中有的，我们却没有。这如何向读者交待？我们恐怕要永世受非难。为了使我们的辞书有强大的生命力，我们应该做到：别的辞书有的有关中国历史的条目，我们应该有，质量要有所提高；另外我们还有一批辞条是别的辞书中所没有的。正如他在一九七九年第一次编委会总结时所指出的："这部书成败的关键和基础在于：一定要拟出全面、系统、准确的辞目总表；要比其他辞书增加大量的新辞目；要做好辞条的编写和定稿工作，要把住质量关。"遵照先生的意见，在一段时间内组织了一些同志对现有的中外辞书中有关中国历史的条目进行了调查，并与各分册的编委所拟的条目进行了对比。当告诉先生这部书有一大批条目是新增的时，他高兴地说：这我就放心了。

　　一九七九年春还有一件事情，当时虽没能实现，但反映了先生支持改革的精神和魄力。我们一些从事具体工作的人，在实际工作中深感如何发挥各分册主编和作者的积极性，加快编写的进度和确保质量，是一个亟待解决的大问题。为此，几位同志设想了一个实行分册主编包质量、包进度、包财务，按劳付酬，减少行政开支，将有限的资金用于编作的方案。建议通过合同方式明确各自的责任：总编对社会科学院负责，各分册主编对总编负责。根据我们过去的印象，先生在许多行政事务上比较持重，所以向先生汇报这件事之前，有些担心。可是事出意料，当我们向他汇报之后，他表现了极大的兴趣，询问了各种可能出现的问题，要我们继续研究。经过几次商讨之后，先生下决心，表示全力支持，并诙谐地说：我一辈子没有干过这种事情，这次我要冒点险了。这个设想也得到了历史研究所和社科院有关领导同志的支持。后来因为财务"制度"问题，终于没有办成，我们草拟的合同条文自然也只落为一张废纸，不知丢到哪里去了。今天改革之风吹遍了中国大地，这些已不算什么了。不过，在一九八〇年春，多少还是有点新奇的。而先生以八十之高龄，功已成，名已就，却仍不怕给自己带来麻烦，去支持一件冒险的事，使我们深为敬佩。先生一生以务实为重，反对浮华。在这件事上，先生的精神仍是如此，是为了务实，为了提高效率。

一九八〇年以后的情况，我了解的不多。但我知道，先生直到逝世一直用很大一部分精力投入辞典的编纂事业。先生逝世后，《中国历史大辞典通讯》以本刊编辑部名义发表了悼念文章，对先生在辞典上的功业作了中肯的评价。这里我引其中的一段："辞典编纂工作草创之始，他欣然担任了总编，亲自参加了第一个编辑体例的拟定工作。此后，在一九七九年十一月、一九八〇年八月、一九八一年五月召开的天津、太原、上海三次编辑工作会议上，他不顾工作繁忙、身体劳累，以八十多的高龄，亲自参加并主持了会议。在每次会议上，他都作了精辟的发言，为编辑工作解决疑难，指出了方向，振奋了与会者的精神，鼓舞了大家的干劲。特别是在最后一次即八一年五月十四日的上海会议上，他提出的《中国历史大辞典的现代化问题》的三项原则（以马列主义、毛泽东思想为指导；反映最新科学水平；加快速度），更使我们受到教育和鼓舞。"

三、无文的文章

先生写了许多史学鸿篇，在史学界享有盛誉。可是先生对此向来看得很淡，这一点在编辑他的论文集时，我才有深切的了解。一九七八年下半年，先生的几位弟子商议出版先生的文集。当我代表大家向先生提出此议时，先生除表示谢意外，婉言谢绝了我们的提议。先生讲，解放前出过一本《清史探微》，那是为了卖稿还债，不得已而为之，现在没有这个问题了。他援引古人为例，说明有生之年，以不编自己的文集为宜。他总认为由自己编自己的文集，难免加入自己的成见，杂芜并存。文章千古事，最好是身后由人决定取舍。先生表示这件事以后再说。在这个问题的认识上，我与先生的看法相左，所以一再劝先生重新考虑我们的提议，先生终于表示了这样一态：由你们决定吧，你们认为出文集有补于事，就由你们选编。随后，我以先生诸弟子的名义，向中华书局赵守俨同志写了一封信，建议中华书局接纳先生的文稿。赵守俨同志立即回信，不仅代表书局欣然同意，而且希望越快越好。后来有一次我见到赵守俨同志，他说早在五十年代末、六十年代初，中华书局便提议出版郑先生文集，当时郑先生婉言谢绝了。可见先生对自己的文稿向来取持重态度。在这次编选文集的过程中，先生几乎未置一词，最初，我们想省事，希望先生提供一份目录。先生抱歉地表示自己从来没有记录。于此可见先生对自己的文章确实看得很淡。所以从整理目录到编选，基本上都是由他的几位专门从事明清史研究的弟子完成的，只是在临出版时，先生写了一篇很短的后记，以叙情怀而已。

先生对自己的文字看得很轻，但对于一篇无文的"文章"，却看得格外重，这就是南开大学历史系的建设和发展。先生于一九五二年来南开，任历史系主任。直到他逝世，在这块园地里他整整勤奋地耕耘了三十年。先生来南开之前，南开历史系虽已初具规模，但终因建系时间不长，力量还比较单薄，先生的到来，使南开历史系顿时生色。先生不只一次地对我讲述过他来南开之后的心情，他当时即下定决心，定要使南开历史系步入强劲之林，与国内素享厚望的几间大学的历史系并驾齐驱。先生以他特有的宏恢气量和忠厚长者之风，团结了全体教师。他高瞻远瞩，组织当时的中年人向专深方面发展，大胆启用当时的年轻人。同时又请来了几位有功底的教师。几年之内，历史系便有多种著述相继问世，使历史系面目为之一变，引起了同行的瞩目。先生于中，发挥了伯乐与老骥的双重作用，为后人念念不忘。

先生参加了全国第一次制定教学计划的会议，并主持制定了中国古代史大纲。为了实现教学计划，先生身先士卒，几乎把全部精力投入讲课，据不完全统计，先生在五十年代先后开设了七八门课之多，大大丰富了历史系的教学内容，开扩了同学们的视野，填补了南开历史系课程上的空白，对提高学生质量起了重要作用。先生对于教学历来是一丝不苟。先生讷于言谈，讲课并不生动，他有个很重的口头语："这个……这个……，这个"，我们作学生的有时不免有些调皮，有一次给先生作了一次统计，一节课说"这个"竟至上百次之多。但是先生讲课的内容却极为充实，言必有据，旁征博引，且富有条理。我们拼命地记，仍多有疏漏。所以每听先生讲课之后，除感到累之外，更有沉甸甸的丰收之乐。我可以这样说，先生淡于著文，而勤于教学。先生一贯主张，教师一定以教为主。先生常说：文章固然很重要，但终究不能代替口耳之教，在传神、阐义、交流等方面，面对面的教学具有特殊的作用。先生把主要的精力用在了教学，直到先生八十高龄仍活跃在教学第一线，开设新课程。正是在先生带动下，南开历史系的绝大多数教师都以先生为榜样，孜孜于教学事业。除基础外，历史系开设了五六十门选修课，先生的身教应该说起了重大作用。

先生对南开大学历史系的贡献，可称之为一篇无文的文章，应该说，这篇文章是成功的，实现了他来南开时的志愿和初衷。当然，南开历史系有这种局面，无疑是由多种因素促成的，全体教师与其他几位负责同志都付出了艰辛的劳动。但先生用力最勤，花费的心血最多。所以先生对这篇"文章"的爱护远远超过对他自己的文字珍重。

历史系的多数教师都受过先生的教诲，这里讲一点自己的体会。在具体学问上的受益，举不胜举，难以数说。我只就一两件事情讲一讲先生对我的教诲、保护和指导。

一九七九年由南开大学历史系从事古代史教学和研究的同志们共同编纂的《中国古代史》出版了。在送给郑先生书的扉页上我们写下两行字：敬请郑先生指教。落款：您的学生们。这不是客套，而是事实。参加编著的同志几乎都是先生的一传和再传弟子。这本书先生虽然没有直接参加笔耕，但先生多年耕耘的心血沾溉了我们的成长。如果在正常的年代，这部书的主编是应由郑先生担任的，因为早在五十年代，郑先生就提议编写一部古代史教材，当时由于种种原因，未能实现。这次先生没能直接参与其事，这是由那个时代的特殊情况造成的。《中国古代史》的第一稿写于一九七一年至一九七三年，第二稿写于一九七五年至一九七七年，知道了编写的时间，先生未能参与其事，对于人们来说是不难理解的。但先生对这部书还是多有帮助和指导的。在写作过程中遇到问题，我曾多次向先生请教，一部分稿子也请先生审阅过。回忆当时的写作，感到最难处理的是由当时政治原因而风靡一时的许多"理论"。如何处理这些问题，最伤脑筋。在与先生谈到这些问题时，先生极为谨慎。但他多次叮嘱：下笔要有证据，说话要留有余地。我与先生多年的接触，知道先生的谨慎意味着什么。所以他的谨慎对我起了降调的作用。就当时的情况而言，我们的确属于"低调"。不过经过拨乱反正，我们自己认识到书中时代的烙印还是不少的，有许多问题需要再认识。

当认识都比较清楚的时候，有些同志，对我们过去的失当，特别是对我进行了尖锐的批评。这时郑先生已恢复副校长之职。先生一方面要我冷静，虚心接受不管来自何方的合理意见；另一方面，又对我进行了真诚的支持和保护。他说，不要听别人说三道四，事情的经过我是清楚的，让他们来找我。同时对我还说了许多鼓励的话。每想到此事，就像有一股热流温暖着我的心田。如果不是先生以及其他老师和同志们的支持和保护，我不知道会怎样。

先生对我的支持和保护使我受到鼓励，而对我业务进修方向的指导又给我指明了道路。过去我这个人搞的比较杂，许多东西浅尝辄止，兴之所致，便流连往返，在学问上缺乏立足之基。针对我的缺点，先生不止一次地对我讲，要有一个专修方向，看准了要锲而不舍。先生还一再说，这个道理不难理会，但在实际上作起来有困难。几年的实践经验，我深切体会到先生的指导是及时的。

先生还多次同我谈到南开历史系中国古代史研究方向的选择问题。他一再说，过去这些年，我们只是作了一些基础性的学习和研究，从学问上看，南开中国古代史还没有形成自己特点、缺乏自己的特长。他一再告诫：在学问上，历史系，特别是古代史处于一个新阶段的开始。外间说我们不错，但我们自己要有自知之明，千万不要自满，要看到自己的弱点和缺陷。与学界相比，不但没有自满的理由，相反，应该有危机感。先生还一再指出，我们的危机只有用专深的研究来补救。他在估计了中国古代史发展水平与发展趋势之后，提出了横向深化与纵向深化相结合，以纵向深化为主的建议。他认为古代史多年来侧重于"块块"研究，相对说来"条条"研究比较薄弱。他号召大家选择一些纵向题目开展研究。并指出，纵向研究要注意一个"通"字，不要再横切。在题目的选择上，他提出眼观四方，尽量避免与兄弟单位"撞车"，要避开别人之长，培养自己之长。这是不是钻"冷门"呢？先生说：对冷门要分析，如果不问价值，专找一些冷僻问题，这不好；实际上是，有许多不该冷落而被冷落了的题目，钻这样的冷门，有什么不好呢？任何问题，一般地说，都是从冷到热。现在明清史的研究可谓之热门，在三十年代还属于一个较冷的题目。先生的用意是鼓励人们进行学问上的开始，要敢于创新。遵照先生的教诲，我们一些尚未立身的中青年重新检查了自己的研究方向。经过几年的实践，越来越感到先生的指教的重要。

建设南开历史系这篇无文的文章，用去了先生后半生的主要精力，应该说，这篇文章是成功的！

（原载《郑天挺学记》，三联书店，1991 年 4 月）

印象中的郑师

曹月堂

  在南开的五年，我和郑老没有个人间的接触，然而他给我的印象是深刻的。五七年刚入学时，系里召开新生座谈会，见一位两鬓斑白，着蓝布制服，戴老式眼镜的先生进屋来，微笑着向我们致意。不知为什么，当时我一下想到："这就是郑天挺系主任吧?"果然见他从写有"郑天挺"三字的信袋中取走他的信件，于是我这个新生的愿望似乎得到极大的满足——他完全符合了想象中"老教授"形象。除了美丽的南开园之外，这便是我入学后心中的基本印象和寄托。

  过了几天，先是由王玉哲、杨志玖、来新夏、魏宏运几位当时尚在中年的先生对我们讲话，介绍历史系及各专业的情况。又过了几天，在一个下午，就是郑先生对我们讲话了，所谈的内容，主要是如何学习历史。我当时的感觉，就是这些先生比中学里的老师还朴实可亲。

  前三年的通史课由前边几位先生相继讲授。见到郑先生则只是在全系活动的场合，如全系大会，新年团拜、赛诗会，他到海河工地的慰问，到农村看望搞调查的师生……而印象最深刻的是两次讨论会。一次是关于给曹操翻案的讨论会，在图书馆楼上；一次是关于中国封建社会土地制度的学术讨论会，在大礼堂。关于曹操的讨论，师生发言者不少，回想起来，当时同学们的发言，不着边际者多，似乎我即是其中的一个。郑先生的发言内容我记不清了，只记得他最为认真。随身带了好多卡片，丝毫没有懈怠或应付场合的意味，他最后还说："让我们在报纸上见面吧!"果然，不久《文汇报》发表了他的专题文章。学术讨论会是他与杨志玖先生的"对台戏"，杨先生是郑老的学生，也是最尊敬和佩服他的人，但郑老还是那样严肃认真，谦和而无以长者自居的口气，完全是以普通发言的态度对垒辩论。当年两位先生那种严肃郑重的风范，给我留下深刻的印象。

  我和郑老唯一的一次谈话，是毕业前报考研究生在他书房中的面试，当时他只是问了问我的学习情况，并没提什么问题。那年可能是我们考的成绩都不好，或因为他工作任务的变化吧，反正是没有留一个研究生，而我自然也就没能得到"入室"求学的机会。毕业后，七二年我回母校看望，当时多数先生正在主楼办公室坐班，郑老似乎还未"解放"，一个人在资料室看书，我进去向他致了问候。见他身体还健康，但确实更显老了。七八年春，再次到南开，也没专门拜访，只在校园里见到他，谈了几分钟。最近四五年，知道先生及母校都有着喜人的进步和变化，而我则因为蹉跎日多，学无所成之愧，没与他及其他先生联系。怀念之以敬仰之，未便亲近以求教，这除了个人的原因，也是与多年来特定的社会环境有关吧！不知其他与我相似的老同学有无同感。

郑先生给予我的，除了形象或风范的感化之外，当然就是他的学识和课堂教诲了。四、五年级时，我选择了中国古代史专业，课程有两门，一是杨志玖先生的元史课，一是郑老的明清史。那可能是六一年的夏季吧，记得南开的主楼尚未完全落成，虽然已有几层做了学生宿舍，我们的教室似乎有时是暂借外系教学楼。清楚地记得，郑老往往是戴着一顶草帽步行到教室。每次两节课，中间休息一次，课间，同学们用自己随身带的大搪瓷饭碗斟上白开水，送到他的面前，有的过来跟他搭话或请教问题，没到跟前的，也都以敬爱的眼光看着他。师生关系十分融洽。五七年之后的政治运动，虽然对师生关系不无影响，但只是造成了距离，而没有伤害感情。郑老更一直是最受尊敬的。大家对他的感情，似乎不只是尊师，而更在敬老，敬重他这位德高望重、朴实而和蔼的老人。其原因，除了校风、系风以及系里其他师长对他的敬重之外，主要还是在于他给我们的印象。

先生的课是非常充实的，可以说是系里最好的课。他丝毫不靠名气或声望，他比其他教师都更朴实，更认真。课上自始至终没有一点闲言或空论，即使是关于如何治学的嘱咐，也是完全贯彻在教学内容之中。他从不念讲稿，而是边讲，边写，边引他那一叠叠卡片。他讲的每一个问题，都是实实在在的专题研究，没有笼统敷衍之语，也没有材料的堆砌。没有一点水分。可能是由于他另有紧迫任务的缘故，他的课大概没有讲完，没讲足一学期。我印象深刻的是他讲的《明史典籍及读法》、《朱元璋与红巾军起义》、《土地制度》和《满洲入关前的社会性质》几个专题。

关于典籍的专题包括了治学的途径。他重点地对《明史》、《明史稿》、《明书》、《明史纪事本末》、《国榷》、《罪惟录》等众多史书的成书过程和优缺点，一一做了介绍，指示我们把《明史》作为攻读的重点，把夏燮的《明通鉴》当做入门之书。他特别强调要精读一部书，强调读书不要求僻。为了弥补当时多数同学由于前几年读书时间少、通史知识不扎实的缺陷，还介绍了一个切实而救急的途径，即读《纲鉴易知录》。毕业后，多年来我个人除了读"前四史"之外，关于通史的学习和教学，确实是遵照他的话，一直抱着《易知录》，并当成了"看家"的知识，说来，当然又是很惭愧的。

在红巾军起义的专题，先生对元代社会矛盾作了详尽的论证和分析，强调破除传统的偏见，不可轻信过去史家对元代"落后性"的渲染。元代人分十等之说，不完全符合事实。先生于此提出了一个重要的看法：中国民族问题上有一个特点：任何一个征服族，都没有把被征服的民族当成奴隶，虽然民族歧视严重存在。意思是强调，辽、金、元、清各朝的中国历史都没有倒退，都有所前进。他还提醒，讨论民族问题时，不可算旧账。

继之，就白莲教与红巾军的关系，全面地论述了他对宗教，特别是秘密宗教与农民起义的关系的看法。他说任何宗教产生之后，都必然随着现实生活及其他意识形态的发展而发展，如和尚庙里有关羽，一贯道里有耶稣。还提到海神庙与元代海运发展有关。他说白莲教是弥勒教与摩尼教的融合。着重强调，任何宗教都不可能提出反对压迫、建立新生活的理想，至多可以给人民一些安慰，真正领导革命的还是人民自己的智慧和经验，而不是宗教教义。所以，不可说白莲教是反封建的宗教，即使说当时是以宗教为进行革命活动的掩护，也不确实。又说，秘密宗教是经过长期结合而成的，在其组织下的起义，既不是一轰而起的乌合之众，也不是统一的团体，而是多支的。在起义之前，秘密宗教是潜伏着的，对起义有一定的影响，起义之后，实质上是政治与军事的斗争完全代替了宗教，起义军再不受宗教迷信的束缚。我的印象是，先生所强调的是让我们注意阶级和民族的矛盾，注意政治、军事的斗争，而不可把注意力过多地放在秘密宗教方面。今天看来，先生的这些提示仍然是有意义的，值得研究秘密宗教的学者们参考。

先生对朱元璋是否背叛了农民革命的问题，有他执着的见解。他认为朱元璋反对白莲教，不等于反对革命，而最后推翻元朝统治并试图解决人民生活的一些问题，则符合了人民的愿望，他应是当时最激进、最合人民要求、最受人民拥护，而又最能够实现人民要求的领导者。他当了皇帝，这只是历史的局限，不能算作背叛。我的印象是，当时先生充分表现了他不苟同于时论的求实精神。

关于土地制度的专题，他引证和解释了大量经典著作，也毫不含糊地提出自己的观点，说经典作家们都指出过土地所有权有各种不同的历史形态，单用"国有"、"私有"去分析封建社会的土地所有制未必恰当。没有必要再把地主阶级所有制分为"国有"或"私有"，虽然古代确有官田与民田的名目。他还指出，中国的土地制度，自明朝到民国变化不大。

关于满洲入关前的社会性质，是先生在解放后，研究积年，着力开拓的一个方面。后来他发表的有关论文，就是当时对我们讲的内容。记得先生说，五八年以来，历史研究有长足的发展，下的结论甚多，找出了许多"规律"，但这些"规律"与整个世界的普遍规律联系不够，过分地强调了"独特性"，就大有问题了。我印象是，先生所指不仅是理论上的偏，也包括取材上的僻，他强调的是弄通基本的史料和基本的理论，学术研究必须取严肃踏实的态度。

在讲到民族关系时，他说，少数民族不愿听"汉化"，我们也不愿听"满化"，应该发明一个新名词。历史上民族关系的主流是政治、经济与文化的相互吸收。还说"同化"可以分为两种，一种是强制性的，如强迫剃发留辫子；一种是自然的，如现在还穿旗袍。

郑先生是博通文史，卓有成就的老一辈学者，我则因年纪小又来自僻乡，对先生的过去，一无所知。也因为当时政治气氛的影响，很少打听先生们过去的成就。然而当时确实有什么"旧学者"、"考据派"之说，当然这话有褒有贬；褒在说先生功力深厚，有学问；贬在说理论上不成。但这种说法或看法并没影响我们对他的敬仰。这固然与郑老的政治表现有关，但更根本的还是在于他的教学。在那几年，先生发表的文章确实不多，然而老实说，或从今天看来，像他那样在学术研究和教学上，对马克思主义取既积极学习又严肃求真的态度，不是最难能可贵的吗？那几年，他当然不可能把考据学、训诂学等等教给我们，但他确确实实是力图用新的、正确的观点去研究历史，并把新的成果教给我们。无疑，他是最负责的老师。如说他确属于"老辈"、"老派"的话，则其对于新的史学所取的正确而积极的态度，似乎正与他那治学博通而严谨、教学热心而认真的风范融为一体，而为他人多所不及了。不知别人怎样，我对先生的印象和看法就是如此。所以我虽然没得亲近他，但我敬仰他、怀念他，以曾做他的学生为幸，为荣。

我从南开毕业二十多年了，专业上新获者少，所忘者多，没有及时再到先生跟前求教，尤为可悲、可惜。我知道郑老的晚年是极现光彩而奋发的，这不在于落实政策之后，先生在史学界的崇高声望或影响，而是在于他以超越以往的精神和热情，重又身先于后辈，在学术研究和教学上继续向前；在于他关于史学研究也要现代化的呼吁，在于他对中青年弟子们的感召和鞭策。但也正因为如此，却使我错定了一个过几年干出点成绩再见先生的想法。怎能想到，先生竟在众人盛赞他康健寿永，操劳不倦之时，溘然逝去！我永远失去了重新拜见先生，重受教益的机会！然而我能埋怨先生吗？

先生的学识，是我得之不多而永学不尽的。先生治学之严亦即身教之严。今后当以缅怀为鞭策，常温先生的教导，永远怀念他那朴实、勤奋、积极、正直的为人，抓紧时间，踏踏实实地多读些书，以补所失，以求有成，才可算作有益的纪念吧！

（原载《郑天挺学记》，三联书店，1991 年 4 月）

缅怀郑老情

陈振江

一、郑老多教诲，后学见世面

1964 年 8 月下旬，派我到北京大学历史系进修隋唐史，师从汪籛教授。那时，郑老正在北京翠微路中华书局标点"二十四史"中的《明史》，我本打算赶紧去看望郑先生。但因翠微路与北大校园相距甚远，电话和交通工具也甚为稀少，只好发信奉告郑老我在北大进修的简况，然后再想办法去看望郑老，面聆教益。郑老接信很高兴，并立即回信鼓励我在北大认真求教，定收良益。然而，郑老在信笺上开头称我"振江兄"三个字，使我甚为不安！心想，我才二十多岁，大学毕业没几年，郑老哪能这样称呼我"振江兄"啊！老人家何由爱称之重而令我汗颜不已？何况郑老是一级教授和教育家，威名显赫；更是亲手教诲我们的授业恩师，怎能以"振江兄"三字爱戴我呢？我愈想愈惶恐不安！于是呈函向郑老致谢，并连说几个"不敢当"！一个多月后，武汉大学唐长孺教授也在中华书局标点二十四史，并将他的两位研究生带到中华书局进行硕士生毕业及学位论文答辩，请郑老担任答辩会主席，顾颉刚（临时有要事，未赴会）、汪籛、罗继祖、刘节、王永兴、唐长孺等著名教授为答辩委员。我跟着汪籛先生进入答辩会场旁听，以增长见识。我在会上见到郑老特别高兴！郑老笑着说："我不再称'振江兄'，你就没有不安了吧。其实，旧时信函称兄很正常，只是谦和而已。当然，现在已经大都不称兄道弟了，而是称同志。"汪籛先生诙谐地说："你是新中国长大的，当然不知道旧中国的'老例'吗！"这番开导我很高兴，也很拘束，是我初出茅庐少见识，而在名家面前难免扭捏出汗颜。当年，我看到郑老等名教授论学举止的风采，真乃开眼界、见世面。如今，我已古稀之年，回忆往事历历在目，年轻时代得到郑老的教诲是我永不忘怀的。

二、撰写《丝绸之路》的曲折

1971 年的秋天，遭受"文革"浩劫数年的高等院校终于开始复课了。"工农兵上大学、管大学"的口号响彻云霄，学界亦为复课而忙碌；书局出版界也奋起约稿、编辑和出书，为师生教学读书和科研实践提供各类书籍。其中，中华书局一马当先，派员到各大学征求意见和约稿，旨在为"工农兵服务"。中华书局派出吉先生和熊先生两位高水平的编辑南下了解情况和约稿，第一站就到南开大学历史系，找我征求意见，主要是向我约稿和推荐同道供稿。我们攀谈很投机，我早就有编写《丝绸之路》和《中国古代的针灸》两本书的愿望说给他们听，主要说明写成这两本书稿，既是著作，也是为"工农兵"教学用的参考书，这对教学和科学研究是有用处的。他们很高兴，立即约我撰稿，而且尽快成书。我想了想说，在近期内恐怕不大可能一下子就能撰成两本书稿，而且我对"古代针灸"生疏，不会很快写成的。于是，我只答应尽快撰成《丝绸之路》，并把纲领性的提要与重点略作说明，书稿的规模大约10 多万字。在那多事之秋，就够费力撰写的了，所以我不可能再把《中国古代的针灸》包揽下来撰写成书。于是，我建议编辑同志请中医史学家和针灸专家编写古代针灸是最好的。他们同意了。

丝绸之路海阔天空，所包容的知识、路径和图录等丰富多彩，真正撰写成书实不容易。于是，我请郑老前辈指导和合作，郑老欣然同意，不多天就商定了撰写提纲、分工、找资料和编写等程序。郑老撰写蚕丝的发现、丝路的形成和变迁，并对丝路沿线的一些地名和丝道作了精邃的考证；我撰写丝绸文化与生产技术的交流、中西商旅和使节往来及其贡献与影响，并绘制丝路及其变迁示意图。我们撰写顺利，力求写出新意来。1972 年，我们辛辛苦苦地按照和编辑商定的稿约撰成初稿，寄给书局吉先生和熊先生看看初稿和示意图，以便修改。本来是催促我们快点交稿，可是交了稿而许久才给答复说，改换了原来的编辑，由另一位我们不曾见过的编辑先生接了下来，而且丝毫不给商量，不经我们同意就把著作初稿改成两万字的通俗小丛书。并声言此稿专著性太强，太不通俗，字数也太多，并提出基本上不引用或极少引用史料，要的是"工农兵"喜欢的通俗读物；还要把书稿大删篇幅，严格限制全稿不得超过二万字！接着，断然给我们退稿重写！其实，他是含而不露地按照吴晗等人的历史小丛书作样板，要我们照猫画虎写写小丛书稿。众人所知，那个时期的吴晗还在受着残酷的"文革"折磨呢！很显然，这些要求与我们同吉、熊两位先生商定的稿子是绝不相符的。郑老先生读到编辑的信件正色说："无暇重写"，"亦难以再通俗"。特别是郑老考证精详，新意迭出，发现的丝路北新道和新资料尤为珍贵，是颇有学术价值的。因此，郑老理所当然地拒绝重写，并撤回他六七万字的珍贵书稿！郑老风骨品高，为人做事和蔼可亲、一丝不苟，可谓"风标才器，实足师范"，当是学界所公认的。那时候，编辑的主张令人不爽，我很想不通！深感好不容易地搜集诸多可贵的史料，数月间我也写出六万多字和丝路示意图，并和郑老六七万字合作成书稿，万没想到竟在瞬间被编辑轻易地改成仅仅二万字的通俗小丛书，我当然深感痛惜而不能接受的。因此，我也要就此作罢。后经几度商讨，缓和气氛，郑老日理万机，另作准备为重大学术项目创制辉煌，所以通俗小丛书无暇一顾了。我只好不以博引实证的学术著作撰写《丝绸之路》，而按编辑的要求另起炉灶，也不再追根到底弄清的是理论的、学术的《丝绸之路》，仰或是另有心机地制作为"工农兵服务"的《丝绸之路》了。

《丝绸之路》成稿后，请郑老过目指导，老人家热心奖掖后学而不遗余力，遂对这篇拙稿大加赞许，并慈心善意地谢绝署其芳名。拙稿出书问世后得到好评。近年来，又有某学者把这篇《丝绸之路》译成英文收入其译著中出版。我感谢该译者的抬举，但是，用了我的文章连一点招呼都不打，能是严谨治学吗？实在令人遗憾，我当然要保留正当的版权！

三、郑老规划编纂多卷本清史起风波

大约是 1977 年前后，天津历史学会恢复了学术活动，郑天挺理事长也和理事、同人合作再造史学辉煌。郑老推荐我担任副秘书长，既减轻了秘书长韩枫的负担，亦锻炼了我为天津史学界的学术活动之义务。韩枫先生年迈体弱，担任《历史教学》总编实在繁重，于是不久就离休了。从此，我参与学术活动等义务繁忙起来，也得到郑老的指教和鼓励，同郑老的接触亦较多了。在郑老晚年的三年多里，我求教老人家的种种往事至今记忆犹新。仅就郑老设想编纂多卷本清史的大好事触动着我，多年的往事亦历历在目。

大约 1977 年的前前后后，郑老曾三次和我深谈南开大学明清史研究室的人力和学术研究事宜。老人家很慈祥地把研究工作的计划和研究方向的设想与创意讲给我听。郑老的宏伟设想和具体的计划内容井井有条，启迪我焕然入神地倾听、长知识和见世面，深感老人家气度恢弘、学术渊博，使我由衷地崇敬不已。接着，郑老谦和地说："我年老力不从心，公事又忙，现在研究室的人力亦少，要编纂清史而人手太缺，希望你来帮我主持这项工作，当然也要适当的多添有才的人呐，我希望你挑起这个担子来。这就是的我愿望、我的具体计划和研究方向。希望你不要推辞，怎么样？"郑老这番语重心长的至情，我感动不已！几乎字字和语句至今不忘！但是，当时我一点也没想到参与这桩大事情，一时不知所以。这番宏大的设想和学术计划要我参与，我想了又想，觉得我不但丝毫没有想过，也没有承担这项工作的能力和愿望，怎敢贸然蚍蜉撼大树呢！我心中顿然觉得这桩大事不好办。于是，我身不由己地站起来向郑老说情："谢谢您太抬举我了！您万万不能这样安排啊，因为我不懂明清史，帮不了大忙，反而会给您添麻烦呢。所以，这是我担当不起的。"郑老说："你能读会魏晋南北朝隋唐史，就能读好明清史啊。噢，对了！你现在不是正在教中国近代史吗？其中有绝大部分就是晚清史。虽然近代史只有七十来年的历史，可是它的内容倒是极其丰富的，种种重大事件和事变之多，影响之大等等，都反映着清史的古代和近代的内容，这不正是你研究清史和组织撰写清史的途径吗？你考虑吧，不要推辞。"郑老笑着说。

两天后，我向郑老深谈，大意是：我说明愿意学习、研究和撰写力所能及的《清史》某些部分，但是不能帮助郑老主持编纂清史的重任。我要是接受了这桩重任，就会被人推到"火炉上烤"了。并对郑老说，我本性心直口快，犹有不平则鸣之好，容易得罪人。但是，我也最敢对抗嫉能妒贤、诬旁构陷成癖，且以写匿名信、告黑状成瘾之类的幺麽佞人，所以我不能给郑老添麻烦。当然，大不了还是"内部矛盾"吧。郑老听了笑着说："当然，我了解你，可是不必这样，也不必多想吧。"

事情果然不出所料，不几天风波骤起，流言满天飞！有的说我要把明清史研究室同人的饭碗抢走，还要剔出所谓"不称职"的人，甚至讥笑、辱骂声都出来了。当然，这都是"文革"的坏风气影响的，不足为训。即使遇到有出格的行为者，也是不值一哂的。瞬息之间，郑老听到了沸沸扬扬的议论和流言，担心我与别人争执起来，遂到寒舍安慰我的情绪，劝我不受干扰，事业是最重要的。并和我约定明天下午在明清史研究室再谈。第二天，我到了研究室。郑老怡然不为此类繁杂琐碎之事所动，仍然劝我以"为人民服务"（当时，这句话是那个时代人人要说的口头禅）和为清史学术事业着想；接着就把话题转到编纂清史的事上来，还指给我看台湾"国防部"编纂的多卷本

《清史》，并说："我们有编纂的优势，应当毫不犹豫地编纂起来。"本来，我想向郑老诉说委屈，可是老人家那么慈祥可亲，又气势恢弘的感召我，便立即扔掉了一切无聊的荒唐言。但是，风波亦有郑老难处事。在一定的意义上说，这场风波也把郑老编纂清史的设想和计划阻隔了。甚为可惜！

四、郑老极度关切我乘飞机是否遇惊险

1979 年 3 月，郑先生带领我们六位教师先到西安调研访问历史教学改革和参观兵马俑、秦陵与唐陵，再到成都参加教育部召开的全国高等院校历史学科改革研讨会。其中，我最年轻，我奉派提前先到西安安排食宿、调研访问与市区的交通工具和路线等事宜。当我从北京机场飞往西安时，恰巧有北京西苑起飞的一架飞机坠落了。当时，我顺利地飞到了西安，一直没有听到发生北京失事的悲凄事端。可是，这项可怕的消息很快传到了天津，郑老得到这件消息，瞬间便极度担心我的安危，遂立即令郑克晟先生到我家属打听消息，但是我家人也没有得到任何音信。家人和郑老都在坐卧不安之中。当天中午，郑老得到确切的消息：原来是北京西苑起飞的飞机失事了，而不是我在北京机场起飞的客机失事，于是立即转告我家放心了。可是我还不知道有飞机失事的任何消息，只是一心在西安东奔西走联络与安排等事宜。

我在陕西省政府和接待处呈上南开大学的介绍信，说明我们来西安的任务；还当机立断"借用"南开历史系的老干部李琛同志的口信，请转达给中共陕西省委书记马文瑞老领导、老朋友的问候，并恭请马书记关照名教授郑天挺一行来西安访问。这是怎么一回事呢？原来，我想不到能办这项任务，更想不到能够直接和省政府领导接见对话而得到帮助。那时，正是全国各省市政府机关恢复和调整正常工作，恰巧我住的西安止园，正是陕西省政府接待办公之处。止园的一位年轻同志和我的年岁相当，非常热情和善，并对我说："在你住的不远地方，你看那座大房子曾经是中共西北局刘澜涛书记住过的地方，近来是中共陕西省委马文瑞书记暂住的，也许这两天马书记已经换到别处住了。你看，那大房门口还有军人站岗呢。"并对我说，"前院就是省接待处，你得到那里去办事吧。"我高兴的说："刚才，我拿着介绍信走到大房子，请站岗的同志接待。可是人家不接介绍信，也是让我到前院去办呢。"这样，我得到一位很好的新朋友指点着，就少走弯路、好办事。于是，我立即想到了李琛在南开历史系任职副书记多年，当然都很熟悉。"文革"末期，

曾听到李琛讲马文瑞等几位老领导"出山"复职的消息，悲凄的则是李琛的丈夫高仰云老前辈却在"文革"中受迫害而死。他是高级老干部，曾任中共南开大学书记数年，有威望和贡献。他和马文瑞是数十年的老世交。所以，当我得知马文瑞老前辈可能就在止园，何不乘大好时机请李琛同志问候马文瑞老领导，并请他关照威望极高的一级教授郑天挺先生和他率领的教师们访问西安！可惜，我已经来不及面请李琛写信呈交马书记了。怎么办？不能拖延时间了！于是，我先呈交南开大学的介绍信，接着口述"李琛同志向文瑞书记问候，并请关照郑天挺先生一行访问西安"。令我大喜过望的是，省政府的负责同志非常热情地接待了我，很快就给我们安排在一座优雅清静的美丽庭院供食宿，并给我们派来两辆新轿车，由司机整天跟随着我们访问、调研和参观。我实在想不到会有如此体面和方便的好机会、好场景！心里却有洋洋得意的自豪感。当然更有不先征求李琛同志的同意就自我主张而内心不安之羞愧感！回校后，我立即向李琛同志道歉和感激！并把事情一一说个明白。她很高兴的说我做的很好！她还说："你也替我向文瑞同志问好了，尽管是转递口信，也是多么好哇！"事实上，这真是实事求是的好插曲！

我到了西安两天后，郑老带着几位先生到达西安火车站，但没想到竟有两辆小轿车停在车站口外等待着他们。我和两位司机把他们扶上车，轿车飞一般地到了住处的止园。这就是昔日著名的杨虎城往年居住的官邸。两位司机非常热情耐心，除接送不暇之外，还做我们娴熟的向导悉心照料，令我们实在感动不已！

郑老虽然已八十多岁高龄，但仍然兴致勃勃地访问、参观，尤以访问陕西师范大学史念海教授谈论历史教学改革最深刻，创意很新颖。郑老很高兴！郑先生还带着我们去医院看望一位住院的陕西省政协副主席（记不清姓名了）。那位老人身体不好，他看到是郑老到医院来看望他，很是激动！他立即惶惑似地出门迎接，大声说："郑老，我是您的学生啊，几十年不曾见面了，还认得我吗？您可不该来看我，应当是我拜访您呀！"的确，郑老对这位"老学生"记忆犹新，身体比老学生还强，这是大家所公认的。这位省政协副主席立即出院，请郑老和我们到一家有名气的大饭店用午餐。西安的精美菜肴、著名的各类面食和乳白色的酒糟液（我叫不清真名称）等等，样样脍炙人口，令我至今历历在目！

我们参观兵马俑、秦皇陵、华清池、唐皇陵、大小雁塔等名胜古迹引人入胜；郑老也有流连忘返之慨，犹喜观赏文物古迹，观赏名胜尚能矫健登高，看碑林则喜篆隶之精，亦评楷行之善。登秦皇陵，我们生怕郑老力不从心，但是郑老决不示弱，而是直步高登，并在皇陵顶上眺望气势恢弘之景象，尽情观赏秦陵千古之辉煌！我们忘记了疲劳，司机则开快车把我们送到唐陵山冢下，任情观看。郑老神采奕奕，并尽力加快步伐观赏唐太宗皇陵、武则天皇陵、李贤太子墓陵等陵墓，另有宏伟的墓碑和各种石雕，均在山冢之下别有洞天之景象，很值得观赏。我们虽然因时间太短只能走马观花，但是收获颇丰，眼界好似天地辽阔的幽深意境，观赏者无不遐想翩翩而自得。

我们的调研访问和参观活动在流连中圆满结束，即将起程入川与会了！我们由衷地感谢省委、省政府的领导、感谢帮助我们的同志们！特别感谢辛劳三个日日夜夜的两位司机同志大力帮助！本来，我们不想再麻烦诸位领导和同志们了，可是怎么也买不到入川的火车票。我们正在焦急之时，陕西省府已经给我们买回了火车票。其中，五位教授和副教授乘坐软卧入川，我和刘泽华没有高级职称不得乘坐软卧，连硬座座位也买不到了。于是，给我们两个年轻人订了飞机票，我很高兴！可是，飞机很小，只能乘座 20 多人，是前苏联制造的伊柳辛小飞机，陈旧的螺旋桨，飞行高度只有 4 千多米。郑老很不放心，他说，前几天北京失事的惊吓而惶惑不安，看来还是乘火车稳妥，别乘飞机了。我说，两天之内买不上火车票了，飞机票已买来，我们就来个破釜沉舟吧。

郑老和四位老师到达成都后已经大半天了，我们乘坐的小飞机才飞往成都。这天运气很好，天高云淡，晴空万里，微微轻扬的浮云缭绕飞机，仿佛是要轻荡入机舱为乘客翩翩起舞，可是它哪里知道这座机舱破旧不堪，螺旋桨轰鸣不已，这同雪白袅娜的浮云和郁郁苍苍的宏伟秦岭是极不相称的。俯瞰熠熠的秦岭令我神思云天、赞叹不已！秦岭的剑锋天柱，几乎要和渺小的飞机拥抱接吻的这般距离。我盯着飞机的窗口遐想不已，看起来总是流连不舍，细想起来却又惊心动魄而后怕。一位乘务员告诫我说："你的座位旁边是关闭着的仓门，千万不要打开门啊，开了门可了不得！"我毫不犹豫的说："知道哇啊！我得保命呢。"随后我心里说："这么简陋的小飞机令我如同翩若惊鸿，哪里还敢乱摸呀！我还执着地从窗口鸟瞰山岭苍松翠柏，张望绵延万里的宏伟秦岭呢。"

我在飞机上的愉快和暇想不已，却不知道郑老正在成都极度担心我们飞行中的安危。可喜的是，我们平稳的下了飞机，便立即乘车赶到开会的地方。刚进大门下车，就看到郑老先生大步向我们走米，郑老慈祥、微笑着说，你们来到了，可放心了！王玉哲先生走过来说："好不容易啊！郑先生一直在传达室守着电话等待你们的消息，郑先生连预备会议也没参加，就是等你们的情况呢。"并告诉我们说，今天，北京机场起飞的一架大飞机升空后就出了故障，飞机在北京上空转了大约 40 多分钟（有的说一个小时，说法不一），乘客虽受惊吓不知所措，但不动不喊，秩序安然，直到汽油耗尽才迫降下来。当时，等待飞机下降时，消防队、担架、医生、护理等都安排好了救护措施，以防万一。说来也很万幸，升降一切顺利！乘客安然无恙，其中也有不少飞往成都参加会议的学者，滔滔不绝地述说北京上空遇惊险的事实。随后，有的改乘火车入川，有的依然再飞成都参加会议。北京这次航班，几乎和我们乘小飞机飞成都的时间相差不多，所以我们在西安、在上空都没有得到飞机出故障的任何消息。事后，才知飞机出故障，万幸有惊而无险！

五、郑老教学和执掌行政管理两不误的成功路

改革开放初起，郑老恢复了南开大学副校长的职务，治学、讲课和科研相当繁重。他被选为全国人民代表大会代表更是日理万机，一心一意地为国家、为人民作贡献，为教育事业创新，为教师培育栋梁，并为师生谋福利。郑老不但是著名的大学问家，还是干练有作为的执掌行政大家。早在 1964年，我在北京大学历史系进修隋唐史的时候，每到星期六下午都照例学习和讨论政治时事，休息时亦常听到老师们说笑和攀谈有趣的历史往事。有一次，大学者向达老前辈休息时，谈到郑先生年轻时的感人事迹：他说，郑先生一面教学和科研，而从不停课，并在深夜做文章；一面担任北大秘书长十多年，把校行政管理做得井井有条，还把掌管的经费从无分毫差错。虽然我记不得这番往事的前前后后了，可是回想向先生说的这番往事，却依然记忆犹新，永远崇敬郑老高风亮节的楷模精神！后来，我在北大汪篯教授的书房里问学之余，汪先生谈起他在西南联大读研究生时，非常敬佩郑先生。他说郑先生在西南联合大学担任总务长，从不辞劳苦、不怕日军残酷轰炸昆明等城镇，而倾心为师生寻求住所、教室、生活、筹经费和重视防空洞等等多种艰辛操劳。因此，郑老得到广大师生肃然起敬是必然的。这类历史故事的威力是颇为感人的。学者们谈论郑先生的种种事迹，出现许多动人的美好、诙谐的佳话。

改革开放初起时，郑老担负着繁重、精深的南开大学课程和科研项目，

还在业余时给我们谈天说新知。郑老给我们讲过他在西南联大担任总务长的时候，物资、经费和师生们应有的用品，都是非常缺乏、艰难困苦的。他说，为了筹画经费，曾把联大的房顶上的马口铁拆下来卖掉作经费，而利用稻草麦草盖房顶照例维护用房。郑先生还说，他在艰苦岁月中，曾多次乘坐破旧、危险的运输机办理总务之要事，也曾万幸躲过了日军飞机的轰炸之厄运。郑先生和我聊天说过："我在北大、联大不管担当多么繁重的秘书长、总务长，生活多么艰苦，我都一定做好工作而又不少开专业课程及其给学生答疑。我来到南开后更是如此。"这段难得的一席话，当是郑先生的学术与行政管理的成功路，颇受启发。

1979 年，郑老复职南开副校长，经常向我们征求学校意见和建议。我向郑先生提出过建议：大意是南开大学的房舍区域太零乱，建房常是临时找地段地基，而把全校地址的东南角、东北角、所谓"西伯里亚"和西村、西南村弄得七零八落。教学区也是临时找地段地基，实在不成名校体统。因此，我建议成立"南开大学建设委员会"，建立全校规划，经讨论定下教学区、住宅区等多种区域，不得任意乱改。郑先生很高兴地接受我的建议，并提交给校领导。事实上，南开校址的布局积重难返，要想大改房舍区域是难有成效的。有一次，郑老准备行装赴京参加"人大"会议时，召集冯尔康和我等询问有什么建议方案带去吗？我立即向郑老诉说："前不久，教育部的同志问我说，有没有关于教学方面的要求吗？我毫不犹豫的说，我们非常希望给年轻教师解决住房问题，现在连读书的'斗室'也找不到，怎能做好教学呢？所以，我也请您把教学住房的大事带到人大会堂呼吁解决。"后来，我的印象是郑老真的和几位人大代表联合报了"提案"（也许是会议上的一般议论。我记不清了）。

1981 年夏天，郑先生参加国务院学位委员会会议，评审全国第一批招收博士研究生，郑老担任历史学科组组长，全力主持评审。可是，全国重点院校几乎是各自力争多入选博士导师。郑先生则向来和蔼相让，所以不与各院校争夺入选博士生导师，结果南开多有著名的学者也没有入选成博导。郑先生觉得很不安，回到南开后两三天，顺便走进后学的寒舍一谈。老人家深为南开名学者没有入选而甚为遗憾。郑老虽然感慨万端，却依然充满热情和自信。一时间，我不知道说什么才好。想了想，大意说：昔日往事多，"沧桑今已变"，只好开辟新路了。

六、郑老创办我国第一次明清史学术讨论会

1979 年，郑老筹备、发起和主持南开大学创办明清史国际学术讨论会的工作，是郑老精心创制的学术辉煌！这年秋天，讨论会的计划正式启动了。遂把郑克晟、冯尔康、南炳文和我共四人组成秘书处论文组，并立即运作起来。我们遵照郑老的指教，迅速安排会议序列、发邀请信请国内外学者准备与会和论文，尤为关切中外学者提交论文的题目和成稿时间，以便如期编排论文和大会与分组讨论等事宜。学术研讨会最重要的是邀请好与会学者及其提交的论文，所以我们按照郑老的指教，全力以赴地投入这场讨论会的学术工作，还在大忙中抽空撰写自己与会的论文。不稍说，我一切都要自我尽力做好，尤在文章上争高低。至于出力是否有价值，那就不多管了。

1980 年 4 月间，中外学者及其论文等信息日益增多，郑老和我们四人更繁忙不已。和蔼可亲的郑老主持我们开会商讨事情时，亦偶有争议和不同主张的事情。有一天，郑老招集我们四人讨论在什么时候讨论会议论文分组和安排等问题。有的建议说，现在接到的文章还不甚多，现在讨论和安排这类问题为时尚早，等到 7 月份分别安排就行了。可是，这次讨论的着重点理解不一致而有争论，时有沉默，气氛似有不爽。当郑老催促拿出意见时，我就赶紧说出看法，即便不同意郑老的意见时，也要坦言说出。为了缓解严肃的气氛，我就信口而说道："郑老知我也、信我也！多谢郑老夸我直率直言，那我就先说了。"话音未落，郑老大笑，意见也很快协调一致起来。郑老高风亮节，气度恢弘，决不会训人、整人的，更不会、而且非常反对那种顺我者昌、逆我者亡的不义行为。

大约是在 1980 年 4 月底或 5 月初，我向郑老请求说，去年我自报的论文题目《大运河沿岸的会党行迹研究述要》很不好作，研究会党难有创意，所以我放弃研究会党，而撰写《义和团几个问题辨析》，特望郑老同意和指教。因为，我很想和当前全然否定义和团的几篇论文和几位作者讨教和辩析，您看可以吗？郑老说，你研究会党的论题很好，怎么不作了呢？我回答说，因为会党内部所专用的"行话"、自造的"字、传单"（我叫它黑话、黑字、黑传单）和各种类别的规矩，都是很难真正弄明白的。我得花上一两年的时间研究才能研究出点门道来，或者可以撰成初稿，可是今年实在来不及了。所以，我不为这类论题自找没趣、浪费光阴，我要改换论题了。郑老笑着说：

"亦好，你研究义和团的题目也很好，争鸣可嘉。近两年来，研究义和团的文章多了，你赶紧写吧。我们的讨论会只有三四个月了，又有那么多事情要做，真够你忙的呀！"当我走出郑老的书房时，郑老还亲切地说："不要太累了！"郑老这番关照，我真是铭记不忘。

1980年7月底，光阴如同飞箭似的接近了南开大学举办的明清史国际学术讨论会。有一天，我走出主楼历史系办公室，正巧遇到郑老。他好像有点不安似的对我说："离开会只有10多天了，还有不少重要大事没有办事的动静，总应该赶快动手了吧？"我连忙说："刚才，负责主持大会的领导把我叫到办公室，对我说：'赶紧找四五个人把几天会议的接送、车辆、厅房具体情况等大事提前做好，现在只有十来天了，由你赶快办去吧。'我听了这话吃了一惊！亦不客气地回答领导人说：'几个月前就明确分工了，我们四人是论文组，外事处是关照外事、著名专家学者和邀请本校领导与本市领导参加开幕式大会等要事，其余的会议行政性的大事则由领导人派专人安排的，这是早就分工定好的，怎么又让我找人办这件事呢？'我毫不客气地质问一番。但是，说来说去的结果，仍是坚持由我赶紧办理，并说给我派四五人一起做，越快越好。我则气冲冲地说：'我用不着四五个人，我自己挑出两人就可办好的！'于是，我赶紧请冯承柏和薛番安两位干将一起做这些要事了。"当然，我和郑老见面谈话时，还是尽量地做到说话温和，免得郑老为难。我给郑老说："郑老您放心，我和冯承柏、薛番安三人用不着一星期准能办成事。"其实，我们三人快速用力5天的时间就安排好了，并同本校外事处密切合作，把这次首创的国际明清史讨论会的主要事项一个一个的完成了。郑老非常高兴！

1980年8月5至8日，这次盛大的国际学术讨论会开幕了！与会的学者一百多位，国内外的大师级学者与会者很多，提交会议的论文多，质量高，讨论极其热烈。郑天挺先生不但主持大会晶莹溢出，还在特忙的大会上发表了自己新创的"幕府研究"高水平的论文，影响很大。会议圆满成功结束后，立即派我们四人整理出版全部百十余篇论文集结成书，并在一年多的时间出版了。

我在这篇怀念郑老的文章里，本想介绍同仁在这次国际明清史讨论会上，各自发表的创新论文得到很好的反响，聊为同仁一起缅怀郑老之深情。但因时间长了记不清同仁的文章了，只好自我叙述当年郑老指教我的学术人生路，也是最好的收获。今天，我真切而兴奋不已的是，把当年国际明清史讨论会上发表的拙作《义和团几个问题辨析》的往事，是对郑老最深情的怀念！那篇拙作，是当年郑老看中的。他老人家毫不犹豫地把我推上明清史国际学术研讨会的大会上发表拙文，并引起中外与会者们热烈反响。当宣布大会休息片刻时，我的发言得到与会著名学者们的肯定和鼓励。其中，著名学者中国社会科学院近代史研究所所长刘大年教授当场鼓励我说："你的发言很好！有三个突破：一是观点很新、证据确凿，二是你挖掘的新资料多、很有价值，三是文笔很好，读来很有吸引力。""如果你同意，请立即给我这篇文章在《近代史研究》很快发表。"我很高兴地回答刘先生说："前辈过奖！非常谢谢您的抬举！可惜，我已经寄给《历史研究》杂志去了，不知能否发表。"刘先生说："那好，谢谢你！"和刘先生的短暂交谈，郑老亦看到、听到了。老人家很高兴！这段短暂的一幕，和稍后《历史研究》的发表拙文，有人说是我的"成名作"。当然，更是和郑老提携分不开的。尊敬的郑老，我永远怀念您！感谢您！

2008 年元月 12 日于南开大学寒舍

2008 年 4 月 5 日于加拿大渥太华略作修订

忆郑天挺先生二三事

王鸿江

　　大约是一九六二年秋天，我同一起工作的南开大学历史系明清史研究室的一位同志，去郑老家里请示工作。谈完工作之后，郑老针对当时我们这些年轻人急于想出成果的思想，讲了很长一段如何做学问的话。虽然时间已过去二十余年，今天仍记忆犹新。郑老说，想快些拿出成果来，这种心情是可以理解的。但要首先弄清楚究竟出什么样的成果？写一些平平而论的东西，那并不困难；要真正拿出有所建树的成果来，就绝不会一蹴而就，必须下一番苦功夫、硬功夫。一本有价值的书或者文章，一是要有新的观点，二是要有新的材料。也就是要在前人研究的基础上提出自己独到的见解，拿出新的资料或对资料作出新的解释，这样才能把研究推进一步。郑老接着谈到了做学问要把基础打扎实的问题。他说，譬如你们谁想要研究明代经济史，那就首先花一二年工夫，把《明史·食货志》真正弄通。不但要从头至尾反复地读若干遍，重要段落能背诵下来，而且要一句一句、一段一段地把它的资料来源搞清楚。这样才可能弄明白它所依据的资料哪些是可靠的，哪些并不可靠，在此基础上才能发现问题和提出问题。在弄通《食货志》之后，再触类旁通，阅读其他有关的重要著作。研究其他问题也是这样，如研究明代水利史，要首先把《明史·河渠志》弄通，研究明代地理沿革，要先把《明史·地理志》弄明白，然后再逐步扩大阅读范围。切不可主要史料没弄通，甚至没怎么接触，就翻阅众多的庞杂资料，这不仅会事倍功半，还可能产生许多前人已经发现和纠正的错误。郑老的这一席话，是他多年治学的经验之谈，反映了他一步一个脚印的严谨的治学精神和态度，对于刚走上治学之路的年轻人来说，可以说是交给了一把钥匙，是一次生动的启蒙教育。

　　还记得，有一次郑老同南开大学历史系的几位青年教师谈历史研究工作的规律性问题。郑老说，研究任何问题，都有一个由约到博，由博到约的过程。当你刚接触某一问题时，必然是知之甚少，甚至茫然无知，这可以叫做最初的"约"。经过阅读众多的史料，达到了"博"的阶段。然后去伪存真，去粗取精，由表及里地反复研究，再达到高级阶段的"约"。郑老说，由约到博，固然需付出艰辛的劳动，翻阅大量的史料；但是由博返约，就更不容易，这可以说是由感性认识上升为理性认识的飞跃，必须付出更多的劳动。郑老说，人们一般对第一阶段即由约到博的过程是重视的，不惜花费精力去广泛搜罗史料；但不少人对第二阶段即由博返约则重视不够，往往把占有的史料稍加整理、归纳和分析就行文成篇了。这样写出的不会是好文章，往往显得冗长，也少真知灼见。这样的作品就算不上真正的研究成果，至少说研究工作还没有完，而且是最重要的一半工作没有搞完。郑老的这一席话，讲出了研究工作的真谛。何止是历史研究，任何研究工作，如果只停留在表面现象而不去努力把握事物的本质，这样得出的成果是不会有多大价值的。郑老是十分重视史料的积累和辨别工作的，他在许多场合都一再告诫他的学生们，不掌握足够的史料，就无法开展历史研究工作。早在五十年代，我们还是学生的时候，大家都熟知，郑老积累的史料不仅极其丰富，而且整理得非常科学。但郑老并不以掌握丰富的史料为满足，他把这仅仅看作是研究的基础。解放以后的几十年间，郑老很重视学习马克思主义理论，注意运用马克思主义的立场、观点和方法分析史料，力求在历史研究中找出规律性的东西，为今天的现实生活服务。这一点，对于一个在旧社会度过大半辈子的老年学者来说，是难能可贵的。

南开大学历史系明清史研究室自五十年代中期成立后，一直到"文化大革命"开始这段时间，主要是在郑老主持下，从事校点、校勘《明史》的工作。郑老在这件事情上，充分表现了他那严肃认真、一丝不苟的治学精神。关于标点、校勘的原则规定都是郑老亲自确定的。同志们据此分头标校，十分认真仔细，往往为查对一个人名、地名、河流或时间，翻检许多书籍。遇到重要问题，大家一齐进行磋商和讨论。每一卷书都是经过一再斟酌，觉得没有什么问题了，才送郑老审阅的。六十年代初，郑老常住北京，与翦伯赞先生共同主持高等学校中国古代史教学参考资料的编纂工作。他并不因参加标校《明史》工作的同志们已认真下了功夫，而放松自己的责任；也不因工作繁忙，而稍示马虎。他对送去的每一卷书，都一字一句地阅改，纠正不妥当的地方，提出一些需要研究的问题让大家进行讨论，往往反复数次方能"过关"。在郑老的严格要求和亲自指导下，在几位有经验同志的帮助下，我参加几年标校《明史》的工作，可以说是经过一次严格的训练，受益匪浅。

起初，我同一些年轻同志一样，觉得标校古籍是件比较简单而乏味的工作，待亲自实践之后，方知其中"奥妙"不少，其乐也是无穷的。今天回首在郑老直接指导下工作过的那些岁月，倍感在名师教诲下，不仅使我学到了知识，而且耳闻目染，也学了一些治学的方法。郑老留给我们的不仅是他那经过深思熟虑的丰硕的学术成果，而且还有他那严谨的治学精神，这些都是我们永远学习的楷模和汲取营养的源泉。

（原载《郑天挺学记》，三联书店，1991 年 4 月）

回忆我们的老师郑天挺先生

白新良　汪茂和　林延清

一

一九七八年我们研究生刚一入学，郑先生就为我们开设了清史专题课。第二年，在教育部委托先生举办的高校明清史进修班时，又让我们一起听课并参加讨论。几年中，无论多忙，先生一直坚持定期让我们汇报学习情况并亲自为我们批改读书报告。此外，先生还经常告诫我们要加强体育锻炼，注意身体健康。同学们有人病了，先生还亲自到宿舍探望，嘘寒问暖，关心备至。所有这些，都表现了老一代史学家对学生们无限爱护的心情，至今想起，仍使我们非常感动。

先生治学，非常重视对史料的审核，也以此教导我们。先生不赞成研究者根据主观一己的需要而任意摘取史书中的只言片语以作随心所欲的解释，而主张在各种记载一代史事的史籍中寻找它的最原始的记载。先生认为，只有这样，庶可求得历史之真相；而只有求得历史真相，方才可以达到求用之目的。以记载清初史事的史籍而论，现传于世者有《清史稿》、王氏《东华录》、蒋氏《东华录》、《太祖高皇帝实录》、《太祖武皇帝实录》、《满文老档》等多种，除《清史稿》外，大多是历代清朝统治者根据不同时期的政治需要而修撰的，每重修一次，失实之处便多出一分。以史料价值而言，《清史稿》、王氏《东华录》便不及蒋氏《东华录》；《太祖高皇帝实录》又不如《太祖武皇帝实录》及《满文老档》。因此，研究清初史事，以入关前成书的《太祖武皇帝实录》和《满文老档》最为近真。在治学方法上，先生还非常重视比读。所谓比读，即是将几种记载相同史事的史籍归为一类，互相对照着读。先生认为，这样读书，看上去速度慢一些，但是功夫却来得扎实。小而言之，可以反复印证，记忆深刻，读一书可收一书之益；大而言之，则可以从各书记载的不同处发现问题，以开展深入研究。正是在先生这些教诲的启发下，我们在学习中，注意将有关史籍分类并按其成书时代进行排队，互相比较阅读，从而比较自觉地开始了自己的研究工作。

新良研究的方向是清初八旗制度。在按先生规定的治学方法读过一个时期有关史籍之后，便陆续发现了一些问题。如清人自称在八旗建立前有所谓四旗，但各种史籍记载中关于四旗的发展演变情况却语焉不详；又如入关后清人记载的八旗左右翼情况和早期满洲史料的记载出入甚大，说明八旗左右翼曾有一个发展变化的过程；再如，将《满文老档》记载中的一些人的旗份和入关以后的各种记载相比较，两者很不相同，说明在八旗发展史上应当有过一次较大的政治体制的改革等。新良把这些想法向先生汇报，他都仔细而认真地听取，并指出这正是研究的起点。先生教导新良进一步缩短战线，集中力量突破一点。根据先生的这一精神，新良将论文题目确定为《论皇太极继位初的一次改旗》，正式进入了毕业论文的写作阶段。这一时期中，先生曾多次过问论文的写作进展情况。在百忙之中，先生除了仔细审查论文提纲、认真推敲主要论点外，还将论文全文及所附资料约十余万字通阅两遍，而且每遍都提出了重要的修改意见。正是由于先生的悉心指导，新良才较顺利地通过了毕业论文答辩并连续写成了几篇有关早期八旗的论文。回想几年来跟随先生学习的情况，从基本知识的掌握到研究方法的运用，无一不是先生精心指导的结果。

先生是著名的学者，却自奉甚俭。先生书房里除了一个极其普通的写字台、一把颇旧的藤椅和一对待客用的沙发之外，几乎全是各种各样的图书。先生卧室的陈设也非常简单，直到去世时，还使用着用过几十年的木板床。

先生待人宽厚慈祥，与人说话总是和颜悦色，总是详尽地听取别人的看法后再发表自己的意见。作为先生的学生，我们刚见先生时，很拘谨，见此情景，先生便先谈一些家长里短的题外话，待我们的紧张情绪稍微缓和后再进入正题。时间长了，便觉得先生不独可敬，而且可亲，再见先生时，便不那么紧张了。但是先生也偶有生气的时候，那是一次外出考察时，一位同学看到先生年迈，对先生的照顾"多"了些。这使先生颇不愉快，并直言不讳地告诉那个同学以后不要这样做。先生还反复表示自己愿和大家一起生活和工作，不愿意像"熊猫"一样被当作展览品，受特殊款待。在我们追随先生求学的几年中，先生说话，从无疾言厉色。只有这次，在我们看来，却是一个例外。

先生和我们很少谈到自己的过去。只是在先生去世后在北京举行的先生学术纪念会上，我们才听到了先生的事迹，看到了解放前夕北大学生献给先生的绣有"北大舵手"的锦旗和其他一些珍贵遗物。睹物思人，更加深了我们对先生的崇敬。

二

先生说：什么叫求真？求真就是要揭示历史事物的本来面目，探求历史发展的客观规律。什么叫求用？求用就是要使我们的研究工作和成果具备学术价值和现实价值。也就是说，用可以表现在两个方面：一是有用于历史科学自身的发展（学术价值）；一是有用于对自然界与社会的认识和改造的推进，有益于启迪人们的智慧，指导人们的社会实践（现实价值）。

先生认为，古代所谓"直笔"的史法并不是"求真"。他说，中国史家向来推崇"直笔"。但"直笔"是否就是我们所说的"求真"？未必。例如董狐，孔子认为乃"古之良史也"。他写"晋赵盾弑君"，得到孔子的高度评价，以为是"诛心之论"。但在我们看来，这样写历史是不真实的。

关于求用，先生曾经列举了很多事例来说明。他说：宋太祖之死，历来就是疑案。记载中怎么说的都有。这类宫闱秘事，被称为千古之谜的就很有不少。这类问题即使得出结果来，也没有什么用处，可以搁在一边。先生曾经说过：史学工作者每个人的具体情况不同，经历不同，治学之路不同。有的注重于史料的整理，有的注重于史实的考证，有的志在从总体上把握事物，注重于从理性的高度抽象出历史的内在规律性，这些都是发展、繁荣历史科学所不可缺少的。要互相尊重，切不可以己所为裁衡他人。先生的话是很有道理的。

求真不仅需要勤苦的治学功夫，更需要严肃的科学态度。先生说，"真，要求如实地反映实际，古来真正能够做到的毕竟是少数。"一次，一位同志问先生怎样才能做到求真。先生略一沉思，回答说："如果能像韩伯休那样，做到并不难。"韩伯休是东汉时人，名康，卖药长安三十余年，口不二价，童叟无欺。先生以韩伯休的为人信实来比拟治史，可见先生所说的要做到求真，首先是需要具备良好的史德。封建时代写了不利于帝王和权势者的真实情况，就会被杀头，那时做到求真固然不易，而解放以后，当自称马列而实则违背马列的人物掌握了某些权力的时候，他们要把史学变成他们实现政治目的的工具，唯他们的主观需要是趋，这时做到求真也同样不易。一九六六年，姚文元攻击吴晗的《海瑞罢官》是大毒草，欲利用史学施加政治陷害时，《光明日报》组织部分学者座谈，先生的发言保持着一向沉稳、含蓄的风度，而极力为吴晗辩白的锋芒却又卓然可见。先生的文章所以都能经得起时间的检验，也正是与他的这种坚定的学术操守分不开的。

先生反对随波逐流，但绝不是要人们脱离现实，去搞"纯历史"。先生一贯主张历史研究要符合社会现实的需要，要对国家、对人民、对科学的发展提供有价值的成果。先生自己也始终是这样实践着的。仅以民族史为例。由于中国是一个统一的多民族国家，在国际政治斗争中，中国的边疆民族史历来就是一个十分敏感的课题。三四十年代，配合日本帝国主义的侵华，史学界出现了所谓"满鲜史体系"，提出东北与中原没有关系，满洲无论在民族、历史还是地理上，都与朝鲜是一个独立体系。当时朝鲜已被日本占领，东北也在日本扶植下成立了满洲国。这些人要从历史上论证把东北从中国分割出去的合理性。先生怀着满腔的爱国热忱，写了《清代皇室之氏族与血系》一文，以确凿的史实证明，满洲的先世早在金、元、明时代就已在中原王朝的管辖之下，清代皇室实为满、蒙、汉的混合血统，从而论证了满族是中华民族大家庭中不可分割的一员，因而从历史根据上维护了祖国的统一和民族的团结。先生对西南、西北也给予了很大的重视，写出了多篇重要的论文。五六十年代之交，中印发生边界争端，先生提供的重要历史地图和资料受到中央有关部门的高度重视。六七十年代，苏联又提出了"中国扩张论"，说中国真正的北部边界是长城，西部边界到四川；长城以北，青海、云南以西，都不是中国的，都是中国扩张侵略来的。先生这时把关注的重心转向东北史地的研究，他通过对奴尔干地区史地和民族的探研，以充分的论据证明整个黑龙江流域自元明以来就是中国的领土。

值此先生逝世三周年之际，谨取可以反映先生平日治学思想与治学作风之教诲与实践数则，以志怀念。

（原载《郑天挺学记》，三联书店，1991年4月）

我对郑天挺教授家世之回忆

梁漱溟

中国史学会，南开大学历史系：

顷收到来函为已故郑天挺教授征集纪念性文章，兹且就我所知他的家世情况特为叙述如次——

（一）他原名郑庆甡，是我的表弟，因他的外祖母姓梁，是我先父的嫡亲姑母，适桂林陆澹吾先生（仁恺）即他的外祖父，是我先父的姑丈。他母亲陆嘉坤字荇洲是我先父的表妹，我的表姑妈，所以他便是我的表弟。

（二）他的父亲郑公叔忱字扆丹，为清季有名翰林，与我先父既结亲戚关系，又雅相知好。光绪二十八年（一九〇二）清廷为求人才以济时艰，有诏奉办经济特科，时郑公为奉天（今辽宁）学政（后改任奉天府丞）奏荐我先父应征。虽先父自度无才未赴诏试，却可见郑公对我先父的器重。光绪三十一年（一九〇五）九月郑公在京寓病故，临终时亲友多人毕集，而公独托孤于我先父。

（三）次年（一九〇六）九月郑母陆荇洲夫人竟继郑公之后病故于天津旅邸。盖夫人原有旧学，又吸收时代知识，既受聘为北洋女子高等学堂总教习，（注：总教习之职称先见于吴汝纶先生之在京师大学堂）故携子女移家在津。

（四）京津相距不远，先父闻荇洲夫人病讯赶往照看，又重受托孤之命。夫人殁于急性传染病，俗名白喉，诸孤同在传染中，情势甚危。先父即提挈诸孤来我家中，由我先母负责抚育。

（五）当时先母亦被感染，遗孤一女终于不救，二子则与吾母幸得痊愈。二子即庆甡与庆珏。珏弟四十一岁故去。

（原载《南开史学》一九八三年第一期）

三十年风风雨雨

——郑天挺与北京大学

郑 晏 郑克昌 郑克晟 郑克扬

郑天挺（1899—1981），字毅生，福建长乐人。1917 年考入北京大学国文系，1920 年毕业。1922 年考入北京大学文科研究所国学门进修研究生。1924 年留校工作，历任讲师、副教授、教授兼北大秘书长等职。在西南联大期间，任历史系教授兼西南联大总务长、北大秘书长、北大文科研究所副所长。1946 年后，任北京大学史学系教授兼系主任、秘书长等职。郑天挺自 1933 年—1950 年任北大秘书长，历时十八年，是三四十年代北大的重要负责人之一。1952 年院系调整调至南开大学，任历史系教授、系主任、副校长、顾问、全国人大代表等职。

郑天挺青年时代进入北大，步入老年走出北大，先后三十多年的北大生活，风风雨雨，岁月沧桑，留下一些雪泥鸿爪。我们根据郑先生遗留的日记、信件、回忆资料等，选取部分历史片断，写出《郑天挺与北京大学》，含北大轶事，以纪念这段岁月，并深切地缅怀郑先生。

一、考入北大国文系

1917 年夏，郑天挺考入北大国文系。他在回忆这段学校生活时曾说：

> 北大录取后，很快就入学。同班三十二人，年龄参差不齐，有的三十多岁，和我同样年龄的约占一半，最小的只有十七岁（罗庸）。这些同学各有所长，大多有"不可一世"之慨。我自知根底差，只有加倍努力，迎头赶上去。所以这时我除学习本系课程外，还要旁听其他方面知识，并须每天读史书。每天除上课外，天天跑图书馆，真是"两耳不闻窗外事"，连报纸都很少看了。即或偶尔一看，也是把它当成历史故事看。

1918年，我十九岁，这时北大的同学很活跃，有三种不同方面的刊物出版：《新潮》，《国民》，《国故》。但我们班的同学却仍然各自埋头读书，很少参加活动。记得有一人给《国故》送了一篇稿子，受到同学们揶揄。大家都自命清高，认为投稿是自己炫耀才识，颇不以为然。我很受这种思想影响，后来不敢也不愿以自己文章就正于人，因而亦就很少写文章。班上的其他同学，也大多如此。

在北大同学中，这时较熟的有郑奠、罗庸、张煦、罗常培（长我一班）等人，他们都是异常用功的，给我鼓励很大。此外还有邓康（中夏）、许宝驹、杨亮功、萧禀原、王友颙、许本裕（惇士）、彭仲铎等。

从这年起，我又在贵州老学者姚华先生家听他讲文章，讲金石文字。同听讲的有俞士镇、王翼如、罗承侨（惠伯）、汪谦（受益）、周一鹤等十几人，每周末晚间一次。

二、在学时积极参加五四运动

1919年，郑天挺仍在北大学习。这年5月爆发了轰轰烈烈的五四运动。在这次运动中，他也走出了书斋，参加了学生会的工作。他曾代表北大到天津南开中学联系了一次，并走向街头，作了一些宣传活动。到了11月，日本帝国主义在福州残杀中国人民，并派海军陆战队登陆威胁。当时福州的学生曾愤怒地举行示威游行，北京福建籍学生也起来响应，组织旅京福建学生联合会，抗议日本的暴行。他也积极参加了这一运动，到街头讲演，宣传不买日货，并为学生联合会募捐筹款，举办游艺会等。当时会中还出版《闽潮周刊》，他曾用"攫日"笔名写文章，宣传打倒日本帝国主义。在会中还曾向北洋政府外交部多次请过愿。

五四运动及福建学生运动（即"闽案"）时，和他常在一起的有郭梦良（弼藩）、徐其湘（六几）、朱谦之、郑振铎、黄英（庐隐）、许地山、龚启鎏（礼贤）、张忠稼（哲农）、刘庆平、高兴伟等人。大家都是福建人，其中郑振铎还是他的本家侄子，以后过从亦多。

1920年春天，福建学生运动仍在进行。这时有十几个福建学生在北京组织了一个S. R.（Social Reformation）学会，意即社会改革。除了朱谦之、许地山外，前面说的那些人都参加了。另外还有女高师几个人，北大有郭梦良、徐其湘和他，师大（当时称高师）有张哲农、龚礼贤、刘庆平，女高师有黄庐隐、王世瑛、高奇如、何彤，清华有王世圻，师大附中有高仕圻，铁路学校有郑振铎，汇文中学有林昶，共14人。这个会并没有公开。大家原想共同学习些社会改革的新思潮和新东西，但因为很快即到暑假，大多数人都毕业四散了，无形中就瓦解了。这个会没有组织形式，没有负责人，仅是各人按姓名笔画用英文字母排列个次序。朱谦之也是北大的福建同学，颇有才气，看书也多，他当时是无政府主义者，不谈社会改革问题，所以没有加入。郭梦良后来与黄庐隐结婚[①]，在上海法政大学任过教务长，1925年即病死。

三、在北大时的几位学长

郑天挺同班同学中对他帮助最大的是郑奠（1895—1968）。他字石君，浙江诸暨人，人极忠厚，事母至孝，因年龄较大，同学尊称他为"老大哥"。

1923年左右，经他介绍，郑天挺到北京高等女子师范学校（简称"女高师"，后改为"女师大"）讲授人文地理。1926年"三·一八惨案"中牺牲的刘和珍即是他们的学生。刘家境贫寒，上有母，下有弟，急待救济。3月25日女师大师生为刘等人举行追悼会后，郑天挺即与郑奠共同发动为死难家属募捐等事。

郑奠在学业上对郑天挺帮助亦大。1926年，某一次他向郑天挺出示日记，内中分养生、进德、治学、事务、见闻、杂识诸栏。后来郑天挺所记日记内容大多依他的规范。

郑奠在30年代北大国文系的地位已极高。1934年国文系改组，由胡适任系主任，而主持系务的就是他。

抗战开始时，郑奠适逢回到家乡，因照顾老母，乃在家乡办抗日中学，未随北大其他教授去西南联大。当时家乡条件艰苦，他一无所畏，为抗战办学竭尽全力。抗战后在浙大教书，北大曾多次约他回校，终因故未成。1952年，浙大文科取消，他到中国科学院语言研究所工作。由于他抗战八年与北大脱离关系，又多年未能安心从事研究，加之又僻居家乡，故声名随被湮没。

---

① 郭与黄于1924年1月13日在上海结婚，当时郑先生曾撰联向他们祝贺。联曰："积三载同心宿愿始偿，趁吉日良辰一罄衷素；结百年好合旧盟重沥，正新梅艳雪交映园庭。"盖他们两人三年前以文字订交，久欲婚而未果，此联全系纪实。

郑天挺同班最小的是罗庸（1900—1950），他字膺中，北京人。1922 年，郑天挺与他及张煦（怡荪）三人同入北大研究院国文门为研究生。他亦是 30 年代北大国文系教授，后任西南联大及北大中文系主任。罗庸有才华，学习亦刻苦。早在 20 年代末，他即在中山大学任教，声名甚著。但晚年笃信佛学，著文较少，且不愿发表。1946 年，三校复员，他独自留在昆明师范学院任教，1949 年又应梁漱溟先生之聘到了重庆勉仁学院教书，1950 年即因脑溢血病逝。

张煦也是郑天挺同班的，后来又与郑先生同为研究生。他一辈子专治藏学字典，抗战后一直在四川工作，晚年时字典终于出版。他对郑天挺也诸多鼓励。抗战前郑天挺在《国学季刊》发表《多尔衮称皇父之臆测》一文，影响极大。张语郑曰："这篇文章是以最习见的材料，得出最公允的结论。"抗战后，他听说北大要南迁昆明，力劝郑天挺注意南诏史的研究。

郑天挺班上还有一位同学朱谦之。他与郑天挺同岁，因为都是福建人，所以熟识。朱读书多。当时李大钊先生任图书馆长，说："图书馆的书，都让朱读光了。"1924 年，福建同学张哲农任福州一中校长，郑天挺与郭梦良、朱谦之一起去那里教书。朱当时的妻子杨没累是学音乐的，一心爱着他。杨有严重的肺病，对朱备多关怀，一心扑在他的身上，结婚不久就去世了。朱当时号情牵，不知与其夫人有无关系。

郑天挺同班的还有一位是邓康，即邓中夏。大学临毕业前，邓康曾给郑天挺来信，鼓励他一起研究社会主义，他曾复信表示同意。但当时研究社会主义的人五花八门，他的认识也很模糊。因而在复信中批评一些假社会主义者，如罗家伦等人，说："罗还动手打拉洋车夫，这算什么社会主义！"郑天挺当时只看见了贫富的悬殊，同情贫者，但并没有研究社会主义。

此外，比郑天挺高一班而关系又最为密切的是罗常培先生。他们两人是同年同月同日生（1899 年 8 月 9 日），交往甚深，感情甚笃。两人毕业后同在北京一中教书。1927 年在杭州浙江民政厅，1928 年在广州，长期一起共事，尤其自 1934 年暑假后，罗由南京中央研究院史语所回北大，更是朝夕相处，彼此非常了解。郑天挺不喜写文章，或写后不愿发表，每次都是在罗常培鼓励及催促下方才发表的。"七·七事变"后，他们一起苦撑危局，直到最后保护全部教授安全离开北平顺利到达长沙为止。在昆明，他们同居一楼、同食一厅，1941 年夏又同赴四川，饱尝了"蜀道难"的苦楚。1942 年冬，郑天挺患伤寒症，他每天都来问候；每逢警报，他则必来郑天挺室中相伴，不忍弃去。这种情谊，颇令郑天挺感动。正如郑天挺在他所著《恬庵语文论著甲集》序中所说：

> 余与莘田生同日，长同师，壮岁各以所学游四方又多与共，知其穷年兀兀殚竭之所极；每深夜纵论古今上下，亦颇得其甘苦。……病中三逢警报，余固莫能走避，而莘田亦留以相伴，古人交情复见今日，序成归之，有余愧焉。

罗常培勤奋好学，对人诚恳，为人很正直，因此大家称他为"罗文直公"。但他有时又过于直爽，常厉声责人，因此一些学生和年轻教师背后送其雅号为"罗长官"。

郑、罗二人的情谊，是北大人所共知的。

四、读研究生整理明清档案

1922年秋天，北大研究所国学门（后改文科研究所）成立，郑天挺和张煦、罗庸都入所读研究生。他的研究题目是中国文字音义起源考，由钱玄同先生指导。当时研究所很自由，不必常来，也可以在外工作，在校也只是看书而已。每隔一段时间，研究生和导师集会一次，大家见见面，谈谈。当时陈垣先生也是导师之一。一次在龙树院（一座名刹，在宣外南大洼，介于窑台和陶然亭之间）集会上，陈先生说，现在中外学者谈汉学，不是说巴黎如何，就是说日本如何，没有提中国的，我们应当把汉学中心夺回中国，夺回北京。这几句话当时对郑天挺影响最深。陈老大郑十九岁，郑每称他先生时，他总是逊谢，表现出一位受人尊敬而又谦虚的学者的风度。

郑天挺在读研究生期间，在研究所加入了"清代内阁大库档案整理会"，参加了明清档案的整理工作。这无论对国家、对他个人都是一件大事情，奠定了他以后从事明清史研究的基础。

明清档案原存故宫内阁大库，清末因大库失修渗漏，屡经迁移。民国初年，教育部设立历史博物馆于国子监，将大库迁出而未送还的档案交其保藏。1916年历史博物馆移至午门，这批档案也移于此处。1921年，教育部与历史博物馆因经费困难，将这批档案之完整者保存一部，其余约八千麻袋全部卖给西单大街同懋增纸店，代价四千元。纸店打算将这些档案送到定兴县纸坊重造粗纸。此事为罗振玉所知，于1922年2月，用一万二千元将之买回。与此同时，北京大学研究所国学门知道历史博物馆还保留一部分，于是年5月呈请当时的政府，命历史博物馆将这些没有卖掉的档案拨给北京大学，交研究所国学门同史学系组织委员会代为整理。5月下旬得到允许，几经交涉，7月这批档案才由历史博物馆陆续移运到校，共计六十二箱又一千五百零二麻袋。郑天挺在这年7月下旬参加了这一有意义的工作。当时他曾把这件事特别记录下来，现抄录如下：

　　1922年7月26日（壬戌年六月初三）星期三

　　上午至北京大学整理档案也。

　　民国成立，前清内阁档案移至教育部历史博物馆，近复移至大学整理。大学因设专员司之，余与其列。今日余整者雍正题本，即奏折也。有可记者数事：

　　一、题本皆白折无格。前汉文（多小楷或宋体字）后满文。本至内阁，摘由粘于后，而后进呈。皇上则朱批或蓝墨批于首。

　　二、朱批诸字字体整齐，近赵孟頫，亦有甚劣者。

　　三、满洲诸臣题本皆称臣（如刑部尚书德明等），与旧闻概称奴才者不同。

　　四、京中各部均方印，总兵亦方印，而巡抚反长方印。

　　更有一事最有趣者：今日见一雍正十三年十一月初九日云南提督蔡成贵，奏贺雍正即位表中云："近奉到即位恩诏"云云。按雍正在位止十三年，此表到日恐帝崩久矣。但不知贺表何竟迟至是时方发，而即位诏何至是而至也。

他参加这项工作历时不长，就为别的事情所代替。

五、1930年代在北京大学

与蒋梦麟的关系

　　蒋梦麟（1886—1964），浙江余姚人，留学美国十年，获哥伦比亚大学哲学博士。他1917年回国后至六十岁前，基本是在北大做领导工作，也是蔡元培校长办学的好帮手。

郑天挺与蒋本无深交，只是一般师生关系，听过他讲授教育学的课。1928 年，由于北洋政府欠薪严重，北大亦于此时改组，郑天挺乃辞去北大预科讲师一职，于是年春与罗庸先生一起到了杭州。当时蒋正任浙江大学校长，由于北大同学蒋养春、陈伯君、郑奠等人的推荐，郑天挺乃于是年暑假后至浙大任秘书。时蒋梦麟已至南京任教育部长，浙大校务由秘书长刘大白代理。1930 年初，教育部筹办第二次全国教育会议，蒋及刘大白（时已任教育部次长）又邀郑天挺到教育部负责筹办。1930 年底，蒋改任北大校长，郑天挺又回北大，任校长室秘书，并在国文系兼课。

参加李大钊同志葬礼

1933 年春，北平各界市民为李大钊安排安葬仪式，蒋梦麟始终与事，郑天挺也负责接洽一些具体事务，并捐了款。送殡的那天，许多教授都去了。大家都看到地下党以北平市民革命各团体名义送给李大钊的一块碑，碑的正上方还刻有斧头镰刀。当时校方几个负责人感到，如果不把这块碑妥善处理，必然招致当局的干预，反而会给安葬造成麻烦，于是就把这块碑埋在地下了。

1933 年就任北大秘书长

30 年代的北大，蒋梦麟任校长（无副职）。学校的机构设置为三院、两长。三院为文、理、法学院，文学院长胡适，理学院长刘树杞（1935 年病故，由饶毓泰继任），法学院长周炳琳。两长为教务长（原称课业长）和秘书长。教务长樊际昌主管教务和教学；秘书长负责校务行政和总务。

1933 年暑假，北大秘书长王烈（地质系教授）辞职，由校长蒋梦麟暂兼。11 月 28 日，由于学校浴室突然倒塌，不幸压死学生邹绵昌，重伤叶祖灏、陈仰韩二人，引起了学潮。蒋校长急忙物色秘书长。法学院长周炳琳推荐由郑天挺担任，蒋征得胡适、刘树杞、马裕藻、刘半农诸教授同意，遂于是年 12 月正式任命。

老北大的"三大建筑"

1933 年，郑天挺任秘书长后，首先受命主持修建图书馆、地质馆及灰楼学生宿舍三大建筑。三个建筑工程一起上马，事务异常繁忙。郑天挺每天都亲赴工地监督施工，许多问题现场商议，就地解决。学校襄助工程建筑的还有沈肃文。

北大的"三大建筑"是当时了不起的高级工程。图书馆庄重典雅、质朴明快，内部陈设先进，书桌的木料、尺寸，台灯的款式、距离，大多参照美国国会图书馆的模式，施工要求极为严格。建筑之质量、图书之收藏，在当时北平各大院校中堪称一流。土木工程由公兴顺承建，投资 13.8 万元。灰楼学生宿舍每室 8 平方米，附壁橱 2 平方米，每室住一人，住房条件优越。基建投资共 11.1 万元。

1935 年 8 月 27 日验收图书馆工程。10 月 10 日下午 2 时北大新图书馆和地质馆举行落成茶话会，在图书馆顶层招待中外人士，到会三百余人，盛况空前。灰楼学生宿舍亦已建成。

营救"一二·九运动"被捕学生

北大是全国著名的最高学府，也是革命的据点之一。郑天挺热爱教育事业，保护进步青年。1935 年"一二·九"、"一二·一六"运动中，北京大学许多主张爱国抗日的学生被国民党当局逮捕、打伤。郑先生身为北大秘书长，积极站在学校第一线，同国民党当局据理力争、交涉，并利用各方面的关系，营救被捕者，慰问受伤同学。据 12 月 17 日查明：校中受伤学生共 9 人，被捕者 5 人。当日下午，郑先生与教务长樊际昌同往协和医院探视受伤学生。12 月 19 日下午，郑先生赴警察局将被捕同学 5 人先后无条件保释出狱。

据香港中文大学王德昭先生回忆文章略称："一二·九运动"起来后，坚决主张抗日的同志结成了同盟。"一二·一六"的清晨，北大的示威队伍尚未集合，我在去西斋的途中被捕，与被捕的同学同因在前门警察。其中有史学系巫省三、外语系李俊明等人。我们这次被捕是（郑）毅生师以学校负责者的身份，把我们保释出去的。记得有一天，管牢的叫我们北大的几个学生出去，我们以为又要提审过堂了，但出去却见（郑）毅生师在外面，营救我们出狱。

郑天挺爱国进步之举，赢得了广大师生的尊敬。

"七·七事变"后保护师生安全转移

1937 年 7 月 7 日，"卢沟桥事变"发生。1937 年暑假，原定北大与清华大学联合招生，考场设在故宫，时人戏称为"殿试"。当时北大的桌椅都运至故宫，招生试题已在北大红楼地下室印好。一切招生准备工作基本就绪，却因"七·七事变"而中辍。

"七·七事变"时，校长蒋梦麟去南方开会，不在北平。次日，文学院长胡适也离开去庐山开会。不久，学校其他负责人纷纷南下，于是北大的一切工作全由郑天挺负责。当时，北平形势异常危急，各国立大学的负责人及教授代表天天开会，紧急研究对策，而蒋校长离北平后久无音信，对学校下一步如何处理，大家茫无所知。当时，北大学生离校返乡走了一部分，留在学校的学生大都是经济上非常困难的。于是郑天挺决定，在校学生每人发给20元（相当于二三个月生活费），使之南下或返乡而安全离校。故到7月29日北平沦陷时，北大校内已无学生。

日寇进入北平后，郑天挺面对敌人的威胁迫害，做到了临危不惧、沉着镇定，不顾个人安危，与日伪斡旋。当时北大办事处在二院，郑先生每天上班办公如旧。8月某日，日本宪兵搜查北大办公室，校中人已极少，办公室只先生一人对付，情况异常紧张。日本宪兵在办公室内发现抗日宣传品，问是谁的办公室，郑先生说："是我的。"他们看了一下，似乎不大相信，因为当时北平各单位的负责人早已逃散一空。

8月9日，是郑先生38岁生日，又恰逢阴阳历同日。这次的生日过得极不寻常。

生日的前一天，他的表姐夫力舒东大夫因听到传闻说日本人要逮捕他，急忙雇辆汽车把他强拉到自己的私人诊所尚志医院（在西长安街）三楼病房躲避，并关照护士好好照看。郑天挺住了一夜，因次日还要和清华同仁商议南下之事，乃于次晨悄悄离开医院。

生日当天，先在欧美同学会开会。会后，郑天挺与罗常培同去东单一小饭馆吃饭，共度寿辰。缘罗、郑二人系同年同月同日生，既是北大同学，后又在一起工作，相知甚深，感情甚笃。而今国事、校事、家事交织在一起，百感交集，相对唏嘘。是日，他的姑夫董季友也来家看他，知他正在校内外紧张奔忙，乃在他的案头上写了"鸿冥"二字，促他远走。

9月9日，胡适从南方给郑天挺来信，劝其与罗常培、魏建功等一些人留在北平读书，认为"此为最可佩服之事"，"鄙意以为诸兄定能在此时期著述，完成年来未能完成的著作"。又言经济问题已托浙江兴业银行"为诸兄留一方之地，以后当可继续如此办理"等语。信是用隐语写的，言辞恳切。大家收信后，一方面感到欣慰，但又模糊不解，急切等待校方消息。

9月以后，陆续传来南方信息：北大、清华、南开三校决定南迁联合组成长沙临时大学，指定张伯苓、蒋梦麟、梅贻琦等11人进行筹备工作。

10月，北大正式派人北上接教授南下。10月底款到，郑天挺负责把钱分送每位教授家中，敦促北大同仁陆续南下。11月17日，郑天挺与罗常培、魏建功、陈雪屏、罗庸、周作仁等教授离平赴天津，这已是最后一批了。

到了天津，住在租界的六国饭店，这里是北大南下的交通站。当天下午钱稻荪从北平追来，劝郑天挺不要走，说一走北大就要垮，要为北大着想。郑天挺当即严词拒绝，并辩论很久。钱是北大日文系教授，与日本人关系密切，后来当了伪北大校长。

从天津乘湖北轮至香港，经广西辗转到了长沙，到长沙已是12月24日。不久，学校又准备迁至昆明，改称西南联合大学，这是1938年1月批准的。

郑天挺负责保护北大师生安全撤离北平，博得师生的赞赏。罗常培在1948年北大五十周年纪念特刊中所撰《七七事变后北大的残局》一文这样写道："在这四个多月中间最值得佩服的是郑毅生。自从'七·二九'以后北大三院两处的重责都丛集在他一个人的身上。他除去去支应敌寇汉奸的压迫外，还得筹划员工的生活、校产的保管和教授们的安全。别人都替他担心焦急，他却始终指挥若定，沉着应变。一班老朋友戏比他为诸葛武侯，他虽逊谢不遑，实际上决不是过分的推崇。""由'七·二九'到10月19日他每天都到学校办公，并且决不避地隐匿。到10月18日那天，地方维持会把保管北京大学的布告挂在第二院门口，他才和在平全体职员摄一影，又在第二院门前地方维持会布告底下单独拍了一张小照（见北大50周年校史展览），以后就不再到校。"当时一些报刊，如湖南《力报》1937年11月1日至10日，连载《沦陷后之平津》一文，述及"北大郑某支柱艰危，忍辱负重"云云。上海的《宇宙风》杂志等，都对郑先生当时这种不畏艰险、苦撑危局又富于正义感的爱国精神予以肯定。

六、西南联合大学时期

1940年任西南联大总务长

1938年7月，西南联合大学在昆明成立。由北大、清华、南开三校校长蒋梦麟、梅贻琦、张伯苓任常务委员。原定主席由三校校长轮流担任，一年轮换一次。首届由梅贻琦担任。后因蒋、张不常驻昆明，实际上常委会工作始终由梅主持。联大机构设置为五院、三长。五院为理、文、法、工、师范；三长为教务、总务、训导。下设中文、外语、历史、哲学、政治、法律、经济、社会、算学、物理、化学、生物、地质、土木、机械、电机、化工、航空、教育等25个系。招生办法为西南联大统一招生（惟研究生仍由三校分别招收，不属联大范围）。三校教授由三校聘任，并转报联大加聘，即为西南联大教授。西南联大除三校教学人员外，还有联大自聘教授。

三校在昆明各设办事机构，各有其校务会议、院长、系主任、教务长、秘书长等。郑天挺仍兼任北大秘书长。

郑天挺在长沙临时大学及西南联大已正式转入历史系任教，讲授隋唐五代史。多年来冗杂的行政工作，费去了他很多宝贵的治学时间，他希望能更多地从事教学及科研工作。

1938年暑假，联大文法学院由蒙自迁回到昆明，教学秩序正常后，郑天挺即向蒋校长提出辞去北大秘书长职务，蒋表示理解。而当时担任联大常委会主席的清华大学校长梅贻琦，对郑天挺非常赞赏，多次希望他担任联大行政工作。1940年初，联大总务长沈履去川大，梅及联大一些人一致盼望郑天挺担任此职，态度诚恳。郑天挺一再拒绝，而常委会于1月9日通过了决议，聘书也送来。北大领导人为照顾三校关系催促上任，郑天挺遂于2月从命就职。当时物价飞涨、物资匮乏，总务工作开展艰难，且三校的工作人员正处于磨合期，亦有不少矛盾。郑先生对人谦逊，多方疏通，总务工作得以步入正轨。后来，清华大学理学院院长吴有训由重庆回昆，当着梅、郑及其他教授的面赞誉郑天挺说："现在内地各大学无不痛骂总务负责人，只有西南联大例外。"

主持北大文科所及与陈寅恪的交往

1939年5月，北大决定恢复文科研究所，所长傅斯年、副所长郑天挺。傅事情多，不常在昆，由郑先生主持文科所工作。文科所聘陈寅恪、傅斯年、汤用彤、杨振声、罗常培、罗庸、唐兰、姚从吾、向达、郑天挺等为导师。其中，值得一提的是陈寅恪。陈系清华教授，按西南联大的规定，研究所由三校分设，导师、研究生均各自负责。陈入文科所乃是傅斯年及郑天挺特别聘请的。

陈寅恪是中外著名学者，学贯中西，诚为二十世纪以来之史学泰斗。他在柏林大学研究梵文时，即与傅斯年熟识，回国后在史语所共事，关系更深。

陈长郑天挺九岁，是他的师长。陈之父陈三立先生与郑之父郑叔忱亦相识，可谓世交。抗战前，陈老先生曾为郑天挺书写"史宦"之横幅，郑先生一直高悬书房之中。在蒙自时，陈与郑天挺等人同住在歌胪士洋行楼上。到昆明后，陈亦与郑天挺、傅斯年、汤用彤、姚从吾、罗常培等同住在青云街靛花巷北大文科研究所（此前为史语所）楼上。大家经常来往，交谈涉猎甚广。陈对郑天挺在北大《国学季刊》发表的《多尔衮称皇父臆测》一文甚为称赞。陈谈到当时中山大学吴宗慈教授原有一文，反驳孟森教授有关孝庄太后下嫁多尔衮之疑的种种观点，已发表在该校之《史学专刊》中。后吴见到郑论述后，颇悔其原作之不足，乃在后记中特别标明之。在蒙自时，郑天挺读《新唐书·吐蕃传》，疑发羌即西藏土名 Bod 之对音，乃草成一文，名《发羌之地望与对音》。写完之后随即就正于陈寅恪，头天晚上送去，次日下午陈即送还，并为订正梵文对音及佛经名称多处。陈对该文表示赞许。

在北大文科研究所，陈寅恪培养了汪篯、王永兴等隋唐史专家。汪、王以后都在北大历史系任教。1946 年 10 月陈寅恪因目疾难以复明，给时任北大史学系主任的郑天挺写信："因目疾急需有人助理教学工作。"而汪篯此时正在长白师院任教，亦曾多次写信给郑天挺，希"遇有机缘时，予以提携"，"名义、待遇，在所不计"。郑天挺为感谢陈寅恪与北大文科研究所的情谊，又为了照顾陈先生的身体，遂想方设法于 1947 年将汪篯调回北京大学任史学系教师，而做清华大学陈先生的研究助手，薪金待遇全部由北大支付。

蒋梦麟辞去北大校长职务

蒋校长是有办学经验与行政才干的，1930 年后对振兴北大也是有成绩的。抗战后，北大与清华、南开合办西南联大，他退居二线，让梅贻琦校长任常委会主席。这一期间，他闲来无事，一是练字，二是写自传《西潮》。他与北大诸教授心情一样，希望抗日胜利后，再使北大振作。1944 年 9 月 8 日，他招待北大全体教授茶会，谈战后复校事，计分三点：一、政策；二、人才；三、准备。他说：

> 外间对于复员问题惟重派员准备，不知准备一事虽难实易，虽重实轻，且须视环境（如敌人退却是否毁灭，战后是否迁都，何人先入城）而定。最要者仍为政策与人才。关于政策，仍提出保持自由传统，提倡科学、民主两点，将来必须使科学应用于思想，于组织，于人事。至学

科则注意外国语及数学，外语以英语为主，德、俄语为辅。关于人才，则尽力网罗，兼容并包，此皆北大自来之传统。已告饶毓泰（理学院长）、杨振声（文学院长）去美嘱其留意，并与胡适商讨。①

可见，蒋是有学术眼光的，这也得到大多数教授的认可。但他本人情况却有变化。

抗战胜利前夕，北大人事上发生了一个大变化。1945 年 6 月，北大蒋梦麟校长去重庆任行政院秘书长，此事引起北大同仁不小的波动。早在年初，蒋去美国考察教育，遍访美国东部、西部、中部和北部。北大教授们曾希望他此次访美能洽购一些仪器、图书，并物色新教授，以对胜利复校的北大建设有所裨益。蒋在美期间即应就秘书长之职。此事他事前既未与北大任何人商量，事后又不来信与教授们解释，引起一些人的不满。直到 6 月末，他就职后，才给郑天挺一信，说他仍可兼任北大校长。而西南联大常委事，拟请北大法学院长周炳琳先生代理，北大事务拟请郑先生偏劳。

6 月底，北大教授会讨论此事，会议上教授（含郑天挺）咸主张根据《大学组织法》大学校长不得兼职的规定，既从政就不能兼任大学校长，蒋应辞职，建议在美国的胡适先生任北大校长。在胡未回国前，一些教授则主张应由周炳琳、汤用彤、郑天挺三人中之一人代理校长。但三人均表示无意此职。

与此同时，在重庆的傅斯年先生对蒋出任秘书长一事颇为气愤，曾面陈蒋应辞去北大校长之职。据 1945 年 6 月 30 日傅给郑天挺的信中写道："先与（蒋）孟邻先生谈，初谈大吵大闹，真可入电影。第二天他来了，说我们用意极善，极可感。请（胡）适之先生担任（北大校长），在他无问题。孟邻此一态度，至可佩也……" 7 月 8 日，蒋校长给郑天挺信中也谈及此事："弟决去职系采孟真之建议，盖当时尚未闻有公然之攻击。孟真来行政院，彼一启口，弟便怒骂之，彼亦怒目相报。孟真去后，弟便深感其言之忠直。越日趋车还谒，告以其偏见中有真理，真理中有偏见，决采其意见而感谢之。厥后，愈思而愈感其忠诚。"事后，两人友好如初。

9 月份，教育部宣布任命胡适为北大校长，傅斯年为代理校长。

---

① 见是日《郑天挺日记》（未刊）。

郑天挺对蒋去重庆任职之看法

郑先生知蒋去重庆任职之消息，得之周炳琳。据《郑天挺日记》1945 年
5 月 28 日：

> 枚荪（即周炳琳）言：重庆消息，宋子文（时任行政院长）将请孟
> 隣师为行政秘书长，师已允之。余疑其不确。果有此事，未免辱人太甚，
> 不惟个人之耻，抑亦学校之耻。师果允之，则一生在教育界之地位全丧
> 失无遗矣。

到了六月中，陈雪屏（联大教授）自重庆开会回昆，得到了确切消息。《郑天
挺日记》6 月 10 日：

> 雪屏还。言孟隣师任行政院秘书长事，传甚盛。宋在美确有电来。
> 今宋已正式任命，恐更难辞。重庆看法与我辈异。近日各部事均由院作
> 最后决定，其职甚重，故必老成硕望者任之；且宋将来必时常在外，镇
> 守之权尤要，故多盼师能就此。然余意此事究系幕僚，职事与政务官不
> 同；且师年已六十，若事事躬亲，亦非所以敬老之意；若裁决其大者，
> 则必需有极精强部属，求之旧人，可谓一无其选。余决不能更为此事也。
> 为师计，殊不宜。

6 月 21 日：

> 索报读之，（蒋）盖与宋子文同乘专机昨日直飞重庆，未停昆明也。……
> 至才盛巷晤蒋（梦麟）太太，谈（她）今晨得蒋师电话，嘱其往渝，后日可
> 成行。随谈外间谣言（案：有传言任外长者，有言任教长者）。余意此次与宋
> 同归，必难摆脱。宋于财政虽感兴趣，但近方以外交而活动，未必即肯让出
> 外交，外间所传未必可信，且尚有雪艇（王世杰）在希冀其位也。教育可能
> 较大，但交通未出缺，骝先（朱家骅）先生未必动，则秘书长一说最可能。
> 但此是事务官，未免太苦；且师十五、六年前已作过部长，此时（北大）校
> 长地位不低，何必更弃而作秘书长哉？蒋太太言，至渝必劝之不就，但甚愿
> 能改作部长云云。

6月22日：

> 作书上孟隣师，托蒋太太明日带渝。书谈三事：
>
> 一、同人属望甚殷，此次回国未能先到昆明，应来书向同人有所表示。
>
> 二、为将来复校方便计，联大以仍用委员制为宜。
>
> 三、提胡适之师为继任人。
>
> 又作书致孟真（傅斯年），说二、三两点，请其向骝先先生一言。与枚荪谈久之，亦以二、三两点为宜。

七、胜利复员后的北大

返北平接管北大

1945 年 8 月，抗日战争胜利，全国人民欢欣鼓舞，昆明街头游行庆贺，鞭炮齐鸣。像郑天挺这样远离家庭八年只身来昆明的人，即将全家欢聚，其内心之喜悦更不待言。此时，北京大学派郑天挺回北平接收校产，筹备复校。8 月末，郑天挺北上，9 月初到重庆，由于机票紧张，教育界人士排不上队，在重庆、南京候机各一个月，11 月初才飞抵北平。这时北平各大学正在上课，不能接收，只好等待学年终了。

1946 年暑期，在胡适校长、傅斯年代校长等各方面的努力下，北大乃由文、理、法三个学院扩充为文、理、法、农、工、医六个学院。教师、学生、校舍等都是成倍增加。农学院内设十个系，还有几个规模很大的农林场。医学院设备齐全，专家云集，教授阵容极强，如马文昭（病理）、胡传揆（皮肤）、林巧稚（妇产）、关颂韬（脑）、吴朝仁（内）、钟惠澜（内）、诸福棠（儿）、刘思职（生化）、毕华德（眼）等。并在此期间，于府右街北新建一颇具规模的北大医院。

1946 年北大复校

1946 年暑假，北大复校。校长胡适是蜚声中外的知名学者、社会名流，从事政治活动，暇时研究《水经注》，不管学校的具体事务。北大不设副校长，而设秘书长、教务长、训导长，由三长代行校长的部分职责。其中秘书长尤为重要，是北大的"不管部长"，负责处理校内外的事情，实际上是这座名闻遐迩的最高学府的"大管家"。

北大复校、扩校任务艰巨，全校几千人学习、生活、校舍、吃饭等等，加之物价飞涨，经费拮据，任重事繁，郑先生肩上的担子很重。早晨八时准时到校，晚上暮色苍茫才能回家，早去晚归，风雨无间。办公室里经常高朋满座，应接不暇，办公桌上两台电话铃声不断。郑天挺工作那么繁忙，待人接物却总是和蔼近人、从容不迫、有条不紊，效率很高。白天忙于治校，每晚在家看书备课、著书立说，直至深夜，从无闲歇。

保护学生安全

解放战争时期，郑天挺出于对学生的爱护，曾以各种方式，支持北大学生反对国民党政府的斗争。每当爱国进步学生遭到迫害时，郑天挺总是以北大负责人的身份，多方奔走，并利用各方面的关系，一次次救援进步学生。

1948年，国民党准备武装镇压进步学生，颁布《戡乱治罪条例》。4月的一个夜晚，国民党特务黉夜闯进北大校园撕壁报，砸家具、闯教授宿舍，捣乱破坏。北平警备司令部下令逮捕学生，声称将武装冲进北大进行搜捕。学生紧急动员，针锋相对，形势十分严峻。当时北大学生自治会代表、现中国史学会会长戴逸在回忆郑天挺的文章中写道："我们当时的策略是：团结全校师生，也要争取学校当局能和同学们站在一起。""刚好校长胡适不在北平，郑天挺教授是学校的实际负责人，我和他多次恳谈接触……郑先生的态度十分明确，决不交出一个学生，并用一切手段阻止军警入校。""他怀着正义感和高度责任心，同北平警备司令部周旋，为保护学生的安全，竭尽全力。"由于北平各校师生员工的团结一致、坚持斗争，国民党政府只得暂时退让，没有武装入校，避免了一场流血冲突。

1948年暑假发生了"八·一九"大逮捕事件，大批进步学生被列入黑名单。戴逸写道："我的名字也被列在黑名单上，当时，我放假回到了南方，对北平和学校中的情况一无所知，从报纸上看到了被通缉的消息。不久，我的父亲接到了郑天挺教授的一封信，告知我被通缉的消息，叮嘱我善自躲藏，不要住在家里，以免搜捕。信中还说今后的生活和前途，等待事态平息，他可以设法介绍职业。以后，我和组织上取得了联系，经过一些迂回曲折而前往解放区。但郑先生的来信是我在被通缉以后从北平得到的第一个消息。"

为学潮事，郑天挺于是年 4 月致在南京开会的胡适校长："北大有自由批评之传统，外间颇多误解，今后处境将益困难。……大学有其使命，学术研究应有自由，如无实际行动，在校内似宜宽其尺度，若事事以配合（"剿总法令"）为责，奉行不善，其弊害不可胜言。"郑天挺对北大的自由、民主的传统一向是爱护的，也是代表北大教授的意愿的。

八、保护校产，迎接解放

反对北大南迁

1948 年秋，辽沈战役胜利结束后，北平、天津已处于解放军包围之中，国民党政权濒于垮台。10 月，教育部长朱家骅曾派督学主任段先生来平，联系北大、清华及其他国立院校准备仿照抗战时的办法，迁往南方安全山区（如浙、皖一带）。朱也给胡适打电报促劝北大早下决心。郑天挺和其他教授都认识到国民党政权绝无前途，不愿与其同归于尽。当胡校长与郑天挺及一些负责人商议此事时，郑天挺表示迁校是不可能的。理由：一、当时通货膨胀物价一日数变，即使领到搬迁费也不敷用；二、运输工具缺乏；三、无适当地方及校舍；四、抗日战争时期南迁图书、仪器均损失很大，清华、南开亦有实例。郑天挺是管行政的，又有过去的经验教训，经他这样一说，大家也深以为然，何况经过八年抗战，还没有安定两年，谁愿意搬迁再折腾呢？段先生住了几天，又到天津去了一次，见无结果，就回南京了。

与此同时，时任农村复兴委员会主委的蒋梦麟也到北平，向北大一些负责人及教授表示了对时局及办学的看法。他认为时局很糟，锦州一失，北平就保不住了。不过他说："我们是办学的，谁来我们都是办学，共产党来了，我们也是办学，北大也还是北大。"当时北大一些负责人，大多是同意这番话的，郑天挺当然也不例外。①

1948 年 12 月 15 日胡适校长走后，北大校务由汤用彤、周炳琳及郑天挺三人小组负责维持。是时北平已处于解放军包围之中，和平谈判正在进行。

---

① 贺麟：《我和胡适的交往》，见北京市政协文史资料委员会编《文史资料选编》28 辑，第 169 页，1986 年 9 月。

这时国民党派飞机接北平教育界的知名人士南下，名单是傅斯年在南京开的，理、工、医较多，文科极少，法学院没有，后来又陆续增加。均由傅出面写信及电报催促。他还多次写信，让郑天挺速飞南京。但当时郑天挺已决心留在北平，迎接解放。

北大五十周年校庆送先生"北大舵手"锦旗

1948年12月17日是北大五十周年校庆，学校举行了纪念会。为了筹备这次校庆，学校已做了充分准备，出版了不少学术论文集及纪念论文集。未过几天，学生自治会以全体学生名义送给郑天挺一面锦旗，题了"北大舵手"四个字。郑天挺深受鼓舞。

学生们不仅献了锦旗，而且写了致郑先生的长信："敬爱的郑秘书长：在炮火连天中，面对着艰险的局面，您倔强地坚守自己的岗位，维护学校秩序，保障同学生活、安全和学习……您这种爱护学校，爱护同学，临难不苟的精神，是无上光荣的，你为维护祖国文化尽了最大的努力。全北大同学不会忘记您，全中国人民不会忘记您，全中国后代子孙也不会忘记您。今后局势必日益紧张，而您肩上的负担，亦必日益沉重……全北大的同学诚恳希望能共同渡过目前的危难……"。① 同日讲助会、史学会等团体、向达等教授致郑先生信函中，也表达了同样的感受，信中写道："局势骤变以来，全校校务及师生安全端赖钧座筹划保障，辛劳备至，敝会同人兹特谨致慰问之忱。自胡校长南飞后，钧座肩荷益形沉重，敝会同人决尽力支持，俾校务得顺利推进，师生安全得能完全保障也。"② "弟等至此，亦无他意，唯愿我兄以北大为重……学校今日正在风雨飘摇之中，仍望秉七七事变之精神，一切以保全学校为先……"。③

这时华北城工部通过各种渠道做了郑先生工作，同时发给各机关人员通告，让大家好好保护人民财产。解放区石家庄的北大同学也给郑天挺写信，鼓励他看好北大的家。这样，北大在全校师生共同配合及保护下，校产并未受到任何损失。

解放前后

1949年1月，傅作义将军托邓宝珊将军出面，通过《大公报》记者徐盈

---

① 王学珍、郭建荣主编：《北京大学史料》第4卷，北京大学出版社，第1107页。
② 同上，第1108页。
③ 同上，第1106页。

代邀请北大汤用彤、周炳琳、郑天挺及杨振声在邓家吃午饭，探询教育界意见。大家一致认为，必须保全北平，以民意为依归（意即和平解放）。邓亦表示了相同的意见。过了几天，傅作义又约了更大范围的人在中南海座谈（郑参加），大家亦多如此表示。1949年1月底，正式宣告：北平和平解放。当天下午，傅作义召集各大学及其他机关负责人宣布此事，并说第二天早晨有飞机飞往南京，愿走的仍可以走。郑天挺坚决不走，他决定保护学校，迎接解放。此后，他把北大的物资、财产、仪器、图书等完整地移交到人民手中。

2月，解放军入城，文管会召集各校代表开会，北大由汤用彤及郑天挺参加。5月，文管会接管北大，成立校委会，任命郑天挺为校委会委员、秘书长、史学系主任，并指定为常委会书记（郑自1934年刘半农逝世后一直担任北大行政会议书记。这一职务在北大至关重要）。

1950年5月，郑天挺辞去已担任十八年的北大秘书长职务，专任史学系主任及文科研究所明清史料整理室主任。北大校委会对他十八年的辛勤工作评价甚高，正式给予表彰。

九、坚守教学第一线

几十年来，郑天挺在北大虽担任繁忙的行政工作，但自始至终坚持教学与研究，从未间断。他在北大上学时，受黄侃、刘师培的学术影响很大，重视史料，工于考证。1930年代，他在中文系讲授古地理、校勘学等课程，继又在史学系讲授魏晋南北朝、隋唐五代史等课程，不仅讲课且大多编有讲义。1938年后，他即侧重明清史的教学与研究，写出了大量有影响的论文，很为当时学人所称道。如《多尔衮称皇父之臆测》、《杭世骏〈三国志补注〉与赵一清〈三国志注补〉》等，均刊于1930年代北大《国学季刊》之首篇。抗战期间，他为了针对日本侵略我国东三省而制造的"满洲独立论"等谬说，先后写出了《清代皇室之氏族与血系》、《满洲入关前几种礼俗之变迁》等重要论文，用大量史实，证明清代皇室包含满、蒙、汉三族的血统，关系密不可分，是中华民族之一员："近世强以满洲为地名，以统关外三省，更以之国名，于史无据，最为谬妄。满洲……乃中华历史上宗族之一。"这就有力地驳斥了日本侵略者之谬论。这些论文均收集于他的论著《清史探微》中。除明清史外，他还在史学系讲授清史研究、历史研究法、传记研究、中国目录学等课程。解放后，他在北大时间虽短，但仍开设了元明清史及中国近代史等课，并利用北大的明清档案，主编了《明末农民起义史料》、《宋景诗起义史料》等书，对开展我国农民战争史的研究，起到了一定的作用。

1952 年高等学校院系调整，郑天挺奉调南开大学，任历史系教授（一级）、系主任、副校长，1980 年代又任校顾问。1980 年，当选为中国史学会主席团成员、执行主席，1981 年任国务院学位委员会历史学科评议组组长，直至 1981 年冬病逝。

郑天挺是我国著名的历史学家、教育家，在学术研究上具有深厚的功力。他博通中国历史，尤精明、清两代。他对历史地理、史料学、校勘学、音韵学等学科，也有深入的研究，作出了引人注目的贡献。他的学术著作主要有：《清史探微》、《探微集》、《及时学人谈丛》、《列国对华领事裁判权志略》、《清史简述》等。1960 年代，他还主持校勘标点了卷帙浩繁的二十四史之一的《明史》，并在 1961 年夏，参加教育部文科教材的编选工作，任历史组副组长，主编了《中国通史参考资料》（与翦伯赞合编）十册及《史学名著选读》五册、《明清史资料》两册。

（原载钱理群、严瑞芳编：《我们父辈与北京大学》，北京大学出版社 2005 年。作者有修改补充）

从红楼火警想起郑天挺教授

贺家宝

　　凡是当年在沙滩北大学习和工作过的老校友，无不情系红楼，关注着这座与近代中国命运息息相关的国家重点文物保护单位。去年，得悉老校友们提出的关于辟红楼、民主广场为"五四"纪念馆的建议，得到中央领导同志的批复，建馆有望，令人高兴。这使我回想起当年在沙滩上课时，亲眼目睹的一些有关红楼的故事。

　　第一件事就是发生在 1948 年的红楼火警。那时，我们法律系的同学还在红楼上课。我是一面在校上课，一面在课外兼做了《新民报》的记者。我主要是采访文教方面的新闻，老实说像抢劫、自杀、火警这类社会新闻，是不大感兴趣的。但是，发生在北大红楼的火警，却使我感到非同寻常，我就很快做了采访。火警发生的第二天，1948 年 3 月 4 日的《新民报》上登出我写的这样一条消息，正题是："北大红楼火警"；两行副题是："房门深锁，电炉大怒；浓烟报信，幸未成灾。"全文如下：

　　　　有着光辉历史的北大红楼，险些被烧掉。昨天下午一点半，红楼的工友发现三楼三五三号房间一助教屋里浓烟弥漫，屋门又上着锁，当即报告庶务组；同时工友、校警纷纷赶来，打开屋门。原来因电炉未闭，一张烧着的桌子，已经引着了地板，木墙也熏黑了。于是，一面打电话给消防队，一面使用红楼里的防火设备。用了八处消防栓，十六个灭火弹，并拆掉了隔壁。消防队四队人马赶到时，火已熄灭。按红楼除了一小部教室和办公室外，一楼住着一部分学生，三、四楼住着教授。当时沙滩一带交通阻塞，大家饱受一场虚惊。

　　　　幸未成灾，真是大幸。

　　现在细细回想起来，红楼有幸未被烧掉，应归功于校方事先准备了比较完备的消防设施，和大家及时、奋勇的扑救；同时，也应归功于当时的北大秘书长郑天挺教授，正是这位著名的历史学家，深切了解北大红楼在历史上的重要地位和文物价值，从而早就对红楼的保护作了缜密的布置，包括安排了有效的消防设施。我对这一背景情况是有所了解的。

早在 1946 年，北大复员回到北平，郑天挺教授就是北大的秘书长。那时的胡适校长除了校外的高层交往，校内的重大决策，就是研究他的《水经注》。几乎全校所有的事务工作都交由他来掌管。甚至一些来访的记者，也多半由郑秘书长接待。我每次到郑秘书长那里去找新闻线索，他总是态度和蔼，耐心解答问题。他一派学者风度，从不嫌我给他添麻烦，还常常提供一些可以发表的材料，让我这个"学生记者"到报社去交差。记得，1947 年 3 月间，我在报纸上看到一条"天津被服厂小学教室楼坍塌，发生砸死小学生惨剧"的新闻。我联想到，我们北大的红楼，也是一座老楼，有时还看到厕所水管漏水，是不是也会有危险呢？带着这个问题，我就去找郑天挺秘书长。郑秘书长当即给我细说了红楼的历史和现状，他对我说："你提的这个问题很好，学校当局也已经想到了。复员回来不久，我们就请了几位工程师，对红楼作了一次鉴定。经过反复论证认为，红楼目前还没有危险，还可以继续使用。"除了对红楼进行了"健康检查"，他还表示对那时的经济困难，教育经费太少感到无奈。他说："当然，如果进行一次大修，把它的木结构换成钢筋水泥的就更好了，只可惜学校实在拿不出这一笔钱，只好等以后再说了。"

当时的红楼，三、四层住着部分教授。我在访问教授时，不止一次登上最高层的四楼。譬如，一次看望法律系冀贡泉老教授，记得他住在四楼西侧路北一个房间里；又一次，访问东语系主任季羡林教授，他住在四楼东侧路北一个房间里。当我再次去郑天挺秘书长那里找新闻线索的时候，我就问他："让教授们住在红楼四层顶上，这是为什么？"郑秘书长略作沉思即回答道："主要考虑红楼老大了，三、四楼都不宜设教室，上下人太多，它的负重就太大了。红楼里现在住的教授，也多半是单身的，带家眷的已经安排在别处了。"他对红楼竟是这般爱护备至，想得那样细微周详。

这就更使我感到，我采访的这位可敬的长者郑天挺教授从打抗战前，到西南联大，到复员以后，近三十年一直为北大勤勤恳恳地操劳。他既是在课堂上孜孜讲学的教授，又是全校事事关心的一位"大管家"。他对北大情况了如指掌，各项工作安排得井井有条，特别是对红楼的情结，更是令人由衷地钦敬。

　　记得当时我还曾为红楼写过另一篇小文《红楼老大了》，刊登在那时的《新民报》上。

　　北大红楼的故事是说也说不完的，这不过是其中小小的一个。红楼是"五四"运动发祥的圣地；红楼是传播马克思主义的革命摇篮；红楼留下了众多具有重大影响的历史人物的足迹；红楼见证了二十世纪我国轰轰烈烈的反帝爱国斗争，见证了我国由封建专制走向科学民主正确道路的史诗……。五十年前的红楼火警，警示我们必须保护红楼。我们要更好地保护它、利用它，发扬它的优良传统与革命精神。郑天挺秘书长已经离世，他已看不到把红楼建成"五四"纪念馆了。作为他的学生，我们虽已是耄耋之年，还愿在有生之年看到那一天！

　　　　　　　　　（原载《北京大学校友通讯》第 28 期，2002 年 4 月）

西南联大时期的郑天挺先生

任继愈

郑天挺，字毅生，是明清史专家，他有治学的专长，又有办事的才干。西南联大八年间，他处理那些极琐碎、极不起眼的总务工作，从容不迫，办事公道，博得师生们的信任和称赞。他除了主管西南联大的总务工作外，还兼管北京大学文科研究所的总务工作，他也是文科研究所师生共同尊奉的"山长"（旧式书院的负责人）。

郑先生工作忙，但从未放弃教学工作，他讲授校勘学、明清史，经常在夜间看书、写作。当时靛花巷这所集体宿舍里，熄灯最迟的有两位，一是汤用彤先生，一是郑天挺先生。据我所知，当时大学里有几位学有专长的教授，管了事务，脱离了教学，以后就脱离了学术界。郑天挺先生早年得明清史专家孟森（心史）的真传，由于不断努力，继续攀登，他的国际声望甚至超过孟森先生，在南开大学创建了明清史的中心。

总务工作十分繁杂、琐碎，经常有些无原则的纠纷，三校联合，人员的成分也复杂，郑先生处之以镇定、公平，不动声色地把事情办了。1945 年，日本投降，西南联大决定结束，三校各自搬回原址。郑先生奉派先回北平筹备恢复北京大学。他临行前，委托我和韩裕文（已故）两人清理他房间的书籍、绘画、文件，该留的留下，该销毁的销毁。我们两人用了好几天的时间，清理他 8 年来的函件、文件时，才知道他默默无闻地做了大量工作：为学校延揽人才，给同事们平息争端，消除了一些派系之间处于萌芽状态的对立。西南联大的领导层，他们不会把学校领上邪路，特别像梅贻琦先生以办教育为终身事业的学者，光有上层团结，如果教务、总务等职能部门不协调，天天闹人事纠纷，学校也难办好，当时确有搞派系、闹不团结的一些人。如果那些想闹事的人告密、攻讦，闹到重庆教育部，国民党巴不得找个借口，"整顿"联大，派一批学阀党棍来插手，西南联大就要遭殃，民主堡垒也将受到伤害。郑天挺先生善于处理纠纷，协调同事之间的关系，对不利于三校团结的言行不支持、不扩散，使它消弭于无形。这些功劳，郑先生生前从来不曾对人表白过，若不是偶然的机会帮郑先生清理文件，我也无从知道，我尊重郑先生的意志，从未对外讲，但是郑先生的贡献，郑先生的胸怀，值得敬佩。郑先生已作古，若不说一说，也许这些看不见的功绩将永远湮没。

还有几件小事也想提一提。

郑天挺先生与罗常培先生同住在青云街靛花巷 3 号，北大文科研究所集体宿舍，和研究生住在一起，在一个食堂吃饭。他两人同年、同月、同日生，按生辰八字，有六个字相同，罗常培先生开玩笑说："我和郑先生的八字差了两个字，我降生的时辰不好，所以当不了总务长。"当时章廷谦先生每年都宣传郑、罗两人的生日，强迫他俩请客，庆"双寿"。当时大家很穷，日子不好过，花钱请客，出于被迫，每年两人请有关老朋友吃一顿，罗先生对章廷谦先生的起哄颇有烦言，我没有听到郑先生对此发过牢骚。

西南联大学年考试，都由助教事先准备考卷，印制考题，临场监考。有一次助教何鹏毓睡觉睡过了头，醒后，发现时间已过，抉起考卷和试题向教室跑去。何住在文林街宿舍，到新校舍至少要 15 分钟，何鹏毓生得胖，走得急了些，加上心情紧张，刚跨进教室，就晕了过去。郑先生和班上的同学们把他扶起来，七手八脚抢救，喷凉水、按摩，十来分钟，何苏醒过来。郑先生这才发卷子，开始考试。事后郑先生没有埋怨过何鹏毓。那天我到学校，正碰见这件事的发生。

北大文科研究所第一届研究生周法高原为中央大学中文系毕业，在文科研究所跟罗常培先生研究古音韵学，成绩优异，他后来随中央研究院历史语言研究所去了台湾，前些年被选为院士。他读研究生期间，患小肠疝气，需动手术，要住院，请名医外科专家范秉哲给开刀。抗战时期，物价高昂，住院费用和手术费用都比较贵，旧社会没有公费医疗，医疗费用都由个人负担。住院前如不能先交足费用，则需有人担保。郑天挺先生是研究生的"山长"，做了周法高的担保人。手术很顺利，范大夫医道也高明。周法高生怕住院时间长了，花费太多，他没有等到拆线，私自跑出了医院，自己忍着痛把缝合线拆掉了。病人失踪，医院到处找。这时周法高大约还欠医院一点钱，如果不算拆线的费用，再减去提前出院省下的住院费，欠款也有限。郑天挺知道了这件事，一面批评周法高不应该不守医院规矩，不辞而别，一面也向范秉哲大夫作了解释，了结了这场小小纠葛。范秉哲大夫晚年在北京安居，他一生治疗过上千病人，他也许不记得这个小插曲了。3 年前看到周法高写的一篇回忆大陆读研究生的生活的文章，曾讲到他得过疝气，请一位大夫治好了，但未提他自己拆线和郑天挺先生担保的经过，补叙几句，留作海峡两岸学者佳话。

　　（原载任继愈《念旧企新——任继愈自述》，山西人民出版社，1999
　　年3月）

郑天挺先生与史语所

——兼谈抗战时期中研院史语所与北大文科研究所

郑克晟

先父郑天挺先生字毅生，福建长乐人，1899 年生于北京。郑先生自幼丧失父母，未传家学，他的旧学知识，系在学校及自修而成。

郑先生 1920 年（民国九年）毕业于北京大学国文系。在校期间及以后共事多年的好友有：郑奠（石君，1895—1968）、罗庸（膺中，1900—1950）、罗常培（莘田，1899—1958，长一班）、张煦（怡荪）等人。毕业后又与罗庸、张煦一起就读北大研究所国学门，从师于钱玄同先生，并在北大预科教书。

三十年代后，郑先生在北大国文系任教，讲授古地理及校勘学等课程，同系中有罗庸、郑奠、罗常培诸先生，时称"二罗"、"二郑"。罗常培先生系史语所老人，1934 年刘复（半农）先生去世，才把他请回来。他与郑先生同年同月同日生，关系甚笃，共事亦长，彼此无话不说。

抗战爆发后，郑先生转入北大史学系，1946 年至 1952 年并兼任系主任。1952 年后，至南开大学任教，任历史系主任、副校长。

郑先生行政事务繁忙，1933 年至 1950 年任北大秘书长 18 年；在西南联大时又兼任总务长 6 年，备极辛劳。

一、郑先生的治学方法与史语所的学风相近

郑先生出身北大，在学校读书任教三十余年。北大与史语所关系本来就密切，而其治学方法与学风亦大多相似。

郑先生治学谨严，精于考证，完全继承了乾嘉以来朴学实事求是的治学传统。他晚年时曾说："在大学时还是受黄侃、刘师培老师的影响深。"他研究学问扎扎实实，一般不愿写文章；有时已成之稿，亦藏之箧笥，不愿示人。他的佳作《多尔衮称皇父之臆测》，就是如此，是被罗常培先生再三督促下，

才拿出发表的。而文稿一经写出，文字简洁，论断独到，每多为同行所称道。下面谨举他早期几篇论文为例，以见一斑。

《臆测》一文是郑先生的早年著作。30年代初，北大史学系孟森先生著有《清初三大疑案考实》一书，其中"太后下嫁"亦为疑案之一。主张"下嫁"论者的主要论据之一，是顺治称多尔衮为"皇父"。孟老不同意此说，谓多尔衮皇父之称，犹之汉人之呼尚父、仲父，不能作为"太后下嫁"之证明。此论一出，也有不少人表示怀疑。郑先生也不同意"太后下嫁"说，他继孟先生之后，作《臆测》一文，依据大量史料，兼及史语所、故宫及北大明清档案，说明"皇父摄政王"是当时的一种爵秩，是为酬报有大功勋之亲王的，即"摄政示尊于国，皇父示尊于家"，多尔衮即因此由亲王、"叔父摄政王"，进而尊为"皇父摄政王"。而这种称谓亦与其左右希旨阿谀，满族之旧俗有关，而"决无其他不可告人之隐晦原因。"

这篇文章刊载在当时北大《国学季刊》之首篇，扉页尚配有相关文书及摄政王印等。文章发表后，在清史领域中颇有影响：孟心史先生对文中所述极为赞成；老友张怡荪称赞此文是"以最习见的史料，得出最公允的结论"。中山大学历史系吴宗慈老教授刚刚写好一篇与孟老意见不同的文章，及见《臆测》一文后，对陈寅恪先生说，"看到'郑文'后，本想修改一些看法，然已来不及，只好在文章之后附上几笔"，云云。

与此同时，郑先生还在另一期《国学季刊》首篇中发表《杭世骏〈三国志补注〉与赵一清〈三国志注补〉》一文，这是郑先生用校勘学方法写出的文字。

清中叶以来，一些学人对清代著名学者赵一清颇多误解，认为其著作中有抄袭之嫌。郑先生则认为，看一位学者有没有学问，还应当看看他的其他书写得如何？于是拿"杭书"及"赵书"进行校勘比证，结果证明"赵书"所征引的文献，多于"杭书"七八倍，"捃摭更富，考订綦详"，从而证明赵一清是清代有学问的学者，而不是"攘美窃名之流"的文抄公。

抗战之前，孟森先生曾致函张之洞幕僚许溥伊（同莘）先生，询问张之僚佐"燕斋"为何许人？许复信，认为"燕斋"大约是广东盐运使"瑞璋"。收到回信时，孟老先生已归道山，信转到郑先生手中。郑先生依据《张文襄书翰墨宝》中之信札，发现信中之"燕斋"与"蒋大人"为同一人。于是写出《〈张文襄书翰墨宝〉跋》一文，举出五证，证明"燕斋"应即当时署两广盐运使之蒋泽春。郑先生这一结论，只能告慰于孟先生九泉之下了！但这篇考证文字，郑先生比较满意。他在晚年曾说："这就是在没有什么线索的情况下，如何找到线索、如何进行比证，从而得出较满意的结论。这是最起码的考证方法，年轻人不能不知道。"

抗战后郑先生至蒙自，曾讲授隋唐史，并注意西南边疆史地问题，先后写出《发羌之地望与对音》等一组文章；其中"发羌"一文影响更大。

《新唐书·吐蕃传》中提到吐蕃是"发羌"的后裔。郑先生在读该传中，发现"发羌"很可能即是西藏土名 Bod 之对音。于是用唐代有关史籍，以地理证"发羌"之地望，以古音证"发"字与 Bod 可相对，从而得出"发羌"即 Bod 对音之结论。此文原名《发羌释》，经罗常培先生改定为今名，并就稿中有关音韵学方面提供了证明。陈寅恪先生对此文观点亦表示同意，并为之订正梵文对音及佛经名称；邵循正先生又据波斯文为之补充译文。此文发表在《中央研究院历史语言研究所集刊》第八本第二分中。

二、北大文科研究所与史语所形成同一家

北大在"七七"抗战不久先迁长沙，与清华、南开组成长沙临时大学。1938 年春，三校又迁昆明，成立西南联合大学。但三校仍有各自独立的科研机构。

1938 年秋，时任北大史学系教授兼秘书长的郑天挺先生正因事在上海。他曾写信向北大校长蒋梦麟建议多点，以求北大之复兴。他认为欲求北大之复兴，必须注意四方面之问题：一曰：加强干部；二曰：吸引人才；三曰：提倡研究风气；四曰：派遣学生留学。其中第一点，因文学院长胡适远去美国，并任驻美大使，估计短期难以回国，因此向蒋校长建议，最好以傅斯年或杨振声先生（曾任山东大学校长）继任文学院长，以加强实力。

此建议蒙蒋校长同意，于是询求傅先生的意见。傅先生表示不愿任北大文学院长，后乃请杨振声先生继任。

这时的史语所，在傅斯年先生带领下，也与北大一起由长沙迁至昆明。史语所人员不多，但书籍不少，且多善本，这给北大师生以极大的帮助。20 世纪 30 年代中史语所的人员，大多系北大出身，又有傅先生的关系，因此，与北大形同一家，北大文科研究所与史语所更是如此。

傅先生原是北大国文系 1919 年（民国八年）毕业生，与罗常培先生同班，高郑先生一班。20 世纪 30 年代，史语所一度在北平，傅先生亦在北大史

学系教课．并不断物色高材生充实史语所。

1939 年 5 月，北大决定恢复文科研究所，由傅先生主持，担任主任。北大文科研究所主任大多由文学院长兼。当时文学院长胡适先生虽任驻美大使，但文学院长的名义尚保留，傅先生实际亦是代胡先生主持工作。傅先生事情太多，对研究所难以全面兼顾，于是他就拉郑先生任副主任，协助工作。是年夏天，北大文科研究所正式招生，先后招过两次。

北大文科研究所的导师有傅斯年、陈寅恪、汤用彤、杨振声、唐兰、姚从吾、罗庸、罗常培、向达、郑天挺等先生；董作宾、李方桂、丁声树先生，亦系所外导师。专家学者济济一堂，使北大与史语所俨然一家。

北大文科研究所在昆明城内青云街靛花巷三号租用一座三层共十八间房的小楼，这座房子本是史语所租的。北大几位导师如陈、汤、姚、罗常培及郑、向诸人都住在楼内，傅先生如来城内，也住于此，每人一间。当时研究生亦住在楼内，食堂、图书室皆在其中，切磋问题极为方便。每当茶余饭后，都是闲谈及探讨问题的最好机会，尽管条件比较艰苦，大家钻研学问的热诚始终高涨。当时傅先生与郑先生即要合纂新的《明书》，两人详列目次，期以五年完成。只因战事紧迫，史语所又迁四川，计划乃搁浅。

昆明城中敌机轰炸频繁，史语所还在昆明北郊龙头村宝台山响音寺租了一些房子，所中的同仁即在此处工作，所内图书亦存放于此，阅读非常方便。每当敌机盘旋，轰炸频作，山中读书作业，从未间歇。北大文科研究所的师生，亦同样在此从事撰述，可谓美不胜收。

三、北大文科研究所的所务活动

傅先生对研究生的入学考试非常严格。每逢口试，他多参加主持。众导师亦就某一问题向考生反复询问，直至考生语塞为止。然尽管所问严格，其目的并非要求全答，而是在测验考生之知识面，亦非单纯之下马威，故意刁难。

研究所经常请一些所中导师及专家来所报告，如汤用彤、闻一多、刘叔雅等教授均在邀请之列。1941 年，夏鼐先生由英归国，到了昆明，亦曾被邀演讲。同年夏天，老舍先生亦来所中作报告，并在研究所住了几天。英国学者李约瑟、休士到昆明，均曾在所下榻。

1942 年后，所中还派向达先生去敦煌参加西北考察团事宜，这是北大与中央研究院的合作项目，是郑先生特别关心的一桩事。1942 年 2 月 6 日，郑先生即给傅先生一信，询问向先生行期。信中道："西北考察事如何？向公等何时成行？甚念。"① 郑先生的日记中亦谈过此事。1943 年 1 月 17 日，"锡予（汤用彤先生）来，示以觉明（向达先生）敦煌来书，随与之长谈（北大）文科研究所发展事，余意，语言调查可在云南，若历史考证，此后唯敦煌一路。其中未广布，未研究之文献甚多。且其地为国际学术界所注意，关涉甚多，影响甚大。此后北大文研（文科研究所）之发展，舍此莫由。今觉明开拓于前，吾辈正宜追踪迈进。"又，1943 年 10 月 11 日，郑先生亦致向先生信，劝其仍赴西北考察，并表示"所得文物，北大不争取，但保留研究所；如有需要参考时，其他机关应充分供给"云云。

此外，即文科研究所诸生留校工作事，郑先生对当时陈寅恪先生之隋唐史研究生汪籛爱护备至，希汪能留在北大任教。

汪籛当时是陈寅老的学生，郑先生也以导师名义协助指导。陈老 1940 年 6 月离开昆明后，汪又由郑先生继续指导。1942 年 2 月 6 日，郑先生曾为汪留校事致函傅先生征求意见：

> 汪籛人甚聪明，根底亦好。但生活不甚有规律，用功时或至通宵不寐，不用功时或竟数日不读书，以故论文尚未作好。弟个人颇觉其将来可有希望，前言之汤公（用彤），欲俟其毕业后留之北大，不知兄意云何？②

1947 年，汪先生果来北大史学任教。直至 1966 年，"文革"初期被迫害致死。

四、史语所迁川

1940 年 3 月 5 日，中央研究院院长蔡元培先生病逝于香港，当时在昆明的北大及史语所同仁感到非常震惊。那天晚上，一些人正在蒋梦麟校长家中闲谈，钱端升先生忽然来了，说："刚刚听到香港广播，蔡先生去世了。"

① 台北中研院史语所傅斯年图书馆存档Ⅲ1069。
② 台北中研院史语所傅斯年图书馆存档Ⅲ1069。

蔡先生去世后，研究院及史语所的同仁总不免有些各自的想法，有时还或多或少有些悲观。在一次闲谈中，傅先生及李济先生均流露出"树倒猢狲散"之情绪。当时郑先生也在座。他闻后颇多感慨地说："孟真、济之皆目前国内第一流的学者，尚且如此，真是国家学术机构之不幸。"

由谁继任院长，是大家最关心的问题，许多人选自然都在大家考虑之中。其中有人主张由北大蒋梦麟校长继任的。陶孟和先生就私下对郑先生说："看来这次梦麟先生应当出来了。"

1940 年秋冬，日本侵华战争日紧，处在昆明的西南联大及史语所等面临着新的搬迁。政府原让西南联大再迁，遭到学校教授的反对；只在四川叙永设立了分校，让这年刚入学的新生前去上课。史语所则决定迁往四川李庄，傅先生也于 1941 年 1 月飞川，筹划一切。从此他一直未来昆明，直至抗战胜利后，他才重回昆明，这时他已是北大代理校长了。

史语所迁川后，由于当时局势紧张，北大又缺少书籍，郑先生很为文科所诸生的培养前景担忧。他曾一度主张北大文科所可暂时依于史语所，以使诸生得以更好培养。他在 1940 年 9 月 7 日，曾在致傅先生信中谈及此事："此外尚有一事，即北大研究所址，非追随史语所不可。此事已数向兄言之，而兄皆似不甚以为然。但细思之，北大无一本书，联大无一本书，若与史语所分离，其结果必致养成一班浅陋的学者。千百年后探究学术史者若发现此辈浅陋学者，盖我曹之高徒，而此浅陋学风为北大所轫始，岂不大糟！弟亦知若此十余人追随史语所离开联大，在史语所，在吾兄均增加无穷麻烦，但此外实无他策。弟意：万一史语所与联大不能在一地，而研究生必须随史语所者，北大可每年或每学期，请一位教授随同前往，俾稍减史语所之麻烦，并负其他事务责任。兄意如何？如兄意以为可行，则此时即可准备起来也。"[①]

此事当然涉及问题甚多，史语所的负担也太重，但后来傅先生还是允许四位先生去了李庄。

史语所迁川后，在昆明靛花巷及龙头村的房子就移作北大文科研究所利用了。汤、罗、郑几位先生一直住在靛花巷，直至抗战胜利（罗于 1944 年 11 月离昆明赴美）。北大文科研究所研究生任继愈、马学良、刘念和、李孝定四先生亦随史语所同往四川。1941 年 6 月，郑先生与罗先生还特意到李庄史语所去看望他们及他们的导师，为这四位的论文答辩做些准备工作。罗先生所

---

①　台北中研院史语所傅斯年图书馆存档 I1248。

著《蜀道难》一书，对他们这次访问史语所，也有较详细的叙述。

由于史语所迁川过于仓促，与云南省政府关系弄得有些僵，以后诸如民族、语言调查等事项，交涉时还以北京大学出面。1941 年 8 月 7 日，那廉君先生致马学良先生信说："关于向云南省政府索取护照一事，当由弟呈告傅所长。傅所长之意，以为：本去年迁川时，与云南省政府（关系）弄得非常之坏，如由本所或本院出名向其索要护照，必遭碰壁。故不如请兄商请郑毅生先生，借用北京大学名义，由北大函咨云南省府发给护照，并请其转饬禄劝县政府予以保护及协助，不但成功性较大，且以在滇之机关请求之，自易办到。此事请迳函郑先生恳郑先生饬人一办。或托任又之（继愈）兄特请郑先生，均无不可也。"三四十年代的北大与史语所，确实是彼此不分的。

本文承蒙台北中研院史语所傅斯年图书馆提供信件复印件，特此致谢。

（《郑天挺先生与史语所》一文原载台北中研院史语所纪念文集《新学术之路》，台湾史语所，1998 年 10 月；《中研院史语所与北大文科研究所》一文原载布占祥、马亮宽主编《傅斯年与中国文化》，天津古籍出版社，2006 年 3 月）

推动历史学科发展的三十年

——郑天挺教授在南开大学

南炳文

郑天挺教授（1899—1981）1920 年毕业于北京大学本科国学门，自此以后至 1952 年，除在厦门大学等单位短期任职及在北京大学研究所国学门作过研究生外，长期服务于北京大学，历任讲师、教授、史学系主任、校秘书长、西南联大总务长等职。由于他在管理北京大学、学术研究和讲授课业上都作出了重大贡献，很早就成为著名的教育家和史学家。1952 年，全国高等院校进行院系调整，郑天挺教授由北京大学奉调来到南开大学，任历史系教授、中国史教研组主任、系主任，开始了其后半生长达 30 年的南开生活。在南开大学，他勤奋工作，开拓进取，以自己的卓越才识，极大地推动了历史学科特别是明清史学科的发展，成为校史上光芒四射的一颗巨星，在中国现代教育史和现代史学史上，占有重要的地位。

一、辉煌的建树

郑天挺教授在南开大学从事的推动历史学科发展的社会工作和学术活动，由于 1966 年至 1976 年有十年文革内乱的影响，大体可分两个阶段来叙述。自 1952 年至 1966 年文革内乱爆发，为第一阶段；自 1976 年四人帮垮台至 1981 年郑天挺教授去世，为第二阶段。

自 1952 年至 1966 年文革内乱爆发，郑天挺教授在推动历史学科发展的社会工作和学术活动方面，主要的贡献有三项。

一、建设、发展历史系

南开大学历史系虽然创建甚早（1923 年），但直至 1951 年 11 月，仅有教师 10 人，学生 20 人，规模小，影响不大。郑天挺教授到来后，在上级的支持下，与全系师生一起，积极对之进行了建设与发展工作。

1952 年，南开大学历史系正处于教学改革的热潮之中，因为其时教学体制、内容和方法，有许多不完善之处，缺乏计划性，课程的设置因人而定，讲课中教师随其兴致而任意发挥。郑天挺教授到来后，马上投入了这一改革热潮，全力进行组织和领导。改革的重点是加强专业基础课和政治理论课，制定出新的教学计划。主讲教师草拟的教学大纲，要经核心小组审查，对教材的要求是明确、具体和深入浅出。正式讲课前要在教研组内试讲，正式讲授时还须教研组主任跟班听课、随时指导。作为系主任、教研组主任的郑天挺教授，在这次改革中，或审查大纲、听课指导，或亲自授课，为其他教师作示范，工作十分繁忙，占用了许多的精力，然而由此换来了全系教学的规范化和质量的提高，他感到十分愉快。

为了提高教学质量和学术水平，郑天挺教授还非常重视组织、引导全系师生加强科学研究，从而使系内学术空气日渐浓厚，全系性及教研组内的学术讨论会经常进行。如1962年10月在南开大学第五届科学讨论会上，历史分会宣读论文12篇。1963年10月在南开大学第六届科学讨论会上，历史系提出论文13篇。为了了解校外学术动态，又经常邀请校外学者来系交流研究心得，这一阶段先后应邀来系作报告的有吴晗、吴于廑、何干之、陈翰笙、裴文中、胡厚宣、白寿彝、胡华等多位著名史学家。辛勤的耕耘取得了可喜的收获，在50年代后期至60年代初，系内教师出版了《中国上古史纲》（王玉哲）、《秦汉史纲要》（杨翼骧）、《隋唐五代史纲要》（杨志玖）、《印度尼西亚简史》（黎国彬）等多部专著。

对于延揽人才扩大师资队伍、增大招生数量，郑天挺教授也非常重视。据统计，到1964年秋季，系内教师已达58人，在校学生增加到241人。随着队伍的扩大，系内的学术机构和研究方向皆有增加。除1956年创建了明清史研究室外，1963年还创建了分别以吴廷璆、杨生茂、梁卓生为首的日本史、美国史、拉丁美洲史三个研究室。

由于阵容强大和教学科研水平颇高，到本阶段的末期，南开大学历史系已经变成了全国高校历史系中影响很大、地位颇高者之一。

二、创立明清史研究室，发展明清史学科

郑天挺教授知识渊博，在北京大学服务期间，从事过古地理学、校勘学、魏晋南北朝史、隋唐五代史、明清史、中国目录学史、历史研究法等多种学科的教学和研究工作，但其兴趣最浓、成就最大的是明清史学科，尤其是其中的清史部分。他生于清末，成长于北京，自幼从亲友处耳闻目睹了许多清人掌故，因而对清史非常喜欢，1921年入北大研究所国学门作研究生后，加入了清代内阁大库档案整理会，参加了明清档案的整理工作，从而奠定了他后来从事明清史研究的基础。在北大期间，除了讲授明清史课程之外，撰写过许多功力深厚的清史论文，于1946年出版了誉满学林的力作《清史探微》，于解放初出版有档案资料汇编《明末农民起义史料》和《宋景诗起义史料》等。这些成就标志着郑天挺教授站在了明清史研究的最前列。这一主观条件使之一到南开大学，自然而然地成为学校明清史研究卓越的学术带头人，而他更充分运用这一优势，在南开大学大力地发展了明清史学科。

郑天挺教授在南开大学发展明清史学科的重要举措，是于1956年创建了明清史研究室，这是解放后全国高校中建立最早的研究机构之一。郑天挺教授亲自担任该室主任之职，"文革"之前在该室工作过的教师有林树惠、朱鼎荣、来新夏、陈作仪、王鸿江、傅贵九、王惠灵、汤纲等，主要的业务工作是标点、校勘了《明史》，并完成了《中国通史参考资料》第八册（清代部分）的编纂任务。明清史研究室的创立，为南开大学明清史学科的巩固和发展，提供了稳固的组织保证。

郑天挺教授在继续开展其他方面的课程教学（如讲授过隋唐史、史料学等课程）和科学研究（如发表有《历史科学是从争鸣发展起来的》、《关于曹操》等文）的同时，大力开展了明清史学科的课程教学和研究。这是他在南开大学发展明清史学科的又一重要举措。在这一阶段，他开设的有关课程包括明清史、明史专题、清史专题等，听课的既有本科生，也有研究生，自1956年起至文革内乱爆发，他先后收有陈生玺、陈世昭、曾至喜、冯尔康、赵涤贤、彭云鹤、倪明近、夏家骏等近十名研究生；他发表的有关论文，主要是《清入关前满洲族的社会性质》、《清代的八旗兵和绿营兵》、《马礼逊父子》，以及《关于徐一夔〈织工对〉》等，它们都是论述深刻、在史学界引起广泛注意的力作。郑天挺教授的这一举措，不仅提高了南开大学明清史学科的学术水平，而且扩大了这一学科的学术队伍，培养了大量新生力量，为其长期持续发展准备了条件。

三、积极参与全国性史学建设活动

郑天挺教授来南开大学以前已是史学界大师级的专家，对全国史学界的发展多有影响和建树，来到南开大学之后，全国性的史学建设活动，仍旧需要他的积极参与。郑天挺教授怀着强烈的社会责任感，满足了这一需要，在到南开大学的前15年中，在努力建设和发展南开大学历史学科的同时，继续热情地参加了多项全国性的史学建设活动。他积极参加历史学界热点问题的讨论，诸如中国资本主义萌芽、中国封建社会土地制度、中国古代史分期、中国古代农民战争和中国历史上的清官等问题，他都写有文章，或发表过谈话，其精辟的见解为推动这些问题的深入研究、提高中国史学界的学术水平，作出了不可忽视的贡献。他在南开大学先后接受了鄂世镛（辽宁大学）、黎邦正（西南师范大学）、孟昭信（吉林大学）、魏千志（河南师大）等多位外校教师前来进修明清史，指导其学业，为兄弟院校提高明清史师资水平尽心尽力。更应一提的，是他多次参加了国家教育部组织的关于历史教学的研究或教材编写活动，从而对全国历史教学水平的提高，发挥了重大的影响。他参加的这类全国会议计有 1953 年 9 月的综合大学会议、1954 年 7 月的文史教学研究座谈会、1956 年 6 月的教材会议等。1955 年，与武汉大学唐长孺共同编写了部定高校历史系《中国通史教学大纲》。1961 年以后，参与了教育部组织的文科教材工作，担任历史组副组长，与组长北京大学翦伯赞教授一起主编了卷帙颇多的《中国通史参考资料》，单独主编了《史学名著选读》（共出版五本）。这时由于工作需要，郑天挺教授必须经常住在北京，对南开大学历史系的行政工作无法兼顾，因而于 1964 年辞去了系主任之职。但他每隔一二个星期，即回南开一次，指导明清史研究室的研究工作，为研究生和进修生讲课。1963 年上级还任命他为南开大学副校长。在北京期间，除主持教材的编纂工作外，他还经常应邀为北京大学等高校以及中央党校等机构讲课或作报告，传播历史知识和治学方法。一直到 1966 年文革内乱爆发，他才回到学校。郑天挺教授在 1966 年以前对全国性史学建设活动的积极参加，在促进全国史学研究与教学发展的同时，也为南开大学增添了骄傲和光彩。

1966 年爆发的文革内乱，打断了中国高等学校的正常发展，南开大学的历史学科遭受到严重的摧残，明清史研究室被解散，郑天挺教授本人更被当作"资产阶级反动学术权威"，由北京召回学校，遭到残酷的批判，打入牛棚，管制劳动，参加正常社会工作和学术活动的权利被取消。四人帮垮台后，郑天挺教授于 1978 年被落实知识分子政策，获得平反。1979 年重新出任副校长之职。自此，他不计个人的十年冤屈，趁着知识分子春天到来的大好时机，重新精神抖擞地投入到推动历史学科发展的繁忙的社会工作和学术活动之中。由 1976 年至其 1981 年逝世，共计 5 年，这一阶段虽然时间不长，而且郑天挺教授已属高龄，但其推动历史学科发展的社会工作和学术活动的内容却是非常丰富的，概括起来，其贡献主要有如下三项。

一、重建明清史研究室和明清史学科

1978 年，在上级的支持下，郑天挺教授召集分散在历史系及校内有关部门的原明清史研究室成员郑克晟、林树惠、王文郁、汤纲等，重新恢复了明清史研究室的建置，并出任研究室主任之职。鉴于其已年近八十，经各方面协商，笔者被作为新成员调入该室，担任副主任，帮助组织日常工作。后来，又有李小林、陈生玺、邱成希等相继调入，至郑天挺教授去世前，全室成员最多时达 16 位之多。自 1978 年起，郑天挺教授还开始招收硕士研究生，到1981 年止，连续招收 3 届，计有白新良、林延清、汪茂和、王处辉、何本方等 5 人。为了培养这些研究生和室内的中青年教师，郑天挺教授不顾年高体弱，亲自登上讲台或在家中讲课，每周一次或两次，每次二至三小时，所开课程有清史概论、清代制度及明清史研究等。此外，又鼓励林树惠先生招收近代史方向的研究生，扩大了研究室的教学范围。在科学研究方面，郑天挺教授自己写出了《清入关前满族的社会性质续探》、《清代的幕府》等多篇论文；应中华书局之约，将历年所写论文，精选 43 篇，汇为一集，题名《探微集》，于 1980 年出版；组织研究室人员整理蒋氏《东华录》等有关古籍；制定和实施了全室集体编写教育部推荐全国文科选用教材《清史》的研究计划，并根据室内人员的具体条件，组织和引导每个人就明史或清史的某一具体领域，撰写论文和专著。为了督促和交流科研成果，室内实行了双周学术讨论会制度，届时轮流由一人就其研究心得，进行专题发言，而后与会者质疑补充，展开讨论。每次讨论，郑天挺教授都认真发言，这成了他传授学问的重要场合之一。上述举措，使南开大学的明清史学科一扫文革内乱爆发以来的停顿萎靡局面，再度振作兴盛起来。

二、重返全国性的史学活动舞台

1979 年下半年，郑天挺教授受教育部的委托，在南开大学明清史研究室主办了全国高校明清史教师进修班。入班学习者有来自吉林大学（梁希哲）、武汉大学（张薇）、山东大学（周祚绍）、兰州大学（唐景绅）、四川大学（李映发）、内蒙古大学（包文汉）、暨南大学（杨国儒）、河北师大（白淑惠）、湖南师大（陈权清）、华中师院（张洪）、西北师院（徐立志）和广东高等教育出版社（詹家豪）等 12 个院校、单位的 12 位中青年明清史教师和明清史研究者。在开班半年中，郑天挺教授亲自并组织研究室研究人员，每周上课两三个单元。为了便于其学习，还特地主编了教材《明清史资料》上下两册。除了讲课外，又组织到西陵等地参观，以期增加感性认识，提高教学效果。

在 1979 年，郑天挺教授还就任了全国史学界主要力量共同参与编写的《中国历史大辞典》的总编之职。本来早在解放以前，他就根据史学界和社会各界的需要，有意编纂一部中国历史辞典，但因缺乏客观条件，未能如愿。1958 年，他在南开大学历史系又提出过这一主张，并得到师生的响应，开始了实际编写，后再次因条件不成熟，中途被迫停止。70 年代末，中国社会科学院历史研究所的有关领导也提出这一倡议，并希望他担任总编，带领全国史学界通力合作完成这一历史性的任务。郑天挺教授非常高兴，欣然就职，马上投入工作。1979 年 11 月在天津、1980 年 8 月在太原、1981 年 5 月在上海，分别召开了第一、第二及第三次编辑工作会议，他都前往参加，并认真准备，发表重要讲话，提出编写的指导思想、目标和许多具体要求。对其中的明史、清史两分册，关心得更为细致。1981 年 12 月中旬两分册编委在天津开会时，他因在北京参加全国人大五届四次会议，无法参加，便在会前多次与有关同志联络，帮助筹备。

1980 年，中国史学会恢复活动，在北京举行的代表大会上，郑天挺教授以最多的票数当选为中国史学会常务理事、主席团成员。次年五月，担任主席团执行主席。这一社会职务，使之担负起了团结全国史学界、推进中国史学发展的重任。为此，他花费了不少心血。

1981 年夏，郑天挺教授参加了教育部和国务院学位委员会召开的学科评议组第一次全体会议，并担任历史学科评议组的召集人。在这次会议上，他与有关专家一起，按照坚持标准、公正合理的原则，审核、通过了首批有权授予历史学博士学位和历史学硕士学位的单位名单与指导教师名单，为我国历史学科开始起步的学位制度的健康发展，奠定了良好的基础。

三、积极开展明清史领域的国际学术交流

1978 年以后，中国吹来了改革开放的春风，史学领域的国际交流逐渐复苏。敏感而具有强烈事业心的郑天挺教授及时抓住了这一苗头，当机立断，立刻热情洋溢地着手进行明清史领域的国际学术交流，为扩大南开大学的影响、提高南开大学以及全国、全世界的明清史研究水平，努力工作。

自 1979 年起，国外明清史学者岩见宏、郑培凯等先后慕名来南开大学登门拜访郑天挺教授，凡遇这种情况，郑天挺教授都在百忙中抽出时间，热情接待。如在笔者陪同下与郑培凯的那次交谈，一口气谈了二三个小时，他兴致勃勃地介绍了南开大学明清史研究的过去和现状、将来的研究计划，并对发展明清史研究提出了自己的见解。交谈后，郑培凯非常满意，特意

在香港等地的刊物上作长篇报道。这一时期，郑天挺教授还接受了日本东北大学教授寺田隆信前来进修，每两周为之上一次个人指导课，传授自己的治学心得。略有遗憾的是，寺田来后三个月，郑天挺教授就逝世了，没能完成全部指导计划（原计划进修一年）；并且其他正在联系、计划中的接受外国留学生、进修学者的事均因其骤然逝世而未能实现。

这一时期郑天挺教授所进行的最有影响的国际学术交流活动，是 1980 年 8 月上旬他在天津召开的明清史国际学术讨论会。应邀前来参加的有 8 个国家和地区的 126 名专家、学者，其中中国大陆以外的专家、学者 34 名，到会的国外学者人数之多，不仅是当时中国召开的其他有关明清史的国际学术讨论会所少有的，也是迄今 20 年同类讨论会所少能达到的。到会的专家、学者几乎包括了当时中国和外国大部分最享盛名的明清史权威，所提交的 92 篇论文广泛探讨了明清两代的典章制度、人物评价、秘密宗教、民族、阶级关系和民众运动等内容，大多具有新观点、新资料，有的还开拓了新的研究领域。这次盛会，反映了当时国际上明清史研究达到的最新水平，除国内报刊予以报道外，日本《明代史研究》、美国《明史研究》等权威专业刊物也纷纷详加介绍，受到广泛的重视，对促进中外明清史学者的友谊和学术交流，发挥了重大的作用。在这次讨论会上，与会学者一致通过决议，由郑天挺教授主持，在南开大学设立筹备机构，筹建国际明清史学会。会后，郑天挺教授责成笔者牵头，与李宪庆、郑克晟、冯尔康、陈振江等同志落实这一决议，国内外的许多学者也为此寄来信函出谋划策，提供参考资料，事情渐渐有一定的进展。可惜不久郑天挺教授遽归道山，主客观条件都发生了变化，筹备工作遂半途而废。

将文革内乱结束后数年间郑天挺教授在南开推动历史学科发展的社会工作和学术活动，与五六十年代相比，可以看出前者比后者更有发展，而这一发展无疑为南开大学的明清史学科，也为南开大学的整个历史学科和整个南开大学，作出了更多的贡献。

二、宝贵的精神财富

郑天挺教授在南开大学的日子里，不仅从事了大量推动历史学科的社会工作和学术活动，而且在其从事这些工作和活动中，表现出了高贵的品德、优良的作风和高尚的情操，留下了宝贵的精神财富，这是尤其应当重视的。

一、献身社会的高贵品德

郑天挺教授具有献身社会的高贵品德，他不计个人的得失、利弊，一切以社会、国家和人民的利益为重。早在服务于北京大学时，就是如此。1937年抗日战争爆发后，北京大学迁向内地，时任北大秘书长的郑天挺教授，为了继续为办好北京大学尽力，在夫人逝世不到一年的情况下，把五个年幼的孩子（最大的只有13岁）放在北京，只身离京内迁，一去就是8年之久。奉调欣然来到南开大学，更是其将个人的一切服从社会、国家和人民的需要的一个重要表现。因为这一调动使之离开了长期居住的北京，使之不得不再次离开子女而过单身生活，使之离开了其专业所不可缺少的清史资料最丰富的收藏处，给其个人生活和研究工作带来了不便。但他经过郑重考虑从国家的大局利益出发，最后决定不考虑个人的生活及其他方面的变化，愉快地只身来津任教。

1976年四人帮垮台后，郑天挺教授已经年近八十，如果从个人角度考虑问题，他应该是只求安逸而不过问身外之事。但他没有这样，而是继续从事大量的社会工作和学术活动。这已在上文述及。非但如此，他在从事社会工作和学术活动时，还表现出了忘我的拼搏精神，更鲜明地说明了他献身社会的高贵品德。笔者其时作为郑天挺教授的助手，耳闻目睹了许多这类感人的事例，兹举两例，以见一斑。

1979年3月，郑天挺教授在四川成都参加全国史学工作会议，研究新时期史学工作的现状、规划今后的任务，时间非常紧张。但他仍旧不顾劳累，挤时间思考、指挥校内的明清史研究事宜。其时正值明清史研究室诸位教师协力编辑《明清史资料》，以为本年下半年入学的明清史教师进修班准备教材。为了指导这部教材的编写和出版，他竟在不到二十天里，给笔者写信三封。第一封信要求从《明清史资料》中删除他本人的作品，尽量多保留一些关于资本主义萌芽的资料，特别是黎澍同志的有关论述（1979.3.5）。第二封信，建议在所编每项专题资料的末尾，注明编选者的姓名（1979.3.28）。第三封信，建议尽量赶在开学之前出版资料，以作教材之用（1979.4.17）。笔者与研究室诸同志当时接到这些来信，除了因得到郑天挺教授的具体指导而明确了搞好工作的方向、信心倍增之外，更特别为他在百忙中仍抽时间为研究室操心的忘我工作精神所感动。

1979年秋冬之交的一天，北风吹了一夜，夹杂冰珠的雨水也下了一夜，天亮后，风停了，雨水仍未停止。这天上午八点原计划由郑天挺教授为教师

进修班讲课。笔者在七点半钟发现天雨路滑，决定到校汽车队叫辆汽车，以
迎接郑天挺教授，如果叫不到汽车，就请他停讲一次，以免发生意外。可是，
当笔者尚未行至汽车队时，就在半途遇到了郑天挺教授，他正让其子郑克晟
教授搀扶着，步履艰难地冒雨前往教室。八点钟上课铃响起之时，他准时走
上了讲台。进修班学员看着郑天挺教授带有泥水的裤管和被冻得发红的双颊，
一个个流下了激动的热泪。

　　郑天挺教授一向身体健康，即使在其生命的最后一年，仍旧面色红润，
走路平稳，讲起话来，声音洪亮。但他终于在这一年的 12 月 20 日突然逝世。
这不是偶然的，完全是由于他长期超负荷工作，过分劳累造成的。以他逝世
前六七个月为例：除了为校内研究生及进修生讲课外，他还参加了一系列校
外的社会活动和学术活动，其中包括 4 月间赴厦门参加厦门大学建校 60 周年
纪念会，5 月间赴上海参加《历史大辞典》编委会，7 月到 8 月间作为历史组
召集人赴北京参加教育部和国务院学位委员会召开的学科评议组第一次全体
会议，9 月间带领研究生进行毕业实习而赴北京十三陵作考察，10 月间参加
辛亥革命 70 周年学术讨论会，11 月下旬至 12 月中旬赴北京参加全国人大五
届四次会议。上述活动进行中间，还穿插有筹划成立南开大学明清史研究中
心，组织和主持 12 月在天津举行的中国史学会常务理事会及《历史大辞典》
明史分册、清史分册的编委会议，为参加拟于第二年 2 月在厦门召开的郑成
功学术讨论会撰写论文。这样频繁的东奔西跑、北上南下，如此繁多的社会
工作和学术活动，即使是中年人和青年人，也是承受不了的，更何况郑天挺
教授已年过八十。其时，笔者作为其助手，曾单独或与有关同志多次劝他减
少工作量，注意劳逸结合，暑假期间学校领导也曾安排他到北戴河疗养，但
对这些，他一概婉言谢绝，年事越高，他越有抓紧时机为社会多作贡献的紧
迫感，他心中全然没有个人的利害得失。他逝世后大家都后悔没能对其忘我
的拼命式的工作进行"强迫性"的限制，同时也更加深刻地体会出其献身社
会的追求是多么强烈，令人钦佩不已。

　　郑天挺教授献身社会的高贵品德也体现在他的学术主张中。他作为一个
历史学家从事史学研究，并不是单纯从兴趣出发的，主要的还是以为社会作
贡献为目的。他在史学研究上的重要主张之一是"求用"，就是力求使研究课
题符合社会现实或学术发展的需要，使研究成果对国家、对人民、对科学发
展都有益处。如为配合社会现实的需要，早在来南开大学以前，为了批驳日
本帝国主义为侵略中国而炮制的满洲独立论，他就撰写了《清代皇室之氏族

与血系》、《满洲入关前后几种礼俗之变迁》等论文，以大量史实为根据，说明满族同内地经济文化交往十分密切，是中华民族大家庭中不可分割的一部分。来到南开后，他的这类研究更为活跃。如1953年，他根据史籍的记载，指出中国并非不产石油，为新中国发展石油工业提供历史依据。60年代初，我国与印度政府进行边界谈判，他即查找到证明麦克马洪线以南大片地区是我国领土的有说服力的地图资料等，供给我国谈判代表使用。后来中苏开始谈判边界问题，他又将奴儿干都司的地理和历史当作研究课题，论证黑龙江流域历来是中国领土的一部分。

1978年笔者作为助手协助郑天挺教授组织明清史研究室的日常工作后，更经常接触到他将自己的学术研究服从社会需要的生动事例，其中印象最深的，是他在1978年至1979年主编《明清史资料》一书时的情形。当时，他通过我向参加编写的研究室全体成员传达过如下三点编辑原则。一为尽量使读者多获得一些东西。他讲，编选资料是为了方便读者，为其学习和研究提供情况、给予帮助。因此，在编选时，一定要从读者需要出发，在可能的条件下，尽量多提供一些信息，编进多方面的内容。要设身处地地决定编选范围，也就是说，在确定应收什么内容时，编者不要把自己当成编者，而是当作读者。根据这样的指导思想，郑天挺教授提出，这本资料的编选内容，要包括四个方面：原始资料、论文、论文索引、年表。编进原始资料，是为了向读者提供研究的根据；编进论文，是为了使读者能够藉以了解研究概况，继承前人成果，受到启发，便于寻找新的研究角度，确定新的研究课题；编进论文索引，是为了向读者推荐限于篇幅而无法编选进来的研究成果；编进年表，是为了便于读者用极少的时间，把握全貌。二为原始资料的选用，要讲求实用，反对片面追求新奇。郑天挺教授认为，这部《明清史资料》是为高等学校教师教明清史课程作参考用的，同时兼顾高等学校学生和中学历史教师的学习、研究之需，因而选题应该抓住明清时期的基本内容之外，还应在选编原始资料时，以完整、系统地反映基本情况为原则，不要片面追求新奇，追求所谓海内孤本，否则就有自我炫耀渊博而不顾读者需要之嫌。他举"明末农民大起义"一题作例说：《明史》里的李自成、张献忠本传，虽有不准确的地方，但在所有关于明末农民起义的史料中，它是最简明、最系统的一种，非常便于读者掌握，因而在编选这一专题时，我们就不要因为它最常见而不予选入，却去另选其他所谓罕见资料。三为编选论文要注意显示研究的发展轨迹，不要忽视小人物的作品。郑天挺教授认为，史学界关于每一个专题的研究，都有其具体的发展过程。对于这些具体发展过程进行研究，可以给人以启发，使人掌握历史研究的发展规律，在以后的研究中汲取前人的经验教训，提高研究水平，加快研究步伐，还可以使人加深对某些具体论点的理解，更好地接受前人关于这个专题的研究成果。所以编选论文时，除了注意兼收不同学术观点的文章外，还要尽量注意选取该专题研究发展过程中的各个不同阶段的代表作，以向读者介绍出关于该专题研究的发展轨迹。这些代表作，有的出自名人，有的可能出于无名之辈；在编选时，要注意防止重视名人而忽视小人物的倾向发生。在我们的天平上，应该只称文章的"重量"，不计作者的地位。以上三个原则，内容虽有不同，但为读者服务的思想都在其中贯穿着，是它们共同的灵魂。笔者和研究室的全体同志，在编选过程中，贯彻了郑天挺教授的上述原则，取得了很好的效果，《明清史资料》出版后，不仅得到了使用这部教材的明清史教师进修班的好评，也受到了有关史学工作者和读者的称赞。

二、认真踏实的优良作风

郑天挺教授是一个非常认真负责、脚踏实地的人，时时处处干实事，建实功，从不说空话、干花活、哗众取宠、弄虚作假。他的这一优良作风，在南开期间表现得非常突出。如 50 年代中期至 60 年代中期文革内乱爆发前，在郑天挺教授主持下，南开大学明清史研究室诸位教师从事《明史》校点工作时，大家根据郑天挺教授确定的办法，分头工作，相当认真仔细，往往为查对一个人名、地名、河流或时间，要翻检许多书籍。遇到难点，大家还凑在一起，共同磋商。每一卷书都是经过再三斟酌，大家都认为已无问题，才呈请郑天挺教授审阅。然而郑天挺教授并不因研究室诸同志已下过很大功夫，而放松自己的责任；自己工作虽然繁忙，他也从不草率对待。对送来的每一卷书，他都一字一句地阅读、思考，或径直将不妥之处加以改正，或将需要研究之处提给大家进一步讨论，以求解决问题、提高标点校勘的质量，多半是经过多次往返，才告通过。郑天挺教授在这次工作中所表现出的严肃认真、一丝不苟的精神，不仅保证了《明史》一书校勘、标点的高标准完成，而且使该书校勘、标点工作的参加者受到一次严格的作风训练，获益甚大，许多人经常以无限感激的心情，回忆在郑天挺教授指导下的这段工作经历。

在史学研究上，郑天挺教授有一个"求真"的主张，这一主张他不仅贯彻于自己的治学实践而且在南开的课堂上反复宣传。这是其认真负责、脚踏实地作风在学术主张上的体现。他讲的求真，就是在研究历史问题时，要尊重历史、实事求是，严肃认真地探求历史的本来面目和社会发展的客观规律。它反对浅尝辄止、不求甚解，更反对歪曲事实、信口开河。为了确保求得历史的真相，他提出了详细占有史料并正确加以分析的"深"、"广"、"新"、"严"、"通"五字要求。所谓"深"，是对史料的理解、认识要深刻，多问几个为什么。所谓"广"，是对史料的占有、发掘要广泛，不仅注意正面的，也注意反面的。所谓"新"，是要尽力发掘新史料、提出新观点、找出新角度。所谓"严"，是对待史料的态度要严肃，不可歪曲，不可虚构，做到条条有来历，处处有交待。所谓"通"，是对史料的解释要能适用于所有的处所，并从中找出规律性的东西来。很明显，不花大力气，不下实实在在的硬功夫，这五个字的要求是根本无法达到的。

郑天挺教授在治学上，常用的方法叫"探微"，这也反映了其认真负责、脚踏实地的作风。他的"探微"，是指着重探讨一些具体的微小的史实。但对着重探讨的具体微小史实的选择，并不是随意的，而是联系着解决重大历史问题的大目标进行的。因此，这样的探微，实际上乃是大处着眼，小处着手，通过集中精力解决一个个具体史实，求取重大历史问题研究得更为深入、解决得实实在在。如 60 年代以前，在关于中国封建社会资本主义萌芽问题的讨论中，许多文章把元末明初人徐一夔的一篇题为《织工对》的笔记作为论据，但这篇笔记是写于元末还是明初，所叙的手工业是丝织还是棉织，笔记本身没有明确说明，引用的文章也未加辨别，这就使这些文章对中国封建社会资本主义萌芽产生的探讨难于深入，更远谈不上可靠。于是郑天挺教授起而对这篇笔记加以研究，他以极为认真的态度，作了大量的调查，审视分析了上百万字的资料，从元明两代金融用语的差别、钞值的变化、织机与织工数目的比例等不同的角度进行了详细的考察，最后写出《关于徐一夔〈织工对〉》一文，论定这篇笔记叙述的是元末杭州丝织业的情况。此文一出，立刻得到了史学界的公认，从此中国封建社会资本主义萌芽问题的研究，在这篇重要资料的引用上，找到了坚实可靠的基础。

郑天挺教授认真负责、脚踏实地的作风，也表现在他对学生及青年教师的要求上。当其研究生或青年教师向其请教治学门径时，他总是强调打好基础、练好基本功。1961 年，其一名研究生登门求教并表示出了在学习上迫不及待的心情，他便讲了历史上许多学问家由博返约的故事，而后告诫这位研究生：要"注意打基础"，"弄通全局再进行专题研究，才会见微知著、洞察窍要、摸出规律、做出成绩"，"在学习上'灭此朝食'的气概要有，但'灭此朝食'的做法不行"。他在许多场合教导其研究生和青年教师，为了打好基础，一定要从一本本地精读基本史籍入手。要在一个时期内精读一本书：要仔细读，读不通不中辍；要前后对照着读，达到发现其对各种问题叙述的连贯性或矛盾之处；要反复读，不至熟能生巧不止；要对照有关史籍来读，以期实现充实、辨误、释疑、升华。60 年代初他在北京大学等首都院校讲课时，也将在南开大学提倡的这些治学门径反复强调，鉴于其时历史系学生看书很少，对原始资料接触更少，他到处提倡认真读书，要求做到"博、精、深"三个字，即"博览勤闻"、"多闻阙疑"。提倡精读一本书，号召"精了一书再精一书"。南开内外的许多青年学子和中青年教师，由于听从了郑天挺教授的这一教导，最终成了笃实的大学者，有的后来因故改从其他行业，但也因从郑天挺教授学习扎扎实实的作风，受益匪浅，事业有成。

三、不断前进，不懈追求新境界

郑天挺教授的一生，是不断前进、不懈追求新境界的一生，这一点不仅表现于来南开大学之前，尤其表现于来南开大学之后。

青年学生时代和服务于北京大学时期，郑天挺教授是一个关心民族命运、国家前途的正直知识分子。他参加过五四运动和福建学生的反帝反封建运动，参加过追悼 1926 年"三一八惨案"受害者的集会，参加过 1933 年春天北京各界人士为共产党人李大钊举行的安葬仪式。在国民党反动派迫害进步学生时，他利用职务之便，多次冒险保护列入黑名单的进步学生。在北京和平解放之时，他毅然留下不走，迎接新中国的诞生。而在解放之后、特别是奉调来到南开大学之后，他不仅继续为了国家和人民在自己的职位上辛勤工作，而且开始努力学习马列主义、毛泽东思想，改造世界观，把成长为共产主义战士作为终身奋斗的目标，早在 50 年代就提出了加入中国共产党的申请。文革十年内乱期间所遭受的不公正待遇，没能改变他的志愿和决心。四人帮垮台后不久，他更一次次郑重向党组织递交入党申请书。1979 年下半年，笔者和历史所党支部书记李宪庆同他一起带领明清史教师进修班赴易县西陵考察，途中住宿于高碑店的一个招待所，当我们三个人在郑天挺教授的房间中相聚时，郑天挺教授主动谈起他申请入党的事情，说到激动处，年已八十的他竟然眼含泪花，笔者和李宪庆作为他的学生，由此不仅了解了他申请入党的迫切而真挚的心情，而且为他追求进步的高尚思想境界而深受教育。1980 年 10 月 17 日，他终于以 81 岁的高龄光荣地被接纳为中国共产党党员，实现了夙愿。

在学术上，郑天挺教授也是不断追求新水平。他在史学研究上还有一个

"求新"的主张，这与前文提及的"求用"、"求真"合在一起，形成了其完整的"三求"体系。所谓"求新"，就是要不断研究新问题，在前人研究的基础上，深入一步，有所发明，有所创造，或者提出新观点，或者发掘出新材料。他是这样主张的，也是这样实践的。

解放后，特别是来到南开大学后，他不仅通过学习马列主义、毛泽东思想，改造世界观，提高政治觉悟，而且由于认识到马列主义、毛泽东思想是提高史学研究水平的锐利武器，积极将之引入学术研究，试图用历史唯物主义和辩证唯物主义的观点来回答各种历史问题。他不仅自己这样作，而且教育自己的学生和身边的青年教师也要这样作。他经常对他们说："马列主义是明灯，对知识分子来说，它既是改造主观世界的锐利武器，又是从事历史研究的指针。""学好马列主义、毛泽东思想才能明确方向，打下坚实的理论基础。"改革开放之后，有的人错误地认为马列主义过时了，不能用做史学研究的指导思想，郑天挺教授则坚决地教育他的研究生："你们要努力学习马克思主义的理论，不要认为这些理论都是过时的东西。经典作家的很多理论，仍是我们的指导思想。"正是由于他积极地将最科学的马列主义、毛泽东思想引入自己的学术研究之中，并坚持下来，而且教育自己学生也坚持这一先进的理论，这才使得他在解放以后，特别是在南开大学期间所写出的论文，视野比解放前大为开阔，对历史的发展规律也揭示得更加深刻，其所培养的学生，则质量大为提高。

郑天挺教授在学术上不断追求新水平的一个典型事例，是他关于入关前满族的社会性质的探讨。1962年他写过《清入关前满洲族的社会性质》一文，在深入探讨的基础上，提出了自己的一家之言，引起了学术界的注意，发生了相当大的影响。但他没有以此为满足，此文发表后，又继续探讨了十几年，于1979年进而发表了《清入关前满族的社会性质续探》一文，对前文在理论上及史实上，都作了大量补充，从而使研究的水平达到了新的高度。

郑天挺教授以谦虚著称。他在解放前出版的代表性专著，题名《清史探微》，1979年编成、1980年出版的汇集其一生主要论文的文集，又题名《探微集》。这都反映了他的虚怀若谷的修养。笔者在与他相处的日子里，经常见他对笔者或他人的文章、计划应邀提出修改建议后，总要加上一句："我的想法，很可能是您已经考虑过而后来因某种原因而放弃了的，您不一定照我的意见办。"这不是他的客套话，从其诚恳的语气和表情可以看出，他说的这些话都是由衷之言。这使笔者强烈地感受到，郑天挺教授虽然学问渊博、声望极高，但确实不自以为是。正是这种虚怀若谷的谦虚品格，为他不断前进、不懈追求新境界，提供了一个不可缺少的前提条件。

三、南开人的爱戴与怀念

郑天挺教授以其高尚的人格和卓越的贡献，受到了教育界和史学界的广泛赞扬，而南开师生作为他的同事或学生，对他格外尊敬和热爱。1964 年，他当选为第三届全国人大代表，1979 年当选为第五届全国人大代表。1980年，他被推举为天津市特等劳动模范。由于他以年迈为由多次要求辞去南开大学副校长之职，1981 年 10 月，教育部同意了他的意见，但根据全校师生的意愿，任命他为南开大学顾问。这时，恰逢其执教 60 周年，全校师生又为他（同时为杨石先校长）举行了隆重的执教业迹庆祝大会，与会者还有北京大学、西南联大的代表和教育部的领导，大家高度评价了他哺育数代学人的功绩和学术贡献，表达了由衷的爱戴之情。

1981 年 12 月 20 日，郑天挺教授因病逝世于天津医学院第二附属医院。噩耗传出，南开人沉浸在深切的哀悼之中。在数百人参加的遗体告别仪式上，大家因失掉这样一位德高望重、功劳卓著的教育家、史学家而痛惜万分，教育部长蒋南翔的唁电，表达了大家的共同心声："郑天挺同志热爱党，热爱社会主义，不断随着时代的进步而进步，从一个民主主义者发展成为无产阶级的战士、光荣的共产党员。他在垂暮之年仍壮志满怀，为在南开大学建立明清史的研究中心而积极努力。他的不幸逝世，对我国教育事业和史学界都是一大损失。"

南开人永远怀念着郑天挺教授。1982 年 3 月，南开大学与北京大学、中国社会科学院等单位一起在北京举行了郑天挺教授学术纪念会，白寿彝等著名史学家纷纷发言，回忆他的学术思想和学术成就。1990 年 3 月，中华书局出版了《郑天挺纪念论文集》，1991 年 4 月生活·读书·新知三联书店出版了《郑天挺学记》。这两种由郑天挺教授的几个南开同事和学生编辑的书籍，收集了郑天挺教授的几代弟子、众多朋友和同事撰写的近百篇学术论文和回忆郑天挺教授的生平、治学经历、学术思想的纪念文章，每篇文章无不表达着对郑天挺教授的真诚尊敬，寄托了作者们对郑天挺教授的不尽哀思。此外，在 80 年代至 90 年代，在《历史研究》、《历史教学》、《南开史学》、《明代史研究》、《天津日报》等多种中外报刊上，还陆续发表有许多类似的纪念文章，其中相当一部分，也是出于郑天挺教授的南开同事和弟子之手。

然而南开人对郑天挺教授表达深切怀念的主要方式，还是化悲痛为力量，继承他的遗志，千方百计发展南开的历史学科。郑天挺教授逝世十多年来，在南开师生的共同努力下，南开的历史学科已成为在全国各高等院校中名列前茅的专业。1981年起，已经开始有了博士导师。迄今为止，不仅整个学科各个方向均有了博士授予权，而且有中国古代史、中国近现代史、世界史等三个二级学科名列全国重点学科之列。1996年，更被国家教委确定为"211"首批立项支持的单位。自1998年起，博士后流动站也设立起来了，博士生导师总数已达20多名。教师队伍的规模比以前大有增加，总人数接近200名。行政建制也不再是一个历史系，而是从中先后分出了历史研究所、古籍与文化研究所、拉丁美洲研究中心等三个单位，其中母体历史系于1994年还被国家教委确定为首批"国家文科基础学科人才培养和科研基地"。郑天挺教授尤为关注的南开明清史学科，同样情况喜人。先后培养出的博士和硕士研究生已近百人，其中有多人已拥有教授、副教授的头衔，在明清史研究中成为重要的新生力量。承担过的国家、国家教委和天津市规划的科研项目已超过10项，出版问世的专著、教材等接近40部，发表的论文超过500篇，获得的各级科研成果奖近20项，其中有的是全国图书奖或全国高等学校人文社会科学优秀成果奖，是社会科学中层次最高的奖项。继第一次明清史国际学术讨论会之后，又先后召开过两届同样的盛会。此外还与有关单位合作，多次充当了全国或国际的明史或清史的学术讨论会的举办者。许多国内外的著名明清史学者来南开讲学，南开的明清史学者也有多人次走出国门，到日本、加拿大、荷兰、香港、台湾等国家和地区讲学与访问。1996年南开大学明清史研究室举行建室40周年学术讨论会之时，日本著名明史专家山根幸夫、中国著名清史专家王锺翰等明清史界权威人物以及中国人民大学清史研究所、南京大学明清史研究室等明清史研究单位，或发贺信，或到会致辞，赞扬本室"不愧是中国明清史研究的中心"、"成为世人瞩目的明清史研究重镇"。郑天挺教授的崇高精神，鼓舞着南开师生，使我们在发展历史学科中，有永远用不尽的力量。

"彭泽千载人，东坡百世士"。功劳卓著、品格高尚的著名教育家和史学家郑天挺教授，将永远活在南开人的心中。

（原载《南开学报》1999年第5期）

记 1961 年文科教材会议

——兼忆翦老与郑老

傅同钦

翦伯赞与郑天挺两先生是解放后才认识的。当时翦老在燕大社会系任教，并为新史学研究会负责人之一。郑老则在北京大学史学系任教授兼系主任。1950 年，翦老在新史学研究会建议各大学分编中国近代史资料丛刊，郑老也常去一起开会。1952 年院系调整，翦任北大历史系主任，郑调至南开大学任历史系主任。此后两人来往不多，只在教育部开会时偶尔一见。1955 年 5 月，郑去北大参加北大历史系翦老所做的红楼梦时代背景的报告；翦也在 1956 年到南开做学术讲演；此后北大还派齐思和教授到南开来讲课；从此两系关系日趋密切，翦、郑二老的交往亦日见增多。但二老关系之日渐熟悉，实始于1961 年之文科教材（历史组）会议。

五十年代以来，史学界出现了不少"左"的思潮。当时的老教授不愿讲，讲亦无用，或不敢讲。翦老对这些"左"的现象，不以为然，提出了一些不同的意见。1956 年 10 月末，翦老应天津史学会主席郑老的邀请，到天津做过一次演讲，就是针对这些现象而发的。他讲演中提出了"历史主义"的观点，强调应收集史料，尤其应注意第一手资料；还提出地理条件之重要性，不能不谈；在谈人在历史上的作用时，只能说蔡伦造纸，而不应说劳动人民造纸。还提出应反对教条主义，中国的教条主义已是第二手的教条了。还说：尤其不应以棍子打人，等等。翦老的这些意见，很得到一些老教师的共鸣，也引起许多人对他的好感。

1961 年春夏的文科教材会议，事实上也是在这种背景下召开的。翦老是这次会议的倡导者和发起人之一。其中会议的内容及全部计划安排，乃至组织机构的建立等，亦悉由翦老亲自过问与首肯。

1961 年 3 月初，郑先生和南开历史系杨生茂先生前往北京参加文科教材编写会议之预备会。参加历史组会议的有翦伯赞、周一良、齐思和、邓广铭、杨向奎、黎澍、陈翰笙、白寿彝、田珏以及南开大学的郑、杨等人。会议以翦伯赞为组长，郑先生及周一良为副组长，田珏为秘书。这次会初步确定了文科教材的内容及计划安排。随后在四月中，又在北京正式召开文科教材编写会议。除原参加预备会者外，全国各地学者如唐长孺、方国瑜、蒙思明、金应熙、何兹全、傅衣凌、黄云眉、韩儒林、尹达、马长寿、冉昭德等人均参加。与会诸人对当时的文风和学风是不满意的，认为当时许多文章作得不通，"三结合"实际只是学生在做，教师参加的少；教师对学生要求不严格，不敢坚持真理。今后不仅要严格要求学生，同时也应当严格要求教师。同时还强调当时的一些学术问题，应当提倡争论。如封建土地所有制问题、资本主义萌芽问题，"魏晋封建论"等，都不能避而不谈。要深入了解历史事件及典章制度，应当让学生看懂古书，了解中国几千年的变迁。因此，会上决定编选《中国通史参考资料》第一至第八册，以及《中国史学名著选读》六册（《左传选》、《史记选》、《汉书选》、《后汉书选》、《三国志选》、《资治通鉴选》）。

就在这次会上，郑先生和翦老被确定主编《中国通史参考资料》八册及《史学名著选读》六册，同时并负责主编《中国通史参考资料》第八分册（清代部分）。

《中国通史参考资料》第一至第二分册的主编是北师大何兹全先生，第三分册主编是武汉大学唐长孺先生，第四分册主编是中山大学董家遵先生，第五至第七分册的主编，分别由邓广铭、韩儒林、傅衣凌三先生担任。《史学名著选读》的主编，分别由四川大学徐中舒（《左传》）、西北大学冉昭德、陈直（《汉书》）、山东大学卢振华（《史记》）、华东师大束世澂《后汉书》）、四川大学缪钺（《三国志》）、山东大学王仲荦（《资治通鉴》）诸先生担任。这些先生都是学有专长的著名学者，可谓集一时之盛。且又有翦、郑二老之领导，无不欢欣鼓舞积极工作。

会议开完后，为了工作方便起见，郑先生在这一两年期间，一直住在北京，负责教材方面的审稿工作，并与有关作者经常商酌问题。

翦老和郑老对待工作从来是认真负责的。尽管当时在"帽子"满天飞，"棍子"随处见的情况下，编辑资料不无顾虑。如选帝王将相材料怕被人说是突出英雄（因而《史记》、《汉书》不选汉高祖及萧何、韩信等传），选涉及少数民族资料怕被人说是诬蔑少数民族，等等。但他们既然将任务承担下来，就专心致志搞下去，其他考虑就不屑一顾了。

通过编选教材的作者之不断努力，以及中华书局的积极配合，在短短的几年中，《中国通史参考资料》已完成并出版古代部分第一、第二、第三、第四、第八，共五册，第七册也在 1966 年以前付排，但原稿及校样均于十年动乱中在中华书局遗失，故未能出版；近代部分第一、第二，共两册；《中国史学名著选读》之《左传选》、《汉书选》、《三国志选》、《资治通鉴选》，共四册。其他未及出版的书，有些也已完稿。

今天我们回忆起这段历史时，就会感到：翦老、郑老以及其他先生，想在当时做一些事，是多么不容易呀！

翦老和郑老在主编《中国通史参考资料》及《史学名著选读》的同时，文科教材历史组还曾有过编写中国断代史的计划。1962 年 4 月，历史组曾确定撰写中国断代史纲要九种，即先秦史纲要（徐中舒）、秦汉史纲要（翦伯赞）、魏晋南北朝史纲要（唐长孺）、隋唐五代史纲要（汪篯）、宋辽金史纲要（邓广铭）、元史纲要（韩儒林）、明史纲要（傅衣凌）、清史纲要（郑天挺）、民国史纲要（邵循正）等。这项计划，随即得到众多教授的支持，纷纷写信给郑老，表示将设法完成。

翦、郑二老自文科教材会后，工作上互相配合，关系上亦极为融洽。在文科教材会上，翦老除传达上级报告外，还提出了历史系应分中国史及世界史两个专业。郑老闻后，感到这个建议甚新，向未敢想，极表赞同。随后，郑老在 1961 年、1962 年、1963 年均应翦老的邀请，就近到北大历史系为学生讲课，受到了欢迎。1963 年，翦老在教材会议上主张，历史系应开设一种研究历史基本常识的课程，应当叫历史科学概论，但此课已经定为必修课，且性质上与之又稍有不同。于是郑老乃主张可以用中国文化史专题的名义来讲授，并在南开历史系请众多教师讲授了一年，反映亦佳。

1964 年，翦老的处境已相当困难。一次，郑老去看他，谈了不少话。临送出门时，翦老郑重地对郑老说："多休息，少写文章。"真是语重心长，感人肺腑呀！翦老在危难中，尚如此关怀朋友，二老之情谊，于兹可见。

（原载《翦伯赞纪念文集》，人民教育出版社，1998 年 3 月）

郑天挺与中华书局

郑克晟

郑天挺（1899—1981）先生自 1930 年后，即担任北京大学及西南联大历史系教授、系主任、文科研究所副所长。1952 年院系调整，郑先生由北大调至南开大学，任历史系主任；六十年代后，任副校长。

五十年代后期，金灿然先生调至中华书局，任总经理兼总编辑。他原是北大历史系 1936 级学生，与郑先生有师生之谊，关系甚笃。因此，郑先生遂与中华书局的关系日益密切，经常有业务往还。

郑先生与中华书局的关系，大致可以分为三个时期：

一、1961 年 3 月至 1963 年 7 月，即在北京组织及编选教育部文科教材时期；

二、1963 年 9 月至 1966 年 6 月，点校《明史》时期；

三、"文革"以后时期。

一

1961 年 3 月初，郑先生和南开历史系杨生茂先生前往北京参加文科教材编写会议之预备会。参加历史组会议的有翦伯赞、周一良、齐思和、邓广铭、杨向奎、黎澍、陈翰笙、白寿彝、田珏以及南开大学的郑、杨等人。会议以翦伯赞为组长，郑先生及周一良为副组长，田珏为秘书。这次会初步确定了文科教材的内容及计划安排。随后在四月中，又在北京正式召开文科教材编写会议。除原参加预备会者外，金灿然先生及全国各地学者如唐长孺、方国瑜、蒙思明、金应熙、何兹全、傅衣凌、黄云眉、韩儒林、尹达、马长寿、冉昭德等人均参加。灿然先生对当时的文风和学风是不满意的，认为当时许多文章作得不通，"三结合"实际只是学生在做，教师参加的少；教师对学生要求不严格，不敢坚持真理。今后不仅要严格要求学生，同时也应当严格要求教师。他的一席话，博得了与会老教师的共鸣。灿然先生还强调当时的一些学术问题，应当提倡争论。如封建土地所有制问题、资本主义萌芽问题，"魏晋封建说"等，都不能避而不谈。同时他在会上还强调必须深入了解历史事件及典章制度，应当让学生看懂古书，了解中国几千年的变迁。因此，他对会上决定编选《中国通史参考资料》第一至第八册，以及《中国史学名著选读》六册（《左传选》、《史记选》、《汉书选》、《后汉书选》、《三国志选》、《资治通鉴选》）的计划非常支持，并主动承担了这些书由中华书局出版的任务。他还强调了历史系学生应具备史部目录学的知识，史学史应先搞史学名著介绍等。灿然先生性格爽朗，平易近人，对一些事又心直口快，敢于议论；干起事来勇于负责，因此一些老教师多乐于和他接近。

就在这次会上，郑先生被确定主编《中国通史参考资料》（与翦伯赞合编）八册及《史学名著选读》六册，同时并负责主编《中国通史参考资料》第八分册（清代部分）。

《中国通史参考资料》第一至第二分册的主编是北师大何兹全先生，第三分册主编是武汉大学唐长孺先生，第四分册主编是中山大学董家遵先生，第五至第七分册的主编，分别由邓广铭、韩儒林、傅衣凌三先生担任。《史学名著选读》的主编，分别由四川大学徐中舒（《左传》）、西北大学冉昭德、陈直（《汉书》）、山东大学卢振华（《史记》）、华东师大束世澂（《后汉书》）、四川大学缪钺（《三国志》）、山东大学王仲荦（《资治通鉴》）诸先生担任。会议将近结束时，中华书局等四单位还举行座谈会，征求历史组与会先生关于出版方面的意见，灿然先生也参加了。

会议开完后，为了工作方便起见，郑先生在这一两年期间，一直住在北京，负责教材方面的审稿工作，并与有关作者经常商酌问题。

郑先生对待工作从来是认真负责的。尽管当时在"帽子"满天飞，"棍子"随处见的情况下，编辑资料不无顾虑。如选帝王将相材料怕被人说是突出英雄（因而《史记》、《汉书》不选汉高祖及萧何、韩信等传），选涉及少数民族资料怕被人说是诬蔑少数民族，等等。但他既然将任务承担下来，就专心致志搞下去，其他考虑就不屑一顾了。

郑先生在此期间与其他作者互相商榷的信件是非常之多的，可惜在"文革"中许多已散失。现在我将其中一小部分抄录如下，以见其梗概。

1961 年 8 月 25 日致复旦周予同先生：

顷上海寄来尊选《历史文选》清样，注释精确扼要，而解题尤见概括之审，非淹贯大师不能办此，拜服，拜服。《史通》校注之想，弟怀之四十年。性既疏惰，旧时又奔走衣食不能得善本，蹉跎无成；近已嘱杨翼骧为之。浦二田于刘书诵习尚熟，但识见太陋，且有妄改处，诚如尊论，实不足观。刘子玄书有创有因，有批判有继承，学者多赏其创而忽其所因，遂疑刘氏之前无史学，非笃论也。然刘氏于因袭前贤处，既未一一说明，非饱学如兄者莫能抉示，此则尤盼随时见教者也。

1961 年 9 月 13 日致函缪钺先生：

九月二日信收到。《三国志选》注释五事，完全赞成，即请进行。

加注后篇幅增多。减选几篇固然可以减轻纸张负担，但如能维持原选篇目，或更能见陈志之全。弟所以不忍割爱于蜀先主、吴主孙权、姜维、吕蒙诸传者，一由于诸人均是三国时最重要之历史人物；一由于可以稍正读史规避帝王将相之偏。（《刘备传》可以反映入蜀前情况；《诸葛传》反映入蜀后；《姜维传》反映蜀后期；孙权可以代表东吴，《吕蒙传》可以与今日提倡读书相配合。人民群众是历史的主人，并不排除个别杰出人物在历史上所起作用。个别人物包括帝王将相。不是提倡而是不要规避。）但考虑甚不周全，可能是个人偏见，仍请裁定。……

1962 年 3 月 15 日致王仲荦：

承示《通鉴选》字数共约十二万字。党锢之祸以《后汉书选》有党锢列传，避免重复，不再选。全书选录魏孝文帝变法、隋灭陈、唐破东突厥、贞观论治、安史之乱、黄巢起义、契丹灭晋七篇，弟均赞同，至佩藻鉴。颉老现在苏州，当即送请决定。在复信前，是否即请吾兄先嘱助手按选目进行。

来教示及安史之乱可能压缩为二万字左右。果尔，不知能否将节省之两万字加选汉魏或南北朝一二段，或有叙述纂修目的之"臣光曰"。前此讨论时，或谓编年史最好用全卷抽印办法，与主题无关部分亦不删节，如某年月日"日有食之"之类，以便学生得窥史籍全貌（原定选隋唐二十卷，其理由亦在此）。当时未深入讨论，亦未作决定。吾兄必有高见，尚乞见示。吾兄感染肝炎，闻之甚念。近来已否稍痊？济南有无特殊供应？休养条件是否适宜？并盼便中见示。如需此间代为商洽，亦请不必客气。系中已为配备助手协同进行，极慰。但仍盼多加珍摄，多加休息，切请勿以增加劳累（可交助手先搞），至盼，至盼。

1962 年 6 月 23 日致冉昭德、陈直先生：

拜读大著《汉书选》新稿，仰见挹谦，弥增钦佩。现拟即行付印，已送请翦老核定。承示封面标题三种形式，拟采用第二种。以去年决定不用集体名义出书，而书局又不愿封面人名太多也。《董仲舒传》"终阳以成岁为名"，语不易解，诚如来教。然除尊释外，亦难更得他说。为学生易于了解计，或将文句再加简化。如将"但春秋到底还是用'以生育长养为事'的阳而不是以'主刑杀'的阴来名岁"，简化为"但春秋到底还是用阳来名岁而不是以阴名岁"，不知高明以为何如？仍候裁示，以便交印。《汉书选》说明不在手边，容取回后寄上。

1962 年 7 月 27 日致董家遵先生：

隋唐五代史参考资料，闻尊处甄选已毕，略加简注即可完成，至深欣慰。现各校需用孔殷，催促颇急，尚请于八月底以前交下，以便可以克期出版。暑假伊始，助手等如有困难，即请示知，以便由此间婉商学校设法。假期本不应以工作任务麻烦各位老师，惟兄与诸位新学期开始，必有新任务。如能乘暑假之便多请几位助手完成，俟开学再设法补假，不知是一办法否？

往时傅衣凌先生盛道吾兄博学洽闻，为乡邦之最，至深倾慕，幸祈不时赐教。

郑先生在主编《中国通史参考资料》及《史学名著选读》的同时，文科教材历史组还曾有过编写中国断代史的计划。1962 年 4 月，历史组曾确定撰写中国断代史纲要九种，即先秦史纲要（徐中舒）、秦汉史纲要（翦伯赞）、魏晋南北朝史纲要（唐长孺）、隋唐五代史纲要（汪籛）、宋辽金史纲要（邓广铭）、元史纲要（韩儒林）、明史纲要（傅衣凌）、清史纲要（郑天挺）、民国史纲要（邵循正）等。为此，郑先生当时曾给各册主编分头写信，其中道：

> 此间近有编辑中国断代史计划，分九册，每册三十至三十五万字，定名为××史纲要。内容、论点及编排，全由主编者自定。九册只求衔接，不求论点一致。合之可以成为一套断代史，分之亦可以独立各成一书。期以两年半完成，一九六四年出齐。其中××史一册，咸推吾兄主编。九册分期如下。……如有不妥，尤盼教正。

随后，郑先生又在是年六月廿一日致书徐中舒先生。其中道：

> 先秦史纲要一书，荷承惠允撰述，告之同仁，均深感慰。倘蒙于大著《左传选》定稿后即赐着手，尤所殷望。资料、时间、助手等，如安排须此间代为商洽，仍乞随时函示，以便请部中联系。

这项计划，虽然大多未能完成，但编写教材及中华书局各位先生的热情，是非常可贵的。

通过编选教材的作者之不断努力，以及中华书局的积极配合，在短短的几年中，《中国通史参考资料》已完成并出版古代部分第一、第二、第三、第四、第八，共五册，第七册也在1966年以前付排，但原稿及校样均于十年动乱中在中华书局遗失，故未能出版；近代部分第一、第二，共两册；《中国史学名著选读》之《左传选》、《汉书选》、《三国志选》、《资治通鉴选》，共四册。其他未及出版的书，有些也已完稿。

今天我们回忆起这段历史时，就会感到：郑先生以及金灿然先生等人，想在当时做一些事，是多么不容易呀！

二

早在五十年代末，中华书局就确定了出版"二十四史"点校本的规划，由赵守俨先生具体负责。赵先生当时不及四十岁，年轻有为，对年长学者极尊敬，故深得老先生们厚爱。

南开大学历史系早已答应承担《明史》的点校工作，由郑先生主持。但由于他事情太多，很难分神专心点校。其他各史的点校情况，亦大多类似。

因此中华书局乃有将各地专家集中该局、全力以赴、争取尽快完成"二十四史"点校工作之想。于是，郑先生在初步完成教材审阅工作后，乃于1963年9月底，居住在中华书局西北楼招待所，专心从事《明史》点校工作。与他一起居住并参加其他史点校的人，尚有山东大学王仲荦、卢振华、张维华先生；武汉大学唐长孺、陈仲安先生；中山大学刘节先生；吉林大学罗继祖先生，以及山西教育学院王永兴先生。此外，如在北京工作的冯家昇、翁独健、傅乐焕、刘乃和、汪绍楹诸先生，亦每人各校一史，虽然不住书局，每次开会总会聚集一堂。

郑先生在中华书局居住的近三年时间，工作是紧张而愉快的。工作之余的生活是多样的：有时与诸老同至街头食豆浆；有时则于饭后漫步于公主坟畔；有时则随傅振伦先生学习八卦拳；或与诸先生互赠诗文，鉴赏字画及善本珍籍；或与家人子孙团聚，等等。近年，罗继祖先生曾回忆那段往事时写道：

> 毅老（郑先生字毅生）和我连屋而居，共案而食，日得数见。当时住局诸君以毅老年龄最长，因共推为祭酒。毅老体质甚健，晬面盎背；对人态度寓和蔼于严正之中，言笑不苟；谈起学问来，虚怀若谷。
>
> 公余，三五相聚闲话，有时涉及校点中问题，有时下上古今，无所不谈。唐先生好购古画，张先生搜罗乡邦文献，他们常逛琉璃厂及宝古斋，我有时也同去，有所得，拿回来共同欣赏。毅老虽没有这种嗜好，但如遇到有关清朝掌故的东西，也特别注意。记得有一次谢刚主丈拿来一卷《宣南吟社图》，毅老即借去，想借以考一考林则徐有没有参加宣南吟社的事。
>
> （见罗继祖：《忆郑毅老》，载《南开史学》1933年第一期）

《明史》标点工作原由南开历史系林树惠、朱鼎荣、傅贵九三先生承担，继由郑先生全面复核修正。郑先生对《明史》点校工作异常细心，充分体现了老先生对整理史籍的认真负责态度。他在中华书局期间，在点校《明史》过程中，曾以札记形式写有《明史零拾》数十篇，打算《明史》点校完毕后，再整理成书。这些札记，所存已不完整。现将个别片断摘录如下，以见一斑。

《明史零拾》一：

> 王鸿绪两次奏进《明史稿》所言修史经过，均为王氏本人参加修《明

史》之经历，后人以为《明史》始修于康熙，大误。《世祖实录》已数见修史事。

王鸿绪两次进《明史稿》，均言熊赐履先之独进史本，是《明史》尚有熊本。与王本有何异同，待考。但本纪必系单独撰成，以王氏于康熙五十三年进书只有列传，奏中言熊本在前也。……

《明史零拾》五：

《明史》二十《神宗纪》，隆庆六年六月"罢高拱"，宜作"高拱罢"。纪文前后均无此体（页一下）。此条《史稿》不载，或雍、乾史臣所加。

万历十六年四月，"振江北、大名、开封诸府饥"（页九下）。此事《史稿》不载。语颇费解。如为诸府并列，则江北非府名；如非并列，则大名、开封不在江北。或江北诸府及大名、开封也。

《明史》不如《史稿》。万历十年五月免孔子等后裔赋役事，是其一证。《史稿》说明先师、先贤、功臣，比较易于明白。

《明史零拾》二九：

《明史稿》讳建州不讳辽东，《明史》并辽东而讳之。《史稿》纪十四，嘉靖四十二年八月乙亥，"辽东总兵官杨照"云云（二十一页下），《明史》卷十八《世宗纪》只称"总兵官杨照"（十一页下）。《史稿》记四十三年闰月己卯，"寇犯辽东"（二十二页上），《明史》则不载。待多录例以考之。

《明史零拾》三一：

影印《明熹宗实录》至七十九卷而止，即天启七年五月。其下不列卷，有七月至十二月，独缺六月。其毁似出于清人，不在冯铨也。所谓"宁锦大捷"，"奴子大挫于宁，三败于锦"，详情尽在其间，而努尔哈赤所由死也。

《崇祯本纪》记载歧异最多，两卷校记几至三百条，自然由于无实录，诸家记载不一。但由此可证关于明末私人记述，必须详细比证甄辨，以孤证立论甚危险。

《明史零拾》五二：

> 明代地方亦互相牵制，布政司民财，都司掌兵固矣。然而布政司只管
> 有钱粮之田土，而土司之有实土不纳钱粮者仍归都司。都司既有军、有民、
> 有土，患其权大又设行都司以分其势。布政与都司同治，而行都司则分治
> 于外，亦牵制之意。当详论之。

尽管这几年中，中华书局安排了得以安心业务工作的条件，但政治气候却
在不断变化，因此《明史》的点校工作，不能不受到严重干扰。什么"批判继
承"的座谈会，批判"海瑞罢官"的座谈会，"清官"的座谈会，"让步政策"
的座谈会，等等，纷至沓来。不准备不行，不发言更不行，发了言见了报更担
心，形势真是逼人呀！就这样，郑先生在 1966 年 6 月 8 日离开中华书局，奉命
回南开大学参加"文化大革命"。

三

"文革"后期，中华书局的"二十四史"标点工作又重新开始。由于南开不
同意，郑先生失去了最后参加《明史》点校的机会。然而，赵守俨及王毓铨等
先生仍然与郑先生不断取得联系，以期将《明史》点校工作顺利完成。郑先生
也对此毫不在乎，仍然兢兢业业，认真提出一些重要建议。如在三校时，对
《明史》卷二三九，关于"银定歹成"校记，郑先生建议：

> 原校样"银定歹成"，或加顿号作"银定、歹成"，或不加，不很一致。
> "银定歹成"在卷二一《神宗本纪》已见，不记如何标点，似可一查。案卷
> 三二七《鞑靼传》，"天启三年春，银定纠众再掠西边，官军击败之。明年
> 春，复谍入故巢。……其年，歹青以领赏哗于边，边人格杀之"。歹青与银
> 定分列，似以加顿号为宜。

又如对《明史》卷二五九《袁崇焕传》之校记，郑先生谓：

> "袁崇焕字元素，东莞人。"案《崇祯实录》卷三、《国榷》卷九一崇祯
> 三年八月癸亥条都作"藤县人"；《明进士题名录》万历己未科也作"广西

梧州府藤县民籍"，是此处东莞应作藤县。但《明史稿》传一三一《袁崇焕传》已作东莞人，清乾隆《一统志》及广东省县志均以袁崇焕列入广东广州府人物之内。原稿已将此条改为藤县人，建议只作校记，不改原文。

在明初官名中"参事断事官"间应不应加顿号的问题上，有人也表示拿不准。郑先生也以《明太祖实录》、《洞庭集》等书为例，认为应当断开。郑先生和其他先生一样，对《明史》点校的出版，都是认真负责的，同时也是虚心的。

1980 年 8 月，郑先生发起的明清史国际学术讨论会在天津召开。应邀到会的国外、国内代表共一百多人。中华书局的李侃及赵守俨先生也应邀参加。与此同时，中华书局出版了他的《探微集》及《清史简述》二书。

《探微集》是郑先生的一部论文集，共收解放前后所写论文四十三篇，是在原《清史探微》的基础上扩大而成的。早在六十年代初，人民出版社负责同志即劝郑先生将《清史探微》扩充出版，态度甚恳挚。并说："论文集最重要，以此看水平。郑先生如不带头，别人更不敢写。郑先生年纪已大，如不给我们留下点东西，未免可惜。"后来中华书局赵守俨先生也屡次催促此事，并建议可分两部分出版，解放前者名曰《采微集》，解放后者名曰《求正集》。由于当时准备不及，该书未能出版。1979 年以后，中华书局经与郑先生多次接洽，始行出版问世。

《清史简述》原是郑先生 1962 年在中央党校讲课时的记录稿。当时该校负责人通过翦伯赞、金灿然等人的联系，约请高等院校的一些教授，到该校讲授中国通史，郑先生担任清史部分。该校在 1964 年曾将此记录稿铅印数百本以为教材，并赠送作者一百本。但书印出后，"大批判"之风已至，因之外面流传甚少。中华书局认为该讲稿对有关清史的基本知识，能提纲挈领地加以介绍，因之劝由书局出版。郑先生也欣然同意。

郑先生对中华书局的出版工作是非常关心的。早在五十年代末，书局决定陆续出版《清代史料笔记丛刊》时，即不时向书局有关同志介绍这方面的稀有抄本，书局同志也经常以一些抄本向郑先生征求意见，往来密切。1979 年秋，郑先生撰文纪念吴晗先生，谈到了吴辑的《朝鲜李朝实录中的中国史料》一书。中华书局李侃先生见到此文后，立即回一信，告诉郑先生该书即由中华出版。

中华书局与郑先生的关系是密切的，郑先生对中华书局也是有感情的。郑先生去世前，国务院古籍整理出版规划小组成立，随后又制订了《古籍整理九年规划》(1982—1990),中华书局承担了更多的而且是大部头的出版项目,任务较前更加繁重了。这是一个新的起点。1981 年 12 月,家中收到聘请郑先生担任国务院古籍整理出版规划小组顾问的聘书时,郑先生刚刚离开人间! 否则他也一定会乐于对古籍整理的工作,竭尽其菲薄之力的。

一九八六年八月九日完稿于天津。

（原载《回忆中华书局》（下），中华书局，1987 年 2 月）

评议士林 公而无私

——回忆郑先生主持学科评议会历史组的工作

李宪庆

　　自一九七八年，我除了听郑老的课和参加一点科研工作外，还负责历史系办公室及历史研究所工作。在几年的接触中，我深深为他的忘我革命精神和高贵品格所感动。

　　一九八一年暑假，南开大学领导关心郑老身体，安排他去北戴河休养。这时，教育部通知他赴北京参加教育部和国务院学位委员会召开的学科评议组第一次全体会议。组织上考虑他的身体情况，征求郑老本人意见，他毅然地说："这次国家召开的学科评议组会议，建国以来还是第一次，是一项新的工作。以后我们就要开始有自己的博士、硕士了，这是建设国家实现四化的一件大事。我不能为休养影响工作。"当时教育部通知郑老为历史学科评议组召集人，并规定由召集人所在单位出一名学科秘书。郑老邀我同去担任学科秘书。当时我有些顾虑，心想经过十年"文革"浩劫，思想复杂，虽然是同行评议，但标准不好掌握，感到这项工作责任重大，容易得罪人，因此，我不大愿意前往。郑老就耐心给我做思想工作，解除了我的思想顾虑。

　　教育部和国务院学科评议组会议从七月十日开始到八月三日结束，前后共二十多天。建立学位制度新中国成立以来还是第一次。这次会议是学科比较齐全、专家最多、规模最大的盛会，有四十多个评议组，四百多名专家学者参加。这次博士、硕士学位授予权的审核工作，是在材料面广、量大，缺乏经验，事先调查不够，时间又十分紧迫的情况下进行的。参加这次大会八十岁以上的专家教授有十人，郑老是其中之一。他每天除组织大家学习讨论外，休息时间还要研究汇报，仔细翻阅各校上报的大量材料。有次因连续工作和天气闷热，他身体发烧，这时我便劝他注意休息。郑老微笑着说："不掌握一定的情况，没有比较，就很难在实际的评审过程中贯彻'坚持标准，严格要求，保证质量，公正合理'的十六字原则。我的身体不要紧，坚持一下就顶过来了。"他就这样夜以继日地工作了二十多天，从没请过一次假。

这次历史学科评议组会，郑老先与吴泽教授负责，后与夏鼐教授负责；成员亦都是著名的专家教授，如邓广铭、吴廷璆、吴于廑、唐长孺、徐中舒、何兹全、戴逸等。其中有的和郑老一起共过事；有的是郑老在北大任教时的学生，都对郑老十分尊敬。但他毫不以尊长自居、自专，而是虚心听取大家的意见，互相研究，磋商问题。为此，大家都能畅所欲言，充分发表各自不同的学术观点和意见，真正发扬了民主和科学风气。尤其是在评审过程中，郑老对各校申报授予博士、硕士专业和指导教师的表报材料，认真组织审阅；对有的学校提出更改指导教师职称者，他细心向大家说明改变结果；请求了解情况的成员详细介绍有关材料。然后按照《国务院学位委员会关于审定学位授予单位的原则和办法》所规定的条件进行讨论酝酿，审核通过。他唯恐把各校具备条件的专业和指导教师遗漏掉，慎之又慎，工作做得细而再细。

评审以后，我发现南开历史系设置世界史专业多年，并数次招收研究生，硕士单位授予权竟未获通过；中国古代史一教授亦仅以一票之差而未获得博士学位授予权，对此有些惋惜之情。郑老表示对本校的情况，咱们自己不好说，只能让其他成员审核评定。我回味着郑老的意见，联想他一贯作风，十分感佩。他一生学生很多，奖掖后学，为士林所共知。而他从不怀门户之私，对亲手授业的及门弟子，甚至对他们的文章都不推荐，还是一句旧话，由同行评定，让社会实践检验。这正反映了郑老一贯治学严谨，严于律己，公道无私的高尚品德。

会议对历史学科的专业目录，进行了详慎的研究、调整、修订和增补。对"考古学"、"中国古代史"、"世界地区史、国别史"、"专门史"等作了详尽注释，加强了系统性和科学性，初具了现在使用的历史学科专业目录的规模；完满地审核和通过了首批授予博士学位和硕士学位的专业和指导教师。教育部和一些高校历史系的同志们认为是"恰如其分"，基本上"公正合理"，做到了严格掌握、保证质量。它为我国历史学科开始起步的学位制度健康发展打下了良好的基础，对今后历史学科教育事业的发展将起重要的推动作用。

这些成绩的取得，当然主要是由于党的方针政策得体和评议组专家的努力，但也渗透了郑老的心血。为了祖国历史学科的建设，郑老不以年高畏避，不顾盛暑酷热，竭力奋勉，克应重任，他这种兢兢业业的创业精神，这种认真负责的工作态度，足为我们后人学习的楷模。

暑假结束后，郑老在天津市参加会议，带研究生到北京明定陵参观，去

武汉参加纪念辛亥革命学术讨论会，十一月下旬又赴北京参加人大五届四次
会议，几乎没有一点儿闲暇。在这些会议和活动间隙期间，他犹不顾疲劳，
除了亲自撰写文章和坚持正常工作外，还作了两次"中国古代少数民族研究
中的问题"的学术讲座；多次亲自召开会议，研究成立"明清史国际学会"、
南开大学"明清史研究中心"等问题。在他主持下起草了两个报告，做出了
相应规划和安排，并利用在北京开会的机会，向教育部长蒋南翔同志和社会
科学院梅益副院长作了汇报，同时把他们热情支持的消息迅速通知系主任，
嘱咐尽快请示学校上报教育部。谁知报告还没来得及呈上，他就离开了我们。
八十二岁高龄的老人，不停息地连续工作，为了办好南开，为了我国的教育
事业，耗尽了他的心血！

　　郑老逝世前三天，病情日渐加重，可是天津市总医院高干病房竟住不进
去。郑老身为南开大学副校长、天津市政协副主席住的是一般医院的普通病
房。他和家属毫无怨言。就是这样，在校系有关负责同志送他上车去医院时，
他还心情不安地说："兴师动众，这样不好。"此时此刻，他心中仍然考虑到
医院的困难，想到因为自己影响工作，唯独没有想到自己。去医院途中，郑
老深情地望着我，询问今年招考博士研究生的时间。一会儿又说咱校化学系
由研究生指导教师组成了一个委员会，负责处理招考博士生的一些重要问题。
他受着疾病的折磨，却仍然关心着为四化培养人才。我看着郑老消瘦的面孔，
听着他的这些话，不由地掉下了眼泪。没有想到这竟是我听见郑老的最后几
句话。

（原载《郑天挺学记》，三联书店，1991 年 4 月）

"老骥伏枥，志在千里"

——忆父亲最后所关怀的几件事

郑克晟

一九八一年十二月二十日清晨五时，我在医院病房陪伴着父亲刚刚起身。父亲缓慢而亲切地问我：你为什么起得这样早？为什么睡觉未脱衣服？我闻后不觉泪下，因为我知道正是他老人家这最后的一个夜晚，基本是未成眠的。六点钟，护士送来了体温表，他还仔细地端详了半天，让我把表再甩几下。表试过后，他看了又看，对我说：是三十六度七吧？他似乎放心了。……事实证明，他在临终前几小时，头脑尚如此清楚，对我尚如此关怀，无微不至。可是万万没有想到，这竟是他对我所说的最后几句话了。

八一年下半年父亲的工作特别多，会议不断。暑假期间，学校领导劝他到北戴河休息，他因为要去北京开会，没有同意；八月初，他开完会归津，领导又多次劝他前往，他认为气候已不太热，自己可以不必去，还是以让给别人去为好。在这些问题上，他总是这样谦虚，把方便让给别人。实际上，数十年来，他就从来没有利用假日到哪儿去休息过。

八一年十月，他到武汉参加辛亥革命学术讨论会。会后又紧接着回天津参加十月十七日南开大学为杨石先教授和他的执教业绩庆祝活动。在这次会上，领导上同意他多次的请求，辞去了副校长的职务，改任顾问。但他却仍然老当益壮，干劲十足；"身处第二线，心怀第一线"。[①] 下面，我仅通过他临终前所最关心的几件事，看看他在晚年是如何认真对待工作的。

一、拟赴厦门参加郑成功学术讨论会

八一年十月底，我收到厦大历史系林仁川同志信，谈到傅衣凌先生正因

---

① 此语系父亲在南开庆祝杨老和他的教学业绩会上的答词中的一句话。

病住院休养，因而嘱他写信给我，邀请郑老参加定于八二年二月在厦门召开的郑成功学术讨论会。当我把信交给他老人家阅后，他非常高兴，立即嘱我回信，愿意参加。同时他还及时地把这一消息告诉在南开和他一起进行研究明清史的日本东北大学寺田隆信教授，相约偕行。十一月下旬，我又收到傅先生信，其中说："住院二月，服用漳州名药片子癀，炎症已愈，惟体力稍亏，在调摄中。福建省委原定于明年二月间在厦门召开郑成功学术讨论会，规模较大，并邀请部分国外学者参加。殷望郑老莅临指导，为会议增光。顷又接通知，因筹备不及，拟延到五、六月间举行，俟确定后，当再函知。寺田隆信教授前有信给弟拟于明年一、二月间来厦事，已托林仁川同志去函足下，请代为转达。……嗣知郑成功学术讨论会将于二月间在厦召开，因告寺田先生如能结合郑成功学术讨论会偕同郑老前来，一切将较为方便。现因情况变化，寺田先生愿于一、二月间来厦，仍表欢迎。此请便盼代为转告。顷悉全国政协将于月底在京开会，弟拟参加。郑老当会出席人代，届时当争取机会向郑老请教会议召开事，余不赘。"

　　收到信时，我未在家，父亲亦将赴京开会，事情很多。我原想将此信内容告知寺田教授，谁知父亲告我，他早已转告寺田先生了。他办事之认真、不拖拉，我真是万万赶不上的。厦大是父亲青年时代工作的地方，时常思念；郑成功问题也是他在教学和研究工作中非常注意的一个专题，因此他对福建召开此会，一直非常关心和支持，并表示一定参加。可惜他遽归道山，这个愿望未能实现。

二、在南开设立明清史研究中心

　　父亲在十一月下旬去京开会的前几天，曾召集李宪庆、南炳文、陈振江、冯尔康等同志，连续开过几次会，商议拟在南开大学历史系设立明清史研究中心，以利开展工作。他在百忙中尚亲自草拟《南开大学历史系成立明清史研究中心初步建议》。内容包括设立目的、任务、成员、出版、经费及研究内容等六项，几乎无一遗漏。临去京前尚屡屡惦念此事，要我把情况随时告他。他在十一月二十六日到京后，立即给我一信，告诉他的地址。信中说："到京，汽车开到站台，未见郑春。坐汽车行四十五分钟到八大处第一招待所，住八十五楼一一二号。……交通不便，看来无人来，亦不能去看人。"十二月三日早上，他又写一信，还是谈这件事。信中写道："昨与蒋南翔部长谈设立明清史研究中心事,他认为可以,盼转知冯、陈、李、南诸同志即将计划商定,由系报校转部,以早为宜。报部时最好专人去一趟。另给魏先生一信,盼转交。研究所领导处请李、南两同志一谈。匆匆不多写。"我收到信后,当即向系内魏宏运主任汇报这一情况,请他们赶快将材料报部,以使这一计划能更快得到批准。当父亲十二月十四日回津后之次日,系中同志向他再次谈及此事时,可惜他已抱病在身,力不从心了。

三、历史大辞典明、清史分册会议

父亲对历史大辞典工作一向热心、负责,尤其对明、清史分册工作会议的召开,特别关怀。八一年十二月十日,两分册同志在天津开编写会议时,他正在北京开会。会议前,尽管他在京住地较远,交通不便,但他仍然与辞典负责人胡一雅、曹贵林等同志联系多次,深感对此会不能及时参加,表示不安。他在十一月三十日曾给我一信,内中说:"人代会十三日闭幕。历史辞典十日开会,我须请假几天,盼告一雅、贵林、罗明诸同志。戴逸同志不知来否? 到会同志得便还是来系中讲讲,可与系中一商。"他老人家在十三日大会闭幕后,原在京还有几次座谈会,他为了急于赶回参加历史辞典会,乃于十四日上午即由京赶回天津。十二日他又匆忙写了一信,这是他给我的最后一封信了。我把信中内容全部抄录如下:"我已买好十四日上午九时余京津车票,大约十一时后可到。与何炳林先生同行。辞典会已开,我只能参加后半段,殊歉,望向同人致意,到津即往参加。"可惜的是:父亲十四日中午到家后即病,吃饭仅吃稀食,下午即发烧,因而历史辞典会议始终未能参加。十六日下午,历史辞典会已结束,与会同志多人来南开历史系作报告,他还深以不能亲自接待为憾。同时又在惦念次日即将在天津召开的中国史学会常务理事会。当然,尽管父亲是执行主席,而这个会也同样因为他病情严重,须住院治疗而未能参加。这不过是他去世前几天的事了。

父亲身体素健,很少得病,更少卧病在床,因而对自己身体估计过分乐观,不免有所大意。他在近几年,由于在政治上不断进步,参加了中国共产党,因而对工作更加认真,热情满怀。一九八〇年十月十七日,父亲光荣地加入党组织后,曾赋诗抒怀,表达了他晚年的雄心壮志。诗云:"真理卅年潜志求,喜从今日得登楼;坚持四化蠲私有,弦佩终身誓不休。"他老人家从来就是这样不知疲倦地勤奋工作,壮心不已。正如蒋南翔同志发来的唁电所说:

"郑天挺同志热爱党，热爱社会主义，不断随着时代的进步而进步，从一个民主主义者发展成为无产阶级的战士、光荣的共产党员。他在垂暮之年仍壮志满怀，为在南开大学建立明清史的研究中心而积极努力。他的不幸逝世，对我国教育事业和史学界都是一大损失。"是的，父亲一生热爱教育事业，他的那种为了教育事业和四化建设而忘我劳动的革命精神和对工作的极端负责任的高贵品质，是永远值得我们学习的。

（原载《中国古代史论丛》一九八二年第二辑）

郑天挺与张耀曾

张丽珠

郑天挺先生是家父张耀曾的亲表弟。郑家世代读书，家境清贫。先生6岁丧父，母陆嘉坤亦通经史，热心教育，1906年不顾家人反对独身孤儿寡母去津到北洋高等女师教书，任总教习，但到津一年即患白喉病故。托孤于梁济，以后又转到我家，当时父亲在日本留学。只有叔叔张辉曾在家，教他们兄弟二人识字读书，叔叔是搞程朱理学的，律己责人都很严格，故思想品德对其影响较大，直到1912年他考入师大附中后才独立生活。1922年郑在北大读研究生，生活困难，又在父亲任会长的法权讨论委员会兼职秘书，以维持生活。法权讨论会是当时政府筹备收回帝国主义在中国领事裁判权的机构。郑所编的《列国在华领事裁判权志要》一书，就是在父亲直接指导下完成的。在此期间不论在京或外出，二人均形影不离。以后郑在北大留校任教，1928年北大改组，欠薪严重，教师纷纷离校。郑应马叙伦、梁漱溟之邀去南方，父亲有一长信，由此可见二人关系之亲密，父亲对其之爱护及信任，前途之关心。

> 毅生吾弟左右：
>
> 一别数月，至深企念，前此南北阻绝，通讯为难。尝三弟处闻行踪，藉慰悬悬，日前奉手书，详示一切，至为快慰……。在粤能广交西南英俊，为将来回闽，独当一面地步，固大佳事，但不识有无此种希望？兄深望弟向此方向发展，否则粤似不如浙也。……

1928年父亲隐居上海任律师，九一八事变日本侵略战火烧遍东北，1931年他与其他爱国人士成立了"中华国难救济会"。1935年华北事变，国民党当局不仅对日本侵略不抵抗，反而压制爱国民众抗日救亡活动，以危害民国罪，在上海逮捕沈钧儒等"七君子"，父亲次日赶往法院，以拘捕不合法而与其他爱国人士一齐，将沈钧儒等保释出狱，以后又义务担任辩护律师。

七七事变后上海陷于敌手。父亲重病在身，困居上海法租界寓所。面对日人利诱与目睹友人政治失节堕落，带病写了《孤岛上的决心和态度》一文，表明了对祖国的无限忠诚。1938 年初父亲在日历首页写下了"民族复兴"四个大字。以后沉默寡言，逝世于寓所。郑大叔此时虽已千山万水随校到达云南蒙自，闻讯后仍经越南、香港至沪奔丧，由此可见二人亲同骨肉之情感。曾著文《镕西表兄象赞》，又亲题挽联：

廿载追随，亲同骨肉，义兼师长，诲迪提携无遗力。

四方烽鼓，国丧栋梁，民失喉舌，扶持匡济更何人。

梅贻琦与郑天挺

1999 年是先父郑天挺（1899—1981）先生百年诞辰纪念。他在"七七事变"时任北大教授兼秘书长，负责留守北平，保护北大师生安全撤离古都，前往长沙临时大学，1938 年初，又随三校师生由长沙撤至昆明，任西南联大历史系教授。1940 年初并兼任西南联大总务长，直到抗日战争胜利。梅贻琦先生则一直任西南联大常委会主席。梅、郑二人在联大共事五六年，互相配合，关系一直很融洽。

联大行政效率改进委员会

抗战前郑先生任北大秘书长多年，行政事务冗杂，百事缠身，大大影响了他的教学及科研时间。到联大后，北大蒋梦麟校长（时任西南联大常委）退居二线，联大校务由梅先生主持。时郑先生向蒋校长提出不任行政职务，专心教学，得到蒋的同意。1939 年 4 月，蒋校长跟郑先生说，一些联大教授对学校行政效率有意见，故学校决定组织行政效率改进委员会，让一些教授参加，也让郑担任委员。郑先生一听，就觉得这样的组织本非治本之策，未必能有所作为，不过既已成立，如能贡献些意见以备参考还是好的，因之也就同意了。

过了不一会儿，梅先生忽然来了，对郑说："刚才已商量决定，请你当主席。"郑大为吃惊，立刻表示拒绝，并向蒋校长报告此事。蒋也认为以不任主席为好。郑乃再向梅先生力辞，梅不允。郑先生态度极坚决，急告联大秘书章廷谦，请他将梅之手谕送还改派。然而此事并没有影响两人关系。

同访吴文藻谢冰心夫妇

1939 年 10 月底，梅、郑及杨振声（今甫，联大中文系教授，校常委会秘书主任）、陈雪屏（教育系教授）四人至呈贡看望吴文藻（云大教授）、谢冰心夫妇的新居。当时他们一家为了躲避空袭，移住在这里的一个小山上。呈贡离昆明很近，火车行驶近一个小时，四等车来回票价一元三角。呈贡车站离县城尚有八里路，乘马亦要一小时。吴、谢一家即住该县东门（就日门）山上之华氏墓庐。大家一起稍休息后，即由主人陪同绕山头一周。这里风光秀丽，"远望滇池，彩叠数色，不辨为云、为岚、为光、为水、为山、为田！"至晚饭后，则"月色绝清，万顷溶溟，似昼而淡，似灯而静"，确是乡间难得见到的景致。当晚郑、陈二人即住吴寓，梅、杨先生则住龙街郑颖孙先生寓所。

次日，由"朋友第一"的吴、谢二先生带领，大家又出县南门（文明门）乘马十八里至乌龙浦游玩。"登山而望，前临昆池，西山屏列，风景大似南京燕子矶。"宾主在此共进野餐，别具风味。是晚众人又在郑颖孙处听其抚琴，及张充和女士昆曲，尽兴而归。

又次日晨 10 时，由女主人导游龙井。大家同出北门（朝京门），越公路东北行，即见一亭，其旁即泉，全城饮水全赖此泉。中午食饺子后，郑、陈二人因次日有课，于下午即乘火车返昆明，梅、杨二人仍留呈贡。

此次旅行，大家不仅饱览此地的风光，会见了老友，同时也得到很好的休息。唯一不足者，即梅先生行路中不小心蹩了脚。

坚持郑先生任联大总务长

1939 年 12 月，联大总务长沈履决定去川大任教务长。事前沈即向郑透露此讯，并言梅先生深盼郑继任此职。郑先生表示万万不行，并向蒋校长表明此意，得到蒋之理解。次年 1 月，郑先生其他友好均不赞成郑担任此职。一位同楼住的老学长劝郑不就的态度尤为坚决。他说，目前学术领导（指各院院长）皆属他人，而行政领导均北大人任之，外人将以北大不足以谈学术。且行政职务招怨，学术领导归誉，若怨归北大，而誉归他人，将来学校地位不堪设想。郑先生对此老之意见极同意且赞赏，于是乃向常委会去函，表示总务长之职绝对不就。不料校常委会仍通过，沈履又来劝驾，谓人事、经费均无问题；同时梅亦表示，即来找郑详谈。郑怕梅来，乃到处躲避。然梅先生仍来挽劝就职，态度极殷切。郑先生乃坦然表示，所以不就总务，"并未谦让，亦非规避，尤非鸣高"，不过欲乘此时多读读书，认真教课，并致函常委会表明态度。未几，常委会议仍主挽留，并派黄子坚、查良钊、杨振声、施嘉炀、冯友兰诸先生再来劝驾。且留函称："斯人不出，如苍生何？"而此时傅斯年、周炳琳、杨振声等人又怕伤及北大与清华的感情，一反原来态度，复劝郑先生就任。周炳琳并谓，在目前局面下，只好牺牲个人，维持合作。在这种情况下，郑先生乃向梅先生表示，愿维持此职至是年暑假，并表示可在开学后就职。而梅先生在谈后却向同人言，郑先生今天即就职。于是郑先生乃成为联大之总务长。

郑先生挽劝梅先生

1940 年夏，德军侵占法国后，安南（今越南）形势突然紧张。当时政府密令西南联大等校亦迁四川。此事在讨论时意见不甚一致，且运输费用亦大（郑先生估计须 200 万元），困难重重。而一部分教授在讨论时也对学校行政效率有意见，希望能加改善，甚至会外尚有人主张应增设校务长者，郑先生对此事不以为然。他认为，如果谁不称职，尽可撤换。梅先生处此困难中，觉得异常疲倦，想去呈贡休息一二周。郑先生也向梅表示，一俟学校校舍问题解决后，即辞去总务长职。

8 月底，梅先生去呈贡休息。行前给郑写信，谓已辞常委会主席。郑大惊，于是复梅一函，表示梅先生若去，"则天挺当立即离去"，并表示将去呈贡慰留。与此同时，蒋梦麟校长亦请郑先生亲自去呈贡，代表他本人向梅先生致意并挽留。

9 月 3 日，郑先生与罗常培先生去呈贡吴、谢宅，郑当面向梅表示蒋校长挽劝之意，并谓："在三校合作局面下，一人去留，关系甚大，希望不再言辞。"梅先生表示，"近日倦甚，提不起精神。"郑说，"可多休息几天，即可恢复。"郑与梅先生谈完后，当日即回昆明。未几天，梅先生也回昆明，仍然认真处理校务，一切如常。当然，郑先生处此情况下，一时也不好再提辞总务长事。

同去四川公干

1940 年秋，日军侵占越南，云南局势骤然紧张。当时在昆明的其他学术机构，如中研院史语所及北平图书馆等大多迁川，联大也在四川叙永设立了分校，接纳一年级新生。1941 年夏，昆明形势已趋缓和，且分校设立太远，诸多不便，于是联大常委会决定叙永分校停办。梅、郑二人乃就赴川公干机会，去叙永慰问师生，并告知暑假后迁回昆明。

这次同行的还有罗常培先生。他们三人此行三个月，饱尝了战时"蜀道难"的滋味，还仓皇遇到多次警报，历尽辛劳。但也苦中有乐，看望了不少老友新知，访问了史语所及四川大学、武汉大学及金陵、齐鲁、华西大学等十几处学术机构，并顺游了峨眉山。

这次旅行，使梅、郑二先生增进了了解，关系更加密切。尤其是梅先生的谦虚，待人诚恳，有修养，处处迁就人的学者风范，给了郑先生极好的印象。

回昆明不久，罗先生写《蜀道难》一书，就是叙述他们这次旅行的，并请他们共同的好友谢冰心女士作序。

梅先生工作一斑

梅先生一向工作认真负责且极细致。1945 年 2 月，梅先生离昆赴川公干，临行前给郑先生信，谈到校中未了之事，即如工警之裁减，工役伙食之津贴，甚至连一些教室之桌凳未搬，壁报张挂之墙壁已修好等，均一一交待清楚，不厌其烦。

1946 年三校北上复员。10 月，一批联大箱子北运至平，梅即嘱按四校（北大、清华、南开、联大）分开拨交，并在是月 25 日函告郑先生，请按时照料。信中所述各点均安排得极为细微，如什么箱子装错了，什么箱子是个人书籍等，一一标明清楚。最后说："点交各校之箱件号码及总数，及有无损毁情形，向各校取得收据，由彼等交迁（运）委（员）会，以清责任"等。

梅先生一向注重节约。1946 年 9 月末，梅校长夫妇打算请胡适（北大校长）、傅斯年（北大代校长，刚卸任）、陈雪屏（北平临时大学补习班主任，刚卸任）夫妇及杨振声、郑先生等人在城内骑河楼 39 号清华同学会吃饭，欢送傅斯年夫妇回南京。梅先生函告郑先生，请代烦陈雪屏家之厨师烹做，并称，应"在不太讲究而又不埋没厨师手艺的原则下"为之。最后表示，"琐碎奉渎，甚感不安，惟于明日多敬一杯，以表谢意耳！"梅先生工作细致周全，却又寓于幽默之中。

2000 年 10 月 11 日

（原载《校友文稿资料选编》第七辑（清华校友通讯丛书），清华大学出版社，2001 年 4 月）

陈寅恪与郑天挺

郑克晟

陈寅恪先生系中外著名学者，学贯中西，诚为 20 世纪之史学泰斗。郑天挺先生亦系我国著名的历史学家、教育家，在北京大学、西南联大、南开大学任教 60 年，在学术研究上具有深厚的功力。陈先生长郑先生 9 岁，是他的师长，或亦可说系师友之间。陈之父陈三立先生与郑之父郑叔忱先生清末曾共过事，可谓世交。抗战前，陈三立老先生曾为郑先生书写"史宧"之横幅，郑先生一直高悬书房之中。但陈、郑两人的熟识，还是在西南联大及北大文科研究所期间。

一

1938 年 3 月初，郑先生与其他教授由长沙至昆明后，北大、清华、南开合组之长沙临时大学已改名为西南联合大学。联大刚到昆明，校舍不敷，决定文法学院暂设蒙自。蒋梦麟校长乃派郑先生（时任北大史学系教授兼秘书长）等人去蒙自负责筹备。筹备就绪后，就陆续迎接师生来校。

蒙自系滇南重镇。光绪十三年（1887）被辟为商埠，设有蒙自海关、法国银行、法国领事馆。清末时，法人修滇越铁路（河内至昆明），原拟经蒙自，遭当地士绅之强烈反对，乃改经碧色寨。从此，蒙自经济大受影响，一蹶不振。故当时由昆明至蒙自，快车须 5 小时先至开远，下车吃饭后，再坐车 50 分钟才至碧色寨，然后再换碧个（旧）火车，又半小时多始能抵蒙自，费时须一天。如车慢及行晚，还要在开远住一夜，次日始能到，甚为不便。

当时陈老及郑老都住在蒙自之歌胪士洋行。歌胪士为希腊人，原开有旅馆及洋行。洋行临街，约 20 年代即已歇业。当时洋行内尚存有不少洋酒，一些清华教授见到，十分高兴，当即开怀畅饮。当时住在洋行的教授尚有闻一多、陈岱孙、李卓敏、陈序经等人。陈老到蒙自比较晚，未带家属。晚饭后大家一齐散步，陈、郑都来参加。有时齐至军山，有时在住地附近，还一起去过蒙自中学参观图书馆。离开蒙自时，即 7 月 23 日，陈、郑及诸教授还曾去该地之黑龙潭游玩，往返 15 里，历时数小时。

战时大学教授的生活，虽然较前大不相同，但大家共住一楼，两人一室，大多单身，同桌共饭，彼此关系更为融洽。陈老与郑老亦然。当时郑先生在联大亦教隋唐史，致力西南边疆史地之研究。他读《新唐书·吐蕃传》，疑发羌即西藏土名 Bod 之对音，乃草成一文，名《发羌之地望与对音》。写完后随即就正于陈寅恪先生。头天晚上送去，次日下午陈即送还，并为文中订正梵文对音及佛经名称多处。陈先生对该文极为赞许。此外，陈先生对郑写的《多尔衮称皇父之臆测》一文亦很称赞。陈谈及当时中山大学吴宗慈老教授原写有一文，反驳孟森教授有关清初孝庄太后下嫁多尔衮之疑的种种观点，并即发表在该校之《史学专刊》中。后吴见到郑先生论述后，颇悔其原作之不足，然已来不及，乃在文中后记中特别标明之。陈老虽系师长，但与郑先生两人互相敬重，交谊日深。

二

西南联大的三校迁至昆明后，仍拥有各自独立的科研机构。当时局面已相对安定，教授们均希望重要科研机构尽快恢复。

1939 年 5 月，北大决定恢复文科研究所，由史语所所长傅斯年先生主持，任主任。当时中研院史语所亦在昆明，人员不多，但书籍不少，且多善本，这对北大师生进行研究，亦极有利。北大文科研究所主任向由文学院院长兼任。当时院长胡适已任驻美大使，但院长名义尚保留，傅先生实际亦是代胡先生主持工作。傅工作太多，且经常去重庆，于是他就拉郑先生为副主任，协助工作。

北大文科研究所的导师有陈寅恪、傅斯年、汤用彤、杨振声、罗庸、罗常培、唐兰、姚从吾、向达、郑天挺等；董作宾、李方桂、丁声树等亦系所外导师。专家学者济济一堂，俨然一家。并在是年夏即开始招生，共招两次。

十名导师除陈老外均是北大文、史、哲三系的教授，陈老是傅先生及郑先生特别聘请的。

陈先生在柏林大学研究梵文时，即与傅先生熟识，回国后在史语所共事，关系更深。陈先生在 1939 年夏去香港候船赴英讲学，因正值欧战爆发，未能成行，乃于是年 10 月 20 日回到昆明。是时研究所汪篯、王永兴两先生已投入其门下，在陈老指导下进行隋唐史之研究。

北大文科研究所设在昆明城内青云街靛花巷 3 号一座小楼中。楼共三层，每层六间，原系史语所租用。该楼一楼系师生各自的食堂及学生住处。郑先生住在二楼西屋中间，傅先生在郑之北，郑屋之南为学生读书室。罗常培先生住在郑屋对面，仅几步之隔。陈老及汤用彤、姚从吾等先生则住在三楼。

郑先生是 1939 年 10 月 24 日迁入所中的，当时三楼陈先生等人尚未迁入。郑先生曾这样形容靛花巷 3 号周围的环境：

> 室中面西有窗一，临空院，院中有修竹一丛，正当窗际，举头可见；日对清节，益吾心神当不少也。晚饭后，独坐读书，惟远处蟋蟀微鸣，别无音响，静极。

未几天，陈老即迁入此楼中，一直住约八个月，始离昆再赴香港。

陈老当时身体尚好，亦系一个人来昆，兴致亦高。师生同住一楼，感情融洽。他与郑先生等人或一起饭后至翠湖步月，或一起在田野间躲警报，或诸人至外会餐，或同在楼中进餐后一起聊天。陈老知识渊博，熟于掌故，海阔天空，其乐也无穷。

陈老是 1940 年 6 月 17 日离开昆明的。临行前的一个下午，他坚邀郑先生与他一起至昆明戏院看京戏，汤用彤及邓广铭先生也一同前往。

陈老是汪篯及王永兴两人的主任导师，郑先生亦以导师名义协助指导。陈老走的那一天，正是汪篯考试的日子，故陈老请郑先生为江出题，郑先生也因而未能去车站亲送陈老离昆。

为了反映当时的学习状况，现把郑先生为汪所出试题写在下面，以见一斑：

一、述李唐族姓之所自；

二、沈东甫《唐书宰相世系表订讹》，其体例若何，其得失若何，试详论之；

三、《新唐书·世系表》名位显著之人，往往下无子姓，即有亦不过一、二传。或谓五季散乱之后，人多假托华胄，欧公意在谨严，故存其父祖，删其子孙，其说果足据乎？试举例以明之。（原注：此李菊客说，

见光绪十年九月十九日日记）

四、有唐氏族长孙、窦、武、裴、萧、崔、卢诸家，先后显晦之故，能略述之欤。

陈老离昆至香港后，又未成行，乃决定在香港大学任教，陈为此专门写信告郑，郑先生深憾不已。

三

1946年暑假后，西南联大解散，三校复原，陈先生又回到了清华任教。是年10月，陈先生因目疾难以复明，异常焦急。他给当时担任北大史学系主任的郑先生写信，要求支援助手。信中道："毅生先生史席：弟因目疾，急需有人助理教学工作。前清华大学所聘徐高阮君，本学年下学期方能就职。自十一月一日起拟暂请北京大学研究助教王永兴君代理徐君职务，至徐君就职时止。如蒙俯允，即希赐复为荷。专此　顺颂著祺　弟陈寅恪敬启。三十五年（1946）十月卅日。"从此，王永兴先生即回清华任教。而陈老的另一学生汪篯先生，此时正在吉林长白师院教书，对北方严寒极不适应。他多次给郑先生写信，希望仍回北大教书。他在1947年4月9日给郑先生的信中这样写道："自来吉林，十旬瞬届。……关外奇寒，去冬特甚，经常在零下三十度左右，尤甚时竟至零下三十八度。……坚冰在须，亦属常见之景象矣。……虽燃壁炉，仍未能免（于奇寒侵袭）也。"继言教学工作奇忙，"益感心力交疲，精神全竭，以是亦大少研读进益之余暇。长此以往，必致孤陋寡闻，不能复振，宁不可哀?! 故企盼吾师遇有机缘时，予以提携为感。"并表示："名义、待遇，在所不计。"郑先生原即对汪先生印象不错，1946年春天即有意将汪不日调回北大。现在，郑先生为感谢陈老对北大文科研究所的情谊，又为照顾先生的身体，遂想方设法将汪先生于1947年调回北京大学，担任史学系教师，而做清华大学陈先生的研究助手，薪金待遇全部由北大支给。

在此期间，陈老对汪先生的助手工作也是非常满意的，1948年5月，陈老在给郑先生的信中充分表明了这一点：

敬启者·去岁之夏，弟拙著《元白诗笺证》中《长恨歌》一篇，曾托由汪篯君整理。当时除稔知其熟于唐代史实外，又觉其思路周详，文理缜密，甚为叹赏。近以另篇《新乐府笺证》一稿急于付印，颇觉其整理工作殆舍汪君莫属，故仍请汪君任之。此稿共分五十余节，约占拙作《元白诗笺证》全书之半。不特篇幅甚长，排比不易，兼又每节前后救应尤费推敲。汪君自从事整理以后，殚尽心力，无问昼夜，辄与弟商讨斟酌，改订增补，用功既勤，裨益尤大。昨据汪君言，前接洽北大职业时，先生曾促其速行完成研究院（指北大文科研究所）毕业论文。近月余之时间，已以全神贯注于弟之文稿，而此稿之杀青尚须时日，深虑先生以其论文未成，致有斥责且或影响及于其暑假晋级或续聘之前途。窃以为汪君自借住弟处以来，于今行将一载，弟深悉其深宵攻读，终日孜孜，而察其史料之熟，创见之多，亦可推见其数年来未尝稍懈，诚足当所谓好学深思者。至其论文所以未能于近日完成之故，实由于全力整理弟之文稿，致行搁置。用敢特为证明其事，甚望先生有以谅之，并稍宽假其呈交论文之时间，俾其安心为感。以弟所知者，而论其为弟整理文稿所费之工力，实已不下于撰写论文一篇。而其作为研究院毕业论文之用者，其大旨则久曾与弟讨论，深以为可，或不致有负先生提擢奖拔之苦心也。专此奉恳，敬颂著安！弟陈寅恪敬启，五月十七日。

四

陈老于 1949 年至岭南大学任教，又以目疾，故与郑先生来往较少。1952 年院系调整，郑先生又于是年 10 月奉调南开大学，任历史系主任兼中国史教研室主任。与他同来南开的原清华大学历史系主任雷海宗先生任世界史教研室主任。这些变化，陈老当然是知道的。

50 年代初，全国高等院校教师思想改造不断升温，其中多以不点名的方式批评陈老。说什么"目前尚有人在研究杨贵妃入宫前是否处女"云云，以揶揄之。郑老多次闻此后，亦觉奇怪，不太相信陈老会"闲逸至此"。1953 年 5 月 19 日夜晚，郑先生向同系之谢国桢先生借到陈老之《元白诗笺证稿》一书。读后，写下了如下的读书笔记。现将全文记录如下：

晚读陈寅恪先生《元白诗笺证稿》，极精。近来学者每举寅老考证杨太真入宫是否处女为史学界之病态，颇多诽议，具有诋娸之意。两年前

首闻×××于大会中言之而未举其名；其后又闻某首长谈之（忘记是×
×还是×××）。当时未见寅老书，而心疑寅老何能"闲逸至此"！前日
××又诟病及此，今日小组×××亦举以为言。适见谢国桢有此书，乃
假之以归。穷一夜之力毕之。书印于一九五〇年十一月，为岭南学报丛
书之一。凡六章，附论五篇。书前，谢公题记曰："陈寅恪师寄周一良函
云，《元白诗笺证稿》分赠诸友留一纪念。然京洛耆英、河汾都讲，闻皆
尽捐故技，别受新知，故又不敢以陈腐之作冒昧寄呈。《霜红龛集·望
海》云：'一灯续日月，不寐照烦恼，不生不死间，如何为怀抱。'感题
其后：'不生不死最堪伤，犹说扶余海外王。同入兴亡烦恼梦，霜红一枕
已沧桑。'"

　　所谓考证太真事，在第一章"长恨歌"中，盖考太真入宫始末，因
而辨及朱彝尊《曝书亭集》五十五《书杨太真外传后》，所据《旧唐书》
五十一"后妃传"："（开元）二十四年（武）惠妃薨"之误（应为二十五
年十二月丙午薨）。朱氏以为太真在二十四年惠妃卒后即入宫，未尝先至
寿王邸，故以张俞《骊山记》所言"妃以处子入宫"为可信。陈氏辨武
惠妃卒于二十五年十二月，太真为道士最早亦在二十六年正月二日，或
如《新书》所言在二十八年十月，不能在二十五年正月也。陈氏之辨仅
此。但有朱氏"妃以处子入宫，似得其实之论，殊不可信从也"一语。
此章凡十八页，约二万余字（所占字数为二万六千字，有空格）。谈太真
入宫者三叶，约三千字，而兼涉他事。不应举此为病。书中考证社会生
活及工业技术尤精，更不应抹煞其工力也。

由此可见，即使是在当时那样的学术批判惟恐不及之大环境下，郑先生也是
最了解陈先生的，他对陈此书的评论，也是很中肯的。

<h1 style="text-align:center">五</h1>

　　1953年初冬，汪籛先生代表科学院约请陈老担任历史二所所长谈僵一事，
郑先生因在天津，对此一无所知。但陈先生发怒后给北大诸熟人的复信，曾
指明请向达先生将事情原委转告郑先生。后来陈师母又去信告向，不必转陈，
以免事态扩大。郑先生是从向师信中略知其一二的。是年十二月六日，向先
生给郑先生的信原文如下：

毅生先生左右：

上月科学院派汪篯去广州，邀请寅恪先生北上。不料汪君抵粤后语言不慎，以致寅恪先生大怒，血压增高。最近致书锡予（汤用彤）、心恒（邵循正）、（周）一良先生及弟，痛斥汪君，大发牢骚，其致弟及一良函末，并属将情形特告先生（指郑），而陈师母另函又谓不必将函转陈。锡予先生亦同此意，谓如此可以不致广为宣扬，云云。其实陈先生致汤、邵、周及弟共二函，俱已原件交科学院矣。用陈梗概，尚祈察鉴，幸甚！幸甚！敬颂

道安！

弟向达谨上　十二月六日

此事原与郑先生无关，而陈先生把郑先生视为莫逆至交，于是才提出把情况告知郑先生，陈、郑友谊，可见一斑。

1956 年暑假，陈先生女公子陈美延考入南开大学化学系。郑先生得知此事后，异常兴奋，当即给陈老去一电报，希望陈先生亦来南开旅行并讲学。陈先生得电后，乃于八月卅一日给郑先生来一信表示感谢，并言由于身体关系，难以北上。我现在也把此信抄录如下：

毅生先生左右：

前年（1954 年）司徒（悦兰）先生返津，曾托代致鄙意，想已早达清听。今奉来电，感愧曷极，本当遵命。但以近数月来，血压较高，中大又即开课，故不能旅行，尚希原宥是幸。小女美延考入南开化学系倘承教诲尤感。专此奉复，敬请教安！

弟陈寅恪敬上　八月卅一日

（杨）石先、柳漪（冯文潜）、伯伦（雷海宗）均请代致意。　·

南开郑先生邀请陈老讲学，出自诚意。陈先生出于健康原因，难以北上，自是实情。然而阔别多年的北京，陈先生就再也未能回去了。

1938 年，陈先生在蒙自曾题写《残春》诗二首，其中曰：

家亡国破此身留，客馆（指歌胪士洋行宿舍）春寒却似秋；雨里苦愁花事尽，窗前犹噪雀事啾。

诗中道出了陈、郑及众多教授的心境，同时也表现了他们是如何在"群心已惯经离乱"（亦见同诗）中，仍然努力献身学术，建立彼此的情谊的。陈、郑两先生不正是如此吗！

（原载《陈寅恪与二十世纪中国学术》，浙江人民出版社，2000年12月。收入本书时有增补。）

北大复校时期的傅斯年与郑天挺

郑克扬

傅斯年先生与明史专家郑天挺先生为北大同学，傅先生于抗战胜利即代理北大校长，时郑先生任北大史学系教授兼秘书长，且负责接收校产及筹备复校。

傅、郑的交谊

傅斯年先生与郑天挺先生系北大五四时期国文系同学，傅 1919 年毕业，高郑一班。

郑先生自 1933 年起任北大中文系教授兼秘书长。当时中央研究院历史语言研究所亦在北平，傅先生又在北大史学系教课，故与郑先生时相往来。1938 年，史语所亦与北大同迁至昆明。北大与清华、南开一起组成西南联合大学，但各校仍有独立系统存在。中研院史语所亦在昆明，因傅先生关系，与北大异常密切，形同一家。

1935 年 5 月底，北大决定恢复文科研究所，蒋梦麟校长请傅先生任所长（当时称主任），并聘请陈寅恪、傅斯年、汤用彤、罗常培、罗庸、唐兰、姚从吾、郑天挺、向达为导师。傅先生事情多，有时又不在昆明，难以全面兼顾。于是傅先生拉郑先生作副所长，协助工作。是年 6 月，北大正式设立文科研究所，所中设宋史研究室及明清工作室，分别由姚从吾先生及郑先生负责。这年暑假正式招生，以后又陆续招过几次。

傅先生在主持北大文科研究所期间，对研究明史颇有兴趣。1939 年夏，他曾约郑先生一起，拟编辑新编《明书》。两人共同拟定 24 目，后傅先生又增为 30 目，分头进行。原想 5 年完成，后因战事紧迫，事务冗杂，郑先生又自 1940 年春兼任西南联大总务长，傅先生又于 1940 年 11 月初迁往重庆，旋又患病，因之计划未能实现。

傅先生给郑先生的信件不少，大多集中在抗战胜利之后代理北大校长期间。时郑先生任北大史学系教授兼秘书长，负责至北平接收校产并筹备复校工作。这些信件有一部分已经散失，现保留约十几封，多关胜利后北大复校之事，从中可见当时北大复校时的一些情况。

蒋梦麟接官离校

1945 年 6 月抗战胜利前夕，北大蒋梦麟校长忽被当时的行政院长宋子文找去做行政院秘书长，这在当时的北大同仁中，引起了不小的波动。蒋早在是年春天即赴美国考察教育，遍访美国东部、西部及北部。北大教授们曾希望他这次访美国能洽购一些图书、仪器，并物色新教授，以为胜利后复员中的北大建设有所裨益。

不料他在美期间，即应允就任行政院秘书长职。此事他事前并未曾与任何人商量，事后又不来信与教授们解释，而且自美回国经过昆明也未下机而径飞重庆，因而引起北大一些人的不满。法学院长周炳琳（枚荪）对此事尤为愤慨，情绪异常激动，溢于言表。蒋校长于是年 6 月就新职后，才给郑先生回过一信，略述就任经过，把自己比做："真如乾隆帝打油诗中所谓'而今不必为林翰，罚你江南作通判'也。"并言宋子文主张他仍可兼北大校长及全国红十会会长。而联大常委会（时西南联大常委为蒋梦麟、张伯苓及梅贻琦，梅为常委会主席）拟请（周）枚荪兄代理，北大事务拟请郑先生偏劳。

但 6 月底北大教授会议论此事时，周先生及其他教授们主张，既然做官就不能兼任北大校长，而应由在美国的胡适先生任北大校长。但胡先生一时也不可能回国（此时胡在给毛子水教授信中表示，已应哥伦比亚大学之邀，讲课半年，并说："我此时忍心害理冒偷懒怕吃苦的责备，也许还可以为北大保留一员老战将，将来还可以教出几个学生，来报答北大。"），于是必须要请一位教授担任代理校长。周先生是不可能干的，他在教授会后，曾向蒋校长表示要脱离北大，休假一年，大家一致劝解并挽留。于是代理校长一职又推文学院长汤用彤先生，汤亦表示不干，并说如逼之急，拟去成都，请假一年。于是又有人主张由郑先生代，郑先生亦拒绝。

郑先生对蒋校长出任行政院秘书长事，事前亦一无所知。早在 5 月底周炳琳先生从重庆回昆，即对郑说：重庆消息，宋子文将请蒋为秘书长，蒋已同意。郑先生即疑其不确，并表示："果有此事，未免辱人太甚，不惟（蒋）

个人之耻，抑亦学校（北大）之耻。"又说："师（指蒋）果允之，则一生在教育界之地位全丧失无遗矣。"他的道理是，秘书长究属幕僚，职事与政务官（部长）不同，而且是时蒋已 60，若事事躬亲，亦非所以敬老之意；且蒋在十五六年前就已作过教育部长，目前大学校长（尤其是北大）地位不低，何必自弃而当此僚属？"为（蒋）师计，殊不宜。"他把此意也告知蒋太太，并写信请她转告蒋校长，建议三点：一、应向北大全体教授有所解释；二、为将来复校方便计，西南联大仍维持委员制；三、提胡适先生为蒋之继任人，并将二、三两点写信告知傅先生。周炳琳与郑先生谈时，也对郑的几点表示赞同。

与此同时，在重庆的傅斯年先生对蒋之出任秘书长，亦非常生气。他在 6 月 30 日给周、郑二人的信中道："先与（蒋）孟邻先生谈，初谈大吵大闹，直可入电影。第二天他来了，说我们用意极善，极可感，请适之担任（北大校长），在他无问题。孟邻先生此一态度，至可佩也。一切待（周）枚荪、（钱）端升二兄来此细商。但适之先生身体一时不能返，他肯就否，亦难决，乞公等考虑之。"

关于蒋、傅二人争执事，蒋在 7 月 8 日给郑先生信中亦谈及此事。其中道："弟决去职（指辞北大校长）系采（傅）孟真之建议，盖当时尚未闻有公然之攻击。孟真来行政院，彼一启口，弟便怒骂之，彼亦怒目相报。孟真去后，弟便深感其言之忠直。越日驱车还谒，告之其偏见中有真理，真理中有偏见，决采其意见而感谢之。厥后愈思而愈感其忠诚。"事实上，傅先生的直言快语，虽使蒋校长暂时感到不快，乃致彻夜失眠，但蒋先生毕竟想通了，于是两人友好如初。蒋、傅二人如此，蒋、周二人亦然。7 月，周先生去重庆参加会议，与蒋校长亦"彼此友好如故，而未谈往事也"。

劝请胡适任北大校长

1945 年 8 月抗日战争胜利，这给西南联大的师生带来了希望，也给在联大之北大同仁注入了兴奋剂。昆明街头的市民和全国一样，到处游行欢呼鞭炮齐鸣，像郑先生这样远离家乡 8 年只身在昆明的人，其内心之喜悦，更不待言。于是在互相谈话中，莫不以复校后北大之建设及人才之补充为虑。蒋校长亦表示，只要能回北平，大规模之北大，即包括文、理、法、农、工、医各学院，必能出现于故都。

傅先生在 8 月 12 日给郑先生的信中，亦表明了他的看法："北大问题，请胡（适）先生，不是办不到，要大家努力。……我们应写信（分头写）劝驾去。"又说："北大复员后增设工、农、医三学院，弟意工学院不要与清华重复，农、医学院，我们从头办。"他还表示："校长解决后，便须积极聘，先组织一委员会，乞兄（指郑）见示。"最后，他还充满信心地说，"我们为北大，必须积极去干。目下只有胡先生（任校长）一法，只有他能号召人，北大名字也不能号召。"

就在这时，教育部已决定设立平津教育复员辅导委员会，负责接收敌伪学校及文化事业机关。委员会成员原则上由各大学派一人参加。当时曾昭抡（化学）及周炳琳先生在重庆得知此讯后，咸主北大应由郑先生参加。于是曾先生急致函于郑先生，告知此事并促驾。不久，周先生由重庆回昆明，亦与郑先生议及此事，并说大家应劝驾，请汤先生代理北大校长。郑先生当然非常同意，并多次与汤谈及此事。但汤仍不同意，并反问郑先生，"你为什么不代？"

8 月 22 日，傅先生也由重庆给郑先生一函，谈及此事，并表明他的看法。信中说：

> 所有北大的房子、东西，以及伪北大各部门工、医、农，以及东方文化图书馆，以及其他原不属于北平研究院可能有之物事，一齐由北大接收。我们第一件，是推定赴北平的人。弟意兄最好，能多一人更好。……此点弟必坚持。否则决不在此效劳了。兄去最相宜，因一切可以顺手。

下面说：

> 适之先生（任北大校长）事，教育部早赞同，但尚有转变之处。弟正为此努力，务必达到我们的目的而后已，独盼愈速愈佳。所以我们现在必须选举一个复校建设委员会，除三院长当然者外，再举几位。我至今还是（北大）教授，也想运动一下，以免我在此间并无法律之根据也。一笑。

在谈到代理校长事时，他说：

代理适之先生之人，（周）枚荪提出炀（汤）子，弟等皆赞成。似乎孟邻先生有一信给教部，以兄代，因炀子不肯也。弟意，兄必作北方一行。而且此等有涉名誉之事，我们同学不可为之，将来学校之 Key 与 Position（据点）都应该由不是北大出身之人为之院长系主任，我们只是效劳。如此方可门户大开，承蔡（元培）先生之传统也。

傅先生这种有涉名誉、北大同学不可为之的思想是一贯的。早在 1938 年昆明西南联大刚成立时，他即劝姚从吾先生及郑先生不要做历史系主任，让别人做。

8 月下旬，郑先生决定北上，并于 9 月初到了重庆。这时，教育部已发表胡适为北大校长，傅先生为代理校长。当时交通工具异常短缺，郑先生在重庆、南京各候机一个月，到达北平已是 11 月初了。随后，傅先生亦于次年 4 月到了北平。1946 年 7 月，胡校长由美回国到达北平。傅先生又为北大效劳了几个月，于是年秋天回到南京。

傅、郑二先生及其他教授为复员中的北大竭尽心劳，由于他们之奔波与筹划，使北大由原有的文、理、法 3 个学院，扩充为文、理、法、农、工、医 6 个学院，成为国内最完整的综合性大学。他们这种精神值得称道，更何况当时傅先生还是带病工作呢！

（原载《文史精华》1999 年第 7 期）

往事如烟

——忆罗常培与郑天挺二位先生

董式珏

光阴似箭，日月如梭，回首往事，百感交加。使我终生难忘的是北京大学历史系的郑天挺（毅生）和中文系的罗常培（莘田）两位教授。他们都是我父亲在北京大学的同窗好友，后又一起同在北京教书。郑老伯在《罗常培纪念论文集》第402页《罗常培先生对我的帮助》一文中曾写道："罗先生自幼掌握蔡氏汉语速记术，听讲时，笔记快而全，我和董威先生经常向他借来核对。"董威就是我父亲。

罗先生在北大任教期间曾两次到我的老家——天津市西青区杨柳青镇看望我父亲。我年幼时，在我父亲书屋里就曾看到过罗先生早期的语音学专著，如《厦门音系》、《临川音系》等。此外，我父亲也和罗先生的挚友老舍先生熟识，他和罗及老舍三人又都在天津南开中学教书。我上小学时，就读过许多老舍的早期著作。老舍去英国时，在天津上船赴港转英伦，与我父亲在码头合拍一照。老舍着西服，我父亲则长袍马褂。可惜这张照片文革时毁掉了。我父亲身体不好，病故时年仅四十二岁，罗先生接到电报后，曾专程赶到杨柳青，在灵前跪地痛哭失声。他们真是生死之交的知心至友。

我1943年春离开北平，同罗坤仪（罗先生的长女）、罗泽珣（罗先生的小儿子），历尽千辛万苦才到达昆明。这一历程，足资回忆。我们离开北平后，第一站先到徐州，然后去归德府（即今之商丘）。由商丘换坐架子车（人拉的）至安徽界首，进入国统区，而至洛阳。当时正值1943年的河南大旱，沿途看到的都是饥民，真是哀鸿遍野，路旁的大树树皮全被饥民剥得精光。我们买的馍，只好藏在行李中，以免被饥民抢去。离开洛阳，再到西安，已身无一文，只好摆个地摊，将一些衣物卖掉。后来到了宝鸡，幸亏我有一些朋友，得到接济，才继续经南郑而到了城固西北大学所在地。当时西北大学设在一座破庙里，条件很差。我们遂再前进到达成都。我们本想转入燕京大学，但那时燕京在成都的条件也不好，遂决定去重庆。这时我遇到一位老乡。他与我叔叔董绍良同在广州中山大学工作过，得到他的接济。去渝途中路经贵州的十八盘，山间公路十分险峻。到重庆我们住在沙坪坝南渝中学。经与罗先生取得联系后遂决定去昆明。经罗及郑先生的朋友查阜西（镇湖）老伯（时任欧亚航空公司的经理）帮忙，才由重庆飞到昆明。

到昆明后，经转学考试，入读西南联合大学经济系，那段时间里，每逢周末，总要到青云街靛花巷西南联大单身教授宿舍看望他们。那是一幢旧式的两层小楼，郑先生和罗先生同住楼上，和他们同住楼上的还有北大外语系袁家骅教授、外籍德文教授米士先生。楼下住的是任继愈（现中国国家图书馆馆长）和他的同窗韩裕文。韩未随北大复校回北平，而是去了美国，后病故在异国他乡。楼下住的还有南开大学数学系刘晋年教授。那时他们的生活很清苦，楼下有个小食堂，吃的是粗茶淡饭，隔几天上街"打牙祭"，也就是吃碗排骨面。穿的是布料长衫，布底圆口便鞋。在那艰难的岁月里，他们对担任的教学工作都高度地负责。在繁重的教学任务和指导研究生工作的同时，夜以继日地从事自己热爱的专业研究工作。他们那种热爱自己的专业和对教学与学术研究全身心投入的执着精神，给我们留下了深刻的印象。尤其是郑先生，他还担任着联大总务长的工作。联大三个校长中，北大的蒋梦麟和南开的张伯苓都是常年住在重庆，轻易不来昆明，学校的一切工作都是由清华大学的梅贻琦校长主持，而更多的日常工作基本上是由郑先生负责。因白天行政事务缠身，郑先生只得深夜加班从事他所喜爱的史学研究工作，并做出了卓越成就。

1944 年夏，北大蒋梦麟校长突然接到美国朴茂纳大学的邀请函，请罗先生去担任人文科学的访问教授，罗先生即前往美国，1946 年又移教耶鲁大学，并指导研究生博士论文工作。在罗先生出国的日子里，我们的生活受到郑老伯无微不至的照顾。1945 年，我和罗坤仪订婚时，就是郑老伯代表家长，在北大驻昆明办事处院内，借用蒋梦麟校长家的客厅为我们操办的。联大中文系里许多罗先生的同事，还有我们俩的恩师清华的陈岱孙教授、北大的赵迺抟教授、陈雪屏教授也都参加了我们的订婚仪式。1946 年毕业后，回到北平结婚，也是由郑干爹主持的。"郑干爹"称谓的由来在《罗常培纪念论文集》中的 403 页中，郑老伯这样写道：

　　1927 年，他从厦门到杭州，我也从北京去杭州，我们同住在章廷谦先生家三个月，章先生是罗先生在哲学系的同学。这年旧历七月的一天，我说要到西湖去玩，他也说要到西湖去玩，细谈之下，原来这一天是他的生日，也是我的生日。我们同岁是早已清楚的，而生日也在同一天，这时才知道，同年同日生的人，在社会上何止千万个，可是，在同学同事少数人里，却是罕见的，两人都非常兴奋激动。走到灵隐寺石佛旁同照了一张像。不久，他去广州，第二年，我也到了广州，同住在一起又将五个月。我离开时，罗先生家属到广州，从此他的儿女都呼我为郑干爹，直到今天未改，已经五十多年了。

1946 年夏天，我与罗坤仪都已在西南联大毕了业，来到北平。我们结婚时，也是郑干爹邀请了胡适校长为我们证婚。这次婚礼，简单朴实，符合西南联大的校风。婚礼在九月初的第一个周六的下午举行，我们借到了朝内"九爷府"的小礼堂，不穿礼服，不用乐队，只是请了一位中学生操提琴，一位中学老师钢琴伴奏。证婚人及介绍人（汤用彤及郑华炽教授）均未讲话。只由双方家长（郑先生代表女方，董绍良代表男方）请来宾傅斯年先生讲了话。傅先生说到当时教授的待遇太低，只能吃豆腐，亦可谓"豆腐教授"云云，博得了大家的笑声。是时傅先生的身体已不太好，来时临时穿了一件全是褶子的西服上衣，也成了一些女宾的笑料，使我至今难忘。最后，胡先生等人并与双方家人合影留念。

此事当时《天津民国日报》曾有报导。不料到了文革时（1969 年），为了此事，我的爱人罗坤仪被逼自杀，造成惨剧。

如今我已年逾八旬，回忆起这些往事，使我对已故的两位老人深切怀念。他们的音容笑貌令人难忘，他们一生努力献身于文史教学与研究工作的精神，永远值得我们学习。

（原载《西南联合大学成立 65 周年纪念特辑》，2002 年 10 月）

魏建功与郑天挺在北大时的友谊

郑克晟

今年是魏建功先生的百年诞辰，我们深切怀念这位学识渊博的著名语言文学家。

近读吴晓铃《话说那年》一书（1998 年 2 月《闲聊丛书》版），其中多次提到魏建功先生，特别提及魏先生的《义卖藤印存》。并说郑天挺先生为之赞："其神清，其锋利，贞固其操、温其懿，君子佩之，劲以励其志。"

的确，魏先生在西南联大时就曾为郑先生用白藤刻过两印，收入《义卖藤印存》中。

抗战前的北大中文系（当时叫国文系）阵容强大。1934 年春该系改组，系主任由文学院长胡适兼。同年夏，该系刘半农（复）教授又患回归热去世，于是教学骨干都是三十多岁的中年教授。当时少壮中尚有罗常培、罗庸（时称二罗）、郑奠、郑天挺（时称二郑）、魏建功、唐兰诸先生。内中除唐先生系讲师外，其他都是教授。最初郑天挺先生与魏建功先生为副教授，故魏先生常与天挺先生笑谓："我们是'冠字'将军。"1937 年暑假，郑、魏同为教授。

不久，"七七事变"爆发，郑先生负责学校师生安全南迁。同年 11 月 17 日，郑、魏及罗常培、罗庸、陈雪屏诸先生，一同经天津乘船南下。途经青岛市下船访问山东大学，方知胶济路已断。再上船至香港，又因粤汉路亦被敌机轰炸，乃乘船至梧州，取道广西贵县、柳州转桂林，由公路入湘，至 12 月 14 日始同至长沙。当时长沙临大中文系在南岳，郑先生已转历史系，在长沙圣经学院上课。

郑先生自 1933 年担任北大秘书长，行政事务繁忙，耽误了许多教学及科研时光。魏先生则对他时加劝勉，认为中年教师都殷切希望他能发挥更大作用。

1938 年 2 月，长沙临大又撤至昆明，改称西南联大。郑先生又与魏先生等人同乘汽车由长沙出发，经衡阳入广西，出镇南关（今友谊关）至安南（今越南），再乘滇越路火车至昆明。他们一路颠沛，异常辛劳，但也顺游了不少地方。一次，即 1938 年 2 月 16 日在衡阳，途径一茶馆，客人较杂，郑先生见有孩童送水烟袋者，以大铜烟袋挨客进烟。客人以口承烟袋，送者旁立装烟点火，而客饮食谈笑自若，而喷吸已毕。郑先生对此向所未见，而魏先生及姚从吾（河南人）先生均谓其乡中均有之，乃业之最贱者。

1938 年春，西南联大初至昆明，因校舍不敷，文法学院改在蒙自上课，当时魏、郑二人来往极多。

蒙自位于滇南，原商业极盛。城市集市极多，一般六日一大街（音 gai，即集市），三日一小街，到街期当地苗人悉至，以物交易。一次，郑、魏二人赶集，适逢大集，西门内外苗人甚众。有三位妇女跣足著白色百褶裙，以白麻布三匹向布商易蓝布，未谐。魏、郑二先生乃与之攀谈，他们亦略懂汉语，最后以 3 元 3 角购买之。熟悉当地风俗的人说：这些妇女系倮倮（彝族之旧称）。郑先生特别注意这些妇女的服饰，认为与日人鸟居《苗族调查报告》中所述略有不同。

魏先生是江苏如皋人，郑夫人是泰州人，相距甚近。1937 年初郑夫人因难产病逝，郑先生极为伤感。一次，魏先生请郑吃饭，魏夫人掌勺。烧了不少扬州菜，郑先生不由想起夫人，从不饮酒的他，借酒消愁，一下喝了许多杯。

1938 年暑假后，联大教学秩序恢复正常。郑先生向北大蒋梦麟校长提出辞去行政职务，蒙蒋应允。当时郑即请魏先生为之刻藤杖二支，一曰"指挥若定"，一曰"用之则行，舍则藏"。罗常培先生见后，以"危而不持，颠而不扶"相讥，即针对郑坚辞不任行政职务而言，当时大家情谊之深如此。

1939 年 3 月，魏先生闻徐森玉先生提及四川乐山有永历十年（1656）重修凌云寺记碑，乃寄书乐山杜道生先生，求为拓寄。杜寄后，魏先生送给郑先生。郑乃张挂于墙上，留待考证。

该碑列衔之第一名为"□王驾前"之字，郑先生初定为"秦王驾前"四字。后越看越觉得"王"字之画微低，疑当为"主"字，而"□"字应系"国"字，即"国主驾前"，从而考证出孙可望不仅自号为"国主"，其所部亦对他以"国主"称之。所谓"国主驾前"即孙可望麾下。又结合其他碑记及相关史料，以正反两方面证明"国主"与"驾前"二字之专属可望已久，可知孙可望早就专横跋扈。即郑先生在《四川乐山〈重修凌云寺记〉拓本跋》

（见《清史探微》，北大出版社，1999 年）一文中所言，"此碑虽微，顾有可补史籍之厥者"。

抗战中期，魏先生去四川白沙，在国立西南女子师范学院任教。1946 年初，魏先生应台湾省推行国语委员会邀请，至台湾主持推行国语。这是一件很不寻常的事业。是年 1 月，西南联大及北大中文系主任罗庸在给郑先生信中即说："建老已达申江候机飞台。倘环境顺利，亦一新事业也。"

1946 年冬，魏先生到北平招聘"国语推行员"去台湾，应聘者甚多，轰动一时。记得我初中的国文教师许先生（许寿裳先生之子）就是这时去台湾的。魏先生由台湾来平前，郑先生即约其来北大。

魏先生在平期间即居住在郑先生家。先生当时住在西四前毛家湾 1 号东院及后院，有平房十余间。房东系著名经济史学家黄序鹓。当时黄先生已过世，委托他的堂弟收房租，房租低廉，几个月才来收一次。郑先生将自己所住的东院三间供魏先生居住。房子较小，夏日闷热，老舍先生 1950 年曾来此处，称之为"小闷炉"。魏先生早出晚归，并不常在主人家吃饭。1947 年春节，郑先生请魏先生以及北大西语系潘家洵先生一起来过年，除家人外尚有北大西语系同学数人，节日气氛极浓，大家都很开心。

1947 年 3 月中，魏先生公务已完准备回台，郑先生在后门桥灌肠店为魏送行，家人也都参加。灌肠是北京的一种美味小吃，当时以后门桥路东、路西两家最为著名。

魏先生在平期间，每晚大多忙于刻图章至深夜。临行前，郑先生幼子郑克扬请他刻印并题字，魏先生欣然允诺。可惜题字在"文革"时已丢失。所题内容大致是：

"民国卅五年十一月至次年三月，余为招聘教师事，假借郑庆甡学长前毛家湾一号'史宦'（此二字系陈三立先生抗战前为郑先生所题），少公子克扬既令余刻印，复索题字，因录杜甫'赠卫八处士'诗句（人生不相见，动如参与商，今夕复何夕，共此灯烛光……）以示吾辈'老'人心境"云云。事实上当时魏和郑都不到五十岁。

1948 年暑假魏先生由台湾回到北大，赠送郑先生台湾草席一块，郑一直珍藏在家，舍不得用。

北大中文系在 1946 年复校后，增加了新生力量，如杨振声、游国恩、孙楷第、俞平伯、沈从文、王重民、唐兰、袁同礼等人。1948 年魏先生及赴美讲学归来的罗常培先生亦于暑假后返校。其阵容之强，是不言而喻的。

郑先生存有原北大出版社在"七七事变"前夕所印《樵史通俗演义》一部。该书系由当时孟森老教授作重印序言，并就书中事实加以考证，论述极其详尽。后由于日军侵占北平，北大红楼为日本宪兵队占据，故印书全部遗失。1945 年胜利后勉强汇集出两部，郑先生存其一。1949 年，魏先生曾为此书书写题记，文曰："北大排印海内孤本《樵史通讯演义》。鄞马隅卿廉藏。原本今归大学，日寇侵入，印本散失，战后理得两部，此其一也。中华民国卅八年五月廿八日，建功题记。"云云。

（原载《北京大学校友通讯》第 32 期，2002 年 6 月）

忆商鸿逵师与郑天挺先生的友谊

郑克晟

一

孟森先生是上世纪 30 年代北大史学系的老教授，也是先父郑天挺（毅生，1899—1981）先生的师辈。郑先生对孟老治学谨严，好学不倦，老而弥笃的精神异常敬佩，当时并与孟老时以学问相往还。同时，郑先生继孟老之后，也在北大和西南联大从事明清史的教学和研究。1938 年 1 月，孟老在北平去世。此后不久，郑先生即在昆明西南联大撰写《孟心史先生晚年著述述略》一文，对孟老的清史诸多著述，予以极高的评价，特别提出孟老的《明元清系通纪》"最为巨制，用力亦最勤"。

1946 年郑先生由昆明回北平不久，即闻孟老夫人在抗战八年中生活日窘，只靠将房屋一部分出租糊口。其中有一住户为日本人，依仗权势不按时交房租，弄得孟老太太极为焦虑，敢怒不敢言。尤其是当听到孟老之《明元清系通纪》原稿已有丢失，郑先生更觉不安，因之希望能将孟老的遗稿全部整理葳事，尽早出版。

商鸿逵师系孟门弟子，早在 30 年代即与郑先生相识。孟老去世后，不仅已着手整理孟老的遗著，且对孟师母的生活等，多所关怀。郑先生知此情况后，异常兴奋，即于 1946 年 4 月在孟老太太家与商师见面，商议整理孟老遗著事，并表示可在北大出版社出版。从此，他们的交往日渐增多。

1950 年，商师由中法大学转入北大史学系任教。郑先生时任系主任。于是他们交往更多了起来。商师对郑先生非常尊重，辄呼之老师。事实上，他们之间都是互相敬重的。

二

1951 年我考入北大史学系。当时商师已在系中任教。我曾旁听过商师讲的中国通史，其中讲到东晋豪族的奢侈生活一节，至今印象深刻。当时商师举例生动，材料翔实，声音洪亮，极具吸引力，博得了同学们的好评。

1952 年 1 月中，北大即已停课，开展"三反"运动。当时三、四年级同学及部分教师都去江西泰和参加"土改"，郑先生也是校长打电报由江西催回来的。

2 月中旬以后，学校又开展"思想改造"运动，教师逐个检查思想，由少数年轻教师（含外系）领导同学（仅一、二年级几十位同学）向老教师提意见。商师和一些老教师在这场运动（当时叫"洗澡"）中，都蒙受了不少的委屈。

当时商师由于众所周知的原因，落得个"从来不老实"的"罪名"。处于那种情况下，他当时的压力，可想而知。记得在商师"洗澡"后，一位说话有分量的"观察员"对商师说："人民已是万分宽大，不好好坦白，不是不能教书的问题……"少数不明真相的同学也对商师直呼其名。

事实上，在这次运动中，商师及其他老师从一开始就抱着诚恳的态度，表示应好好"改造"思想，"交代"一切问题。当时商师与郑先生住得很近，两人散会一起回家，谈话中也是互相勉励，希望共同进步。

这次运动之后随即是院系调整。郑先生奉调至南开大学历史系。商师于三校合并后，一开始系中也确实未给排课。

1954 年春节，郑先生回京过春节，并去北大中关园等处看望历史系诸先生。商师因去城内过节未在。次日，商师到城内来看郑先生，并拜年。这在当时学校已极少。他们一起谈了很多，如余逊师的病，商师编写古代史教材的感受等，极为兴奋。商师对当时系中未安排他教课事，亦毫无怨言。当然他们也谈到孟老遗著之整理。这些年，商师一直孜孜不倦地在整理孟老遗著。

三

1958 年初，商师已将孟老遗著整理完毕，约郑先生写一序言。郑先生于三月五日高兴地写了序，其中对孟老著作的学术价值及其爱国思想予以充分肯定；并对商师的多年辛劳，表示崇敬。其中道：

（孟老）卒后，由商鸿逵和其他几位先生点查遗稿，想出版而没有机会，封存起来已经十几年了。解放后，政府关心先生的著作，出版社也想重印，先生生前好友陈叔通复嘱商鸿逵校辑成编，在中华书局出版。……

他在给商师信中是这样写的：

前奉大札，知《心史丛书》已由兄编校完成，即将付印，欣慰之余，益增钦佩。

但郑先生仍有顾虑，他说：

近来出版诸书，颇少外人作序，若不需要或内容重复，即请见示，……寄还。

不难看出，郑先生的这篇序仍然持审慎态度，对孟老的学术成就不愿谈得太多。因此在序言后仅谈："至于心史先生在史学方面的贡献，我在一九三九年曾写过一篇《孟心史先生晚年著述述略》（见《治史杂志》第二期），现在不重复了。"一带而过。（见郑天挺《及时学人谈丛》第 500 页，中华书局 2002 年 9 月）后来这篇序及信均未发。郑先生在原信皮上写道："这封信由于学校事多，迟迟未寄。"

今天想来，当时正值"反右"之后，南开也正处于"整改"及批判资产阶级学术观点的热潮之时。当时学生批判老教师的大字报铺天盖地而来，贴满大字报栏，美其名为"西瓜园地"。北大的情况，当亦如是。在这种大的背景下，处事素来小心谨慎的郑先生，他写的序不愿发也不敢发，自在情理之中。

四

1977 年，形势已好，老知识分子又活跃起来。是年 8 月，郑先生在《光明日报》发表一篇小文章，提倡应更好地研究清史及近代史。发表后，引起一些人的回响。商师也在九月四日给郑先生一信，表示要编撰一部《清会要》。信中道：

我读到先生提倡研治清史和近代史的文章，颇受启发。我在（北大历史）系里提了一个建议，想编一部《清会要》，同志们多愿参与工作。拟就一个说明，特呈奉教正。南开明清史研究室有何专题计划，极愿一闻。

郑先生接到信后，非常高兴，当即回信表示赞佩与支持。从此，他们二人的学术往还，又多了起来。

1980年夏，郑先生在南开大学举办了第一届明清史国际学术研讨会，邀请了商师及许大龄先生参加。

五

1950年，商师由中法大学转任北京大学史学系副教授。但解放以后，商师就遭受不公平待遇；而北大和全国高校的职称评定问题，由于历史原因也停止了20多年，所以到"文革"结束，商师还是副教授。到了1980年秋，商师为此事给郑先生一信：

今北京大学办理教授提职，专请吾师作我的推荐人，并审阅论文，写出评语。此固属我的衷心愿望所寄，同时北大历史系也具此要求。于兹足见师与我学术传授渊源为人所尽知。

接着商师又谦虚地说：

回忆卅年前（指1950年代）我转来北大时，曾向师表示，此来愿作吾师助教，斯衷至今依然；每与同志道及，辄以为荣。（1980年10月26日致郑先生信）

是年11月14日，商师收到郑先生给他的推荐书后，给郑先生的回信中又这样写道：

接到您对我的推荐书，即交北大历史系提职评议小组。师对我过誉之处，实在不敢当，勉力以为，庶无愧师门而已。感激之情，非言可喻，容当后报。

1981 年秋，郑先生的三位研究生毕业，郑先生也特约请商师及王钟翰、戴逸先生参加答辩会。他们认真地阅读了三位研究生的论文，提了不少问题，圆满地完成答辩工作。

1981 年 12 月，郑先生去世，商师深感悲痛。他给我的悼信中说：

克晟同志礼次：

　　握笔抚纸，曷胜悲悼。初传噩耗，未敢即信。及曹贵林同志返京，方获悉始末。　老师身体素健，以偶感寒疾，竟致不起，痛哉！我史学界失去一位好导师！使再康强数年，对我等受益必更大也。

惟望

节哀持重，谨此慰唁。

商鸿逵拜　八一、十二、二八。

尤其令人感动的是，郑先生去世后，他的 82 届及 83 届毕业的两位研究生的答辩工作，也都由商师及王钟翰负责完成。当时王、商二师都已七十来岁，仍不辞辛苦由北京坐硬席火车到津。这种热忱扶掖晚辈的精神，令人感动。当然这中间也包含两位先生对郑先生的情谊。

他们来后住在南开隔壁的天津大学招待所。一俟安排妥当，随即来到我家，向郑先生的遗像致意。

1983 年夏，正值郑先生生前最后一位研究生毕业。我不忍再让商、王二老辛苦来津，于是建议商师，答辩最好在北大举行。商师及北大历史系都同意了，并顺利地完成了答辩考试。

会后，原我们应请他们二老，以示谢意。不料商师反而请了我们南开的人，真让我们心中不安。

商师对郑先生的情谊是如此深厚，如此真诚，是我们晚辈应更好学习的。他平日对学生的谆谆教诲，永远留在我们的记忆中。

2006 年 7 月 5 日，于南开大学东村

（原载《清史论丛》2007 年号，中国广播电视出版社，2006 年 12 月）

记二十八年前我和郑老的一段学术因缘

李　洵

我虽然未曾亲从郑老受业，但不失为私淑弟子。我在大学读书时，已经遍读了郑老的著作文章，他是我学习明清史的启蒙老师之一。

最近，我从郑克晟同志得知一件事，那是二十八年前，我和郑老的一段学术上的因缘。事情是这样，一九五六年，拙著《明清史》出版了，郑老作为明清史学界的老前辈，曾亲笔为这本书，写了介绍文字，原稿约三千余字，本来拟发表在北京某刊物上，后来因故没有发表。所以此事我无从得知，史学界也很少有人知道。

现在我得见的是郑老此文手稿的复制件，题为《介绍〈明清史〉》，捧读之余，百感交集，追忆往事，恍如目前。当时我三十四岁，是一个历史战线上的新兵，学识浅陋，写的那本书也是一本雏形之作，简陋之极。但是当时郑老并不以为我是一个新手后进，也不嫌那本书的浅陋粗疏，而是以极大的热情，饱满的笔墨，欢迎这本书的出版，肯定了这本书的学术价值，并充分鼓励作者的努力。

从郑老的这篇文字中，我深深体会到两点，一是郑老的一贯奖掖后学的精神。郑老不但是一位史学家，而且是一位史学教育家，一生培养了一大批从事史学研究和教学的人才。对于史学界的新生事物，充满了极大的热情，去鼓励、扶持他们不断成长，为解放后我国新史学的发展，贡献了力量。二是郑老始终坚持实事求是的严正学风。郑老这篇介绍文章写作前后，大约已是反右斗争扩大化开始之时，我当时已处于被错划的地位。按照当时的作法，我和我的这本书都应属于被批判之列，是万万不能肯定的。当时郑老坚持了自己的见解，对这篇文章宁可不发表，也不肯轻易改动自己的认识，这是一种马克思主义的实事求是精神，和郑老数十年从事科学事业的严正学风分不开的。

我作为一个后学，对于郑老的为人和学风，是十分敬佩的，郑老对找的鼓励，会使我更加谦虚谨慎，努力于学业。我和郑老在二十八年前的这段学术因缘，使我更进一步认识到像郑老这样的史学老前辈，除了遗留给我们非常丰富有价值的科学研究成果之外，更重要的是他对待学术问题实事求是的精神，表现出他对社会主义祖国新史学发展的强烈责任心和一片真诚的热忱。

（原载《郑天挺学记》，三联书店，1991年4月）

郑天挺同志治学与做人的特色

蔡尚思

我和郑天挺同志在许多学术会议期间见面，却不大有机会可以仔细论学：有时刚坐下来谈话，就被来客打断；有时是高朋满座，不适宜于进去谈话。一九八一年十月中，我和他参加在武昌召开的纪念辛亥革命七十周年的学术会议，分住在东湖宾馆内的两个楼，我看见他满面红光，胸背笔直，走路平稳，和一位同志称赞道："郑先生比年龄少他的一些人还健康。"哪里料到：别后才两个多月就接到他逝世的讣告，我一直想不出其所以然来。

郑天挺同志的专著如《探微集》、《清史简述》等都寄赠给我，我就根据他的学术著作和生前谈话、通信来写这篇纪念文章，指出他的做人和在学术上的特色。我最感觉到的，约有下列几方面：

一、从史料派到强调论史的结合

郑天挺同志解放前是以"史料派"闻名的，解放后开始学习马克思主义，并参加各种社会实践，于是便主张论史结合："必须有论点、有论据，必须以马克思列宁主义为指导，必须从历史的具体情况出发。应该从具体材料引出结论，观点和材料统一，而不是以理论代替历史，或者先找好理论然后套上史料。"（《探微集·历史科学是从争鸣发展起来的》）我认为这种看法很正确，曾写信论及此点，他于一九八一年一月复信很客气地说："两月前奉手教，多承奖饰，惭怍之至。"记得前几年有一次我们谈到这个问题，他也强调论史结合，认为"有论无史是空话，不能令人信服；有史无论，是烦琐考据那老一套，在现在也还不能令人信服。清代朴学家是有益于我们的，马克思主义也要占有全面史料，但光占有全面史料不行，还要有理论。即在史料中也还是要有观点的，不用马克思主义的观点，就必然要用封建和资产阶级的观点了，这一点我在解放前是不充分理解的。"单此一点，就可看出他的不断前进，前进得很快！

二、强调历史科学的争鸣

他有一篇论文，即以《历史科学是从争鸣发展起来的》为题目，文中又说："中国史学上的争鸣更有悠久的传统，从子贡论纣、孟子怀疑《周书·武城篇》的记载、司马迁作《史记》到清代中叶稽疑考异的论著，历举了许多强有力的例证。不仅如此，解放以来，全国史学界在毛泽东思想的光辉照耀下，体现了百花齐放百家争鸣。一系列的历史问题……都在全国引起了不同意见的争论，使我国史学面貌在理论水平、业务水平上顿然改观。这是和相互启发、深入学习分不开的。"他肯定只要没有争鸣，历史科学就不可能发展，争鸣就是我国历史科学的优良传统。这种见解，也是新鲜而且正确的。

三、史传必须全面与求真

郑天挺同志认为传记文"第一个条件是求真"，也要全面，"不能只述其善而曲隐其恶，但这更是历代作此不能免的通病"。他终于指出只有清代罗思举自述的年谱，后来叫作《罗壮勇公年谱》（按：是口授，文书执笔）算得史料正确、没有虚妄、没有隐讳、不受文字束缚、不受文章法度束缚"。按罗思举四川东乡人，出身乡勇，官至提督。三十多岁以前，做了很多"不可外扬"的事，他如实说出，自称"余自幼运途偃蹇，所作所为，不敢自讳"（见《年谱二》），并不像一般人的既自我掩盖，也不许别人提及自己及其祖宗的丑事。孔子之流不用说了，连王船山的论史事，也未能免俗。罗思举独能做到这一点，算是难能可贵而值得人们尊重的；郑天挺同志特表而出之，也是不同于一般人的！

郑天挺同志治学很谨严，去年我为了写纪念顾颉刚先生的文章，曾去信问他与顾先生是否共同工作的一件事，他立即回信说："从前教育部调往审查高校教材，只在出版时加以主编名称，平时只以客卿地位从事工作，另无职称。回忆如此，不知有误否。"有一次，谈到"中国资本主义萌芽时期"的问题，他对我说："我们不能讲从哪一年开始，只能讲个大概。"记得一九六一年，我正在拟定《中国现代思想史资料选编》的篇目（此即《中国现代思想史资料简编》的前身）寄给他，请提意见，他复信除了表示同意以外，还说："我有一点意见，不知对不对，我觉得第一编四'戴季陶主义'提得过了一些。秋白同志生前虽然也提过这个名词，似乎是沿用当时的习惯语，今天总结现代思想史，戴就够不上称为'主义'了。是否可以改为'反对戴季陶主义的斗争'或其他选题？这完全是一管窥之，还请指教。"这些都可以想见他丝毫不苟的精神！

四、以小见大的治学方法

最能代表郑天挺同志学术成就的《探微集》一书，到处表现出他以小见大，以具体史料解释历史真相的特点。以《黄马褂是什么》一文为例，他指出黄马褂有三种而功用不同，断定武训没有得穿"黄马褂"。武训得穿"黄马褂"的故事是有它的"发展经过"的，是后人加上去的。

五、是个谦虚和蔼的学者

他不仅专长于明清史，在学术上很有成就，而他的做人也很谦虚和气，总是笑容满面，被人们所敬重。在中国史学会选举理事时，他得票最多，也可证明他的人缘很好。

六、对青年师生与友好的多所鼓励

郑天挺同志对学生、青年教师与友好都竭力鼓励：鼓励研究生们，"要树立远大的志向，至少在中国问题的研究方面要走在世界的前面"。"要勇于创新，要有'舍我其谁'的气概"。鼓励青年教师们，"必须刻苦读书，详细占有材料"。"必须为探求历史发展规律的正确答案而钻研"，"要树立为我中华民族争光的雄心壮志"。而对友好们也很鼓励和关心，他两次当面问我："您的中国思想史快完成了么？您拥有那一大堆的资料不整理出来，太可惜了！"我也问他："您主编的《中国历史大辞典》，什么时候可以出书？"他笑而答道："我只是挂名。大概要到一九九〇年，快不得！"又于一九八〇年三月来信，因看见《中国文化史要论》一书而用了"画龙点睛"、"要言不烦"、"一语破的"等成语来鼓励我努力前进，我非常感动，决把它作为座右铭，希望将来能不太辜负亡友的教导。

（原载《南开史学》一九八三年第一期）

从三个方面景仰历史学家、教育家郑毅生师

冯尔康

我从 1956 年听毅生师讲课，随后从师读研究生，学习明清史，在老师指导下从事历史教学与研究，直到 1981 年老师仙逝，历时 26 年，我从初学者到专业工作者，是老师看着走路的。当老师执教 60 年庆祝大会时，我就发了言，并写出《从学琐记——庆祝郑老任教 60 年》的记叙文（《南开史学》1981 年第 2 期），老师仙逝后重写《从学琐记——兼述郑毅生师的学术成就》（〈郑天挺学记〉），并和杨志玖先生共同撰写《〈探微集〉述略——纪念郑天挺先生》（《历史研究》1982 年第 3 期），1985 年为《中国史学家评传》一书撰《郑天挺》一文（中州古籍出版社），1988 年 3 月于《人民日报》撰文《郑天挺的史学成就与教育贡献》，次后写《关于郑天挺教授教学和研究的点滴回忆〉（收入张世林编《学林往事》，2000 年）。毅生师不仅是我的老师，他的人品和学术更是我国当代史学的宝贵遗产，今天当他百年冥诞之际，我不拟再作追念式的回忆，以免重复过去的文章内容，而想在那些之外，继续思考他留给我们的学术财富，现在得到三个方面的收获，兹胪陈于后，以聊表我缅怀毅生师心情的万一。

毅生师在北大贯彻"学术自由、兼容并包"的办学方针

毅生师在北京大学教学、工作 30 年，担任中文系、历史系教授，同时出任北大秘书长、历史系主任、文科研究所副所长，以及包括北大在内的西南联合大学的总务长，在北大的历史上，毫不夸张地说他是一位重要的负责人。他的行政工作和教学，都是有口皆碑，非常杰出。这里仅就他的行政工作的一些方面，了解他的办学思想和为人。

他的工作是处理学校行政事务和总务，对外代表学校与官方及社会联系。

他对学生和教职员工关心尽责的热诚，常常超出职务范围之外，如帮助学生实现半工半读，给生病而又贫穷的学生安排住院治疗，主动给学生介绍工作，写信托人关照毕业生，为教师安排住房，兴办单身教师的食堂及西南联大时期北大文科研究所学生的食堂。除了这类庶务，在下述一些事情上更令受惠者、与事者追忆，写出回忆文章，今就耳闻与寓目的资料列举数端：

1933 年北大和北平各界市民为中国共产党创始人之一、被军阀杀害的李大钊举行安葬仪式，毅生师参与操持，并在会上代表北大致悼词，其时为李大钊刻墓碑，毅生师同他的北大一些同仁都捐了款，并署了名。为安葬会顺利举行，碑石埋于地下，令当局找不到借口进行破坏。送灵车上只有数人，而毅生师为其一。

1935 年"一二·九"、"一二·一六"学生运动时，北大有学生和教师五人被拘捕入狱，九人受伤，毅生师与教务长樊际昌同去协和医院慰问受伤同学，同时代表学校，向北平市当局提出交涉，经多方努力，当局同意无条件放人，毅生师亲自去监狱接人，被捕学生开始不知情，以为狱方叫他们出牢房是要提审，原来是让出狱，走到门口，看到毅生师在等着他们，接他们出狱，其时他们激动的心情是可以想见的了。

1947 年北大学生组织起来，筹建子民图书馆，收藏和借阅进步书刊，找校长胡适要求图书资助和给予必要的器具及房屋，未得允许，及至找毅生师申请，毅生师不事声张，默认学生原已借用的一间屋子，并令人去室内多安了几盏电灯，增加照明度，还送去一些书架桌椅，使子民图书馆得以迅速开馆，供学生阅览。

1948 年 4 月南京召开国民大会，为压抑学生运动的蓬勃开展，会议决议加强"剿总"职权，政府对大学生进行军训，以便钳制学生思想，毅生师在报上看到这个消息，立即给在南京开会的校长胡适拍电报表示不满，实即希望胡适能在会上发表反对意见。他说北大有自由批评的传统，向为外间注意，如若用军训等措施抑制这一传统，北大将难于办好。他的这份电报内容，收在《胡适来往书信选》中（中华书局，1980 年，下册第 393 页），读者不难找到。

1948 年夏天，北平当局以"共匪嫌疑"要逮捕北大 12 名中共地下党员和学生，名单为毅生师获知，他巧妙地通知名单中的学生出走，但其中的史学系学生戴逸时因放假回家乡江苏，毅生师还特意写信给戴逸之父，要他注意阅读北方的报纸，没有接到学校的通知不必回校，因为北平的报纸已经刊登了通缉包括戴逸在内的新闻，毅生师的信是暗示戴逸藏匿。于是 12 名学生全部安然无恙，而毅生师则冒着被当局迫害的危险。

毅生师为什么一而再、再而三地保护和营救学生，反对迫害学生，为死难的教师营葬？他不是共产党，也未表示信仰共产主义，那么他是在什么思想主导之下做的这些事情呢？戴逸教授在《我所了解的郑天挺教授》的文中作了极其中肯的说明。他说毅生师的信念是"保护学生的人身安全，保卫学术自由的传统，是自己不可推诿的职责。"毅生师表示："坚决不能让军警入校抓人，如果努力失败，将和其他教授一起，辞职抗议。"（《郑天挺学记》，三联书店 1991 年版第 362 页。）可知，毅生师的主导思想是保卫学术自由。这当然要从北大的自由传统说起。

北京大学自蔡元培校长提出"学术自由，兼容并包"的方针，胡适等校长继续执行，使北大成为充斥自由思想的学校，40 年代执教于美国芝加哥大学而又回国任教职的邓嗣禹教授说"北大有民主作风"，在一些方面比美国大学还民主。他见到向达教授当着众人面责问校长胡适："胡先生，您把北大所有的图书经费，用去买《水经注》。我们教书的几无新材料作研究工作，学生无新教科书可读，请问这是正当的办法吗？"（《郑天挺学记·北大舌耕回忆录》第 138—139 页）这样既有合理性，又不完全符合实际的责难，胡适只是作一点辩解，而没有压制向达，可见北大的民主程度。北大的学生在这种自由空气弥漫的校园里，思想活跃，关心国事，希望国家独立、富强、进步、民主，成为北平民主运动的重心。蔡元培的"学术自由"，是说学校是自由进行学术研究和学习的地方，将学校、学术与政治分开，学校不是培养官僚的处所，故学生应改变为做官而上学的目的，同样，教员是为教书，倘若想做官、经商，就不要在北大做教授。1946 年 6 月校长蒋梦麟就任国民政府行政院秘书长，北大教授以既做官就不能当校长反对他，迫使他辞职，由胡适继任。北大不培养官僚，而以培养自由进行学术、自由评论政治的人才为其特色。

毅生师担任学校主要负责人二十余年，如果同校方的这种方针性的主导思想不吻合，不可想象能在这样的环境里工作这么多年。事实上，他说："大学有其使命，学术研究应有自由。"（《胡适来往书信选》下册第 393 页。）这是重复蔡元培的话，是讲的北大传统。他的理念，学校是学术自由的场所，学术是与政治分离的，研究学术的学校不是政治场所，也就是说，学校脱离政治，学术脱离政治，反之，政治不能干扰学校，政府不能干扰学校的内部事务，不能干涉教师、学生的教学和学习，以及学术研究，正因此他反对军警进入学校逮捕学生，因而对学生中不同信仰者和各种学术见解者，以及他们的分歧、冲突，视为"学校的内部事务，由校方调查、处理，决不让校外任何机关干预"。（《郑天挺学记》第360页）他营救学生，保护学生，反对军警到学校抓人，是维护学校学术自由的天地，维护北大的办学方针，诚如北大校友吴相湘教授所说："当时担任秘书长的郑天挺教授禀承胡适校长意旨，冷静缜密处理一切，明确规定：绝不交出一名学生，并用一切手段阻止军警入校。充分表现出大学独立自由的尊严和郑天挺本身高度的责任感。"（《郑天挺师百年诞辰纪念》，台北《传记文学》第75卷第2期第32页）因此，我认为毅生师在北大二十余年主持校务行政，是忠实地、全心全意地贯彻北大的学术自由的办学方针。他说如果军警真的要进入学校，他将和其他教授一起辞职抗议。他能作这样的表示，表明北大的教授和他一样信仰"学术自由"，都能以不怕丢掉饭碗（辞职）捍卫北大的方针。说明毅生师不是孤立的，他能代表北大的"学术自由"精神。

毅生师的执行北大办学方针，与自身思想认识上的认同相一致，是他的高度的敬业精神，将营救、保护学生看作是作为校方负责人的责任，因为人家将子弟送进学校，就是相信学校，学校就有保护之责，如果学生被捕入狱，如何向家长交代？为了维护学生的安全，就不顾自身的安危了。这种强烈的敬业精神，产生高度的责任感。营救学生，也反映毅生师是非分明。他说不满现状的人，可能"最爱国"，以奸究视之，岂不冤枉好人（《胡适来往书信选》下册第393页）。由此可见，毅生师极具正义感，对学生充满爱心。

总之，毅生师在北大为革命者营葬，营救、保护学生，满足他们的一些正当要求，是忠实执行北大的"学术自由"的办学方针，同时也是实现他的"学术自由"的理想，反映他具有高度的敬业精神和正义感。他为北大的"学术自由"尽了心，用了力，是北大的功臣。1999年9月1日，北京大学和南开大学共同举办毅生师百年冥诞纪念会，说明他活在人们的心中！毅生师可以含笑于九泉了！

毅生师的爱国思想是时代观念的体现
——爱国者的表率

爱国对于毅生师几乎是与生俱来的事。他有思想，有行动，体现在他的参加爱国学生运动，他的史学著作和教学活动中，而且成就卓著。

　　1907 年，八岁的毅生师在北京进小学读书，同学中有广东香山人杨健，当时由于葡萄牙侵占澳门，澳门原来是香山县辖境，两地关系之密切非同一般，许多香山人印了不少的图片，反对葡萄牙侵略行径，杨健将图片给毅生师看；还有一位福建惠安人庄绍祖，他的亲友有许多华侨，传来了不少反满的言论。这两件事在毅生师"幼小的心灵中，印象很深"（《郑天挺学记》第371 页）。那时他虽然不可能理解多少革命道理，但是埋下爱国思想的幼芽。1911 年，也就是辛亥革命的这一年，12 岁的毅生师考入顺天高等学堂的中学一年级，这时由于帝国主义的侵略，人们担心中国将被瓜分，年轻人尚武，学军事，准备保卫祖国的本领，顺天学校高年级同学发动课外军事训练，称为"兵操"，毅生师参加操练，因为年幼，背不动枪，只是随队走步。那时学生、知识青年乃至一部分士大夫爱国热情增长，形成某种社会气氛，年幼的毅生师在这样的环境中，自然受长辈和学长的感染，自发地萌发爱国思想。

　　1915 年日本向袁世凯提出 21 条款事件，对 16 岁的毅生师刺激最大，印象最深。社会上掀起反日高潮，抵制日货，毅生师与爱国者一样不再购买日货，他同表兄、留日归国的张耀曾一同去西郊玉泉山游玩，张耀曾在塔上题诗，谴责袁世凯卖国，他在友人的带动下，更加增强了爱国意识。1919 年"五四"运动爆发，正在北京大学读书的毅生师，参加学生会的工作，和同学一道走上街头示威游行，表现出反帝爱国激情。这年 11 月，日本帝国主义在福州残杀中国人民，又派海军陆战队登陆威胁，福州的学生游行抗议，北京的福建籍学生起而响应，组织福建旅京学生联合会，抗议日本的暴行，毅生师积极参加这一活动，到街头演说，宣传不买日货，并为学生联合会募捐筹款，举办游艺会。会中出版《闽潮周刊》，毅生师用"攫日"的笔名发表文章，宣传打倒日本帝国主义。

　　毅生师结束学生生活以后，当然不再直接参加学生反帝爱国运动，但改换方式，拿起笔来进行。1922 年在法权委员会工作，著作《列国在华领事裁判权志要》一书，于 1923 年正式出版，对帝国主义在我国攫取领事裁判权的侵略行径予以揭露和谴责，主张撤废这一权力。这是毅生师第一部学术著作，恰是反帝爱国的内容。这自然不是偶然出现的，是他自幼即具有爱国思想的必然表现。

　　在西南联大时期，正值抗战，那时日本在我国东北建立伪满洲国，并制造"满洲独立论"的谬论，毅生师为了驳斥敌人，写出《清代皇室之氏族与血系》(1943 年)、《满洲入关前后几种礼俗的变迁》(1942 年) 等论文，用历史事实，证明清代皇室包含了满、蒙、汉三族的血统，是中华民族大家庭的一员。指出"以满洲为地名，以统关外三省，更以之名国，于史无据，最为谬妄。满洲出于建州左卫，为女真支裔，即唐之靺鞨，周之肃慎，乃中华历史上宗族之一，清朝入关后散居中原，更不可以一省一地限之也。"(《探微集》，中华书局，1980 年，第 35 页)。给敌伪制造的谬论以狠狠的一击。

毅生师不仅在学术上批判敌伪谬论，更以民族气节作为衡量人物的基本标准，哪怕他是师生朋友，也不例外。"七七"事变后，北大的一位学生因肺病不能追随毅生师南下，毅生师要他病好后赶快去内地复学，特别告诫他："要注意出处大节，不要当汉奸！"(《郑天挺学记》第 96 页) 可以设想，他是怕年轻的学生一时糊涂给敌伪做事，而预先加以教导。抗战胜利后，国民政府审判文化汉奸周作人，当时北平文化教育界的一些知名人士向南京政府高等法院上书，为其说情，有人要毅生师签名，毅生师认为：周作人虽然是我的老师，过去亦时有联系，但"一个教授应当有起码的民族气节，周曾任伪教育总署督办，这是不能原谅的"。遂拒绝签名。(《郑天挺学记》第 397 页) 于此可见毅生师是多么看重民族气节，对丧失气节者绝不宽恕，是非分明，大义凛然。

中华人民共和国成立后，毅生师的爱国精神继续发展，深入到教学和研究领域，"在教学过程中，尽量向同学进行爱国主义教育"。(《学记》第 401 页) 1953 年，他根据古代史籍中有关石油的记载，批评中国无石油的说法，为我国发展石油工业提供一些历史根据。

毅生师的爱国是时代精神的反映，更是亿万爱国者中的一个典型。爱国观念、爱国主义在中国历史上有一个发展过程，两宋以来似乎可以分为三个时期，即一为两宋是热爱以汉族为中心的爱国观念的真正形成期，明清之际使这一观念有所发展，这时主要是反对少数民族入主中原，维护汉人建立的王朝，热爱汉人君主的国家；二是清朝末期 19、20 世纪之交的年代，以反对满人君主为主、兼顾反对外国侵略的爱国思潮大兴，因中国受列强侵略，清朝政府屡屡签订丧权辱国的条约，中国面临灭亡或被瓜分的危险，爱国的人们既痛恨外国强盗的侵凌，又愤懑于以满人为主体的清朝政府的无能，于是进行反满革命，提出爱国的民族主义的理论，即以汉人反对满人的清朝统治，在推翻清朝之后，建立民主国家，全力对付外国强盗，辛亥革命理论家章太炎是此种论点的倡导者之一，他说：不打倒清朝统治，中国就不能独立，"亦终为欧美之奴隶而已"，而推翻清朝，建设民主政体的国家——"未有不以共和政体国家社会耿介于其心者"。（《章太炎全集·复仇是非论》，上海人民出版社，1985 年，第 4 册第 271 页。）三是 20 世纪 10—40 年代，反对帝国主义侵略是中国人的共识，将爱国发展到新的高峰。清朝灭亡之后，时代的任务，不少人说是两个，即对外反对帝国主义的侵略，对内消除军阀割据统一全国；或者说是三条，就是加上一个革命。无论是两点、三点，反帝是首要任务。这时人们对国家的认识比历史上任何时期都要高明得多。过往爱国基本上是爱汉人之国，而且是君主之国，这时孙中山提出汉满蒙回藏五族共和，爱国是爱多民族形成的中华民族的国家，比古代范围广阔得多，内涵深刻得多，换句话说，这是以中华民族的团结号召国人爱国，去对付历史上从来没有过的比我们文明先进的帝国主义强盗。但是，人们的认识是逐步加深的，革命先驱对民众的爱国之情的表现常常是不满意的，孙中山说"中国人最崇拜的是家庭主义和宗族主义，所以中国人只有家族主义和宗族主义，没有国族主义。"因此中国人愿意为家族牺牲，"至于说到对于国家，从没有一次具极大精神去牺牲的"。（《孙中山选集·三民主义》，人民出版社，1981 年，第 617 页。）梁漱溟甚至认为："在中国宁为众多家族和合相处的一大社会，而不真正是一个国家。"（《梁漱溟全集》卷 7，山东人民出版社，1991 年，第 251 页。）孙中山是就辛亥革命前后的历次革命事件中的民众表现讲的，梁漱溟则是就近代国家的水准论述的，他们要求甚高，但是到了"五四"以后，中国的民众，尤其是知识界和青年，爱国认识大为提高，为民族的解放，为国家的独立富强，不惜抛头颅，洒热血，所以才能同仇敌忾的团结一致的抵抗日本帝国主义侵略，并最终取得反法西斯战争的胜利，使中国成为"四强"之一。20 世纪上半叶中国人民爱国主义内涵的深刻、热情的高涨是前所未有的。

前述毅生师的爱国是与生俱来，就是指他生活的社会环境，是笼罩在爱国气氛当中，给人以爱国思想和感情，而帝国主义的每一个侵略行为，都刺激中国人的爱国热情的高涨。毅生师从小耳濡目染外国的欺凌，通过一个个事件，提高了认识，积聚了丰厚的民族感情，立志为民族的解放与兴盛而奋斗，这才有他的走上街头，参加"五四"运动和"闽案"斗争等等活动。因此说他的爱国与时代的爱国精神相一致，是时代的产物；同样，从他身上体现了时代的爱国精神。如果仅仅说到这里，是只看到事情的一部分，或者说是表象，因为毅生师的爱国有着他的特点：第一是持续性和一贯性，他的爱国是始终不渝的，终其一生，即在先追求民族解放，其后期望国家富强；第二是务实性，不仅表现出爱国激情，一时的示威游行和拒买日货，而且进行艰苦细致的学术研究，撰写《列国对华领事裁判权志要》、《清代皇室之氏族与血系》等著作，批判帝国主义的侵略行为及为其辩护的谬论；第三是教育性，他不仅自身倾力爱国，同时对学生进行爱国思想的教育，他的富有爱国主义内容的文论，无疑还会感染他的读者。正因为他有着这些特点和业绩，说他是爱国者的表率，想来是不过分的。

学人教务、教学研究双收效的楷模

毅生师是教育家、历史学家，一般说来，一个人一身二任，是很难两样都做好的，因为做教育行政工作，占去了精力时间，势必影响教学和科研的成绩，因此一般人很难兼具这两个头衔，毅生师获得了，而且还达到楷模的境地，对今天大量的"双肩挑"教师或其他类似的工作者来讲，不无有可借鉴之处。

在北京大学时期毅生师所担任的行政职务前已说到，在南开大学，他出任明清史研究室主任、历史系主任、副校长、顾问，至于其他社会兼职甚多，不必胪列。北大、西南联大、南开的行政事务，特别是北大事务的殷繁，耗费毅生师的精力太多，可是他一样的教课，而且所开设的课程门数相当多，前后计有：国文、古地理学、校勘学、魏晋南北朝史、中国近三百年史、隋唐五代史、明清史、清史研究、中国目录学史、清代史料、历史研究法、元明清史、中国近代史、隋唐史、明史专题、清史专题、史料学、清史概论、清代制度、明清史研究等 20 余门，涉及的领域相当广泛；其中以中国古代史为多，在这个范围内，上起魏晋，下至明清、近代，旁及专题史；再一个领域姑名之为文献学，包括史料学、目录学、校勘学等；此外是历史研究法，古代地理学，文字学。一个专职教师，恐怕也不容易开设出这么多领域的这么多课程。

教学的时间是从哪里来的呢？这就是"挤"，就是利用一切可以利用的时间，一分一秒地争，用到备课和学术研究上。毅生师讲到战前的备课情形："当时每天行政事务冗杂，占去了每天的大部分时间，我只好利用晚上从事备课和进行科研工作。"这时他讲授古地理学，在晚上编写出《古地理学讲义》；讲授校勘学，为配合课程实习，"利用晚上的零碎时间，每天校勘《世说新语》数页，假日亦不间断。"在这教学的同时，使用校勘学的方法，写出《杭世骏〈三国志补注〉与赵一清〈三国志注补〉》、《张穆〈月斋集〉稿本》等论文。(《郑天挺学记》第 384 页)真是行政事务、教学、科学研究三不误。作为毅生师的学生,每次去他那里请教,只见他伏案写作,或读书查阅资料,或排比资料卡片,无有闲时,有一次见他在复写论文,我看着费劲,问他为什么不让别人抄写,他说为的是边抄边作修改,还是自己复写好。他是挤时间,力求提高科研质量。

毅生师为了教学与学术,宁肯不续弦。毅生师 38 岁时,师母仙逝,痛苦万分,难于解脱。后来友人多次劝他续娶,他因见一些朋友重建家庭后带来的矛盾和不安,影响精力,决定不再结婚。为此他说:"一定要以学业为重,决不以家事干扰自己的事业。"(《郑天挺学记》第 386 页)学业、事业为重,生活为次,牺牲了许多生活的乐趣。但是他从而赢得一些时间,好从事教学和研究。我们今天拜读毅生师的著作,就是他这种牺牲精神所得的成果,从中我们也感到他牺牲的代价太大,令我们对他的敬仰来得更加浓烈。记得在1981 年的一天晚间,我去看望刚从北京回来的毅生师,他说任继愈先生对他说,他有两件事做得对,一是行政事务无论怎么忙,都能坚持教学与研究,二是中年丧偶不再续弦。在言谈中我感到,毅生师有一种知己之感,欣慰之感。就我的记忆,毅生师从未在我们学生面前谈自己的家事,特别是私生活,这是唯一的一次。任继愈先生所说极是,是非常理解老师的,毅生师的知己感大约也正在这里。任继愈所说的两点是联系在一起的,惟因生活上的牺牲,有益于赢得时间、精力去进行教学与研究。当然,在做行政工作时,要能教学,得有从事教学的强烈愿望和毅力,没有这种意识和毅力,就会在琐务缠身中不去捕捉可能利用的时间,就难得有学术的成就了,特别是像毅生师那样的卓越成就了。行政事务与教学研究双收获,这是毅生师留给后人的一项宝贵遗产,对"双肩挑"者尤其如此。

1999 年 8 月 29 日写于南开大学顾真斋

(原载南开大学历史系,北京大学历史系编:《郑天挺先生百年诞辰纪念文集》,中华书局,2000 年 6 月)

郑天挺的史学成就与教育贡献

冯尔康

今年是西南联合大学（北大、清华、南开三校）创办 50 周年。在纪念这个具有历史意义的日子里，我们深切地怀念当年任西南联大总务长的著名明清史专家郑天挺教授（1899—1981 年）。

1937 年日本帝国主义侵占北平之际，北大校长及其他负责人均不在校，当时任北大秘书长的郑天挺独自处理善后，经多方联系，才使罗常培等许多学者得以辗转到西南联大任教。郑先生本人到昆明后，又去蒙自筹备联大分校。当时联大经费奇缺，在最困难的时候，郑先生不得不变卖校产以维持学校，真是历尽艰辛，为支持西南联大这一进步堡垒做了多方努力。抗战胜利，郑先生首先回到北平从事北大的复校工作，使该校于 1946 年顺利开课。北平解放前夕，郑先生坚持留在当地，维持学校，北大到解放区参加革命的学生从石家庄给他写信，希望并相信他能看好北大的家。留校的学生以学生自治会的名义送给他"北大舵手"的锦旗。由于郑先生的维持工作做得好，才使北大毫无损失地转到人民政府手里。郑先生总是在危难的时候为北大工作，保护学校，使它得以很好地运转，他是北大当之无愧的功臣。1952 年，郑先生到南开大学任教，他在各方面的协助下，使这个学校原来规模甚小的历史系，成为史坛颇有影响的一个系科。郑先生史学研究注意求真求用，这也成为该系的学风。郑先生于 1957 年创办明清史研究室，从而使南开成为明清史研究队伍中的一支劲旅。经郑先生大力倡导，出版了《南开史学》刊物，使之逐渐成为史学工作者的一个园地。郑先生也是南开大学的功臣。郑先生功在我国名牌大学北大、南开，在我国现代教育史上是不可泯灭的。

郑天挺是在国内外享有盛誉的明清史专家。他著有《清史探微》、《探微集》、《清史简述》、《列国在华领事裁判权志要》，并主编了多种书籍。他起初学习古文字学，后来对校勘学、历史地理学、史料学、中国古代史、近代史、历史研究法都有深入的研究，对边疆史地学和古文献整理也作出了成绩，其中最突出的是明清史领域里的创造性研究成果。

其一，对明清时代在社会发展阶段上的地位提出精辟见解。明清两朝处在我国封建社会后期，这种看法在史学界没有异议，但是有的史学工作者把这个时期又进一步视为封建"末期"、"末世"，文学、哲学界的一些学者受此影响也持有这种观点。郑先生在《清史简述》一书中力辟此说。他把"末期"和"晚期"加以区别，认为末期"是指旧的生产关系完全崩溃瓦解，并向新的社会制度过渡的阶段"；而晚期"是指这个制度已经开始走向崩溃，但是还没有完全崩溃，在个别方面还有发展的余地"。他分析明清时代，特别是清代的社会生产关系和经济状况，认为"封建经济已经走下坡路，但是还没有崩溃，资本主义萌芽正在孕育着，而封建经济还继续在发展"，所以明清时代不是封建社会的末期，而是晚期。对一个历史时代所处的社会发展阶段的定性，是对这个时代最基本的看法，由此而影响、规定对其他社会现象的分析。郑先生的这个观点，是对明清史的特点作了深入考察，又把它放在全部中国封建社会历史中作了对比才得出来的，是科学的，因而为相当多的史学工作者所信服。

其二，整理明清档案史料，推动明清史的研究。早在 1922 年内阁大库档案发现的初期，作为北京大学研究生的郑先生就加入了"清代内阁大库档案整理会"，参加档案的整理工作。后来他任北大文科研究所明清史料整理室主任，主持该校所藏明清档案的整理，于 1951 年举办明末农民战争档案史料展览，主编出版了《明末农民起义史料》、《宋景诗起义史料》，并写了序言。1963 年郑先生在中央档案馆明清档案部以《清史研究和档案》为题作了学术报告，指出历史档案在各种史料中是最原始的，"应该占最高地位"，建议以整理历史档案推动清史研究。巨量的明清档案是明清史研究的极其重要的史料，有的史家认为研究清史不用清代档案，很难有第一流的研究成果，此说应该是中肯的。郑先生对整理和利用档案史料的倡导，已经并且还将促进明清史研究水平的提高。

其三，对满洲史和清代典章制度史的研究，启迪后学前进。1962 年郑先生发表《清入关前满洲族的社会性质》一文，认为清太祖努尔哈赤建立后金政权前，由于生产力的发展，生产关系的变革，满洲社会已由奴隶制完成向封建制的转化，后金是封建政权。入关前满族社会性质问题，关系到对满族历史发展、满汉民族关系的解释，是清朝开国史中的重要问题。这样系统地论述满洲社会性质，郑先生是第一人。他的文章立即引起史学界的反响，及至七十年代末，学者纷纷著文，各抒己见，郑先生又发表《清入关前满族的社会性质续探》，进一步把研究推向深入。郑先生对清代典制史的研究也是具有启示性的，他著《清代包衣制度与宦官》，研究了内务府制度；作《清代的八旗兵和绿营兵》，论述了军制；撰《清代的考试文字——八股文和试帖诗》，叙述了科举制度；写《清世祖入关前章奏程式》，说明公文制度；作《清代的幕府》，研讨了幕客制及其作用。清代制度史一度为研究者所忽视，郑先生的研究也是开风气之先，如关于幕客在政治生活中的重大作用，郑先生的《清代的幕府》一出，响应之作连篇面世。

其四，主持召开第一届明清史国际学术讨论会，对国内外明清史研究的开展有很大推动。1980 年夏天，郑先生倡议并在天津主持召开了那次盛会，到会的有国内学者九十多人，来自日本、美国、澳大利亚、瑞士、德意志民主共和国、德意志联邦共和国以及香港地区的学者三十余人，与会者提交了 92 篇论文，研讨了明清史上各种重大问题。新中国前 30 年基本上与世隔绝，十一届三中全会后提出对外开放的方针，但在多年禁锢之后，人们还没有立刻反应过来，对于同外国人打交道还有所顾忌，郑先生有胆有识，率先召开国际性学术会议，此后史学界国际学术会渐多，规模也相应增大。推其原始，郑先生成功地召开的会议至今传为美谈。那次会议倡议筹建国际明清史学会，筹备机构暂设郑先生所在的南开大学。郑先生还同一些外国学者商定，两年后在天津开第二次会，第三次则在外国举行。不幸的是郑先生一年后离开人世，如今七八年过去了，他的愿望尚未实现，这是有待于国内外明清史学界努力的，南开大学更有义不容辞的责任。即此一事，可见郑先生在明清史学界的崇高威望和巨大的影响。

郑先生一生十分热爱教学工作，是一位成绩卓著的教育家。他 20 岁大学毕业即走上教育岗位，执教 60 多年。直到临终的一年，他不但指导研究生，还上讲台给本科生授课。他一生讲授十几门课程，涉及到历史、语文、地理、文献学多种学科，是一般教师难以做到的。不仅门类多，更难得的是他以极其严肃认真的态度去备课，力争内容充实，给学生以科学知识。即使到了晚年，还是那样认真搜集资料，写出讲授提纲，在讲课前反复熟悉，间或把写有大纲的卡片放下，在室内踱步思索，然后又拿起卡片来研究。可以想象讲课前他付出了多大心血。郑先生 1961 年起担任教育部历史教材编选组副组长，与翦伯赞教授共同主编《中国通史参考资料》，作为大学生辅助教材。他为给明清史初学者提供读物，又主编出版了《明清史资料》一书。郑先生的讲课，是与他的大量的教育行政工作和社会工作同时进行的。他要求自己"坚持研究，争取讲课"，挤出一切时间从事科研和备课。了解郑先生的学者都认为他在行政工作之外坚持教学是一大特点，为常人所不及。事情确实是这样。郑先生对教学，老而弥笃，1979 年接受教育部的委托，在南开大学举办明清史教师进修班，他以八十高龄去上课，同时又给留学生开课，时值秋冬，雨雪时至，他却总是准时出现在教室里。郑先生的辛勤劳动，培养了许多学者，任继愈、傅茂勣、阎文儒、杨志玖、王玉哲等教授都受过他的教益。郑先生桃李满天下，现在，他的学生们正在史学研究和教学领域里发挥着骨干的作用。

郑先生的教学，归结起来有两个特点，一是终身坚持多开课、多讲课。他在晚年的教学，不仅是自身尽教师的天职，而且想带动其他教师走上讲台。许多高校教师不愿教课，原因倒不在教师本人，知识分子政策的不落实使他们很难尽职，但是不多上课总不是正常现象，郑先生的带动办法并非是有效的，然而从其愿望可知他对教学的极端热忱，教学就是他的生命。二是郑先生在行政工作之外挤时间搞教学和科研，这当然要有巨大的毅力和克服种种困难的本领，他之所以能成为明清史专家和模范教育工作者，自然也得力于他的坚韧不拔地热爱教学的精神。有的教师、医生、科技工作者走上行政岗位，丢掉了原来的业务，很可以从郑先生处理行政工作和业务工作的关系上得到有益的启示。郑先生的教学精神、经历和经验，是教育界，也可以说是全社会的精神财富。

耄耋之龄而活跃于讲坛，古今中外能有几人？一个民族只有发扬奋发图强的实干精神，才能自立于世界民族之林。在这方面，史学家、教育家郑天挺先生为我们做出了榜样。

（原载《人民日报》1988 年 3 月 14 日）

史学大师郑天挺的宏文卓识

——纪念郑天挺先生百年诞辰

陈生玺

　　郑天挺先生是我国当代蜚声海内外的史学大师和教育家，尤以治明清史的学术实绩盛誉流传，其宏文卓识使学界同仁深为钦佩。先生生于清末而求学于民初，在当时用新思想研究历史者，多竞相涉足于元明以前的古代，而致力于明清史、尤其是刚刚灭亡之清代的历史者为数甚少，仅有前辈学者孟森，稍后则有萧一山等人而已。先生独具慧眼，于三十年代初即着力于清史，孟森谢世之后，他继续开拓清史研究的领域，中经抗日战争、解放，以迄十一届三中全会拨乱反正之后，前后五十年，其间虽历经艰辛坎坷，但他孜孜以求，坚持不懈，除了对明清历史上的一些重大问题研究而外，又对三国、隋唐、古地理学、音韵、校勘、史料学，都用力甚深，取得了不少的成就。这些成就除了收集在他的《清史探微》（1946）、《探微集》（1980）、《清史简述》（1980）而外，还体现在他主持编辑的《明末农民起义史料》（1952）、《宋景诗起义史料》（1954）、《中国通史参考资料》（1964）、《史学名著选读》（1964）之中。此外更重要的一部分则包括在他执教六十年期间各种授课讲义和学术演讲之中。他之所以能取得这样大的成就，一是他继承了中国古代文化的优良传统，尤其是清代朴学的传统，重事实，反浮夸。"五四"以后，他又吸收了科学与民主的新思想，视野开阔而不泥古。解放以后，他又认真地学习马克思主义，力求用历史唯物主义的观点和方法研究历史。二是在个人思想修养上，他是一个执着的爱国主义者，他始终把自己的研究和国家民族的命运相联系，他的每一项研究都是有为而发，极富于个性，这是他的学术生命力之所在。可以毫不夸张地说，解放后五十年来，凡研究清史者，无人不知先生，无人不读先生之书。改革开放以后，清史研究在历史学科当中从人数最少，发展到现在规模最大人数最多，不能不说是先生培养后进和继往开来之功。今年是先生诞辰百年和逝世十八周年纪念，略述先生的学术成就，以资怀念先辈和启迪后学。

一

郑天挺原名庆甡，字毅生，祖籍福建长乐，1899 年 8 月 9 日（清光绪二十五年阴历七月初四）生于北京。父郑叔忱为光绪十六年（1890）进士，曾任翰林院编修、顺天乡试同考官、奉天学政、京师大学堂提调（教务长）等职。母陆嘉坤，广西桂林人，亦通经史，曾任天津北洋高等女子学堂总教习。1905 年他年仅六岁，父亲去世，次年母亲又病故，遂与其弟寄养于亲戚家中，由表舅梁济监护。他自幼好学，酷爱文史，1917 年考入北京大学国学门，1919 年积极参加了"五四"爱国运动，走向街头，示威游行，反对卖国贼，火烧赵家楼。十月，日本帝国主义枪杀福州人民的"闽案"发生，北京三十四所学校三万人在天安门集会抗议日本帝国主义的暴行，郑天挺先生积极投入这一运动，并组织参加了旅京福建学生联合会，任主任干事，以"攘日"的笔名在《闽潮周刊》上发表文章，宣传打倒日本帝国主义。1920 年毕业后应聘于厦门大学，参加该校筹建工作。1921 年进北大研究所国学门，受业于钱玄同，研究中国文字音义起源。钱玄同（1887—1939）是声韵训诂学大家，受其濡染，所以天挺先生对古文字和音韵学有深厚的基础。在此期间，他又参加了北京大学明清档案的整理工作，奠定了他后来从事明清史研究的基础。1922 年他曾在中国法权讨论委员会任秘书，利用该会的档案资料撰写了他第一部学术著作《列国在华领事裁判权志要》一书，用历史事实揭露了帝国主义以"强者蔑视弱者"的态度，强行在中国设立领事裁判权的经过，主张领事裁判权必须废除。1923 年该书以法权讨论委员会的名义出版，获得了法学界的好评，时年仅 25 岁。

1924 年他任北大中文系讲师，后来一度辗转于广州、浙江任职，1930 年再回北大教书，1933 年任秘书长，虽在中文系教课，但他的兴趣却在清史。他说他出生于清末，人在北京长大，从一些亲友中耳闻目睹了许多清人掌故，一直到他工作后，许多北洋政府的官职，还受清代的影响，所以他对清史有浓厚的兴趣。当时孟森（1868—1938）在北大执教，曾发表《清初三大疑案考实》，在学界影响很大。其中关于太后下嫁多尔衮一事，尤为世俗所乐道。孟森认为以多尔衮称"皇父"为太后下嫁之一证不足据，他说"皇父"之称犹汉人古代之称"尚父"、"仲父"，是由于对功大者的一种尊称，所谓"由报

功而来，非由渎伦而来"。胡适在该文的附言中则认为这种说法"终未能完全
解释'皇父'之称的由来"，"鄙意绝非轻信传说，终嫌'皇父'之称似不能
视为与'尚父'、'仲父'一例"。理由仍不充分（孟森《明清史论著集刊续
编·太后下嫁考实》）。对此，郑天挺先生撰《多尔衮称皇父之臆测》（北大
《国学季刊》6 卷 1 号）一文，作了回答。经他考证，多尔衮因率兵入关有功，
顺治元年（1644）十月封"叔父摄政王"，原辅政之济尔哈朗封为"辅政叔
王"，在此"叔父王"与"叔王"已有尊卑之区别，顺治四年（1647）多铎因
征蒙古苏尼特部有功，晋封为"辅政叔德豫亲王"。济尔哈朗因府第逾制罢辅
政叔王，仍称"亲王"。由此可知，在清制"叔王"、"叔父王"乃是一种显示
亲王爵禄尊卑之专称，不像汉人"叔父"与"叔"是家人对长辈的称呼没有
分别。顺治二年（1645）五月曾明确议定"皇叔父摄政王"因为辅佐皇上主
持国政，他的称号与仪注都比其他亲王为隆，凡遇庆典满汉大臣朝贺皇帝毕，
必须往贺"皇叔父摄政王"。顺治五年（1648）十一月冬至，福临祭告天地追
封先祖时曾明令公布"加皇叔父摄政王为皇父摄政王，凡进呈本章旨意，俱
书'皇父摄政王'"（蒋氏《东华录》卷 6）。由此可知"皇父摄政王"是清初
的一种爵禄，高于其他亲王，而低于皇上，皇上是他的侄子，由于他的功劳
大，权势重，再没有更高的爵禄，乃加以"皇父摄政王"之称，"摄政示尊于
国，皇父示尊于家"。考之满文，父亲称阿玛，满洲旧俗对尊者亦称阿玛，
"皇叔父摄政王"满文为 Han i cike ama wang，应译为"汗（君）的叔父父
王"。"皇父摄政王"为 Han i ama wang，应译为"汗（君）之父王"。两种称
呼都有"父王"即阿玛王的称号。据此他得出结论说："'皇父摄政王'即为
当时之最高之爵秩，多尔衮之称'皇父摄政王'复由左右之希旨阿谀，且其
称源于满洲旧俗，故决无其他不可告人之隐晦原因在。其后《实录》所以削
之不书者，盖汉化日深，渐觉其事之有嫌僭越不相称耳。"他的这一论断不仅
说明了多尔衮称"皇父"之由来不一定与所谓太后下嫁有关，更重要的是说
明了在清初多尔衮地位的重要，实为满族入关后清王朝的奠基人，开创了研
究多尔衮的先声。随之他利用明清档案材料写了《墨勒根王考》（《益世报》
1936 年 10 月 22 日《读书周刊》），论述了多尔衮被削爵后，官书记载称"睿
王"，在清人内部档案中则出现了"墨勒根王"。他考证，墨勒根王即多尔衮，
此称源于满洲旧称，天聪二年（1628）多尔衮征蒙古有功，皇太极赐以墨尔
根岱青之称号，墨尔根，满语意为善射者，后来引申为汉语聪明之意；岱青，
蒙古语为统帅。《释阿玛王》（1940 年 11 月）论述了多尔衮在当时四人中的称

号，实际源于满文父王之意。《多尔衮与九王爷》（1936 年 11 月）考证了俗称多尔衮为九王爷之来历，多尔衮为努尔哈赤第十四子，伦次不当称九王，清有王爵始于皇太极崇德元年（1636），多尔衮始封睿亲王，此前称贝勒，多尔衮在贝勒中排列第九，时无王爵，贝勒最大，故称贝勒为王，九王爷即九贝勒也。澄清了有关多尔衮的一些问题，对研究清史也是一项开拓工作。

在此期间，他又研究了清代著名学者杭世骏《三国志补注》与赵一清《三国志注补》问题，澄清了清代一个重要的文案。杭、赵两人都是浙江杭州人，生当同时又同里，且交谊很深。杭世骏著有《石经考异》、《道古堂集》；赵一清著有《水经注释》、《东潜文稿》。两人关于《三国志》注释的著作，生前均未刊行，文集中也未述及，在他们逝世以后，人们发现杭书六百五十余条中，与赵书相雷同者四百零二条，于是便怀疑赵书系抄袭杭书而来。赵一清之《水经注释》为《水经注》中的名作，其中《直隶河渠水利书》为他人所窃，其人学问渊博，绝非攘美窃名者之流。郑先生利用他的校勘学知识，对两书进行了详细的对勘和考证，考证出杭世骏生于康熙三十五年（1696），卒于乾隆三十八年（1773）终年七十八。赵一清生于康熙五十年（1711），少杭世骏十五岁（卒于乾隆二十九年，年五十四，为孟森所考定）。赵一清之父赵谷林与杭世骏是执友，所以两家过从甚密。杭世骏补注《三国志》在雍正八年（1730）之后乾隆元年（1736）之前。赵一清与杭世骏过从甚密始于雍正六、七年间，两人同在杭州西湖志局修志，赵一清任分校，杭职分修，曾互相讨论学术。雍正八年，赵一清即与其叔父前赴北京。所以杭世骏补注《三国志》时，赵未在杭州。乾隆元年，杭世骏与赵一清之父赵谷林同赴北京应博学鸿词科，赵氏下第，杭世骏及第授翰林院编修，于乾隆八年（1743）解职南归。赵一清于乾隆七年南归，两人复有往来。由此可证杭世骏注三国志时，赵氏年方弱冠，杭氏之书在赵氏书之前，杭氏之书绝非抄袭于赵书。而赵氏之书作于何时，无明确记载。但赵氏之书曾引用过杭书，其书卷三《注补·楚王彪传》曾引“杭氏世骏曰”，可见后来赵氏注补三国志时确曾见到杭书，而赵书虽与杭书有部分雷同，但赵书引证多于杭书七八倍，而且纠正了杭书许多错误。所以赵氏之书亦非抄袭，所可惜者两书都未成稿，故而引起了许多疑问。最后他说：“窃意杭赵两书，盖由世骏创为义例，发其端绪，一清踵而广之，故体裁相同，证据相近。然两书均未完成，故两家集中未尽其事。”“古人同治一学，相互勘正……偶或雷同，固不能目为剽窃，吾人不应以疑词厚诬前贤者也。”他用多条考证对比，证明赵书优于杭书，为赵一清恢复了名誉。他的专论《杭世骏〈三国志补注〉与赵一清〈三国志注补〉》刊于 1936 年《国学季刊》五卷四期首篇，受到当时学术界的好评。随之他影印了赵书，在《影印〈三国志注补〉序》中，总结赵书之优点有十：音义、地理、典制、人物、载籍、故实、异同、违误、史法、校雠。虽有缺点，然其"采摭恢宏，抉摘精审，要亦裴氏之亚也"（1936 年《益世报·读书周刊》65 期），肯定赵书仅次于晋裴松之的《三国志注》。

对此，孟森又作《书郑毅生先生影印三国志注补序后》（1936 年《益世报·读书周刊》66 期），肯定了郑天挺先生的发明，又叙述了赵一清《水经注释》中《直隶河渠水利书》130 卷先为戴东原占为己有之经过，又被王履泰化名《畿辅安澜志》于嘉庆朝进献得官，刻入武英殿丛书中。又重复申明了一段文案。

他写的《张穆〈月斋集〉稿本》（1936 年《益世报·读书周刊》），证明此稿本中有何秋涛、何绍基二人的批注，后来的刻本与此稿本多有不同。张穆（1805—1849），清代著名的舆地学家，书中涉及清代边疆地理若干重要问题，另著有《蒙古游牧记》为研究清代蒙古之名作。

二

1937 年国难家事不幸接踵而来，这年初春，他的夫人周俶不幸病逝，留下五个子女，长女不过十三岁，幼子年仅三岁，对他的精神打击很大。从此，他再未续娶，决心以学业为重。七月，"七七"抗战爆发，北京大学与清华大学、南开大学决定南迁，先迁至长沙，后迁至云南昆明，组成西南联合大学。在此国难当头，他毅然留下五个子女让他的弟弟在北平照顾，只身随校南迁，并担任着迁校的繁重工作。在离京前，他曾去医院看望生病垂危的孟森先生，不久孟森先生逝世（1938 年 1 月），郑天挺曾作《孟心史先生晚年著述述略》作为纪念（刊于 1939 年《治史杂志》第二期）。这是当时学术界第一篇系统介绍孟森先生学术成就的文章。他到昆明后，代表北大参与西南联大的筹备，后又任西南联大总务长。在抗战期间，大后方的物质条件极为困难，他在校务工作繁忙的情况下，仍挤出时间坚持教学和研究工作。他认为在抗日战争时期，一个爱国分子，不能身赴前线或参加革命，只有积极从事科学研究，坚持谨严创造的精神，自学不倦，以期有所贡献于国家。他用这种思想教育学生，也勉励自己，他在学术上的重大建树就是在这一时期做出的。

　　当时日本帝国主义扶持清废帝溥仪，在东北成立满洲国，辖东北三省，以长春（当时称新京）为界，以北称北满，以南称南满，将满洲作为地名，妄图从中国割裂出去。对此，郑天挺先生奋起而作《清代皇室之氏族与血系》（1943年作，1944年4月11日，西南联大文史演讲会）一文，予以驳斥。对清史上一些重要问题：满洲的族称、满洲先世在元明的地位、爱新觉罗姓氏的由来、氏族与旗籍、清代诸帝之血系、佟氏与汉人、满汉通婚之禁、选秀女之制都进行了详细的论述。他说："清代以满洲表部族。"满洲是族称而非地名，也不是什么国名。《太祖武皇帝实录》述满洲源流说："其国定号满洲。"当时之所谓国，与海西四部之乌拉、辉发、哈达、叶赫，蒙古之科尔沁、喀尔喀都是部族的名称，并非什么国家，也不是地名。洲字本训水中居地，与原野不同，不称满州，而称满洲，实避土地之名。终清一代，满洲、汉人并称，皆指族称，未曾稍改。"近世强以满洲为地名，以统关外三省，更以之名国，于史无据，最为谬妄，满洲出于建州左卫，为女直支裔，即唐之靺鞨，周之肃慎，乃中华历史上宗族之一，清朝入关后散居中原，更不可以一省一地限之也。"并且指出元代对于女真地方的治理，与西南各地土司一样"随俗而治"，到了明代相沿未改，"官其酋长为都督、都指挥等职，各统其众，以时朝贡"。是臣属于明代的边疆民族，也并不是什么独立的国家。

　　清代皇室为了表示自己的尊贵，有清一代满汉界限很严，通婚亦有种种限制，但实际上清代入关以后，宫中多汉人妃嫔，世祖诸妃有陈氏、唐氏、杨氏、苏氏，圣祖有王氏、高氏、袁氏、刘氏，世宗有耿氏、齐氏、李氏、宋氏等。若从清朝诸帝母姓的血统而论，除努尔哈赤为纯粹之满洲人外，其余诸帝都是满蒙和满蒙、汉之混合血统。例如，皇太极之母叶赫纳喇氏为蒙古人，皇太极则为二分之一蒙古血，二分之一满洲血。顺治之母孝庄后为蒙古科尔沁人，顺治亦为二分之一蒙古血，二分之一满洲血，若加上其父皇太极之蒙古血部分，蒙古血成分更多。康熙之母为佟图赖女，佟图赖父佟养真为辽东汉人，佟图赖母为汉人，妻为满洲人，所以康熙为四分之一汉血，四分之一蒙古血，二分之一满洲血。雍正之母为哈达部人姓乌雅氏，雍正为八分之一汉血，八分之一蒙古血，四分之三满洲血而杂叶赫血成分。乾隆之母为满洲人，乾隆有汉血十六分之一，嘉庆之母为清泰女，清泰姓魏，本汉军抬入镶黄旗，改魏佳氏，实为汉人，所以嘉庆时又有新汉血成分。所以他说："清皇室血系之复杂，在宣宗以前累世皆有新血素之参入，此与当时武功之奋张，文化之调融，不无关系。最趣者，清世以龙兴东土朱果发祥之贵胄自炫，而不知其为汉满蒙古之混合血统；雍正、乾隆轻蔑汉人，时肆诋诽，而自忘其亦有汉人血素。设详求清代外戚血缘以作更密之探讨，可述者当尤过于此。"

辽东的佟氏与汉人，是清史研究中的一个重大问题。努尔哈赤初起时辽东人有佟养真、佟养性投降后金，专事招纳汉人，后来佟养性统帅汉军，使用火器，协助满洲八旗作战，成为清军的一支重要武装力量，佟氏族众皆隶汉军，为清朝的开国功臣。后来清朝国史说佟氏本满洲人，入明边贸易，遂为明人，后金兴起以后复归满洲。佟氏究竟是满人还是汉人，郑天挺先生根据各方面史料考证，佟氏本辽东旧族，始于北燕，族众甚多，明末散居辽阳、开原、抚顺和寄籍湖北江夏，确系汉人，明朝政府追论佟氏投降后金的叛逆之罪时亦视为汉人，清初朝野都视佟氏为汉人。康熙二十七年（1688）佟养真之孙佟国纲忽而上疏说其先祖本系满洲，名达尔哈齐，贸易边境明人诱入开原，请改隶满洲，"盖属伪托，其事实不足信"，目的是为了依附满洲，抬高自己的地位。最近有人撰文谓佟氏原系汉化之女真人（侯寿昌《辽东佟氏族属旗籍考辩》，见《明清档案与历史研究》，中华书局，1988 年），亦非事实。《八旗文经》卷 50 佟世思《先高曾祖三世行略》称其先世居抚顺，北燕时有远祖名万，以文字显，明洪武时始祖名达礼，以边功加指挥同知，曾祖讳养义，"以抚顺族人讳养性于明万历年间获罪，罪应族，于是通族之人，潜者潜，逃者逃，易姓者易姓，更名者更名"（《柳如是别传》下册，第 975 页），更进一步证明佟氏确为汉人，郑天挺先生的结论是正确的。

清朝自己有一些特殊的风俗习惯，这些风俗习惯是女真民族长期发展形成的，在发展过程中，与其他民族也有一定的联系，随着清朝入居中原统治全国二百多年，这些风俗习惯也发生了很多变化，这一变化过程正是民族文化互相融合的过程，郑天挺先生在《清入关前后几种礼俗的变迁》（1942 年12 月 8 日西南联大文史演讲会）一文，对清朝的渔猎、祭告、祭堂子、丧葬、殉死、婚嫁、剃发、衣冠等制度的特点进行了深入的研究，指出他们发生变化的社会原因：例如渔猎，本女真旧俗，来源于早期的渔猎生活，满洲人尚武，特别重视打猎，入关前每年有三四次大规模的打猎活动，借以奖励武事和进行军事训练；入关以后顺治、康熙、乾隆都屡次告诫子孙要勤习武事，保持祖先的尚武传统，事实上已逐渐流为形式，把行猎视为一种负担。他举例说："康熙偶尔用了本人射得的鹿尾，钓来的鲢鲟，献给他的母亲和祖母，还有些旧日风气，其后每年的秋狝，实在只是游幸，而八旗官兵的冬初步猎，更属具文，至于渔猎更不用谈了，不惟最初的意义不存，就是旧的形式也没有了。"

又如祭告，满洲旧俗，凡有大盟誓，要杀乌牛、白马祭告天地，将所杀之牛马削去肉，只用白骨祭祀，并设酒一杯、肉一碗、血一碗、土一碗，对天地而誓，誓词中有"如背盟则似此血出、土埋、骨暴而死，如践盟则食此肉、饮此酒、福寿永昌"。入关以后，很少有这种祭告，在每年圜丘祭天时，所列祭品全是黍、稷、枣、粟，虽然也有牲牢，多是牛羊，也不见乌牛白马，完全汉化了。

清朝最坚持自己民族习俗的是剃发和衣冠，不仅自己坚持不变，还要汉人一律遵从，作为政治上顺逆的表示。下江南后，下剃发令，造成了江阴起义坚持了八十余日的浴血战斗和嘉定三屠的惨案，但可注意的是汉人女子始终没有接受满洲人的装束，礼服仍是凤冠霞帔，便装是上衣下裳，民间传说汉人对清"生降死不降，男降女不降"是出于洪承畴的建议。对此，郑先生说"其实不然，或许是因为女子不出门，而棺殓别人不易看见，所以仍然保持着故国衣冠。民国十年以后女子盛行旗袍，这也是前人想不到的"。满洲人的服装是缨帽箭衣，汉人则是方巾大袖，一个窄瘦，一个宽博。清朝始终不改他们的服制，是他们的传统国策之一，认为这是继承祖宗遗制，永远不许改易，所以直到清亡没有变革。"但是制度虽然未改，而瘦窄的风气却早已荡然无存"，所以他说："以上所举的清初几种礼俗，有的强汉人法效，有的禁汉人从同，有的潜移默化与汉人趋于一致，而大体上均有所变革，这种变革不是由于政令的强制而是由于文化的自然调融。"

在清朝制度中，有别于中国历代的一个特有制度就是八旗制度中的包衣制度。郑天挺先生撰《清代包衣制度与宦官》（1944 年 1 月 4 日西南联大历史系晚会）一文，对包衣的性质、包衣的产生、包衣的来源、包衣的组织、入关后包衣与宦官的斗争进行了全面而深入的研究。清朝建立八旗时，每一旗由一贝勒为主，旗主与旗下属人有主仆之分，旗下大部分人同时为国家臣民，应服役于国家，有一小部分专服役于旗主贝勒之家，这部分人即称为包衣，"包衣"译为汉语为"家里的"意思，即指家奴或家仆。包衣只服役于主人，而不服役于国家，他们的奴籍是子孙相承，非得主人允许不得脱籍，所以就性质而言，包衣是私家的世仆。但并不是奴隶社会中的奴隶，因为他之所以是奴仆，只是对他的主人而言，而包衣"另有自己的官阶，自己的财产，自己的奴仆"。包衣的来源有的是战俘，有的是犯罪籍没，有的是占取，所以包衣除满洲人外，也有汉人。凡编入包衣者，子子孙孙永在包衣中，只有立功或罪案被昭雪后才能发出包衣，奴仆的子孙永远是奴仆，家奴的子女名曰"家生子"，《红楼梦》64回称鸳鸯为"家生女儿"，即是据此。因为包衣主要是给旗主王公贵族服私役的，所以皇帝也有自己的包衣。入关以后，皇帝自领上三旗，皇帝的包衣便构成了专管宫廷事务的内务府，内务府的首领叫总管，满语即称包衣昂邦。清朝初入北京，故明太监企图恢复昔日的权势，曾蛊惑顺治设立十三衙门，经过几次斗争，清朝的统治者总结了明朝宦官专权亡国之弊，坚决废除宦官制度，宦官事务全由内务府掌管，统以总管大臣，总管大臣无定员，多由满洲侍卫、府属郎中、内三院卿或王公大臣、尚书等官兼摄。与宦官制度不同，宦官制度由少数太监把持，又是终身制，而内务府官员都是流官，有升转、有外用、有京察，不能永久把持，和外官一样同在国家法令的层层监督之下，故而不能过分作恶，主要是不能把持政权。他总结清代的包衣制度时说："汉朝宦官利用了他们的密近地位，假借皇帝或太后的权威，'手握王爵，口含天宪'以专制朝廷。唐朝宦官把持住皇室兵权，东南财富，养成了他们的特殊势力。明朝宦官以批红操纵政柄，厂卫立刑威，宫帑供财用。清朝宦官没有这些凭借，所以清朝三百年无宦官之祸，这是包衣制的赐予。"

《清史满语解》（《真理杂志》1卷1、2、4期）近二十条，解释了清初许多特殊用语的含义和制度的变化，如"土黑勒威勒"、"牛录额真"、"札尔固齐"、"巴牙喇"、"巴图鲁"、"巴克什"、"包衣大"、"包衣昂邦"等，解决了人们在研究清史，读清史资料中经常遇到的一些疑难问题。

郑天挺先生的这些研究无疑是继孟森先生之后，将清史研究推向一个新的阶段，对清朝的开国制度的特点以及入据中原以后这些制度发生的变化，进行了科学的解释，而且有力地驳斥了日本帝国主义歪曲清朝历史的谬论，制造满洲国、侵略我国领土的反动野心，发扬了爱国主义，公正的评价了清朝的历史。他的这些成果是在资料极端缺乏、条件极端困难的情况下作出的。抗战胜利之初，1946年他将这些论著集成一书，名《清史探微》出版。他在该书自序中说："比岁僻居无书，蓄疑难证，更不敢以言述作，独念南来以还，日罕暇逸，其研思有间恒在警报迭作晨昏野立之顷，其文无足存，而其时或足记也。通雅君子，原其'率尔操觚'之妄，有以匡其违误，斯厚幸矣。"显然，此序不难见其锲而不舍的治学精神。自此《清史探微》便成为他早年研究清史公认的代表作品。

在抗战期间，他就身处西南之便，研究了西南的边疆地理，先后撰写了《发羌之地望与对音》（《史语所集刊》第八本一分册）、《〈隋书·西域传〉附国之地望与对音》（《国学季刊》六卷四号）、《〈隋书·西域传〉薄缘夷之地望与对音》（同前）及《历史上的入滇道路》（1943 年 3 月《旅行杂志》十七卷第三期）一组文章。《新唐书·吐蕃传》中说吐蕃本羌属有百五十种，有发羌唐旄者居析支水西，未与中国通，"蕃发声近，故其子孙曰吐蕃"。经他考证，发羌之名始见于《后汉书》卷 117《西羌滇良传》。西羌滇良后代有迷唐者被金城太守侯霸战败，"远逾赐支河首依发羌居"，析支即赐支，赐支河首之南即今西康西藏之地，乃吐蕃旧居，藏人自称其国为 Bod-Yul，Bod 谓其民族，Yul 则指国家，Bod 即中国古传中发羌，Bod 即西藏土名发羌之对音，所以他说："发羌之地望既与康藏相应，而读音又与 Bod 相合，则发羌之称盖源于西藏土名 Bod 之对音，似亦无可疑。"由此可知西藏与中国直接间接之交往，远在隋唐之前。《〈隋书·西域传〉附国之地望与对音》一文谓：《隋书·西域传》"附国者蜀郡西北二千余里，即汉之西南夷也"。蜀郡西北二千余里，则远在松潘徼外，以地望考之，实当今西康西藏之地。"附国之附即后汉发羌之发字一音之转，亦即西藏人自称 Bod 之对音。"隋时即通中国。

《〈隋书·西域传〉薄缘夷之地望与对音》一文，谓《隋书·西域附国传》有"附国南有薄缘夷"，从地望与对音考之，薄缘夷即西藏南界山国不丹。不丹或译作布坦，盖 Bhotan 之对音，源于梵文 Bhotânta，汉文西藏的，即西藏一部之意。不丹我国旧译布鲁克巴，《西藏记》谓"离西藏西南行月余"，正与《西域附国传》中所言薄缘夷方位相合。

他的这些研究有力地说明了后汉时的发羌，即是藏族的祖先，藏族在隋唐时期就与中央政权发生了密切的关系，关于薄缘夷就是不丹的考证，更是开创性的研究。他在这方面的研究成果至今仍为一些外国学者研究西藏的著作所引用（1983 年，日本山口瑞凤：《吐蕃王国成立史研究》第六章）。

郑天挺先生出身于国文系，后转入历史，所以文史兼通。他的研究和文风极富个性，《中国的传记文》（1942 年 10 月）就是一篇极有创见的文章，是在阅读了大量的史、传、墓、表、行述文后综合分析而得出的，他认为中国古代传记文的优点是求真：不多写，不乱写；文字尚简，不妄加，不烦复。其次是用晦，有些事迹不明显直说，用别的方法委婉地点出或烘托出来。禁忌：诡异，记述神怪不经之谈；虚美，过分称赞和夸张；曲隐，只述其善而隐其恶。史传文字以《史记》最好，次之《汉书》和《三国志》，主要优点是写出了人物的个性。而后来的传记文字则好的较少，其原因，一是语言脱离文字，用古代的文字文法写后世的语言，语气神情不能充分表现；其次是作者技巧，模仿古文家的笔法章法，方法越多，技巧越劣，模仿越多，离开真实越远；第三是传统观念，写忠臣一切全好，写奸臣一切全坏，掩盖了许多事实；四是作者主观，用自己的主观喜好把许多不同个性的人写成一个样子，"写孝子总是哀毁骨立，写节妇总是贤孝贞淑，凡是学者总是励志笃学，凡是武将总是武勇善射，千篇一律。""忘了所写的人的个性，忘了所写的人的学识才情同环境，只凭自己的主观。"他的这些看法对我们今天读史著文仍大有裨益。

三

抗战胜利后 1946 年北大复校，郑天挺先生仍担任秘书长，并兼历史系主任。抗战期间他的长女郑雯在西南联大念外文系，于北上复校时因飞机失事死于济南，年仅二十三岁。他回到北平后，在抗战期间帮他照料几个孩子的弟弟亦于是年春去世，时年仅四十有余，这对他的情绪打击很大。当时北大校务也很繁忙，不久内战又起，国民党政权濒临垮台，物价飞涨，郑天挺先生除了维持艰难的校务工作而外，学术研究几乎完全停止，只讲授明清史、清史、清史研究、清代史料、历史研究法等课程。1948 年底，北平临解放前国民党政府采取了"抢教授"的行动，几次派飞机来接，他坚决留下来，迎接北平的解放。12 月 17 日北大五十周年校庆时，学生自治会以全体北大学生的名义赠给他"北大舵手"一面锦旗，表彰他在北大几十年操劳的业绩。1949 年 1 月北平解放，他仍担任北大秘书长兼历史系主任，同时还负责文科研究所明清史料整理室的工作。从此他把主要的精力放在教学和研究上，除了讲课而外，编辑出版了《明末农民起义史料》（开明书店，1953 年）、《宋景诗起义史料》（中华书局，1954 年）、《太平天国史料》等书。并先后撰写了《"黄马褂"是什么？》（天津《进步日报·史学周刊》25 期）、《宋景诗起义文献初探》（原名《宋景诗起义史实初探》，1951 年《进步日报·史学周刊》40 期）、《辛丑条约与所谓使馆界》（《进步日报》1951 年 9 月 7 日）、《马礼逊父子》（《历史教学》1954 年第 2 期）一组重要文章。

郑先生写文章做学问一个重要特点，往往是以小见大，发微知著，题目有时很小，但涉及的事却相当重要，是解决大问题的关键。当时正讨论电影

《武训传》和宋景诗起义问题。《武训传》说武训得过"黄马褂"，郑先生在《"黄马褂"是什么?》一文中，扼要地叙述了清朝皇帝赏赐臣下穿"黄马褂"的相关制度，"黄马褂"是天子近侍的服装，只有皇帝的亲身侍卫和"内大臣"才能穿，不做侍卫就不能穿，这叫"职任褂子"。"赏穿黄马褂"又有两种：一是皇帝打猎校射时赏给得胜者，围猎时能穿平时不能穿，这叫"行围褂子"；一是赏给有功高级武将或统兵的文官，任何时候都可以穿，这叫"武功褂子"，是清朝的一种殊荣，职爵高者才能得到，还要在史书中记载。由此他肯定武训没有得过"黄马褂"，因为这几个条件武训全不具备。他说："那么，为什么有的说武训得过'黄马褂'呢？我想这是后来捧武训的人拿近代勋章的眼光看'黄马褂'，以为像武训这样的人总应该戴一个勋章，于是找出了'黄马褂'，而忘记了清代统治者对于'黄马褂'还另有一套办法。"他的这篇文章很受当时许多学者的称赞，认为是一篇微型论文。《辛丑条约与所谓的使馆界》亦是如此，用不多的文字将帝国主义强迫清政府签订辛丑条件以及在北京建立使馆界的过程讲得极为清楚，指出清政府在签约时，完全听从帝国主义国家驱使，对条约内容也未加详审，只是为了保证西太后安全"回銮"（从西安回北京），便拱手画押，导致了帝国主义对草约第七条内容的引申加码，造成了使馆界。《宋景诗起义史实初探》一文，他利用档案资料阐述了 1861 年山东农民起义以黑旗军的宋景诗最为强大，并分析了宋景诗一度曾与清军妥协的原因以及后来又脱离了清军的经过。此文当时即被德国汉学家贝喜发教授译为德文，刊于柏林德国社会科学院东方研究所《通报》（1956 年卷 1 期）上。

1952 年院系调整，郑天挺先生奉调来南开大学任历史系主任，中国史教研室主任，1956 年又创建了明清史研究室，任研究室主任。他一方面负责繁忙的教学行政工作，一方面又参加教学。于 1954 年到 1956 年曾开设明史专题、清史专题、史料学、明清史等课程。他在明史专题与明清史课中曾就明代历史的若干重要问题，提出了自己独特见解。

明史的分期与明代的历史特点。

关于明史的分期：

前期：公元 1368—1435 年共 68 年。是明代的极盛时期，元末农民起义之后，朱元璋建立了政权，对农民实行了一些让步，生产得到恢复，明成祖和他的父亲政策虽有不同，一方面维持他父亲的既成局面，一方面向外发展，明以洪永时期为最盛。

中期：1436—1521 年共 86 年。这一时期发生了土木堡之变，国势开始寝弱，土地兼并，卫所破坏，垦地数目减少，国家收入减少，而支出加大。

后期：1522—1644 年共 123 年。嘉靖、隆庆时期由盛到衰，北有蒙古，南有倭寇。从万历到崇祯为乱亡时期，万历初有一度恢复，实行了一条鞭法。

关于明代的历史特点：

一、明代是中国封建社会的后期，直到清代鸦片战争之前；鸦片战争以后帝国主义入侵，为中国封建社会的末期。明代与过去有几点大不相同，交换发达，工商业发达，中后期特别显著；自然经济日趋瓦解，有了货币地租，城市比过去发达，一般封建社会城市不大发达，明代全国有三十个以上较大的城市。货币流通，广泛用银，说明商业资本发达，资本主义已经露头，但不能早于中叶。

二、明代是中国经过长期分裂与外族统治后的一个统一时期，从黄巢起义失败（884 年）到 1279 年元灭宋，四百余年是分裂时期，五代割燕云十六州后，中国是经过长期分裂的，又经八十九年元朝蒙古人的统治，共约五百年，不是过去以汉族为首的各民族在内的统一国家。明朝是从这样的历史条件下使中国再度成为一个统一的国家，这和过去是不同的。

三、明朝是在农民大起义之后建立的新王朝，从 1348 年到 1368 年朱元璋灭元共二十年，这是过去没有的。西汉末的赤眉铜马只有十年（18—27 年）、黄巾只有一年（84 年）。隋末、唐末时间都比较短，中国历史上的农民起义时间最久的为元末。在长期农民起义之后，生产力受到很大的破坏，恢复工作也很重要，历代农民起义之后，对农民的让步最显著的就是明朝。明初很重视对农民生产力的恢复，在这个时期是国内外商业发达时期，中国的海上贸易从北宋就发达起来了。但西边陆路为西夏阻隔，不得不另外开辟商路，使海上贸易发达，元时陆海两路都很畅通，明朝继承了元代的陆海两道的对外交通。

四、明代是周边一些少数民族的发展，由低级阶段进入高级阶段时期。一是北方的鞑靼，一是东北方的女真，他们从北方和东北方威胁明朝的安全，蒙古的帖木儿帝国曾到印度，整个包围了中国的西方和北方，海上还有倭寇，明朝是在四周兴起了强大势力包围中存在，政治修明时就是励精图治，以防备外夷，到政治黑暗时就常受外族侵略以至于灭亡（1954 年明史专题课）。

他的这一提纲挈领式的勾画，是把明代的历史从纵的方面放在整个中国历史发展的长河中进行比较，从横的方面放在与周边民族及其他国家的关系中进行考虑，可谓不移之论。对我们正确理解明代的历史确有指点迷津的作用。

他在讲解元末农民起义与朱元璋的政策时对下列问题提出了自己的看法。

（一）关于元代的社会和土地问题

元代的社会与蒙古未进入中原前的社会性质有密切关系，有的说是奴隶社会，进入中原后为封建社会；有的说是氏族社会，进入中原后没有经过奴隶社会直接进入封建社会。其实蒙古未进入中原以前已是封建社会，为游牧经济的封建社会。蒙古人对成吉思汗是人格的依附，而非血缘和经济的依附，成吉思汗对人民的组织有百户、千户、万户，是阶梯制统治，是封建制的特点。成吉思汗对蒙古人民是用政治力量，而不是经济力量定大札萨（大法律）来约束部众。蒙古进入中原以前军队组织受突厥的影响，有"秃鲁花军"即质子军，要投降的人送他的子弟当兵作人质，与氏族社会只用本族人当兵、奴隶社会不许奴隶当兵不同，用外族人来当兵证明蒙古当时是封建社会，它是畜牧、游牧的封建社会，与中国过去的农业封建社会不同。畜牧各有各的所有权，各人有各自的草地。"札木合遂纵火焚帝牧地而去"（《元史·太祖记》壬戌，1202 年）。可见牧地是固定的，牛马财产是依附在土地上的。到中原以后接受中原的影响很快，所以说元朝的统治并没有把中国社会拉向后退，只是使它发展迟缓了。

1213 年（太祖八年）蒙古初入长城，占领河北，要把耕地变为牧场以养牛羊，是他们不知道其他的剥削方式，1230 年（太宗二年）耶律楚材建议不要把耕地变为牧场，可以抽税，蒙古人接受了，便立燕京十路税课使。灭金之后，1263 年（中统四年）下令不许蒙古人将京畿农田改为牧场，1273 年（至元十一年）派人到蒙古屯田。所以说从 1202 年至 1273 年有很大的发展，是以封建性的土地剥削为主，元代的土地政策分为三个阶段。

从 1213 年占领黄河以北，以牧地为主，为第一阶段。破坏了汉人的农田，后耶律楚材建议停止了。这一地区的汉人对蒙古仇恨很深。种族意识强于阶级意识，所以当韩林儿刘福通起义军所到之处就能立刻攻下，进兵十分迅速。

从 1233 年（太宗五年）占领黄河以南，以分地为主，为第二阶段。蒙古的传统政策是每打下一地，就要把打下来的地分封给功臣贵族，蒙古人只是承袭了金朝的旧制，生产关系没有改变，只是换了一个主人。这一地区人民受种族和阶级双重压迫，元末农民起义便发生在这一地区的汝（河南汝南）、颍（安徽阜阳）和蕲（湖北蕲春）、黄（湖北黄冈）一带。

从1276年（至元十三年）占领江南，维持南宋的土地租佃关系为第三阶段。蒙古人下河南以后，金朝许多富豪纷纷投降，所以他对江南尽量实行招降政策，一切照旧，原来的生产关系未改，这一地区阶级矛盾大于种族矛盾，仇恨地主比仇恨元朝更甚。

这就是为什么朱元璋起义后的政策前后不同，忽而强调种族意识，忽而强调阶级意识，到什么地方说什么话，到北方提出种族口号，到南方提出阶级口号，这是他为了适应人民的需要。

（二）关于农民起义与秘密宗教的关系

五十年代有一种流行的说法，说中国历史上的农民起义往往利用宗教来掩护自己。郑天挺先生结合元末农民起义与秘密宗教白莲会的关系谈了他对这个问题的看法。他说：元代在人民中间有一种秘密宗教叫白莲会，白莲会杂糅了弥勒教、摩尼教的信仰，有二宗三际之说，二宗是指明暗两宗，三际是过去、现在、未来，过去是明暗并立，善恶平等，现在是暗胜明，将来是明暗各复本位，一切都是光明。现在明王出世，应该帮助明王把黑暗的势力赶走。元代人民由于备受双重压迫，怀念过去，便寄希望于将来能够恢复过去。这些教义正符合了人民的这种要求，因为不出家，在家就可以信奉。元末农民起义的刘福通、韩山童、徐寿辉与邹普胜都是信奉白莲会的，所谓"以白莲会烧香惑众"（《元史》卷42，"顺帝纪"）。马克思说，宗教色彩是一切东方运动的共同特点（马克思《中国纪事》）。由于宗教说出了人民的痛苦，曾经用宗教来组织自己，所以中国过去有些（并不是所有）农民起义带有宗教色彩，但不能因此说用秘密宗教来掩护自己，因为秘密宗教从来都是统治者禁止的，与统治者是相对立的，不可能掩护。至元十八年（1281），白莲会就遭到禁止。秘密宗教是借人民的集墟、社火、祈福、治病一类的事情来掩护自己，而不是用宗教来掩护人民、掩护革命运动，这种结社都是封建性的，维护皇权、维护封建道德的，也有富人参加，有时也为统治者所利用。秘密宗教不是某一时、某一地为某一事件而组织的，不是某一时有，某一时无，而是一个广泛而长久的组织，也并非乌合之众，是长期潜伏的，时显时不显，完全在于当时社会矛盾的发展。秘密宗教的教义是杂糅的，随时发展的，可以崇拜甲，也可以崇拜乙，可以拜太上老君，也可以拜弥勒佛，因为他们对现状不满，当时社会的主要矛盾是什么，他们就号召什么，反对什么，有斗争的一面，也有不彻底的一面，单纯地说他们是反封建的，或反外族的也不合适，宋代的摩尼教方腊是反宋的，元朝的韩林儿又说自己是宋朝的后代反对元朝。

所有的秘密宗教都不是一个统一的整体，不是以某种政治理论为指导的，而只是反对当时的统治者，因而不能很好的满足人们的愿望，所以是不成功的，内部还时常发生冲突，像韩林儿与徐寿辉同时称帝。

他的这种看法是对历史上多次农民起义凡有与秘密宗教有关系者综合比较研究而得出的。因为秘密宗教有一种神秘的色彩，往往会对人民产生一种误导，使人产生幻想。凡是成功的革命都有自己明确的政治主张，绝不能寄寓秘密宗教神秘的外衣之下。

（三）关于对朱元璋的评价

对于朱元璋，解放前有人骂他是"小流氓"。解放后又有一种论点，认为他虽出身农民起义，但最后他当了皇帝，背叛了人民。对此郑天挺先生从朱元璋起义的过程、他的政策和策略的变化以及他当了皇帝都做了哪些事情进行比较分析。

他说：朱元璋出身于一个贫苦的雇农家庭，给人做长工，是农村中的无产阶级。他的父母很迷信，他的外祖父陈公，也很迷信，是个巫师，曾是南宋张世杰的部下，参加过1279年宋元的崖山之战。朱元璋17岁时（1334）由于父母双亡，出家在皇觉寺当了和尚。随后又出去流浪，25岁（1352）三月在濠州参加了郭子兴的起义军，郭子兴是当时红巾军的一部分。当时天下大乱，有的农民参加了地主武装义军，有的参加了红巾军，朱元璋没有参加地主武装，而参加了红巾军，说明朱元璋参加起义不是投机，他的阶级意识很强。后来他决定独立向南发展，1355年（至正十五年）过江，次年打下集庆（今南京），从此以南京为立足点，在友军夹缝中发展，主要是与元军作战。政治上仍用韩林儿的旗号，南北呼应，发展很快，1358年打下婺州，1359年打下衢州后，东与张士诚相接，西与陈友谅相接，东南与方国珍相接。为了对付西边的陈友谅，免除后顾之忧，策略上曾一度与元妥协（1361），但并未投降元朝，接受元朝的官号。1366年他在讨伐张士诚的檄文中，一方面提出反元，一方面攻击白莲教，反对元朝只说元朝政治腐败，没有涉及民族问题，只强调阶级意识，仍用龙凤年号，他这样做是为了表示自己的政治主张；因为当时农民起义已经十三年了，起义的目的已经与最初不同，人们要求安定的生活，只有统一了才能安定，进行生产，这时谁能抓住人民的要求谁就能胜利。在他打败张士诚之后，1367年10月提出反元的种族革命口号，最后推翻了元朝,建立明朝,当了皇帝。根据朱元璋起义后的一贯政策,他做了皇帝,是否就是背叛了农民或者是掠夺了农民起义的果实呢?

一、他推翻了元朝这是一件重大的事情,此举完成了反外族的民族革命,当时蒙古贵族对中国人民压迫很重,假若不能推翻元朝,农民起义就没有成功。

二、当时农民要求有安定的生活,减轻负担,恢复生产,朱元璋满足了人民的这种要求,解决了部分农民的土地问题,实行了许多恤民和抑制豪强的政策。

三、过去北方是一个混乱的局面,从天宝十四年(755)开始,北方就是割据的局面,到明初 1368 年,共 614 年,对人民的生产非常不利,至此才统一了。从 947 年石敬瑭割燕云十六州于契丹后,北方始终在外族的统治之下,共 422 年,至此打破了外族统治的局面,有很大的历史意义。至于说篡夺革命果实,那是指没有参加革命而抢得了政权,像袁世凯,而朱元璋是亲自参加了革命的,胜利果实应有他的一份,成功之后他脱离了农民,但不能说他背叛了农民,农民革命的要求是改朝换代、反对暴君而拥护好皇帝的。在当时他做皇帝是很自然的事,这是历史的局限。我们既然承认封建社会发展的动力是农民起义,就不能说农民运动从来没有胜利过(1954 年明清史专题)。

他的这些看法,表现了他不屈从于时尚、实事求是的精神,从不苟求于古人。尽管当时有许多观点与此相左,除了用简单的以阶级斗争为纲划分是非而外,没有讲出更多的事实和道理来。至于说朱元璋反对白莲教就是背叛农民起义,也不尽然,农民起义是多种多样的,不应以是否背叛白莲教作为标准。因为历来的农民起义军内部,也有一个互相火并或兼并的问题。

四

1962 年,他应邀到中央高级党校讲述清史,因为听众都是党政中高级干部,所以他用最简捷而概括的语言,对清代从入关到鸦片战争前(1644—1840)197 年的政治、经济、军事、文化进行了总结性的叙述,这次讲稿经过整理以《清史简述》之名,1980 年由中华书局出版。全书虽仅 6 万余字,实际上是一部高水平的清史入门必读著作。

他对清史以 1723 年实行摊丁入亩为界限,以前划为清代前期,以后为清代中期,1840 年鸦片战争以后为清代后期。全书共分四部分,一、概说;二、清代前期的政治和经济（1644—1723）；三、清代中期的政治和经济（1723—1840）；四、鸦片战争以前的清代文化。

他总结鸦片战争以前的清代历史特点有六条：1. 这一阶段是中国封建社会的晚期，而不是末期；2. 是孕育资本主义萌芽的封建经济发展的时期；3. 满族封建社会的上升时期；4. 多民族统一国家的巩固和发展时期；5. 抗拒殖民主义侵略进行斗争的时期；6. 清朝是中国历史上最大一次农民战争后的一个朝代。

在这里他解释所谓"晚期"与"末期"不同，他说："'末期'是指旧的生产关系完全崩溃瓦解，并向新的制度过渡的阶段，'晚期'是说这个制度已经开始走向崩溃，但是还没有完全崩溃，在个别方面还有发展的余地。"他以人口为例，明代人口一般在六千万左右，而清代到道光时达到了四亿多，反映了清代社会经济比明代有突出的发展。在人身依附方面，清代实行了摊丁入亩，人民比明代有较多的自由；其次，由于清代是由满族入主中原后建立的，过去的传统观念认为少数民族入主中原，往往会造成中原地区的落后，他在解释"满族封建社会的上升时期"时说，满族从1616年建立后金政权就是封建性的政权，是一个新兴的民族，有富于向上的青春活力，给当时中国封建社会注入了新的动力，使它得到了进一步的发展。他用历史进行比证，他说元灭宋前，宋朝政府非常腐朽，但在元忽必烈时期，中国社会还是向前发展了。清朝兴起以前，明朝也是如此，明朝末年腐朽到那种程度，为什么到清初又那么强大？如果没有一股新生向上的力量注入，是不可能的。"元朝的忽必烈时期，清朝的康熙时期，它们在历史上的作用就在于此。"

关于清代是我国"多民族统一国家的巩固和发展时期"，他说："我们今天所继承的多民族统一国家的疆土，基本上是清代时期奠定的，这并不是说清代以前的中国不是多民族的统一国家，而是说统一的多民族国家，是由清代更加巩固下来的"，"我们国家疆域的明确和巩固，也是清代的功绩。"以清代与明代比较，明代对边疆地区少数民族只是指定各民族自己的首领进行统治，"从清朝开始，才由中央直接派官去治理"，加强了中央和地方的联系，这一功绩主要是康雍乾时期。

他的这些看法公正地肯定了清代的历史地位。

他提出在这一历史时期，重大事件有八条：1. 清兵入关统一中国；2. 1661年郑成功收复台湾；3. 1691年蒙古三十旗隶属清政府，奠定中国北部疆土；4. 1723年摊丁入亩；5. 1689年中国与帝俄订立"尼布楚条约"；

6.1793 年英使马戛尔尼来华，要求与中国通好；7.1723 年清政府禁天主教；8.1796 年，川陕白莲教起义。在这八条大事中，特别强调摊丁入亩与取消人口税的意义，他说："雍正元年（1723）实行了摊丁入亩，把人口税摊入土地税一起计算，所以叫丁随地起，就是说从此以后，不再按人口征税，交地税的时候，稍微增加一些，丁税与地税合一由占有土地的人合并交纳。""从此中国就没有了人口税，西方国家原来也都有人口税，直到资本主义时期才消灭，而中国在 1723 年就没有了，这在世界史上是一件了不起的事。""摊丁入亩取消了人口税，也反映了封建依附关系的削弱，从而刺激了农民劳动的积极性，对于生产的发展有一定的意义。"（14、17 页）

关于鸦片战争以前清代的思想文化，他说："反封建思想的成长是清代文化的一个特点，也是清代文化的主流。"明初南宋朱熹的思想占主流。朱熹的思想是维护封建统治和封建道德的，完全符合封建统治者的永恒利益。所以每当一个王朝开始恢复生产，建立封建秩序时，常常提倡朱学，元世祖、明太祖、清圣祖都是提倡朱学的。明中叶以后，出现的王阳明学说，就是为了解除朱学的束缚。王学出现以后分化为对立的支派，有的向左，有的向右。向左发展了王学的积极方面，对清初的思想有很大的影响。"王学是反朱学而出现的，所以具有解除传统束缚的精神，这种思想到清初又得到发展，所以整个清代的学术思想常能突破前人的窠臼，自己有所创新改革。"表现为反对和批判君主政体和封建君主专制，这是过去从来没有的。"清初的'为天下之大害者君而已矣'（黄宗羲）、'自秦汉以来凡为帝王者皆贼也'（唐甄）的大胆地反对封建帝王的议论，正是它的反映"（69 页）。

关于清代的考据学。他说，清初的汉学反对宋学，宋人专讲道理而不问实际，但有人攻击汉学支离破碎，因此汉学就改称朴学。意思是有根有据、朴朴实实，反对空虚、浮夸。"考据学派的兴起，是阶级矛盾逐步尖锐的反映。"统治阶级中部分比较开明的士大夫，他们不敢做贪官暴吏，又不敢公开起来反对，也不敢用文字托言讽刺陷入文字狱，所以就逃避到故纸堆中埋头做考据，钻得越深，也就逃避得越远。前人以为考据之兴是升平气象，那是不正确的（82 页）。

无庸讳言，解放以后，郑天挺先生以为他得以有一个安定的环境做学问了，所以他认真地学习马克思主义，无条件地服从领导的安排，将全部精力投入到教学与研究工作当中，取得了不少成绩，但到了五十年代中后期，一些左的学风产生，一是生搬硬套马列主义的一些个别结论，给中国历史实际贴标签。二是强调学术要为现实政治斗争服务。自从 1954 年批判俞平伯《红楼梦研究》之后，批判运动一个接着一个，批判的对象都是针对老一代的知识分子像郑天挺这样的专家。例如关于资本主义萌芽的讨论，用西方封建制的瓦解和资本主义的兴起来比附中国，认为中国封建社会内部在鸦片战争以前必然有资本主义萌芽，有的人认为在宋代，有的认为在明代，有的认为在清代等等，当时多数人以元末明初徐一夔《始丰稿》中《织工对》所反映的情况作为明初资本主义萌芽的证明。郑天挺先生在《关于徐一夔的〈织工对〉》（《历史研究》1958 年第 1 期）一文中，根据《始丰稿》一书的编排体例，证明收在第一卷的《织工对》应为元末之作，当时徐一夔正在杭州，《织工对》中的"日佣为钱二百缗"一句中的"缗"字，是元代对一千钱的习惯称呼，明初称一千钱为一贯。从而明确《织工对》写于元末，而不是明初，它反映的是元末杭州丝织业的情况而不是明初的情况。此文一出后，获得学术界多数人的称赞，澄清了一条重要的史料反映的历史事实。人们在引用这条史料时就谨慎得多了。然而不久在极左思潮泛滥的情况下，就有人批判此文是什么烦琐的考证，"唯史料论治学方法的典型，全文引用了 101 条史料，其目的不外说明了一条史料"云云（《历史科学中的两条路线斗争》，人民出版社，1958 年）。

　　关于为曹操翻案，本来有一定的政治背景，并不是纯粹的学术研究，但一些报纸、刊物为了贯彻领导意图，也要组织一些学者参与，实际上是要一些学者表态。他的《关于曹操》一文（《文汇报》1959 年 4 月 22 日）就是在这样的情况下写成的。他根据曹操一生的功过以及历史上对他毁誉不同的看法，提出了这样几个问题：一、"符合时代进程需要的曹操"；二、"违背人民意愿的曹操"；三、"什么力量歪曲了曹操"；四、"不必管结论"。他的最后结论是："今天重新评价历史人物，必须根据辩证唯物主义和历史唯物主义的原理进行研究，立场、观点、方法都和过去的历史学家完全不同了，因此结论的本质自然也变了，新结论和过去不同的固然是翻案，新结论和过去相同的，由于本质上有了变化，又何尝不是翻案。因此，我个人看法，只要用马克思主义的立场、观点、方法作出来的结论，就可以算是翻案，而不必管结论。"实际上就是说对曹操的所谓翻案，而只是对同一事实的不同看法而已，并没有改变事实本身。翻案者的目的就是要有一个新的结论，他却说"不必管结论"。不同于众的观点，是很明显的。

　　在"文革"即将开始之前，江青之流在搞批判"海瑞罢官"的同时，又搞了一个所谓"清官问题"的讨论，当时他们有一个谬论，说清官比贪官还坏，清官帮助统治阶级麻痹人民，而贪官的残暴有利于促使人民觉悟等等，也要组织一些学者参与讨论，他们的罪恶目的是设下陷阱，以便罗织罪名；但大多数学者并不知道这些内情，郑天挺先生的《关于清官》一文（《文汇报》1966 年 2 月 24 日），就是在这样的情况下"应邀"而写的。他根据历史事实分析了清官与贪官的不同类型以及历史上一些被称为清官和贪官的情况，最后他说："我们认为清官总是官，不能无分析的颂扬，但是否定清官并不等于肯定贪官。这种形式逻辑推论，我们是不同意的，在封建官吏中，清官要比贪官好。贪官在封建国家定额的残酷剥削下，还有更多的剥削，有的入己，有的贿赂其他官吏，这样人民的负担一定更加严重。清官在额定的剥削外不再剥削或少剥削，这样额定剥削虽然残酷，也较贪官的额外剥削稍微好一些。"他明确表示了不同意所谓清官比贪官还坏的观点。

在以阶级斗争为纲、所谓"批判资产阶级"思潮泛滥的情况之下，像郑天挺先生这样的老一代学者，正是他们寻找各种借口进行批判和打击的对象，一篇文章写错，一句话失言，都会遭到意想不到的严重后果。1957 年雷海宗先生仅以一言之失而被打成"右派"，受到全国性的批判，最后含冤而死。在1958 年所谓的"双改"运动中，郑天挺和他的一些同事（如王玉哲、杨志玖）也受到了点名批判。罪名是宣传资产阶级唯心史观，不强调阶级斗争、重业务、轻政治等（《历史科学中两条道路的斗争》，人民出版社，1958 年），当时鼓励青年教师和学生批判老师的极左思潮勃发，谁敢于站出来揭发批判学问最大的老师，谁就是英雄，这就是为什么他在抗日战争时期环境那样艰苦都发表了许多很有建树的文章，而在解放后这样长一段时间发表文章相对较少的原因。

五

在空前大灾难的"文化大革命"中，郑天挺先生和所有其他老专家一样，都被视为"资产阶级反动学术权威"，被关进"牛棚"，失去自由，受到很大的冲击，被批判次数最多。"文革"的特点是谁的学问大，影响面广，谁的罪行就越大，受到的批判就最严重。幸好郑天挺先生心胸宽广，能随遇而安，度过了这场灾难，保存下来了，这不能不说是史学界的万幸。在"四人帮"被打倒之后，邓小平同志主持中央工作，进行拨乱反正，这时他已年近八旬，以从来没有过的振奋精神重新投入教学和研究工作，挥笔著文。于 1979 年发表了经过近二十年思考的《清入关前满族的社会性质续探》（《南开学报》1979 年第 4 期）一文。以前他曾于 1962 年发表了《清入关前满洲族的社会性质》（《历史研究》1962 年第 6 期）。当时学术界对清入关前的社会性质有很大的分歧，有的认为是奴隶社会，有的认为是从氏族社会飞跃到封建社会。郑天挺先生从努尔哈赤十九岁时和父母分居时"父惑于继母言，遂分居……家私止给些许"（《清太祖武皇帝实录》），"家私"一语满文作"阿哈、乌勒哈"，即奴隶与牲畜入手，证明努尔哈赤出身于一个没落奴隶主的家庭，满族确实经过奴隶社会而进入封建社会，不是从氏族社会直接飞跃到封建社会。又从满族奴隶制瓦解过程论述了满族经历了奴隶制而进入了封建制，分别从经济基础和上层建筑方面进行考察，以及满族受到周边国朝鲜和明朝的影响。朝鲜和明朝都是高度封建化的国家。此文发表后，引起了学术界的广泛重视，后来他又听取了各方面的不同意见，在"文革"结束后又撰《续探》一文，对前文所提出的各种问题和当时学术界的不同看法都进行了深入的思考。他根据当时满族社会的生产力和生产关系、生产者的身份、努尔哈赤建国前的思想意识、满汉两族人民在辽东杂居的相互影响，以及努尔哈赤建国前内部实行统治的办法是等级制、赋税是徭役地租、在庄园上进行主要生产者壮丁是自由民而不是奴隶等各方面进行综合分析，认为清入关前努尔哈赤建立的政权是封建性的政权。先生此文的优点是能把经济基础和上层建筑的各个方面融为一体进行考虑。他说："我们应该根据每一时代全面发展的生产力和生产关系决定当时社会发展阶段，奴仆的参与生产只是旧制度的残余现象。犹如美国南北战争前的役使黑人，虽然也是奴隶生产劳动，但我们不能说美国当时不是资本主义社会而是奴隶社会。"这一问题的阐释对于清史研究起了很大的推动作用，虽然目前对这个问题还有不同的看法，但郑先生的看法无疑是最重要的为多数学者所接受的观点。这是清史研究中的一个重大问题，对这一问题的解决有利于对清代历史进行正确的评价，以及清入关以后能很快适应明代的社会而统一全国有很大的作用。

　　1979 年教育部又委托他主办高校明清史教师进修班。他亲自讲授清史概论、清代制度、明清史研究等课程，并组织南开大学明清史研究室同志编辑《明清史资料》（上下册，天津人民出版社，1981 年），高校《清史》（天津人民出版社，1989 年）教材。于 1980 年组织召开了我国改革开放之初第一次明清史国际学术讨论会，他在会上提出了《清代的幕府》的重要论文。他说这个题目是他多年感兴趣的问题之一，1930 年他同刘大白在浙江大学和教育部任职时，刘是浙江绍兴人，绍兴是出"师爷"的地方，经常和他谈起幕府的情况。所以他以年已八旬的高龄，积一生研究清史之经验，写出了这一规模宏大的文章。清代幕府最为发达，幕宾人数最多。清代地方官员上至封疆大吏下至七品县官，多有幕宾协助处理政务，所以清代的幕府制度具有特殊的意义。他对清代幕府的来源、地位、政治作用作了概括性的论述，指出清代幕宾来源有十三种，高至学者名流，低至失意官员、秀才和专业幕宾，专业幕宾以绍兴人为最多，故称"绍兴师爷"。幕宾是幕主延聘，不属国家行政系统，故与幕主是平等关系，幕宾的品格是幕主的朋友和老师，所以他对幕主不是唯命是从，而是"尽心、尽言，不合则去"。清代的幕府以咸丰到光绪年间人数最多。并列表统计了从康熙十六年（1677）到光绪二十四年（1898）79 个幕主聘用 267 名幕宾的情况。曾国藩、胡林翼、左宗棠、李鸿章、张之洞的幕府人员最多，曾的幕宾多为文士，后多成为封疆大吏，张之洞则仍是文士、学者，这对清末的政治影响极大。他说："地方疆吏所依靠的是地方财赋、地方企业和地方人士，这些经手的人，大都是新旧幕府。直到辛亥革命，像周馥和李鸿章，杨士骧、徐世昌和袁世凯，张鸣岐和岑春煊，尽管名义不同，都有幕府渊源，造成了后来的军阀割据。"此文是研究清代幕府的开创之作。与此同时，他先后又撰写了《奴儿干都司——明代在东北黑龙江的地方行政组织》、《牛录、城守官、姓长——清初东北的地方行政组织》、《满族的统一》、《统一黑龙江——清初建国史之一》一系列关于满族与东北史地的文章，证明了黑龙江流域在明代是隶属于奴儿干都司的管辖区域。在沙俄的哥萨克到达远东滨海之前，清王朝在皇太极时期（1627—1643）就已经进一步统一了黑龙江流域，设立行政机构，征收赋税。这和他在抗日战争时期关于西南史地方面的研究，都是出于维护祖国的统一和民族大家庭的团结的这一爱国热忱。

1980 年中国史学会恢复活动后，他被选为常务理事和主席团成员，次年五月接任执行主席职务。他还担任了工程巨大的《中国历史大辞典》总编辑。1980 年 8 月和 1981 年 5 月两次参加了在太原和上海召集的编辑会议。1981 年 7 月他又参加了国务院学位委员会评议会议，他是历史组的召集人，评议全国第一批招收博士研究生的学者。他正以极大的热忱和精力投入开拓历史科学新的研究领域时，不幸于当年 12 月 20 日病逝，终年八十二岁，是史学界一个重大损失。当时史学界的前辈和后学无不为之痛惜。

　　我是 1952 年考入南开的，对明清史发生兴趣，即始于 1954 年先生的明清史专题课。1956 年毕业，适逢我国始行研究生制度，先生初开山门，便冒昧投考，得以忝列门墙。当时每周有习明纳尔（研讨班）一次，作为研究生培养的方式，先生和雷海宗两位导师亲临指导，王玉哲、杨志玖诸先生均作专题报告，获益良多。不幸我于 1957 年被打成"右派"，终止学业，离开先生，对我来说是一个很大的打击，自不待言，对先生也带来了负面影响，每次运动搞批判时，招了我这个"右派"研究生，便成为先生的一条罪状，对此我深感内疚。文革结束后，我于 1978 年归队，又在先生身边工作，得以亲聆教言，然为时不久，先生遽归道山。今所述者，仅以个人见闻所及和学习先生著作之心得，恐未能及先生学术思想之真谛，其中以己意猜度理解错误者在所难免，恳请先辈及时贤指正，以光大先生之学术。

1999 年 5 月 16 日完稿于天津南开大学

（原载《清史论丛》1999 年号，河北教育出版社，1999 年）

从 学 琐 记

—— 兼述郑毅生师的学术成就

冯尔康

问学二十五年

一九五七年上半年，毅生师给我们讲授中国古代史（明清部分），这是我第一次听先生的课。那时有定期答疑制度，在我听课不久的一天下午的答疑时间里，去向先生求教，其时为课外活动时间，同学们大多去做体育运动了，室内只有先生和我俩人。我提的问题是：黑龙江以北广大地区原来是我国的领土，它的历史是怎样的？为什么看不到有关的研究文章？先生简要地解答了我的第一个问题，接下的疑点没有置答。我当时很幼稚，不知道我所提出的是个禁区范畴的问题，先生能在不成熟的学生面前说什么呢？不过这一次的答疑，大概是我们师生"缘分"的开始吧。接着，我选修了先生的史料学和明清史专题两门课。因受益良多，遂在同学中表示对先生的敬佩。一九五八年有"教学改革"运动，举办展览，以漫画的形式有系统地"批判"老师，毅生师在明清史专题中讲过靖难之役一题，说到建文帝的下落，有从下水道出亡的记载。因为这被批判为引导学生钻故纸堆，于是出现了先生钻狗洞的漫画，我也作为钻象牙塔的受害者、企羡者而进入了画面。今天回想起来，这场闹剧，把我们师徒搅和在一起，也是我们的"缘分"吧。一九五九年秋天，先生指导的明清史研究班开业，我作为中国古代史的助教参加旁听，不久转为研究生，在先生指导下进行三年的学习，此后的二十年，我在教学和科研中遇到问题，时时向先生求教。如在准备中国古代史课时，感到帝王庙号很重要，反映时间观念，要告诉学生记牢，但是它不好记，因此请教先生，先生随手写给我一个唐宋订金元帝系的口诀："唐朝，高太高武中睿，玄肃代，德顺宪，穆敬文武宣，懿僖昭哀。宋朝，太太真仁英，神哲徽钦，高孝光宁理，度恭端昺。辽朝，太太世穆景，圣兴道天祚。金朝，太太熙亮，世章济宣哀。元朝，太太定宪，世成武仁英，泰定天顺，明文宁顺。"这就好记忆了。到了七十年代末期，先生给进修生、研究生、留学生讲课，我照旧去听，有一次先生不让我去，我说您每次讲课都有新的内容，听了都有收益，还是允许我去吧。先生在晚年多次批评我，一九八〇年中美学者关于中国经济史的讨论会，先生原要我准备论文，争取参加学习，我竟辜负了先生的期望，先生表示了不满。先生不止一次要我就专门问题进行学习，我决心从事雍正及其时代的研究，先生故世后，克晟同志告我，先生对这项写作表示满意。随后我的稿子写了出来，已经再不可能请先生批改了。问学无门，还有比这更令人苦恼的吗？如今回忆二十多年来向毅生师的学习，先生严谨的治学态度，科学的研究方法，精湛的学术见解，是那么熟悉，可是又不是很清晰的，因为自己少学无文，深恨不能全面把握先生的研究方法和学术成就。悔亦无益，仅就个人与先生的接触和学习先生论著的体会，略述数端于下。

精读一本书——初学者的入门良方

明清史研究班开业的第一课，先生讲《明史的古典著作与读法》。开宗明义，先生要求我们精读一本书，即张廷玉主修的《明史》。为什么精读一本书？何以选择《明史》为读本？怎样才是精读？先生对这些问题都作了明确的说明。先生认为，读书有益，但书又不能尽信，所以不能乱读，看到什么就读什么，应当有选择地去读，何况古籍繁富，汗牛充栋，不选择怎么读法！一九八一年先生在《漫谈治史》一文中，把他的意思概括为这样几句话："一个人的时间是有限的，中国史籍浩如烟海，当然不可能都读。为了深入系统钻研古汉语并和中国历史结合起来，最好选择一部史书精读。"① 精读什么古籍，先生有个拣选标准，就是要有见解，有事实，并能首尾一贯。所说有见解，并不是要求它符合于马列主义的看法，而是要有明确的观点，并用大量的历史资料加以说明的。观点不一定多，但一定要能一以贯之，不自相矛盾。先生认为在有关明朝历史的载籍中，《明史》，谷应泰的《明史纪事本末》，夏燮的《明通鉴》，皆是好书，都值得读，不过学习明史，还是以精读《明史》最好。如何读《明史》？先生提出以"时"为经，以"事"为纬，"人物制度"

① 《文史知识》，一九八一年第三期。

贯穿其间的读法，要求先读"志"，次读"纪"，然后读"传"。他说："志"叙述一个事情的发生、发展的过程，它的影响，它同其他事情的关系，"纪"说明诸事物的先后关系，"传"有丰富的资料，可以充实"志"的内容。以"志"为线索去读，可能收获大，见效快。如读"食货志"，了解到苏州重赋问题，它提到周忱、况钟等人，顺藤摸瓜，再去读这些人的传，就易于解决这个问题了。

怎样才能精读呢？先生解释说：精读，就是仔细地读，读不通不中辍。如果有不懂的地方，不管是字义、词义、地名、官名，还是事件、制度，都要查一查，比如"行人"，是明代的一种官名，一查《明史·职官志》就知道了。如果需要查的太多，查不胜查，可以暂时放一放，等等再查，但是凡属必须了解的总要查清它，避免让错误的理解或假想长期存在自己头脑中，以致将错就错。先生还说：读懂，不是"不求甚解"，而是求其"甚解"，比如杜甫诗句有"蜀主窥吴幸三峡，崩年亦在永安宫"。这"主"字、"窥"字，咬文嚼字地解释，是不以蜀国为正统的，而"幸"字、"崩"字则似是帝蜀的。实际上，杜甫是在语言文字上下功夫，根本没有蜀汉是否正统的意思，所以必须从他的本意来理解，才不会被他的文字所欺骗。因此，就需要对书细读，细思量。先生说明精读的另一个涵义，是把这本书前后对照着读，要善于在一本书中发现它对某一问题叙述的连贯性或矛盾性，提出新问题，并对这部书本身加以订正。譬如《明史·食货志》关于官田写道："初，官田皆宋、元时入官田地，厥后有还官田，没官田，断入官田，学田，皇庄，牧马草场，城壖苜蓿地，牲地，园陵坟地，公占隙地，诸王、公主、勋戚、大臣、内监、寺观赐乞庄田，百官职田，边臣养廉田，军、民、商屯田，通谓之官田。其余为民田。"先生指出这个记载不准确，因为《明史》本身还有沙田、塌江、无主荒地、绝户遗留地、逃户的空田的记载，这些田都是官田，但都没有被《明史·食货志》算在官田之内，所以它是错误的。正确的说法应该是："民田之外，皆为官田。"先生又说：精读还要求反复读，常读，要达到熟能生巧的程度，像顾炎武的《日知录》、王鸣盛的《蛾术编》、钱大昕的《十驾斋养新录》等书，都是在熟读、多读的基础上，集小成大的。先生鼓励我们，精读一部书时，要不怕困难，坚持不懈，越是有困难，越要去攻克它。他说：封建时代的文人朱熹、王应麟尚且实行或提倡"困学"，我们社会主义时代的文化工作者比他们目光远大得多，更应当刻苦地向科学文化进军，出色地完成学习和研究任务。

　　精读一本书，是毅生师总结了学者成功的学习经验。一个初学者，在浩瀚的史籍面前，如何去学习呢？东看一本，西阅一部，虽然也会有所收获，但却会是一鳞片爪的，效益少，见功慢。精读一本书，把握它的内容，打下一个扎扎实实的基础。凡是向新的学科领域进军，都可以采用这种方法，如果是学习明清史以外的断代史，或专题史，则可以寻找那些堪作精读的典籍来阅读，以求掌握那一学科的基本知识。有了一个良好的基础，就是继续前进的成功的起点。我国老一辈的史学家，大多经历了精读一本书的学习阶段。向毅生师求过学的杨志玖先生，青年时代精读《元史》，作出成就，后因教学任务，较多地从事隋唐史和古代土地制度史的研究，近年集中精力搞元史，因基础雄厚，很快取得新成果，写出专著《元史三论》。也受过毅生师教诲的王玉哲先生，在研究生时代，临摹《说文解字》，奠下了坚实的古文字根基，在先秦史的研究中取得重大成就。所以说先生的精读一本书的方法，是指导史学初学者的入门良方，也是史学工作者终身受益的方法，带有普遍的意义，是科学的学习方法。

　　我在听毅生师讲课时，刚刚开始明清史的学习，在丰富繁杂的史籍面前正不知如何下手，毅生师精读一本书的教导，就如同给了我一把钥匙，去打开明清史料宝库的大门。对《明史》，虽然我始终没有达到精读的要求，但就读那么一些，也多少懂得一点明代的历史，知道明代重大事件、制度、人物的历史资料线索，需要用时，好去查检。对于其他朝代的历史和专门史的学习，我也准此道理，着重阅读一种基本读物。我把毅生师的方法，还用到教学上。如在讲授中国古代史基础课时，对范老、郭老、翦老、尚钺同志以及我校历史系同志们编写的《中国古代史》，我要求学生认真阅读其中的一种，其他只作泛览性的参考。常有同学告诉我，他们为研究某一问题读书时，得不到应有的资料，可是读史家的论著，发现自己见过而没有认识的材料前辈全搜集了，他们因此而苦恼。我告诉他们，应当把有关的主要史书多读几遍，也就是精读，若达到这种要求，何愁材料不为我所占有。我的话，是根据不同对象，重述毅生师精读一本书的某些教导。如果他们有所收益的话，实在是受先生之赐啊！不过他们不一定知道。

　　精读一本书，是否同博览相矛盾呢？毅生师在讲精读《明史》时，介绍了一系列的有关明代历史的载籍，要求我们参照阅读，可见并不忽视广泛阅览。精读、泛览，两者也不是截然对立的。先生教我们史料学，在讲授这门学科的研究对象、任务和方法时，特别说明古文字学、目录学、版本学、校勘学、题铭学、印章学、钱币学、历代度量衡学、年代学、史讳学、古文书学、古文献学、谱牒学、古器物学等十几种历史科学辅助学科的内容和作用，要求我们具有这些学科的起码知识。所以精读一本书是作为深入研究一个历史领域的一种学习方法，而不是限制读书范围，把人的知识弄得很狭小的圈套。至于毅生师本人，原为北京大学研究所国学门研究生，毕业后教过大学国文、六朝文，当然是兼通文史的。在历史学中，先生以明清史专家闻名于国内外，但他关于中国古代通史、近代史的学识，不亚于那些方面的有成就的专门家。他对史料学、校勘学、历史地理学、音韵学都有精湛的研究和独创的见解。先生是把博览与专精结合得好的典范。

全面占有史料与史料批判

毅生师很喜欢毛泽东同志关于调查研究的那两段名言："详细地占有材料，在马克思列宁主义一般原理的指导下，从这些材料中引出正确的结论。""要像马克思所说的详细地占有材料，加以科学的分析和综合的研究。"他多次引述它们，教育我们向各种古文献和实物作调查，广泛搜集历史资料。他要求我们大量的读书，强调读最原始的资料，即最早的记录，当事人的记录。他要求我们分析问题、引用资料时，要尽量依据常见书籍提供的材料，而不是凭借孤本、珍本，以炫耀自己的"博学多闻"。他说，珍本、孤本大多数人见不到，只要一般书上有的，就不要以稀见书为准，这是研究工作中的群众观点。这些话使我深深感到先生讲的详细占有材料，是踏实地搞调查研究，绝不是哗众取宠。只有这样的严肃态度，才可能去下苦功夫，搜求与解释资料。先生到晚年，建议研究问题做到深、广、新、严、通五个字，所说的"广"，是"要求详细占有材料，还要广泛联系。"又说学习历史的目的在于"一求真，二求用，三真用结合"，而"求真就要详细占有材料，研究事件是怎样发生的，经过及结果如何，一点一点地核实了，把事情真相反映出来"①。言简意赅，把揭示历史发展规律与详细占有资料的道理说得很透彻。

毅生师的广泛搜集资料，就清史领域讲，尤其重视对档案材料的占有，相信历史档案是原始资料的原始资料，应放在历史研究的最高地位，所以说"离开了历史档案无法研究历史"。先生又看到清史研究的不发展情况，在六

---

① 《漫谈治史》。

十年代初期说："清史研究是历史研究中最薄弱的一环，专著最少，研究最少。过去研究时许多观点是跟着外国走，这部分必须重新来搞，必须加强。这与整理历史档案分不开，要用整理历史档案来带动清史研究。"他尖锐地提出根据档案改写历史的建议。① 先生深知并且阐明历史档案的学术价值。他不仅有这样的认识，而且也是这样实践的。早在一九二二年他就参加明清档案的整理工作，后来主持编辑了《明末农民起义史料》、《宋景诗起义史料》等档案资料汇集，供给学术界利用。我在先生的教育下，逐渐认识历史档案的不可忽视的学术价值。如研究清代租佃关系，在政书、方志、文集、宗谱诸种类型文献中搜集资料，不甚满足，又向档案寻求，感到它的资料最具体，最生动，因而最应当受到重视。我在实践中体察到利用档案，要比读书费事得多，而且很难做到主动阅览，尽管有这样一些困难，我坚信先生的指示，今后还要继续利用档案资料。

搜集史料的同时，毅生师告诉我们要对史料进行批判。记得一九五七年他讲授史料学，我第一次听到"史料批判"一词，感到挺新鲜。那时先生在史料学中讲六个内容，"史料的批判"即为其一，主要是讲"批判地研究史料，分析史料的阶级性，推求史料的最初思想意图"② 的道理。先生的意思，一是要分析封建时代史书作者的立场和史观，二是对史料真伪进行鉴定，因为史书有曲笔，有误记，不能尽信，需要鉴别，做到去伪取真。他说：对于同一件事情，有不同的记载，这就是差异，差异就是矛盾，就要解决，就是"史料批判"。听了先生的说明，"史料批判"的观点刻在了我的脑海里，此后受益很多。

七十年代前期，不断有所谓《红楼梦》作者曹雪芹的文物的发现，什么书稿、诗词、笔山、印章、故居，纷至沓来。我因有毅生师史料批判的思想在怀，对它们存有许多疑问，不敢贸然相信，并有一次向先生谈到这些问题。先生告诉我识别文物的一个事例。那是在解放前，一个古董商人给先生送来一颗"为君难"的印章，这是雍正的御宝，对于清史研究工作者自然是很宝贵的。先生让他留下来看看，他走后，先生取出煤油，把阴纹中的印油洗去，发现是新刻的刀痕，这样就把假古董给揭穿了，第二天把它还给了古董商人。先生说伪造文物是常有的事，不要轻信上当。我一边听，一边佩服先生的学

① 《清史研究和档案》，见《历史档案》一九八一年第一期。

② 《探微集》，二八三页。

识，一面在想，宣传这些文物的同志，如果再下一番文物鉴定的功夫，无论是肯定它们，抑或是否定它们，都会把研究工作推向深入，那将是造福于学术界的。

七十年代中期，天津人民出版社的王霭霖同志整理陈寿的《三国志》，在《吴志》中发现几个不好理解的问题，怀疑文字有错误，要我陪他去请教毅生师。先生首先在《三国志》的相关部分寻找那些问题的答案，没有结果。我以为也就是这样的方法，这个问题不好解决了。但是先生却说：陈寿是晋朝人，我来查查他同时代人叙述同类事情的用语，看看能不能解决。我听了豁然开朗，不是山重无路，柳暗花明的村子就在前头。我顿然想起先生对徐一夔作的《织工对》的研究，就运用了辞汇学的方法。《织工对》中有"日佣为钱二百缗"一句，先生考证出"缗"字是元代人对一千钱的习惯用辞，而明初人则把一千钱称作"一贯"，所以从徐一夔用"缗"字不用"贯"字，说明他的《织工对》是在元末写的，而不是在明初。[①] 这一首有价值的诗歌写作年代的断定，先生的研究颇具说服力。我还想到，先生在抗日战争时期写作的《发羌之地望与对音》、《〈隋书·西域传〉附国之地望与对音》等文，利用音韵学的方法和知识，研究藏族的历史，获知发羌居地与吐蕃旧居相当，亦即康藏之地，附国的附字是发羌的发字的转音，"亦即西藏人自称 Bod 之对音"[②]，有力地说明发羌是藏族的祖先，藏族在隋唐时期就同中央政权发生密切关系，是我国多民族大家庭的一个成员。这种论证，不仅有很高的学术价值，也有利于我国各民族的团结。由此可见毅生师利用各种学科的知识和研究方法，才取得历史研究的重大成果。事实表明，先生不仅提倡史料批判，更给我们创造行之有效的方法。

论文选题与搜集资料

一九六二年，我就写论文的问题常向毅生师请教。经先生多次指点，印象最深的是两条，一是如何选题，二是怎样搜集资料。选择论文题目，首先碰到的是写这样的问题干什么，它与政治经济是什么关系，有没有用。先生说做文章，要把学习中发现的问题，加以解决。当然要讲求致用，但一定要

---

① 《探微集》，三〇八——三〇九页。
② 《探微集》，二〇五——二二一页。

把"求真"与"求用"结合起来。他说倘若不讲求应用，即使把握了历史的真相，往往脱离实际，没有用，反之，离开历史真实，往往事与愿违，用不上，并且导致失真，所以求真与求用一定要紧密结合。先生反对片面地求用，他说赶任务，凑集各家观点，不是写文章的正确方法。假如硬写，这样的文章，不是化合物，而是混合物。他又语重心长地说：选题时切勿赶浪潮，赶潮流只能参加点意见，不能很好地独立研究，对自己，对历史科学，对社会好处都不大。经历"四人帮"时期的影射史学之后，回味先生的这些谈话，感到格外地正确和亲切。我体会先生的意思，就是以求真为前提，以致用为归宿。如果割裂求真与求用，就会发生影射史学，或脱离实际的考据学，或其他错误。先生关于论文选题引出的求真与求用综合的观点，是关系历史科学的前途的重大问题，值得我们高度重视和时时温习。这一问题，先生在《漫谈治史》一文中又作了系统的解释："……每讨论一个问题，都要从对你的整个事业有无作用着眼，然后把问题分成若干小的单元，再从三方面加以研究：一、这个选题是否必要，能否取消它？二、能否和别的题目合并？三、能否以别的东西取代它？……如研究明末农民起义时的'荥阳大会'，这就要先看如果不搞它行不行？如果行就不必搞了；如果不行，那就要再看能不能和别的题目合并起来搞？如果认为也不行，那么再看能否用其他更宽的题目或更细的题目取代它，从而就可以证明'荥阳大会'对明末农民起义的发展是个关键。应当广泛联系，从各个方面都来比较一下，然后决定是否研究这个问题和怎样研究。"这就把他对如何选题的意见作了理论性的说明。提出的模式，是选题时需要认真考虑的。

然而究竟选什么论文题？上述三原则之外还要考虑什么？先生告诉我论文题目要小，不宜过大，即使大题目，也可以分析成若干问题，一个一个地去做。我想写清代租佃关系方面的文章，先生说清代时间很长，要选择一个特定时期的，清代疆域辽阔，要选择一个地区的。我表示要写清中叶江南地区，先生又说江南苏州、松江是一个经济区，南京又是一个经济区，情况不同，还应当再缩小。我于是选定了苏松地区。七十年代中先生告诉我，有个美国人研究明末农民起义，觉得问题太大，把握不了，决定选择河南一个地区来研究，但还感到题目大，不好驾驭，就又缩小范围，研究这个时期的河南人物，然而又觉着人物众多，于是只研究李岩一个人。先生言谈中表示欣赏他的选题和研究方法，认为只有这样，才能取得较好的成果。先生大处着眼，小处着手的选题方针，体现了他的求真思想。题目大，解决问题大，读者多，影响也大，但是大题目不好做，因为资料很难搜集齐全，把握也非易事，研究得好，固然有益，功力不够，不一定能反映历史真实。而小题目可以做得深，做得好一些，可以一个问题一个问题地解决。从这里，我们不仅看到先生的治学方法的严密周到，也体会到先生思想境界之高：他把历史科学的发展放在首位，全心全意地去促成它。

关于选题的观点，是毅生师的经验之谈，他自己就是那样做的。一九四六年他把出版的清史论文集叫做《清史探微》，一九八〇年又将文集取名《探微集》，他始终欣赏"探微"二字。他说用探微一词，表示"书的内容微不足道"①。这是他的谦虚，不过也表示了他以"探微"的思想进行选题与研究。打开《探微集》，看它的目录，不难发现，许多论题的研究范围是比较狭窄的，但一读原文，才知道它是联系较大历史问题的，比如《四川乐山〈重修凌云寺记〉拓本跋》一文，先生是甚为重视的，原因是这个碑文反映了清初张献忠大西军及其余部在四川的活动，所以他说"此碑虽微，顾有可补史籍之阙者"②。这篇文章，实同抗清斗争史的大题目关联着。先生的"探微"，是一种方法，是从具体问题着手，一个个地进行研究，以期对历史的某一个方面作出说明。说起来是"微"，其实并不微末。"探微"可以说是先生研究方法的形象的表述。选题也是研究法的一个内容。慎重选题，是讲究历史研究法的一种表现。

定了题目，接下来就是全面搜集资料的问题。先生告诉我，搜集材料，以日常积累为宜，切忌为找材料而找材料，那样一定陷于被动，对整个学习和研究没有好处。他还教给我，搜集资料时，以一个问题为主，围绕着它找书读，但读时，不断推广阅读面，扩大研究范围，就像投石入水，落水时是一个点，但波纹却越来越广。我按照先生的指教，读书中，积累当时研究的问题资料的同时，采集书中所提供的其他方面的材料。有时得到意外之获，真是喜之不尽。先生的搜集资料方法，严格讲，是同为找某一材料而读书的方法相对立的。占有资料少、功底尚浅的初学者通过这个方法，积累各种问题的资料，打下坚实基础，以便将来运用。这是从长远着想。这样读书，进度一定较慢，搜集的不是眼前要用的材料，暂时只能闲置一边，因而难于迅速见到功效。为一个题目看一种书，只取有关资料，其他内容不看也不记录，

① 《探微集·后记》
② 《探微集》，四六三页。

从研究某一问题讲是快的，但从长远看，收效如何，就值得考虑了。若是一个成熟的学者，在已有的广博基础上，为研究某一课题，而专看某一种书的相关部分，就不会有初学者的顾此失彼的毛病了。究竟采用什么方法，毅生师是视对象说话的。他的方法，对我求学时代以及此后的一段时间里是非常有效的。我想，这也许是有着普遍意义的吧！

比较研究法

毅生师在《清入关前满族的社会性质续探》一文中指出，要把辽金时期东北文物所反映的社会生活情况，与入关前满族社会形态的研究联系起来，"加以比证"[①]。使用比较研究法，是先生常用的研究方法。

先生讲的比证法，就是把研究对象与它前后的同类事物进行对比，把同一时期的这一历史事物与它事物互相联系。他说研究明清史，一定要知道宋元历史，还要懂得近代史；学习中国史的，不能不了解外国史。他要我搜集外文材料时，不仅是论题那个时代的，还要寻找前后时期相关的资料；不仅找一个地区的，还要有其他地区的，以便比较。他说所有的社会现象都互相联系，上一个历史时代的东西保留到下一个时代中来，而下一个时代的事物又是在上一个时代萌芽的，产生的。如一八四〇年鸦片战争把中国社会分为古代与近代两个不同的发展阶段，但近代开始时，中国的封建自然经济仍占统治地位，它并不能斩断历史的连续性。又如俄国十月革命是现代世界史的开端，在十月革命前，列宁就领导革命斗争，缔造苏维埃国家后，继续领导社会主义革命和建设，所以不能因十月革命划分了不同的历史阶段，忽视列宁毕生的革命活动的某个阶段。他又形象地说，时代的划分，不能像快刀斩乱麻，那是割不断的。先生认为历史是发展的，变化是有规律的，历史科学就是寻找社会发展的规律和原因。他说的比证，不是把历史上的事情作简单的类比，而是把某一个阶段的历史，某一个历史事件，放到人类历史的长河中，放到全部社会历史中，考察出它的特点，确定它在历史上的地位，从而找出历史发展变化的规律。如他研究入关前的满族社会性质，通过考索满族与明朝政府的关系，满族受先进民族汉族的影响，满族不同历史阶段的生产发展变化，满族首领努尔哈赤思想意识与封建领主思想的关系等问题，也即

---

① 《探微集》，一六页。

进行了"比证",从而对满族社会发展及其对中国历史的影响作出带有规律性的结论:"一六一六年努尔哈赤所建立的政权是封建制政权,满洲族已进入封建社会。但还在封建制的初期,它的封建化是以后逐步深化的,逐步上升的。惟其是在封建社会上升阶段,所以它在入关后,能够不同于明朝的腐朽统治,而在祖国各民族通力合作下,对祖国生产的发展起了很大作用。它在初期,除了封建主义生产关系以外,还有农奴制集体生产,还有奴隶制生产的残余;同时也还有氏族制度的残余。前一历史阶段的残余的存在,为后来的历史阶段所承认,它已经不同于原来的性质。同时也说明,处在大国内的少数族,受到周围的影响不同,它的发展阶段也是不平衡的,常常会有几种生产方式同时存在。当然其中有一种是为主的,最后逐渐趋于划一的生产方式,这就是决定社会发展性质的标志。满洲族的社会发展是符合多数民族的一般发展规律的。"① 由此可知,先生的比较研究法,实际是依照马克思主义的发展观点对历史进行辩证的研究,是科学的方法。

颠扑不破的观点

毅生师教给我们学习和研究方法的同时,更给我们大量的历史观点。他对明清两代的历史地位,这个时期的若干重要事件、人物、制度,作了精辟的论证,至今影响着历史学界。对我个人的教益之大,以致一时很难说清,这里仅仅提及印象最深的几点。

(一)鸦片战争前的明清时期是中国封建社会的晚期,或者说是后期,而不是封建社会的末期。

六十年代初,毅生师给我们讲《明清史在中国历史上的地位及分期》,特辟一节讲中国封建社会的晚期问题,发表了我们在标题中所表现的观点。他对这个问题作了较详细的阐述,为见先生的完整观点,特录他的讲话如下:

一八四〇年以前的明清时期,是中国封建社会的晚期,也可以叫做封建社会的后期。为什么这么说呢?明清时代,中国封建社会内部商品经济的发展,已经出现资本主义萌芽,这种新的社会因素尽管很微弱,散碎,细小,

---

① 《探微集》,一四——一五页。

但它向占统治地位的封建经济挑战，一定程度上冲击它，分解它，因而引起封建的经济基础、阶级结构、乃至上层建筑的某些变化。这就不同于没有资本主义萌芽的情况了，可以说这是旧制度缓慢地向一个新制度蠕动的历史时期。根据这种社会状态，我们把这一段历史时期称做封建社会晚期。还应看到，在出现资本主义萌芽之后，封建社会的矛盾虽然越来越尖锐，封建制的危机很严重，但还没有到行将瓦解的程度，还不可能使中国发展到资本主义社会，恰在这时外国资本主义横闯进来，影响了日后中国历史的进程，使中国社会没有按照原来的路子走下去。在封建社会内部，资本主义仅仅是在孕育之中，还没有诞生的时候，更说不上取代封建制的时候，这个时期的社会，不能叫做封建社会的末期。中国封建社会也没有一个叫做"末期"的时期，晚期和末期，不是两个词的差异问题。晚期表示该时代的社会制度的衰败，即已开始逐步走向崩溃，但在某些方面还有一定发展余地，而末期则揭示那种制度的灭亡和被新制度代替的过程。这就是说一定要按照时代的特征，给予实事求是的说明，才能符合于历史的真实。中国封建社会的晚期，在习惯上也可以称之为后期。盖后期一词，包含封建制从衰败走向灭亡的全过程。中国封建制的后期只有它的衰落的一段，而这一段与我们所说的晚期相一致，在这里它们成了同义词，反映同一的历史实际。

"中国封建社会没有末期"，有的同志不赞成这个说法。他们甚至说这种观点是封建社会万古长青论。这是一种误解，也是曲解。人类的社会历史有共同的发展规律，但每一个国家，一个民族，都有它的本身的历史特点，而不同于其他国家和其他民族。一个国家、一个民族，经历或者没有经历社会发展史上的某一个阶段，要在这个国家和民族的历史实际中寻找答案，而不能按照一般的社会发展史的模子去衡量它，塑造它，以至制造违背历史真实的假说。

世界各国的历史表明，有的国家从原始社会径直进入封建社会，而没有经过奴隶制阶段。有的国家没有经历典型的资本主义阶段而跃进到社会主义社会。还有个别民族（主要指一个多民族国家内的某一个少数民族），跳跃了两个社会发展阶段。至于某一种社会形态内部的发展阶段，各个国家，各个民族的进程不尽相同，也都各具特色。以封建社会史而言，西欧诸国领主制时间很长，领主制一经破坏，就进入资本主义社会，而中国不然，地主制经济占据统治地位。两者差异甚大。因此，既不能以中国封建制的模式去勾勒西方封建制，同样也不可以西方封建制的进程，要求中国封建制与它有相同的步伐。中国封建社会尚未发展到末期阶段，我们就如实地说没有末期，何必非要按模式去臆造末期！说没有封建社会末期，同封建社会万古长青论毫不相干。万古长青论是说这种社会制度优越，没有内在矛盾，或没有不可自行克服的矛盾，因而赞美这种制度可以万古长存。说没有发展到末期，只是说这个社会的矛盾还没有激化到这个社会行将崩溃的程度，即还没有走到它的最后阶段。这是对历史作科学的分析。与美化和宣扬封建制度，根本不是一回事。

先生主张明清（鸦片战争以前部分）社会是中国封建社会晚期，力辟末期说，在中国封建社会史分期问题讨论中，立一家之言，是一种创见。先生的观点是建立在科学分析的基础上的，他把明清史放在全部封建社会发展史上来考察，抓住这个时期不同于其他时期的特点，观察到明清时代封建社会内部的某些变化，也即看到资本主义的萌芽，封建人身依附关系的削弱，同时清楚地认识到，这些变化是极其微小的，不足以引起社会的巨大变动，更谈不到封建制的解体。这个论点的提出很重要，这是对一个时代的总观点，由此影响到对许多具体历史问题的看法，所以说它是一个基本观点，有较大的学术价值。一八四〇年以前的明清时代的特点，在学术界还没有取得一致的认识。鸦片战争以后，中国的纯粹封建制时代就结束了，因此一八四〇年以前的清代，很容易被人误解为封建末世，如讲到顾、黄、王，有人就说是封建末世天崩地解时代的思想家，讲到《红楼梦》，就有封建末世的历史画卷之说，如此等等。在这里，"封建末世"，如果作为文学的语言，虽然不见得是科学的，用之亦未为不可，若以之论断历史，就值得讨论了。我认为可喜的是，越来越多的同志接受毅生师的观点，晚期说日益深入人心了。我自己坚信先生的论点。我想，直到清代前期，中国封建社会内部封建生产关系还是可以作局部调整的，封建制还没有走到它的尽头，如果不是外国资本主义的侵略，它还会延长一个时期，才会在资本主义因素发展壮大的条件下发生巨大变化，才会进入它的末期，我也以此观点，形成对清代农村阶级关系史的研究论文。

（二）明清时期是统一多民族国家的巩固和发展时期。

毅生师在前述《明清史在中国历史上的地位和分期》和《清史简述》中，都把本标题作为这个时代的特点之一加以描述。他认为明成祖为巩固边疆做出了一定的贡献，明朝首次把贵州划为行省，在部分地区实行改土归流，对巩固多民族国家是有成效的。但明朝的工作比起清朝就相差的很多。他高度评价清代在这方面的成就，在《清史简述》中写道："清代统一的多民族国家的巩固和发展主要有三个方面。第一，是中国固有疆域的奠定；第二，是各民族经济文化联系的加强；第三，是中央和地方关系的密切和巩固，特别是边疆和中央政府的关系以及对中央的向心力比前代有了进一步的加强。"他着力说明我国疆域的明确和巩固是清代的事情，清朝的政策使边疆少数民族向心力加强，因之值得肯定。满族以少数民族入主中原，遭到汉人的持续不断的时隐时现的反对，它的历史地位，长期以来没有被正确的理解，没有得到公正的评价。毅生师就我国统一多民族国家的巩固和发展问题，对清朝的肯定，是符合于历史实际的，是科学的观点。辛亥革命是以反满为号召的，清朝后期的反动统治也应该被推翻。清朝灭亡后，人们从清朝封建主义思想统治下解放出来，痛斥它，说了一些过头的话也是很自然的。那些迎合小市民口味，专以满族某些民族习俗诋毁清朝的人，甚至不惜捏造历史的人，虽情有可原，但他们的观点是不科学的，总不应该让它泛滥。孟森先生早就敏感到这个问题，在个别问题上作了辩析。毅生师在清朝灭亡半个世纪之后，比较客观地评定清朝的历史地位，指出它对我国统一多民族国家的贡献，是把握了清史的基本特点。我听先生的讲课，学习先生的著作，完全接受先生的观点，认为应当高度评价清朝在我国统一多民族国家巩固和发展中的作用，要对与此有关的制度、事件、人物作相应的评价。我甚至想，清代历史的分期，也需要充分考虑到民族关系，尤其要考虑北方、西北、西南少数民族与清朝中央政府的关系，忽视这一点，将很难说清清朝历史。

（三）重视雍正时期的政治经济制度的变化和雍正帝的作用。

毅生师在《明清史在中国历史上的地位及分期》中，列举一八四〇年以前明清史上发生的十四件大事，其中有摊丁入亩的实行和军机处的设立，即属于雍正朝的有两件事，在《清史简述》中开出清史上八件大事，属于雍正朝的也是两件，一是与前相同的摊丁入亩，再一则为严禁天主教士活动，驱逐他们于澳门。雍正时期在一三六八——一八四〇年的近五百年中只占十三年，却有两三件要事，从而引起毅生师对它的高度注意。先生对摊丁入亩制度的推行给予很高评价，认为它"取消了人口税，也反映了封建依附关系的削弱，从而刺激了农民的劳动积极性，对于生产的发展具有一定的意义"①。
他还以这一事件，作为划分清朝前期和中期的分界线。先生对雍正本人也给
予了应有的肯定，认为雍正和康熙、乾隆"是三个好皇帝"，他在十三年中，
"每天看的奏折有多少且不说，只是他批的公文就印行了《上谕内阁》一百五
十九卷，《朱批谕旨》三百六十卷，都是他亲手批的，没有印行的还很多。他
对自己的职务毫不懈怠，做到了'今日事今日毕'。作为一个封建帝王，能作
到这点，是很不容易的。"② 我觉得先生对雍正时代的评论是符合实际的。打
从听基础课时就接受了先生的分析，此后随着对清史了解的增多，愈益认识
到对雍正时代历史深入研究的必要，因而把它作为自己的一个重点研究对象。
没有毅生师的启蒙，我大概不会在这方面下功夫。

　　毅生师的学术思想和成就，教学和科研方法，它的丰富的内容，本身就
是一些科研的题目。我的回忆是琐碎的，认识是零散的，而且主要是从初学
者的感受来写的，尚不能反映先生的卓越成就于万一，心惭而惶恐。不过它
能表示我继续学习先生的著作，吸收先生的学术遗产的愿望，并以此就教于
了解先生的同志们、同窗们、朋友们。

（原载《郑天挺学记》，三联书店，1991 年 4 月）

---

① 《清史简述》，一七页。
② 《清史简述》，四七页。

求真求用的著名历史学家郑天挺教授

常建华

郑天挺（1899—1981）是我国老一辈著名教育家和历史学家。他的前半生学习与任职北京大学达 32 年，并担任历史系主任、北大秘书长、西南联大总务长等行政领导工作达 18 年，为北大贡献良多，后半生则献给了南开大学。在长达六十年的执教生涯中，郑先生在史学上继承清代乾嘉朴学的优良传统，又经历了近代科学实证史学的传入和马克思主义史学确立的历史时期。郑先生的治学反映了从清末到 80 年代中国学术思想的嬗变。这里特从史学思想的角度，对郑先生的治史特点和成就试作论述，通过对郑先生博大精深的学问重新体会，以纪念这位德高望重的一代学术名家。

"求真"和"求用"结合的史学目的论

历史学有何价值，亦即为什么研究历史，这是自古以来史学面临的问题，时常困扰着当今学者。史学作为对已往历史的研究，要求客观地再现逝去的世界，它要求史学的真实性。另一方面，史学家总是要关心不同时期人们面临的时代中心问题，并试图以历史性的认识为人们提供借鉴，政治也时常要求史学为自己服务，史学家甚至成为一定政治或社会集团的工具，体现出史学致用的性质。

郑天挺教授一贯主张治史要将"求真"和"求用"相结合。至迟在 40 年代后期，郑先生明确提出这一思想。当时，郑先生在北大开设"历史研究法"的课程，据听课者回忆，郑先生认为，史学目的有二：一个是"求真"，一个是"求用"。并列举考证为"求真"的工作，至于求用，是指为达到某一种政治目的而作的文章，即有所为而为的著作。① 1949 年以后，郑先生学习了马克思主义史学观，但他仍然坚持原有的史学价值观点。1962 年他指导研究生论文选题时指出：做文章，要把学习中发现的问题加以解决。当然要讲求致用，但一定要把"求真"与"求用"结合起来，他说倘若不讲求应用，即便把握了历史真相，往往脱离实际，没有用，反之，离开历史真相，往往事与愿违，用不上，并且导致失真，所以求真与求用一定要紧密结合。② 我们知道经过"反右"之后的 60 年代初正是史学日益变成为政治附庸的时期，郑先生在致用史学正盛之时，告诫学生致用不能脱离"求真"，是非常及时的。"文革"期间，中国历史学完全沦为政治的婢女，粉碎"四人帮"后，中国历史学出现了转机，学者也重新反思史学的价值，郑先生在多种场合下，阐发他的主张，1979 年 9 月 12 日郑先生说："今天所要求的真，是对历史事件完整的真实的记录，求真是补正过去记载的遗漏，考订其阙疑。"应达到四个方面的要求：一、历史事实应该是真实的，二、环境应该是真实的，三、因果先后应该是真实的，四、与其他事实没有抵触。求用是把获得这种认识用到现实社会当中去，作为人类社会前进的一个借鉴和斗争武器。对现实有用，对解释历史发展有用。③ 后来郑先生又著文简明扼要地阐发了他的主张，"学习历史的目的在于：一求真，二求用，三真用结合。求真就要详细占有材料，研究事件是怎样发生的，经过及结果如何。一点一点地核实了，把事实真相反映出来。求用，是指研究历史要有用，要研究历史事件对社会发展、生产发展的影响和作用，从历史事件的教训中吸取经验。求真和求用两者是统一的。要求事件经过真实，时间、地点、环境真实，因果先后真实。在方法上则要求多看、多想、多联系、多比较，找出规律，以便实用。"④ 将这两次不同时间的主张结合起来看，所谓求真，从目的来说是追求历史的真实性，从方法上讲，则主要是进行考证工作。求用是将由求真获得的知识用于现实，尽管要求研究历史要有用，这种用是基于对历史研究之后的规律性认识，非政治工具或附庸。

---

① 张守常：《论历史学的"求真"与"求用"——敬献正在学习的老师们》，载《历史教学》1952 年第 6 期。

② 冯尔康：《从学琐记》，载冯尔康、郑克晟编《郑天挺学记》第 301—302 页，三联书店 1991 年版。

③ 陈生玺：《"仰之弥高　钻之弥坚"》，载《郑天挺学记》第 203 页。

④ 郑天挺：《漫谈治史》，载《文史知识》1981 年第 3 期。

　　研究历史是"求真"还是"求用",这是近代以来中国史学界一直争论的问题,郑天挺教授将二者结合起来,辩证处理了求真和致用的对立统一关系,反映出对史学价值认识的成熟。但是由于历史学这一人文学科的特殊性,学者们是难以统一看法的。即使是郑先生的学生,也有不同的评价。早在1948年,北大历史系学生张守常听完郑天挺教授"求真"与"求用"的主张后,就持不同看法,他认为郑先生的观点是"把这二者孤立开来、以至于对立起来"。张守常回忆说:"我那时虽然自己做着一些无关时政的'求真'的文章,但毕竟经受着当时轰轰烈烈的历次学生运动的洗礼,以及解放战争胜利发展的影响,而在情绪上并不能同意这种单纯'求真'的超政治的看法;所以,在那年我们这一班毕业时,我藉着代表我班同学向本系老师和同学们告别的机会,说出了我不同意把'求真'与'求用'孤立开来、对立起来的看法。我的大意是:要为'求用'而'求真',能真而后才有用。"① 张守常的主张旨在把"求用"作为目的,"求真"作为手段。接着中华人民共和国成立,马克思主义史学成为正统史学,张先生运用阶级分析的方法,1952年3月著文重提史学价值问题,他首先对三百年来学术思想界关于"求真"、"求用"问题的演变和实质提出看法。指出乾嘉主张的"求真"客观上有服务于当时反动统治的妙"用"。梁启超在学术上以教授终老,否定自己在戊戌时代的"求用"主张,回到"乾嘉学派"的"求真"主义,是提倡不问政治的书呆子主义,是开倒车。胡适承继了乾嘉以来一直为封建统治阶级服务的不问政治、只谈考证的"求真"主义。从乾嘉学者到胡适,其所以标榜"求真",就正是为了引导人们勿问政治,从思想上麻痹人们脱离革命斗争。事实上也正是一种"求用",求达到维持其反动统治之"用"。认为未能把马克思主义的科学应用到学术工作中来的旧学术界,"标榜'求真'未必'真',揭橥'致用'亦未必有'用'。主张'求真'须服务于'求用'"。接着,又提出了当前如何"求用"的问题。认为"要从当前中国人民的革命利益出发,来考虑其是否有用和是否急用。领导我们的中国共产党以中国最大多数人民的最大利益为党的利益,我们学术界也应把这奉为研究工作的最高道德标准。就是说,要根据最大多数人民的最大利益来决定我们的研究工作。我们应该是站稳人民立场并为人民服务的人民的"求用"主义者。"② 张守常也提醒人们注意:不能

---

① 张守常前引文。
② 张守常前引文。

只顾"求用"而违反了历史的真实。我们今天看来，张先生的阶级分析方法是偏激的，不过从他"求用"理论的形成来看，这是他真诚的学术主张，是一种时代的反映。客观地说，他对三百年来"求真"、"求用"问题的定位，从学术作为一种社会意识形态必定会反映时代面临的问题来看，抓住了史学和政治的关系，有可取之处，他所主张建国后史学求用的标准从与旧史学比较而言，也有合理之处。然而，他对三百年"求真""求用"主张的定性和建国后史学应从属于"革命利益"的"道德标准"有些极端化，其为求用而求真，求真服务于求用的主张是片面的，这已为建国以来史学研究的发展史所证明，也证明郑先生的主张更为科学。正如郑先生的学生冯尔康教授所体会的那样，郑先生的观点是以求真为前提，以致用为归宿。如果割裂求真与求用，就会发生影射史学，或脱离实际的考据学，或其他错误。① 近代以来，史学目的论，常常表现为"求真"和"求用"的分离，胡适实验主义史学影响下的史料学派讲"求真"，1949 年以后的史学讲"致用"，各有是处，又均易致偏颇。讲"求真"与"求用"结合，只有成熟的史学大师才能提出，郑先生数十年来坚持科学的史学目的论，弥足珍贵。

郑天挺教授"求真"和"求用"结合的思想主要来源于对中国传统史学优秀史学思想的继承和总结。首先它源于郑先生对中国古代传记文的研究，1942 年他在《中国的传记文》② 中指出：中国撰著史传的"这一班历史家或者说传记作者，他们写起传记异常审慎，异常小心，他们尽量征求异说，尽量采摭史料，但是他们绝不马虎，绝不苟且，对一切一切的事件都要辨别他的真伪，都要追寻他的真实性。因为这样才能成'一家之言'，这样才能'取信一时，擅名千载'，这是他们最高的理想，也是他们自负的责任。所以他们写传记的时候，第一个条件是求真"。具体来说，"他们对史料的来源要追求，对传说的真伪要辨证，对事实的先后要注意。一本书靠不住他们绝不引；一件事有可疑他们绝不引；一种传说有矛盾他们绝不引；一种传闻出之于敌国远道他们绝不引；一种奇说为事理所必无他们绝不引；他们绝不使'异辞疑事，远诬千载'。"史传是中国传统史学最基本的部分，郑先生推崇祖国传统史学中追求历史真实的思想。其次，来源于郑先生对清代朴学优良传统的认识，他说清初的顾炎武治学非常注意探源究委，考证精详，同时他又特别强

---

① 　冯尔康：《从学琐记》，载《郑天挺学记》第 301　303 页。
② 　载郑天挺：《探微集》，中华书局，1980 年。按：以下凡引该集论文篇名者，不赘注出处。

调经世致用，既要求真，又要致用。乾嘉时期人们只注意求真，关起门来钻书本，钻牛角尖，不大讲致用了，因为清王朝实行文化专制政策，搞文字狱，禁锢人们的思想，知识分子只好专门做学问，不敢涉及现实，只求真而不管用，成为汉学。嘉道以后风气改变，钱大昕等人又提倡致用，注意研究南北地理等一些实际问题，对于求真又放松了一些。钱大昕还是强调求真和求用结合。我们主张求真求用是历史研究工作的基本要求，二者不可偏废①。再次，来源于他对古代史笔的考察。1981年2月郑先生为南开大学历史系78级讲授"史学研究"一课，这是他一生最后一次上讲台，笔者幸逢此课，郑先生讲到中国古代所谓"良史"、"直笔"不一定真实。他列举晋灵公被赵穿所杀，晋史家董狐记载为"赵盾弑其君"，孔子认为董狐是直笔，原因是董狐从政治责任感出发，用他的立场来说明问题。孔子还说，如赵盾出了国就不是"弑"。郑先生说这都是不对的，会引起史实混乱。明光宗吃红丸而死，有人追究政治责任，认为是首辅大学士"弑"光宗；这就是所谓春秋大义，即用孔子的语录作为信条。以上做法实际上是"过左"的思想。又批评了历史上另一种倾向，害怕暴露事实真相，对尊者、贵者不利，于是就"讳"，例如《三国志·魏书·三少帝纪》中高贵乡公曹髦的问题。司马氏立三个小皇帝又废除或杀掉，曹髦不满意，想除掉他，于是利用卫队打司马昭，交战中曹髦被杀。陈寿的记载是（甘露）"五年己丑高贵乡公卒，年二十"，完全没有经过。紧接着又以"皇太后令曰"讲曹髦如何不好，非常含混，这是"右"的思想，保守，不暴露皇帝的事情。裴注不满于此，收集资料，引习凿齿的记载。事实，曹髦打司马氏军队，对方不敢抵抗，司马氏丈人贾充让卫兵杀曹髦，于是"刃出于背"。又说清人写《明史》亦如此，崇祯上吊死于景山，《明史》载"帝崩于万岁山"，完全仿照高贵乡公之死的记载。（课堂笔记）我想郑先生所举传统史学的史笔事例，意在告诉我们，这些史学家为政治服务的结果使史实失真，有害于史学。也就是说明史学求真的重要性。以上是郑先生"求真"和"求用"结合思想的传统史学来源。另外想指出的是，郑先生是近代以来史学发展的见证人，不同流派的观点和争论，对他不会没有影响，或许有助于形成和坚定郑先生从传统史学总结出的宝贵观点。

郑先生还将他"求真"与"求用"结合的史学思想运用于自己的史学研究之中。关于"求用"方面，郑先生针对日本帝国主义侵占东三省而制造的

---

① 陈生玺：《"仰之弥高　钻之弥坚"》；郑天挺《漫谈治史》。

"满洲独立论"等谬说，40 年代在西南联大时，先后写出《清代皇室之氏族与血系》、《满洲入关前后几种礼俗的变迁》等论文，证明清代皇室包含了满、蒙、汉三族的血统，早在入关前就和关内人民在政治、经济、文化等方面有着密不可分的关系，是中华民族大家庭的一员。至于入关后满汉两族的文化互相调融，相互影响，更使两族人民的关系日益密切，这决非政令强制所能造成的。上述两篇论文，篇幅长，涉及多方面的内容，史观则导入民族文化调融的观念，虽也运用了纯熟的考证方法，但已非就事论事，单纯考证，而是综合考察各项制度和习俗，旨在从满汉民族关系，证明满族是中华民族大家庭中的一员，是郑先生解放前清史研究的代表作，很好地体现"求真"与"求用"的结合。70 年代初，中苏边界冲突加剧，郑先生对明代奴儿干都司的史地进行了研究，证明黑龙江流域自古以来是中国的领土。郑先生对边疆史地的研究体现出他对祖国和民族利益的关心。此外，50 年代他写了《关于我国古代的石油记载》一文，作为论点的第一句话就是："我们今天的科学研究工作应该以如何解决国家建设上的重要问题为主。"随后揭示出古籍中有关石油的记载，指出："说中国没有石油是无根据的"。这种研究显然对国家和社会有直接用处，这类资料用于历史教学，在爱国主义教育上都是极有意义的。

至于"求真"方面，主要体现在郑先生的史学考证和史料研究方面，我们将在以下部分论述。

"探微"的考据学成就

郑天挺先生曾说，"求真"的重要工作是"考订其阙疑"。1945 年郑先生曾将有关清史的论文都为一集，原想把论文集定名为《清史然疑》、《清史稽疑》、《清史证疑》，后来觉得还是《清史探微》响亮，故名。1980 年郑先生出版论文集，仍名为《探微集》。"探微"除了表明郑先生的谦虚外，表达了郑先生以实证释疑求真的学术追求，这是郑先生治史的重要特点。他一生主张研究选题大处着眼、小处着手，正是探微求真的反映。

郑先生探微、考证的治学特点，同他的师承有一定关系。郑先生在北大读本科时，受国学根底深厚的老师黄侃、刘师培影响较大。刘、黄二人均是著名学者，刘是"国粹派"，精通经学；黄继承清代乾嘉考据学的传统，治学主要在声韵、文字、训诂方面，是清末大儒章太炎最赏识的学生。黄侃、刘师培作为清代朴学的继承者，运用的史学方法是罗列证据、进行比较、学风朴实。郑先生在研究生阶段研究古文字，探讨的问题属于"小学"，仍未脱乾嘉学派的传统。时著名学者陈垣亦为国学门导师之一，其治学对郑先生应有影响。可以说，郑先生求学时期继承了乾嘉学派以来的考据学传统，经过自身的学术实践，能够娴熟地运用多种考据方法，研究历史。这在郑先生三四十年代的学术研究上表现得尤为充分。

校勘法是郑先生最早使用的考据方法。30 年代郑先生在北大中文系任教，讲授校勘学，为了配合校勘学的课程实习，郑先生白天忙于行政事务，只能利用晚上的零碎时间，每天校勘《世说新语》数页。郑先生的校勘课及实习校勘几个版本的《世说新语》是卓有成效的，"他所用的真的是'乾嘉诸老'用过的笨功夫"，学生"的确从他那边不无所得"。著名学者柳存仁受郑先生功课的启示，用于小说史考证，曾就《水浒传》的简本繁本相比较，"亦可稍窥见《水浒传》之演变情形"。①郑先生用校勘方法做出了考证成绩，1936 年发表的《杭世骏〈三国志补注〉与赵一清〈三国志注补〉》这篇有影响的文字，解决了清代遗留下来的一个疑案。清代学者赵一清所作《三国志注补》与友人著名学者杭世骏的《三国志补注》有雷同之处，因被后人疑为抄袭。郑先生通过系统对杭、赵有关《三国志》两书校勘比证，证明赵书所征引文献，多于杭书七八倍，而雷同者则少，从而证明赵一清是中叶的学者，而非文抄公。继而经过周密的文献调查，排出杭、赵二人学术活动年表，搞清了赵、杭二书的关系。结论是："杭、赵两书，盖由世骏创为义例，发起端绪，一清踵而广之；故体裁相同，证据相近。"为赵洗雪冤枉，有利于对《三国志》的研究。此文在当时重要刊物《国学季刊》第五卷四期以首篇刊载，引入注目，郑先生时年 37 岁，显示出卓越的考证才华。1936 年发表的《张穆〈月斋集〉稿本》，则利用稿本中的三类文字，加以校勘比较，证明稿本中有何秋涛、何绍基二人的批注，后之刻本与此稿本多有不同，有依"二何"之意见改正者，亦有付刻时未能尽从者。以上二文反映出郑先生精通校勘学。

运用音韵学知识，采取对音方法研究古地理，也反映出郑先生的考证成就。1938 年写作的《发羌之地望与对音》一文，用唐代史籍，以地理证《新唐书·吐蕃传》中的"发羌"地望，以古音证发字与西藏土名 Bod 可相对，从而得出发羌即 Bod 对音的结论。还用这种方法，又写作了《〈隋书·西域传〉附国之地望对音》、《〈隋书·西域传〉薄缘夷之地望与对音》二文，证明

---

① 柳存仁：《上郑先生的校勘课》，载《郑天挺学记》。

"附"字是"发"字的转音,"亦即西藏人自称 Bod 之对音"。而"薄缘"考订为西藏南邻山国不丹。这些考证说明,发羌是藏族的祖先。藏族同隋唐王朝的关系以及中国与不丹两国的关系,深化了西南边疆史地的研究。时某学术权威评价说:"郑副所长不为文则已,为文则为他人所不及。"[①]

郑先生考证成就还体现在用释词的方法研究历史。史籍中常有一些特殊的名称,反映着特定的历史内容,弄清楚这些词汇的含义和来龙去脉,有助于认识当时的历史。特别是在少数民族建立的朝代,史籍有很多少数民族语的词汇,为治史者必须首先攻克的难点,否则历史研究难以进行,清史在古代史中属于新学科,释词证史尤为迫切。多尔衮是清兵入关前后的关键人物,又涉及"太后下嫁"疑案,有人即以顺治帝称多尔衮"皇父"作为下嫁根据之一。多尔衮生平称号最多,欲研究多尔衮,首先需要解读此人的称号。郑先生最早的清史研究是从多尔衮开始的,1936 年发表的《多尔衮称皇父之臆测》一文,从"叔父"入手,证明"清初之'叔王',盖为'亲王'以上之爵秩。凡亲王建大勋者始封之,不以齿、不以尊,亦不以亲,尤非家人之通称。"皇父摄政王为当时之最高爵秩,"多尔衮之称'皇父摄政王'复由于左右之希旨阿谀,且其称源于满洲旧俗,故决无其他不可告人之隐晦原因在。"此外,《墨勒根王考》证实墨勒根王汉语为聪明王,为汉文睿亲王封号所从出,即摄政王多尔衮,并指出"墨尔根王之号,疑为入关前世俗通称,其后官书之称'睿王',即其用例,故不称'睿亲王'。满语名称能久传于后,应亦以当时习用之故"。《释阿玛王》一文指出,清初耶稣会士之书牍及著作中时见阿玛王之名,实即多尔衮。《多尔衮与九王爷》指出九王爷为多尔衮之号,并引发出对清初封王制度的考证,推导出"清初俗有十贝勒之称,亦曰十王,起自天命季年。"郑先生说:"读史之难,难于熟知史乘用语之当时涵义,其杂有异文殊俗者为尤甚。"于是取清史习见满语加以诠释,成《清史语解》释词 18 条,其中不乏排比众多史料,结合满语知识的细密考证之作,如土黑勒威勒、扎尔固齐、巴牙喇、巴图鲁、巴克什等条即是。这些名词是清代制度的称谓,藉此可了解清初政治、军事等多方面问题。

遇到某些问题用一法考证甚难,需要综合证实。1939 年郑先生看到四川乐山《重修凌云寺记》拓本,该碑列衔第一名"□王驾前"四字,认为王字上画微低,疑当为主字,而□字应系"国"字,即"国主驾前"。从而证明孙

---

① 参见阎文儒《怀念毅生师》,载《郑天挺学记》。按:此学术权威当指傅斯年先生。

可望不仅自号为"国主",所部亦以国主称之,所谓国主驾前即可望麾下。又结合其他碑记以及史料,以正反两方面证明国主与"驾前"二字之专属可望由来已久,可知孙可望早就专横跋扈。诚如郑先生所言:"此碑虽微,顾有可补史籍之阙者。"该文根据残缺的碑记列衔文字的形体判定原字,又从碑记中提示的孙可望部将名,结合相关史籍,从一名称考出人物及相关制度和历史,可见郑先生敏锐的考证眼力。孟森先生曾就《张文襄书翰墨宝》中的"燕斋"之名,询问为张之洞编过遗集的张府幕友许同莘,许推测大约为广东盐运使瑞璋。郑先生1940年所写的《〈张文襄书翰墨宝〉跋》一文,解决了这个人名问题。他将该书所收六十通书札的接收者按名排列,然后针对诸札无年月可考的情况,根据书札所记事情,判断出是张之洞督粤时所作。再比较《张文襄奏稿》中的记事,断定"册中诸札盖作于光绪十一、十二年"。又根据这个时间内瑞璋已离任,"十一年年终以后诸事非所及知",结合致燕斋札中纪事,进一步判断出燕斋非瑞璋之字。鉴于"册内诸札致燕斋者独多,余亦与之有关,疑皆出自一家,所谓蒋大人,即燕斋之姓"。随后通过五条证据说明假设之成立。信中称燕斋本职是道员,"考其时广东以候补道代理盐运使,而蒋姓者惟蒋泽春一人"。还进一步探讨许同莘致误之因在于"瑞璋与蒋泽春同时同官,职务先后接替,偶尔颠倒耳"。此篇为二千字精粹之作,是在没有任何线索的情况下找出线索,内证、外证结合考据成功的,其考证功力令人叹服。资本主义萌芽问题讨论中,《织工对》是一篇重要史料,但它叙述的情况是元末还是明初,是丝织业还是绵织业,并未形成一致看法。郑先生作于1957年的《关于徐一夔〈织工对〉》一文,先从《始丰稿》按年分组编排的体例,判断收在第一卷的《织工对》应为元末之作。又从《织工对》所用词汇"日佣为钱为二百缗"的"缗"字系元末一千钱的习惯用语,不用于明初称一千钱为一贯,以及从元明钞值的比较各方面,论定《织工对》是徐一夔在元末所写。并以织工数目比例论定作品所述为丝织业状况。此文是考订史籍之作,运用了多方面的考证方法,显示了郑先生炉火纯青的考证技艺。该文推动了资本主义萌芽问题的研究,可谓"求真"与"求用"结合的范例。

以上校勘法、对音法、释词法、综合法的事例,使我们领略了郑先生考据学的成就,他不愧是考证大师。郑先生的工作继承了乾嘉朴学实事求是的求真精神和优秀史学方法,视野更为开阔,考证方法因被考对象而异,熟练地运用各种历史辅助学科知识和方法,考证造诣极高。

史料整理与史料学研究

本世纪初，清内阁大库档案被发现，它同殷墟甲骨、敦煌卷子、汉晋简牍一样，是学术史上的大事，有力推动了明清史的研究。1922 年 7 月，当时的政府将部分档案拨归北京大学，随即由北大研究所国学门、史学系、中国文学系的教职员、研究生等组织成清代内阁大库档案整理会，进行档案整理。正在国学门读研究生的郑先生是首批参加的整理者。他在当年 7 月 26 日的日记中写道："民国成立，前清内阁档案移至教育部历史博物馆，近复移至（北京）大学整理。大学因设专员司之，余与其列。今日余整理者为雍正题本……"① 抗战胜利后，郑先生任北大文科研究所明清史料整理室主任，负责整理档案。北京解放后，他和罗常培等人感到，北大所藏已整理过的宝贵档案必须赶快公开，没有整理出来的档案必须尽快整理，以供大家利用。于是加紧工作，主编出版了《明末农民起义史料》，公布了一百零三篇明末兵部的题行稿。郑先生在该书序中，对清代内阁大库档案的来源、发现及周转、整理的论述，对于认识和利用档案很有帮助，非亲身经历其事的专家不能道。郑先生还主编了《宋景诗起义史料》于 1954 年出版。1966 年郑先生应邀在中央档案馆明清档案部作《清史研究和档案》的报告，讲解了清代的历史档案及解放前的整理状况，强调"离开历史档案无法研究历史"，"历史档案是原始资料的原始资料，应该占最高地位"，并号召"以整理历史档案带动清史研究"，还谈了历史档案资料的特点和利用档案需注意的问题。② 该文对利用档案研究清史作了很好的说明。

郑先生整理古籍的工作最主要集中于明清时期。从 50 年代起，主持标点《明史》，大约历时十年而成。他根据《明史》的具体情况，指出重点是本校，纪与传校，传与传校，纪与志校。同时也使用他校法，强调"参校书籍不要求多，而要求一本书校到底"。"切忌有几条不是关键问题，繁琐征引以炫博，在明眼人看来正是陋，而且是不负责。"③ 郑先生在校勘古籍方面主张少而全的负责精神，反对"博"而漏的做法。1958 年南开大学历史系辑录《清实录》

---

① 傅同钦、贾克晟：《忆郑老对博物馆事业及档案工作的重视》，载《郑天挺学记》第318页。
② 载《历史档案》1901年第 1 期。
③ 林树惠：《郑老是怎样指导我们校〈明史〉的》，载《郑天挺学记》。

史料，郑先生进行了具体指导，成《清实录经济资料辑要》一书。《明史》、《清实录》均是大书，这些古籍的整理对明清史研究提供了便利。此外，郑先生还主持明清历史教学方面的史料整理工作。他主编的《中国通史参考资料》的清代分册，全面介绍了清代统一、民族、政治、经济、起义、外交、文化的基本史料，对大学生学习清史很有帮助。该书由中华书局于 1966 年出版。郑先生主编的《明清史资料》，是高校教师进修的教材，该书分二十多个专题探讨明清时期的重大事件、人物和制度，每个专题下提供原始资料、近人论述、论文索引和年表等内容，对掌握明清重大历史问题很有效。由天津人民出版社于 1980 年出版。该书还受到海外学者的好评，如韩国于 1983 年在汉城成立明清史研讨会，每两周一次，主要读史料，1984 年到 1987 年即读了《明清史资料》。

近代以来强调科学实证史学的历史学家，十分重视史料，往往被视之为史料学派，倡导风气的如胡适、傅斯年，以研究体现史料建设的则有陈寅恪、陈垣等，郑天挺先生的治史特色亦当属于此派中人。郑先生在解放前开过"清史史料"、"历史研究法"等课，探讨过断代的史料学和历史科学相关问题。50 年代，大学历史系学习苏联课程体系，开设专门化的"史料学"，郑先生首先在国内进行实践，他在探讨课程建设，特别是如何与中国史料相结合的问题上，做出了可贵的贡献。

1954 年，郑先生在南开大学开设了"史料学"一课，这是一个研究和利用史料的方法课，当时除了配合明清史学习，专门介绍《明史》、《清史稿》外，主要讲授史料的分类和辨别，文字史料的可靠性、来源、阶级性及其用途，史料的批判和应用，史料的搜集和整理等。课中郑先生归纳出史料学的原则并结合具体史料例证说明，相当成功。如他讲"当时人的记载的史料有以下四目：一、当时人的当时记载；二、当事人的事后追记；三、当时人对第三者的记载：甲、记载人的立场，乙、记载的来源，丙、记载人的出身，丁、记载人的能力；四、当时人记载史料的选用"。郑先生说，当事人的当时记载价值最高，像公文（包括布告、宣传品等）、石刻（如泰山刻石）、书牍、笔记、日记等。但要注意，像日记，中国过去有一种风气，有些人的日记是写给别人看的，像李慈铭的《越缦堂日记》，还有曾国藩的《求阙斋日记》，是经过他儿子剪裁过的，他们认为不能公开的事情根本就没有。郑先生着重围绕戊戌政变详细比较当时人记载的《戊戌政变记》、《德宗遗事》、《戊戌八月十四日记》、《清廷戊戌朝变记》、《清宫秘史》、《感敬山房杂记》六种书，分析这些史料的价值。① 由于郑先生对戊戌政变有研究，掌握史料丰富，分析具体史实细密，对认识"当时人的记载"是很有效的，反映出郑先生对史料的精深研究。

1957年，郑先生对"史料学"一课内容调整，强调理论性，课程内容共分六章：一、史料学的概念与任务，二、历史辅助学科，三、历史资料的来源，四、史料的搜集，五、史料的批判，六、史料的利用，已形成了郑先生的史料学体系。该课的概况，郑先生已在《史料学教学内容的初步体会》作了介绍。徐苹芳《郑毅生先生论史料学》一文整理了当时的课堂笔记，对史料的来源、史料的搜集、史料的鉴别有很好的介绍，其中郑先生对语言学史料的论述很精彩，不妨引录如下：语言学的史料指来自语言资料，包括语言、辞汇和文法等方面，辞汇方面的史料较多，如成语、方言、同行语、译语等，都能反映当时社会的实况。例如"莫我敢侮"是先秦时代的文法，即"莫敢侮我"的意思，秦以后则很少用这种语法了。如《晋书·王衍传》记山涛见衍后说："何物老妪，生宁馨儿?""宁馨"是当时的习惯语，没有什么特殊的意义，即"这样的"意思。又如《世说新语·规箴》记王夷甫自命清高，口未尝言"钱"字，而称"钱"为"阿堵物"，"阿堵"就是"这个"的意思。后人沿用此典，把钱称为"阿堵物"。第一人称自称为"我"是很早的事，《资治通鉴》卷六十五记张飞自称我为"身"，胡三省注曰："自此（按：建安十三年）迄于梁、陈，士大夫率自谓曰身。"但当时仍有自称为"我"的，如《三国志·吴书·鲁肃传》记鲁肃见到诸葛亮时说："我又瑜友!"这些语言学的史料是有很明显的时代特色的。② 正因为郑先生重视语言学的史料价值，才能够从"缙"和"贯"不同时代的辞汇考证《织工对》的写作时代。

郑先生试图通过史料学课程教给同学们整理史料的方法。归结起来是"全面占有史料与史料批判"，史料批判就是批判地研究史料，分析史料的阶级性，推求史料的最初思想意图。郑先生重视充分占有史料，认为这是研究的基本要求，50年代他曾对青年人说，积累资料没有两万张卡片不要写文章，要求青年人坐下来读书，在充分掌握资料后再写作，也就是说才算得上是研究。全面占有史料，不是漫无边际、随心所欲地读书，而要讲求方法，郑先生提出初学者要精读一部书，以几部基本书作辅助，旁及他书，反复钻研，

① 陈生玺：《"仰之弥高 钻之弥坚"》，载《郑天挺学记》第194—196页。
② 载《郑天挺学记》第174—175页。

做到专精和博览相结合。有了扎实的基础后才能广泛联系，发现问题，进行研究。郑先生的史料学有理论体系，有丰富的例证，已成著作刍形。

我们知道，中国近代史学是在西学思潮激荡下逐渐形成的，被誉为"科学的历史之父"的德国史学家兰克可以说是近代史学的开创者。兰克所倡导的史料批判学，以及从最原始档案中研究历史的大方向，至今无法转移。"五四"之后，清华与北大所标榜的"科学的历史"即来自兰克。郑先生的主张与兰克倡导的近代科学的历史是一致的。中国现代史上大力主张兰克史学的是留学德国的傅斯年。他提出"近代历史学只是史料学"，可以说开了中国历史研究的一代风气，但傅斯年的口号有些说过了头。旅美学者汪荣祖认为，兰克的著作本身已展示出，他不仅要重建正确的史实，还要呈现史实背后的正确意义，然而把兰克的史学视为史料学，显然是十分错误的。①郑先生的史料学，上承乾嘉朴学，也多少受到近代史学观念的影响，理论体系主要来源于苏联的马克思主义史料学，而史例和经验则是自己的文史研究实践。在史料学的系统论述上更科学、完善，他说："我们根据史料研究历史，但史料不就是历史。史料能够给我们提供研究个别具体历史问题所需要的材料，使我们可以根据它再现或恢复这个历史事件的特征，但不是将史料堆积起来，就能完成这个任务，多数史料不经过深刻、仔细和全面地分析研究，并与其他史料联系比证，是不能满足这个要求的。"②郑先生所说是比较科学的。

接触马克思主义史学

全国解放后，郑先生学习了马克思主义，尝试运用辩证唯物主义和历史唯物主义从事历史研究。他主编反映农民起义的史料，用阶级分析、社会存在决定社会意识等观点强调史料批判，试图建立系统的史料学，而考证工作也从属于马克思主义史学中的大问题，《关于徐一夔的〈织工对〉》为解决资本主义萌芽讨论的问题而作，即是明显例证。

郑先生运用社会形态理论研究历史，突出表现在对满族入关前社会性质的探讨。分别于1962年、1979年发表了《清入关前满洲族的社会性质》及"续探"两篇论文。他依据马克思主义社会发展形态理论，提出1616年努尔

① 汪荣祖：《兰克与中国近代史学》，载（台湾）《历史月刊》1997年8月号。
② 《探微集》第280页。

哈赤建立政权时已进入封建社会。郑先生认为这一问题关系到满族历史的发展、多民族统一国家内不同民族融合的经过和对清的历史的解释。郑先生的论文形成一家之说。

马克思主义史学理论为郑先生提供了新的认识工具。依据新理论，郑先生首次建构了清史的整体框架，这集中反映在 1962 年写出 1980 年中华书局出版的《清史简述》一书。郑先生在书中提出了对清朝所处时代的看法，认为清史有六个特点：

第一、该阶段是中国封建社会的晚期，而不是末期。他说：" '末期' 是指旧的生产关系完全崩溃瓦解，并向新的制度过渡的阶段；'晚期' 是指这个制度已经开始走向崩溃，但是还没有完全崩溃，在个别方面还有发展的余地。"

第二、清代是孕育着资本主义萌芽的封建经济继续发展的时期。

第三、清代是满族封建社会的上升时期，并给中国封建社会带来了新的活力。

第四、清代是多民族统一国家的巩固和发展时期。表现在三个方面，中国固有疆域的奠定，各民族经济文化联系的加强，中央与地方关系的密切和巩固。

第五、清代是抗拒殖民主义侵略，进行斗争的时期。

第六、清朝是中国历史上最大一次农民战争以后的一个朝代。

郑先生的总结虽然也吸收了同行的一些意见，但更主要的是自己对清史深入研究，并把清史放在整个中国封建社会史中全面考察后得出的。对于清代这一完整看法，是郑先生创造性的研究成果。把握时代特点，对于初学清史的人，对于清史研究的开展具有较大意义。郑先生的观点，逐渐被同行所接受，已经对清史的研究起了推动作用。[①]《清史简述》被认为是建国以来第一本用马克思主义理论指导概述有清一代历史的专著。

郑先生运用马克思主义理论研究历史，重在理论方法和资料分析的结合，反对脱离具体研究的生搬硬套 "贴标签" 做法，反对极端化。1961 年他在《历史科学是从争鸣发展起来的》一文中指出："在理论方面，应该从具体材料引出结论，观点和材料统一，而不是以理论代替历史，或者先找好理论然后套上史料。""要根据详细材料引出理论性的结论，就要求一定的理论修养

---

① 冯尔康：《郑天挺》，载陈清泉等编《中国史学家评传》下，中州古籍出版社，1985 年。

和材料积累，最低限度不能忽视理论的完整性和材料的完整性。"在历史资料方面，必须大量地和全面地收集资料，加以具体分析，特别是主张相反的资料，更不容忽视，必须找出不同的原因，加以解释。郑先生是这样说的，也是这样做的。他对曹操的评价，既看到曹操符合时代进程的一面，也看到违背人民愿望的一面，探讨了传统时代歪曲曹操的正统观念和历史上对曹操的不同评价。强调用新的分析方法评价曹操。他对清官的分析首先指出清官也是官，属于封建地主阶级，清官出现和宣扬是阶级斗争尖锐化的反映，封建时代贪污的普遍存在是它的根源；统治者宣扬清官是为了实际需要，但皇帝也有不信任的一面，清官与贪官有斗争，清官与清官之间也有矛盾。关于清官的历史作用必须具体分析。60 年代郑先生曾发表《农民起义和秘密宗教的关系》一文，他不同意把秘密宗教的教义说成能够培养革命意识、鼓舞农民革命的热情，加强广大农民革命的信心和勇气，认为这样未免作了过高的估价。秘密宗教、清官、曹操等问题是 60 年代的"热点"，郑先生参加这些问题的讨论，有时是不得已的，像他那样具有很高学术地位的历史学家，在历次"史学运动"中都是座谈会以及报刊杂志重点约请对象。不发表看法不行，发了言见了报更是提心吊胆，《关于清官》一文就是在这种情形下推诿不过而写的。[①] 在知识分子处境堪忧的岁月里，郑先生尽可能地以科学的实证研究同马克思主义理论结合，他优良的学风对讨论中出现的"左倾"和"以论带史"无疑会起到矫正的作用。

郑先生晚年提出历史研究要"求新"的主张，认为社会在发展，现代科学一日千里，一切知识都在更新，学习历史科学也是这样，要跟上时代，要用最新的科学方法，最新发展的材料与研究成果，提出历史科学也应该现代化。

作者附记：本文原刊南开大学历史系、北京大学历史系编《郑天挺教授诞辰百年纪念文集》（中华书局 2000 年 6 月版），收录本书时为避免与其他文章内容重复，删掉了原文第一部分"生平与教育"，并订正了原文的错、漏之处。

---

① 罗继祖：《蜉寄留痕》，上海古籍出版社 1999 年版第 257 页；又请参见郑克晟《我追随郑先生研读点校本〈明史〉三校稿》，《南开学报》1999 年第 4 期。

郑天挺教授与明清史学

常建华

郑天挺（1899—1981）原名庆甡，字毅生，籍贯福建长乐，出生于北京。
1917 年入北京大学国学门学习，受到刘师培、黄侃等老师的学术影响。1920
年毕业，翌年南下参与筹建厦门大学。1922 年北上考入北京大学国学门为研
究生，在钱玄同指导下研究古文字。1924 年毕业后至 1927 年在北京大学预科
担任讲师，教授国文。1928 年至 1930 年在浙江大学工作。1930 年后长期任
教于北京大学，为中文系、史学系教授，兼任北大秘书长，北大文科研究所
副所长及史学系主任，西南联大总务长。1952 年奉调南开大学，先后任历史
系教授（一级）、系主任、明清史研究室主任、副校长、校顾问等职。1961 年
任全国高校文科教材历史组副组长，晚年当选为中国史学会执行主席，任第
一届国务院学位委员会历史组组长。先后著有《列国在华领事裁判权志要》
(1922)、《清史探微》(1946)、《探微集》(1980)、《清史简述》(1980)、《清
史探微》(1999)、《及时学人谈丛》(2002) 等书，主编与合编《明末农民起
义史料》、《宋景诗起义史料》、《中国通史参考资料》、《史学名著选读》、《明
清史资料》，主持标点《明史》，担任《中国历史大辞典》总编。郑先生一生
从事中国历史的教学与研究，尤精于明清史学，具有很高的学术造诣，培养
了众多的史学人才。

郑天挺先生逝世后，史学界发表了很多纪念文章，缅怀与评论先生的道
德学问，集中反映在冯尔康、郑克晟两教授主编的《郑天挺学记》，南开大学
历史系、北京大学历史系主编的《郑天挺先生百年诞辰纪念文集》两书，在
后一本书中，也收录了我所撰写的《求真求用的著名历史学家郑天挺教授》
一文。总起来说，以往对于郑天挺先生学术的研究，主要是从他作为著名学
者的总体成就着眼的，郑天挺先生在明清史学方面的贡献分散其中论述。特
别是，郑天挺先生《及时学人谈丛》新近出版，披露了郑先生不少有关明清
史教学、研究的新的著述，其中一些是学者以往没有见到或未加充分利用的。

因此，笔者特从明清史学的角度，总结郑天挺先生治学特色与贡献。由于笔者的认识水平所限，未必能够把握郑先生的博大精深之学，失误之处还望方家批评。

一、研究方法

郑先生自 20 世纪 30 年代中期至 80 年代中期，在近半个世纪的岁月里从事明清史学的教学与研究，是继孟森（1867—1938）、萧一山（1902—1978）之后最有影响的明清史学家。郑先生具有深厚的国学基础，对于中国历史有通贯的认识，而其中的明清史学研究，则主要是他自学摸索开创的，其中既有乾嘉学派的继承，也有科学实证史学的影响，还有来自马克思主义史学的洗礼。最终形成了郑先生研究明清史、培养学生的主张与方法，很有特色。概括起来，我以为有以下三方面的内容：

（一）精读一部书：打基础要有历史的整体性。中国古代历史由绵延不断的朝代构成，而且由历代"正史"构成"二十五"系列，治史从所谓的"王朝体系"入手，很有成效。治断代史是处理资料、深化历史研究的重要途径。明清两朝前后相继，密切关联，许多学者作为一个历史时期加以研究，20 世纪 80 年代以前尤其如此。当然，也有不少学者是将明与清作为两个断代史研究的。如何学习明清史呢？换言之，学习明清史如何入门呢？

1959 年郑先生指导刚入学的明清史研究生，开业的第一讲是《明史的古典著作与读法》（收入《及时学人谈丛》，以下页数出此书），指导学生学习明史的方法。郑先生认为："按照研究方向选择读物，要挑选那些好书来读，要读那些史料价值高的书籍。我们所说的好书，就古人遗留下来的史籍讲，指有见解、有事实、首尾一贯的书。"（63 页）在比较了《明史》、《明史纪事本末》以及其他重要史籍后，郑先生分析了编年体、纪传体、纪事本末体三种体裁史书的优缺点，主张读编年体和纪传体。他说研究明史，可以先简单看看《明史纪事本末》，如已掌握了明代概貌，就要重点读《明史》。"读一本书，一定先读序言、凡例、目录和跋，了解以下三点：（1）此书的材料来源，（2）长短优劣所在，（3）与其他书籍的异同。这样才能有利于我们把握这本书的史事真伪、作者史观，以便科学地有效地利用它。"（70 页）"读《明史》或其他纪传体史籍，我以为要以'时'为经，以'事'为纬，'人物制度'贯穿其间。换句话，要做到点、线、面、体的结合。所谓'点'指历史故事；

'线',原委分明;面,一事与他事之联系;体,以经济作基础,把上层建筑与经济基础结合起来,有一个立体的感觉。这样通过阅读古籍和研究,要把历史理解为有躯壳、有血肉、有灵魂的历史。"(71页)具体来说:"首先从'志'入手——先读'志'。因为它叙述一个事情的关系,实际是一种纪事本末。然后用'纪'说明其先后关系,用'传'充实其内容。"(71页)除了运用上述方法外,还要精读,即细读、前后对照读、反复读、常读。当时听课的学生冯尔康教授是这一方法的受益者,冯先生总结说:精读一本书,是初学者的入门良方,是郑先生总结了学者成功的学习经验,"就如同给了我一把钥匙,去打开明清史料宝库的大门。"① 精读与博览并不矛盾,不是截然对立的。冯先生后来指导研究生,也要求精读一部书,我自己听从冯老师的安排,就比较认真地阅读了王先谦的《东华录》,从而进入清史研究领域,感到这是行之有效的研究方法。

现在体会郑先生的研究方法,我认为表现了郑先生认识历史的整体观念,即所谓"有一个立体的感觉","要把历史理解为有躯壳、有血肉、有灵魂的历史。"通过郑先生总结的读书法,可以掌握全面的历史知识,建立普遍的历史联系,对历史有一个整体的框架和背景,建立个人的基本史料库,这的确是经验之谈。

郑先生的研究方法也适合于通史与其他断代的历史学习。郑先生说:"看二十四史,不妨先看一下'本纪'的赞语,再看'志',最后看'传'。因为'传'中材料比较多,但较杂乱,不用时代穿起来不行,所以后看较为便利。"② 郑先生还认为,中国古代史书中,以《史记》和《资治通鉴》最负盛名,值得精读。我们知道,郑先生早在学生时代就细读这两部书,正是出于对中国古代史书认真研读的经验,总结出治明清史也是中国历史的门径,值得今天学习历史者借鉴。

(二)把握时代特点:着眼重大问题。正因为郑先生强调认识历史要有整体观念,所以他重视从总体上把握历史的时代特征。这既是帮助初学者把握

---

① 冯尔康:《从学琐记——兼述郑毅生师的学术成就》,初稿发表于《南开史学》1981年第2期;修改稿收入《郑天挺学记》,三联书店1991年版第296页。

② 郑天挺:《漫谈治史》,原载《文史知识》1981年第3期,收入郑天挺《及时学人谈丛》,中华书局2002年版465—466页。又,1961年夏,郑天挺先生在北京编选教材期间,不断到北京各高校历史系讲课或作报告,当时历史系学生看书很少,尤其对原始史料接触更少。因此,郑先生到处强调要认真读书,要精读一部书。(《郑天挺自传》,《郑天挺学记》第402页)

历史，也是他对于历史深入研究以后的概括总结。60 年代初，他在《明清史在中国历史上的地位及分期》中，提出明清是封建社会晚期，而不是末期的观点："晚期表示该时代的社会制度的衰败，即已开始逐步走向崩溃，但在某些方面还有一定的发展余地；而末期则揭示那种制度的灭亡和被新制度代替的过程。"① 郑先生认为明清时代有如下特点：（1）中国历史上较长的统一时期，（2）是中国封建经济最发展的时期，（3）资本主义萌芽的时期，（4）阶级矛盾的尖锐，（5）封建依附关系的变化，（6）统一多民族国家巩固和发展时期，（7）抗拒西方殖民主义侵略的时期。郑先生还谈了对明清史分期的看法，他列举了明清时期 16 件重大事件，挑出 5 个特别重大的事件，将明清史分为五个历史阶段：第一阶段，从明朝建国到土木之役（1368—1449），这是明朝的初期。第二阶段，从土木之役到一条鞭法的推行（1449—1581），这是明朝的中期。第三阶段，从一条鞭法至李自成起义（1581—1644）这是明朝的末期。第四阶段，从清军入关至实行摊丁入亩制度（1644—1724）这是清朝的前期，其中以 1683 年统一全国又分为两个小阶段。第五阶段，摊丁入亩至鸦片战争（1724—1840），这是清朝的中期，其中以 1758 年巩固回疆也划分为两小段。1979 年郑先生在南开主办明清史进修班，将自己以前的讲义以《明清史专题》发给学员，首篇就是《明清史在中国历史上的地位及分期》，可见他认为学习明清史应首先了解明清史的大事与特点。

1962 年郑先生为中央党校讲授清史，讲义《清史简述》概说部分，认为清朝所处的时代有六个特点：是中国封建社会的晚期，不是末期；是孕育着资本主义萌芽的封建经济继续发展的时期；是满族封建社会的上升时期，并给中国封建社会带来了新的活力；是多民族统一国家的巩固和发展时期；是抗拒殖民侵略，进行斗争的时期；是中国历史上最大一次农民战争以后的一个朝代。还指出这一时期的重大事件有 8 个：清军入关与统一中国，郑成功收复台湾，蒙古十三旗隶属清朝等边疆事情，摊丁入亩，中俄签订《尼布楚条约》，英国使臣马戛尔尼来华，雍正帝严禁天主教活动，川楚陕白莲教大起

---

① 郑天挺：《明清史在中国历史上的地位及分期》，收入郑天挺《及时学人谈丛》，中华书局 2002 年版第 12 页。按：1954 年的"明史专题"课上，郑先生就对明史的分期与特点提出了自己的见解：以土木之变和一条鞭法为标志，可将明史划分为三个阶段；明代是中国封建社会的后期，明代是经过长期分裂与外族统治后的一个统一时期，明朝是农民大起义之后建立的新王朝，明代是周边一些少数民族的发展由低级阶段进入高级阶段时期。见陈生玺《史学大师郑天挺先生的宏文卓识》第三部分，收入南开大学历史系、北京大学历史系主编的《郑天挺先生百年诞辰纪念文集》，中华书局 2000 年版 40—41 页。

义。并调整了清代中期划分阶段的界标，由 1758 年巩固回疆改为 1796 年的白莲教大起义。

郑先生一再强调学习历史首先了解时代特征、重大事件、历史问题，我以为是重视历史的整体性，希望历史研究者从大处着眼，研究历史演进中的关键问题，取得重要的学术成果。郑天挺先生的学生得益于这种教学法，取得了突出的学术成就。如郑先生强调雍正时期的重要性，[①] 在雍正朝短短的 13 年中就列举了摊丁入亩、设立军机处、严禁天主教活动 3 件大事，引起冯尔康先生对雍正帝及其时代的重视，因而把雍正时代作为重点研究对象，终于写出《雍正传》（人民出版社 1985 年）这部高水准的学术专著。特别是《雍正传》总结雍正和他的时代，将明清"封建社会晚期说"从雍正改革的角度发挥到极致。郑天挺先生的另一位研究生陈生玺教授研究"清军入关与统一中国"这一重大事件，成《明清易代史独见》（中州古籍出版社 1991）一书，对明清之际一些重大问题提出不少新见，受到学术界高度评价。郑先生哲嗣克晟教授的《明代政争探源》（天津古籍出版社 1988）具有同样的特点，为明史学界重视。

（三）探微：从小处着手的研究方法。研究历史着眼重大问题，就是选题从大处着眼，同时要求选题要小处着手，即探微。1945 年郑先生将有关清史的论文 12 篇结集，定名为《清史探微》。1980 年郑先生出版论文集，仍取"探微"一词而名为《探微集》。"探微"表达了他以实证释疑求真的学术追求，这是郑先生治史的重要特点。探微研究方法的提出，同郑先生早年所受的实证史学训练有关。郑先生多次讲，他受国学根底很深的老师黄侃、刘师培影响较大。黄侃、刘师培作为清代朴学的继承者，运用的史学方法是罗列证据，进行比较，学风朴实。郑先生求学期间继承了乾嘉以来的考据学传统，经过自身的学术实践，能够娴熟地运用多种考据方法研究历史，这体现在他三四十年代的学术研究上。清军入关之际多尔衮是关键人物，郑天挺先生研究他，就是采用探微的方法。小题目是要联系大的历史问题的，50 年代资本主义萌芽问题讨论中，郑先生发表《关于徐一夔的〈织工对〉》（《历史研究》1958 年第 1 期）一文，解决关于资本主义萌芽研究中的大问题，可见探微方

---

① 郑天挺先生早在 20 世纪 40 年代就和何炳棣先生不止一次谈到雍正一朝的特殊意义，如摊丁入地等财政改革和军机处的创置。见何炳棣《读史阅世六十年》，广西师范大学出版社 2005 年版，第 357 页。

法的重要。

郑先生总结历史研究"要深入就要缩小范围，各个击破……我们研究学问必须有渊博的知识；但要取得新的成果，却必须由博返约，也就是对一个一个问题进行深入研究"①。冯尔康先生的研究生论文选题确定，可以帮助我们进一步认识郑先生大处着眼、小处着手的选题方针。冯先生想写清代租佃关系方面的文章，郑先生说清代时间很长，要选择一个特定时期的；清代疆域辽阔，要选择一个地区的。冯先生表示要写清中叶江南地区，郑先生又说江南苏州、松江是一个经济区，南京又是一个经济区，情况不同，还应当再缩小。于是冯先生选定了苏松地区。②

郑先生的探微方法是为了求真，用绵密的史料重建历史。这一研究方法与现代国际学术界流行的"微观史学"与"日常生活"研究有一定相通之处。英国史学家帕特里克·乔伊斯教授认为："小"主题"日常生活"的关注，是新社会史的一种主流发展。如身体史论著是从另一种视角体现大主题。"为了理解一些大的过程，有时你必须去研究日常生活的各个方面。……然而，在大和小之间存在着许多联系，但这里关键是你从'小'入手是为了寻求'大'的问题或主题的运作方式。"③ 并认为意大利的"微观史学"以某种方式对琐碎生活细节的关注，可以说是见微知著。由于所处时代不同，郑先生关注的学术问题与欧美新社会文化史有很大不同，但是研究方法上却有共通性，说明研究学术的道理是相通的。明白此点，探微精神与方法并不过时，即使用新的理论方法研究历史，求真实证从具体问题入手的探微工作仍然是最基础的研究方法，只有将旧国学与新史学结合，才能使学术研究生机勃勃，使史学之树常青。

二、学术成就

郑天挺先生长期担任行政工作，曾任北大秘书长长达18年，在南开大学也任过系主任、副校长等职，在繁忙的行政事务之余，他坚持教学，坚持研

---

① 郑天挺：《漫谈治史》，载《及时学人淡丛》，中华书局2002年版，第465—466页。

② 冯尔康：《从学琐记——兼述郑毅生师的学术成就》，载《郑天挺学记》，三联书店1991年版，第303页。

③ ［英］帕特里克·乔伊斯：《从现代到后现代：当代西方历史学的新进展》，载李宏图选编《表象的叙述——新社会文化史》，上海三联书店2003年版，第102页。

究，仍然写下了大量的论著，实在难能可贵。从 1936 年发表清史论文《多尔衮称皇父之臆测》起，到 1980 年发表《清代的幕府》一文，自始至终发表的学术论文都是精品。故史学名家傅斯年有郑先生"不为文则已，为文则为他人所不能及"之语，郑先生的学术研究可谓厚积薄发。郑先生去世后，他的学生整理了老师的一些遗作发表，主要集中在《及时学人谈丛》一书中。"谈丛"或许表达学生尊重郑先生慎重发表的治学习惯，以未经郑先生定稿，作为《清史探微》集外文处理。不过，这些"未定稿"仍然反映了郑先生的治学范围与成就，一些重要的观点至今还有价值。这里，我试着从三方面总结郑先生明清史学研究的成就。

（一）清开国史、满族史与东北边疆地理研究。清史学术研究是在清亡后真正开展的，在 20 世纪清史学属于新学科。研究清史首先需要了解清朝兴起的历史，这也是清朝统治者长期隐晦的事情。清史的入关前部分在通史中属于明史，因此治清朝关外期的历史，必须了解明史，确切的说研究清朝入关前的历史属于明清史的范畴。孟森先生采用科学的实证研究方法探讨清朝入关前历史，以清朝开国史的研究奠定了现代清史学开创者的地位，而郑天挺先生则是继孟森之后的著名清史学家，也以对清朝开国史的开创性研究成名的。事实上，清开国史研究与满族史、东北边疆地理研究是连在一起的，郑先生这方面的研究兴趣一直贯彻始终。

清初摄政王多尔衮是满洲入关后的实际统治者，也是清朝统一中国的奠基人，很值得研究。郑先生的清朝开国史研究首先是从多尔衮入手的，多尔衮涉及"太后下嫁疑案"，有人即以顺治帝称多尔衮"皇父"作为太后下嫁依据之一。多尔衮生平称号最多，欲研究多尔衮，首先需要解读此人的称号。1936 年发表的《多尔衮称皇父之臆测》（《国学季刊》6 卷 1 号）一文，从"叔父"入手，证明"清初之'叔王'，盖为'亲王'以上爵秩。凡亲王建大勋者始封之，不以齿、不以尊，亦不以亲，尤非家人之通称。"皇父摄政王为当时之最高爵秩，"多尔衮之称'皇父摄政王'复由于左右希旨阿谀，且其称源于满洲旧称，故决无其他不可告人之隐晦原因在。"随后他利用明清档案写了《墨勒根王考》，证实墨勒根王汉语为聪明王，为汉文睿亲王封号所从出，即摄政王多尔衮，并指出："墨勒根王之号，疑为入关前后世俗通称，其后官书之称'睿王'，即其用例，故不称'睿亲王'。满语名称能旧传于后，应亦以当时习用之故。"（1936 年 10 月作）《多尔衮与九王爷》（1936 年 11 月旧作）指出九王爷为多尔衮之号，并引发出对清初封王制度的考证，推导出：

"清初俗有十贝勒之称，亦曰王，起自天命季年。"这些研究属于清史研究的开拓性的工作。

从民族间文化调融的视角考察清朝兴起的历史，是郑先生的又一贡献。1942 年发表《满洲入关前后几种礼俗之变迁》长文，从渔猎、祭告、祭堂子、丧葬、殉死、婚嫁、薙发、衣冠几方面，论述了满族礼俗的变化及其与汉族的关系。1943 年发表的另一篇长文《清代皇室之氏族与血系》，探讨了清代以满洲表部族，满族先世在元明之地位、爱新觉罗得姓稽疑、氏族与族籍、清代诸帝之血系、佟氏与汉人、清初通婚政策、选秀女之制，分析了满族与汉族的关系。这两篇论文旨在说明满汉民族关系、证明满族是中华民族大家庭中的一员。

70 年代郑天挺先生有过一段集中研究清开国史、满族史与东北边疆地理的时光。1966 年文革爆发，郑先生被打成"历史反革命"，遭到严重迫害。直到 1970 年林彪"9·13"事件发生，形势有所改变，郑先生才被允许到历史系中国史组学习，郑先生的"问题"得以逐步缓解。郑先生对清入关前的历史研究有素，又久治古代地理，1969 年中苏因珍宝岛事件发生武装冲突，郑先生遂关注东北史地。1974 年全国进行"批林批孔"运动，郑先生被邀请参加天津市"儒法斗争"座谈会，这是他"文革"以来第一次在天津露面。还让他参加校大批判组，以备资料顾问。1976 年粉碎"四人帮"结束文革前后，以及珍宝岛事件的批判新老沙皇，70 多岁的郑先生因而得以重新进行学术研究，开始撰写论文。1976 年 8 月—11 月，写成《关于柳条边》长文，详细考察了柳条边的名称和形状，柳条边建立的年代，柳条边建立的原因，提出"柳条边是为了防止沙俄进扰和煽动蒙古人骚扰而设"①的观点。大约也是这个时间前后，郑先生还写了其他文章：《明代在东北的地方行政组织——努尔干都司》②论述了努尔干所在，努尔干都司的设立和变化，努尔干都司的区域和领属的卫所；《统一黑龙江：清初建国史之一》，③首先追述明代以前黑龙江的历史，接着讨论明代的黑龙江，然后论述努尔哈赤集团力量到达黑龙江，皇太极对黑龙江的经营。文中批驳了苏联学者对于黑龙江地区管辖权的一些看法，论述了满洲人与黑龙江地区的关系以及满洲势力的兴起。《及时学人谈

①　郑天挺：《及时学人谈丛》，中华书局 2002 年版，第 216 页。
②　发表于《史学集刊》1982 年第 3 期，收入郑天挺《清史探微》，北京大学出版社 1999 年版。
③　收入南开大学明清史研究室编《清王朝的建立、阶层及其他》，天津人民出版社 1994 年版；又该文收入《及时学人谈丛》题目改为《清初统一黑龙江》。

丛》收录《清初满族的统一》① 一文，编者注云："原题作《清初东北的地方行政机构》，含下面五个部分：一、满族的统一；二、传统的牛录额真；三、牛录的基层——乡长姓长；四、各旗散居地区的城守官；五、旗汉分治后的府县。只成稿第一部分《满族的统一》，故今以此为题。"《满族的统一》说："我国东北包括黑龙江、乌苏里江江外广大地区，从女真族全国政权金王朝以后，一直在元、明、清三个王朝政权统属之下，也就是中国领土。"② 从此行文看该文可能是接续《统一黑龙江：清初建国史之一》的，《清初东北的地方行政机构》或者可以看作是清初建国史之二。实际上，《清初东北的地方行政机构》中的二、三、四部分也有书稿，只不过调整为一篇文章，即《牛录·城守官·姓长——清初东北的地方行政机构》，③ 意在说明满族入关前在东北的地方行政结构，这是学者多不注意的问题。上述 5 篇论文，主要将满族的兴起与东北边疆地理结合起来，说明中国对于黑龙江流域的管辖权和清朝的开国问题。看来，郑先生曾有过写一部清开国史的设想。

上述研究多涉及满族兴起问题，1980 年郑先生写作《从〈清太祖武皇帝实录〉看满族族源》，④ 认为满洲这个族称是努尔哈赤自创的自称，满洲自认为就是女真，满族的氏族常有外族移入。

（二）制度史研究。治断代史需要首先了解一代基本制度，所谓从制度史入手是基本方法，郑先生的读正史先读志也是这个意思。对于明清史特别是清史这样的新学科来说，制度史的研究尤为必要。

前述郑先生对于清开国史的研究，就涉及清朝礼仪与明清地方行政等多种制度。清朝是少数民族作为统治民族的政权，其制度有不少是用满语表达的，具有本民族的特点，研究清史需要读懂这些词汇。郑先生取清史习见满语 18 条加以诠释，成《清史语解》。其中不乏排比众多史料，结合满语知识的细密考证之作，如土黑勒威勒、扎尔固齐、巴牙喇、巴图鲁、巴克什等条即是。这些名词是清代制度的称谓，藉此可了解清初政治、军事等多方面问题。包衣制度是清朝的特有制度，郑先生《清代包衣制度与宦官》（1944，收入《清史探微》）一文，全面深入地研究了包衣的性质、产生、来源、组织以及入关后包衣与宦官的斗争。

---

① 该文的简本《满族的统一》发表于《南开学报》1982 年第 5 期，收入郑天挺《清史探微》。
② 郑天挺：《及时学人谈丛》，第 112—113 页。
③ 发表丁《社会科学战线》1982 年第 3 期，收入郑天挺《清史探微》。
④ 发表于《社会科学战线》1983 年第 3 期，收入郑天挺《清史探微》。

　　郑先生对于明清制度多有论述。政治制度方面,《明代的中央集权、内阁和六部的消长》,① 论述了明代专制主义中央集权的支撑点,废丞相升六部,内阁与六部职权的消长,大学士,廷臣与内臣的矛盾。前引《明代在东北的地方行政组织——努尔干都司》也是一篇专论。此外,郑先生还论述了明清两代的首都制度。《清代的国家机构及其特点》(收入《及时学人谈丛》)论述了沿袭明制而有所变动的中央集权,军机处成立后的中央政府与地方政府,维护满族统治地位的权力分配,地方政府权力的逐渐提高,基层组织等问题,提纲挈领,对于把握清朝国家的特点是很重要的。《清代的八旗兵和绿营兵》(1964,收入《清史探微》)概述了清代的主要兵制, 《清代的八旗制度》(1962,收入《及时学人谈丛》)对八旗问题作了全面的说明。内务府也是清代特有的制度,《清代的内务府》(1962,收入《及时学人谈丛》)论述了包衣与内务府、内务府与宦官的关系、内务府经济等问题。1980 年发表的《清代的幕府》(《中国社会科学》1980 年第 6 期)是一篇有重要学术价值的论文,就幕府的来源、地位、政治作用及发展状况,都作了宏观说明;并分 14 个方面具体而细致地考察了幕客的来源;首次把清代幕府的发展划分为三个阶段。经济方面的土地、赋役制度也是郑先生重视的,《读〈明史·食货志〉札记》② 就明代土地、地亩、田土,官田与民田,随粮定区,鱼鳞册和黄册,里社制,荒田与闲田,尺籍,垦田数字,张居正清丈与推行一条鞭法的关系,北方水田,皇室勋贵侵占民田与土地所有权问题,洪武中钱、钞、银的比价,平米与加耗,苏松嘉湖重赋问题等有所探讨,涉及的问题非常广泛。《清代的土地制度》(收入《及时学人谈丛》)概述了清代土地制度的来源和类别、特点、性质与几种经营方式。科举制度方面,《清代考试的文字》③ 论述了八股文和试帖诗问题。

　　(三)“新史学”的探索。中华人民共和国成立后,马克思主义史学取得了主导地位。郑先生开始学习马克思主义史学,治史发生了变化。受时代影响,郑先生对于社会形态与历史分期、资本主义萌芽、土地制度、农民战争史等史学热点,结合明清史有所探讨。

　　关于满族入关前的社会性质。解放后清史学界对清人入关前的社会性质有

---

① 收入《及时学人谈丛》,该文曾以《明代中央集权》为题发表于《天津社会科学》1982 年第 2 期。

② 原刊《史学集刊》1981 年 10 月复刊号,收入《及时学人谈丛》。

③ 发表于《故宫博物院院刊》1982 年第 2 期,收入《及时学人谈丛》。

不同看法，或认为是奴隶社会，或认为是从氏族社会飞跃到封建社会。郑先生《清人关前满洲族的社会性质》则提出，满族经历了奴隶社会而进入封建社会，《清人关前满族的社会性质续探》进一步说明清入关前满族进入了封建社会。① 郑先生的观点成为一家之言。

资本主义萌芽与社会经济问题，郑先生也有探讨。早在 1956 年，郑先生在《关于中国社会资本主义萌芽问题史料处理的初步意见》（收入《及时学人谈丛》）中，探讨了制墨业的生产发展过程以及官僚资本的运用，认为资本主义萌芽应该是与当时水平或后来发展有关的。吴晗先生发现徐一夔《织工对》这一极重要的史料。但所叙述的情况是元末还是明初，是棉织业还是丝织业，学者并未形成一致看法。郑先生《关于徐一夔的〈织工对〉》② 运用娴熟的考证技艺，论定《织工对》是徐一夔在元末所写，并以织工数目比例论定作品所述为丝织业状况。可以说，该文是"将旧国学考证辨伪再赋予生机"的范文。《鸦片战争前清代社会的自然经济》③ 认为，清代自然经济的一个特征是农村家庭手工业与农业的顽固结合，清代自然经济的牢固结合还表现在族权、神权同乡镇经济的结合上，资本主义萌芽受到摧残。郑先生的这些探讨，加上对于清代土地制度的论述，构成了他对于社会经济史的研究，有关明清时期处于封建社会晚期的观点也是建立在这些研究基础之上的。

郑先生对农民战争问题有较多的关注。建国初，郑先生就主持整理了档案中的明末农民起义史料，后来对于元明的农民起义进行了专门研究。《红巾军起义的历史背景——元末社会主要矛盾的研究》（收入《及时学人谈丛》）论述了元代的土地制度，元代人民的政治生活，民族矛盾与阶级矛盾的交织三个问题。《明代农民起义史中的两个问题》（收入《及时学人谈丛》）依据历史上统治者将农民起事分成"妖贼"（与宗教有关）、"盗贼"（与宗教无关）两种类型，分别探讨这两种类型的唐赛儿、徐鸿儒等起义与秘密宗教，邓茂七、刘通等起义军及其要求。《关于明末农民战争史的几个问题》（收入《及时学人谈丛》）重点讨论了历史背景，起义队伍的成分，义军口号，艰难历程，历史作用等问题。《宋景诗起义文献初探》（1951、1957，收入《探微集》）详细探讨了清代咸丰年间发生在山东的宋景诗起义，该起义被清朝称为

---

① 郑天挺：《清人关前满洲族的社会性质》，《历史研究》1962 年第 6 期；《清入关前满族的社会性质续探》，《南开大学学报》1979 年第 4 期。均收入《探微集》、《清史探微》。

② 《历史研究》1958 年第 1 期，收入《探微集》、《清史探微》。

③ 发表于《中国社会经济史研究》1982 年第 1 期，收入《及时学人谈丛》。

"教军"，属于八卦教系统。该文被译成德文。郑先生对农民起义和秘密宗教关系的论述，也引人注目。①

三、史料工作与学科建设

（一）史料学建设。50 年代全国全面学习苏联的教学经验，进行教学改革，南开自然不能例外。史料学是学习苏联课程体系而设立的专门化课程，郑先生在如何与中国史料相结合的问题上，做出了可贵的实践和贡献。1954 年秋首次开设"史料学"课，历时半年，主要从史料的角度看中国的史书，该课内容有八项：叙说，史料的分类与辨别，中国历史上大批史料的发现与利用，《明史》的纂修与明史的史料，《明史》史料的研究，清史的修纂与清史的史料，清史史料的研究，史料的辑录工作。其中对于《明史》、《清史稿》的修史过程、体例特色、史料来源、存在的错误都进行了分析，对于学习明清史很有参考价值。并讲授研究和利用史料的方法，配合明清史学习。1957 年秋天，郑先生对该课内容调整，强调理论性，课程分史料学的概念与任务、历史学的辅助学科、历史资料的来源、史料的搜集、史料的批判、史料的利用六章讲授，已形成了郑先生的史料学体系。②

（二）高度重视档案。本世纪初，清内阁大库档案被发现，1922 年 7 月民国政府将部分档案拨归北大，北大组织"清代内阁大库档案整理会"。郑先生加入了整理会，参与明清档案的整理。郑先生研究多尔衮也使用了档案资料，还结合档案写作了《清世祖入关前章奏程式》（1936，收入《探微集》、《清史探微》）。1950 年 5 月郑先生辞去北大秘书长工作，专任史学系主任和文科研究所明清史料整理室主任，专门从事档案整理，主编出版了《明末农民起义史料》（1953，开明书店）、《宋景诗起义史料》（1954，中华书局）。郑先生在《明末农民起义史料序》（收入《探微集》）就清内阁大库档案的由来、整理详细介绍，是了解清朝档案史料的重要参考文献。后来郑先生还就清朝档案的利用问题专门探讨，《清史研究和档案》③ 论述了清代的历史档案及解放前的整理状况，认为"离开档案无法研究历史"，"历史档案是原始资料的原始资

---

① 《农民起义和秘密宗教的关系》，《光明日报》1961 年 12 月 19 日，收入《探微集》。

② 郑天挺：《史料学内容的初步体会》，原刊《南开大学学报》1956 年第 1 期，收入《探微集》；《史料学之一》、《史料学之二》，均收入《及时学人谈丛》。

③ 原载《历史档案》1981 年第 11 期，收入《清史探微》。

料，应该占最高地位"，强调"以整理历史档案带动清史研究"，并谈了历史档案资料的特点和利用档案需注意的问题。

（三）校勘《明史》。南开大学历史系成立明清史研究室后，最主要的科研项目是在郑先生的主持下标点、校勘《明史》，这是国家点校廿四史项目之一。原由林树惠、朱鼎荣、傅贵九三位先生担任初点，再由郑先生全面复核改正。后来郑克晟和汤纲、王鸿江三位先生也参加工作。从 1963 年 9 月到 1966 年 6 月，郑先生赴北京的中华书局点校《明史》。这期间郑先生所作部分札记《〈明史〉零拾》53 篇保留下来，收入《及时学人谈丛》。其中记载郑先生关于校勘方法、标点的标准以及有关名词的见解等记载。整理后的校勘记，成《〈明史〉读校拾零》，收入《探微集》。郑先生对于校勘工作高度负责，他读点校《明通鉴》发现不谨严处，感慨道："读此益感我辈点校责任之重大。"（《及时学人谈丛》第 87 页）1964 年 10 月 9 日他写道："《明史》读之屡矣，今日始发现世宗谥法'英毅神圣'为'英毅圣神'之误。此次校勘经过六七人之手，余又详看一过，均未觉察，甚矣！校书之难也。"（《及时学人谈丛》第 95 页）郑先生根据《明史》的具体情况，校勘工作的重点放在本校，纪与传校，传与传校，纪与志校，同时也使用他校法。郑先生在校勘古籍方面主张少而精的负责精神，反对"博"而漏的做法。① 廿四史的点校工作在七十年代又重新开始，郑先生由于所谓"历史问题"未作最后结论，失去了最后参加《明史》点校的机会。然而负责这项工作的赵守俨、王毓铨、周振甫先生仍然不断向他征求对《明史》三校的意见。1973 年春，郑先生审阅《明史》三校稿，认真提出了一些重要建议。郑先生在此期间所记的"复校异议"工作本保留下来，约百余页。主要是关于断句、关于《明史》原文之径改问题、关于校记所引史籍等方面的看法，复校工作大约进行了半年多。② 《明史》是研究明朝历史非常重要的书籍，郑先生为整理该书立下了汗马功劳。

（四）编撰教学参考资料。郑先生重视教学，也注意编纂供教学参考的史料集。20 世纪 60 年代，翦伯赞和郑先生主编《中国通史参考资料》、郑先生主编《史学名著选读》，是大学历史系最重要的教学参考书。《中国通史参考资料》的清代分册，由郑先生主持南开明清史研究室自编（中华书局 1966），全面介绍了清代统一、民族、政治、经济、起义、外交、文化的基本史料，

---

① 林树惠：《郑老是怎样指导我们标校〈明史〉的》，载《郑天挺学记》。
② 郑克晟：《我追随郑先生研读点校本〈明史〉三校稿》，《南开学报》1999 年第 4 期。

是清史初学者重要的参考读物。

1979 年 9 月，郑先生在南开主办明清史进修班。主编了《明清史资料》（天津人民出版社 1980）作为教材，该教材分 20 多个专题探讨明清时期的重大事件、人物和制度，每个专题下提供原始资料、近人论述、论文索引和年表等内容，对掌握明清时期重大历史问题很有效用。

此外，郑先生还指导南开大学历史系师生辑录《清实录经济资料辑要》（中华书局 1958），是学习、研究清史的重要资料集。

（五）学科建设。郑先生作为继孟森先生之后最有名的明清史学者，可以说肩负着学科建设的重任。早在 1939 年他就负责北大文科研究所明清史工作室，1950 年郑先生又专任文科研究所明清史料整理室主任。1952 年郑先生从北京大学调到南开大学工作，南开遂成为明清史研究的重镇。1956 年，经教育部批准，南开大学历史系成立了以郑先生为主任的明清史研究室，这是建国后全国高校系统第一批建立的研究机构之一。1956 年起，郑先生开始招收明清史方向的研究生，如前所述，他主持校勘《明史》，主编《中国通史参考资料》清代分册，为学科建设做出了贡献。1962 年郑先生到中央党校讲授清史，讲稿后以《清史简述》为名出版（中华书局 1980）对清史进行整体说明，是清史入门的必读书。

新中国成立后有编纂清史的想法，1963 年吴晗还发表《论修清史》一文，设想组织专家若干人，带上几十个或更多的大学毕业高材生，花上十年八年培养队伍，再用十年八年时间写，用十年八年时间改，用二三十年修好清史。[①] 当时吴晗先生与郑天挺先生议论编写清史之事，吴晗先生嘱郑先生把意见写出来，于是郑先生写了《关于编写清史、民国史之设想》（收入《及时学人谈丛》），不过此文并未寄出。郑天挺先生指出，编写清史"旧体裁不能再用。社会发展了，叙述历史的历史编纂形式最好跟上去。旧日的纪传体不能再用"。对于新体裁如何选定，郑先生认为"章节体加以附表、附图、传记，似较相宜。"郑先生还设计了新的清史体裁，包括史事编、制度编、传记编（附年表、地图、文物）或：年表、地图、图谱分编。文字用语体文。已经勾画出新修清史的蓝图。[②] 郑先生热情很高，为此还写作《关于培养清史研究人

---

① 原载《前线》1963 年第 2 期，收入国家清史编纂委员会体裁体例工作小组编《清史编纂体裁体例讨论集》下册，中国人民大学出版社 2005 年版。

② 参见常建华：《试说新修清史的编纂体裁体例》，《清史编纂体裁体例讨论集》上册。

员之设想》（收入《及时学人谈丛》）。

粉碎"四人帮"后，全国百废待兴，教育界也是如此。为了提高高校教师研究明清史的水平，1979 年 9 月，教育部委托郑先生在南开主办明清史进修班，历时半年。郑先生主编了《明清史资料》作为教材，还将 60 年代培养研究生的讲义编成《明清史专题》作为教学参考资料。《明清史专题》共计 10 讲，即明清史在中国历史上的地位及分期，明史的古典著作与读法，红巾军起义的历史背景，明代的中央集权、内阁和六部职权的消长，读《明史·食货志》札记，明代农民起义史中的两个问题，关于明末农民战争史的几个问题，清代的国家机构及其特点，清代的土地制度，鸦片战争前清代社会的自然经济。这些专题论述均收入《及时学人谈丛》，我们在本文前面分别介绍过内容。为了加强与海外学者的交流，1980 年 8 月，郑先生在南开发起并组织了明清史国际学术讨论会，来自 8 个国家和地区的 34 名学者和中国大陆 92 名学者与会，海内外第一流的明清史研究大家云集。这是改革开放以来中国历史学界第一次大型国际学术研讨会。会议取得成功，并出版了大部头的学术论文集。这次会议的与会者倡议筹建国际明清史学会，筹备机构暂设南开。会后，郑先生又计划在南开设立明清史研究中心，遗憾的是由于他的病逝，这些计划都未能实现。

郑先生为北京大学、南开大学以至国内的明清史学科建设倾注了很大的心血，做出了杰出的贡献。

（原载《炎黄文化研究》第四辑，大象出版社，2006 年 7 月）

与郑天挺教授谈明清史的研究与教学

鲁　诤[*]

　　我住在北京的时候，有一位研究明清史的朋友来看我，和我谈起历史教学与研究的一些问题。他是文革之前北大历史系毕业的，我们谈着谈着，很自然就谈到了文革以前北大历史系有关明清史教学与研究的情况。他告诉我，北大原来有一个明清史教研组，主要负责的是商鸿逵与许大龄两位先生，有关明清史的教学也由这两位担任。但是，当时还曾特别延请过南开大学的郑天挺先生来校讲授清史专题，因为这位史学界的老前辈在清史研究方面已经钻研几十年了，功力是相当深厚的。他说到郑先生时，语气中流露出无限景仰之情，不禁使我心中一动，觉得这位史学界的前辈是非见不可的了。好在我在归国之前就已经向有关方面作了安排，所以离开北京之后，便到了天津，目的就是去拜访郑天挺先生。

　　我现在很难描绘我在南开大学初见郑先生的心情：他站在我的面前，像一棵苍劲的松树，伸出手来向我问好。我握着他厚实的手掌，呆呆地站在那里，心中原来描绘的那幅硕学耆老的图像，本来是打算得到证实的，现在却不由得不消失了，而面前这位年纪看来不过六十岁上下，步履稳健、吐音清晰洪亮的历史学家，却一时无法与我心中那个"年近八旬的郑老"的概念统一起来。一直到我随着郑先生进了一间会议室，喝了几口茶之后，才逐渐的适应了这个事实。郑先生说话的时候，吐音虽然洪亮，语气却安详和蔼，娓娓动听。谈着谈着，我开始觉得他像经历了不知多少秋冬的柳树，迎着春风又抽出新绿的枝条，在和煦的阳光下拂动。

　　我们在一起谈了三个多钟头，谈了国内历史研究与教学的情形，也谈到郑先生治学的经历，还涉及了国内外一些历史学者的近况。因为是随兴而谈，范围所及就相当广泛，不过，重心还是环绕着明清史研究。在整个谈话中，

---

[*]　笔名，留美文化工作者。

除了郑先生与我之外，还有一位南炳文先生，是郑老的高足，年约三十五岁，谈话不多，却给人一种温文端庄的感觉。以下就是我访问郑先生的录音整理：

鲁：听说南开大学有一个明清史研究室，在国内似乎是比较突出的。

郑：是的，是比较特别的。这儿的明清史研究室成立得比较早，在解放后不久就成立了，差不多是在 1955 年设立的。那时全国统一计划在大学内成立研究室，我们这儿就成立了明清史研究室。当时别处还没有明清史的研究室，现在，别处也有了。在过去一段期间，工作做得不够，也没写出什么具体的书来，就只有一些涉及明清史的论文，还有就是整理一些有关明清史的古籍。到文化大革命以后，工作就停顿了，最近打倒四人帮之后才恢复。所以，这十一年几乎是没有什么工作，只有个别的人按其兴趣所好搞一点东西。整个组织打散了，研究室也没有了，直到最近才恢复。今后的计划是先写一部《清史》，是比较大部头的多卷本《清史》。你在北京也和好多位先生有所联系，也对历史界的写作计划很感兴趣的，是吗？（我回答说是。）白寿彝同志将来要写的多卷本《中国通史》，关于明清的部分也和我们谈过，要找我们和厦门大学的傅衣凌同志，由傅来搞明史，我们搞清史。是有这么个计划。但是我们自己的计划，比那个还要大。他那个明清史部分大约是六十万字，所以清史部分不过是三十万字。我们的计划，规模还要大，是个多卷本的清史长篇。因为在过去，历代都有正史，而清代的正史还没有正式修成。《清史稿》仓促印出，有许多地方是不足的，所以需要这么一种能供大家参考查阅的东西。目的既是如此，篇幅就需要大一些。现在才刚开始着手，因为明清史研究室的成员有些才刚刚回来，南炳文同志就是一个。

鲁：这么说来，您要著述的是一部《清史》，而非《明清史》？

郑：是《清史》，不是《明清史》。

鲁：那么可能外头传错了。

郑：外头的传法是这样来的：因为许多地方都需要一部明清史，就有许多人想让我们写一部，但是，现在在东北的李洵同志想把他原来的《明清史》扩大，目前也正在那儿写，同时别的地方也有人在写明清史。所以，我们就想把明清史分开来，明史的一部分傅衣凌现在正着手撰写，我们就写清史。至于小部头的一般读物，我们这儿也要搞一个明史，还没有计划写明清史，只是分开来搞。

鲁：各处的研究写作都很蓬勃。

郑：我们的工作主要是写一部多卷本的清史长篇，此外也整理些有关清代的古籍。有许多过去的书，现在流通的比较少，我们一方面校勘，一方面加点考订，然后整理出版。

鲁：目前国内重点研究清史的地方也不少？

郑：这两年有几个地方。人民大学有一个，就是原来在北京师大的那个研究组，将来要扩大，预备成立清史研究所。在东北辽宁大学也有一个。现在清史研究点多了，你大概也听说最近开了一次关于历史研究的规划会，在会上大家都说到过去关于清史方面的出版物比较少，注意得不够，所以必须要提倡。既然这是个薄弱环，需要充实起来，各地就都在这方面做些研究。

鲁：可否请您谈谈正在进行的这部清史长篇的大纲？您预备怎么个写法？还有，到底有哪些新的材料是以前的学者未曾用的？有什么观点看法是与前人不同的？比方说，与李洵早先出版的《明清史》有什么不同的观点？

郑：我们现在要写的这部清史，是从清兵入关以前就写起，包括1616年建国以前努尔哈赤在东北活动的情形，一直写到1911年辛亥革命为止。我们这部清史是这样断限的，不是从入关开始，或者到1840年为止，而是把前后都包括进去。我们过去写历史，注意的主要方面是政治变动，写经济与社会发展的方面比较少，现在是要把这些方面补充起来，内容方面的不同大概就是这样。整部书大体上可以分成四个部分：第一部分是写1644年入关以前，看努尔哈赤与皇太极怎样统一满洲、统一满族，然后怎样跟明朝竞争；第二部分是写1644年以后，从顺治元年（1644年）到雍正十三年（1735年），这一段是讨论清初许多建设与创始；清史的发展，到乾隆时期有所变更，这是第三段，一直到鸦片战争；第四段则是从鸦片战争到辛亥革命。

关于我们所要使用的资料来源，大体上是这样的：一个是要尽量利用档案资料，包括入关以前的满文老档和现存的入关以后档案。此外，过去中国所谓史料方面，是局限于所谓"史"的资料，比如一部《清史稿》之类，我们觉得这样似乎不够，所以，我们就要深入到方志里去，同时还要深入到各个人的文集之中。有许多历史资料，从别处找不到的，在个人的文集里，当作自己文学作品的成绩就保留起来了，所以，要在这方面深入发掘。另外，我们还要深入当时人的记载或者后人记载当时的一些东西，这样资料来源的范围就得以扩大。不过，这样深入方志、文集、笔记，有时就不免要考证，以辨明这些材料究竟靠不靠得住，所以，我们有一部分工作是考证。当然，我们近几年来都不做什么考证了，你看过我从前的文章，知道我从前是喜欢作考证的，现在没有做，可是将来难免还是要做，否则无法断定史料的精确程度，无法判断资料所说的是什么时候，确实是什么事情，究竟是什么地区的情形。可能某资料所说只是局部情形，假若以它代表整个时代，代表全国，恐怕就要出问题。所以，不免要有点考证，我们也因此不排除考证。

至于观点方面，与过去不同之处也是有的。与李洵那本书比起来，就有不同。比方说大家都研究都注意的资本主义萌芽问题，究竟从什么时候开始，现在的研究结果还得不到定论，各处的研究者还没有一致的看法。过去比较普遍的说法，就是所谓"从万历到乾隆"，可是有许多人并不同意这个说法，认为还要把时代往后移。当然这个问题很复杂，我们现在也在开始研究，还没有得到结论。我们觉得，有许多资本主义经营方式的现象在记载中也曾出现过，但是这些现象究竟是自发的，还是受别的地方影响的，还需要仔细考虑。只看到一部分现象，就要推出全面性的结论，恐怕是有问题的。就从雇佣劳动来说，就有好多的问题，难得有具体的定论。过去讨论，资料收集得多，分析得不够，这是我们的感觉。我个人对资本主义〔萌芽〕从什么时候开始，也还没有定论。

鲁： 有没有一个大概的看法？

郑： 时间要往后挪。我从前有过的意见是在万历时期，也曾研究过中国的制墨业（我插问说，是研究徽州地区吗？郑回答说是。）认为那个时候有资本主义萌芽了。现在我感到有许多情况还不敢这么绝对化，所以，我现在还没有定论，只是主张时间要往后挪。从一些资料来看，例如大家常常翻用的有关江苏碑记的那部书，究竟是反映出资本主义萌芽，是资本主义的生产关系，还是许多封建的因素，仍是值得大家研究的。

鲁： 从国内在1950年代末期到1960年代初期的讨论，以及出版的论文集如《资本主义萌芽问题讨论集》、《续编》和人民大学的《明清社会经济形态的研究》来看，我有一个粗略的感觉，觉得讨论资本主义萌芽这个问题，大家都有笼统言之的倾向。中国的幅员辽阔，各地的发展很不平衡，尤其在明末从嘉靖到万历年间，各地经济发展很不平均，比较快速发展的经济变动往往局限在几个地区。这使我想到欧洲在十六、十七世纪的发展也是不平衡的，但是欧洲史的研究，一般多是分区或分国来研究，这与欧洲有许多不同的国家或许有关，其结果则是比较细致地探讨了一些地区的具体经济社会形态。国内讨论中国史上资本主义萌芽的时候，则往往就全国概而言之，比较粗泛。不知道以后会不会分区分地，先把一个个区域的情形讨论清楚？

郑： 现在是有这种分区研究的倾向，比方南京大学，他们打算专门注意长江下游这一带，就根据这个区域里的资料来探讨这个地区，看资本主义萌芽的情形。从万历到乾隆，其间有二百年，中国这么大，从这个地方出个材料，从那个地方又出个材料，想就此证明什么，这是不行的，也没有说服力。尽管你自己认为已经自成一家之言了，但是说服力不强。现在的趋向就是要分区域研究，南京大学就如此去做。傅衣凌先生他们则特别研究沿海地区，他们那儿（按：指厦门大学）本来还有个南洋研究所，有韩振华先生在。他们偏重沿海地区的研究，进行各种研究调查，搜集资料。我们还得利用他们的研究成果，才能谈资本主义萌芽的问题。中国地方太大，所以只抽一部分来概括全体是不行的。我们是这么想的，所以，关于这个问题，我们现在还没有成熟的说法，还在研究中。你对这个问题是怎么样看的？

鲁：我只是有兴趣，其实搞不太清楚。

郑：我看你这个提纲里头提到了这个问题。

鲁：前一段时间我也曾整理过一些资料，大体上觉得，在明末万历年间有些地方是有资本主义萌芽的趋向。但是，若要写成文章，还不敢说那是不是资本主义萌芽，只能说是商品经济的发展比较突出吧。

郑：关于资本主义萌芽的问题，现在还没有解决，还有好多的问题大家尚未涉及。我们是希望这个问题得以深入讨论的，从前就提议要对这个问题加以讨论，后来文革起来就没有进行了，今后恐怕还要再讨论的。这里头还涉及到一个连带的问题，就是中国近代史从什么时候开始的问题，这在目前也还没有解决。尚钺他们在人民大学搞过这方面的研讨，把近代史的开端提前了。现在苏修刚好也这么说，认为中国近代史从清初就开始了，所以，我们更得深入仔细地来研究。现在都还没有定，有名的学者对这个问题的看法都还没有拿出来。

鲁：国内有关中国史的教学研究，一般是分为古代史及近代史。在欧洲史与日本史的研究中，通常还把十五世纪到十七、八世纪作为一段，在欧洲史中称为"早近代"或"前近代"（early modern），在日本史中则称为近世史。其实，这样的分期也有它的道理，因为近代史不可能一下子就出现了。

郑：这种分法早先的时候在中国也有的，当然也是受到日本人的影响，就是"近代"之前有个"近世"。清末的许多书上都是这么一个提法。

鲁：梁启超所说的"近三百年"大概也是这么个想法吧。（相互大笑）现在是有一派学者这么看的，在欧美也有些人教中国近代史从十七世纪开始，从清初开始。

郑：我们过去也是这样。在五四时期，有好多人讲近百年史，从鸦片战争讲起，可是也有人搞近三百年史的，就是从清初开始。在抗日战争以前，范文澜同志在北京主持一个女子文理学院，他在那儿做文学院院长，那儿也有历史系，系里就开有近三百年史，实际上就是从清初开始。所以，也有这种主张的。

鲁：您主持的这部清史，这样写下来，一直写到辛亥革命，也有点像这种看法了。（相与大笑）

郑：这样的写法，就把清代这一朝代的始终包括了。鸦片战争之后，有的人就不谈了，我们还是谈一谈。

鲁：所以还是断代的写法。

郑：还是断代。这样的写法同时也和整个中国的发展是有关系的，与整个社会发展也有关。中国在鸦片战争后，社会的改变究竟有多少？我看改变还是不太大的，有许多东西都是连着下去的。譬如说，中国原先没有私人工商业，都是国营的，到了鸦片战争之后，搞洋务的这些人都还是与国家有关，就是受过去的影响，与西方不大一样，与日本也不一样。

鲁：在这部清史中，第四段与前面三段比较分开吗？

郑：有许多地方还是连在一起的。现在的中国近代史，都是从鸦片战争开始，从鸦片成了问题，主战派与主和派出现开始。我们认为这样讨论不好，因为鸦片战争是当时中国的一个经济危机，这个经济危机一方面出现了银贵钱贱，另方面则是白银外流。当时大家探讨这个经济危机的问题，追究怎么会发生问题的，这才发现了有个漏卮，就是鸦片，因此才有禁烟问题的出现，禁烟之后才有鸦片战争。如果前面的中国经济危机不说，只说突然发现了中国最大的漏卮是抽鸦片，那恐怕是不够的。所以，我们在讨论时是连着前边的，这样便涉及到在道光年间的许多措施，就和前边连在一块儿了。我们认为这是一贯的，不是那么截然分得开的。

鲁：那么，现在一般教与写中国近代史的，一开始就是鸦片战争，学生不会感到突然吗？

郑：是会感到突然。所以，我们现在想要连起来写，也就是这个意思。一般来说，中国近代史的教学是从鸦片战争开始，但是讲法已经逐渐改了，与过去不大一样，要尽量涉及到各个方面。鸦片战争之前与其后，文化方面、政治制度、学术思想都有承续的关系。若想截然划分，恐怕不太恰当。现在，在教学上多偏向这个承续的关系来讲，多讲一些，否则近代史与中国古代史就连不上了。总得向上溯源，才能对历史的发展有个继承的概念。

鲁：您这一部清史长篇，大概有多少字数？

郑：目前初步定的是 150 万字，中间两段多一些，分量重一些，因为年代也比较长，前后两段稍微少一些。大概是这么个规模吧。

鲁：是相当大部头的了，在国内还没有过。

郑：对的，国内是还没有过。日本对明清史这部分也出了些书，也没有这么大。

鲁：其他地方，除了李洵在改写《明清史》之外，是否也有计划写清史的？

郑：计划写清史的，现在还有两个地方，一个是东北的辽宁大学，另一个是人民大学。人民大学所写的清史，初稿已经完成了，不过还没有付印，正在修改。他们的清史，篇幅没有我们的这么大。我们写得大，是因为现在没有正史，所以打算写得详细点，让大家在查阅历史资料时翻一本书就翻着了，不必去翻好几本书，像《清史稿》翻了不够，还要翻《续文献通考》，两三部书都得翻，还不如把它们都合在一起。不过，我的年纪大了，试着做吧。

鲁：您多大年纪了？

郑：七十九岁。

鲁：是么？真是看不出来呢。（相对大笑）您的身体好得很。

我们谈了清史长篇的写作计划，话题转到国外明清史研究的现况。郑先生对于国外研究汉学的情形很有兴趣，问得相当仔细。也问到在台湾的一些老历史学者的情形，有些人或许是他从前的朋友或学生。闲聊了一阵，我们又谈到明清史研究相关的资料问题：

鲁：最近看到一些有关明清史的论文，像《历史研究》（1978 年 4 月）上那篇李华的《明清以来北京的工商业行会》，收集了很多新的材料。

郑：对，对。这大概也是最近的一个倾向吧。过去搞历史研究，偏重于考证，又注意政治方面、制度方面的多，经济方面比较少。近来才有一些新的研究，像李华的文章就是转到经济社会方面，注意到社会发展和生产发展这些问题。所以，过去没有研究过的东西现在都要研究，就如你提到的城市社区研究之类，慢慢地也都要研究。过去不大注意，到了县级就算最低的了，县以下就很少研究，只有《南浔镇志》、《佛山镇志》很少一些资料。现在看起来，要深入研究。所以，国内明清史研究的方向，是从政治转到经济、到社会发展这方面，研究的区域则愈来愈小，从县转到市镇。

鲁：资料发掘的情形，有没有大的进展？

郑：发掘资料是现在比较迫切的问题。有许多资料当然都散失了。关于地方历史资料这个问题，现在以及过去保存的都很少。在县政府里面资料保存的就少，这与过去旧的制度有关，因为在过去资料是以人为转移，不以地方为转移，因此县令或县长走了，保存的资料也就带走，后来的人也不注意。现在恐怕还要广泛搜集才是。一般说来，在地方上，资料找全的很少。在解放以后才对档案工作特别注意，各地方才成立了档案馆。在解放前资料搜集得很少。

鲁：清代的资料还是有可能搜集到一些？

郑：有关明清史史料的档案这部分是有的，但是也不太完备。比起过去，那还是要算多的。各地的资料散失了很多，作细部的社会史研究就嫌不够。例如，地契和其他反映生产关系的资料，过去都存在私人手里，如一个大地主、或大庙、或大祠堂，资料保存得完全，经常保存着从一开始买卖土地的契约。但是，这些都是个别的例子，除此之外就很少了。这些资料在土改时得到一大批，反映的历史演变是很清楚的，甚至从明代初年洪武年间的地契及买卖土地的记载都有，一直到清末，资料很完全的。

鲁：可是，没看到什么特别使用这些资料的研究啊？

郑：研究这部分的人比较少。这些资料的保存，目前在北京图书馆有，其他各地图书馆、博物馆都保存了一些，不过都是散的，不是集中的。原来这批资料是集中的。

鲁：我听谢国桢先生说，他正在编辑《明代社会经济篇》，是部史料汇编，就预备出版了，里面辑录了徽州档案，大概就是这一类资料。

郑：我刚才所说的资料主要就是在徽州，还有江苏南京一带为多，因为这些地方大地主多，又一直传到后来。有许多寺院、庙宇里面也有，像傅衣凌先生最早所使用的那些资料，就是在抗日战争时期他避居在乡下，在庙里发现的材料，这都是过去士大夫旧日搞学问所不搞的东西。

鲁：傅先生发掘的那些资料，在国外一般认为是最珍贵的。

郑：在国内看来也是珍贵的。因为过去书籍中没有记载，一向认为这是琐事、小事、无关紧要的，所以不予记录。他都把这些材料抄用了，所以是很珍贵的。

鲁：您利用档案资料编的有关农民起义的史料，也是很珍贵的。

郑：那是一般的吧？

鲁：像那一类的资料，现在还在继续编吗？

郑：还在继续编。是由于档案馆他们编，现在档案馆归故宫博物院。你去了吗？（我回答说，去了。）他们编的可能比我们以前的更完备，材料也更多。我们所编的，还只是一部分。

鲁：他们说，有关明末的资料现在很少了。

郑：对了，我所编的是一部分。有些资料给带到台湾去了。

我记得在台湾负责明清档案史料的李光涛曾经写文章骂过郑天挺，便问郑先生认得李光涛吗，看过他所写的批评文章吗？郑老听我如此一问，大笑起来，说他认识的，文章也看到了，知道李是"不承认农民起义"的。从他洪亮爽朗的笑声中，我可以感觉到他对自己的观点充满了自信，而对基于政治因素所做的武断批评是不放在心上的。我又说："他与你的观点是截然相反。"郑先生听了，笑得更为开怀，笑声在会议室里回响，使你觉得整间屋子都是欢愉的气氛。郑先生一面笑着一面说："我们认为是起义的，他认为是流寇、叛逆。观点上确是截然不同，内容倒没有什么。"谈笑一阵之后，我们又讨论到沿海一带的地方史资料，同时又涉及到目前还可能存留的一些文物遗迹：

鲁：我以前看过一本吴文良编写的《泉州宗教石刻》，书里面的资料相当多。有些资料还没有仔细整理，只是列举了石刻文字，还没有和各种地方文献与当地的特殊资料对照研究。不过，这些深入的工作，可能现在已经做了。

郑：他们现在做了。泉州地区的这些资料，就是由厦门大学南洋研究所来负责的。

南：还有一个海外交通史博物馆，就在泉州的开元寺。

鲁：南开大学所整理的明清资料，是属于哪一类的？

郑：过去我们整理的主要是书籍，还有满文档案这方面的东西。新的东西我们这儿没有。过去我们整理过明清档案馆的档案，现在没有整理，以后还预备与他们合作，到他们那里去整理，一方面为他们工作，一方面也为我们自己工作。

鲁：听谢国桢先生说过，南开大学藏了一批有关明清资料的书，是1950年代有位先生捐赠的。

郑：也不多，那些原来是周家藏的，比较珍贵的都归了北京图书馆，因为是国宝。所以，我们还得到各处去探访资料。像契约之类的资料，我们这儿有一些，但不是大量的，不成系统。关于地方衙门档案是很少的。天津有一批历史资料存在天津历史博物馆，是一些有关袁世凯、冯国璋的资料，是他们家藏的档案，归了博物馆，现在整理了一批，有的陈列了，目前还在继续整理。此外，天津还有一批资料尚未开始整理，就是过去银行的资料。

鲁：天津在大运河上，像漕署之类的大衙门有没有什么特殊资料留存下来的？

郑：关于这一部分的档案资料现在没有多少，我们知道的并不太多。天津这地方本来是长芦盐的重心，又是运河的重心，从前有四个巡漕御史，有一个就常驻天津。有关漕运的资料早就没有了，因为海运一起来，漕运就衰落，所以这批漕运的档案资料也就散失了。现在只有在一些简单的笔记中，还可以看出漕运盛期及盐务盛期的情况。现在只留下了许多传说，比方天津有什么八大家，实际上都是一百多年前的，就是与漕运有关的天津盐商。留下来的东西很少了。

鲁：口头历史资料，有没有进行搜集？

郑：关于漕运这部分，我们没有搜集，因为中间隔了很久。只有笔记上还有些相关的资料，口头上的我没去调查过。我们对盐务曾经调查过，调查所得的也都是盐务改革之后，有关近代化的一些资料。以前的传说很少，很可惜，不过时代也久了。关于漕运，天津虽然是四个巡漕御史所在之一，却不是那么重要。重要的在山东济宁以及现在的淮阴（当年的清江浦），这两个地方是漕运的重心。漕运的盛期，这两处文化最发达，一般的官僚延揽了许多文人在此，也就产生了许多著作，有不少留存下来，可资利用，也就是我们前面说到的要深入文集所指。这些文人常常聚在清江浦，给漕运总督做幕府人员，知道漕运的情况，在诗中往往有不少相关文字，我们有时就从这里面来找。在盐务方面稍有不同，口头流传的资料还有一些，因为在扬州有不少几百年相传的老住户，若向他们打听当时的盐务，还可以得到不少资料，因为他们从祖先口耳相传，知道很多事情。漕运总督在清江浦，当然是最主要的中心。山东济宁也很重要，因为四个巡漕御史就有一个驻济宁，同时运河当时分东河与南河，也就是山东运河与江南运河，济宁是山东运河的中心，当然也就设置有好多地方上的官吏，如河工之类，督粮也要从那儿经过。我想，到济宁、清江浦、扬州这些地方去搜集，可能可以找到一些资料，天津这里资料比较少。

鲁：有没有某些学术单位计划在这些地区进行历史资料的调查？

郑：应该是有，不过，目前还没有听说。有关区域史的研究是要进行的，我看你对这方面很有兴趣，是不是也注意过南京？

鲁：是注意过。我对南京的兴趣是偏重在明末思想史方面，因为明末南京有许多人讲学，多是宣扬王阳明一派的学说，又经常到江南各处游历讲学，蔚然成风，南京就似乎成了一个中心，看起来还像是对抗中央权力的清议中心。这样的情形，在清代以后就逐渐式微了，是否与清朝对思想统制的加强有关？

郑：从清代思想统制方面来看，是一个原因。还有一个是南京当时有个国子监，也就是国立大学。当时中国就只有两个大学，一个在北京，另一个在南京，所有天下念书的人，失意的文人，以至于想要往上爬的士子都集中在这儿。有了这么许多读书人、大学生，当然就成了适当的发展条件。此处，还有一个条件，南京在当时是明朝的陪都。迁都北京之后还有一批官吏留在那里，也有尚书，也有底下的小官。这些人虽然也和北京中央机构的官吏一样有着官职，但是权却不在手里，虽说不在野，可也没有当权，自然就在政治上发发牢骚。清议的产生，显然与这两点社会条件有关。后来在清朝的时候，南京的国子监没有了，没有大学生，不成其大学区了，只是省的学校，影响自然就要小了。当然，清初的思想控制也是很大的影响因素。讨论这个问题，要从多方面来求证，要考虑当时的各种社会条件。到清朝时，南京还是一个文化的中心。清朝的熊赐履是湖北人，做过大学士的，免官以后就一直住在南京，可见外省人住在南京的还是有。再如清朝的诗人袁随园，是浙江杭州人，也是老住在南京。像熊、袁这两个例子，可以说明南京这个地方有其特点，地处长江下游，又是过去的首都，比起其他地方还是发达一些，人文汇萃。在明末的时侯，聚集此处的人更多，如明末四公子等。南京这地方，后来虽然不是首都，可是规模还在，遗留下来的文化传统还有影响。

鲁：有人曾经做过研究，认为十五、十六世纪以后江南刻书业的重心逐渐往南京转，所以，明显地成了文化的中心。

郑：明朝中叶以后，许多人刻书都到江西，后来转到南京。刻书业的中心当然就出版书籍，你看《儒林外史》里描写的那些无聊文人为什么都聚集到南京，就是因为那儿有刻书业。当时的书商经常找一些落魄文人来编书，多数是编考试的闱墨。每经过一回考试，取了一些人，他们所作的文章就成了当时士子流传揣摩的范本，像《儒林外史》里所写的。南京这个地方，后来的确不是清议之所在,是与清朝的思想统制有关的。不过,南京是文化中心,还是有其经济条件的,因为地处长江下游,交通方便。

鲁: 从思想史的角度来看,由明末到清初这一段,大概是十六、十七世纪,思想与社会风气是很活跃的。经过清初的思想统制,特别是大兴文字狱,学风后来转成了注重考据的乾嘉学风。这种思想风气的变化,是否也反过来影响了当时社会的其他方面?

郑: 这是当然的。学术思想的变化,当然与社会其他方面有关。明清时代思想最活跃的时候,也就是清议最为发展的时期,主要还是明末王学盛行之时。从哲学思想上来看,王阳明学说完全是主观唯心的,可是这一派的思想很活动,愿意想。王学发展到后来,到泰州学派,如李贽、何心隐等人,还包括一些当政者如徐阶,特别强调思想解放,尽量发挥个性。从哲学思想的观点来看,就有唯物主义的思想起来反对了。像张居正,当初也是受王学的影响,还是徐阶的一个好学生,后来就接受了唯物思想。这也要看当时的政治,究竟他在政治上和哪些人接近。张居正就是和高拱在一起,受了高拱的唯物主义哲学思想影响很深。明末这一派唯物主义思想的起来,当然对王学有所打击。到了清朝,政府是提倡朱学的,也对王学思想的发展大有影响。朱学也是唯心的,却是客观唯心,还有个客观标准,不是想怎么样就怎么样。如康熙他们所提倡的儒学,就是这一部分。在清朝真正讲王阳明思想的人还是少数,再加以清初的思想家如顾亭林、王船山,也包括黄梨洲,都是从经世出发,当然就排除主观想像,注意到客观存在的问题,这就对明末思想产生一个反动。明末学风是很自由的,对古书可以随便改,对文字可以随便解释,这是顾亭林他们所不赞成的。顾亭林其实是接近唯物主义,而不是唯物主义。他所提倡的学风一起来之后,强调一定要有根据。一提倡汉儒学说,当然处处要有根据,比如要根据《说文》。顾亭林以后,加上惠氏父子,再加上后来的戴东原,这一脉相传的清朝所谓的汉学,就从另外一个方面来反对凭自己想像的学风。这就跟明末的清议风气有所不同了。

我们就明清史研究问题讨论了相当长的时间之后,稍稍休息了一下,又接着谈起国内历史教学的一般状况:

鲁: 听说北大历史系有关中国通史的教材,还是翦伯赞先生那部通史。不晓得南开大学现在用什么教材?

郑: 北大是预备用翦伯赞那一部,不过那部书还没有完,现在要继续完成，将来可能推荐用作高等学校的通用教材，其他的大学也可以采用。至于南开大学，我们自己写了一本中国古代史的教材，不久以后会由人民出版社出版，现在正在印。我们以前曾经印过，现在没有了。

南：是七三、七四年印的，好几年了，现在没有了。

鲁：是作为本校的教材吗？

郑：也对外发行，各地方也有采用的。预备印成上下两册。

南：大约是一百万字，也可能印成三册，要看厚薄而定，太厚了不方便。

郑：是作为中国通史的教材的，但是只到鸦片战争。鸦片战争以后，另有一本《中国近代史稿》，是我们系里另外一个教研室写的。

鲁：最近出版的和将要出版的书，实在是多。有关中国思想史方面的著作呢？

郑：有关中国哲学史的有三部，一部是冯友兰改写的那个，一部是任继愈他们写的，还有一部是后来由汤一介他们搞的。（我说，除了任继愈那一部，其他两部都未见过。）大概是内部发行吧。在我们现在看来，还是任继愈那一部比较好。

鲁：过去出版的《中国思想通史》，侯外庐先生编的，听说也预备出版？

郑：那是到目前为止最大的一部思想史，叙述每一个时代都很详细，但是由于属稿的不是一个人，整个来看，观点就不太一致。侯外庐先生本来打算要把它统一一下，但是由于他的身体不好，病了，还没来得及做。还预备再出，因为现在还没有更好、更详细的哲学史。今后大学用书之中，也有这本《中国思想通史》。

鲁：经济史方面呢？

郑：经济史现在正在搞，北京方面有些人在进行。过去没有经济史成书，只出了些经济史资料。现在把各地搞经济史的人，都集中到北京来搞。本来我们这里有个傅筑夫先生，现在也被调到北京搞经济史去了。他们是预备从后往前倒着写上去，先从近代，再明清、唐宋，这样写上去。

南：搞经济史的，现在有吉林师大和上海复旦大学，合作搞历代食货志注释，目前正在进行。最近大概已经把明代部分的稿子写出来了，因为八月、九月的时候要研究初稿，当然这只是初稿。这是吉林师大历史系古代史组和复旦大学搞经济的同志合作的。其他的地方，南京也预备成立明史研究室，想要连着元代一起搞。此外，傅（衣凌）先生他们也在搞。

鲁：关于《明史·食货志》，以前有日本的和田清等人搞过一部翻译、注释，资料还不少。

郑：中国对这方面注意得比较少。有个孙毓棠，现在在历史研究所，你知道吗？

鲁：他编过一些手工业史的资料，好像研究的时代比较偏近代。

郑：他搞过一些近代的资料，也搞明清。他本人原来是搞魏晋南北朝史的，原先在清华，后来到经济研究所，搞起近代的经济史料。现在他在历史所，搞的时代又往前了。

鲁：前几年，在大学里历史教学的情形如何？

郑：这十一年来受四人帮干扰得很厉害，教学的制度要按他们的一套新办法。当然老师还是旧的多，新来的少。大学一般改成了三年，搞"开门办学"，到学校外面去，这样在课堂上课的时间就受了影响。当然有的系还好，还可以进行调查，像历史系就可以做一些历史资料调查，别的系就麻烦一点。

鲁：历史系可以出外调查，应当可以调查出不少珍贵的资料了？

（郑先生笑了起来，指着南炳文先生，要他给我介绍一下出外调查的经验。）

南：效果不太好，因为我们一般出去所选的点不一定合适于历史性的调查。有时就局限在一个大队或生产队，而那个地方的历史材料不一定对咱们的口。我们搞古代史的，带学生下去调查，一般所遇的状况是调查对象只记得最近的事，一讲起来就是解放前后的情形，与古代史凑不到一起。有古代史资料的地区时常比较远，受限制，去的少。我们一般就在附近做调查。

鲁：刚才郑老所提到的盐政、长芦盐这方面，有没有做过调查？

南：没有。那个时候强调"以任务带教学"，任务就是当时需要你做什么就强迫你做，这样就不容易和你原来的教学连在一起。当然，大家当时还是做了一些抵制，尽量提高教学效果，不过还是受到很大的干扰。本来搞社会科学的应该做些调查，但是当时没有走到正道上。要是真正按照搞历史的方法去调查，那收获一定很大。我们当时去调查是带有任务的，还有"谁是主，谁是客？"这个问题。所谓"主"、"客"，就是究竟以教学为主，还是以社会需要为主？这样一闹，往往受到冲击。以我个人来讲，是认为既然是教学就应当以教学为主，结果就受到影响与干扰。当时四人帮一讲就是"办一个专业"，跟走资派作斗争的专业，光斗去了，教学就受了很大的干扰。

鲁：假如不是这样搞乱了，学生能够到实地去调查些历史资料倒是很好的经验，因为光在课堂上也很难培养学生如何进行实地调查。我在许多大学听说历史系的专史都取消了，南开也是这样吗？

南： 那个时候，南开历史系还是有一些专史的课，但时间短，受些影响，就讲得简单一点、少一点。当时一方面受四人帮干扰，另一方面大家还是要干，比如关于目录学的课，某一种断代史的专课等，还是在教。

鲁： 郑老还开课吗？

郑： 没有。

南： 郑老现在就是带我们这些年轻的，还给研究生讲课，同时进行专著的写作。

鲁： 南开历史系有研究生了吗？

鲁①：刚招，还没入学。历史专业中搞明清史的研究生也有几个，其他如先秦史、史学史、世界史都收了。

鲁： 您预备开一门教研究生的课？是清史吗？

郑： 是的。

南： 郑老现在一方面预备教研究生，另方面还负责培训各大学来的青年教师。

郑： 这种培训工作是打倒"四人帮"以后才有的，因为这几年耽误了学习。这是不能怪青年的，他们也愿意学，可是没有机会。

谈了一般的历史教学状况之后，我请郑老谈谈他的治学经历。郑先生是十分谦虚的学者，只说没什么，丝毫不以自己在史学上的成就为傲。我再三请他谈谈，并且说他的治学经历或许可以作为后学者的借鉴，甚至可能成为研究历史的一条门径。郑先生听我这么说，似乎认为谈谈也好，能够藉此留给后学一个经验，便边笑边谈：

郑： 自己也没有很好的经验，又不曾作过自我总结。我的年纪比较大，受教育的时代与后来不大一样。我们那个时候，实际上文史不分，所以学的也杂。比如说我现在是在历史系任教，可是我最初并不是完全学历史的，当初学的时候文史不分，是从文字学入手而学到历史的，所以，我的经验是否算是好经验，还是个问题。我们那时一般都由《说文》、《广韵》入手，然后多看些历史书。范（文澜）老也是这样的。我们所学的还有一些旧东西，如校勘，现在是不太学了。我是由文字入手，而我的先生都是章太炎的学生，

---

① 原文如此，应为郑或南。——编者注。

比如刘师培、黄侃、朱希祖、钱玄同都是我的先生，所以我的学术渊源是离不开章太炎这条线的。因此，受章太炎学派、考证学派的影响很大，也脱离不了从顾炎武、戴震一直下来的所谓汉学派。我吃亏的地方也在此，因为是这样一个系统所传，学的都是旧东西。我们是利用旧的治学方法以及旧的治学修养，再重头学马列主义这样的新东西，当然就比别人慢多了、吃亏多了。我学历史也不是先学明清史，而是先学《史记》、《汉书》、《三国志》这么来的。当时刘师培先生教《三国志》，告诉我们如何入门，他还是从文学方面来看，比如说探研陈寿写历史的方法究竟渊源于什么？那就是渊源于蔡邕（蔡中郎），蔡中郎又渊源于什么？就是渊源于班固的《汉书》。所以，我最初在北大开课的时候，是教魏晋南北朝的。那个时候治学，喜欢学些近代的东西，特别是明清。所以我除了在北大教魏晋南北朝史，还在女子文理学院就教近三百年史，从清兵入关讲起。从我的经验来说，来源是如此，主要是靠自学，自己看书，学的比较杂。我的文章喜欢搞考证，也是有其渊源的。关于经济史，我过去没有搞过，先前只注意政治制度，没注意经济，都是后来慢慢学的。根据顾亭林的说法，要注意"经世"，就注意到了当时民生疾苦之所在，慢慢往经济方面探究，所以，还是一个杂。

鲁：其实，杂就是博，不杂就不能触类旁通。（郑老大笑，并谦逊地说不是。）不知道您现在是否还要学生读四史？

郑：我们不一定这样提倡，非要学生读四史不可。但是，我们认为还是应该看看。念历史多少要念点史学名著，而史学名著主要就是六本：前四史，再加上《左传》、《资治通鉴》，这六本书一定得念。不过，我们不强迫学生，非给他讲这六本不可，但是提倡自己念。我们一般的学生对四史、《通鉴》还是注意的，当然新的东西也学，但这些史学名著作为基础还是要的。

鲁：从前傅斯年在台大当校长的时候，逼着学生非读《史记》和《左传》不可，后来这两本就成了台大的国文教本。

郑：你谈到傅斯年，其实，傅斯年跟我们是一样的。他比我早一年，范文澜又比他早一年，我们的学术渊源都是一样的，所以对于教学的方法也比较接近。要不是解放以后接受了新的方法，接触了马列主义，对过去的东西根本没法整理。不论是自己整理自己的思想也好，整理学术问题也好，对过去搜集的材料怎么利用也好，若是没有解放以后学马列主义、毛泽东思想，那也就和傅斯年一样了嘛！（大笑）我们年纪大的人，都有这种感觉，要不是接受了马列主义、唯物主义的看法，恐怕对从前所学的东西就没法整理，没法利用。

鲁：您可不可以举个具体的例子，说明一下？

郑：就拿学习毛主席著作来说，是有启发的。毛主席不一定对治学思想方面特别讲过什么，但是在谈别的事情之中有所指示。他在谈整风的时候，指出"说话一定要有证据"，这个方法拿来运用到历史研究上，不是很重要吗？再如"摆事实，讲道理"，也不是专谈治学的，可是对我们研究历史的来说就很有用，就是我们的历史分析。

鲁：您早年治学不也是这样吗？

郑：也是的，但那时不是这样有系统的想法。那时我们也讲证据，却讲的是《说文》怎么说的，郑康成怎么说的，停留在古人的证据为止。我们现在讲证据，就要摆事实，讲道理，搞调查研究，要弄得有根有据，要符合历史的事实。这样就与过去讲证据有所不同，过去我们还是许慎说文、郑玄解经那一套的。我们这些老人也就是从这种小的地方学学有所得，学了以后得到启发，而整理旧的东西。

鲁：当年的"古史辨派"史学观点，对您有没有冲击？

郑："古史辨派"的这些人都是我们的朋友，像顾颉刚，与我们的训练都一样。他的思想受钱玄同影响很深，那时在新思潮之下，"疑古"就是怀疑古人，不要受古人的束缚。思想都有些解放，可是也不完全相同。比如顾颉刚那时就怀疑禹，现在看来不见得就如他所说的。光有怀疑主义还不行，非得有后来的新思想才能提高。

鲁：那时候出土的文物很少，难有定论。现在不同，我看最近讨论夏文化讨论得相当热烈。

郑：是啊，比方说唐兰先生就亲自到外边去调查，到那儿去看真的，实在的东西。有了事实，再看怎么个解释。这都是解放以后才办得到的，进行研究的不少都是老先生了。

鲁：唐兰先生与您差不多年纪？

郑：比我小几岁，不是我们那个时候的同学。刚才说的范老、顾颉刚、傅斯年，都是我们的同学，一块儿在北大的。唐兰先生是跟着一位清末的名学者唐文治的，也是从《说文》入手。

鲁：有时我也看看唐先生的文章，发觉他和从前很不同，时常用考古资料。

郑：就是这样。假如不解放，我们恐怕还是搞那些旧的东西。就拿傅斯年来说，在旧的人之中他还算是比较新的，如果他没有李济先生所做的考古工作，也不会在那时有那么高的造诣。他也是利用了许多考古资料，但是仍然难免有局限。他们这些人里还包括了董作宾，对殷墟书契很有造诣的，研究得很深。他们后来的主张我们不知道，但是他们就是不承认夏，因为他们所看见的就是殷墟。要是解放以后他在大陆，看到这么多发掘，出土的铜器那么多，甲骨文那么多，他一定会再进一步，一定会有很大的提高。所以，我们由老年人来看老年人，接受还是没接受解放后的教育，差别是很大的。我们也可以换一种说法，要是董作宾留在大陆，不到台湾去了，看到了这些新的资料，那他对甲骨文的造诣又不知会提高多少，一定又高多了。再比方说居延汉简，早先那一批给拿到台湾去了，原来的研究只能靠那一批，像劳榦所做的研究。但是，现在又发现了不知有多少汉简，不仅如此，秦简都出来了，现在又有了楚简，愈来愈多。又如新疆出土的东西，有许多文献。有了这么多新材料，我们怎么会不提高一些？像劳榦、董作宾，当时都是一流学者，假使他们在大陆，对学术上的贡献就更大了，因为可以看见这么多新东西，都是从前没有见过的。

我们谈着谈着，话题就扯远了。郑先生从自己治学的经历谈到与他同一个时代的学者，想到不少人已经故去，不禁有些感慨。我望着郑老的白发，心里默默地为他祝福：假如历史是一条长河，我们每一个人的一生都只是河里的浪花，我愿他的浪花掀得更大、更持久一些，而且当浪花回到水流之中的时候，不但涟漪传向四方，还能牵出新的浪花，永不歇止。

一九七八年八月整理

（原载香港《抖擞》第 34 期，1979 年 7 月）

读《明末农民起义史料序》

袁良义

一九五〇年九月，我到北大文科研究所明清史料整理室工作。郑师毅生先生以历史系主任兼任这个室的主任。我在大学时学过毅生先生讲授的《明清史》一课，此刻又在先生指导下整理所内收藏的明清档案。先生计划将档案材料整理出版一套《明清史料丛书》。这项工作在我来文研所前已经开始了，到五二年七月为止，曾先后出版了丛书中的《明末农民起义史料》、《太平天国史料》和《宋景诗史料》三种。其中《太平天国史料》是由金毓黻先生负责编辑的。五二年七月以后，北大等高等学校进行了院系调整，文科研究所被取消了，所内的明清档案等史料都移交给故宫档案馆，先生调任南开大学历史系主任，《明清史料丛书》未出的几种书于是也停止出版了。

先生是老一辈著名的历史学家，有渊博的学识和严谨的治学方法。我在先生身边工作的时间不长，对先生研究历史，特别是研究清史的方法和经验了解得非常不够，这里只能就先生负责编辑的《明末农民起义史料》一事谈一点自己粗浅的认识和体会。

先生在《编者的话》中说：

> 一部可以令人满意的历史著作，应该是正确的掌握着马克思、列宁主义的理论，组织了丰富的信实史料，而用生动、整洁、有力的文字写成的。
> 如果不从说明历史事件发展及其相互联系的史料中去正确的具体分析和正确的具体总结，那末就不会达成历史著作的目的。

这些话强调指出必须运用马克思列宁主义的理论来组织和分析史料，同时在文字上做到生动、整洁、有力，才能写出令人满意的历史著作。史料是重要的，因为它是完成一部历史著作必不可少的条件之一，出版《明清史丛书》就是为了向广大历史工作者提供一批较为信实的史料,供大家"稍省写录之劳",但仅有史料是不够的。先生全面概括了写成历史著作的三个条件,即理论、材料和文笔。过去的历史学家,不管他们自觉或不自觉,都要在自己著作中反映这三个方面,只是他们的理论不是马克思列宁主义的理论,而是多种历史唯心主义的理论。在他们的著作中,有一部分虽然是有价值的,也不可避免地有其局限性和严重缺点。

在建国初期,有些老一辈著名的历史学家满足于旧的学术观点,不热心学习马克思主义,而先生能不为旧规所束缚,毅然向新史学的方向发展,不能不说是一件可贵的事情。当然,学习马克思列宁主义的理论是一个长期的过程,对每个人来说,肯学并不等于就学通了,但只要有这种愿望,并付诸实践,总会不断提高,这应该是解放后先生在历史研究中不断取得新的成果的主要原因。

先生很重视史料的信实问题,因为这关系到著作的质量。他曾经对一般的历史记载和档案材料进行比较研究,认为档案材料的价值是比较大的,可以用它来对照检查一般记载的失误,又可以丰富史实的内容,档案材料不但详细具体,而且"保存着许多从未发现的资料"(《明末农民起义史料序》)。在文研所的时期,他除掉指导室内工作人员整理编辑放在桌上的档案材料,还雇用了二十名青年学生来清理堆在仓库里的档案,为档案摘由。尽管这些工作很烦琐,他一直领导大家耐心细致地去做。在他看来,利用档案材料已成为目前学术界的重要动向。他在序文中说:

> 中国的历史著作,一向以史料丰富著称,采用档案文件也最早。在国外,近百年来历史著作的取材,较之百年前也有重大的不同。马克思在他的著作——特别是《资本论》里,用了英国档案蓝皮书和其他文件。其余历史家的著作,所用的主要资料也从文学性的回忆录、书札、日记,转到文件性的公家记录,法令,碑文,以及考古性的实物。这是一个进步。

为整理明清档案,从已故的著名学者罗振玉先生开始,不少历史工作者都从事了这项重要的工作。先生在建国初编排刊出《明清史料丛书》中的上述书目,受到了人们的注视,对新中国的明清史研究和整理档案工作起了一定的促进作用。

明清档案材料多出自官方记载，缺点也明显存在。如果不认识这一点，将会在引用时产生各种错误。先生在序文中说：

> 档案文件不尽是可信的，不尽是毫无问题的。有许多文件，在开始就是统治者及其仆从们掩饰罪行的伪装，歪曲了事件真相，或将真实隐瞒起来，甚至凭空虚造。因此，我们为了正确说明历史事件，必须对于所有的史料加以精密的审查和比较，并认清它的阶级性。只有这样，才不致为史料所蒙蔽，才不致阻碍人们的正确了解。

根据上文，我们对出自封建统治阶级之手的明清史料，包括档案材料在内，都应当进行精密的审查和比较，认清其阶级性，对它们采取批判接受的态度。这是先生治学方法的严谨之处。这样做并不会贬低档案材料的价值，而是更好地发挥档案材料的作用。

（原载《郑天挺学记》，三联书店，1991 年 4 月）

就治学忆郑天挺先生

南炳文

六十年代初我在南开大学历史系读本科时，有时去旁听郑先生对研究生班的讲课。一九七八年南开大学历史系明清史研究室恢复时，郑先生任南开大学副校长兼历史系明清史研究室主任，系领导让我协助郑先生处理研究室的日常工作；这种情况一直继续到一九八一年十二月郑先生去世。这样一种关系，使我在一九七八年以后，能够经常听取郑先生对研究生、留学生和研究室研究人员的讲课，并经常单独到他的家中，在请示工作之外，请教有关学术问题。我虽然一直没有做过郑先生的研究生，但郑先生在学术上对我的热心培养，却是我毕生难忘的。我今天之得以成为一个明清史专业工作者，是和郑先生的指导分不开的。

一

一九七八年，教育部委托郑先生于一九七九年举办高等学校明清史骨干教师进修班。为了给这个进修班准备教材，一九七八年下半年至一九七九年上半年，在郑先生主持下，我们明清史研究室的有关研究人员，编辑了一部《明清史资料》。这部资料的编选原则，是郑先生提出的，其编选目录，也经郑先生审定。这部资料的编辑，反映了郑先生对编辑教学用资料的许多可贵的思想主张。在该书序言中，对这些思想主张郑先生已有扼要叙述；但除此之外，还有许多内容尚未在序言中提及。今就记忆所及，略述三点。

（一）要尽量使读者多获得一些东西。

郑先生讲，编选资料是为了方便读者，为其学习和研究提供情况、给予帮助，因此，在编选时，一定要从读者需要出发，在可能的条件下，尽量多提供一些情况，编讲多方面的内容。要设身处地地决定编选范围，就是说，在确定应收什么内容时，编者不要把自己当作编者，而是当作读者。根据这样的指导思想，郑先生提出，这本资料的编选内容，要包括四个方面：原始资料，论文，论文索引，年表。编进原始资料，是为了向读者提供研究的根据；编进论文，是为了使读者能够藉以了解研究概况，继承前人成果，受到启发，便于发现新的研究课题；编进论文索引，是为了向读者推荐限于篇幅而无法编选进来的研究成果；编一年表，是为了便于读者用极少的时间，把握全貌。

（二）原始资料的选用，要讲求实用，反对片面追求新奇。

郑先生认为，这部《明清史资料》是为高等学校教师教明清史作参考用的，同时兼顾高等学校学生和中学历史教师的学习、研究之需，因而除选题应该抓住明清时期的基本内容外，还应在选编资料时，以完整、系统地反映基本情况为原则，不要片面追求新奇，追求所谓海内孤本，否则就有自我炫耀而不顾读者需要之嫌。他还举"明末农民大起义"一题作例说：《明史》里的李自成、张献忠本传，虽有不准确的地方，但在所有关于明末农民起义的史料中，它是最简明、最系统的一种，非常便于读者掌握；因而在编选这一专题时，我们就不能因为它最常见而不予选入，却去另选其他所谓罕见资料。

（三）编选论文要注意显示研究的发展轨迹，不要忽视小人物的作品。

郑先生认为，史学界关于每一个专题的研究，都有其具体的发展过程；对于这些具体发展过程进行考察，可以给人以启发，使人掌握历史研究的发展规律，在以后的研究中汲取前人的经验教训，提高研究水平，加快研究步伐，还可以使人加深对某些具体论点的理解，更好地接受前人关于这个专题的研究成果。所以，郑先生主张在编选论文时，除了注意兼收不同学术观点的文章外，还要尽量注意选取该专题研究发展过程的各个不同阶段的代表作，以向读者介绍出关于该专题的研究成果。这些代表作，有的出自名人，有的可能出于无名之辈；在编选时，要注意防止重视名人而忽视小人物的倾向发生。在我们的天平上，应该只称文章的"重量"，不计作者的地位。否则，就将严重影响编选质量。

这部书出版后，我们曾听到许多专家和史学工作者的评论，他们所给予的肯定，多与郑先生所提出并在书中得到贯彻的上述三点有关。

二

郑先生很重视把文艺作品的描写，运用于历史研究之中，将之当作研究资料的一部分。在一次明清史研究室举行小型讨论会时，他专门就这个问题作了发言。他认为，文艺作品所描写的具体内容，往往是虚构的，如小说里的人物、地点、故事情节，都不能一律看作实际存在过；但是，作者所描写的社会现象，离不开作者的耳闻目睹，离不开现实生活，因此，可以把小说的描写，看作作者所处的时代的现实生活的缩影，可以用它当作研究那一时期的历史状况的一种根据。当然，在这里，现实生活经过了作者头脑的"加工、改造"，已经不完全等同于现实生活，而是它的"折射"，所以在利用它研究历史时，要注意与其他记载相印证，要利用辩证唯物主义与历史唯物主义的原理进行科学分析。此外，如果作者所描写的故事所发生的时代，早于作者所处的时代，那么作者在描写时，就会利用各种资料，尽量把故事所发生的时代所可能发生的现象搜集起来，并写进小说里去。遇到这种情况，尤其要细心分析，不可把作者所描写的早于作者所处时代的历史现象，误认作作者所处时代的东西。在这次发言中，郑先生还回忆了他本人在抗日战争时期，利用《红楼梦》的描写，研究清史若干问题的情形，并鼓励与会者，结合自己的实际情况，把文艺作品中的丰富资料利用起来，推动史学研究的发展。郑先生的这个发言，对我启发极大，会后不久，我就尝试着作了一篇专用明代小说资料研究明代奴仆身份的文章。郑先生看到这篇文章后，非常高兴；有一次我到他家中汇报工作，他便兴致勃勃地提起这件事，并勉励我继续作下去，还可把明代小说中的缙绅地主、商人、手工业者等的情况摸一摸，写出文章，争取把这一研究方法变成自己的研究工作的一个特色，使历史研究者搜集史料的视野不断扩大。可惜的是，后来由于种种原因，郑先生的这个教导，我没能很好地照办。但我心里一直不忘郑先生的这一正确主张、不忘郑先生的关怀，今后如有机会，一定争取把这件事干起来。

三

一九八一年，郑先生随天津市政协委员参观团到江西等省参观，返回天津的那一天，我到车站去迎接。在回校的车上，郑先生简单地询问了系内和室内的近况，就兴致勃勃地谈起他在外地的参观情况。他谈得最多的，是参观井冈山革命根据地的情况。他深有感触地说：毛主席在井冈山建立革命根据地，这个决策实在英明。这不仅使革命队伍可以得到充足的人力、物力供应，在斗争中有个养精蓄锐的地盘；而且在黑暗的中国，挑起一盏明灯，使国民党反动派统治区的人民，看到了希望，受到鼓舞，有力地推动革命形势的发展。可见，革命根据地对进行武装斗争的革命者，作用十分重大。我们研究历史上的农民起义，以前对这方面重视不足，这是一个很大的缺陷。像李自成起义，如果不搞流寇主义，在陕西扎扎实实地经营一个巩固的根据地，退出北京后，绝不会那样迅速失败。我们研究室可以确定一个同志，专门就这一点对李自成起义重新研究一番，这对揭示这次起义的失败原因，将大有好处。

听了郑先生的这番谈话，我不禁想起马克思的一段名言："人体解剖对于猴体解剖是一把钥匙。低等动物身上表露的高等动物的征兆，反而只有在高等动物本身已被认识之后才能理解。因比，资产阶级经济为古代经济等等提供了钥匙。"（《〈政治经济学批判〉导言》）这是郑先生经常引用来教导我们的一段话。他的意思是为了让我们多研究现实问题，以提高思想认识水平，促进对古代历史研究能力的提高。这次听了郑先生的谈话，我的心中遂产生这样一个想法：郑先生正是学习这段名言的模范。

四

郑先生对于上讲台教书很重视。他一生中在学校执教六十多年，大体以五十年代初为界，先后在北京大学和南开大学各执教三十年左右。在这两个学校中，他都一直坚持讲课。六十年代初，他被教育部请到北京，与北京大学翦伯赞教授一起主持《中国通史参考资料》等高校文科教材的编辑工作，任务重，工作忙，但仍不忘记讲课，除了在北京大学、高级党校等北京的有关单位讲，还在南开大学坚持为研究生班开课，每过半月到一个月，即为讲课而返津一趟。十年动乱期间，在"四人帮"的反革命路线统治下，他被剥夺了给学生讲课的权力；但南开大学历史系的一些教师，有的还请郑先生就某些问题讲一讲，郑先生总是不怕风险，痛痛快快地答应，耐心细致地讲解。"四人帮"垮台后，他更焕发了青春，虽已年至八十上下的高龄，仍旧孜孜不倦地活跃在讲台之上。除了给来自全国各地的高校明清史教师进修班讲课，还给研究生、外国留学生讲，连本科生的课他也积极地开，就在他去世的那一年，还为本科生开了每周二小时的"史学研究"课。一九八〇年下半年，北京的一位熟悉郑先生生平的老教授，曾总结郑先生的言行，提出三个特点，其中之一即"始终不离讲台"；郑先生听到这个评论后，颇表赞同，引为知己之论。郑先生不仅自己对教学工作十分热心，而且言传身教，希望高等学校的教师都重视教学。一九八○年下半年，南开大学历史系安排研究室的研究人员为学生开课，有的研究人员有抵触情绪；发现这种情况后，郑先生特地召开明清史研究室全体研究人员会议，动员大家愉快地服从历史系领导的安排。

郑先生为什么对教学这样感兴趣呢？根据我在各种场合听到的郑先生谈教学的言论，可以找出如下二点原因：

（一）郑先生认为搞好教学是教育工作者的天职。

郑先生在谈到明清史研究室的研究人员应该积极担负教学任务时曾说：作为一个高等学校里的科研人员，是教育工作者之一，理应努力担负教学任务。这一点应该从思想深处真正理解，理解了就会有责任感。当你认认真真地搞了教学，而且看到了所取得的成效时，心里将会感到无比的喜悦。

郑先生的这番话，是他的由衷之言。我记得有一次他在他的家中给我讲起这样一件事：五十年代初，他来到南开大学任教后，有一回去听一个青年教师讲元末农民起义课，发现这个教师在讲课时写在黑板上的表格，竟是他在四十年代在昆明西南联大讲明清史时所制，因而十分亲切而激动。他在叙述这件事情的原委时，他的眼睛闪着亮光，最后感叹地说：搞好教学工作，意义实在巨大，只要你讲的有价值，不仅对听课的人有好处，而且可以一传十，十传百，为国家培养数不尽的人才。从郑先生的这番话可知，他对教育事业确实有深厚的情感，他一生为此而奋斗不是偶然的。

（二）郑先生把教学和科研看作互相促进的两个方面。

有些高等学校的教师，乐于搞科研，不愿意搞教学，是因为他们认为教学是"纯支出"，科研是"收入"，两者互不相关，搞教学过多，会影响自己的科研。

郑先生非常反对这种看法。他在谈话时经常说：教学和科研似乎有争时间的矛盾，实际上不然，只要处理好，就能互相促进。教学并不是"纯支出"；讲课时大脑思维得非常活跃，往往平时没有想到的问题，在讲课时会想到，平时认为已经思考得十分周密的地方，在讲课时会突然发现尚有漏洞、话不能顺溜地讲下去；此外，讲课之后，听课的学生往往提出许多问题来质疑，而这些问题是从各种角度出发而提出来的，讲课者听到以后也会受到启发。可见，搞过一段科研后，把科研的成果拿到课堂上去讲，通过讲课发现新问题、新角度，而后再搞科研，把问题研究得更深入一步；这样循环往复，就能使科研、教学互相提高。郑先生一生中，一面搞科研，一面搞教学，在两方面都取得了极高的成就，他的这一经验之谈，是非常值得后人借鉴的。

五

当我每次走到他的家门口，总是隔窗望见郑先生正伏在书案上，或握管作书，或翻书阅读；郑先生勤奋治学的精神确非一般人所能比拟。但是，除了重视坐冷板凳刻苦读书之外，郑先生对与学术界的同行互相切磋交流，也非常重视。

郑先生认为，搞学问而不与同行切磋交流，就会思想僵化、眼光短浅、孤陋寡闻，而注意切磋交流，就能取长补短、活跃思路。因而他对学术界的动态极为关心，积极参加学术讨论，建国以来的重大史学问题讨论，他几乎都投了进去，都写有论文。

郑先生对明清史研究室的全体研究人员，也要求不搞闭门造车。在他的倡导下，明清史研究室每两星期搞一次小型讨论会；每次他都按时参加，并带头发言。这一活动，使明清史研究室学术空气非常浓厚，互相交流了研究心得，促进了研究水平的提高。有的同志由于参加了这种讨论会而受到了启发，发现了新的研究领域，或对自己原来的研究工作，发现了不足之处，明确了改进的方向。

除了与国内史学界的同行进行切磋交流外，郑先生还积极主张开展国际间的学术交流。他多次对我们讲，搞国际间的学术交流，不仅能增进各国学者间的友谊、加深各国人民的相互了解，而且在学者间互相启发、取长补短方面，其作用尤其值得注意。各国学者间，由于各种条件的差异，其研究历史问题的角度、方法、风格，差别很大，而学者们越是接触与自己的研究角度、方法、风格差别大的学术流派，所受启发就越大，就越能开扩眼界。一九八〇年八月，他倡议举办了建国以来的第一次大规模的明清史国际学术讨论会，参加会议的学者来自八个国家和地区，达一百三十多人。这次会议之后，郑先生本来还准备继续召开第二次这种性质的会议，可惜他很快就去世了，没能看到第二次明清史国际学术讨论会的召开。在与国外学术界进行交流的过程中，郑先生清楚地掌握了国外明清史研究的动态和方法，这一方面对他自己的研究工作提供了借鉴，而另方面，他又把这些动态和方法，通过讲课介绍给了他指导的研究生和明清史研究室的全体研究人员，对这些同志提高科研能力，起了一定的作用。

（原载《郑天挺学记》，三联书店，1991 年 4 月）

学习郑天挺先生的治学方法

魏千志

一

郑老常说："自学要以精读一部书为主"，"以别的书作辅助，旁及他书，反复钻研"，做到"专精和博览相结合，反对一知半解"（《学习明清史的书目和要求》）。

学习一部书，怎样才算做到了"精读"呢？

郑老指出，所谓精读，就是要：

（一）细读。即仔细地读，读不通不中辍。不是不求甚解，而是要求甚解。书里的字音读法、讲法，一句话的反、正、侧面意义等，都要弄清楚。如杜甫诗句有"蜀主窥吴幸三峡，崩年亦在永安宫"。这"主"字、"窥"字，咬文嚼字地解释，是不以蜀国为正统的；而"幸"字、"崩"字，则似是帝蜀的。实际上，杜甫是在语言文字上下功夫，而无正统与否的意思，必须从其本质来探讨，才不为其文字所欺骗。这就要求细读，细思量。

（二）从头到尾地读。书不问大小，要从头读起。书的作者有深意。作者往往前面说了，后面就不说了，不能抽读。

（三）前后对照读。要善于在一本书中发现它对某一问题叙述的连贯性或矛盾性，提出新问题，并对其本身加以订正。

（四）反复读。在反复多读的过程中，要结合读有关书籍的有关问题。

（五）常读。即经常读，读熟之后还要再读，以达到熟能生巧的程度。顾炎武的《日知录》，王鸣盛的《蛾术编》，钱大昕的《十驾斋养新录》等书，都是在熟读、多读的基础上，集小成大的，可以说是用蚂蚁啃骨头的方法创造出来的。①

郑老认为，读通了一部好书，从中也就掌握了治学方法。

以上所谈，是如何"精读一部书"，亦即怎样才能做到了"精专"的问题。

那么，"博览"的含意是什么呢？也就是说，在精读一部书的时候，一般说需要多少有关的书作"辅助"读物，还要"旁及"多少其他书籍呢？

为了能更清楚地说明这个问题，我们还是举出一件郑老当年指导学生如何精读《明史》的实例吧。

一九五九年时，郑老曾给当时南开大学历史系明清史研究班的同学，开列了一份如下的阅读书目：

精读：《明史》。

参阅：《明史稿》，《明史纪事本末》，《明通鉴》，《明会要》，《续通志》，《续通典》，《续文献通考》，《续资治通鉴》，《中国通史简编》，《简明中国通史》。

参考：《明史本纪》（故宫本），《明史考证捃逸》，《明会典》，《国榷》，《明实录》，诸家论文，诸家文集，《宋史》，《辽史》，《金史》，《元史》。

这里所列出的"参阅"书目，即"辅助"读物；"参考"书目，即"旁及"读物。这就是当时郑老所要求的在"精读"《明史》时所应"博览"的范围。当然，我们不能机械地看待这份书目单。一个人在研读《明史》时究竟应参阅、参考哪些有关书籍，应当根据个人的具体情况，根据个人的需要与可能去确定。不过总的说来，我想郑老所开列的这份书目，对于一个初学《明史》的人来说，应当是大有帮助的。

还需要说明一点的是，前述郑老所说的"自学以精读一部书为主"，是就在一定的时期里而言的，并不是说一个人一辈子只要"精读"一部书就可以了。相反，郑老总是要求青年们要"多读书"，"读好书"；并谆谆告诫青年们读书一定要避免"自囿、自止、自馁、自欺、自庸"，而要"永远向前，永无止境"！（《学习明清史的书目和要求》）

---

① 以上五点，是据郑老所作的《历史科学学习问题》和《明史的古典著作与读法》两个学术报告中所谈的有关内容综合而成的，在《明史的古典著作与读法》的报告中，少"从头到尾地读"这一点。

二

郑天挺先生在谈到历史科学如何进行争鸣时，曾提出了"点面结合"的方针。

什么叫"点面结合"呢？

所谓"点面结合"，就是"全面探讨"与"重点研究"相结合。更详细一点说，就是"围绕一个中心问题，一面进行全面探讨，一面就其中某一小问题进行重点研究。全面探讨为重点研究指出方向，指出关键；重点研究为全面探讨提供资料，提供论证。全面探讨不排斥某些方面的深入，重点研究也不离开中心问题的方向"。如讨论中国封建土地制度问题时，"全面地分析历代封建土地制度的性质是需要的，而只就'屯田'、'均田'、'商屯'、'民屯'作重点分析也是需要的，甚至更小的问题，如'拨补'、'退卖'之类，分析清楚，对中心问题的全面解决是一样可以有帮助的。"（《历史科学是从争鸣发展起来的》）这就是"点面结合"的方针，以及"点"与"面"各自所占的地位和它们之间的关系。

为什么在历史问题的争论中要采用"点面结合"的方针呢？这是因为"争论的问题大，涉及的面广，关心的人多，讨论起来一定热烈；但问题大就不容易照顾周到，不容易处处深入，往往存在薄弱环节。问题小可以深入，但面窄就不容易通贯全局，不容易引起注意，而且往往陷入烦琐考证。"（同上）只有采用"点面结合"的方针，既照顾到问题的全局，又做到了重点深入，这样才能避免上述两方面的弊端，从而达到预期的争鸣效果。

郑老自己也正是这样做的。在对许多重大历史问题的讨论中，郑老总是一方面进行全面探讨，同时也决不忽视对所涉及到的具体问题的解决。郑老所写的《关于徐一夔〈织工对〉》的文章，就是注意解决在讨论中所出现的虽小但很重要的具体问题的一个很好的例子。

如所周知，在关于中国资本主义萌芽问题的讨论中，徐一夔《始丰稿》中的《织工对》，是大家时常引用的一条重要资料。但是对于这一史料的解释，却有着各种不同的意见。从时间上来说，有人认为所叙述的是元末的情况，有的则认为是明初。从行业上来说，有人认为所描述的是丝织业织工，有的则认为是棉织业。就是同样认为徐一夔所讲的是明初的情况的，也有明初丝织业与明初棉织业的区别。由于对这一条资料所反映的时代和行业没有统一的认识，所以尽管使用的是同一材料，却往往得出截然不同的结论来。这当然就严重地影响了问题讨论的深入和解决。因而如何对这一条资料作出准确的解释，就是十分迫切的了。

郑老抓住了讨论中这一虽小而却十分重要的问题，首先从《始丰稿》的体例，《织工对》所用的辞汇，元明钞值的比较等各方面，进行了深入、缜密的考察，从而得出了"《织工对》是徐一夔在元末所写，记的是元末情况"这一正确的结论。接着又对《织工对》中记载的究系何种行业的问题，进行了探讨和论证，从而肯定了《织工对》所叙述的是丝织业织工而不是棉纺织业织工的见解。这样，就使这一众说纷纭的问题最终得到了解决，推动了讨论的深入和发展。

在这里我想再强调说明一点，就是郑老所提倡的上述"围绕一个中心问题，一面进行全面探讨，一面就其中某一小问题进行重点研究"的"点面结合"的方针，虽然是针对历史科学如何进行争鸣而言的，但它的实践意义决不仅限于此，在整个历史研究工作中，也应该同样是适用的。这一方针体现了"集合许多小胜化为大胜"的战略思想，切实可行，我们应当在史学研究中加以充分运用和推广。

（原载《郑天挺学记》，三联书店，1991 年 4 月）

郑天挺治学思想与治学作风

汪茂和

一、史学目的论：求真，求用

"治史者首当明确史学宗旨。"这是郑天挺师对我们的一贯教导。他提出，史学的宗旨就在于求真、求用。

郑天挺师说：什么叫求真？求真就是要揭示历史事物的本来面目，探求历史发展的客观规律。什么叫求用？求用就是要使我们的研究工作和成果具备学术价值和现实价值。也就是说，用可以表现在两个方面：一是有用于历史科学自身的发展（学术价值）；一是有用于对自然界与社会的认识和改造的推进，有益于启迪人们的智慧，指导人们的社会实践（现实价值）。

先生认为，古代所谓"直笔"的史法并不是"求真"。他说，中国史家向来推崇"直笔"。但"直笔"是否就是我们所说的"求真"？未必。例如董狐，孔子认为乃"古之良史也"。他写"晋赵盾弑君"，得到孔子的高度评价，以为是"诛心之论"。但在我们看来，这样写历史是不真实的。

关于求用，先生曾经列举了很多事例来说明。他说：宋太祖之死，历来就是疑案，记载中怎么说的都有。这类宫闱秘事，称为千古之谜的就很有不少。这类问题即使得出结果来，也没有什么用处，可以搁在一边。宋真宗时的宰相丁谓，历史上名声很坏，是寇準的对立面。但他在大中祥符八年（1015 年）干了一件很了不起的事。这年荣王元俨府中失火，一直延烧到禁中，造成很大损失，宋真宗说两代的积蓄都化为了灰烬。于是让丁谓作大内修葺使，主持宫室营造工程。丁谓嫌取土地方太远，命令就近当街取土，不日挖成一条大沟。接着决开汴水使之流进大沟，让各道的竹木排筏及船运杂材全从沟中直达宫门。完工以后，又把工程中废弃的瓦砾灰壤一齐填入沟内，重新成为街衢。一举而三役济，节省经费以亿万计。这样的历史经验倒是很值得注意，很需要总结。这样杰出的运筹思想，在今天的建筑施工以及其他生产实践中，仍然不失其借鉴意义。

先生讲到求真与求用二者之间的关系时，说："一定要把二者结合起来。真是基础，用是目的。为了有用，首先要真。不真就不具备科学的可靠性。但是如果不用，又何必求真呢？""我们既要尊重历史，实事求是，严肃认真地探求历史本来面目和社会发展的客观规律，也要力求使研究课题符合社会现实的需要，使研究成果对国家、人民有用，对科学发展有用。这就是我们的史学目的论。"

郑天挺师一生治学谨严，他提出"求真"、"求用"作为治史的原则，自己正是身体力行，为我们后学树立了光辉的典范。

在 50 年代关于中国资本主义萌芽问题的讨论中，史学界都习用徐一夔的《织工对》作论据。但《织工对》究竟作于何时？反映的是哪一个时期、哪一个地区、哪一个部门的情况？大家都未给予认真的确定。先生以极其精审的态度研究了大量资料，从风俗学、史源学、校勘学等各个不同的角度，进行纵横比较，最后论定该文写于元末，反映的是元朝末年杭州地区丝织业的情况。这一论证遂为史学界所公认。《探微集》中收有先生 1940 年写的《〈张文襄书翰墨宝〉跋》一文。那时，明清史权威孟森先生写信给许溯伊，询问张之洞手稿中提到的"燕斋"指的是谁。许溯伊久为张之洞的幕僚，是张之洞文集的编定者，是对张之洞及其周围情况最熟悉的人。许回信对孟森说，燕斋大约是指广东盐运史瑞璋。依据许的身份，他的说法可以作为第一手资料了。可是先生并不轻信，他以深入的考辩说明燕斋不是瑞璋，而是蒋泽春。这些关系一时、一地、一人、一事的具体考证，常常有其特殊的意义。很多事物发展的内在联系、它的规律性、它的前后因果关系，往往需要由准确地把握其中的人物、活动、时间、地点，才能加以揭示和理解。由于历史记载的残缺、零散和互相矛盾之处常多，还由于作者的局限和统治者故意歪曲、隐讳以至伪造历史，要真正弄清历史的本来面目是一件极其艰苦的事，也需要深厚的学术功力。那些害怕下苦功夫、也没有真功力、只是随意收罗几条材料就任意发挥宏论的人，不但欺人，而且自欺。这样的论著，制作得容易，也消失得迅速。先生总是要求我们要详尽地占有材料，要广泛地进行联系，就是希望我们力求把握历史的真实，得出比较科学的结论，避免肤浅、片面乃至谬误。先生曾经说过：史学工作者每个人的具体情况不同，经历不同，治学之路不同。有的注重于史料的整理，有的注重于史实的考证，有的志在从总体上把握事物，注重于从理性的高度抽象出历史的内在规律性，这些都是发展繁荣历史科学所不可缺少的。要互相尊重，切不可以己所长裁衡他人。先生的话是很有道理的。

求真不仅需要勤苦的治学功夫，更需要严肃的科学态度。先生说："真，要求如实地反映实际，古来真正能够做到的毕竟是少数。"一次，一位同志问先生怎样才能做到求真。先生略一沉思，回答说："如果能像韩伯休那样，做到并不难。"韩伯休是东汉时人，名康，卖药长安三十余年，口不二价，童叟无欺。先生以韩伯休的为人信实来比拟治史，可见先生所说的要做到求真，首先是需要具备良好的史德。封建时代写了不利于帝王和权势者们的真实情况，就会被杀头，那时做到求真固然不易，而解放以后，当自称马列而实则违背马列的人物掌握了某些权力的时候，他们要把史学变成他们实现政治目的的工具，唯他们的主观需要是趋，这时做到求真也同样不易。1966 年，姚文元攻击吴晗的《海瑞罢官》是大毒草，欲利用史学施加政治陷害时，《光明日报》组织部分学者座谈，先生的发言一方面保持着一向沉稳、含蓄的风度，一方面其极力为吴晗辩白的锋芒却又卓然可见。先生的文章所以都能经得起时间的检验，也正是与他的这种坚定的学术操守分不开的。

先生反对随波逐流，但绝不是要人们脱离现实，去搞纯历史。先生一贯主张历史研究要符合社会现实的需要，要对国家、对人民、对科学的发展提供有价值的成果，先生自己也始终是这样实践着的。仅以民族史为例。由于中国是一个统一的多民族国家，在国际政治斗争中，中国的边疆民族史历来就是一个十分敏感的课题。三四十年代，配合日本帝国主义的侵华，史学界出现了所谓"满鲜史体系"，提出东北与中原没有关系，满洲无论在民族、历史还是地理上，都与朝鲜是一个独立体系。首倡此说的是日本研究清史和东北历史地理的权威稻叶君山，他是"满洲国"的顾问。当时朝鲜已被日本占领，投降了日本；东北也在日本扶植下成立了"满洲国"，他要从历史上论证把东北从中国分割出去的合理性。先生怀着满腔的爱国热忱，写了《清代皇室之氏族与血统》一文，以确凿史实证明，满洲的先世早在金、元、明时代就已在中原王朝的管辖之下，清代皇室实为满、蒙、汉的混合血统，从而论证了满族是中华民族大家庭中不可分割一员，从而从历史根据上维护了祖国的统一和民族的团结。先生对西南、西北也给予了很大的重视，写出了多篇重要的论文。五六十年代之交，中印发生边界争端，先生提供的重要历史地图和资料受到中央有关部门的高度重视，为中印边界谈判作出了重要贡献。

六七十年代，苏联又提出了"中国扩张论"，说中国真正的北部边界是长城，北部边界到四川；长城以北，青海、云南以西，都不是中国的，都是中国扩张侵略来的。先生这时把关注的重心转向东北史地的研究，他通过对奴尔干地区史地和民族的探研，以充分的论据证明整个黑龙江流域自元明以来就是中国的领土。先生的这些科研成果，已经或仍在国际边界问题的研讨中发挥着积极作用。

二、史学方法论：
基础、专门、理论并重，贵在创新

郑天挺师一生执教六十余年，为祖国培养了大批史学人材。特别是党的十一届三中全会以后，先生虽已八十高龄，但却更加精神焕发，不仅在全国甚至国际史学界承担了重要的史学科研与组织工作，而且在校内亲自给本科生、进修生、研究生和外国的留学生讲课，为培养史学人材倾注了大量心血。先生回顾了自梁启超、王国维以来我国史学发展的历程和史学人材成长的特点，参考美国、日本、苏联以及其他国家开展史学科研的经验，总结得失，联系目前我国科学文化和史学的状况，提出发展我国史学必须基础知识、专门知识和马克思主义基本理论三者并重，贵在培养创新精神，只有这样才能培养出一批具有独立的教学、科研能力并能在一定领域、一定方向上有所突破的史学专门人材，才能使我国的历史科学事业在更大的程度上和更广阔的领域中适合现代科学与现代社会发展的需要。

首先，先生强调治学必须打好广阔而坚实的学问基础。

先生说："无论作为个人，还是一个单位，一个国家，一个科学领域，基础的厚薄直接影响未来的建树。"又说，"古代学问家一般都是通才。近代科学分门别类，划分出了许多独立的条条和块块，学问家都成了专才。现代科学的发展又使各个学科联系起来，又要求在专的基础上的通才。他们既要对主攻学科有精深的研究，有突出专长，又要尽可能广泛地通晓一些其他学科的知识。"

先生自己学识渊博，不仅精通明清史，而且博通整个中国历史。同时，对文字、音韵、版本、目录、校勘以及史料学、历史地理学和民族学等，也都有很深造诣。先生从 1920 年起就从事教育工作，献身历史科学事业，先后共开设过十几门课程。他曾说过他本人就是从一本《说文》起家的。他要求我们搞明清史绝不能只把眼睛盯在明清这一段，而要通熟整个古代以至近现代，还要对外国历史有相当的关注和了解，以便进行比较研究，达到融会贯通的目的。先生要求，一些有关中国历史的主要史籍都在应读之列，一些与史学相关的学科，如小学、目录学、方法学等，也都在应当掌握的范围之中。

其次，先生强调在专业方向上必须做到专精。

先生曾说，当今科学如此发达，学科分类越来越趋向细密和深入，一个人的精力、能力是有限的，要实现科学事业的发展，必须依靠全社会的力量，大家通力合作。至于其中的一个人，不可能面面俱到。相反，倒是只有集中精力于一个方面，甚至一个问题上，才有可能有所发现，有所发明，有所创造，才有可能为历史科学的发展提供一份有价值的劳动成果。因此，先生要求我们对于自己所选择的科研目标，第一，必须掌握有关这一方面或这一问题的全部（至少是主要的）原始资料；第二，必须掌握国内、国外迄今为止在这一方面或这一问题上的研究状况、基本成果、分歧所在和各种理论的长处与短处；第三，在此基础上，发现问题的症结，或者需要填补空白，或者需要纠正谬误，或者需要开拓领域，或者需要运用马克思主义的理论观点、科学技术的最新成果、文物、文献、资料的最新发现以及新的研究方法与手段，作出完全不同于传统结论、传统体系、传统方法的研究。而要做到这些，目标一定要选得准，选得小。只有选得准，才能使自己的研究顺利成功并具备应有的应用价值或理论、学术价值。只有选得小，才能在前人的基础上做得更深入，才能有所突破。

第三，先生强调加强对马克思主义理论体系的学习和研究。

先生曾说：马克思主义集中了几千年人类思想的精华，我们一个人能够经历多少事？能有多大的鉴别力？能够仅凭自己的眼睛、耳朵、所见所闻，懂得多少道理？毛泽东同志说马克思主义是望远镜、显微镜，千真万确。又说：我们的历史研究能够达到怎样的科学高度，很关键的一条，是要看我们对于马克思主义理论体系学习得如何，理解得浅深；是真正的还是形式的学习，是深入的还是表面的理解。

解放以后，先生由他饱经沧桑的阅历深深地认识到马列主义比其他主义要高明得多，不能同日而语，就一直在努力学习和运用。但先生绝不止是停留在字句上。先生多次教导我们，学习马克思主义，贵在得其精神，也就是毛泽东同志说的，是从中学习立场、观点和方法。先生的论著中直接引用经典不多，但解放以来先生却的确在努力运用马克思主义的立场、观点和方法分析问题，因而先生为文，一般都有很强的说服力。理论的力量在于它的深刻。只有深刻，才能服人。相反，我们看到为数不少的文章和论著中只是罗列马列的词句，堆进大段大段的套语，空洞无物，如同一杯淡水，那不是真正的马克思主义。

史学之运用于现实，是多方面的。随着时代的发展，现实向历史提出的问题也时时在变化更新。郑天挺师经常教导我们：科学是发展的，历史科学也是不断发展的。新的文物、材料的发现，新的方法、手段的应用，特别是日益发展、日益丰富的社会生活所提出的日益增多的新问题，要求我们比过去更多方面地从历史上进行经验方面和理论方面的探求。这就要求我们不能固守原有的范围、原有的方法、原有的认识，而要适应我国以至世界迅速发展的现实需要，提高历史研究水平，为社会提供历史这门学科所应提供的各种思想材料。先生特别鼓励我们青年人要充分解放思想，发扬创新精神。他说，仅能掌握和传授已有知识是不够的，还要勇于探索，勇于开发那些未知的领域。继承是为了创造。他提倡要研究前人没有发现或虽有发现而未解决的领域和问题，写前人没有写过或虽曾写过而未写好的文章。当然，他也告诫不要故意选择那些没有实际意义的冷题、偏题。一般老人都比较的趋向于保守，拘泥于自己所熟悉的领域、所熟悉的方法、一生所既经取得的成就。但先生却虚怀若谷，以极大的热情和兴趣注视着新鲜事物。先生每天都要用几个小时的时间阅读国内外的报刊资料，经常向我们介绍国际的和国内的最新学术动态、科研成果和科研手段。先生教导我们：科学是没有国度的，它服务于全人类。为了能够有所创新，必须了解最新的科学水平，必须洞悉社会发展的最新趋势，随时留心选择新角度，捕捉新课题。一定要解放思想，开阔眼界，不断接受新的知识、新的信息，做到谦虚、多闻，万不能闭关自守。他说，现代科学的发展日益打破了各个学科孤立发展的局限性，互相交错、互相渗透、互相启发，互相补充的趋势日益明显。一个问题在本学科之内长期解决不了的，一接触其他的学科，借鉴新的知识和新的思想方法，一下子就解决了，这就叫做"他山之石，可以攻玉"吧。不仅社会科学各个学科之间在互相渗透，社会科学与自然科学之间也在互相渗透。所以我们研究明清史的不能仅把眼光扩大到中国通史和世界通史就够了，还要放得更宽广些，要注意整个科学界的发展。研究历史固然是研究过去，但是只埋头于故纸堆，局限于老路子，就很难产生突破性的进展，先生勉励我们说："我们有这样一种想法，就是有关我们中国问题的研究，例如中国历史、中国哲学、中国文学、中国经济等等关于中国的学问，我们中国人一定要走在世界其他国家研究水平的前面。因为我们有语言方面的便利，有资料方面的便利，有社会传统习俗方面的便利。比如明清史，我们就要树立起一个研究中心，我们这个地方的意见就能够指导或者说引导国际研究的前进。我们有责任做到这一点。我们必须努力奋斗。"先生八十高龄，有这样的壮志雄图，有这样强烈的爱国热忱和民族自尊心、自信心，这将永远是对我们后人的激励和鞭策，1980 年，先生亲自发起和主持了有十几个国家和地区学者参加的"国际明清史学术讨论会"，以实际行动极大地提高了我国明清史研究在世界范围内的地位，也以实际行动为他的学生们树立了开展第一流研究、创造第一流成果、为社会主义祖国争光的楷模。

三、鞠躬尽瘁，死而后已

郑天挺师道德崇高，学识渊博，严于律己，宽以待人，在国内外学术界享有崇高的威望。他一直身兼数职，长期担任南开大学副校长、天津史学会理事长、天津政协副主席、全国人大代表。1980 年 4 月，中国史学会恢复工作，先生以最多数票当选为理事会常务理事、主席团成员，1981 年 5 月，又被推为中国史学会主席团执行主席，可谓众望所归。可是，先生以这样的学识、身份、地位，却数十年如一日，谦虚谨慎，平易近人，即使对于学生后辈，也相接如宾，从不施加教训者的口吻，完全以平等的态度待人。我们学生后辈每次去向先生请教，先生总是立即放下手中的工作，笑容满面地让座，谦和慈详地为我们一一解答疑难，反复譬喻，不厌其详。走时，又总是要客客气气地送出门外。1981 年 7 月，先生刚刚从北京参加国务院、教育部召开的学位工作会议完毕回校，第二天下午就冒着夏日骄阳，亲自步行到研究生住的第十集体宿舍，亲切问我在读完硕士学位以后的进一步想法。郭老在世时，先生曾经发表过和郭老不同的学术意见；郭老去世以后，学术界一度颇发表了不少批评郭老的文章，对郭老的学术贡献、学术地位颇有微词，而此时先生不仅不再批评郭老，反而在各种场合下一再称颂郭老在多方面所作出的巨大贡献，提出不能苛责先亡人。先生这些高尚品德永远值得我们学习。

特别是在党的十一届三中全会以后，八十高龄的先生更加焕发了革命青春。他深感十年动乱使史学工作受到了巨大的损失，历史教学与科研青黄不接，决心在垂暮之年，为党和国家多作贡献。先生身体力行，倡导风气，端正趋向，诱掖后学，广育人才，以只争朝夕的精神和惊人的精力，开始了繁重的工作。在他一生最后的三年时间里，他主持了《中国历史大辞典》和《清史》的编纂工作；他接受教育部的委托，举办了全国高等学校明清史师资进修班，同时主编出了七十万字的《明清史资料》；他发起并主持了第一次明清史国际学术讨论会。在这三年时间里，他给研究生开了《史学概论》课，给外国留学生和研究生开了《清代制度》课，给本科生和研究生开了《历史研究法》选修课。除去外出开会，授课从未中止。1981 年，先生还向系里提议准备在新的一年中亲自为入校新生开设基础课。然而，先生这一愿望竟未能够实现。

郑天挺师虽然永远离开了我们，但是，他在我们南开以至我国历史界所树立的高尚的品德和谨严的学问，将永为后人师法。先生的道德、业绩，将永远与山河同寿！

〔按：本文为作者纪念郑天挺逝世五周年而作〕

（原载《南开教育论丛》，1986 年第 4 期）

郑老是怎样指导我们标校《明史》的

林树惠

一九五四年夏，我怀着对郑毅生先生崇敬的心情，来到南开大学历史系工作。当时郑先生是系主任，接触的机会不算太多，只觉得他为人和蔼可亲，学识渊博。五八年我系明清史研究室成立，我调到该室工作，一直到今天，屈指算来，已经二十多年了。

明清史研究室十几年来主要的工作是标校《明史》。现在《明史》早已出版，而郑老离开我们已经两年多了，每当我想起过去在他的领导下，进行工作的情景，我的心情就长久地不能平静下去！

郑老是研究室的直接领导，但我从来把他当做是一位尊敬的老师，总把自己看成是他的一名学生，二十多年来从他老人家那里学到了一些治学的基本方法和做人的根本态度，这是我终生难忘的事情。

郑老一生为人表率之处甚多，很多同志都谈的比我深刻得多，我现在仅仅谈一谈我在明清史研究室的一些感受。

首先我感到郑老对工作要求是很严格的。郑老在我系工作长达三十余年，是受全系尊敬的一位长者，但我还有另外一种深刻的感觉。当时我是《明史》标校工作具体负责人，因此在这方面感受尤深。我觉得他是一位严师，对大家要求没有丝毫马虎，经常受到这样那样的指责，心里觉得很不舒服，有时不免分辩几句，惹得先生颇不愉快。今天回想起来，才理解到这是爱护我们的表现，只有严格要求，才能鞭策自己前进，改正错误，把标校工作搞好。所以到了后来，我们对《明史》上一些细小的事情也毫不放过，我觉得这是先生不讲情面督促我们的结果。这里可举一例：一九六五年秋，全室大部分同志都去参加"四清"，仅留我和郑克晟同志二人。当时我们主要在搞明史校记。六六年三月，他来信谈到这一工作，要求非常具体。信中说："校记的分量、条数，要看实际情况。如经过细心校勘，并无几条，自不能加。怕的是一时大意，我们没看出来，而让旁人指出来，这是对人民不负责，切须注意。志、表校勘，《明史》本书的歧异可能多一些，要注意整个记载的同异，不要只看名词数字。参校书籍不要求多，而要求一本书校到底。《食货志》可参校日本人和田清的《译注》及《图书集成·食货典》的《明史·食货志》稿。《译注》科学院有，找不到就算了。《艺文志》可参校《千顷堂书目》及焦竑《国史经籍志》，以《千顷堂书目》为主，焦书不校亦可。《刑法志》参校《明律》或《唐明律合编》，以一种为限。表参校《二十五史补编》里面的二三种。这样已很够了。切忌有几条参校很多书，而重要的反漏了。从来'博'与'渊'是连着的，抽几条不是关键问题，繁琐征引以炫博，在明眼人看来正是陋，而且是不负责。"郑老不但对大家要求严，对他本人则要求更严，举个例子说罢。七四年左右，《明史》校记的初稿，在交到中华书局的时候，还有最后一小部分没有做完，郑老、汤纲同志和我三个人一起搞这项未完的工作，我们工作的地点在主楼北面，时当严寒的数九天气，滴水成冰，暖气等于没有供应，我们每天上下午八小时坐班，下班时觉得肚子里满是凉气，郑老已经是七十多岁的高龄，坚持工作，有时还安详地替我们解答问题，我们年纪较轻，都觉得有点受不了，而郑老处之泰然。此情此景，迄今思之，能不令人肃然起敬！

其次，郑老对我们的进步，更是非常关心。经常告诫我们，要扎扎实实地工作，要一步一个脚印，不为名，不为利，埋头苦干。郑老这样说了，也是这样做了！这点也有个明显的例子。在中印边界问题发生后，在郑老的指导下，我们查阅了各图书馆里的地图，终于在南开大学图书馆查到一本珍贵的地图，提供了有利的证据。此外，在当时，系里有少数同志对标校工作有些片面的看法，我们听了以后，感到有些委屈，郑老发现以后，就经常说服和鼓励我们，使我们不但把工作做得好些，而且思想上也有所提高。后来《明史》出版，大家一无名，二无利，我们都觉得心安理得，这和当年郑老以身作则和耐心教导是分不开的！

"桃李不言，下自成蹊"，先生的嘉言懿行，正指引着我们扎扎实实地前进！

（原载《郑天挺学记》，三联书店，1991年4月）

我追随郑先生研读点校本《明史》三校稿

郑克晟

我自 1955 年在北大历史系毕业后，即分配到中国科学院历史研究所工作。当时领导非常开明，见我们基础差，读书少，所以主要安排我们多看书。我第一次通读五百册《明实录》（"梁本"），就是在这个时候。1963 年初，为了照顾孤身的父亲，我和爱人傅同钦调来南开，我被安排在历史系明清史研究室，主要工作是校勘《明史》，包括本校及他校。父子"同城"，殊觉不便。校勘工作相当枯燥乏味，对我这三十出头的人来说很有思想负担。但郑先生等人对待《明史》标校认真负责的精神，深深打动了我，使我羞愧万分，决心追随他们努力工作。

南开明清史研究室早已答应承担《明史》的点校工作，其标点原由林树惠、朱鼎荣、傅贵九三位先生承担初点，再由郑先生全面复核改正。后来我和汤纲、王鸿江同志也参加部分工作。但由于郑先生事情太多，很难分神专心点校。其他各史的点校情况，并多类似。因此中华书局乃有将各地专家集中该局，全力以赴，争取尽快完成"二十四史"点校工作之想。于是郑先生乃于 1963 年 9 月底，居住在中华书局西北楼招待所，专心从事《明史》点校工作。

郑先生对《明史》点校工作极为细心，充分体现了老先生对整理古籍的认真负责态度。但那些年中，政治气候总在不断变化，越来越左，点校工作不能不受到严重干扰。当时为了突出以"阶级斗争"为纲，什么关于"批判继承"的座谈会，批判"海瑞罢官"的座谈会，关于"清官"的座谈会，关于"让步政策"的座谈会等等，纷至沓来，郑先生都要参加。不准备不行，不发言更不行，发了言见了报更是胆战心惊，形势逼人，老知识分子的日子真不好过呀！记得在关于"清官"的座谈会上，他在揭露了诸多"清官"不清的事实后，也谈到了地主与农民在一定时期可能有共同利益，如兴修水利即是如此。会后去吃饭时，冯友兰先生即对他说，他举此例有"合二而一"

之嫌（当时正批判杨献珍之"合二而一"论）。他听后也深悔"言多必失"。就这样，郑先生在《明史》点校未完成的情况下，于1966年6月8日悻悻离开中华书局，奉命回校参加"文化大革命"。回校后他即被关进"牛棚"，失去自由，精神上备受折磨。

七十年代后，"二十四史"的点校工作又重新开始。由于当时历史系不同意中华书局的聘请，郑先生失去了最后参加《明史》点校的机会。然而负责此项工作的赵守俨、王毓铨、周振甫先生仍然与他不断联系，希望他对《明史》的三校多提意见，以使《明史》点校工作顺利完成。对此，郑先生出以公心，仍然兢兢业业，认真提出了一些重要建议。这已经是1973年4月的事了。

我于1973年8月初在全家去农村插队落户四年后，又回到了南开历史学系，随后也参加了《明史》点校后的三校审阅工作近半年。这段时间，我对郑先生在工作中一丝不苟、一心为公、不计个人得失，以及他对史籍的渊博知识，都有更深的认识。"二十四史"点校工作，既无名（不列点校人），也无利（无稿费）。但参加这一工作的诸多老先生，从无怨言，而是一心扑在工作上，要把此工作做得更好。

我最近还在家中检出郑先生在此期间所记的"复校异议"之工作本，约百余页，内中全是对《明史》点校中三校校样的意见，凡数百条。现举数例，以见一斑：1. 关于断句：如在三校中，对《明史》卷二三九，关于"银定歹成"校记。郑先生建议："原校样'银定歹成'，或加顿号作'银定、歹成'，或不加，不很一致。案卷三二七《鞑靼传》，'天启三年春，银定纠众再掠西边，官军击败之'。明年，……歹青以领赏哗于边，边人格杀之'。歹青与银定分列，似以加顿号为宜。"又如：在明初官名中有"参事断事官"字样，在参事之后该不该加顿号，有人表示拿不准，写信问郑先生。郑先生以《明太祖实录》、《洞庭集》等书为例，认为应当断开，嘱我写信回复。2. 关于《明史》原文之迳改问题：《明史》卷二五九《袁崇焕传》之校记，郑先生谓："'袁崇焕字元素，东莞人'。案《崇祯实录》卷三、《国榷》卷九一崇祯三年八月癸亥条都作'藤县人'；《明进士题名录》万历己未科也作'广西梧州府藤县民籍'，是此处东莞应作藤县。但《明史稿》传一三一《袁崇焕传》已作东莞人，清乾隆《一统志》及广东省县志均以袁崇焕列入广东州府人物之内。三校原稿已将此条改为藤县人，建议只作校记，不改原文。"又《明史》卷八十食货四，有"于量召商中淮、浙、长芦盐以纳之，会甘肃中盐者，淮盐十七，浙盐十三"。原稿据甘肃中盐并无长芦，曾将"长芦"二字删去。郑先生认为这是两回事，甘肃中盐是另一回事。《明史》不误。于是建议将"长芦"二字添入。3. 关于校记所引史籍：《明史》卷四十《地理》一，关于北京各城门改名时间问题，校记中曾引《嘉庆重修一统志》，郑先生认为该书出于《明史》之后，不便引用，建议删掉。事实上，郑先生就为这一条史料曾遍查明英宗《实录》，证明改名时间当在正统二年八月至四年四月间。

总之，郑先生对《明史》点校工作，从来是认真负责的，同时也是非常虚心的。他的意见都有"建议"、"似"等字样，从来是商量的口气，即是证明。郑先生的这种认真负责的工作态度，使我深受教育，永生不忘。

（原载《南开学报》，1999 年第 4 期）

忆郑先生对博物馆事业及档案工作的重视

傅同钦

郑天挺先生不幸因病逝世，这不仅使史学界失去一位道德高尚、诲人不倦的师长，同时也使我们的家庭中失去了一位循循善诱、和蔼慈祥的父亲。

自他老人家去世后，我们思绪万千，不时潸然泪下。回忆起他多年对我们的教诲，深感有负他对我们的企望，每思及此，真是惭愧万分。在这里，我们仅就他对博物馆事业及档案工作的关怀中的几个片段写在下面，以表达对他的怀念。

一、关怀博物馆事业

早在四十年代后期郑先生任北大史学系主任时期，他就对博物馆学科的设置有着浓厚的兴趣。当时恰值韩寿萱教授由美归来，在北大史学系任教。韩在美十七年，专门从事博物馆学的研究。当时北大曾设置博物馆筹备委员会，由韩寿萱主持，成员有胡适、汤用彤、向达等人。一九四八年五月四日，史学系学生曾组织一次"五四史料展览"，并由当时《平明日报》出版特刊，广泛宣传。郑先生对此展览非常支持，并为特刊书写题签。

一九五〇年春，在郑先生主持下，北大曾举办明末农民起义史料展览，公布了校内所藏之有关明清档案的文献。当时前来参观的人很多，收到了预期的效果。同年夏，史学系设立博物馆学专修科，由韩寿萱主持其事，此外尚有胡先晋、阴法鲁、裴文中（兼任）、启功（兼任）诸位先生。暑假开始招收第一班学生，次年继续招生，直至一九五二年院系调整，专科撤销为止。

一九五二年郑先生来南开后，就特别强调历史系的学生，除课堂学习外，应到历史博物馆、故宫博物院等处多见识见识文物，看看祖先给我们留下的丰富多彩的物质财富，以及为人类社会发展所作出的卓越贡献。这不仅可以获得很多知识，同时还可以激发学生的自豪感，更加热爱自己的祖国。于是在一九五三年以后，南开历史系的师生每年都要利用暑假或其他时间，到北京各博物馆参观一周，以广见闻。开始几次，总是郑先生亲自带队，并向博物院中的著名学者沈从文等教授虚心请教。一九八二年沈先生还念及过此事。他说，从五十年代到六十年代，我"不断呼吁全国各大学历史系中学文物的学生"，应该到北京的历博及故宫等处"实地学习"。当时"赞赏我这一呼吁的"，有南开郑天挺、吴廷璆等教授。沈先生并自谦地说，南开师生每次来，我都是"说明员"。

一九六〇年春，历史系决定先成立博物馆专门化，然后逐步再发展成为博物馆专业。为了做好这一工作，他特地向全体同学作了动员报告，阐述其重要性。

他首先强调了设立博物馆专门化是为了社会主义建设的需要。继而又列举世界各国对博物馆事业的重视。接着他谈到我们祖先对文物的重视。他说："博者即多闻，博物即是博识，即多闻于物。"《左传》："晋侯闻子产之言曰：博物君子也"，就是说子产知道的东西多。晋时张华著有《博物志》。《晋书·张华传》说，"华强记默识，四海之内，若指诸掌。……画地成图，左右属目。"晋惠帝元康五年（二九五年），"武库火，华惧因此变作，列兵固守，然后救之，故累代之宝及汉高斩蛇剑、王莽头、孔子履等尽焚焉"。可见当时"武库"不仅收藏武器，同时还包括文物。武库之役，始自汉高帝。《汉书》说，萧何治未央宫，立武库太仓。想来武库本藏新兵器，后来将古兵器也藏其中，如斩蛇剑等。再后又把古物纪念物也收藏其中，如孔子履、王莽头等。当然，这些仅仅是收藏，表明古代对文物的重视，而并非陈列。这与博物馆还不同。

他还谈到了国家对文物的保护和重视。如一九四二年，八路军在山西赵城从日本侵略者手中抢救出"金藏"（金朝时刻的佛经）四千三百多卷，移至山洞，得以保存。解放以后，又修缮了"赵州桥"、"景州塔"、"云岗石佛"、"龙门"、"麦积山"、"故宫"、苏州"留园"等等。而博物馆的事业亦在迅速发展。"鲁迅故居"、"孙中山故居"都设了纪念馆。其中尤以定陵地下博物馆及天安门广场东新建的中国历史博物馆，更是宏伟、壮观，世界仰慕。目前全国各地的出土文物如此之多，为历年所未见，但多不能整理、展出。而各方面的人才却如此之少，这是一个多么急迫的问题！因此，培养博物馆的人才，已成为当前刻不容缓的重要任务。

他最后说，博物馆学包括陈列、保管、考古三方面。这些我都不懂。但我觉得博物馆专门化应当开设博物馆学、古器物学（包括石器、青铜器、甲骨、磁器、书画、艺术、钱币、印钵）、古文字学（包括殷墟书契、篆、隶、六书、音义）、古文献学（包括史讳学、谱系学、版本学、校勘学、度量衡学）、历史档案学、目录学、中国艺术史、世界博物馆介绍，等等。这些课程，或设系统讲座，或开正式课程，视情况而定。

但是，由于种种原因，博物馆学专门化没有维持多久就下马了。

一九八○年，南开历史系又成立了博物馆学专业，八四年暑假有了第一批毕业生，他们已经走向不同地区的工作岗位。目前这个专业已拥有四个年级学生，并与国家文物局合办了一个文博专修班。国内外的专家学者纷纷为这里的同学讲课、作学术报告，全国各省市的博物馆，也对这个专业给予很大的支持。如果说，这个专业有着一点点成绩的话，那我们更应当怀念这个专业的倡议者——郑天挺教授。

二、热爱明清档案工作

郑老一贯关心档案工作，尤其是对明清档案有着深厚的感情。

早在一九二二年夏天他做北大国学门研究生时，就首先参加了整理明清档案的工作。记得一九五○年暑假，克晟拿到了家中有一本一九二二年商务印书馆印的日记本，其中所记不多，不过一两页。他看到了其中的一页，感到十分珍贵，就对克晟说："这页日记要好好保存下来。"克晟答应了。日记是这一年（民国十一年）七月二十六日（阴历壬戌年六月初三）星期三所写。现将全文抄录如下：

上午至北京大学整理档案也。

民国成立，前清内阁档案移至教育部历史博物馆，近复移至大学整理。大学因设专员司之，余与其列。今日余整者为雍正题本，即奏摺也。有可记者数事：

一、题本皆白摺无格，前汉文（多小楷或宋体字）后满文。本至内阁，摘由粘于后，而后进呈。皇上则朱批或兰墨批于首。

二、朱批诸字字体整齐，近赵孟頫，亦有甚劣者。

三、满洲诸臣题本亦皆称臣（如刑部尚书德明等），与旧闻概称奴才者不同。

四、京中各部均方印，总兵亦方印，而巡抚反长方印。

更有一事最有趣者：今日见一雍正十三年十一月初九日云南提督蔡成贵，奏贺雍正即位表文中云："近奉到即位恩诏"云云。按雍正在位止十三年，此表到日恐帝崩久矣。但不知贺表何竟迟至是时方发，而即位诏何至是而至也。

这确实是有关整理明清档案的较早记录。今天我们读到它，还会感到郑老对明清档案感情之淳朴而深厚。真是，时间已经整整过去六十个年头了。

郑老所整理的这部分明清档案，就是他老人家在《明末农民起义史料序》（已载入《探微集》中）所说的，即"几经交涉，七月（引者按：指一九二二年）这批档案才由历史博物馆陆续移运到校，共计六十二箱又一千五百零二麻袋"。从这以后，因为郑老多年在北京大学任教，讲授明清史，又兼任过文科研究所明清史料整理室的负责人，因此这部分档案总是和他的教学、研究工作分不开。

解放以后，郑老以马克思主义作指导，继续对档案进行整理。五十年代初期，北大文科研究所先后整理出《明末农民起义史料》、《宋景诗起义史料》等书，都是利用当时在北大存放的明清档案，在他的带领下，与其他年轻同志一起，经过精心整理编纂而成的。他在《明末农民起义史料序》中又写道："北京解放以后，文科研究所罗常培所长深深感到，我们所藏这些已整理出来的宝贵档案必须赶快公开，没有整理出来的档案必须加紧整理，以供大家利用，要使它从满足少数人的研究愿望，进入公开的随意广泛利用。"又说："一九五○年五月四日，我们将所中收存的档案举行了一次小型的明末农民起义史料展览，承观众给我们很多的宝贵意见和鼓励，并且建议我们将展览的史料全部印行。"这些话，充分表达了郑老愿意把档案尽快整理出来，以供研究者充分利用的迫切心情。这种大公无私、处处为别人着想的精神，是多么难能可贵呀！

一九五二年高等学校院系调整，他奉调南开大学历史系任教授兼系主任，北大文科研究所的档案也全部移交。由于繁忙的教学任务及工作地点的变迁，郑老对明清档案不可能再如以前那样关心了，但他仍对这些档案怀有依恋之情。他对明清档案集中拨归故宫档案部保管的办法，非常赞成，认为得到了"更适当的处置"。

一九六一年以后，郑老参加了高等学校文科教材的编写工作，长期住京。

尽管当时明清档案保存在西郊，查阅不太方便，但他仍在不断地关心这部分档案的整理和应用。

一九六三年十二月四日，他应邀到中央档案馆明清档案部，给该部的同志作《清史研究和档案》的报告。这个报告经过整理，发表在《历史档案》杂志一九八一年第一期。文中内容异常丰富，联系广泛。他在报告中特别强调要以整理历史档案带动清史的研究。他认为，清史研究是中国历史研究中薄弱的一环，"专著最少，研究最少"，因此"必须重新来搞，必须加强"，"这与整理历史档案分不开"。如果"把历史档案与历史研究结合，一起推动，就可以用整理历史档案带动清史研究"。接着他还谈到了清史的分期、特点和值得研究的问题。他认为，整理清史档案的人，只有结合这些特点、分期和值得研究的问题来进行整理，才能使清史档案和研究结合得更加紧密。这次报告在上午和下午共进行了五个小时。讲完了，他又在馆内参观。他在参观后异常兴奋，认为"馆中设备极新，工作成绩亦甚大，见之狂喜"。

一九六四年八月十五日，他又一次到中央档案馆作有关乾隆皇帝的报告。那天他起得很早，乘坐六点左右的火车由津去京。下车后他本可以先到中华书局招待所休息，但他不肯，乘车径往城外。那次报告是专门为中央民族学院六一级满文班同学听的，因为该班同学正要参加乾隆朝满文档案的整理工作。是日下午二时，中央档案馆裴桐同志和中央民院马学良教授都来了。郑老的报告题目是《清代史上的乾隆时期》。报告共分三个部分：一、十八世纪三十年代——九十年代的国际大事；二、乾隆时期的分期；三、乾隆时期的特点。在谈到第一个问题时，他提到了一七八九年的法国大革命，这是出现在乾隆时期的事，也提到了英国出现的产业革命和美国独立运动；最后则谈到欧洲在文化上的启蒙运动，资产阶级革命派反对封建主义残余。他把乾隆二十五年（一七六〇年）作为中线，加以分期，认为乾隆的前二十五年中国国势达到了顶峰，后三十五年则微微有下降趋势，嘉庆元年（一七九六年）以后则走向下坡路。他把重点放在第三个问题。他认为，乾隆时期中国的经济又有进一步的发展，统一的多民族国家更加巩固，对外关系更趋频繁，国内阶级矛盾更趋尖锐。接着，他用大量丰富的史实，详尽地阐述了乾隆这一时期的诸多问题。这次报告，给与会者及民院同学以深刻的印象，反映甚好。

最近几年，他虽然年迈，但精神矍铄，劲头十足。他对第一历史档案馆出版的《历史档案》刊物非常支持，不仅自己写稿，而且也劝其他同志写稿。他每每与我们谈及明清档案，并说他愿意晚年在档案馆得一居室，以便就近更好查阅档案，进行历史研究工作；同时还可向一些年轻同志传授整理档案的捷径，进行具体指导，以便与清史研究工作更好配合。可惜这个愿望没能实现。当他改任南开大学顾问后仅仅两个月，就病逝了。

在他逝世前不久，他收到曾三同志和张中同志的来信，约请他担任中国档案学会的顾问。他收到信后极为高兴，当即复信，表示赞同。一九八一年十一月二十一日下午，他接到北京的电话，询问定在二十三日下午召开中国档案学会成立大会的开幕式他能否参加。他一方面极想参加，但手头又有一些事未了，因而不能参加。二十六日，他在北京开全国人代会。由于事情较多，居地又远，又因十一月三十日正是人代会开幕的日子，所以中国档案学会的闭幕式也未能参加。不过他在这次会上，还同其他代表一起，对清史的编写和明清档案的整理和利用，表示了极大的关注，提出了有关建议。然而他老人家哪会想到这已是他对档案工作的最后一次关心了。这时离他的逝世时间已不及十天。

郑先生一心热爱教育事业，对与教育有关的任何工作一贯热心负责。因此他的逝世，对我国教育界及史学界，及至于与之相关的其他学科，都是极大的损失。但我们相信，他长期以来所关怀的博物馆事业以及明清档案工作，一定会随着全国社会主义现代化建设事业的发展，不断取得更优异的成绩。

（原载《郑天挺学记》，三联书店，1991 年 4 月）

继承郑老遗志，推进辞典编辑工作

《中国历史大辞典》编辑部

我们的总编、著名的史学大师郑天挺先生于 1981 年 12 月 20 日不幸逝世了！这是我国史学界的损失，更是我们参加编写《中国历史大辞典》的全体成员的损失。让我们以沉痛而诚挚的心情，悼念这位令人尊敬的长者！

郑老在解放前就想编纂一部中国历史辞典，但在旧社会，生活艰窘，政局不稳，史学界各自为谋，使他力不从心。1958 年，他再次提出编纂辞典的建议，得到了热烈的响应，但随着情况的变化，这工作开了个头就搁置了。只有在粉碎"四人帮"以后，在党中央重视科学文化建设方针的指引下，在全国安定团结，史学界和衷共济、通力合作的局面下，郑老的这个愿望才得到实现。辞典编纂工作草创之始，他欣然担任了总编，亲自参加了第一个编辑体例的拟定工作。此后，在 1979 年 11 月、1980 年 8 月、1981 年 5 月召开的天津、太原、上海三次编辑工作会议上，他不顾工作繁忙、身体劳累，以八十多的高龄，亲自参加并主持了会议。在每次会议上，他都作了精辟的发言，为编辑工作解决疑难，指示方向，振奋了与会者的精神，鼓舞了大家的干劲。特别是在最后一次即 1981 年 5 月 14 日的上海会议上，他提出的《中国历史大辞典的现代化问题》的三项原则（以马列主义、毛泽东思想为指导；反映最新科学水平；加快速度），更使我们受到教育和鼓舞。他兴奋而恳切地说："我今年八十三岁，我希望在我八十八岁的时候和各位一起来共同庆祝《中国历史大辞典》的出版。"这是他的希望，也是对我们的激励和鞭策。当时听者谁不为之兴奋动容。谁能想到，言犹在耳，而七个月以后，他竟离开我们而去了呢！

郑老的身体一向很好，可是，繁重的任务，认真负责的精神，使他得不到充分的休养。他把全部身心用在教学、科研、会议及辞典编辑工作上；在住院前几天，他还想着要主持中国史学会和明清史辞典分册编委会议的工作。真可谓"鞠躬尽瘁，死而后已"。这种一心为公、忘我劳动的高尚品德，也是我们学习的榜样。

我们一定要化悲痛为力量,继承郑老的未竟之志,通力协作,加快进度,在 1986 年把全书出版,作为对郑老八十八岁冥寿的纪念。让我们团结起来,争取辞典编纂工作的早日完成。

(原载《中国历史大辞典通讯》,1982 年第 1 期)

"仰之弥高　钻之弥坚"

——郑天挺先生教席述略

陈生玺

郑先生的著作《探微集》与《清史简述》已久为学术界所推崇，无庸赘言。现仅就我亲聆教席所记，略叙先生述而未作者，以志不忘教诲。

一、博大与精深

郑老是以明清史闻名于国内外的，但他的学问则是文史相兼而贯通古今的。一九五二年暑假院系调整从北大来南开时，大家都以南开历史系能有郑老这样的知名学者和有行政才干的人领导工作而感到荣幸。当时和他同来者还有从清华调出的雷海宗先生，雷海宗也是以西洋史闻名而学贯中西的。南开大学剧增两位史学巨星，大大地提高了南开大学和历史系的学术地位。当时我是刚刚入学的新生，同学们对于能够作郑、雷二位老师的学生，也很感到自豪，急切地希望听到他们最专长的课程。但是郑老当时忙于行政工作（因为那时正是全面学习苏联时期，每门课程在上课之前都必须先在教研室内试讲，郑老既是系主任，又是中国史教研室主任，他要帮助各门课程进行试讲，然后还要随堂听课），到校后只给我们上两班讲了几周隋唐史，我们年级同学便很有意见，认为在南大历史系学习，听不到郑老的课，就等于虚度，所以多方要求，甚至于发牢骚。我们的愿望终于实现了，郑老在百忙之中挤出了时间，在一九五四年下半年给我们开了两门专题课，明清史专题和史料学。郑老讲课的特点是材料丰富、旁征博引、深入浅出、举一反三，给人以充实的感觉，启发性又大。即以明清史专题而论，共讲了四个题目，一、元末社会与农民起义；二、明太祖的政策；三、清入关前的社会性质；四、清入关后的政治与经济。每周三节，授课时间一年。三四两个专题的观点和部分内容见于《探微集》与《清史简述》，一、二两个专题除了在课堂讲授而

外，并未著成文字发表。当时关于明清史的参考书很少，听了郑老的课后，
澄清了许多历史问题，使人耳目为之一新，例如关于元代的种族压迫问题，
传统的观念是元代蒙古贵族入主中原，将人分为四等：蒙古、色目、汉人、
南人，加强了种族统治，使中国社会的经济发展倒退。郑老详细地讲述了元
代种族压迫的特点，划分种族界线的过程。他说：元代分人为四等，除了种
族特点而外，还根据被蒙古占领时间的早晚；在灭金时投降者皆属汉人，其
中包括汉人、女真人、契丹人和高丽人，但不通汉话的女真人和契丹人则列
入蒙古人中（《元史》卷一三）；西夏人列入色目人中，灭宋以后投降者皆为
南人，最初叫新附人，但四川人称汉人不称南人，因为蒙古占领四川较早。
汉人最初的政治地位并不低，史天泽曾作中书右丞相，蒙古人打南宋时，汉
人的军队是主力，蒙古军队很少，一二六二年在宋元交界上，汉人军队李璮
降宋，从此蒙古人不信任汉人，到灭南宋以后才正式划分人为四等。至元二
十三年（一二八六）还有"省院诸司皆以南人参用"、"参用南人"的诏书
（《元史》卷一四，世祖纪）。元朝把人划为四等，是因为蒙古是一个少数民
族，比较落后，在征服一个大国时，总是要利用多数人和被征服民族人民的
智慧。成吉思汗到畏兀儿时，听到中国有个神仙叫长春真人邱处机，便派人
把他从山东请去；窝阔台重用契丹人耶律楚材。在忽必烈时，实行汉法，引
起蒙古贵族中一些人的很大不满，西北的番王遣使质问忽必烈说："本朝旧俗
与汉法异，今留汉地，建都邑城郭，仪文制度遵用汉法，其故何如？"（《元史
·高智耀传》）忽必烈即派遣高智耀前去解释。蒙古在初期对色目、汉人是不
分种族都加以利用的，后来便利用各民族之间汉人与色目人，汉人与南人的
矛盾，各派之间的竞争来进行统治，由此而划分了各种族之间的界限。元代
把人分为四等只限于政治的，而不限于经济的。经济上的不平等有些是由政
治而来，但不是由种族而来。汉人与蒙古人虽有民族矛盾，但在经济上没有
限制，经济上的不平等四个等级都有。地主剥削农民，汉人、南人、色目人
和蒙古人都一样。元朝政权的本质是蒙古贵族、色目的大商人与汉人、南人
的地主勾结在一起的。金朝和南宋的地主之所以能保持下来，就是因为经济
上不受种族限制，元代的土地问题就是由此而产生的。他还说，在元朝，由
于不同民族的杂居、通婚，造成了文化的互相吸收和民族间的融合，例如伯
颜不花的母亲是汉人，察汉帖木儿是蒙古人，他的外甥扩郭帖木儿即王保保
昰汉人，松江俞俊娶也先不花的侄女。元时蒙古人、色目人可以任意居住内
地，与汉人随处杂居（一九五四年课堂笔记）。这就使我们了解到元代的历史

也是非常丰富的，除了民族矛盾而外，阶级矛盾也是很尖锐的。

对我们印象最深的是他关于元代秘密宗教的讲述。在五十年代，有一种流行的说法：中国历史上的农民起义往往用秘密宗教来做掩护。郑老详细地讲述了元代秘密宗教白莲会与农民起义的关系，主要内容有：白莲会的性质；白莲教会与弥勒教；白莲会与摩尼教；白莲会与道教；白莲会与白云宗；元代禁断白莲会等。然后他说：在元代，由于人民备受压迫，怀念过去，便希望将来能够恢复过去，这些教的教义正符合人民的这种要求。因为不出家，在家中信奉，所以不能信一个教、一个神，而是多种信仰杂糅在一起，混合佛教、弥勒佛、摩尼教与民间迷信在一起，成为一个白莲会。教义是杂糅的，随时发展的，可以是反封建的，也可以是反外族的。例如在宋朝方腊起义反宋，元朝韩林儿又说自己是宋朝的后代反对元朝。这种教义既可以崇拜甲，也可以崇拜乙；可以拜太上老君，也可以拜弥勒佛。因为他们对现状不满，当时的主要矛盾是什么，他们就号召什么、反对什么。单纯说他是反封建或反外族的也不合适。这种组织开始并不是一个革命团体，有他封建的一面，也有他反封建的一面；有不彻底的一面，也有革命斗争的一面。如说历史上任何农民革命都有宗教迷信也是不对的。他说，秘密宗教不是某一时某一地为某一事件而组织的，而是广泛的长久的一个组织；不是某一时有，某一时无，而是长期潜伏的，时现时不现；所有的秘密宗教也不是一个统一的整体，是不可以用武力消灭的。它不是以某种政治理论所指导，不能很好地满足人民的希望，所以是不能成功的，内部还时常发生冲突。例如韩林儿和徐寿辉同时称帝。马克思说："宗教色彩是东方革命行为的特点。"（马克思《中国事件》）由于宗教迷信说出了人民的痛苦与要求，用宗教来组织自己，所以过去中国多次革命带有宗教色彩。但不可以理解为是用宗教来掩护，因为从来秘密宗教是为统治者所禁止的，与统治者是相对立的，不可能掩护。秘密宗教则是借人民的集墟、社火、祈福、治病一类事情来掩护自己，而不是用宗教来掩护人民，掩护革命运动。这种结社都是封建的，维护皇权的，维护封建关系和封建道德的，所以也有富人参加，有时也为统治阶级所利用。同时宗教也有它反动本质的一面。（一九五四、一九五七年课堂笔记）秘密宗教是中国历史上很复杂的一个问题，郑老花了很大的精力来研究它，而且研究得相当的深。后来他关于这个问题作过多次专题报告，很为学术界重视（一九六一年十二月十九日《光明日报》）。可惜没有写成专文发表，供我们学习。

郑老在讲课中，经常列举一些生动的诗文，来加深学生对一些历史问题的认识。我清楚地记得他在讲元代的怯薛与投下即爱马时，举了朱思本《贞一斋诗文稿·观猎》："良家子弟尽骄悍，弯弓大叫随跳梁。停鞭借问谁家子，虎符世世绾银章。或在鹰房久通籍，或属爱马从番王。生来一字都不识，割鲜豪饮须眉张。夜归酣笑诧妻妾，鞍马垒垒悬两狼。古今治乱殊未省，岂有谋策输忠良。一朝亲故相荐拔，起家执戟齐鸯行。剖符取郡拥旄节，炙手可热势莫当。"蒙古贵族侍卫专横跋扈，凭借主子的势力，到处横冲直闯不可一世的样子，跃然纸上。在讲到朱元璋参加农民起义时，他举《御制皇陵碑》，却又是另一种情况："居未两月，寺主封仓，众各为计，云水飘扬，我作何为？百无所长，依亲自辱，仰天茫茫。既非可依，侣影相将，突朝烟而急进，暮投古寺以趋跄，仰穹崖崔嵬而倚壁，听猿啼月而凄凉，……身如蓬逐风而不止，心滚滚乎沸汤。"使我们仿佛看见了一个身穿衲衣，手捧破钵，面有菜色的孤儿，急急忙忙到处乞食的凄惨景象。与前者相比，不觉使人感慨系之矣。他那书写这些诗文刚劲有力的板书，至今还深深地印在我的脑海里。他分析了朱元璋的整个政策之后，不同意说朱元璋做了皇帝就是背叛了农民起义以此来否定他。他说朱元璋参加农民起义做到三件事情：一、推翻了元朝的统治，二、完成了中国的统一，从唐末以来北方分裂的局面由此而统一了。三、减轻了人民的负担，增加了社会生产。至于说篡夺那是指没有参加革命而抢得了政权，像袁世凯。朱元璋是亲自参加革命的，胜利果实应有他的一份。成功之后他脱离了农民，不能说他是背叛了农民，在当时他做皇帝是很自然的事。我们既然承认中国封建社会发展的动力是农民起义，那就不能说农民运动从来没有胜利过（笔记）。他分析历史问题从来是实事求是不苛求于古人。

中国是一个多民族的统一国家，有些王朝是由汉族建立的，有些王朝则是由少数民族建立的。由于少数民族多居住在边疆地区，在生产技术、文化、风俗习惯与汉族有很大的差别，所以传统的观点对少数民族入据中原所建立的政权，往往过分指责它的消极作用，忽视了它的积极因素。郑老对中国历史的研究，很早就注意到少数民族对祖国大家庭的历史贡献，他对清史的造诣，也多本于此。到了晚年，他特别重视少数民族问题的研究，多次要我们注意历史上的少数民族问题。他在一次讲课中说：我国古代历史记载多注意文化发展的不同，开发的先后，不大注意民族体质的差别，例如《论语》记孔子曾批评管仲不知礼，但对其九合诸侯以匡天下还是称赞的，他说："微管仲，吾其披发左衽矣。"（《论语·宪问》）他只担心华夏的文化被消灭，而不是人民的被消灭。古代史书对各少数民族的记载有时并无歧视，也不是把汉族看得很高，《汉书》金日䃅传记载，武帝死前曾托霍光辅政，霍光推荐金日䃅说"臣不如金日䃅"，金日䃅不同意，说"臣外国人，不如光"，"且使匈奴轻汉"。（《汉书》六八，霍光、金日䃅传）可见汉武帝和霍光并不轻视匈奴人。在匈奴方面，李陵投降后被匈奴重用，汉遣使至匈奴，劝李陵回来，李说恐怕再受侮辱，不回来（《汉书》五四，《李广传》）说明匈奴也未轻视李陵。当时两个民族之间有矛盾有冲突，但无歧视。《晋书》记载的五胡十六国都是少数民族，其中称赞这些国家的话也一并写入。《周书》也是写少数民族的，为唐时所修。明修《元史》，也承认元代的政权，并不因为他是少数民族而歧视。元修《宋史》，清修《明史》也是承认汉族政权的（八一，九，二八）。一九八〇年《历史研究》发表了范文澜同志的遗著《中国历史上的民族斗争与融合》一文后，争论比较激烈。在一次专门讨论民族关系问题的学习班上，郑老对此发表了很系统的意见，共七条：

一、现在中国境内所有的民族，都是我们历史上要研究的中华民族，"现在"是指中华人民共和国境内。时间是断限于一九四九年中华人民共和国成立，所以不能说"过去"，因为"过去"的概念很不固定，各个历史时期，关于中原、中国的概念不同，往往是指正统王朝的境内，各个王朝的疆域也不相同。

二、中国是一个多民族的统一国家，各民族一律平等，同样受到尊重。所谓统一国家，不是统一于一个民族之下的国家，而是这个国家包括各个民族。

三、在中华民族内有独立的语言、风俗习惯，在境内居住，无论定居与否，都是中国的少数民族。对历史上的少数民族应该承认它的历史地位，但现在这个民族已经没有人了，没有必要再找到它。

四、历史上在中国境内建立的政权不分民族，都应该承认他是平等的，三国时的魏、蜀、吴都是汉族建立的，不必分正统。东晋、南北朝是汉人政权与胡人政权并立的，辽、金、元、清都是少数民族政权也承认他，要打破正统观念。

五、少数民族的历史，除他们另有建立的国家外，都包括在中华民族之内。像蒙古族，他们另建有蒙古人民共和国，我们只讲与我们有关的部分。有些少数民族在历史上曾加入中国，后又离开，现在可以不写入中国史内。但讲当时情况时仍可以讲，不一定讲为中国。

六、每一个民族都有爱国的人，也有叛变的人，要如实叙述，在南宋有岳飞也有秦桧，根据他是否忠于他所在的民族，岳飞是汉族的英雄，兀术是金人的英雄，不能只承认岳飞而不承认兀术。在每一个民族政权下的人，应该忠于该政权，不应该三心二意。像《四郎探母》这出戏是发生在宋金两国军事尖锐时期是不应该有的。

七、民族融合是自然的而不是强迫的，是经济文化的而不是战争的。融合与同化不同。若认为只有华夏族之间可以融合，其他民族不能融合，这就包括民族歧视了，融合是相互的，汉族与非汉族融合在一起，可以超过汉族，汉族也提高了，在某些方面非汉族是超过汉族的（八一，九，二八）。

郑老的这些见解，是他几十年来重视少数民族问题潜心研究的结晶，他很好地把历史事实与现实状况统一起来，对于处理历史研究和教学以及许多民族关系的现实问题，很有指导意义。五十年代高教部编写《中国古代史教学大纲》，六十年代编写《中国通史参考资料》，基本上是根据他这个意见处理历史上的民族关系问题的。

在治学上，郑老很重视基本功，对文字学、音韵学尤为重视。他说他小时先念字书《说文》、《广韵》，后来写文章读一本《文选》，一本《文心雕龙》，当时授业的老师都很有名，听他讲比较平淡，但仔细想来，则意味无穷，要经常查字典，查《说文》、《尔雅》，先了解它的本义，然后再了解它的引申意思，且不可望文生义，用自己的理解去解释而歪曲原意。所以他对音韵学造诣很深。他说历史上许多疑难问题要用语言音韵考证来解决。他早年发表的《发羌之地望与对音》（《探微集》）是这方面的典范作品，至今仍为外国学者研究西藏的著作所引用（一九八三年，日本山口瑞凤：《吐蕃王国成立史研究》第六章）。他在讲课中多次提到法国汉学家伯希和及中国学者冯承钧先生在这方面的成就，要我们注意这方面的问题。例如，他说我国的少数民族史可以从少数民族的语言语音来考订，例如关于满族的始祖三仙女沐浴的布勒湖里，究竟在什么地方，其说不一。最近有人用满语与蒙古语对音认为即是今天的镜泊湖（吉林社会科学院张璇如：《清朝先世族属初探》）。又如"辛者库"，雍正时隆科多得罪，被处斩立决，妻子入辛者库，康熙有一次发脾气，骂皇八子允禩为辛者库贱妇所生。他说，辛为小斗（只有八升），者库为粮食，辛者库实为"辛者库遮黑勒阿哈"的简称，遮黑勒满语为吃，阿哈为奴，全句的意思为吃小斗粮食的奴仆，是内务府包衣中的一种罪籍奴仆，地位很低。又如清史中的"罚土黑勒威勒"，土黑勒为降低，威勒为罚，即罚以轻罪，按当时的规定为十分之一的薪俸（一九八一，七，一八）。许多疑难问题，经他这么一解释就豁然开朗了。所以他在晚年多次鼓励我研究室王文郁同志学习满文，并把自己的满文字典送给他，他说"满洲"这个名称最初不见于任何记载，到皇太极天聪八年（一六三四）突然宣布自己的民族叫满洲，不许人叫诸申，而且这个名字能为所有的满族人接受，必有一定的原因。因之他对王文郁同志用满语来解释满洲族称的由来（《南开史学》第一期，王文郁《女真族女真称的由来》；二期《"满洲"族称的由来》）很是赞赏，认为这条途径应该坚持下去。

郑老由于既通史学，又通文字、音韵、地理，所以他的著作是寓博大于精深之中，由于他谦虚谨慎，他的作品大多是经过深思熟虑的，像《清入关前满族的社会性质续探》一文，是在一九六二年第一篇《清入关前满洲族的社会性质》之后，经过近二十年的研究和思考之后写出的，写作之前还广泛地征求了各方面的不同意见。

二、史料与方法

解放前，郑老以"史料派"而闻名，史料派这个说法当然是很片面的，但学术界公认郑老掌握史料丰富和对史料的重视则是事实。郑老的史学是继承了清代朴学的优良传统，尚朴实，反浮夸；五四时期，他曾投身于民主运动，相信科学和民主，治史重证据，反臆断；视野开阔而不泥古。解放以后，他又努力学习马列主义，力求用辩证唯物主义的观点，研究历史。他是既重史料，又重方法，史料与方法相统一的。他的学术成就之所以博大精深，正由于此。认为他只重视掌握史料那是很片面的。五十年代初，在高等学校的讲堂上，同学们对一些传统的旧课程都感到不满足，希望开一些新课，要求方法新，内容具体，能够解决实际问题。郑老为满足这种需要，首先在国内开了史料学一课，史料学和目录学不同，它不是介绍史料史籍的目录和内容，而是一个研究和利用史料的方法课，主要讲述史料的分类和辨别，文字史料的可靠性、来源、阶级性及其用途，史料的批判和应用，史料的搜集和整理等内容。例如第二章《史料的分类与辨别》第一大类《作为历史资料的文艺文献》一项下关于《当时人的记载》一节要目：

一、当事人的当时记载

二、当事人的事后追记

三、当时人对第三者的记载

甲、记载人的立场

乙、记载的来源

丙、记载人的出身

丁、记载人的能力

四、当时人记载史料的选用

他说，当事人的当时记载价值最高，像公文（包括布告、宣传品等）、石刻（如泰山刻石）、书牍、笔记、日记等。但要注意，像日记，中国过去有一种习气，有些人的日记是专写给别人看的，像李慈铭的《越缦堂日记》，还有曾国藩的《求阙斋日记》，是经过他儿子剪裁过的，他们认为不能公开的事情根本就没有；如梁启超的《戊戌政变记》是在事变产生结果之后写的，没有详细叙述事变中的真情，有意无意在为自己掩饰辩护，初版是在日本写的，认为袁世凯是站在变法这一边的，再版时就改了；又如王照的《德宗遗事》是在民国时写的，说他很早就预料到袁世凯不可依靠，王为戊戌新党成员之一，与康梁不合，也是在为自己辩解推脱责任。袁世凯的《戊戌八月十四日记》是辛亥革命以后袁世凯任大总统后在上海发表的，据说得之于袁的部下张一麐（仲仁）家，说袁于八月初五日在北京与光绪谈过话后，即回天津，初六日荣禄曾问及京中近况，袁以详细情形备述，当时只有袁与荣二人知道，此时北京政变已经开始。这个日记还附有八月二十五日一段后记："自书后纪，并交诸子密藏之，以征事实而质诸词。"显然是事后追记，在为自己洗白，价值不高。苏继祖为戊戌时人，既非新党亦非旧党，在民国二年（一九一三）出版了《清廷戊戌朝变记》一书，他说政变告密者不是袁世凯，而是由于荣禄见到袁世凯突然得到了侍郎高官，便急告西太后，说其中必有阴谋。这个说法也不可靠，因为民国二年正是袁世凯势力最大、当选了大总统的时候，所以说事后追记的可靠性也并不太大，追记愈远，愈不真实。即是当时人对第三者的记载，记载者的立场、记载的来源都很影响事实真相。王照的《德宗遗事》，署名是王照口述、王树枏笔录，王树枏是清末民初的大学者，记载来源说是出自太监之口，有的是瑾妃宫内太监或肃王府太监，当时这些太监都是大捧德宗而攻击西太后的。又如《清宫秘史》所宣传光绪的太监寇连才，清末有三种记载，各不相同，一说是反对西太后的，曾上书西太后而被杀，梁启超在《戊戌政变记》中极力宣扬这点，但梁济在《感敬山房杂记》中却说寇连才只是因为在家里受了点气才出走当了太监的，此书比《戊戌政变记》要早，材料来源得之于寇连才的同乡，《戊戌政变记》则得之于传闻，记载的目的也不同（一九五四年课堂笔记）。

当时我们迫切希望学会掌握史料的方法，目录学所介绍的书目和内容过于繁多，使人难于记忆，史料学则结合古今中外各类具体史料，按其来源、性质，分类讲述，有理论，有事实，听起来很有兴味，既增加了知识，又学会了方法。第一次在一九五四年秋到一九五五年夏，是必修课，我第二次听在一九五七年秋，改为选修课，教室在第一教学楼一楼，当时正在反右之后，我每次进教室都比较晚，也有外系同学来听课，人坐得满满的，有时很难找到座位。这次讲述课时比第一次少（每周二节，一学期）。多偏重于理论，具体事实已经没有第一次讲得详细了。

郑老对这个课程非常重视，在打倒"四人帮"拨乱反正以后，他几次外出开会，都有人问及他这个课程，提议在高校普遍开设。过去在南开听过这个课在高校任教的几位教师，也都纷纷来信请教，希望根据郑老当年的授课内容移植他校，可惜先生旧日的资料卡片，授课大纲在"文化大革命"中被一扫而光，曾嘱咐我有空将笔记整理出来，由于我的笔记记得太简单，惜此事未竟，他老先生就突然与世长辞了。

郑老讲课的特点，并不是罗列一大堆史料，进行一般性的叙述，而是逐条分析，然后讲出应有的结论，特别强调学习和研究的方法。尤其是在晚年，反复重申进行历史研究应该遵循几条严格的科学方法。

第一，要详细的全面的占有材料，进行广泛联系。他说历史发展是曲折的，社会现象是复杂的。只有详细的全面的占有材料之后，才能"从事实的全部总和，从事实的联系去掌握事实"。（《列宁全集》中文版二三卷二七九页）所以详细占有材料的目的不是为了堆砌史料和罗列现象，而是为了求得历史的真实。他说：研究历史要求真、求用，首先是求真，然后才能求用，要求真是相当不容易的，我国古代要求写历史的"直书"，"直书"是否就是真，那也不一定，像董狐，孔子称为"古之良史，书法不隐"（《左传》宣公二年），事实是晋灵公要杀赵盾，赵盾出逃，赵穿杀了晋灵公，赵盾回来没有追查，太史董狐便书："赵盾弑其君"。这本是一种诛心之论，不一定真实。类似这种事情很多。过去认为最好的历史书是否都是真的？如《史记》的鸿门宴，司马迁的记载也有漏洞，当时刘邦离开宴席后，项羽还派陈平召刘邦，他怎么能随便说一句话就跑掉了呢，等他自己跑掉后张良才进去见项羽，这是很难令人相信的（七九，四，一八），所以他反复强调研究历史，首先必须在详细占有材料上下功夫。他说人是一切社会关系的总和，个人的行为一定有社会背景。材料必须全面，不但要有正面的，也要有反面的。一要深，对材料的占有、发掘、理解、认识要深，多问几个为什么；二要广，面要广，联系要广；三要新，发掘新材料，提出新观点；四要严，不虚构，不抄袭，事事有来历，处处有交待；五要通，互相能解释通，从中找出规律来（七九，一一，一四）。而且材料要经得起检查，细节也要确实无误。他说，苏东坡文集记载了一件事情，唐朝一个画家画了一幅《斗牛图》，由于画家没有经验，把牛的尾巴竖起来，被四川一位姓杜的收藏，视为至宝，一天在室外晒画，一个牧童走过，看到这幅图后拍掌大笑，杜某问这个牧童为何发笑，牧童说牛打架的时候，全身的劲都使在牛角上，尾巴是夹在屁股里。（苏东坡全集卷七〇《评戴嵩画牛》）（一九八一，四，二九）可见资料是否经得起检查是非常重要的。

人对历史的理解不同，对资料的运用也大不相同。郑老认为历史是建筑在首尾一贯的基础上的，否则就不可能成为一个完整的历史，那么历史就分裂了。所以史料上要全面占有，理论上要贯彻始终。对史料不能抽出一点进行论证，孤证应该存疑。例如李秀成问题。说他是叛徒只是说李秀成被捉后有投降的思想，难道能说他以前转战苏州一带拖着清军，也是要投降吗？在天京陷落以后他与幼主一起逃跑，幼主没有坐骑，他便把自己的马让给幼主，能说这也是投降吗？要用始终一贯的观点分析历史事实。不能断章取义，孤立地使用资料。（七九，一一，一四）所以他特别强调广泛联系，左右前后都要说通，不能自相矛盾，互相抵牾。他说，在明代洪熙与宣德，人们认为是好皇帝，所谓仁宣之治，人们都称赞大学士三杨（杨士奇、杨荣、杨溥），正是在仁宣时期，事实上仁宣时期够不上一个太平治世，许多对国家有利的事到仁宣时取消了。明代苏松田赋很重，苏松巡抚周忱和知府况钟本来是根据宣宗敕谕请求减免，结果被户部驳回，认为这是变乱祖宗成法，宣宗也没支持况钟的建议，史书还夸奖他没有治周忱和况钟的罪。明代的庄田，甚至宫庄（仁寿宫）也是从仁宣时开始的，仁宣时乞请纷纷，永乐时的许多的劳民的修建工程，仁宣时并未停止，粮长原来是富户承当，后来变成永充役，是从宣德时开始的，万历时有税监，扰害最大，也开始于宣德时派太监到景德镇监制瓷器。宣宗最喜欢促织（蟋蟀），让人民给他捉促织，况钟的集子中就有关于捉促织的奏疏。仁宣时是暗暗地对人民实行迫害，而明面上又不宣扬，这正是当时任大学士三杨的作风，也是过去中国官场的作风。（八一，四，二九）郑老认为，对资料的运用，必须前后一贯，进行辨别。他对史学方法的讲解总是结合具体历史事实来讲的，而不是讲一些干巴巴的原则。

第二，读书得间。在"四人帮"十年动乱时期读书有罪，"四人帮"被打倒以后，轻视读书这种流毒依然很深，一九七八年他在一次讲话中引证了陶渊明的诗"愚生三季后，慨然念黄虞。得知千载外，正赖古人书。圣贤留余迹，事事在中都。岂忘游心目，关山不可逾。"（陶渊明《赠羊长史诗》）来说明读书的重要。但怎样读书，却人人各殊。郑老主张读书要博，博览群书，广泛的求知识，多闻阙疑，但他反对杂，泛滥无归，乱看而不能集中，博而寡要。所以他说读书时要仔细，精深贯通，详明严密，不要浅尝辄止。因之他能"读书得间"，从字里行间得其理，发现问题。他说，洪武五年五月（一三七二）朱元璋曾发了很重要的一个告示，流民复业者不许仍前占护，应以丁力耕种为限，假若土地不够时，"许于附近荒田内官为验其丁力给其耕种。"（《明太祖实录》卷七三）这句话说明原来地主的土地没有了，不是封给功臣，而是给无地或少地的农民了，必须用别的闲田来补偿。刘辰《国初事迹》记载，朱元璋起义后每到一处，老百姓欢迎他，向他说自己有多少地，要朱元璋亲自画押，可见这些地原来不是自己的，朱元璋画了押，就合法了，这就是元末明初的户由问题。朱元璋承认原来人民对这些土地占有的合法性，但他也与地主作了妥协，没有给他们原来的地，而是用别的地来补偿。我们怎样看待明初这一大的变化。朱元璋从起义到建国共十六年（一三五二——一三六八），这十六年是在农民起义下的政权。说朱元璋背叛了农民革命，到底背叛了多少，要依据事实来下判断，不能先下定义说背叛了，然后再找材料（七八，一一，二〇）。

另外，在五十年代，学术界竞相谈论徐一夔《织工对》与明代的资本主义萌芽。郑老从《织工对》中"日佣为钱二百缗"一句中的"缗"字是元代人对一千钱的习惯称呼中，考证出《织工对》是写于元末，它所反映的是元末杭州丝织业的生产情况，而不是明初棉织业的生产情况。从而澄清了一个重要的历史问题。他早年发表的《释"阿玛王"》（《探微集》）也是如此。"读书得间"这是郑老告诉我们要善于读书的一个好方法。

第三，大处着眼与小处着手。研究历史应该怎样选题，怎样做论文，这也是我们经常请教他的问题。我们一些初学历史者往往喜欢选大题目，做大文章，纵论古今。郑老认为大题目涉及的面广，关心的人多，讨论起来热烈，但问题大不容易照顾周到，不容易处处深入，往往存在薄弱环节。问题小可以深入，但面窄就不容易通贯全局，不容易引起注意，而且往往陷入烦琐考证。似乎采用点面结合比较好些。围绕着一个中心问题，一面进行全面探讨，一面就其中某一小问题进行重点研究。例如"全面的分析历代封建土地制度的性质是需要的"，而只就"屯田"、"均田"、"商屯"、"民屯"作重点分析也是需要的，甚至更小的问题，如"拨补"、"退卖"之类，分析清楚，对中心问题的全面解决是一样可以有帮助的。"集合许多小胜化为大胜"的战略思想，是可以应用到科学研究中的（《历史科学是从百家争鸣中发展起来的》）。所以他是主张大题小做的，所谓大题小做就是在重大历史问题中选择一个小题目，题目小了易于深入，便于把握。但小题目又必须广泛联系，前后照应，使之融会贯通，为解决大问题提供重要论据或者以此进行突破。他把这叫做：大处着眼，小处着手。即从整个历史的全面发展着眼，从个别具体问题入手。题目要小，才能深入，深入之后，才能近真。（八一，三，二五）他说"历史上的大问题得解决，但小问题也得解决"。而且大问题不是一下子能解决的，往往也不是一个人或者一篇文章能解决的。研究历史必须脚踏实地一步步来，急欲求成者适得其反。即使是小题目，要做好也是很不容易的。他说作好一篇论文要有这三个方面的要求，一是新方向，至少包括新途径、新方法、新需要；二是新资料，至少包括新文献、新调查、新实践；三是新论点，至少包括新论证、新探索、新的推动。（八一，三，二五）他是反对旧饭重炒，把历史研究搞得新不新旧不旧的。由于十年动乱和极左思潮的干扰，我国的历史研究工作大大的落后了，即是对中国史的研究某些方面我们也落后于国外水平。他在主持中国史学会工作时，反复强调，为了迎头赶上，历史研究必须缩短战线，才能取得比较彻底的胜利。他说：美国有一个研究中国史的学者，去年到中国访问，他曾说，中国的历史太长，无法全面研究，于是他把时间放在明清时期，但还嫌太长，再缩至明末。明末问题也太多，又缩至明末农民起义，可是明末农民起义牵涉的地区和人物仍然太多，他最后选了河南地区的李岩问题进行研究，把关于李岩的资料统统收集起来，论述其在起义中的作用。还有个外国学者专门研究李定国，也是把时间和空间尽量压缩，范围愈小，愈易取得成果。我们搞研究，如果再牵涉面很广，就要落后，我们不仅要赶上国际水平，而且还有引导国际研究中国史前进的义务。我们要迎头赶上，不可不注意方法。我们如果把诸如李岩，李定国等问题一个个地解决了，明末农民起义的问题也就解决了大部分，他的这些意见，不仅对我们怎样选题做论文有很大帮助，而且对整个中国史的研究，也具有一定的指导意义。

三、求真、求用、求新

研究历史要求真、求用、求新，这是郑老积几十年来研究历史的经验提出的一个新观念。这个观念继承了清代朴学的优良传统、结合新时代的理论和要求而予以有机的发展。他说清初的顾炎武治学非常注意探源究委，考证精详，同时他又特别强调经世致用，既要求真，又要致用。乾嘉时期人们只注意求真，关起门来钻书本，钻牛角尖，不大讲致用了，因为清王朝实行文化专制政策，搞文字狱，禁锢人们的思想，知识分子只好专门做学问，不敢涉及现实，只求真而不管用，成为汉学。嘉道以后，风气又有改变，钱大昕等人又提倡致用，注意研究西北地理等一些实际问题，对于求真又放松了一些。我们主张求真求用是历史研究工作的基本要求，二者不可偏废（一九七九，一二，二五）。郑老在这里所说的求真，已经大大超过乾嘉学派的含义了。他说，"今天所要求的真，是指对历史事件的完整的真实的记录，求真是补正过去记载的遗漏，考订其阙疑"。应达到四个方面的要求：一历史事实应该是真实的；二环境应该是真实的；三因果先后应是真实的；四与其他事实没有抵触。求用是把获得这种认识用到现实社会当中去，作为人类社会前进的一种借鉴和斗争武器。对现实有用，对解释历史发展有用（一九七九，九，一二）。他举例说，历史上有些问题求真有用，有些求真则无用，例如宋太祖之死，史书上说他病重时叫宋太宗来了以后就死了，究竟是叫宋太宗还是叫德芳来，历史上传为疑案，烛影斧声，千古之谜，你再找出材料证实是太宗杀了太祖，对今后也没有多大用处，因为事实是宋太祖死后就传位给太宗了。所以求真必须和求用结合起来，求真必须有用（七九，四，一九）。

最能反映郑老晚年史学思想的是他关于求新的主张。他说，人类生活在不断变化，有新事物的变化，就会有对旧事物的新理解，我们今天研究明史，就与二三百年前修明史时那些老先生们不一样，理解也不同。另一方面新的文献、新的事物的不断发现，新材料充实了旧的记载，纠正或者发展了旧的解释。同时观点方法也在发展，新观点新方法不断产生。用新观点新方法，过去忽略的问题就会发现，过去忽略的材料就会用上，并提高它们的价值。他举三国时曹丕受汉献帝禅为例说，过去研究三国，曹丕受汉献帝禅后曹丕说："舜禹之事，吾知之矣。"（《三国志》魏书文帝纪二，裴松之注［三］）他就是以此来理解舜禹禅让的历史的，于是晋、宋、齐、梁、陈都蹈此覆辙，每一个王朝建立，新皇帝即位时，总是"东向让者三，西向让者再，即位"（按《史记·袁盎传》：西向让天子位者再，南面让天子位者三），既是禅让，就要客客气气，说我不敢当，我不做。当然别人是不敢接受的了。现在我们懂得了社会发展规律，知道了原始社会制度的继承习惯，就再不会这样错误去理解了（七九，三，七）。关于求新，郑老特别强调随着历史的发展，"历史事件也是发展的，是逐步增多的"。原因是社会的不断变化和发展，产生了新的观点和方法，这种新的观点和方法，不仅迫使我们对过去的历史重新研究，更重要的则是它帮助我们发现许多新的事实，新的历史材料，丰富了已往的历史。他说，例如清朝乾隆皇帝在承德盖的外八庙，原来我认为这完全是为了争取国内各少数民族如蒙古、藏族等对清朝皇帝发生好感，是一种怀柔政策，并不是说明乾隆本人对佛教的尊崇。最近我到清东陵去参观，看到乾隆墓门上的石刻，全是佛像，墓穴顶上全刻的是佛经，这就说明乾隆本人在思想上也是信佛的，改变了我原来的看法。铁的事实也说明了恩格斯所说的"上层建筑也在发展"。所以无论对古代的现代的历史解释，都是不断变化和发展的。（七八，一一，七）他认为社会在发展，现代科学一日千里，一切知识都在更新，学习历史科学也是这样，要跟上时代，要用最新的科学方法，最新发现的材料与研究成果，七十年代的水平应该是运用七十年代发现的最新材料、地下发掘考古以及文献，和最新的研究成果，才算国际水平。否则，人家就不承认，就要被淘汰。他屡次告诫我们，要以章太炎为戒，不要故步自封，孤芳自赏。他说，章太炎是清末民初的国学大师，对中国的旧学问很有研究，在古文字学有很高的造诣，许多有名的学者都是他的学生或学生的学生，学术地位很高，可是后来人们很少提到他，只有在谈辛亥革命时才提他，他办《民报》，写《驳康有为论革命书》，对革命是出了力的，但是他在中年以后，对新东西不理睬，一八九九年甲骨文发现，他不承认、不利用、不研究、不讨论，离开了自己的时代而落伍了，还不如孙诒让。所以我们必须跟上时代，任何人离开了自己所生活的时代，不但没有成就，反而会把自己过去多年来研究的成果否定掉。因之他提出了历史科学也应该现代化。他说："学术界研究一日千里，决不能满足现状。我希望大家把它记下来，作为我七八年的想法，看我比以前是否有进步，比方说，你们（指研究生）学三年出去后，有人问你跟郑天挺学了些什么，我希望你们能谈我现在的思想。"（一九七八，一一，一四）由此，我们可以看出郑老在晚年，他的学术思想的崇高境界，他以八十高龄，仍然满怀激情，投身于时代的洪流，要把我国的历史研究搞上去，赶上国际水平并超过它，成为我国四个现代化中科学现代化的一个重要部分。他孜孜不倦追求新知识的迫切心情，对新事物的敏感，比我们这些中年人还要强烈。求真、求用、求新这一观念凝结着他一生治史的宝贵经验和对研究历史的最新认识。

郑老五二年来南开时，当时全系只有三十多人，师生朝夕聚首，接触机会较多。我对明清史感兴趣即在郑老给我们开明清史专题和史料学之后。五五年我的学年论文和五六年的毕业论文，是在他的指导下做的，他当时从多方诱导我，认为我选的题目太大，可惜我当时很年轻，知识太少，以为来日方长，对于他的许多教导没有认真记取和悉心领会。五六年毕业后又考取了他的研究生，五七年春实行了研究生讨论班制，每次他和雷海宗先生亲自参加指导，这对我本来是一生中很大的幸运，能在这样的名师指导下学习深造，多么难得。但是在反右以后，我被迫停止了研究生的学习，离开了郑老，二十年多历坎坷。在七八年以后，我又有幸回到郑老身边工作，再次亲聆教言，还和二十年前一样，他对我印象最深的有两点：一是他像许多古今中外的名师一样，善于耐心地启发和诱导学生的独立思考能力和创造精神，我每次去请教他时，他总是在很仔细地听了我的想法之后，然后提出几个很关键的问题或者几点简单的要求，让我自己寻找解决问题的方法，经过一番努力，得出必要的答案。他很少直接指出：你什么地方错了，正确的答案是什么。七九年我向他请教关于清兵入关与吴三桂问题，在我谈完了想法之后，他提出几个问题，然后说：你应该前后照应。仅此而已。二是他最反对学生不加思考地附和他的学术观点，他最喜欢学生提出与他自己不同的见解，并鼓励继续搞下去，多问几个为什么。他说在学术上是平等讨论，不能服从领导、服从权威，他执教六十年，学问道德，思想修养，堪称一代师表。为了纪念他，我将自己的片断回忆写出来，以述先生学术之万一。

（原载《郑天挺学记》，三联书店，1991 年 4 月）

记郑毅生先生论史料学

徐苹芳

一九八一年十二月下旬的一天清晨，我偶然收听天津电台的广播，突然听到关于毅生先生病逝的消息，我简直不敢相信是真的。先生逝世后，我总想写点东西来纪念先生，并同克晟兄联系。当提起笔来的时候，我的脑海中又重现了我在南开大学做毅生先生的助手时的情景。

那是一九五五年的初秋，我刚从北京大学历史系毕业，被分配到天津南开大学历史系做助教。我和马子庄同志都是学考古的，但南开历史系只需要一个人去教考古学通论，系里决定让我改搞明清史，给毅生先生做助手，我愉快地接受了这个任务。当时正是肃反运动的高潮，天天开会，我们这些新分配来的也跟着开会，根本没有机会和先生们谈话。我记得在运动快结束要开学的时候，有一天下午毅生先生约我去他家谈话。所谓"家"，只是东村四十三号的一间向阳的房间，毅生先生是独自一个人住在天津的。

那个房间不大，既是书房，又是卧室，又是会客室。门开在东壁的北部，门的南边是一张床，南窗下是一张小书桌，西窗下是一套旧式沙发，北壁全是书柜，一部百衲本，还有四部丛刊，书柜里放不下，有些书是用牛皮纸整齐地包裹后放在柜顶上的。一切都显得那么井井有条，干净极了。那天下午毅生先生询问了我的学习和家庭情况，并说明让我改搞明清史的缘故。先生讲话非常客气，非常亲切，使我这个刚出校门的年轻人毫无拘束之感。学校里还没有开学，校园里很宁静，一抹斜阳洒落在东村的屋顶上，毅生先生的房间里也被染成了金黄的颜色，更增加了谧静和谐的气氛。这种气氛只有在毅生先生的那个小房间里才能感受得到，这是我至今不能忘怀的。

在南开大学的一年间，我作了两件事，第一是根据毅生先生讲授明清史的教学大纲，摘编了一本明清史的参考资料；第二是辅导毅生先生所开的明清史和史料学两门课。我在这里着重谈毅生先生讲授史料学的事。

毅生先生在南开教史料学始自一九五四年，是配合明清史的，实际上是讲明清史料学。一九五六年上半年再开史料学时，先生改变了内容，不再配合某一断代史，而把史料学作为一门独立的学科来系统讲授了。关于史料学的辞源、定义和一些教学计划等，毅生先生已在《史料学教学内容的初步体会》（已收入《探微集》页二七七——二八三）一文中讲得很清楚了。我下面所记的是毅生先生论述史料的来源、史料的搜集和史料的鉴别等问题，这是我根据课堂笔记和平时与先生的谈话的回忆整理而成的。

史料的来源

毅生先生认为，要从史料的来源上取得对史料的正确认识。史料的范围是非常广泛的，有物质的、文字的、语言流传的，还有历史遗迹等等，都是史料。有的人将史料按其形式分为记载、传说、绘画、古物等，但这种分类是不科学的，有些史料很难按形式分类，因为它们之间往往互相牵连，不能截然划分。毅生先生主张将史料按其所属的学科来分类。他说史料有五个来源，即考古学的、人文学的、语言学的、文艺学的和历史学的。史料学的研究对象主要是历史学的资料。

考古学的史料是指用考古学的方法获得的，或是经考古学的研究而确定的实体资料，包括的内容相当广泛，凡是历史上遗留下来的各种遗迹和遗物，都应当属于考古学范围的史料。任何一种古迹和古物都是历史的一个片断，由此可以看到一部分历史的实况。特别是在没有文字记载以前的时期，考古学的史料尤其重要，可以说主要是根据考古学的史料来进行研究的。在文字记载丰富的历史时期，相对地来说，考古学的史料价值就是有限度的了。毅生先生指出，古物除了有历史价值外，有的还有艺术价值，历史价值和艺术价值应当分别看待，不可偏废。

人文学的史料指从人类学、民族学、民俗学和人种学上来的史料。在研究古代社会时，有很多事物是很难理解的，但是，这些难以理解的事物的遗痕，有的却往往残存在某些不发达的民族的风俗意识之中，通过人类学、民族学、民俗学和人种学的研究，可以把这些遗痕当作解决古代社会之谜的钥匙。摩尔根的《古代社会》和恩格斯的《家庭、私有制和国家的起源》就是利用人文学上的史料来研究古代社会的典范。

语言学的史料指来自语言史的资料，包括语音、辞汇和文法等方面，辞汇方面的史料较多，如成语、方言、同行语、译语等，都能反映当时社会的实况。毅生先生举例说，"莫我敢侮"是先秦时代的文法，即"莫敢侮我"的意思，秦以后则很少用这种语法了。如《晋书·王衍传》记山涛见王衍后说："何物老妪，生宁馨儿！""宁馨"是当时的习惯语，没有什么特殊的意义，即"这样的"意思。又如《世说新语·规箴》记王夷甫自命清高，口未尝言"钱"字，而称"钱"为"阿堵物"，"阿堵"就是"这个"的意思。后人沿用此典，把钱称为"阿堵物"。第一人称自称为"我"是很早的事，《资治通鉴》卷六十五记张飞自称我为"身"，胡三省注曰："自此（按：指建安十三年）迄于梁、陈，士大夫率自谓曰身。"但当时仍有自称为"我"的，如《三国志·吴书·鲁肃传》记鲁肃见到诸葛亮时说："我子瑜友也！"这些语言学上的史料是有很明显的时代特色的。

文艺学的史料指来自各种文学作品和艺术品中的史料。文学作品数量大，涉及到历史上的事物的范围也极广泛，往往有其他史料中所得不到的内容。但是，文学作品毕竟不是历史文件和历史著作，文学作品带有高度的概括性和典型性，而且允许夸张和虚构，所以，从文学作品中搜集史料时一定要充分注意到这个特点，正确地加以利用。艺术作品是形象的，是文字记载不能表达的，譬如著名的《清明上河图》中所画的北宋汴京景物，可以说是再现了当时的风貌，而《东京梦华录》则起不到这种形象的效果，所以说像《清明上河图》这样的艺术作品的史料价值也是很高的。

历史学的史料指书面文件和历史著作中的史料，这是史料学的主要对象。书面文件种类很多，如公务文件、经济文件、军事文件、外交文件、技术文件等。近代科学发达以后，还有录声和图像（如照片、电影等）资料。书面文件史料中应当包括在纸发明以前写在简牍、缣帛上的文件，也包括一部分碑刻、铜器铭文和甲骨刻辞等，也就是说，历史学的史料中是包括铭刻学研究的内容。历史著作更是浩如瀚海，它不像书面文件那样原始，是经历史学家重新编纂过的，比较全面和完整，但是，它却渗入了作者的立场和观点。从历史著作中攫取史料时，必须注意这方面的情况。

毅生先生说：以上所举的史料的五个来源，当然有主有次，史料学研究的主要是历史学的史料，其他来源的史料应当由各个学科的专家分别研究。但是，史料学的研究决不是孤立的，应充分利用其他来源的史料的研究成果，互相补充纠正，以避免片面性。

史料的搜集

毅生先生在谈到史料的搜集时，首先指出，历史科学的特点之一是具体性，没有具体的史料也就没有史实，没有史实的历史是不可想像的。所以，研究历史应该从搜集史料开始。在搜集史料的过程中，自始至终都应当保持严肃、忠实、全面、谨慎、客观、仔细的态度。

毅生先生反对对史料不加分析，随便引用，以示"渊博"的作风，他认为这是一种不严肃的态度。要老老实实，知之为知之，不知为不知，对每条引用的史料都要负责。要忠实于史料的原文，不能随意增删，歪曲其原意，特别是在不直接引原文而加以转述的时候，尤其要注意这一点。另外，在引用史料时要全面，不能断章取义，只取合乎自己论点的史料，与自己论点不合的史料则任意割舍，这是一种非常有害的错误态度。

毅生先生在谈到对史料作出判断时说，要谨慎，要客观。所谓谨慎是不要过早的下结论，要反复驳验，不用孤证。在下结论时要客观，尽量避免主观臆测，这就要求我们的头脑要冷静，不要把复杂的事物简单化。

仔细核对史料也很重要，尤其是史料中的统计数目字，最易发生错误，一定要仔细核对。在数目字上，切莫以今推古，时代不同，一推便错。

毅生先生还论述了史料搜集与史料研究的关系。他认为史料的搜集与研究是相辅相成的，在中国历史上有两次大规模的史料发现，一次是西汉时期孔子旧宅中古文经书的发现，另一次是晋太康二年汲冢竹书的发现，前者推动了中国经学的研究，后者在古代史的研究上起了很大的作用。

在近代，大规模的史料发现最重要的有三次，一是殷墟甲骨文的发现，二是敦煌卷子的发现，三是内阁大库明清档案的发现，被称作是"晚清三大发现"，它们的学术价值是世所公认的，前两项后来发展成了甲骨学和敦煌学。另外，还有敦煌和居延的汉代简牍的发现，对汉代史的研究极为重要；安徽寿县楚墓铜器的发现，对战国时代楚文化的研究很有贡献。至于解放后全国基本建设工程中出土的文物和发掘的遗迹，对古代史的研究也起了很大的推动作用。

但是，毅生先生在充分估计史料的价值的同时，又着重指出，史料学不等于历史学，史料的搜集不能代替历史研究。史料只是某一历史时期，某一历史事件，或者某一历史人物的片断资料，必须对全部资料作科学的提炼、分析、组织，并经过进一步地综合研究之后，才能成为历史。

史料的鉴别

　　毅生先生认为史料的鉴别在史料学中占有很重要的地位。在史料鉴别中首先要辨别史料的真伪，这是最关键的问题。辨别史料的真伪多用比较的方法，有比较，才有鉴别，而比较必须具体，不能空洞，并且要注意其普遍性，不用孤证。

　　在辨别史料时要善于发现史料内容的可疑处。毅生先生列举了应当注意的若干疑点：第一，甲种史料为乙种史料的改头换面，那么甲种史料肯定是不可信的。我们要用第一手的资料，尽量避免用第二手的资料，检验一篇论文的质量的标准之一，就是要看是否都是用的第一手资料。第二，牵涉到不应当牵涉的事情，说明这种史料极有可能为后世所伪造，它与史料中有错简或偶然窜入其他异文的情况不同，这两者是容易区别的。第三，与当时的习俗不合，包括官名、称谓、习惯用语等等，还有一些当时制度上的规定，如礼仪、避讳等等，从这些不太被人注意的地方，可以发现问题，以便进一步考辨。第四，在时代和地域上有可疑的史料，这种史料大体上有两种情况，一是时代参差，纪年含混，地理概念模糊，凡有此种情况的史料，伪造的可能性很大。另一种是个别的纪年和地名有误，这可能是笔误或偶然失误所致，不可因此而否定整个史料。第五，要特别警惕久寻而突遇的史料，要缜密地考察其来源，在没有得到充分的旁证的情况下，不可轻率地引用。毅生先生说，鉴定史料的真伪，不是很容易的事，有时由于自己的学术水平不够，粗枝大叶，也能够导致以真为假，以假为真的误认，但也不可因此而过于疑惑，对那些众所周知的事，已被有关文件肯定无误的事，在不同的记载中已证明了的事，以及不可能再用其他合理的证据推翻的结论，都没有必要再去复核了，至于众所公认是无法解决的疑问，也不必重加推核，徒劳无功，耽误时间。

　　鉴别史料时对史料的作者进行考察，也是必要的，可以帮助我们分析史料的价值。首先要看作者是否有伪托。考察作者的生平时，要研究他的政治倾向和思想状况，特别要着重考察他与所记史料内容有关的各种活动，进而判断作者是否有资格，是否能够如实地记述历史的真相，根据作者的经历来判断他记的史实是亲历还是得之传闻。间接的记述不如亲闻可信，追记不如当时记述可信。在谈到作者是历史事件的直接参与者或有某种关系时，毅生先生强调指出，不能因此而完全相信他的记述，要考虑到当事者往往持有偏见，也可能对某些与自己不利的史实加以隐讳，从这个意义上来说，反而不如局外人客观。

毅生先生认为伪造史料的动机有八：一曰谋利，二曰得名，三曰出于偏狭的爱国心，四曰为自己辩护，五曰怀有党见，六曰一时快意，七曰侵占别人的利益，八曰志在损害敌人。由此而产生的一些伪误史料，掺杂在某些历史著作中，我们必须把它们剔除干净，在未经鉴别以前，要谨慎引用。在这方面，前人做了不少工作，我们应当充分地吸取前人的成果，以利于我们的史学研究。

鉴别史料除了对史料的内容和作者进行分析外，还要对史料的形式作出鉴定。所谓史料的形式，毅生先生是指的历史著作和文件的版本，包括稿本、原件、副本、抄本、印本和校本等。版本的鉴定要从装帧、字体、文件的格式、书籍刊刻的版式、纸张、印章、印色等各方面作出综合的分析。

各种版本在内容上的不同，特别是文字上的歧异，是要经过仔细的校勘才能得出来的。毅生先生说，从史料的形式上来鉴别史料，不等于校勘学，因为其目的不在于校勘，而是通过校勘的手段来鉴定史料的真伪。

毅生先生对史料学的论述是以其渊博的学识和丰富的研究工作的实践经验为基础的，既有理论上的概括，又有具体说明的事例。在课程快结束了的时候，毅生先生对我说："我讲的史料学不过是一个概要而已，主要是想教给同学们整理史料的方法，但是只记住这些原则条条是不行的，重要的是要实践，通过研究工作的实践，才能真正掌握史料整理的方法，否则只能是纸上谈兵。"先生的这番话给了我很深的印象。二十多年来，我一直是按照先生的教诲去做的，使我在研究工作中受到了莫大的益处。在纪念毅生先生之际，我把先生当年论述史料学的部分要点整理出来，我想这是很有现实意义的。

一九五六年暑假后，我离开了南开大学到北京工作。随后克晟和同钦从北京调到南开，这样就可以照顾毅生先生了，毅生先生在天津也有了个家。此后，我去天津时总要去看望先生，但见面机会毕竟是很少了。

"文革"期间听说毅生先生受到迫害，生活上也十分困难，克晟、同钦也下放到农村，根本无法照顾先生。但毅生先生却能泰然处之，随遇而安，不为所动。一九七五年去天津开会，我陪夏鼐先生去南开看望毅生先生，看到先生身体很健康，仍在作清史方面的研究，那次先生还让我了解一下日本整理满文老档的情况。那几年春节，毅生先生多半去北京过年，我每年正月初三都去给先生拜年。当我看到年近八旬的毅生先生红光满面，精神矍铄时，心中是十分欣慰的。毅生先生每次见到我，总要询问我的研究工作情况，说一些鼓励我的话，从他那殷切喜悦的目光中，流露出了对我的深切关怀，毅生先生这种奖掖后学的风度，真是感人极了。每当我回忆起这些情景时，除了无限的哀思之外，还有说不出愧疚，我实在是有负于毅生先生的厚望的。

　　写到这里时，已近黄昏时分，一抹斜阳映照在我院中的大枣树上，那金黄色的光辉又把我的思绪带回到二十九年前毅生先生的小屋子里，谧静和谐的气氛强烈地感染着我，我的眼睛慢慢地朦胧起来了……。

　　　　　　　　（原载《郑天挺学记》，三联书店，1991 年 4 月）

缅怀郑老 学海求真

——记郑天挺教授对我的一次教诲

陈祖武

郑天挺教授离开我们已经两周年了。先生的音容笑貌，萦回耳际，历历在目。案前，是郑老生前送给我的著述和他那一封封激励我求学上进的书札。面对着老先生的遗物，不禁潸然泪下。在此，谨将郑老于一九八○年九月十一日晚，对我的一次教诲记录稿，稍作整理，提供给史学界的师长和同志们。

当时，郑老正在北京出席第五届全国人民代表大会第三次全体会议。会议在当天虽已闭幕，但因次日尚要参加全国史学会理事会，故而先生未曾离京。我那个时候，还在中国社会科学院研究生院做研究生。当晚八时，我进入郑老下榻的海军招待所一三三号房间。郑老首先对我来看望他表示感谢，随后，便兴致勃勃地听取了我关于毕业论文选题和准备情况的汇报。在汇报过程中和汇报结束后，郑老谈了如下的话。

这次在天津的明清史国际学术讨论会上，也谈到了顾炎武的评价问题。有同志认为，清初三大思想家，对后世影响最大的是黄宗羲。也有同志不同意这样的估计，认为是顾炎武。这是这次讨论会所争鸣的一个问题，其他还有很多问题，大家都各抒己见，讨论得很热烈。总的说来，天津讨论会开得不错，给人很深的印象之一就是展开了争鸣。历史科学本身是在争鸣中产生，更是在争鸣中发展的。当前，史学界争鸣的气氛逐渐浓起来了，但是还很不够，还需要大家共同努力。你们年轻人，要学会争鸣，要善于争鸣，在学术争鸣中去培养自己的才干。不过，你应当记住，我这里所说的争鸣，是在马克思列宁主义、毛泽东思想指导之下开展的科学争鸣。离开了正确思想的指导，那样的争鸣，是不会有益处的。我们要搞好争鸣，就要加强理论学习，踏踏实实地、完整系统地学习马列主义经典作家的著述。马克思列宁主义、毛泽东思想是完整的科学体系，我们也要用科学的态度去对待它。现在，有一种忽视理论学习的倾向，这不好，应当引起注意。

　　你对顾炎武的研究，可以把学风问题作为一个重点。他为学以"经世致用"的思想，我看是很有价值的，顾炎武影响后世最深远的，也就在于这个地方。王夫之、黄宗羲的为学，也都有这样的特点，这是应当把握住的。搞思想史，杨向奎先生是专家，杨先生学识渊博，你要好好跟随他学习。

　　清代两百七十余年间，有许多问题还需要做进一步的深入研究。首先，清代的民族关系问题，这就是清史研究中的一个重要课题。清代的统治者，尤其是清初的康、雍、乾三朝，是如何处理民族问题的？有什么得失？哪些可以借鉴？这些问题你想过吗？这全是要认真花功夫解决的问题。当然，你的文章很可能不会涉及这些问题，但是，至少要涉及民族意识的评价问题。清初三大师，都有一个民族意识问题。怎样评价他们的民族意识？这个问题，我们还是要坚持马克思主义的实事求是的态度，不能脱离清初的具体历史条件，也就是说，要实事求是地去分析当时的社会矛盾。在清军入关以前，国内的阶级矛盾是主要矛盾，而入关以后，民族矛盾曾一度急剧上升为主要矛盾。这是客观的历史事实，不应当否认。大体说来，在清军入关以后的十年间，即一六四四年到一六五三年，民族矛盾是主要矛盾。但是，它并没有直线上升，而是随着时间的推移逐渐趋于和缓。入关后的十一至十五年间，即一六五四年到一六五八年，主要矛盾逐渐向阶级矛盾转化。十五至二十年间，即一六五九年到一六六三年，随着清政权的逐渐巩固，阶级矛盾遂取代民族矛盾而成为主要矛盾。基于这样的估计，对清初思想家的民族意识、反清思想，我们一方面既要看到它的历史和阶级的局限性，同时，另一方面对它的历史进步作用也不可忽视。那种对民族意识、反清思想一概否定的态度，我是不大赞成的。但是，把民族意识评价得过高，褒扬过了头，也就违背历史真实了。我们同样不能赞成。过去的不少研究者，太强调顾亭林的民族意识，说了好些过头话。你的文章在这方面要注意，要把分寸掌握好。

　　就拿康熙初年的莱州诗狱来说吧，顾亭林被牵涉进去，还坐了牢。试问，既然有人说他不承认清王朝的统治权，那么，他为什么要到山东去投案？他到济南投案，不会没有呈文。呈文用什么年号？能用干支纪年吗？我看不大可能。不论呈文怎么写，只要用了清朝的年号，那就叫做奉正朔，也就是说不是否认现政权了。再说，他穿什么服装去呢？能穿明代文人的服装吗？看来是不可能的，那岂不是自己去献脑袋吗？我说的虽然只是一些小问题，但是可以由小及大，不应当忽视。把这些小问题解决了，对于我们解决大的、中心的问题，是必要的，是有好处的。

历史研究就是这样，要善于紧紧抓住中心问题，去解决那些与之有关的细小问题。这就叫做广泛联系。我们从事历史研究，应当详细地占有材料，广泛地进行联系，多想一些问题，多提出一些问题。广泛联系，这不仅是一个史学方法论问题，而且也是一个是否坚持实事求是的治史态度的问题。马克思主义的历史学是科学，既然是科学，就应当忠于事实，忠于真理，这就是毛主席说的实事求是。我们在具体的研究工作中，要做到事事有交待，处处有来历。对那些一时无法考订清楚的问题，可以存疑，但是要提出问题来。提出问题，这是解决问题必不可少的一步。

其次，对一些有重要影响的历史人物，要进行深入研究。譬如对雍正帝的评价，前人有偏见，我们要把它驳正过来。清世宗是清代前期政治舞台上一个承先启后的重要人物，也是中国古代一个有作为的封建帝王，要深入研究他。对乾隆帝的研究也要深入。过去，我们对清初的研究比较多一些，可是对中叶以后的历史，研究就很不够，越往后越薄弱。嘉庆、道光两朝，更是薄弱环节，有待加强。

你问吴三桂有没有研究价值，我看，吴三桂这个人本身，在历史上是没有价值的。由于他既叛明降清，后来又反清作乱，可以说是劣迹昭著。所以，明末人、清人都没有对他进行过深入研究。但是，清初许多重大历史事件，同他都有关联，因此，把他罪恶的一生做一番整理，还是可以的，是应当做的工作。你在整理中，可以读明清两朝的《实录》，朝鲜的《李朝实录》。另外，还可以读《皇明从信录》、《山中闻见录》等书。日本人写过一本书，叫《华夷变态》，这本书当中，记载得有吴三桂起兵时的情况，可以读一读。吴三桂乱起之初，他的军事实力相当强，短短几个月，便由云南打到湖南，不得了得很。但是，到了湖南，他畏缩不前了，再也不敢北进。单就用兵上说，这就是军事上最大的失策。如果他北进中原，那么，清王朝的统治能否保持得住，会是大有疑问的。当时，形势对清廷很不利。北方有蒙古贵族的叛乱，南方有三藩之乱，腹背受敌，危险已极。可是，吴三桂军事上的无能，却不能把取得的胜利巩固下来。过去，有人说吴三桂骁勇善战，很会打仗，其实，他在军事上是并不高明的。

与吴三桂同时的洪承畴，这个人你倒是可以搞一搞。此外，多尔衮也要深入研究，他在清初举足轻重，不可忽视。

对任何一个历史人物的评价，我们都要坚持实事求是的态度，不应该随心所欲地苛求前人，或者是抬高古人。该肯定的就肯定，该否定的就否定。

能肯定多少，就肯定多少。前些年，"四人帮"为祸，搞历史唯心主义，好的，无一不好；坏的，则一塌糊涂。史学界被弄得乌烟瘴气。这个教训，我们一定要深刻记取。

编纂《清史》，这是我国史学工作者，尤其是清史工作者的重大责任，也是我多年的愿望。要完成这项工作，需要各方面的同志通力合作。我目前身体还不错，估计还能和同志们一道工作几年。在我的有生之年，能够和大家一起把《清史》编写出来，我也就安心了。

郑老几乎不间断地谈完上述话，时针已经指到九时整。虽然他神采奕奕，毫无倦意，但是毕竟年事已高，额上不觉泛起点点汗珠。为不致让先生过于劳累，我便起身告辞。郑老亲自送我到大楼门口。临别，先生握着我的手嘱咐道："你们年轻人，任重道远。我希望你在清史这块园地上，辛勤耕耘，奋斗不息。"

几年来，我遵循郑老的教诲，试图沿着他所开启的为学路径走下去。但是，玩愒时日，学无所成，有愧于先生的期望。好在承清史学界诸师长不弃，使我得以参加《清代通史》及《清代人物传》的撰写。能为完成郑老的未竟之志而贡献绵薄之力，这大概就是我所能用以告慰先生于九泉之下的唯一的汇报。

（原载《郑天挺学记》，三联书店，1991 年 4 月）

回忆郑天挺师关于历史教学的一个意见

杨志玖

郑天挺先生是国际知名的明清史专家，又是一生从事历史教学的教育家。他执教六十多年，有丰富的教学经验。他不但培养出大批的高等学校的历史教学和科研人才，对中学和小学的历史教学也非常关心。他对于大、中、小学的历史教学问题，曾发表过很精辟的见解，给我留下了深刻的印象。

郑先生认为，大、中、小学的历史教学，应该各有重点，各具特色。他很形象地说，对各类学校的历史教学，应该是"小学是个点，初中是个线，高中是个面，大学是立体"。这几句话，言简意赅，很有启发性和指导意义。

"小学是个点"。我体会这句话的意思是，对小学生讲历史，只要把历史上重大的事件或重要的人物，一点一点地，像讲故事那样，生动具体地讲给他们听就行了。不能讲些抽象概念，不必考虑系统性，也不用引申出规律性，因为这些都不是小学生所能理解和接受的。当然，内容要经过仔细选择，必须选那些能培养小学生的爱国主义思想的、启迪他们智慧的、陶冶他们高尚情操和道德品质的教材，而这些，在我们丰富的历史文献中，是有大量素材的。

"初中是个线"。就是说，把小学教材上那些孤立的事件、人物用线把它贯串起来，使它系统化。这根线，主要是时代线，即把人物、事件发生的前后讲清楚，并扩充些必要的材料，把它们联结起来；也可以按性质，分门别类地联在一起，如把历史上的英雄人物、科学发明、文学艺术等分成若干组（单元）等。

"高中是个面"。我体会，是把历史上发生的事件、人物的活动以及重大的典章制度等，有机地联系在一起，构成一个历史的画面。这样，同学们对历史发展的各个方面，就可以有个整体的认识，对历史的规律性也可以有基本的了解。

"大学是立体"。这是一个很高的要求。我体会，这是指在讲授历史时，不仅把历史事件的发展变化，人物活动的动机背景，典章制度的来龙去脉，源源本本地讲清楚，还要以高屋建瓴之势，统御历史全局之力，透过历史现象去看本质，找出其内在联系，发现历史的规律性。要做到这一点，必须熟悉和运用马克思列宁主义的历史唯物主义，掌握大量的、批判地审查过的历史资料，使观点和材料统一。也就是毛泽东同志指出的："凭客观存在的事实，详细地占有材料，在马克思列宁主义一般原理的指导下，从这些材料中引出正确的结论"（《改造我们的学习》）。郑先生非常注意学习马克思列宁主义、毛泽东思想，一直强调学习理论的重要性。加上他的渊博的历史知识，严谨的治学方法，因而在教学和科研方面，做出了卓越的贡献，成为我们学习的楷模。

以上我的体会，不一定完全符合郑先生的原意。郑先生的逝世，使我失去了请益受业的机会，这是很不幸的。不管我的体会是否正确，但郑先生的这一段话，确实是从实际出发，既照顾到不同学生的理解力和接受力，又解决了历史教学的重复问题，同时也给我们各级历史教师指出了努力的方向。因此我把它写出来，作为对我敬爱的老师的缅怀和纪念。

（原载《历史教学》，1982 年第 3 期）

回忆郑天挺先生在西南联大的教学

何兆武

郑天挺先生原来是北大的秘书长，教我们明史，也教唐史、清史。郑先生讲得非常之系统，一二三四、ABCD，从头讲起，什么政府组织、经济来源，有哪些基本材料等等，比中学系统的课程提高了一个档次，只不过讲得更细致。这种讲法在联大里很少见，当然这样也有优点，对于我们尚未入门的人可以有个系统的认识。可是非常奇怪，因为明史是历史系的专业课，如果你不是学历史的，并没有必要学明史。理学院的不必说了，即使文法学院其他专业的，比如经济系的，你学明史干什么？除非你是专门研究明代经济史，那你可以上明史课，不然的话，比如你是学国际贸易的，学明史有什么用？要按专业课的选择标准，这门课顶多十来个人上，可是郑先生的课非常奇怪，经常有上百人来听，还得准备一间大教室。怎么会多出这么老些人呢？因为郑先生的课最容易 pass，凡是选了课的，考试至少七八十分，所以什么物理系的、化学系的都来选，叫作"凑学分"，这在当时也是一种风气。不过郑先生讲课的确非常有趣味，我记得讲到朱元璋时专门提到他的相貌，那可真是旁征博引，某某书怎么怎么记载，某某书又如何如何说，最后得出一个结论，按照中国传统的说法，明太祖的相貌是"五岳朝天"，给人的印象非常深刻，而且让人觉得恐惧，就这样整整讲了一节课。

郑先生是专门研究明清史的，院系调整的时候调他去南开，他很不想走，因为研究明清史在北京的条件是最好的，无论是材料、实物，甚至于人，比如说贵族的后代，这些条件都是最好的，一到天津就差了。可那时候都得服从领导，领导调你去天津，你就得去。后来我听到一种说法，不知是真是假，说北大院系调整的时候，把胡派（胡适派）都给调出去。郑天挺先生抗战以前是北大的秘书长，我做学生的时候他是总务长，是多年的老北大了，校长蒋梦麟、文学院院长胡适跟他的关系都非常密切，所以他出去了，后来做了南开副校长。

（选自何兆武口述，文靖撰写：《上学记》，三联书店 2006 年 8 月版。题目为编者所拟）

上郑先生的校勘课

柳存仁

　　我初见郑毅生先生的时候还只是一个小学生，对于中国的传统学问，只是略窥门径，其实是知道得甚少的。旧书虽然读了一些，有些在私塾时代甚至还能背诵，然而"不求甚解"的多，谈不上知道什么叫做研究的方法，考证的精蕴更是谈也不要谈起。时人的治学文字，有的我能够看得懂，有的囫囵吞枣似的，也还能够粗知其义，但是不能够说处处都能明白。有些文字，似乎肯定地可以说，是不能够无师自通的：例如古音和切韵这一方面的研究，实在有些老师们对于初进门的学生未尝能够指导得好，而当时用做参考的书籍，像江永、劳乃宣等人的著作，也显着和初进大学的毛头小子，中间有很大的距离。学生们如果不是到了高班或研究生的程度，跟讲师、教授们的来往是很少的。当时的制度，也还没有所谓"辅导"的功课和钟点，所以这种学生们所盼望的接触，当然也付阙如。自然，学生的年纪轻，所知有限，更不免有一点羞涩的神气，就算是有了辅导的功课，师生之间的"切磋"，恐怕也会是徒有其名。我还记得有一位教一年级文字学的教授，用的是王箓友（筠）的书做课本，他自己也是极有名的学者的高弟，但是似乎很少启迪后昆的热忱。在他老先生讲授这门课程的一年里，几乎每一堂都听到他翻来复去谈"困知勉行"这句话，几乎是口头禅了。此外，我还记得他常提"昨天晚上又在东兴楼吃饭——这个馆子你们是吃不起的"，当时听了，大家哈哈一笑，也觉得这话很隽，很可以入《今世说》。然而要是讲夫子循循善诱，那就万万及不上我们要纪念的毅生先生了。

　　在三十年代沙滩时候的北大，毅生先生是史学系的老师，但是也在国文系教一点功课的。此外，他还有大学里很繁重的行政职务，如果以那一方面的工作为主，毅生先生仅可以说是一位兼任性质的教授。这样说来，他应该跟学生们的接触是更少的了。说也奇怪，毅生先生虽在极忙的时候，对教书和学生的功课都是看得极认真的。我当时只上过一年他在国文系教的校勘学及实习，那是二年级选修的功课，每周不过二个钟点。毅生先生讲授校勘学，居然能够使未曾入门的小学生入门，这在当时好高骛远的风气之下，实在可以说是难得的。他开始讲书，几乎可以说是假定那一班听讲的人对于他所担任的这一门功课，是毫无所知的（这大概也正是当时的实情）。但是过了几个月以后，学生们经过他的苦心，一步一步地把有关知识和前人的经验慢慢地建立起来，直到后来全班的学生们可以领悟并跟从他实习校勘几个版本的《世说新语》为止。他所用的真的是"乾嘉诸老"用过的笨功夫，他教的学生们也许也是笨学生，但这些笨学生的确从他那边不无所得了。我这里所写的，想来只是毅生先生从事教育事业所做过的几百几千件事情里的一件小事。

我想做古典学问方面的研究，精细的分析和审慎的推断都是很要紧的。这几点大概一般的学者们也都能具备。但是，作为是一位在学问的某些领域里有了很大的成就和贡献的老师，怎样能够把他的心得，切切实实苦口婆心叮咛嘱咐，教导唯恐不周、鼓励唯恐不力那样地指导他的后辈学生，这不是一位先进者和前辈应该尽的责任么？毅生先生的一生，除了他自己的研究著述，是中外研究明清史的人们久已敬仰的之外，便是在他的教学生涯方面，仅仅对一位未能入门的小学生的启迪，已经使我毕生感谢不尽的了。除了校勘金泽文库等本子的《世说新语》，毅生先生也指导过我们学生校读张石洲（穆）的《月斋文集》。

若说受到了毅生先生所教授过的功课的启示，我想，我近岁作的一点小说史的考证，是多少学习了毅生先生研究"正经正史"的方法的。我在拙文《罗贯中讲史小说之真伪性质》叙述水浒传的简本繁本的情况时曾说：

> 吾人如将一百十五回本内所收之诗词共诸繁本相比较，亦可稍窥见水浒传之演变情形。一般言之，一百十五回简本每回前之引首诗，杨定见增编一百二十四本多已删去，然百回本则常加保存，并作部分之修饰。然亦有例外者，如一百十五回本81/186—196"羊角风旋天地黑"古风一篇，在百回本之第八十八回仍保存，全篇一百九十六字中仅十四字不同（水浒全传本88/1435）。一百二十回本则将此篇文字或删或增，大加改动，所余仅十余句可证其来源根据，且又将全文移植至上一回（第八十七回）内（87/1391—1392或水浒全传本87/1433细注十四）。一百十五回简本原句"连环骏马追风急"，"胡笳共和天山歌"之类，百回本改"追"为"超"，改"和"为"贺"，此二处实不如原作之高明。又一百十

五回本内若干诗词,杂于正文间者,常有"有诗为证"一句以启之。如77/10a—b光禄寺排宴,即有"天地形灵万古乖"一首七律,亦见百回本(水浒全传本82/1360),然字句已稍改动。其首句即易为"尧舜垂衣四恶推",引尚书典实,稍胜于原作之俚。若简本之编纂者先获见此百回本之句,则无烦改作也。一百二十回本除田〔虎〕、王〔庆〕部分外多数采用百回本之文,惟此处(82/1322,或水浒全传本82/1366细注一〇六至一〇九)则仅保存简本之中间四句,稍加润色而成一七绝。其余诗词,一百十五回原有者在百回本中发现仍甚多,惟在一百二十回本则即或幸而收入,亦必大加删削,惟细心勘合,或可觅其端倪耳。(香港中文大学中国文化研究所学报第八卷第一期,页二一〇。)

这篇文字,后来收在拙著《和风堂读书记》里,是曾经毅生先生过目,并且颇加鼓励的。现在先生已经长逝了。每一回忆他的颜容,八十多岁高龄的丰腴面貌,笑眯眯的眼神,和对学生们及年轻朋友们的爱护数十年如一日,便令我们这些后生小子觉得,即使我们做的工作只有那么一点点微末的成绩,先生的宽容竟还是"不我遐弃"呢!

(原载《郑天挺学记》,三联书店,1991年4月)

授我知识育我人

夏家骏

岁月尽管流逝，记忆却在加深。离开母校已整整二十年了，郑老也离开我们近三年。但是，他老人家对工作的极端认真精神，以及对我的谆谆教诲，却无时无刻不给我以激励！

一、"注意打基础"

一九六一年，我考取郑老的研究生。不久，我便去请教他，并表示了自己迫不及待的心情。郑老停下工作，对我讲了历史上许多学问家由博返约的故事。他说："还是注意打基础。弄通全局再进行专题研究，才会见微知著、洞察窍要、摸出规律、做出成绩。"也许他老人家看出了我的窘态，又无限抚慰地说："在学习上，'灭此朝食'的气概要有，但'灭此朝食'的做法不行啊！"随后，他老人家亲切地叫我认真学好学校开设的基础课，还叫我听杨志玖先生的《元史》专题课等。郑老突然微笑着问我，"《列宁主义基础》你读过吗？"郑老这一问，更使我惶恐了！这时，也只有在这时，我才开始明白：自己懂得的东西，实在是太少了！"学好马列主义、毛泽东思想才能明确方向，打下坚定的理论基础。当然，还要学习辽史、金史、目录学、版本学、音韵学、训诂学的知识和满文。"郑老滔滔不绝的谈话，使我第一次感到：搞研究确非易事，必须有扎实的理论基础和广博的知识。"此外，还要读《诗经》、《史记》、《孟子》。《豳风》里的'田畯'是什么官？《周颂》里的'保介'又是什么官？《项羽本纪》为什么写得那么生动？孟子为什么那么雄辩？"郑老一连串的发问，更使我急于求成的心情一扫而光了！我不仅完全陷于他老人家知识的汪洋大海中，而且还不禁理解了一九五九年的一件事！

一天，我在图书馆正苦于无从查找续写《纸老虎现形记》的资料，正好郑老到图书馆来了，问我查什么书，我于是诉说了我的苦哀，郑老听完，马上就教我查道光、咸丰两朝《东华录》、《筹办夷务始末》、《中外条约汇编》、《清史稿·邦交志》、《清季外交史料》、《满夷华夏始末记》、《太平天国史事日志》等，还教我查阅《庸盦全集》、《林文忠公政书》、《李文忠公全书》、《张文襄公全集》等，紧接着还告诫我："一九五〇年十月二十五日前后到一九五三年七月二十七日前后的《人民日报》等报刊，也要查。"听着郑老的指教，我当时确是不解：一个明清史专家，怎么对近、现代史也如此熟悉？

二、"精读一本书"

"由博方能返约"！我开始在打基础上下功夫了。我开始自学满文。一个月中，我日以继夜但又囫囵吞枣地读了不少关于满文的文论与著作，包括《华夷译语》之类，自以为"博"了，一九六二年八月三十日，便给郑老写了一封汇报信（郑老当时在北京主编全国高校教材）。没想到，三天后，郑老便给我回了一封长信，充分地指出了学习满文的重要性，以及首先要学哪些书，并特别强调要从基础学起、学好。信的全文如下：

家骏兄：

八月三十日来信收到。一年来，我都在北京，对你们的帮助太少了，想起来实在不安。

过去我在北大讲清史专题，凡选习的同时要学满文，是为了懂满文对学清史有很大帮助，入关以后还长期在汉文中加上满洲名词，只靠注解（而且很少）不能明白，懂满文就清楚多了。我因为不懂满文，所以有些问题搞不清。这一点，我四十岁以前不晓得，四十岁晓得了又无师无书，到了五十岁时各种条件都具备了自己又没有努力，至今后悔。

我校没有满文老师，所以没有对你们要求读满文，这次因为你没有适当课程选习，忽然想到教你自修，其他各位忙于论文，毕业后再说吧。

现在说满洲话的民族，人数不多，我们可以不必学说话，能读书就行了。满文和满语还有差别，满文比满语容易，自修是可以的。只要认识字头，会发音，按着《清文鉴》多记些词汇，能够查字典，就行了；不必要求太高（和学蒙文藏文还不一样）。

在图书馆借了许多书，很好。有的书可以先不看。《五体清文鉴》是为已懂藏、蒙、维文的人作翻译用的，上面没有注音，初学看不懂，也用不上。《女真译语》、《华夷译语》、《金史金国语解》以及诸家笔记所录满洲语，大都得之于当时"通事"或为"通事"所用，文化水平不高，更无语音知识，以故对音只是近似，并不准确，可以不看。《清文补汇》、《清文汇书》、《新辑清语》都不是初学的书。初学还是从《清汉对音字式》和《清文鉴》入手，它的注音准确而规律。读的正确，按照它的对音慢慢地摸，然后要求精满文的人纠正高低快慢，矫正大小卷舌（第三字头的九和十一字头的ι）的混乱，就可以完成第一步学习了。

历史上北方各民族的语言，有的发音和意义全都近似，而仔细分析实在不同。要特别注意。如来信提到的"阿卜哈"（abuha 天），和满文相近而不尽同。满文的乇、彐读阿（a），𝟎读补（bu），乙读喀阿（拼起来，就是 ka），三个字头连读就是"天"字，汉文对音是"阿•补•喀阿"（abuka）。这两个字的差别，在末尾一个是哈（ha），一个是喀阿（ka），一个是 abuha，一个是 abuka。

乾隆时制定的对音字式，非常精确，用字严格，a 音一定用阿，e 音一定用额，i 音一定用伊，o 音一定用鄂，是很科学的。根据它，正确地发音，一般不太差，当然，长短快慢不一定对，还待矫正。现在读满文，一般不用汉字对音了，都罗马化了。可以借 P. G. von Mollendorff：*A Manchu Grammar* 来看，里面有一定的标准字母，但不知我校有没有这本书，如没有，可看日本的《东洋文化史大系•清代亚细亚》，其中一三八页有满文十二字头罗马字表，又战前商务印书馆出版的《日用百科全书》中也有一个表（记不太清了）。

问好。

郑天挺　一九六二、九、一

我为郑老的一丝不苟的负责精神所深深地感动了，也痛感到自己学习方法的拙劣。郑老的启发，顿时使我明白了：杂学旁骛并不能称之为"博"！

我于是利用一切可能的机会向郑老请教。郑老不止一次地教诫我：要有所作为而读书，而且"要一本一本地精读"。"精读，就不是泛览，而要十目一行、字斟句酌地读，弄清作者动机、写作背景、书的版本、前人的评价等。读时要作笔记、卡片、札记、索引、集疑，在自己脑中建起明确的坐标，尔后，再一本一本地对照读有关的书，以期充实、辨误、释疑、升华。"

一九六三年三月的一天，在北大，郑老听说我要去中央档案馆查阅资料，又对我谈了几个钟头的治学方法。他说："精读是基础，博览是补充。读《东华录》、《实录》、《清史稿》等，还要带着问题到档案材料（甚至是《起居注》）中去核实、校正。博览，有了精读的基础，才能迅速，并且提出问题。""写文章，也先要有博览的功夫。没有在博览前提下的精读，没有在精读基础上的博览，不精心分析研究各种文献、著述的长短，不反复琢磨问题的原委、动向，那么，无论是熟题生作、生题熟作、大题小作还是小题大作，总不会准确地提出问题、切实地分析问题、扎实地解决问题的。要发前人所未发，得先弄清前人之所发、前人如何发。"郑老的这些精辟的见解和亲切的教导，一直指导着我的学习和研究。

（原载《郑天挺学记》，三联书店，1991 年 4 月）

缅怀郑老授业二三事

吴天颖

十月中旬，由川赴滇，参加中国封建地主阶级研究学术讨论会。尔康同窗告知，母校南开将为郑老编辑学术纪念文集，嘱我回忆受业往事，写篇短文。荷蒙师友雅望，自当义不容辞：由一九五五年入学就读的四年里，先后聆听过郑老讲授的四门课程，第一篇习作是在他多次指导下开始的；毕业离校后的二十年间，又承先生垂询殷殷，教诲谆谆，给予我极大支持；我之迈向中国经济史的门槛，乃至眼下正在四川继续进行的盐业历史考察，都与他的教导密切攸关。然而，"仰之弥高，钻之弥坚"，在他这样一代学人面前，深感自己所知太少而且认识肤浅，率尔操觚，诚恐有损先生形象，加以岁月流逝已近四分之一个世纪，有的印象渐趋模糊，以致"回"到客居的自贡已近一月，仍然不知从何谈起。

日前，由于一个偶然的机会，从身边所携过去摘录的资料卡片中，蓦然翻出两张微微发黄的卡片，仔细一看，竟是一九五七年三、四两月内，陆续向郑老请教井盐史问题的两份提纲！这两张充满稚气，字若涂鸦，极其寻常的卡片，却唤起了我的记忆，一下子把我带回到二十多年前的南开园；郑老的音容笑貌，清晰地浮现在我的眼帘。早在一九五六年夏，郑老在科学讨论会上，宣读了《关于中国社会资本主义萌芽问题史料处理的初步学习》一文，以制墨业为例，主张对典型行业进行纵横兼顾的研究：从纵的方面考察它怎样由前天、昨天演变到今天，探索全过程呈现的阶段性及其特点；从横的方面对同时期的不同地区进行比较，注意彼比的区别和联系，来认识它们的个性和共性；他形象化地名之曰"十字研究法"。稍后，大概是当年第十期的《历史研究》，又刊登了邓拓先生实地考察京西门头沟煤矿业的成果——《从万历到乾隆》一文。在两位前辈的启迪下，我对纵横兼顾加实地考察的方法也跃跃欲试，以四川盐业作为"麻雀"进行解剖的愿望油然而生。于是，便在一九五七年三月十八日，向郑老提出了五点设想，这就是第一次提纲的内容。郑老对于我这二年级学生所提粗疏看法，热情地加以鼓励，让再进一步充实论据。四周以后，我再次向他陈述了十点理由；郑老仔细听罢，勉以"持之以恒，必有所获"。次年选修史料学，读书报告《孤证不立——考释一条宋代井盐史料》即由此而来，也是日后《论宋代四川井盐业中的生产关系》一文的雏形。郑老就是这样诲人不倦，循循善诱，牵着我在科学研究的道路上蹒跚起步，牙牙学语。

郑老注重对学生的基本功训练，强调于广博上求专精。当我们学习到中国通史的明清部分时，郑老已年近花甲，而且担任系主任和许多兼职，但仍然在百忙中为低年级同学讲授这门基础课，同时结合授课内容，分章分节地辑录了许多基本史料，这对提高学生阅读第一手资料的能力，进一步练就准确而迅速地"捕捉"史料的功夫，都是大有裨益的。二年级时，我对中国经济史的兴趣日浓，巴不得专攻一门，一口吃成个胖子。郑老提醒我："治经济史需要具备历史学和经济学的根底，难度较大。目前你的精力和时间，都无法同时兼顾两个方面。建议你先就近在本系把中国史的基础打好些，同时选学辅助学科的课程；至于经济学，以后有机会必须专门补上。"这些语重心长的治学经验之谈，使我茅塞顿开。除了傅筑夫先生所开中国经济史外，先后选修了王玉哲先生的先秦史专题、杨志玖先生的元史专题、谢国桢先生的目录学、杨翼骧先生的史学史，以及郑老的明史专题、清史专题和史料学。这些选修课程，都是老师们多年研究的结晶，其中不少具有方法论的普遍意义，极富于启发性。惜乎当日有些囫囵吞枣，未能尽行消化，深感内疚。

一九五九年毕业时，在第一次公布的分配方案上，我被分到天津工学院教党史，而分配去河北财经学院的同学，又无意于中国经济史，彼此都希望对换。其时尚无"走后门"之风，并把当事人"回避"视为理所当然，申请是通过年级核心组向系里反映。感谢郑老和魏宏运先生（时任系助理），他们很快批准了这一请求。临离校前夕，我去向郑老辞行，并就今后如何进修提高征询意见。他满怀深情地说："我学习马列主义时已年近半百，由于头脑里旧的东西多，没有学好。你们青年时代就能在课堂上进行系统学习，这是莫大的幸运。你们这一代人应该弥补我们的不足，治经济史必须先学《资本论》；倘有可能，最好脱产进修。"其他老师也有类似看法。因之，到了河北财经学院不久，组织上就送我去北京大学进修《资本论》、哲学和经济史，算是补了第一节课，开了个头，我也成了经济史队伍中的一名新兵。此后，只有几次书信联系，长期没有和郑老见面。

治学严谨，虚怀若谷，是郑老的美德。他经常讲"史德"的重要，并为我们树立了楷模。众所周知郑老对徐一夔《始丰稿·织工对》进行过深入研究，取得重大成果。记得是在一次欢迎吴晗先生来南开讲学的会上，郑老在谈及时，却是首先强调指出："徐一夔留下的这条珍贵史料，是吴晗先生第一次发现的。"反映了他对别人劳动成果的尊重。还有件事也令我记忆犹新。一九七二年五月，我搜集了有关钓鱼岛等岛屿的历史资料，写出初稿后返校向郑老求教。当时，我刚"解脱"不久，他的处境尤甚。师生阔别十三年，重逢于他所乔迁的斗室之中，彼此心情可想而知！老人的头发白了，寿斑重了，仍然一如既往，聚精会神地看完稿子，显得很高兴，谦逊地说从未接触过这一课题。然后，逐句地进行推敲，甚至连不惹人注意的细节也不放过。如：我转述台湾一位登上过钓鱼岛的人所说："中国人曾在此修建一座'土地庙'，至今断壁残垣依稀可见。"郑老仔细询问了庙宇遗址的长、宽之后，便把明初有关"土地庙"的缘起、规模及意义，溯本求源，如数家珍般合盘托出。最后断定："从大小形制看，它不是'土地庙'，很可能是海神庙，即天妃庙、天后宫。但咱们缺乏第一手资料，为慎重计，以改作'小庙'为宜。"这一字之改，充分体现了他一丝不苟的求实精神。

　　使我永生难忘并与现在从事的工作有关的事，是一九八〇年八月，南开举行明清史国际学术讨论会，代表们住在天津宾馆，一天晚饭后，郑老嘱我一道散步，边走边谈。内容主要两点。一是鼓励我说："当日你没有被录取（毕业后曾报考他招的研究生，名落孙山），今天看来，未必不是件好事。"接着，重提二十四年前的往事，问是否还在搞四川井盐经济史？我既为长者奖掖后学的热情而深受感动，也因中断十四年工作惭愧得无地自容。郑老勉励我继续进行下去，并且力争在中年时去四川实地考察，千万不要半途而废。最后，热情洋溢地告诉我："我要写部清史。稍后，我寄两本小书给你，期待着你研究井盐经济史的成果。"回京不久，果然收到了他寄出的《探微集》和《清史简述》。

　　怎么也没料到，那次谈话竟成永诀！还未等到我来四川，次年冬就在北京风闻郑老的噩耗。我难于置信，连忙挂长途电话询问系里，不幸证实，一起工作的几位师友心情异常沉重。大家建议以北京南开大学校友会历史系分会的名义，委托校友范曾撰写挽联。我赶到范曾家，他听罢陷入沉思，两眼含泪挥毫写就：六十年黉舍，六百年史迹，学贯天人，国中同悼失师首；八千里受业，八万里解惑，变通今古，环宇共称悬巨星。

　　上联指教育事业成就，下联是史学研究丰功。于此，郑老是当之无愧的。

（原载《郑天挺学记》，三联书店，1991 年 4 月）

史学名家　后学良师

——怀念天挺老师

黎邦正

一九五七年，我就学于天挺老师的门下。当时虽已从大学毕业了两年，但治史还是个门外汉。怀着兴奋而紧张的心情，从西南重庆到了天津南开大学。开始与老师接触时，非常拘谨，因自己的无知而惴惴不安。当老师与我亲切谈话后，他那和蔼可亲、平易近人的态度，使我的恐惧心理，顿然消失。老师为了培养我们，要我们仔细通读《明史》与《圣武记》，要求作好卡片。后来还参加明清史研究室的《明史》标点工作。规定随本科生听明清史选修课、史料学、目录学等。郑老师还为我们进修生、研究生讲明清史专题课。每两周还要到郑老家中举行一次研谈，实际是给我们解答疑难问题，指导自学方法。通过两年与郑老朝夕相处，在治学态度、学习方法上受益不浅。特别在政治思想、道德品质方面，受到极深的影响。廿多年过去了，但郑老高尚的品德、渊博的学识、严谨的治学态度、熟练的教学方法，始终萦绕于脑海之中，现从以下几方面来忆述。

一、勤于学习理论，立论正确

解放后，郑老年事已高，但却积极地学习马列主义，经常告诫我们，研究历史问题，必须首先以马列主义立场、观点、方法，去分析与鉴别占有的史料。这是一项非常仔细的工作，要认真对待，否则容易得出不正确的结论。记得在讲清入关前的社会性质问题时，由于我受史学界比较普遍说法的影响，认为努尔哈赤时代是奴隶社会，皇太极时代才进入封建社会，对其他说法都不易接受，但通过郑老专题课的讲授，知道了过去很多没有接触过的史料。特别是努尔哈赤当政前后的很多史料，说明当时的社会，是在迅速的变化和发展着，由于生产力的提高，使奴隶制的生产关系已不适应社会的发展，出现了奴隶制崩溃的危机。杰出的努尔哈赤，在社会变革的面前，不是利用政治权力来阻碍社会的发展，而是顺应社会的需要，进行一系列改革。如对自愿归附或战争降顺者，都编为民户。被征发筑城的劳动者不采取奴隶式的强迫劳动，而给筑城人员以人身自由，让他们享受一定的福利，明显地具有封建的徭役性质。

努尔哈赤还制定了保护私有财产的法律，虽属草创，但对劳动者能作到"先闻听讼者之言，犹恐有冤抑者"（《清太祖武皇帝实录》二卷十九页）。这与对待毫无人身自由，只是被当作会说话的工具的奴隶在态度上是迥然不同的。郑老还特别指出，必须以辩证唯物主义的观点去分析问题，因为社会的发展与变化不是一刀切的，是经过由量变到质变的过程。努尔哈赤时期，虽然受朝鲜及明朝汉人先进生产技术的影响，及努尔哈赤施行的政策，有利于社会性质的转变。但女真族的社会发展是不平衡的，有的地方还很落后。总的是处于奴隶制向封建制的过渡阶段，奴隶制的残余还大量存在。这个情况，在满族入关后的一些措施中，还有所发现。郑老用了大量的第一手材料来说明，使我这个知识不多，又爱坚持己见的年轻人，受了一次很深刻的教育，感到要在浩如烟海的明清资料中，占有重要的史料，是一件不容易的事。如果不掌握大量史料，要想提出创见也是不可能的，也不会得出正确的结论。使自己意识到研究历史应持谦虚谨慎的态度，决不能自以为是。

又如讲朱元璋转变立场，背离农民阶级的时间问题时，郑老指出当时史学界的说法有三：一为朱元璋于一三五六年攻下集庆路时就变质了；二为一三六一年朱元璋称吴国公时变质；三为一三六四年朱元璋自称吴王，建立的政权就是封建政权。郑老以辩证唯物主义的观点，认为朱元璋背离农民阶级立场是一个渐变到突变的过程，朱元璋的渐变是开始于过江，但一直奉小明王龙凤年号，不能作为质变的标志。到一三六六年五月，朱元璋攻张士诚时，发布的《平周榜》，大骂红巾军为妖贼，是他质变的宣言书。本年十二月，沉小明王于滁州，是他充当地主阶级代理人的行动。由于郑老运用马列主义的观点，对这些常见的材料进行了合理的分析，得出的结论说服力很强。

二、善于利用考证，阐明历史发展规律

我是师范学院历史系毕业的本科生，根据部颁学制，偏重于基础课的学习，科学研究的基本技能训练不够。恰值五十年代，批判考据学时，有采取

全盘否定的态度，自己受了影响。与郑老接触中，发现他在很多地方利用考证来说明问题。也知道郑老对考据、音韵、训诂等学问，造诣很高。记得郑老曾对我们说：前人治史是"由小学入经学，由经学入史学"，大意是希望我们在文字上多下功夫。自己由于这方面的知识欠缺，产生了两个错误思想，一为畏难；一为怀疑。但通过一段学习后，慢慢发现郑老不是乾嘉学派那种为考证而考证的治史方法，更不是把考据学当为历史的旧史学，而是利用传统的考证和现代科学方法结合起来，弄清一些重大历史问题，为阐明历史发展规律服务的。

如在讲朱元璋的出身时，将朱元璋的祖先迁徙情况讲得很细，当时我误认为是繁琐考证，但后来对朱元璋一生进行评价时，就涉及到对朱元璋家庭的了解，以及他后来的经历。从朱元璋祖先无数次的迁徙，最后定居在凤阳孤树村的历史，正说明其祖先是因衣食无着而迁徙的贫苦农民。再加上御制皇陵碑的内容，对朱元璋世代出身贫苦的历史得到印证，澄清了封建史家对朱元璋那些迷信色彩的歌颂与记载，使我恍然悟到郑老对朱元璋先世的考证是有其学术价值的。

又如明代资本主义萌芽问题，当时吴晗及一些同志，引用徐一夔《始丰稿》中的《织工对》，来说明在明初杭州地区的纺织业中，出现了资本主义生产关系的萌芽。郑老对这条很重要的史料进行了仔细的考证，在讲课时给我们指出：《织工对》成书的时间值得注意。他从"缗"、"贯"二字的运用，元明钞值的变化等大量材料研究中，得出《织工对》记载的不是明初而是元末杭州纺织业的情况。至于是丝织业还是棉织业的问题，虽然没有正面材料，但用织机与织工数目的比例等旁证材料，说明是丝织业而不是棉织业。郑老以渊博的知识，大量无可辩驳的材料，纠正了对这条史料的误解，恢复了这条材料的本来面目。以后在《历史研究》上发表，为资本主义萌芽问题的讨论提供了新的线索。

通过郑老善于利用考证解决重大历史问题的事实，逐渐改变了我对考证方法的片面理解，在郑老一丝不苟、求真、求实的治学态度的影响下，使我认识到历史成为一门真正的科学，必须很好地运用马列主义理论，占有大量经过鉴别了的史料而得出的结论，才是符合历史客观规律的。说明历史科学和其他科学一样，是来不得半点虚假的，对以后自己从事教学和科研的态度影响很大。

三、治学勤奋严谨，尊重历史实际

郑老一生，既搞教育行政，又搞教学、科研及培养人才的工作，几十年兢兢业业，从未稍有松懈。每次到郑老家中，见他都是手不释卷地勤奋学习，孜孜不倦地研究问题。他治学严谨，尊重历史实际，记得在讲明朝与越南的关系时，就能本着历史实际，指出明与越南是宗主国关系。当越南发生内乱时，明出兵越南，平定内乱后，将其改为交阯布政司，后因越人反对才撤兵回国。表明郑老是尊重这段历史事实的。后来虽有学生对他提出意见，正说明郑老对待历史有求实而不怕冒风险的精神。

又曾记得，我为郑老抄过一篇关于论证满族族源的文章，内容不长，立论清楚，所举材料与讲课时相比，减了不少。当时我感到奇怪，在一次闲谈中，涉及到如何评价文章的质量，流露出自己无知的看法，认为文章越长，引证材料越多，文章质量越高。郑老语重心长地对我说：文章的质量，不能单以字的多少来衡量，而应看其材料翔实、论点正确，能否解决问题，能否在前人基础上有所发展与创造，对历史科学的发展有无贡献。写文章时，运用材料不能将搜集到的资料都弄上去，要分析研究，进行精选，尽量用第一手材料，道听途说的材料，有时虽很新颖，但可靠性差，不要轻易用，用时要慎重，否则造成错误贻害后人。记得还以司马光修《资治通鉴》如何注意选材的例子加以说明。又说：写文章是要让别人看的，要做到文字通顺与简练，力求言简意赅，节约读者时间，文章写成后，多看几遍以减少错误，不要忙于发表。郑老对学生从不责备，也从不随意贬低别人，多是循循善诱地正面教育。几十年后的今天回忆起来，自己在学术上虽无多大成就，但牢记老师教诲，愿意多付出劳动，为历史科学作一点贡献。能有这点粗浅的认识，是与郑老的教育分不开的。

四、教学有方，内容有创见

郑老数十年不脱离教学，而且认真负责，一丝不苟。特别是明清史教学，功力雄厚，内容丰富，有创见。郑老从三十年代起就对明清史进行研究与讲授，再加上他治学严谨，对历史求真、求用，反对空谈，教学有方，能把教学、科研及史学界的争论，很好地结合起来。课堂上的讲授内容，就是他平时科研的成果，就是对史学界争论问题的意见。所以他的教学，每堂课都有新的内容，非常引人入胜。教学方法是深入浅出，善于启发诱导，听后留下极深的印象，使我们受益不浅。现举几例以说明。

讲封建社会的分期问题时，对明清时期应如何划分，史学界争论很大，大致有"晚期"、"末期"及"崩溃"、"瓦解"等时期的不同说法，众说纷纭，莫衷一是。我当时是不清楚的。郑老讲课时，以马列主义理论，将扑朔迷离的历史现象，进行条分缕析的处理，认为清朝时期，是封建社会的晚期而不是末期。他首先指出"末期"与"晚期"的概念是不同的。"末期"是指封建社会瓦解，资本主义产生的时期，而清代的中国，封建经济没有崩溃而在继续发展，资本主义萌芽正在孕育，因而没有封建社会末期。他又解释"晚期"是指当时的封建社会，虽已有了资本主义萌芽，但封建经济还在发展。当封建经济与资本主义萌芽发生矛盾时，不是封建经济让路，就是资本主义萌芽受到约束。如果封建经济让路，中国社会就进到封建社会末期；如果它不让路，使资本主义萌芽受到限制，那就是封建经济继续发展的晚期。清代的情况就是后者，因而是晚期。这一堂课的讲授，使我茅塞顿开，解决了我长期不能解决的问题：就是如何理解清代封建经济既有发展，出现了康、雍、乾的盛世，又有乾隆以后鸦片战争前封建经济的腐朽；资本主义萌芽虽有缓慢增长，却始终未进入资本主义社会的复杂现象。郑老的意见，在理论上和历史实际上给我们理解这个问题以极大的帮助。

又如讲清人关前拖克索（田庄）的性质时，史学界有不同意见，有的认为是奴隶社会的生产方式；有的认为是封建社会的生产方式，都有材料说明。郑老对这些材料进行了分析，他认为田庄制度在清代不是一成不变的，而是屡经变更，只是拖克索的名称却未变，一直到入关后，仍如此。说明名称未变而内容变化了。因而拖克索有奴隶制性质，亦有封建制性质，不能各执一端，应根据具体情况进行具体分析，这种主张，后来在他的文章中有全面的阐述，较为史学界一般人所接受。

郑老教学内容非常丰富，我的听课笔记本一直珍贵地保存着，不时翻翻指导自己的学习，后在十年动乱中损失，每当想起，不失为一件憾事。

五、传授自学方法，指引科研门径

郑老很重视培养我们的自学能力，传授我们自学方法，介绍张之洞的《书目答问》，要我们阅读原始材料时注意史料的搜集与积累，但又经常告诫我们，不能把史料当作历史。他在给我们讲史料学时，特别强调史料学是历史的辅助科目，学历史者必须知道史料学的目的与任务。教我们如何将史料分类、整理，进行批判分析，确定史料来源等基本功。他指出史料内容与形式都是受时代的社会经济关系、政治制度和思想意识决定的。特别强调史料的阶级性，只有这样才能确定史料的可靠程度与实际价值。他要我们鉴别史料时，不要只从时代的先后来衡量，不要认为史料越早就越正确，越有价值。而应具体来分析其正确性。还对"史料即史学"的说法进行了批判。他引用马克思的话，对史料必须"分析它的各种发展形式，探寻这些形式的内在联系……这点一旦做到，材料的生命一旦观念地反映出来，呈现在我们面前的就好像一个先验的结构了。"（《资本论》第一卷，第二版跋）就是说正确的分析史料，才能显现出历史的本来面目。

郑老还给我们介绍了古文字学、古器物学、目录学、校勘学、年代学、史讳学等知识及有关的文史工具书的运用。还将他做的一套有关元代村社制度的卡片给我们学习。经过郑老的指点，自学有了门路，扩大了眼界，增加了对明清史学习的兴趣。使我在以后的工作中，任何困难情况下，都没有放弃对明清史的学习与研究。虽由于资质驽弩，明清史研究没有做出成绩，有负于老师的教诲，但在教学岗位上，随时以郑老为学习的楷模，热爱教育事业，为培养历史教师尽自己微薄之力。

郑老还通过组织我们搞科研，指引搞科研的门径。

解放前后，郑老在北大组织学生整理明清档案资料，已闻名于史学界。自己有幸，参加了一次《清实录》的辑录工作。《清实录》这部大书，有很多研究清史的第一手材料，一九五八年，南开大学历史系师生，包括进修生、研究生，在郑老具体指导下，从四千四百三十三卷《清实录》中，辑录出有用的经济资料一百多万字，我当时参加了这一工作，初步辑录的资料虽然粗糙，但经过整理，就成为比较有用的材料。一九五九年中华书局出版，是我国第一部从《清实录》中辑录出的有关资料，为研究清史提供了条件。每思及此，郑老那博闻精识、惊人的组织能力，指顾料事的动人情景就浮现在眼前。

总之，郑老一生，无论在教学、科研与教育事业，培养人才等方面，都做出了卓越的成绩，是我国著名的史学家，在国际国内享有盛名。只因自己水平不高，局限了对郑老的认识，表达不了对郑老的敬仰。

（原载《郑天挺学记》，三联书店，1991年4月）

郑先生对我学术研究的潜移默化

李喜所

我虽然不是郑先生的研究生，也没有完整、系统地听过郑先生的课，但是我在学术研究的道路上却深受过郑先生的影响。这种无意识的潜移默化，有时比有目的的灌输，更顺理成章，更存之久远。大师的难以估量的魅力，往往也在这里。

1970 年，在"文革"仍然继续着的岁月里，我被留在历史系任教。郑先生刚刚被容许到我们的中国史组学习。虽说郑先生在前几年吃尽了苦头，但精神很好，和我们每个人都谈笑风生，组里的所有人都对他怀着由衷的敬意。那时，除了学习"革命道理"，就是讨论所谓的"教育改革"，想搞点业务，是要冒风险的。然而，谁都难以想到，郑先生已经在对一些有兴趣的历史问题暗暗收集资料了。1971 年，因钓鱼岛问题，报上发表的政治性文章很多，但多带有大批判性质。组里的几位有见识的先生就建议我写一篇史料丰富、论述周详、说服力强的论文，以驳斥日本一些人的谬论。这使我非常为难。一则不知如何查找资料；二来也没写过真正的学术论文，不晓得从何处下笔。郑先生很了解我这时的心情，一方面将他一年来收集的几十篇有关钓鱼岛的资料，包括从《参考消息》剪下来的好多小文章，都提供给我；一方面教我如何利用工具书去查找资料，找到资料后如何分类、如何使用。短短的半个月，明清以来关于钓鱼岛的一大批资料都找到了。在开始写作时，我写了一个简单的提纲，郑先生给我提出不少宝贵的意见，至今记忆犹新。论文写出后，郑先生又指导我修改。我的第一篇学术论文，就是在郑先生的教诲下这样写出来的。由此，我才初步知道写论文的简单程序。这篇论文由于资料翔实、说服力强，反映非常好，许多单位请我去作报告。每次作报告回来，郑先生总是对我点头微笑。这微笑至今历历在目，它包含着长辈对晚辈的殷切希望和真诚的信任。

为了提高我们近代史教师对基本史料的把握能力，在李义佐和陈振江老师的请求下，郑先生又给我们讲近代史料学，每周两次。可是，"革命"的冲击，郑先生的课时讲时停，仅仅支持了不到一学期就停了。郑先生讲史料学旁征博引，融会贯通，有时一句话要讲一节课。魏源的《海国图志》序，不到一千字，郑先生讲了三个半天。让你得到的不仅是知识，还有国内外的研究信息和与之相关的人和事，同时有研究方法。回想起来，我们听课的时间虽然总共不到 30 个学时，但收获巨大。特别是对我来讲，初步奠定了晚清史料的基本知识和基本线索，终身受益。

1975 年冬，我们北方 6 所院校合编的《中国近代史知识手册》在北京师范学院定稿，特邀请郑先生到北京帮我们终审一遍。我照顾郑先生的饮食起居，又有了较多的接触机会。郑先生审稿，每看完一部分，总会在另一张纸上写下很多问题，让我查对。于是我几乎每天跑图书馆，核对史料。有时为一小段引文，好几天都找不到出处，真是急死人。查到后来，我特别烦，真不想干了。可是郑先生仍然坚持要查对。这样足足干了一个月，的确查出了不少错误。同时，我也收获颇丰，尤其对史料的严肃性有了较深的认识。每天下午，陪郑先生散步时，郑先生还告诉我何为"孤证"、何为"伪证"，如何辨伪、如何考证。这些教导，在我后来的史学研究中，都派上了用场。审稿结束后，一个星期天，郑先生问我想不想去北大看看，我当然求之不得。于是，迎着冬日的阳光，来到了北大。一进北大校园，郑先生显得十分兴奋，给我介绍北大的许多景点。接着，拜访了五六位他昔日的好友，最后到了邓广铭先生家里。当时，"文革"的余波还在，他们讲话特别谨慎，似乎只要能见到面就万幸了。从北大出来，郑先生显得心情有点沉重。不过，很快就过去了。我猜想，可能是旧地重游，往事、今事涌上心头，引发了一种难以名状的复杂心情。在中关村的一家很干净的小饭馆里，郑先生请我吃饭。我借机问郑先生，北大老师最大的优点在什么地方？郑先生若有所思地停了一下说，一是他们基础厚，不轻易写文章，一旦发表论文，多是高质量。北大是重质量，不重数量。如果功底不厚，老师是不让写论文的。他讲他有一次上黄侃先生的课，黄先生对一位随意发表论文的学生给予严厉的批评，理由是这位学生还没有打好深厚的根基，劝戒他不要急于写论文。二是北大的老师各具特色，都有自己独到的拿手的地方。我想用今天的时髦话讲，就是各具学术个性。听了郑先生的话，我暗暗想，郑先生不愧是当年北大的秘书长，评论起北大来真是入木三分。我本想用秘书长来恭维郑先生几句，但灵机一动，又没敢说出口。因为，那时的政治气候，当过北大秘书长不是光荣，而是污点。回到北京师院后，我总觉得郑先生讲的北大老师的厚积薄发很有道理，又好像是针对我们这一代人讲的。由于种种原因，我们的根基是太薄了。这也可能是当今总是在那里呼唤大师，但总是千呼万唤出不来的一个原因吧。

1981年，武汉举办纪念辛亥革命70周年国际学术讨论会，我有幸和郑先生同车前往。在驶往南方的列车上，郑先生常和我聊天。事过境迁，好多话记不起来了。唯一记得的是，谈到对这次论文的总体观感时，郑先生说，下了很大功夫，写的也不错，不过理论上还要多努力。到了武汉，我们住在当年中央开武昌会议的东湖宾馆，郑先生则住在宾馆内当年中央前几号首长住过的梅岭。会议的第三天晚上，湖北的领导要请郑先生吃饭，郑先生让俞辛焞先生和我作陪。我是头一次参加这样高级的宴会，而且来的人除了湖北的大人物外，还有胡绳、刘大年、李新等大名家，我举手投足中难免战战兢兢。郑先生则一一向客人介绍了俞先生和我。在那种场合，吃是吃不饱的，我只是认真听他们说话。当胡绳等人恭敬地问郑先生这次会议的论文有什么地方需要改进时，郑先生集中谈了理论和方法要加强。他们都极为赞赏。李新和刘大年先生还特别讲，"四人帮"刚倒，学术理论和方法上还没有来得及清理和更新，郑先生的话无疑给史学界提出了努力的方向。此时，我想到郑先生在火车上讲的那番话，才觉得理论和方法的重要性。从武汉回来后，我对史学理论和史学方法的学习要比以前重视多了。但遗憾的是，此后我再没有机会向郑先生请教了。因为这时的郑先生恢复了以前的一切职务，而且比"文革"前的名气更大了，也更忙了。我不好意思再去打扰他了。

20多年过去了。再历史地理性地回想一下我所聆听到的郑先生这些关于学术研究的箴言，可以清楚地看出，先生倡导的是准确的史料，最新的理论，科学的方法。

（原载《南开学报》，1999年第4期）

从师问学脞记

——忆郑天挺师教我写论文的几个片断

王处辉

　　我第一次聆听先生教诲是在一九七七年。这年八九月间，先生为南开历史系全体学生作题为"关于清史的几个问题"的学术报告。而正式从先生学习明清史，是从一九七九年我考取先生的研究生开始。此后的两年多时间里，我有幸得先生多方教诲，但"偃鼠饮河，不过满腹"。我自愧是先生的最不争气的学生。

　　记得我刚考取研究生不久，先生亲自为我们开"清代制度"课，同时还要求我们每月把所读书目和心得体会向先生作书面汇报，先生亲自检查并及时个别指导。对于带有普遍性的问题，还要进行集体指导。以下是几个片断的追忆。

　　一九八○年三月十七日，先生把我和我的三位师兄叫到自己家里，和我们谈了两个多小时。先生先询问我们平时在什么地方读书，尔后问我这学期还有哪些公共课或其他课程。我作了汇报后，先生教导说："你这一学期的任务就是学好学校安排的各门公共课，对明清史方面的书籍进行博览，到第二学年就要有目的有范围地读书，第三学年专攻一个问题，写出毕业论文。"先生又对我们说："我所以请你们来，是为了一起规定一个时间，给你们解疑。"最后约定隔周一次星期一上午九点，为先生给我们解疑的时间。——先生就是这样，虽已八十高龄，且工作繁忙，但从不放松对学生的教导。

　　接着，先生兴致勃勃地给我们讲授起治学方法来。先生说："作学问，态度一定要慎谨，对任何史料，都要考而后信，这样才不至于上当。"先生又说："胡适的'大胆假设，小心求证'是不对的。胡适是我的先生，我们之间关系很深，但是对这一点我是持不同意见的。凡是按这种方法去做学问的人，往往是'大胆假设'做不好，而'小心求证'做不到。因为他先给自己定了一个框框，总是找材料为自己的假设服务，这就必然走入歧途。因此这不是作学问的科学方法。但是，我们不反对在广泛搜集资料的基础上的假设。如果我们已收集了很多资料，对同一史实的史料进行比较分析，选择比较合乎逻辑的史料，我们假设它是正确的，然后再进行小心认真的求证，则是可取的方法。"

先生又说："我们搞历史研究，决不能否认阶级斗争学说，但不能把任何历史现象都去简单地归结为阶级斗争，而是要通过大量的史实，说明为什么这是阶级斗争，揭示出阶级斗争的规律性。"先生还针对当时有一种认为马列主义过时的不正之风，提醒我们说："你们要努力学习马克思主义的理论，不要认为这些理论都是过时的东西。经典作家的很多理论，仍是我们的指导思想。"

事后回味先生的这番教诲，才豁然领悟到，先生是要我们加强基本理论，基本技能的学习和训练啊！先生就是这样，教导后学有时是画龙点睛，而有时是扬扬洒洒，似乎在和你聊天，但过后冷静想来却回味无穷。

先生还风趣地对我们说："我现在老了，记忆力衰退了，很多东西记不住，看过了，当时理解，也记住了，但不久又忘光了。这不是谦虚，这是合乎大自然新陈代谢规律的，就像一张誊写纸，初写时很清楚，用到中期就模糊了，到后来就誊写不上去了，或出现很多错误，明明是写个'太'字，但结果则成了一个'大'字了。你们现在都很年轻，正是好时候，要珍惜时光呵！"先生又强调说："我所以跟你们说这些，就是要求你们要高，要攀登科学的尖端。"

先生对我们这一代青年抱着无限的期望。每想起先生的这一席话，就使我如坐针毡一般。

随着时间的推移，按先生的部署，我该进入有范围地读书的阶段了。一九八〇年十一月八日，我按和先生约好的时间到先生家就教。先生开门见山，和我谈起我的研究范围问题。先生要我先谈谈在最近的学习中对哪些问题有兴趣，我如实地汇报说，最近注意了三个问题，一是收集清代官制方面的资料；二是注意了清代的选举制度，如笔帖式，是满人的出身捷径，但很多问题还搞不清；三是注意了清代的乡村制度问题。听完我的汇报，先生教导说，"研究笔帖式当然可以，但如果作为毕业论文就不够了。"接着先生又耐心地为我讲了清代满人入仕的一些情况，并列举了和珅和明珠的例子，最后说："你可以扩而大之，研究满人的出身问题。"当时我想，先生一贯主张"探微"，怎么这次要我把范围扩大呢？于是我不解的问："作毕业论文题目是否应该大些?"先生笑着说:"我认为宜小不宜大。作博士论文也是一样,假使你作'中国赋役制度的发展'的论文,我就建议你不去作。因为太大了你说不清楚。如你作'清代的摊丁入亩'的论文,能说清就可以了。但作小题目很难,只有深入研究后才能得到小题目。"先生说:"写论文和写专著不一样,写专著着眼点要大,要做到处处照顾,事事联系;写论文则要求大处着眼,小处入手。史学界过去写大东西占得力量太多了,而小问题没搞清,往往以讹传讹。我们应该从整个历史的发展出发,一个个解决小问题,向前推进。做到对自己有收获,对别人有帮助,对历史有发展,所以叫'大处着眼,小处入手',比如对原子的发现,看来是个小问题,但它影响重大。"

这时,我才恍然大悟,先生提倡"探微",决非随意选些什么小题去作,而是要研究那些在研究历史发展规律的过程中必须首先解决的"小问题"。先生之倡"小",似小而非小,先生之探微,似微而不微。先生作《关于徐一夔〈织工对〉》一文,似乎微小,但解决了史学界的一桩悬案;先生于四十年代作《清代皇室之氏族与血系》一文,似乎微小,却雄辩地证明了满族是中华民族大家庭中不可分割的成员之一。……

先生又收回话题,告诫我说:"写论文,对史料要有独立的研究才行。不是把史料搬过来,取其表面的意思,排比写成文章;而是要深入挖掘其意义,得出表面文字以外的更深刻的东西。搞满洲官员的出身,不能局限于数字的统计,而要得出结论,如对满人有什么好处或害处?对汉人入仕有什么影响等等。一个问题至少要问五层'为什么'才行。另外,我们不能局限于自己的眼界一概而论,满洲人不一定和满洲人是一体,不仅是满汉矛盾,还有满汉统治集团内派别的矛盾斗争。如明珠党、和珅党,成员都不限于满人,也有很多汉人官员在内。汉人的派别中也有满人的成分。只有放开眼界,才能进行更深入的研究。"

先生的话虽很简练,但高屋建瓴,使我深受启发。

关于清代乡村制度,先生说:"清代乡村没有系统的政治制度。所谓里甲,实际上是没有什么作用的。如果从制度上去研究它,得不出理想的结论和效果。清代乡村问题,实际上是乡绅问题。"先生还深入浅出,举了好多例子说明这一点。先生一席话,解决了我长时期摸不到头绪的问题,我更从内心里深深钦佩先生看问题之尖锐深刻,一针见血。

先生还给我讲授了清代宗法制度的问题。

我请求先生说:"您看我搞什么问题好呢?"——现在想来这个请求委实

是幼稚可笑，但当时确是我的心里话。先生和蔼地笑着说："我只能就你们所提出的问题，给以指导，如某个问题可以搞或不可以搞。理科也是一样：有些问题是导师多年来注意过或研究过的，结果是失败的。所以可以告诉学生，不要在这个问题上下功夫。我们也是一样。我可以告诉你们要找哪些书，注意哪些问题，以求对你们有所启发。而不能是我出题，让你作。因为论文的选题和写作是为你以后作学问打基础、铺路子，所以必须自己去研究。我出题当然可以，但这对你们是十分有害的。我没有办法把我几十年所学所得一下子教给你们，只能提纲挈领，使你们把握研究方法，以便以后更好地工作。因此，必须由你自己去发现问题才更有意义。"先生边说边笑。——先生就是这样，无论你提出多么幼稚的问题，都是和颜悦色，耐心为你讲授，从无厌倦之意。

先生还说："研究生就是要独立地研究问题。我就是要你们去做独立的研究。研究生和大学生、中学生不同，中学生主要任务是吸收，把现成的东西拿来接受就行了，而大学生就要去独立地思考问题，你们则要独立地研究。越研究才越能发现问题，发现问题再深入研究，这样才能越来越深入。"

当时，我对先生的这番教诲理解得并不深刻。到我毕业开始独立工作以后，才越来越深刻地体会到先生霑溉后学之一片苦心。

一九八一年上半年，先生不顾八十一岁高龄，为研究生和历史系本科生开"史学研究"课，每周两个课时。三月四日，先生课后嘱我六日上午到先生家。原来先生是要我汇报近期学习情况的。我汇报说，自从上次先生教导之后，我选定了清代满洲官员的选举制度这个范围，并且把近期围绕这个范围读了哪些书和所遇到的问题也做了汇报。我汇报说：目前感到最大的问题是范围太大；包括的时间太长，这涉及有清一代的历史；还有文武改途问题；满官不注重出身问题；清初督抚多用汉军问题，科举对满人的优待问题；八旗内部满、蒙、汉军之间的关系问题；还要牵涉清代整个官制、选举制和政治结构等等。头绪很乱，问题很多，不知对这些问题怎样认识，如何统一到一个问题上来。先生听过汇报，高兴地鼓励我说："你这些考虑都很好。有问题就好。"然后又教导我说："你搞这个问题，不要各方面都同时考察。如科举制可另从科举方面去考察，官员的升迁和任免等，也可不在你这个问题的范围之内。你可以只搞满洲文官的出身，看这些人是怎样迈进仕途的，这样范围就缩小了。"这又使我进一步领悟到：先生提倡探微之所谓"微"，是有着严格的分寸的。

　　先生还对下一步的研究方法做了具体指导，说："你可先读《清史列传》，再补以《清史稿·传》、《碑传集》、《国朝耆献类征》等，尽量多地占有材料。通过考察，作出量的统计，从而可以发现不少问题。这之后，可以和汉人比较，和明代比较，看他们的特点，也可在满人内部比较，看这些人的阶级性。这就解决了一个问题：人们都说优待满人，而实际优待了哪些满人？是怎么优待的？过去还没有人专门研究过这个问题。"先生还说："现在中国史学，往往从几个大方面，按几条杠杠去分析，对各朝代各时期的各种特有规律缺乏很好的研究。我们就是要进行这种研究。这就要求我们从调查入手，使结论落在实处，找出规律性的东西。就你搞的这个问题而言，我刚才所谈都是些一般的，你深入进去以后会发现更多的问题，再深入研究，发现规律性的东西。假使你的结论一开始是从一个时期的历史中得出的，比如是天聪、崇德年间的，或康熙年间的，或是乾隆年间的。然后就把它拿来，放到各朝去考察，如果发现都能说得通，那么你的结论就站住脚了。"先生的话，虽是对一个问题的研究而言，但是我想，这堪称是先生时常提倡的"求真求用"、"真用结合"、"广泛联系"的一贯思想的具体运用的一例吧！

　　这次，我还向先生请教了论文取材的一些问题。先生说："你刚才提到看了许多书。我认为还是要从官书看起。虽然官书价值不高，但它是公布于众的，人们都能看得到。假如你手中有一个秘本，你引用了，觉得很得意，可别人看不到原始材料的出处，可靠程度如何？还不可得而知之。公布于众的书，一般说来可靠程度要大些。因为如果骗人，无法骗得天下所有的人，而作者也不敢毫无顾忌地说谎。所以我还是提倡从官书入手。"先生边说边笑。先生治学之谨严态度，由此又见一斑。

　　一九八一年十一月二十二日，我和一位同学到先生家就教。这次先生谈起论文的选题。最后强调说："注意，在选题时一定要大胆，不要前怕狼后怕虎，墨守旧规。只有大胆，才能选好题目。"我还就学习中遇到的很多新问题向先生请教，因为先生当时正在做赴京参加第五届全国人民代表大会的准备工作，未及详细讲授，老人家和蔼地对我说："等我开会回来，咱们再专约时间给你解疑。"可谁能料到，这次相见，竟成永诀！

（原载《郑天挺学记》，三联书店，1991 年 4 月）

读《探微集》

罗继祖

1963 年，我和郑毅老同应中华书局校点二十四史的邀约，在北京翠微路中华书局比屋而居，同案而食两年多，一天要见面几次。中经"文化大革命"，暌隔了十年光景。1975 年冬，得再相见于津沽，彼此无恙，执手欢然。拨乱反正不久，毅老即续招研究生及开教师进修班，老当益壮，勤勤讲肄，而毅老所著《探微集》亦适于此刻刊行问世。81 年冬忽闻以微疾辞世。毅老虽年事已高，但以平日的精神愿力，同人们都认为应活到九十以上。这不幸消息传来，使我追念畴昔，不胜悲感！即占挽语："绛帐想宏开，秀孝莘莘同沾法雨；翠微初识面，笑言晏晏如望春风。"以寄哀思！

毅老这本《探微集》共分六个部分，关于清史的共十六篇（内清史语解又分为十八则），古代地理和关于地理的考证八篇，关于史料学六篇，关于专题研究的四篇，关于两部专书的研究及《明史》读校三篇，杂文六篇，总四十三篇，和同时学者的著述如陈垣先生的《陈垣学术论文集》，陈寅恪先生的《春明馆丛稿》相比，篇幅都少，但几于篇篇精粹。探微之名是沿用了过去刊过的《清史探微》，但毅老在后记里把这个"微"字，谦虚地解释为"微不足道"之"微"。

我伏读《探微集》一过，现就自己管窥所及提出几点来谈谈。

第一，从毅老清史几篇文章看，毅老不同于孟心史先生考证清史，专以征引淹博见长，如《清人关前满洲族的社会性质》和《清人关前满族的社会性质续探》两文，是毅老解放后学习马列主义确有心得的杰作。文中开头首先肯定满族的社会发展和其他民族一致，满族是曾经建立过金朝的后裔，它们不知是否有直接关系，但对封建制的生产方式不会陌生。因此，历元到明，一直到明万历以后努尔哈赤崛起时期，年代那么悠久，建州女真人的生产力和生产关系不可能仍停滞在奴隶制。毅老从《明实录》、《朝鲜李朝实录》、《辽东志》、《全辽志》、《清太祖武皇帝实录》、《王氏东华录》、《清文鉴》、《满洲源流考》一些书里，找出满族奴隶制趋向崩溃和封建制正在形成的许多证据，这些证据不是出自当时人的调查口述就是统治者的训示，因而断言努尔哈赤所建立的是封建政权，也正是满族封建社会上升时代，这是63年的第一篇，如老吏断狱，要言不烦。隔了十五年到79年又写第二篇，这篇基调和前篇相同，但分析加评，从入关前满族的生产、统治者的思想意识、满汉两族的长期共处，生产除奴隶以外还有平民壮丁等证成前说，毅老还谦虚地说自己学习不够，掌握材料不多，距离马克思所说详细占有材料，加以科学分析和深入研究要求很远，实际是论点更加坚实不破。我对清史缺乏研究，这些年研究这方面问题的同志不少，恐怕还没有人能提出相反的论据来。《清代皇室之氏族与血系》一篇是毅老1943年在西南联大时的旧作，曾载入《清史探微》，中列八章，关于清代皇室氏族，异说滋繁，毅老此文，一一剖析，四达旁通，论证坚实，其中诸帝之血系一章说，清初祖训，宫中不蓄汉女，采女之选皆自八旗，则宫闱之中宜无他族，但世祖诸妃有陈氏、唐氏、杨氏、苏氏；圣祖诸妃有王氏、高氏、袁氏、刘氏；世宗诸妃有耿氏、齐氏、宋氏，实汉姓。世祖纳石申女为恪妃，圣祖纳王国正女为密嫔，世宗纳年希尧女为贵妃，高宗纳高斌女为皇贵妃，实皆汉人。圣祖之母孝康后为佟图赖女，图赖之父养真，家抚顺，实辽东汉人，惟图赖之妻为觉罗氏，当属清宗室女，是孝康后父为纯粹之汉人，母为纯粹之满人，圣祖盖属四分之一汉血统人。又仁宗母孝仪后为清泰之女，清泰姓魏氏，本汉军，嘉庆时以后故招入满洲镶黄旗，改魏佳氏。我曾发现满人氏族每有于汉姓后系一"佳"字，以为即满人纳其女为妃嫔而改姓之一证，以为是创见，记之于《枫窗脞语》中，及读毅老《探微》才知道毅老早已说过。80年，我整理《脞语》付刊时给删去了。有人说毅老在解放前是以"史料派"闻名的，这话差不多。在《探微》这本书里，主要是清史上礼俗、典制、名称的考证，但都非常细谨，一笔不苟下，对于我们阅读《东华录》、《清史稿》等书，帮助很大。

第二，毅老于解放以前，讲过人文地理和魏晋南北朝史，所作讲稿和文章一定不少，但都没能传布出来。现在载在《探微集》的仅是极小的一部分，其中如《发羌之地望与对音》、《〈隋书·西域传〉附国之地望与对音》、《〈隋书·西域传〉薄缘夷之地望与对音》三篇，其地大都在西南徼外极荒远的区域，载籍所不详，欲求其地望与对音，则非娴熟地理，又非淹通古文字、古音韵，甚至非兼通梵文、西文者不办，毅老则皆一一钩稽出之。于此，我们可以窥见毅老地理学之精博。又如《明清的"两京"》这篇文章，题目平常，文又不长，但内容很丰富，明代的南京和清代的盛京其为陪都则同，但不同的地方很多，文内都一一点明，而其特点，明代仕途似乎把南京看作"左迁"的地方，既为失意政客所集中，又为失意而有才华在政治上有野心如马士英、阮大铖之徒所流寓，谈兵说剑，伺隙而动；清代的陪都规制远不如明代，由于交通困难，盛京虽距北京不太远，但一般视为畏途。

第三，毅老那篇《中国的传记文》对我们治史的人启发性很大。毅老说，写出好的传记的人，第一是求真，第二是尚简，第三是用晦。求真就是对史料的来源要追求，对传说的真伪要辩证，对事实的先后要注意；尚简就是反对文字烦富，希望"文约而事丰"；用晦就是许多事迹不明显地直说，而用旁的方法委婉地点出来，烘托出来，反对"弥漫重沓"。文内分别举了些例子，不在这里复述了。史家写的传记，毅老指出自然以司马迁的《史记》为第一，其次是《汉书》和《三国志》，《后汉书》、《宋书》只是文章好。写作方法，后不及前，而且越后越坏。其所以坏的原因，毅老也指出：一由于文字本身，二由于作者技巧，三由于传统观念，四由于作者主观，五由于史料不够，这些话，都是痛下针砭甘苦有得之谈。而最后毅老介绍了一部《罗壮勇公（思举）自述年谱》作为全文的结束最妙，罗是武人，这本《年谱》出于他本人口述，文书笔录，一切如实，不虚妄，不隐讳，一洗从来传统的成规陋习。现在年轻同志肯在文字上下功夫的不多，一动笔辄洋洋洒洒，泥沙俱下，滥充篇幅，很少能注意写作规范，更不用说如何来写好传记文了，所以毅老这篇文章很值得青年同志们细心体会和学习。

第四，集内《关于曹操》、《关于清官》都属于翻案文章。提到翻案文章，我很折服毅老关于曹操结尾的几句话："今天重新评定历史人物，必须根据辩证唯物主义和历史唯物主义的原理进行研究，立场、观点、方法都和过去的历史家完全不同了，因此结论的本质自然也变了。……我个人看法，只要用马克思列宁主义的立场、观点、方法作出来的结论，就可以算是翻案，而不必管结论。因为我们是翻反马克思列宁主义的案，而不是翻某些结论的案，更不是替统治阶级翻案。"关于清官这一篇，写于"文化大革命"的前夕，我们廿四史校点小组全在中华，那时党中央一小撮野心家正阴谋藉吴晗先生的《海瑞罢官》剧本酝酿一场反革命狂澜，人们一时摸不清底细。于是掀起对清官的议论来。报馆经常派人来找我们，叫写文章，大家都敬谢不敏，找到毅老头上，不得不应，记得毅老这篇文章刚在《文汇报》上一发表，就受到工人的攻击。今天重读，怅触当日情景，恍然在目。毅老在文中严正地指出，清官也是官，官有大小，有清贪，他们之间有矛盾，又有统一，同是统治阶级手中的工具。我们在毛泽东思想指导下，绝不能把相对的说成绝对而相信封建统治阶级所宣扬和封建史官的文笔，并历举历史事实，有论有据。但清官有其欺骗性，甚至起义农民领袖也被骗，文中举出不少事例，最鲜明的是清代王三槐之于刘清。不过也提出否定清官并不等于肯定贪官，这是为针对当时贪官比清官好的妄论而发的。"四人帮"倒后，还有人写过讨论清官的文章，大抵超不出毅老这篇文章的原则和范围。

第五，毅老不以"精考据"闻名，而集中在《杭世骏〈三国志补注〉与赵一清〈三国志注补〉》一文，考两书的异同，两人的出处友谊，绌绎群书，作了精密的考订。毅老说，两书所以有雷同，当由于赵曾见过杭书，就杭书加以斟酌损益，但杭书中驳杂处，赵亦沿袭未尽删除，赵的书也属未竟之绪，所以我们不能目为剽窃以厚诬古人，两人身后，辗转抄传，得以并存。毅老认为，赵书征引七八倍于杭书，赵书行，杭书可废，论定甚为允当。他文如《张穆〈月斋集〉稿本》，《〈张文襄书翰墨宝〉跋》，其中于《月斋集》稿刻两本的勘雠，《书翰墨宝》所涉人物的考索，均臻详核，可见治史家同时必须兼"通考据"。

最后，集中《〈莲华盦书画集〉序》一篇校勘上破句及误字竟达十余处之多，再版时希改正。

（原载《郑天挺纪念论文集》，中华书局 1990 年 3 月）

《探微集》述略

——纪念郑天挺先生

杨志玖　冯尔康

翻开郑天挺先生的《探微集》，《孟心史先生晚年著述述略》一文进入我们的眼帘。孟森先生是用近代的方法研究清史的开拓者之一，郑天挺先生是较早地运用马列主义研究清史并做出重要贡献的学者。他缅怀友人孟森，著文介绍其学术成就；如今郑先生邃归道山，我们觉得最好的纪念方法是学习他的著作，继承和发展他的学术思想和学术成果。他的学术专著《探微集》，由中华书局于一九八〇年出版，为时不久，已引起国内外史学家的重视①。我们师法郑先生对孟森著述的介绍，对他的著作亦事"述略"，和广大读者共同研讨他留给我们的宝贵学术遗产。

《探微集》收辑郑先生论著四十三篇，其中有的写作于三十年代中期，有的发表于七十年代末年，这是他在四五十年中部分著述的汇集。郑先生于一九三九年自述："余旧治国志，继探求古地理。"② 叙明他早期研究《三国志》，从事史籍整理，接着对历史地理学进行研讨。抗日战争前夕，他对清史发生了浓厚的兴趣，抗战中在云南，更以较多的精力研治它，并于一九四六年出版《清史探微》一书；与此同时，他对历史地理的探讨，集中于边疆史地的考察。全国解放后，他做了大量的史料整理工作，特别是对他早年就留心的明清内阁大库档案给予了较多的关注。郑先生治学领域宽广，硕果累累，而以清史、边疆史地、古文献（包括档案）整理和研究三个方面尤为突出。《探微集》所收论文，正反映了这种情况。

《探微集》有关于清史的专题论文十数篇，从不同的侧面说明清朝的历史。满族入关以前社会性质问题，关系到对满族历史发展、满汉各民族关系、

---

①　神田幸夫撰文《郑天挺著探微集》，载日本《东洋史研究》四〇卷二号。

②　《探微集》第四四五页。下引该书只注明页码。

清初历史的解释，是史学家比较重视的研究课题。郑先生积极参加这个问题的讨论，先后以《清入关前满洲族的社会性质》、《清入关前满族的社会性质续探》为题，著文阐发自己的观点。他认为努尔哈赤建立后金以前，满洲族的社会已经历了奴隶制，正向着封建制转化，后金政权的建立标志着封建化的完成，是封建政权。他着力分析了满族社会生产力的发展，指出新的生产力要求变革旧的生产关系，说明满族封建制及其政权出现的历史必然性。他把八旗制、后金政权的官僚体制看作是鲜明的阶梯统治制度，是封建制的特征，以之证明后金是封建政权。他还阐述了后金对中国历史发展的影响——"惟其是在封建社会上升阶段，所以它在入关后，能够不同于明朝的腐朽统治，而在祖国各民族通力合作下，对祖国生产的发展起了很大的作用。"① 他对清入关前满族社会性质的全面研究，成为这个问题讨论中的重要的一家意见。

郑先生在《清代皇室之氏族与血系》一文中，论述了满族的族源，指出它出于明代建州左卫，祖先为周朝的肃慎，唐代的靺鞨，金代的女真，"乃中华历史上宗族之一"②，不是外来民族。郑先生考察了清代皇帝的血系，获知自清太宗至清宣宗的七个皇帝均含有蒙古人或汉人的血素，而这新血液的输入，"与当时武功之奋张，文化之调融，不无关系。"③

剃发和易衣冠，是清初民族压迫的重要内容，并引起汉人的强烈反抗。郑先生在《满洲入关前后几种礼俗之变迁》一文中，介绍了满族渔猎、祭堂子、丧葬、婚嫁等习俗，对剃发与衣冠制度探本溯源，区别明清两代的不同，使读者明了清朝统治者强制推行剃发和易衣冠政策是维持其统治的手段。

内务府制度为清朝所特有，郑先生撰《清代包衣制度与宦官》，从包衣制度论到内务府。他说包衣的性质是世仆，职务是管家务、供差役、随侍，而在皇室，这些事是由宦官职掌的，因此包衣制度与宦官制度不能并容。郑先生在文中着重分析了清初使用宦官与禁止宦官的几次斗争，叙明康熙初年裁撤内监十三衙门，确立内务府制度，而内务府系由包衣演化而成，较内监制度为优。他说："宦官是少数人把持的，是终身的，是国家法令所不易及的；而内务府人员虽以上三旗为基本，但人数较多，他们是流官，有升转，有外

---

① 第一四——一五页。

② 第三五页。

③ 第五二页。

用，有京察，不能永久把持，且在国家法令层层监督下，他们虽然奢汰贪昧，但是还不能因之作恶。"①

"太后下嫁"是清初三大疑案之一，此论的根据之一是顺治帝称多尔衮为"皇父"。孟森反对此说，谓多尔衮皇父之称，犹如汉人之呼尚父、仲父，不能作为太后下嫁的证明。几乎同时，郑先生作《多尔衮称皇父之由来》一文，依据大量文献资料，说明"皇父摄政王"是顺治间最高爵秩，其下为"叔父王"、"叔王"、亲王、郡王，这种爵秩，不以齿叙，不以尊封，亦不以亲封，是酬报有大功之亲王，即"摄政示尊于国，皇父示尊于家"②，多尔衮即因此由亲王晋"叔父摄政王"，终被尊为"皇父摄政王"。同时，他的这种尊称，与其左右的希旨阿谀、满洲的旧俗也有一定关系，而"决无其他不可告人之隐晦原因"。③ 郑先生结合顺治初年的政治状况和满族习俗，阐述了多尔衮称皇父摄政王的原因，对太后下嫁的疑案有积极意义。

《清代的八旗兵和绿营兵》，是郑先生概述清朝军制的论文，提纲挈领地叙述了八旗兵和绿营兵的来源、建制、统帅、军费、驻防、职能、战斗力的演变及其本质。

郑先生研究清朝开国史、清朝典章制度史和满族史，涉及清代的基本制度，从而阐明清朝历史发展的规律，说明我国统一的多民族国家各民族的融合过程。他所涉猎的问题，有的是他首先提出的，有的是他与史学界同行共同探讨而加以深化的。清史这门学科，在断代史中产生较晚，郑先生《探微集》中的有关论述，促进了它的形成与发展。

抗日战争前，郑先生在北京大学讲授《古地理学》，印有讲义，受到好评，《探微集》选载了它的第一章《绪说》，标题为《关于古地理学》。在云南，他写了《发羌之地望与对音》、《〈隋书·西域传〉附国之地望与对音》、《〈隋书·西域传〉薄缘夷之地望与对音》一组文章，利用音韵学的知识，研究藏族及其相邻的不丹国历史。《新唐书》卷二一六《吐蕃传》提到吐蕃是发羌的后裔，此事在《通典·西戎吐蕃》、《旧唐书·吐蕃传》、《唐会要·吐蕃》、《通考·四裔吐蕃》、《太平寰宇记·四夷》、《宋史·吐蕃传》等典籍中均无记录，郑先生考证出发羌的地望与西康西藏相应，它的读音又与西藏土

---

① 第一〇十页。
② 第一一三页。
③ 第一一八页。

名 Bod 相合，所以发羌的称谓实出于 Bod 的对音。关于《隋书》的附国，郑先生说"附"字是"发"字的转音，"亦即西藏人自称 Bod 之对音"。[1]郑先生还从《附国传》所载的该地风土情形，与康藏地区比证，得出它们相近似的结论，因此他说附国确属藏地，其名取于 Bod 之对音。"薄缘"，郑先生考订，即西藏南邻山国不丹。郑先生关于西南边疆史地的研究，有力地说明发羌是藏族的祖先，藏族在隋唐时期就同中央政权发生密切关系，是我国多民族大家庭的一员。对薄缘的了解，不仅有助于西南边境的考察，更是对中国与不丹两国关系史的开创性研究。

　　郑先生晚年对西北和东北史地用力尤勤，《探微集》中《关于丝绸之路》的长文，就是研究成果之一。这篇文章，对丝绸生产、丝绸之路作了通俗的、概括的说明。他利用出土文物和文献资料，证实蚕丝、蚕丝工艺技术、丝织工具及其成品丝绸，都是中国创始的，而且早在公元前几世纪就传到外国，受到欢迎，那时丝绸之路还没有正式形成。他指出西汉以前，已经有了东西通道，而张骞通西域，使公元前一二世纪的丝绸之路南、北两道逐步形成，乃至公元一二世纪，丝绸之路继续发展，即（一）丝绸之路更加扩大；（二）更向西方推进；（三）由陆运发展为海陆联运；（四）各国围绕丝绸之路发展成为交通网；（五）各地商队来者日多；（六）通使国家加多；（七）东汉官吏乘机运售丝绸作生意。至于丝绸之路的得名，是出于西方历史学家。郑先生认为这条东西通道虽是由于政治原因、而不是运输丝绸特意开辟的，但它开辟后更加促进了丝绸交换和丝绸工艺的发展，用"丝绸之路"来标志这个道路是很恰当的。他还从我国载籍中获知，古人将这条通道称为"汉道"、"碛路"，丰富了我们对于丝绸之路的知识。郑先生对边疆史地的研究，继承了清代学者的优良传统，他在学术上的贡献和良好学风，应为我们所重视。

　　郑先生用了十年的功夫主持中华书局出版的二十四史中《明史》的校点工作，撰写了《〈明史〉校读拾零》。他在早年为影印清人赵一清的《三国志注补》作序并撰写了《杭世骏〈三国志补注〉与赵一清〈三国志注补〉这篇有影响的文字。解放后史学界对农民战争史的研究加强了，郑先生主编了《明末农民起义史料》和《宋景诗起义史料》，并分别写了序言和介绍，这些文章都收进了《探微集》。赵一清是著述颇富的学者，然而他的即将完稿的《直隶河渠水利书》遭人窃据，所作《三国志注补》又与友人，著名学者杭世

―――――――――――――

[1]　第二一二页。

骏的《三国志补注》有雷同处，因被后人怀疑为抄袭者。郑先生经过周密的文献调查，查明赵的生平，排出杭、赵二人学术活动年表，证明杭氏著书在赵氏之前，且未见过后者的著作，不会剽窃赵书，但杭书广采异闻，失于疏证，稗贩为多。赵书则捃摭更富，考订綦详，许多地方纠正杭书的违忤。郑先生的结论是："杭、赵两书，盖由是世骏创为义例，发其端绪，一清踵而广之；故体裁相同，征据相近"，可惜的是赵没有把杭的全部成果吸收过来，否则赵书既行，杭书可废了。①搞清了赵、杭两书关系，为赵洗雪冤枉，还其大学者本来面貌，使后人敢于相信和吸收他的学术成果。郑先生的这篇文章，在《国学季刊》五卷四期以首篇的显著地位与读者见面，当时他才三十多岁，能够获得享有盛名的刊物的承认，说明他的作品有较高的价值。《〈明末农民起义史料〉序》一文，叙述了清代内阁大库档案的来源及流传、整理的情况。它介绍了清代公文文种，是利用档案者所必须具备的知识；它将大库档案发现后分散各处的纷繁事实，列表说明，清晰易晓，为后学所采用；它还对档案整理的方针、方法作了初步的总结。其价值远远超出对《明末农民起义史料》一书的介绍。

　　郑先生在整理史籍、档案的同时，还做了大量的考订工作，《关于徐一夔〈织工对〉》一文，可以说是他鉴定史籍的代表作。《织工对》被学术界用作研究资本主义萌芽的珍贵资料，但它所叙述的情况，是在元末还是明初，是丝织业还是棉织业，学者中没有取得一致见解。郑先生的文章即为回答这两个问题而作。他翻检徐一夔《始丰稿》一书的编排体例，发现是按年分组排列，前三卷成于元至正二十七年以前，《织工对》收在第一卷，应为元末之作，而那时徐正居于杭州，有可能同织工谈话和纪录成文。他又以辞汇学的方法考证文中"日佣为钱二百缗"的"缗"字，系元末对一千钱的习惯用语，不同于明初称一千钱为一贯。他还从元末明初钞币贬值的不同情形，说明"日佣为钱二百缗"应是元末的现象，而不会是明初的。就是说，他从多方面证明《织工对》是写于元末、记叙当时丝织业情况的文献，具有较强的说服力。在这里，我们不由地想起了恩格斯的一段名言："即使只是在一个单独的历史实例上发展唯物主义的观点，也是一项要求多年冷静钻研的科学工作，因为很明显，在这里只说空话是无济于事的，只有靠大量的、批判地审查过的、充

————————————

① 第三六六——三六七页。

分地掌握了的历史资料，才能解决这样的任务。"①郑先生是以他对史料的精细的鉴别和分析，实践了恩格斯的教导。

建国后史学界对若干重大问题的讨论和新学科的建设，郑先生都以饱满的热情参加了，前述《关于徐一夔〈织工对〉》以及《探微集》中的《关于曹操》、《关于清官》、《历史科学是从争鸣发展起来的》、《史料学教学内容的初步体会》等文，就是这方面成果的记录。至于它们的内容，不再一一叙说了。

《探微集》体现了郑先生的治史方法。关于这个书名，郑先生说是"既表明书的内容微不足道，也表示我学无所成的惭愧"。②他为人谦虚，这两句话是明证，但也表达了他用"探微"的方法研究历史的主张。看《探微集》目录，人们会发现许多论题的研究范围是比较狭小的，但打开阅读，才了解它又是联系较大历史问题的，比如《"黄马褂"是什么》一文，说的是清朝官吏的一种服装，却将它同清朝服制、政治制度和清朝后期的阶级斗争联系起来。所以说郑先生的探微方法，是从具体的历史问题着手，一个一个地进行研究，以求对人类社会历史的某一个方面有所说明。《探微集》所表现的郑先生历史研究方法的另一个特点是力求全面占有资料，并对它作"批判分析"③。郑先生还强调比证的方法，他说"解释历史，说明历史，总以根据具体事实加以比证，比较可信"④。他研究清入关前满族社会性质，就把东北出土的辽金时期的文物资料与清朝的文献资料结合起来进行研究。他在解放后努力学习马列主义，认为历史是发展的有规律可寻的，因此他的比证方法就不同于西方的比较法。他是运用马列主义辩证唯物主义与历史唯物主义的观点，利用比证方法，寻求各种历史事件内部的联系、异同，以期对它们作出正确的说明。

阅读《探微集》，我们也深深地为郑先生的爱国主义的治史思想所感动。当伪满洲国成立、日本帝国主义即将发动全面侵华战争的时候，所谓满族不是中华民族成员、满族政权历来独立的荒谬观点也在泛滥。郑先生忧虑国家民族的危亡，痛恨奸人的谬论，决定研治清史，以确凿的历史事实，驳斥敌人的无耻宣传。他在《清代皇室之氏族与血系》一文中，用满族的历史，痛斥日本侵略者非法扶持"满洲国"，他说："近世强以满洲为地名，以统关外

①　《马克思恩格斯选集》第二卷，第一一八页。
②　第四四六页。
③　第二八〇页。
④　第十七页。

三省，更以之名国，于史无据，最为谬妄"①。抗战时期他的西南边疆史地的学术成果，是他增强中华各民族团结的愿望的产物。解放后东北、西北史地的研讨，同样贯穿着爱国思想，他在《关于丝绸之路》一文中，讲到丝绸之路上的重镇，特别指出："世界上某些别有用心的人，硬说中国北方国界是以长城为标志的，这完全是捏造"②。对歪曲我国各民族历史的谬论给予了有理有据的批驳，爱国思想，溢于言表。这种学术思想，是他取得研究成果的重要因素，也是他留给后学的精神财富。

数十年来，郑先生做过许多教学行政和社会工作，在北京大学、西南联合大学、南开大学分别担任过总务长、秘书长、副校长、历史系主任等职务，他是第三届、第五届全国人民代表大会代表，中国民主促进会中央委员、天津市政治协商会议副主席，中国史学会理事会主席团主席。多种多样的工作，占去了他很大精力，但是他给自己规定"坚持研究，争取讲课"的目标，不管行政事务多忙，总在坚持历史教学和研究。他献给历史科学的《探微集》，是他锲而不舍的精神和妥善安排各项工作的产物。

总之，《探微集》体现了著名史学家郑天挺先生的治学思想、学术成果和治史方法，是我国史学宝库中的一部有着较高学术价值的著作，是我们学习史坛前辈郑先生的好材料。据我们所知，郑先生还有一些遗著，如果它能早些与史学同行见面，将是有益的事情，也是对郑先生的最好纪念。

（原载《历史研究》，一九八二年第三期）

---

① 第三五页。
② 第二三九页。

郑天挺著 《探微集》

〔日〕 神田信夫

　　本書の著者鄭天挺氏は、現在天津の南開大學歷史系の教授で、中國にぉける清代史研究の第一人者である。すでに八十歲を超ぇる高齡であるが、なお矍鑠として活躍されており、昨一九八〇年八月同大學で開かれた「明清史國際學術討論會」においては、組織委員會の主任委員として學會の運營に盡力されたといり。本書の末尾に自ら記している一九七九年十二月二十日附の「後記」によれば、その前年八十歲の誕生日を迎えた際に、舊稿をまとめて一書を編するよりに友人等から激勵されたとのことである。著者が學術論文を發表したのは一九三五、六年頃からのよりであるが、爾來半世紀近くの間に書かれた論文の數は頗る多い。本書にはそりした論文が殆ど網羅して收錄されているのである。

　　すなわち本書はすべて四十三篇の論文より成る。その書かれた年代は最も古いのが一九三五年、最も新しいのが七九年であるが、六六年以後の文化大革命の時期十餘年間のものは全くない。殆どは既に活字にして發表されたもので、原稿の完成した年月日や掲載された誌名とその發行年月などが各論文の末尾に記されている。しかし「關于絲綢之路」や「《明史》讀校拾零」の諸篇は末尾に何の注記もないから、今回初めて發表されたのであり。後者のまえがきによると、この校記は標點本『明史』の校印前に作つので、がんらい百衲本の頁數によっていたが、いま便宜を考え標點本の頁數に改めたといりことであるから、かねて筐底に蓄えてあったものと思われる。四十三篇の論文中最も分量の多いのがこれで四十四頁ある。その他三十頁に達するのが二篇あるが、半數以上は十頁以下の短篇で、『人民日報』や『光明日報』などの新聞紙上に掲載された僅か二、三頁のものもままある。そして既發表の論文でも若干修正されている場合もあり、またその掲載誌が容易に見られないものもあるので、いま一書にまとめられたのはまことに有難いと言わねばならない。

　以上述べたところからも窺われるように、本書は或る問題について一貫して論述したものではない。四十三篇の論文は何の區切りもなく排列されているのであるが、目次によるとその標題はないけれども六つの部門に分けられていることが判る。まず第一の部門は清代史關係のもので、すべて十六篇から成る。次は歴史地理に關するもので、「發羌之地望與對音」「《隋書・西域傳》附國之地望與對音」「《隋書・西域傳》薄縁夷之地望與對音」「關于古地理學」「歴史上的入滇通道」「關于絲綢之路」「明清的『兩京』」「關于我國古代的石油記載」の八篇であり、次は史籍や史料に關するもので、「中國古代史籍的分類」「中國的傳記文」「史料學教學内容的初歩體會」「《張文襄書翰墨寶》跋」「《明末農民起義史料》序」「歴史科學是從争鳴發展起來的」の六篇であり、次は歴史上の問題や人物の解釋、評價に關するもので、「關于徐一夔《織工對》」「關于曹操」「關于清官」「農民起義和神秘宗教的關係」の四篇であり、次は書志や校記に關するもので、「杭世駿《三國志補注》與趙一清《三國志注補》」「張穆《月齋集》稿本」「《明史》讀校拾零」の三篇であり、最後は學者の追悼記や序跋で、「孟心史先生晩年著述述略」「《恬盦語文論著甲集》序」「悼念羅常培先生」「有學力、有能力、有魄力的歴史學家」（吳晗の追悼記）「《蓮華盦書畫集》序」「四川樂山《重修凌雲寺記》拓本跋」の六篇である。

　これらの題目を一見して判るよりに、著者の學問研究の對象は廣く多方面にわたっているが、全卷四百六十六頁の半數に近い二百四頁を占めるのが清代史に關する第一の部門である。私に課せられた批評と紹介もそこにあるかと思い、以下專らこの部門について述べてみたい。

　鄭天挺氏に『清史探微』といり單行本の著書のあることは、夙く『昭和二十一年至二十五年度東洋史研究文獻類目』（一〇〇頁）に著録されており、一九四六年六月發行の『圖書季刊』新第七卷第一・二期（七〇頁）に簡單な紹介があるので知られていたが、實際には容易に見られないいわば幻の書物であった。私は二十餘年前に、米國でこの書物を見られた坂野正高氏より、その内容を教えて頂いたかと記憶する。その後一九六三年の初夏の候、私自身も米國へ出かけた際、ハーヴァード・エンチン研究所の圖書館で初めて現物を手にして聊か興奮を覺えたものであった。同書は一九四六年一月に重慶の獨立出版社から刊行されたのであるが、目次の直ぐ後に記さ

れているまえがきの末尾に「中華民國三十四年四月十二日長樂鄭天挺書於
昆明靛花巷公舍之及時齋、翌晨聞美國羅斯福總統於其日逝世、即以此書爲
之紀念」とある。すなわち第二次大戰の極く末期に昆明で編成されていた
のである。奧附によると白紙本と瀏陽紙本の二種あるようであるが、ェン
チンの藏本は出版當時の困難な情勢を反映していて、その頃日本でも使わ
れていた仙花紙のような極めて粗末な用紙である。そのため裏面の文字が
透けて甚だ讀み難い代物で、複寫すると表裏の文字が重なってしまりような
頁もある。ともかく戰中から戰爭直後にかけて重慶で出版された書物は日
本に殆ど入っていなかったので、『清史探微』は吳晗氏の『朱元璋傳』の前
身の『由僧鉢到皇權』や『明太祖』などと共にェンチンの圖書館で見た最
も興味ある書物であった。

さて今回新たに刊行された『探微集』の第一の部門である清代史關係
の論文は次の通りである。

 (1)「清入關前滿洲族的社會性質」

 (2)「清入關前滿族的社會性質續探」

 (3)「清代皇室之氏族與血系」

 (4)「滿洲入關前後幾種禮俗之變遷」

 (5)「清代包衣制度與宦官」

 (6)「多爾袞稱皇父之由來」

 (7)「墨勒根王考」

 (8)「釋『阿瑪王』」

 (9)「多爾袞與九王爺」

 (10)「清史語解」

 (11)「『黃馬褂』是什麼?」

 (12)「清世祖入關前章奏程式」

 (13)「清代的八旗兵和綠營兵」

 (14)「馬禮遜父子」

 (15)「宋景詩起義文獻初探」

 (16)「辛丑條約與所謂使館界」

以上十六篇の内 (3)(4)(5)(6)(7)(8)(9) の七篇は『清史探微』に收
錄されている。(10) は「清史語解」の題名のもとに「一齊下喇哈番」(ici-
hiyarahafan) をはじめ十八箇の滿洲語の官職名や稱號などについて解說し

たものであるが、『清史探微』ではその内の「土黒勒威勒」（tuhereweile）、「扎爾固齊」（jargūci）、「巴牙喇」（bayara）、「巴圖魯」（baturu）、「巴克什」（baksi）について、「釋何々」と獨立した論文五篇として載せているだけである。従って殘りの十三語は今回新たに追加された未發表のものである。ただ問題の滿洲語は漢字で表示されているにすぎないが、ローマ字も記されていれば滿洲語の知識のない人にも便利であったと思り。その他『清史探微』に收録されていない八篇は、（12）が戰前一九三六年に發表されたものであるのを除いて、すべて人民共和國成立以後に書かれている。すなわち最も早いのが（16）の一九五一年、最も新しいのが（2）の七九年である。

　　なお十六篇の中で最後に排列されている三篇は、いずれも一九五〇年代に發表された近代史關係のものである。すなわち（14）は十九世紀前半に活躍した宣教師のロバート・モリンン（Robert Morrison）とその長子ジョン（John）の事蹟について、（15）は一八六一年の農民蜂起の指導者宋景詩の行動について述べている。著者は『明末農民起義史料』など北京大學文科研究所で編輯した「明清史料叢書」の編者であるが、（15）の論文はこの叢書の第三種として出版された『宋景詩史料』（後に『宋景詩起義史料』と改む）の發表以前に書かれたといり。（16）は辛丑和約第七條による公使館區域の設定について述べ、新中國の成立と共に外國に與えた特權を回収したことに説き及んでいる。この三篇以外の十三篇はすべて清代の滿洲人關係、それも多くは入關前後の初期の歴史上の問題に關するものであるから、著者は一九三〇年代より最近に至るまで、終始この方面の問題に關心を抱いて研究を續けているわけてある。

　　著者が最初に世に問りた清初史に關する研究成果は、一九三六年三月二十六日の『天津益世報』の「讀書周刊」に掲載された（12）の論文である。その頃は睿親王ドルゴンについて關心があったらしく、（6）（7）（9）の三篇はいずれもドルゴンに關するもので同じ年に相次いで書かれている。そして（6）ではHan i ecike ama wang のローマ字とその滿洲文字など、（7）では Mergen Wang のローマ字とその滿洲文字が記されている。極く僅かの單語を舉げたにすぎないけれども、滿洲語を直かに用いているのは注目に値する。丁度その頃は中國において李德啓氏等によって『滿文老檔』やそのオリジナルのいわゆる「原檔」に注意が拂われ、滿洲語の研究が開始された時期であるが、著者も滿洲語を勉強されたものと思われる。なお（6）の

　論文はがんらい「多爾袞稱皇父之臆測」の題目で北京大學の『國學季刊』
第六卷第一期（一九三七）に揭載され、『清史探微』にも收錄されたが、今
回「臆測」は「由來」と改められた。また『國學季刊』に插入されていた
「清順治五年十一月十一日覃恩大赦詔」と「清叔父攝政王寶之鈐本」の圖版
二葉は『清史探微』でも本書でも省かれている。いったいドルゴンの皇父攝
政王といり稱號については、古くからその解釋をめぐっていろいろ說があ
る。最近では臺灣大學の陳捷先氏がこの『國學季刊』所載の鄭氏の論文を
も參照してさらにその說を發展させ、「多爾袞稱皇父攝政王研究」といり論
文を『故宮文獻』第一卷第二期（一九七〇）に發表していることを申し添
えておきたい。

　　次に（9）の論文は、ドルゴンが九王とか九王爺とか呼ばれた理由を考
えたものであね。その末尾に「一九三六年十一月十六日北平舊作、一九四
四年四月二日改訂」と記されているが、『清史探微』に收錄される以前、一
九三六年に初稿ができた當時に發表されたのか否か寡聞にして知らない。
我が國の園田一龜氏にも「睿親王多爾袞九王の意義」という全く同じ問題
を扱った論文があり、一九三七年十二月發行の『滿洲學報』第五に揭載され
ている。その末尾に「昭和十二年五月二十七日稿」とあるから、園田氏の
方が半年ばかり後れて原稿を完成したのであるが、鄭氏の所說を參照した
形跡は全然ない。日中兩國の研究者が期せずして殆ど同じ時期に同じ問題
について考究していたわけで、まことに興味深い。園田氏がヌルハチの男
兒十六人のみについて、十四男のドルゴソが九番目となる順位を解こりと
するのに對し、鄭氏はヌルハチの弟ツユルガチの男兒をも含めて考えてい
る。なお問題が殘っているにしても、基本的にヌルハチ、シユルガチ兩者の
男兒を合わせて序列を考える鄭氏の說は卓見といろべきで贊成である。な
お右の三篇より三、四年後れて成った（8）の論文は僅か三頁足らずの小篇
であるが、ゃはりドルゴンに關するものである。イエズス會士の書簡ゃ著作
にみえる Amavan や Amawang がドルゴンを指すてとを論証し、（6）ゃ（7）
と同じく滿洲文字を插入している。

　　とてろで（8）の論文の末尾に「一九四〇年十一月十七日昆明靛花巷雨
中、時離北平三年」とあるよりに、著者は一九三七年七月蘆溝橋事件が勃
發し、日中戰爭に突入すると、北京を去って雲南の昆明に移った。（8）は昆
明における清代史關係の最初の論文である。ついで『清史探微』の中核を

なす（3）（4）（5）の論文や（10）の一部が、四三年から四五年にかけてやはり昆明で執筆された。すなわち戦争末期の最も困難な時期における疏開先での研究成果である。當時の情況からすれば、昆明で利用できる文献は極めて限られていたに相違ない。これらの論文から窺えるところでは、最も基本的な史籍である清朝の實録にしても、故宮博物院文獻館から鉛印本として出版された漢文の『清太祖武皇帝弩兒哈奇實録』が唯一のもので、專ら王先謙の『東華録』が使用されている。その他『皇朝文獻通考』とか『清史稿』など極く普通の書物が多い。『大清會典』は乾隆纂修のもの、『大清會典事例』は光緒纂修のもののよりであるが、纂修年代が明示されていないのは遺憾である。ただありふれた一般的な書物でも巧みに利用しており、例えば蔣良騏の『東華録』にはあっても王氏のや實録にはみえない順治十八年四月の紅本の記事を、（10）の土黑勒威勒の説明に引用している（一三九頁）など流石にと感心する。

　いったい北方民族の社會内部の實態や風習などを考えるには、漢文史料では限度があるので、その固有の言語で書かれた史料が重要である。清朝の場合は幸い滿洲語で書かれた豊富な史料が殘存する。すなわち『滿文老檔』や『舊滿洲檔』をはじめ『滿洲實録』や滿文の『清太祖武皇帝實録』など、今日では原文が景印またはローマ字轉寫によって刊行されている外、翻譯まで出ている。また漢文ではあるけれども滿文の直譯體に近い『清太宗實録』の順治初纂本が、臺北の故宮博物院でみられるよりになった。その他、滿文の檔案などもいろい出現している。當時としては致し方なかったのであるが、今日では滿文史料によって再檢討せねばならぬところが多多あると思り。

　しかしそりした史料的に惠まれない環境のもとにありながら、著者は『東華録』や『清史稿』などを實に丹念に讀んで、歴史的に重要な問題を的確に把握している。（3）の論文では古くから諸説のある滿洲の稱號、愛新覺羅姓の由來について獨自の説を提起したり、清初の政治に活躍する佟氏が漢人であることを論證したり、清初の通婚政策や選秀女の制を考察したりしている。また（4）の論文では女真の舊俗である捕魚狩獵の行事、盟誓の際の祭告、堂子の祭天、喪葬や殉死、婚嫁の風習、薙髪や衣冠など清初における各種の禮俗とその變革について述べ、そして變革は政令の強制によるのでなく文化の自然融和であると結論づけている。なお包衣制度は清朝

史上の重要な問題であるにも拘わらず餘り研究されていないが、(5)の論
文はそれに着目したものである。包衣の性質、發生、來源、組織などを概
觀した後、入關後における包衣と宦官の鬪爭を論じている。周知のよりに
上三旗包衣によって内務府が形成されるのであるが、現在北京の第一歴史檔
案館に厖大な内務府檔案が殘存しているのをみるにつけ、今後その研究は
飛躍的に進展することであろり。

　　次に中華人民共和國の成立後は清初史に關するものとして、一九六二
年になって(1)の論文が發表された。中國の歴史學界では時代區分が大き
な問題であるが、この論文も入關前の滿洲族社會が奴隷制か封建制かとい
り點を中心に論じたものである。著者は、一六一六年にヌルハチが建てた
のは封建制政權で、當時滿洲族はすでに封建社會に進入していたとはいえ
なお封建制の初期であり、その封建化は以後次第に深化上昇していったと考
えている。この論文では、戰後我が學習院大學東洋文化研究所から出版さ
れた『李朝實録』の縮印本によって明代女真の社會經濟に關する史料を抽出
引用している外、藤岡勝二（藤岡を藤田と誤っている）氏の『滿文老檔』の
日本語譯や今西春秋氏の『滿和對譯滿洲實録』を新たに利用し、滿洲語に
よって論じているのが注目される。その後『南開大學學報』一九七九年第四
期に發表された(2)の論文では、(1)の論旨をさらに進展強化している。
すなわちまず入關前の滿洲族の生産と社會情況についての史料を列擧し、
次にヌルハチの建國前の思想意識が封建領主の範圍に屬することを論じ、
鴨緑江下流域の寛甸六堡の地におけるいわゆる「棄地咱虜」の事實から、
ヌルハチが政權を建てた時には滿漢兩族人民が東北地方に雜居して久しく
なることを説き、彼が最初建てたのは封建制國家の政權であると主張する。
この論文で特に目新しいのは、我々が譯出した東洋文庫刊行の『滿文老檔』
が大いに利用されていることである。そして『滿文老檔』について著者は
「漢文譯本は已に完成しているが、私はまだ見ていない。……藤田勝二譯本
は今回は用いなかつた。金梁譯本に至つては參考にしなかった」（一七頁）
と述べている。漢文譯本とは目下北京の第一歴史檔案館や中國社會科學院
歴史研究所で作成しているものであろりが、まだ刊行されていない。とも
かく我々の譯本には原文をローマ字に轉寫して載せているので、本論文で
は問題の用語に漢譯と共に原語が示されている。ただローマ字に添加する
特殊な記號がまま脱落しているなど、若干不備な點があるのは殘念である。

　　清初の滿洲族社會における身分などを表わす語の解釋については、從來いろいろの説が唱えられている。例えばジユシエン（jušen）やアハ（aha）などは最も論議が多く、古くは鴛淵一・戸田茂喜兩氏の「ジユセンの一考察」（『東洋史研究』第五卷第一號）、最近では石橋秀雄氏の「清初の社會—とくにジユシエンについて—」（『江上波夫教授古稀記念論文集歴史篇』）といり專らジユシエンを問題にした論文さえある。鄭氏は（1）ではいとも簡單にジユシエンを奴隷とし（六頁）、アハと「意義相同じく互用するもの」（八頁）とみているが、普通アハを奴隷、ジユシエンを隷民と譯している我が國の考え方とは甚だ異る。（2）では『武皇帝實録』に民とあるのを『滿文老檔』ではジユシエンとしていると述べている（二九頁）にすぎないので、その真意を測りかねるが、いずれにしてもなお檢討する餘地が大いにあると思り。

　　それにつけても我が國には右記の諸氏の外に、滿洲族の社會や經濟などに關する研究が戰前からたくさんある。いまめぼしい單行本だけを舉げてみても、周藤吉之氏の『清代滿洲土地政策の研究』や『清代東アジア史研究』、三田村泰助氏の『清朝前史の研究』、安部健夫氏の『清代史の研究』などの大著がある。そりした研究成果が中國の學界で殆ど知られていないのは、まことに殘念なことと言わねばならない。この二、三年の間、中國では新進の研究者による清初史關係の論文がしきりに學會誌を賑わしているし、新しい滿文檔案なども發見されているよりである。最近、日中兩國間の學術交流は頓に盛んになりつつあるが、今後ますます交流が深まり、雙方の清初史の研究が一段と進展することを切望してやまないものである。

一九八〇年六月　北京

（原載［日本］《東洋史研究》第四十卷第二號，1981 年 9 月）

探微·求实·进取

——读《探微集》

李 侃

郑天挺先生是我仰慕已久的前辈学者，但是和他结识却是在一九六〇年前后。那时候他和另外几位著名的历史学家，一起被请到中华书局整理"廿四史"。恰好他就和我同住在翠微路一号大院的"西北楼"宿舍里。虽然朝夕相见，但很少向他直接请教，彼此交往也不多。一九八〇年中国史学会恢复工作，在第二次全国史学会代表大会上，他以最多的票数当选为中国史学会主席团成员，并被推选为第一任执行主席。由于工作关系，我们时常在一起开会。一九八一年十月间在武汉召开的纪念辛亥革命七十周年学术讨论会期间，我和郑先生住的房间只有一壁之隔，晨夕一同散步，有时交谈至深夜，并且一起商量他在大会上发言的内容。一九八一年十二月，在天津召开的史学会常务理事会，本是由他主持的，可惜开会期间他突患感冒住院而中止。在病中，郑先生仍然十分关心会议讨论的问题，并且很想带病继续出席会议。同志们怕加重他的病情，劝郑先生住院治疗，随时向他报告开会情况。不料会议开过后才几天，他就溘然长逝。史学界失去了一位备受尊敬的长者，这使我深感哀痛。

郑先生一生的道德文章，已有公论。为了纪念这位德高望重的史学前辈，一些史学工作者准备编辑一本《纪念郑天挺学术论文集》。编者要我也写一篇文章，这无论于公于私，我都应该奉命，思之再三，想就读《探微集》略述所感，藉以表示对郑老的悼念之情。

天挺先生在《探微集·后记》里说："我五十岁以前，忙于生活，没有认真读书；五十岁全国解放，才能安心学习，但要重新学起的东西太多。今天的成果，只这样一点，真是惭愧之至。"我感到郑老此语，既属谦虚，又是实话。他的一生，可以说是既饱经忧患，备尝艰辛，又直面人生，与时俱进。不论是在民族灾难深重的黑暗岁月，还是社会主义新中国前进与曲折的交织时期，他都把自己主要的精力心血倾注于教育事业，为学生、教师的学习和教学操心，以致不能有更多的时间和精力致力于个人的学术研究。说实在话，以郑老深厚渊博的学术根柢和严谨求实的治学态度，倘若果真"埋头于学术"，那么，他留给我们的研究成果，就绝不是"只这样一点"。不过，郑老是完全不必"惭愧"的。他的一生，不仅为推动我国历史科学的发展做出了很大的贡献，而且还反映了中国近现代先进知识分子关心民族命运、国家前途的优秀品格，和从爱国的民主主义者转变为共产主义者所走过的光辉道路。

郑老把自己的文集定名为"探微"，以"表明书的内容微不足道"，这在作者固然有自谦之意。但是细读《探微集》，我感到郑老治学，除了有"探微"精神之外，还有更可值得尊敬和学习的地方，这就是他的求实精神和进取精神。

郑老十分注意对史实的考索，他认为，解释历史，说明历史，必须以事实为根据。《探微集》所收文章，涉及到明清史、古地理学、史料学、校勘学、版本学、音韵学等多方面，无论在哪方面的研究中，都体现着郑老一丝不苟的求实精神。

清史是天挺先生用力最多的一个研究领域。《探微集》把十六篇研究清代历史的文章归为一类，列于书首。有清一代，是由满族统治者建立的强大封建王朝，也是中国最后一个封建王朝。它与中国历史上各代封建王朝相比，在经济、政治、文化等各个方面，既有其承袭、延续的共同之处，又有其发展、演变的独特之点。而且时间距现代最近，它的许多历史遗存，与现实社会生活密切相关，影响较大。然而清亡以后，治史者多攻元、明以前古史，致力于清史者为数寥寥。郑老虽然深通古史，但却把注意力移向清代，实为有识之见。郑老研究清史，重点在清王朝入关前后时期，但是由于有关这一时期的资料比较缺乏，官方文献又多篡改，因此对于清代前期，特别是清人入关以前诸多史事，往往众说纷纭。郑老的研究，就是先从考辨史事、制度入手，在此基础上，再进而论述满族统治者建国的历史渊源以及满族与汉、蒙民族之间的关系等重要历史课题。

以《清代皇室之氏族与血系》一文为例，从表面上看，这是考证清室贵族的血统问题，论题似乎无关宏旨。但读完全文，就会发现，作者撰写此文，还另有一番深意。文章就"满洲"一词的来源，广征文献，证以史实，说明"满洲"本为部落名称，"与国无涉"；满族的发展，经过了漫长的历史时期，与汉、蒙古、朝鲜等族有着密切的关系。作者探讨了"满洲先世在元明之地位"、"爱新觉罗得姓"之原委，"氏族与旗籍"等诸多重要问题，并在"清代诸帝之血系"一节，一一详考了从太祖到德宗诸帝的父系和母系的家族血缘关系，证明除努尔哈赤纯属满族血统外，其他各帝均为满、汉、蒙古族之混合血统。并由此得出结论："在宣宗以前累世均有新血素之参入，此与当时武功之奋张，文化之调融，不无关系。最趣者清世以龙兴东土朱果发样之贵胄自衔，而不自知其为汉满蒙古之混合血统；雍正、乾隆轻蔑汉人，时肆诋娸，而自忘其亦有汉人血素。"需要指出的是，郑老对"清代皇室之氏族与血系"的考证，并不仅仅是为了弄清皇帝的族谱与血系，而是要用具体事实说明，汉、满、蒙古各民族之间，在长期的交往过程中，在经济、政治、文化乃至血统关系上已经聚汇融合在一起，他们都是中华民族的组成部分。郑老在文章中明确指出："近世强以满洲为地名，以统关外三省，更以之名国，于史无据，最为谬妄。满洲出于建州左卫，为女真支裔，即唐之靺鞨，周之肃慎，乃中华历史上宗族之一，清朝入关后散居中原，更不可以一省一地限之也。"在当时的历史条件下，作者寓爱国思想于对史实的考证，有理有据地论证中国历史上的民族关系，这确实是难能可贵的。

《满洲入关前后几种礼俗之变迁》，也是郑老前期用力很深的一篇论文。礼俗是社会生活的产物，它的内容也要随着社会变迁而发生变化。因此，通过对满族入关前后的几种礼俗的考察，不仅可以了解满族的风俗习惯，而且还可以看到历史发展的轨迹。满族是聚居于我国东北地区的古老民族。但在经济、文化等方面，长期以来一直远远落后于内地汉族的社会发展水平。随着满族社会的生产方式和生活方式的急遽改变，汉化日深，以致一些传统的礼俗也发生了变化。如渔猎本来是古代东北各民族主要的原始生产方式，可是到了努尔哈赤和皇太极时期，这种"女真旧俗"，"已经不是纯粹经济的渔猎生活，而为一种娱乐同消遣"。打猎成为庆祝战争胜利、犒赏军士这类带有政治色彩的活动，甚至是进行军事训练的一种主要手段。入关以后，清王朝统治者虽然一再告诫贵族要保持祖制，然而渔猎之事，却反而"不惟最初的意义不存，就是旧俗的形式也没有了。"

当然，任何一个古老的民族，只要她能够继续生存和发展，那么其某些古老的礼俗习惯即或要随着社会的生产方式和生活方式的改变而发生变化，甚至湮没消失，但却不可能毫无保留地丧失殆尽。特别是对于像建立了强大的中央集权的封建政权，维持了二百六十多年全国统治的清王朝来说，由于统治阶级为了维护本民族的特有传统和巩固统治权力，采取一系列强制措施，因此她的某些礼俗还是长期的，有的几乎是原封不动地保存下来了。诸如"祭堂子"、"丧葬"、"婚嫁"、"薙发"、"衣冠"等等，一直到清王朝灭亡，都没有重大的改变。

通过探讨满族的礼俗问题，可以说明即使是具有浓厚民族特点的风俗习惯，在阶级社会中也带有鲜明的阶级印记，满族皇室贵族和满族平民在礼俗上与汉族的交融是有很大的差别的。同时还可以揭示满族在汉化过程中的一些重要特征。郑老在具体考察了"满洲入关前后几种礼俗之变迁"以后，深刻地指出：清初的几种礼俗，在入关之后，"有的强汉人效法，有的禁汉人从同，有的潜移默化与汉人趋于一致，而大体上均有变革。这种变革不是由于政令的强制而是文化的自然调融"。把礼俗的变迁，放到社会文化调融的高度来分析，这就从史实的"探微"进到了科学的探索，突破了单纯考据的狭窄范围，拓展了史学的视野。

如果说郑老在全国解放以前对清初诸多史事、制度、人物的考论文章，虽然功力很深，见解精辟，但还不能说是自觉运用辩证唯物主义和历史唯物主义的立场、观点和方法来观察和研究历史问题的话，那么他在解放以后所写的许多文章，就在史学思想和史学理论上有了明显的变化和飞跃。仍以清史研究而论，不论在研究内容的广度和深度上，都有了很大的进展。这种进展集中表现在他论述清入关前满族的社会性质问题的两篇论文上。清入关前满族的社会形态究竟属于什么性质？这是一个十分重要而又见仁见智、众说不一的问题。深通清初史事的郑老，根据大量历史事实并经过长时间的深入思考和研究，试图用马克思主义的观点来回答这个问题。郑老之所以重视并认真探讨这个问题，首先是注意到了这样一个重要的历史事实："满洲族建立的清朝，以一个少数族在二十八年间能入关统治高度封建化的广大的汉人地区（按从1616年努尔哈赤建立政权到1644年满洲贵族统兵入关），而且后来在和祖国广大民族共同努力下对祖国疆土的奠定和祖国经济文化的发展，起了很大的作用，这在历史上是值得我们注意的。因此，满洲入关前的社会经济究竟发展到什么阶段，也就值得我们注意了。"

郑老根据在十五世纪末期以前满族部落首领对奴隶的买卖，役使和可以随便处死等事实，论证了满族社会"确曾经历过奴隶制，不是从氏族社会飞跃到封建社会的"。但是由于"满洲族介乎汉族和朝鲜族两个高度封建化的民族之间，它们间的经济文化联系是密切的，因此满洲族的进入封建社会，应该比较容易"。不过作者并没有停留在这种根据外部因素的推测上，而是进一步从努尔哈赤建立政权时期的农业、手工业的发展，社会生产力的迅速提高，奴隶主势力的日趋没落，"民户"人数的扩大，下层贫苦人民奴隶身份的改变，乃至农业技术，毛皮加工技术以及以军事为主要生产目的"炒铁"，焊接技术，黄色火药的试制成功，再加上商品经济和商品交换的发展等多方面进行深入的分析，说明当时满族社会的生产力和生产关系，已经不再是奴隶制社会。在此基础上，郑老还考察了政权组织、思想意识等上层建筑所发生的相应的变化，从而指出："努尔哈赤在 1616 年所建立的政权一开始就是封建政权，就是封建王朝。"阐明了满族社会是经过原始氏族社会、奴隶制社会而发展到封建社会的。

在这里，郑老并没有把复杂的历史现象简单化、绝对化，把满族入关前的封建制看作是"纯粹"的封建制社会。他认为，努尔哈赤建立封建政权的时候，满族社会还处在封建制的初期，在此时期，"除了封建主义生产关系以外，还有农奴制集体生产，还有奴隶制生产的残余；同时也还有氏族制度的残余"。这是因为处在大国内的少数民族，"它的发展阶段也是不平衡的，常常会有几种生产方式同时存在"。但是多种生产方式的同时并存，并不是等量齐观的，其中必然会有一种是主要的，足以决定社会性质的生产方式。这就是在努尔哈赤建国时期在满族社会已经相当发展并起着主导作用的封建社会生产方式。

尽管在满族入关前的社会性质问题上，史学界还存在着不同的看法，但郑老此说，在史学界引起了广泛的注意，并发生着很大的影响。我个人认为，郑老的看法，在史实上有根有据，在理论上坚持了历史唯物主义的观点，较好地运用了理论联系历史实际的研究方法，没有生硬地套用公式和教条主义的气味。

任何一个卓有成就的历史学家，都不可能对自己民族的命运和国家的前途采取冷漠、旁观的态度，而总是自觉地用自己的研究实践来反映他强烈的社会责任感和鲜明的时代精神。通过《探微集》所收的各种文章，我们可以十分清晰地看到郑老史学研究和史学思想发展、前进的轨迹。大致可以这样说，在三十年代，郑老的治史方法还没有脱出以考订、校勘为主要内容的乾嘉余绪，这从《杭世骏〈三国志补注〉与赵一清〈三国志注补〉》、《张穆〈月斋集〉稿本》、《发羌之地望与对音》、《孟心史先生晚年著述述略》诸文中约略可见。四十年代所写的文章，虽然重在考据清初史事，但已突破为考史而考史的狭隘藩篱，而是把反对日本军国主义的侵略、热爱祖国的思想有机地融化于对史实的考据之中，表现出了一个正直、严肃的学者对国家、民族命运的关心。全国解放以后，郑老力求以马克思主义为指导来研究历史，除了前述探讨清入关前社会性质问题的两篇力作之外，《探微集》还收录了有关资本主义萌芽（如《关于徐一夔〈织工对〉》）、农民起义（如《宋景诗起义文献初探》、《农民起义和神秘宗教的关系》）、历史人物评价（如《关于曹操》、《关于清官》）以及关于史学方法（如《历史科学是从争鸣发展起来的》、《史料学教学内容的初步体会》）等方面的文章。所有这些文章，都不是泛泛之论和"应景"之作，可以说每篇文章都反映郑老自己的独立见解，充满了积极的政治热情和严肃的科学精神。正如他在《历史科学是从争鸣中发展起来的》一文中所说的："真理标准决定于是否符合客观实际，客观实际的真相只有一个，科学真理也只有一个。历史经过是复杂的，社会发展是曲折的，认识历史的具体实际是要经过一定的钻研过程的。"怎样才能使人们对历史的认识符合或比较符合、接近于具体的历史实际，他认为一个主要的途径就是要在马克思主义的理论指导下，真正实行百花齐放、百家争鸣的方针。"热情于争鸣，就是热情于科学。忠实于科学，就是忠实于人民"。这些话都是郑老在一九六一年讲的。时过四分之一世纪，我们的祖国和人民，在经过了"文革"那样十年政治上的"地震"，经济上的衰退，文化上的断裂之后，又在党的十一届三中全会所确定的正确路线、方针、政策的指引下，拨乱反正，改革奋进，踏上了建设社会主义现代化强国的征途。现在再来重温一下郑老的这些宝贵遗言，抚今追昔，不由得使我对他产生由衷的敬佩。

　　社会前进的步伐越快，政治、经济和文化生活越是安定、繁荣，人们就越会感到时间流逝之迅速。转瞬之间，郑老离开我们已经五年了。我还清楚地记得他在年届八旬高龄前后那些时日的音容笑貌和壮心不已的进取精神。郑天挺先生用他无愧于祖国，无愧于人民，无愧于共产主义战士称号的思想和实践，写下了自己一生的历史，记下了中国优秀知识分子所走过的坎坷而光辉的历程。《探微集》只是郑先生在历史学领域所留下来的一部分成果，他为社会和人民所贡献的，实际上远远不止这些。

　　当前，建设社会主义现代化的宏伟事业，经济体制改革的时代浪潮，向历史科学提出了许多新的课题和新的要求，不论在史学理论、史学方法和研究的内容、领域等方面，都面临着提高、发展、改革、创新的问题。这就需要史学工作者把高度的社会责任感和脚踏实地的求实精神、不断探索的进取精神结合起来，创造和发展我们这个时代的历史科学。创造和发展，离不开对前人事业的继承和借鉴，而郑天挺先生，就是许许多多的史学前辈中值得我们怀念、尊敬和学习的一位。

1986 年春节于北京亮马河畔

（原载《郑天挺纪念论文集》，中华书局 1990 年 3 月）

《探微集》探微

来新夏

　　我与毅生先生虽相识较晚，但心仪其人则早自抗战胜利后拜读其所著《清史探微》一书始。当时我只是一个初出茅庐的大学历史系毕业生，而毅生先生已是颇著盛名的学者，故难以面获教益，仅从《清史探微》一书中钦敬其求实求真的功力。解放后由于高等院校调整，给我带来了与毅生先生三十年朝夕相处的机遇。我虽未获列名门墙，但日以师礼相事，甚获教益。可惜由于自己的资质功力钝拙，无所成就，有负毅生先生厚望。直至近年，有幸又读《探微集》，对毅生先生学识得有进一步领会。

　　从《清史探微》到《探微集》的三十多年历程，我国社会经历了巨大变化，而毅生先生的学术也显现了跃进的特色。我读《清史探微》时，深佩作者用力之谨，思路的绵密，而读《探微集》则眼界为开，耳目为新，更钦作者之学识渊博，日新又新的追求精神。毅生先生一再以"探微"名书，固自示谦逊，而我则正从微处得其教益。

　　《探微集》虽以《清史探微》为基础而益以其他方面旧著及解放后的新作；但学术领域开拓之广已非一般增补。集内清史方面文章仍占主要，这正是毅生先生之所以以清史名家的明证。这类清史论文又以论典制者居多。清入关前的典制过去论著虽有所涉及，但多语焉不详。毅生先生诸作如《满洲入关前后几种礼俗之变迁》、《清代包衣制度与宦官》、《清世祖入关前章奏程式》、《多尔衮称皇父考》等都对过去不甚清晰的制度、概念加以论述解释，填补和充实了清史研究领域中的重要方面，为后学铺平了进一步钻研的道路。尤以对世俗讹传的有所纠正，如《"黄马褂"是什么》一文虽为答复武训是否得到过黄马褂之俗说而作，但简要地讲清了黄马褂除赏给亲近侍卫人员穿用的"职任褂子"外，还有一种是打猎校射时所给的"行围褂子"。这两种黄马褂是只在其位其事时穿用，平时不能随意穿用。这是"赏给"的意思。另一种是奖给有功的高级武官或统兵文员，任何时间都可以穿，这是真正的"赏穿"，并说明赏给与赏穿二者在制作形式上的区别。毅生先生在这篇二千余字的微型论文中不仅讲清制度，而且纠正了俗说。我读此文颇有见微知著之感，深佩毅生先生功力深厚方能提纯如此。

毅生先生是一位求实的学者，集中文章没有泛泛之论，都是尊重事实，有理有据地说明问题。他在所著《清入关前满族的社会性质续探》一文中明白宣布：

"我相信：解释历史、说明历史，总以根据具体事实加以比证，比较可信。"（页十七）

毅生先生的比证事实从不追求冷僻，而多用常见书解决问题。记得先师陈援庵先生曾教诲过要读已见书，用习见书，而不要炫奇。这无疑是名家共有的风范。毅生先生的《清代皇室之氏族与血系》一文是中年时期的力作，是材料丰富而有创见的论文；但细核其征引范围，大多是王氏《东华录》、《清史稿》、《会典事例》以及一些文集等。材料是人人都能得到的，但一经高手便成妙谛，于平川中见奇峰，正以见作者识见之深远。

毅生先生在学术上日求进益，不以既得之名而蹈虚声，他孜孜以求地完善自己的论著。《探微集》开卷的两篇文章可证共事：《清入关前满洲族的社会性质》一文撰于一九六二年，是针对当时学术界有些争论而作，内容以大量史料论证："满洲社会确曾经历过奴隶制，不是从氏族社会飞跃到封建社会的"（页二）和"一六一六年努尔哈赤所建立的政权是封建制政权，满洲族已进入封建社会"（页一四）等基本论点。其材料之充实详尽已为当时学术界所称道。但是，毅生先生并不以此感到满足而终结。他继续求索，时经十七年之久，一九七九年，他又撰《清入关前满族的社会性质续探》，坚持原有学术观点，又进一步论证了"满族在清入关前的社会发展已逐步进入封建社会，比较接近事实"（页三○）的论题。这篇《续探》明显地告诉我们毅生先生在学术上的大跨度。他不仅以大量材料来论证，而且更努力以马克思主义的理论来指导自己的研究。从引证中可以看到毅生先生对理论追求的执着精神。他使自己的学术观点获得科学理论的验证而更确立。从这些细微处使我体会到一个学术工作者要在学术领域中葆其青春、更新求索，服从真理乃是不可或缺的条件。

毅生先生待人接物的谦和态度，使人们产生一种"与世无争"的错觉。从几十年的相处中，这确是一种误解，甚至是不理解。毅生先生是有所"争"的。他不争小事而争大事，特别是学术大事。这是我从《探微集》中讲而得到的微见。毅生先生对于解放以来的若干学术争论都投身其中。《历史科学是从争鸣发展起来的》一文不仅论证我国"百家争鸣"的优良传统，而且也是毅生先生"争"的宣言。他说："历史科学是从争鸣中产生的"（页三〇二），"历史科学是从争鸣发展起来的"（页三〇六）。他不但是言，而且还见诸行。讨论社会性质问题，毅生先生对满洲入关前的社会性质先后撰著鸿文两篇阐述观点。讨论资本主义萌芽问题，他针对人们热中引证的《织工对》这一基础资料，从"《始丰稿》的体例，《织工对》所用辞汇，元明钞值的比较各方面看"，而论定"《织工对》是徐一夔在元末所写"（页三一一——三一二），并以织工数目比例来论定作品所述为丝织业状况，从而得出总的结论是：

"徐一夔《织工对》叙述的是元末杭州丝织业织工。"（页三一八）

这一论断就从基础史料上对这一论争作出了应有的贡献。在历史人物的评论上，毅生先生不仅对曾经风靡一时的曹操评价问题作过全面评论，而且还从理论上提出了被人忽略而却有重要意义的论题，即：

"只要用马克思列宁主义的立场、观点、方法作出来的结论，就可以算是翻案，而不必管结论。因为我们是翻反马克思列宁主义的案，不是翻某些结论的案，更不是替统治阶级翻案。"（页三三五）

这已经不是一般学术的"争"，而是为马克思列宁主义而"战"，毅生先生在学术论争中的旗帜日益鲜明起来了。

在"清官"问题讨论中，他写了《关于清官》的批判性论文。值得注意的是毅生先生在自己编定的《探微集》中把这批论战性的文章编为一组而踵于《历史科学是从争鸣发展起来的》一文之后。这恐怕也是毅生先生含蓄表露的"微言大义"吧！

读《清史探微》只见毅生先生学问之一端，读《探微集》益知毅生先生学问之渊博。舆地、目录、校勘、音韵、考证是传统学术中的基本功。清代著名学者钱大昕、戴震无不兼通地理。毅生先生对自己的学术从不自陈，惟独对古代地理的专长则形诸笔墨，自称："余旧治国志，继探求古地理，心仪赵诚夫之学。"（页四四五）这就无怪有一次毅生先生与我大谈赵一清《水经注》公案达一小时之久。《探微集》中有一组分量不小的古地理论文。他不仅有概论性的《关于古地理学》的专文，而且还运用其声韵学知识解决史书上地望与对音的具体问题。晚近著名学者陈垣、余嘉锡诸师都自述治学之道乃由目录学入手。毅生先生也不例外，他有深厚的目录学素养，《探微集》中有十数篇与此有关的论述。《中国古代史籍的分类》是史籍分类的纲要，不仅有史的叙述，也有横的比论，对掌握史籍类次颇有裨益。他如序跋诸文上承清贤题跋的谨严，下为读原作的津梁，起到了目录学"辨章学术，考镜源流"的指引作用。

《探微集》可代表毅生先生的学术，但不能尽包毅生先生的学术。《探微集》问世后的诸作，如《清代的幕府》、《清史研究和档案》以及遗作《鸦片战争前清代社会的自然经济和资本主义萌芽》、《满族的统一》诸文都是毅生先生见功力的精粹之作，应有所补续。毅生先生的哲嗣克晟同志和高弟冯尔康同志等都是数十年亲承薪传而学有成就的学者，自当义不容辞担此重任，《探微续集》必当由他们裒集问世以嘉惠学林，我也将借此而获更多的教益。

（原载《书品》，1989 年第 3 期）

伟大的开拓精神

——读《探微集》

孙文良

一九八〇年中华书局出版了郑天挺先生所著《探微集》。这是一位史学界老前辈积半个世纪的心血结晶。她像一株绚丽多彩的鲜花，开放在祖国科学春天的百花园中。时先生已八旬高龄，蜚声中外。然而先生一贯谦虚，名其书《探微集》。自我解释说："我把这本小书，仍称《探微集》，既表明书的内容微不足道，也表示我学无所成的惭愧。"实则我们读了这部四六六页的巨制，越读越有一番如拨云雾而睹青天的感受。我们知道了"探微"的真正含义。"探"就是探索，尝试，在学术研究上就是开拓新的领域，解决尚未解决的疑难问题。微，固然有小的意思，但以小见大，由微而知著，微而不微。《探微集》正是从小处着手，发前人所未发，把史学研究推向了一个崭新的高度，打开了新局面。这部著作中所凝聚着的开拓精神，是郑先生留给我们最为珍贵的一份遗产。我们要为振兴中华、繁荣学术而奋斗，就一定继承、发扬和光大这个伟大的开拓精神。

丰硕的成果

郑天挺先生一生治史，其学术生涯的著作代表，即《探微集》。而翻开这本著作，最为醒目的是为首的《清入关前满洲族的社会性质》和《清入关前满族的社会性质续探》。这两篇论文可以视作是先生代表著作中之代表。

一个有趣的，也是发人深省的事情是，恩格斯在批判杜林的著作时，曾把杜林的书称为"酸果"，为了批判而不得不去啃它。因为杜林的东西是"放肆的假科学的最典型的代表之一"（《反杜林论》三版序言）。著作之中既然有"酸果"，当然也一定有"甜果"。现在我们要说的郑天挺先生关于入关前满族社会性质的两篇论文，可以无愧地称之为我们这个时代的"甜果"。她是真正科学的最典型的代表作。

入关前的满族社会性质的问题，是一个大问题，也是学术界正在研究和讨论的一个难题。郑先生以饱满的热情参与这一问题的研究和讨论，为此于一九六二年在南开大学科学讨论会上第一次发表了《清入关前满洲族的社会性质》的论文。先生运用马克思主义关于社会发展普遍规律的原理，结合几十年来掌握的丰富历史资料，包括《满文老档》等极为珍贵的原始资料和国内外专家已有的研究成果，对明末清初满族的社会性质作了深入细致的剖析，从物质生产到意识形态，从本民族的自身变化到外族的种种影响，步步深入，有理有据。

关于入关前满族社会性质的问题，目前学术界大致有两种结论性的意见：一种是奴隶制说；另一种是封建制说。两说的具体解释还有几种差异，兹不赘述。郑先生的结论是封建制说的代表。他的研究结果认为，满族的古代历史发展经过了原始氏族社会、奴隶社会和封建社会。满族没有越过奴隶制，从原始氏族社会飞跃到封建社会。但是满族在努尔哈赤时期已从奴隶制进入封建社会。一六一六年努尔哈赤所建立的政权一开始就是封建政权，就是封建王朝。

时光如白驹过隙，转眼近二十年过去了。一九七九年郑先生发表了《清入关前满族的社会性质续探》一文。研究的课题没有变，研究的结论也没有变。那么为什么孜孜以求又发表一篇文章呢？先生自己有一段感人肺腑的说明，不妨引来以释疑。先生说："一九六二年我在南开大学科学讨论会上曾宣读过一篇《清入关前满洲族的社会性质》，试论一六一六年努尔哈赤建立政权时已进入封建社会，以求正于史学界。但当时我早已接受旁的任务，对发表的很多宝贵意见未能遍读，接着文化大革命又十年。一九七六年曾分别征询有关这方面的意见，可惜不很普遍。近来重读清史，感到这一问题，关系到满族历史的发展、多民族统一国家内不同民族的文化融合的经过和对清初历史的解释，还是再进一步讨论一下比较好。"（见《探微集》，以下凡引此书者不另注出处）原来发表此文的动机，一是觉得自己的研究还有不足之处；再一是感到问题很重要，不应浅尝辄止，必作进一步的讨论。这是非常严正的科学态度和积极进取的精神，没有丝毫的虚假和冒充。

正是这种科学态度和进取精神，使后一篇论文比前一篇论文在理论的理解上和史料的运用上都更加提高和丰富了。根据马克思恩格斯所说："一个民族本身的整个内部结构都取决于它的生产以及内部和外部的交往的发展程度"

等理论，开宗明义先列"清入关前满族的生产和社会情况资料零拾"，次及"努尔哈赤建国前的思想意识属于封建领主范畴"，复次论"努尔哈赤建立政权时，满汉两族人民在东北杂居已久"。把"努尔哈赤最初建立的政权就是封建制国家的政权"作为结论，放在最后加以论证。论史结合，坚持了马克思主义的历史唯物主义。在史料方面，仅关于满族生产的就举了十五条，除去一条重复，一条属于生产关系的，只生产力与分工的就比第一篇多了十三条。这就大大加强了入关前满族社会封建说的科学性和说服力。

当然，尽管如此，人们仍然可以不赞成这个封建说的结论。但是在科学研究上这种不断前进，不断发展，即使不赞成甚至反对此说的人，读读这样的论著也是一个享受，还会尝到甜头。

开拓者的足迹

郑先生是久负盛名的明清史专家，而最主要的成名之作就是《清史探微》。我们看到此书由独立出版社于一九四六年初版，一九四七年再版问世。迄今三十余年，向来为学习和研究明清史的人所喜爱和必读。

现在《清史探微》一书的全文都已收入《探微集》。当年以"探微"名清史论著，晚年又以"探微"名代表作，不仅反映了先生何等欣赏"探微"一词，更为深刻的当是这种开拓精神实为成功之母。从《清史探微》到《探微集》，是明清史研究成果的发扬光大，也是开拓前进的最好记录。

《清史探微》之文，最早作于一九三六年，距今几近半个世纪。当时治明清史之中外学人已复不少。然而先生继孟森等诸大家之后，以扫除读史障碍和消弭对清史的种种误传为己任，另辟蹊径，收效极为显著。如《清史语解》所列举的"土黑勒威勒"、"扎尔固齐"、"巴牙喇"、"巴图鲁"、"巴克什"等等，都是清史上的一道道难关，不懂得各自的固有涵义，就学不通清史。先生旁引博征，按照少数民族语言和清初的典章制度一一作解，使学清史者顿开茅塞，大受实惠。

最难能可贵的是，在《清代皇室之氏族与血系》中，明确提出"清代以满洲表部族"，严正指斥"近世强以满洲为地名，以统关外三省，更以之名国，于史无据，最为谬妄。"进而说明："满洲出于建州左卫，为女真支裔，即唐之靺鞨，周之肃慎，乃中华历史上宗族之一，清朝入关后散居中原，更不可以一省一地限之也。"有人只看表面文章，以为《清史探微》，只注重细微末节，属于考据性之作，看看如上之宏旨大论，总该有个正确的结论了。更有必要一提的是，时至今日竟然还有人把满族当作中国之外的异族，而且还自认是什么新看法，比比《清史探微》所论，也会知道至少倒退了四十年。

在民族融合问题上，如"民族与旗籍"、"清代诸帝之血系"、"佟氏与汉人"、"清初通婚政策"等之中，多所涉及，既肯定了满、汉、蒙古等民族之间的畛域，又举出了彼此之间潜移默化的影响。完全不像有人说的那样，满族与汉族除了征服的战争之外，没有一点和平往来。

在好事者为清史制造了许多不正确的传闻气氛笼罩下，先生挺身而出，让事实说话，以正压邪。清高宗乾隆本是世宗雍正之子，但是传说一口咬定不是。先生论及此事说："世传清高宗（乾隆）出自海宁陈氏，孟心史先生尝考之，搜讨甚富，其文尚未及见。然以时证之，高宗生时，（康熙五十年辛卯公元一七一一）世宗方居潜邸，（康熙四十八年己丑，公元一七〇九，封雍亲王）春秋鼎盛，（年三十四）且尚有子，（高宗为世宗第四子，第一子弘晖为孝敬后所生，康熙四十三年八岁殇，其时高宗未生。第二、三子生卒待考。高宗即位后于雍正十三年十月己丑谕曰，'从前三阿哥年少无知，性情放纵，行事不谨，皇考特加严惩以教导朕兄弟等，使知儆戒'云云，是高宗生时三阿哥弘时未殇也。）又何必急急于夺人之子以为己子耶？"

多尔衮是清初发展史上起过杰出作用的重要人物，但是他的地位和生活给后世留下的迷雾最多，尤其是所谓太后下嫁的故事更为许多人所津津乐道。先生就此连连写了《多尔衮称皇父之由来》、《墨勒根王考》、《释"阿玛王"》、《多尔衮与九王爷》等一系列文章，把一团团迷雾解开。据杨向奎先生回忆说，郑先生为写这些论文，特请杨先生在整理内阁大库题本时，注意并提供有关材料（见杨向奎《回忆郑天挺先生》，载《南开史学》一九八三年第一期）。先生之结论认为，多尔衮之称皇父，源于满族旧俗，呼尊者为父，继而演化为最高爵秩，非家人父子之通称。故亦无其他不可告人之隐晦原因在。但是汉人的观念，于此称必作另一番理解。满族汉化日深，也觉不妥，在文献上陆续进行了删改。而考释墨勒根王、阿玛王，是指多尔衮。先生之说，已成不移之论。

《清史探微》所汇集的论文，经过微小的加工，如将民国纪年改为公元纪年，删去对李自成起义的诬称等受到当时条件限制形成的惯例（也有增加了个别事例的），其余全部收入《探微集》。事实证明，《清史探微》是经得住历史考验的佳作，在《探微集》中再次与读者见面，充分显示了她的生命力。

　　但是,《探微集》不是《清史探微》的翻版,而是扩大、发展和前进。如《清史语解》,增加了十三个条目。《"黄马褂"是什么?》,《清世祖入关前章奏程式》,《清代的八旗兵和绿营兵》,《马礼逊父子》,《宋景诗起义文献初探》,《辛丑条约与所谓使馆界》等,都是继《清史探微》之后,研究清史的成果,其中多数是解放后发表过的。这些文章都收在了《探微集》,为《清史探微》所没有。

　　此外,《探微集》中还收录了先生几篇明史著作。除《明清的"两京"》一文,还有《〈明末农民起义史料〉序》、《〈明史〉校读拾零》。后两篇文章一作于解放初,一作于近年出版的标点本《明史》校印之前。《〈明末农民起义史料〉序》,对一部农民起义史料的整理、编辑和它的价值略作介绍,但这是运用马克思主义立场、观点和方法谈论封建社会农民革命史的。《〈明史〉校读拾零》,洋洋三万余言,以标点本《明史》为底本,与《明史稿》、《明实录》、《大明统一志》、《续文献通考》及《礼记正义》、《春明梦余录》等互相校正,得数百条不同者,对一代《明史》,作此校正,别开生面,深受好评(见阎文儒《贺毅生师任教六十年》,载《南开史学》一九八一年第二期)。

　　如果说从《清史探微》至《探微集》,在清史研究上是涓涓细流汇而为湖海,那么先生的《清史简述》便可说是一泻千里的长江大河了。此书是一九六二年先生在中央高级党校讲课的记录稿,一九八○年五月由中华书局正式出版,时间略早于《探微集》。全书虽然文字不过六万五千,而内容包罗万象,举凡政治、经济、思想文化都有论述。对许多重要问题,都做了说明,发表了自己的看法。材料纯熟,观点明确,提纲挈领,一部大清史自在胸中。此书为先生最后一部清史专著,适合广大学生、教师、干部及历史爱好者阅读,与《探微集》清史诸篇相得益彰。

历史教育之路

　　《探微集》是郑天挺先生从事学术研究的代表作,实则也是历史教育的典范。先生固然是公认的著名史学家,但先生一生未离教席,是一位有六十余年教龄的老教育家。《探微集》中收录了先生把历史和教育结合起来的几篇历史教育论著,学术价值和现实意义都很大。

　　在《探微集》中有八篇古代地理方面的文章,构成一组历史地理汇集。其中《关于古地理学》一篇正是先生执教于北京大学的《古地理学讲义》。文分五项，论列了古代地理一名的起源，地书的内容与分类，地学的发展及代表作，研究古地理应注意的问题，等等。这是一九三五年使用的教材，也就是半个世纪以前，先生已开设了这门课，并指出"大抵地理之学，愈后而愈精。若夫考求一代因革，辨究经文史事，则前代地书有足取焉。"此课很像似近年来各大学陆续设置的方志学。地方志在最近几十年被引进到历史研究领域，丰富了历史研究的内容，解决了许多疑难问题，现在又受到政府的教育部门的重视，编写新方志，作为一门学科开展研究和进行教育，追本溯源，先生之倡导与身体力行，不无开拓之功。

《史料学教学内容的初步体会》一文在《探微集》中出现，反映了先生早在三十年前，当强调向苏联学习时，通过个人的实践，努力结合中国的具体情况，力求建立一门科学的史料学，以开展历史教育。为此探讨了史料学的译名，史料学的概念和史料学的讲授内容。如此认真总结经验教训，在今天仍有其深远的历史意义和现实意义。

还有《中国古代史籍的分类》、《中国的传记文》、《历史科学是从争鸣发展起来的》、《杭世骏〈三国志补注〉与赵一清〈三国志注补〉》和《孟心史先生晚年著述述略》、《有学力、有能力、有魄力的历史学家》等十来篇文章，应属史学史和历史文献学方面的著作。虽立题各异，内容重点不同，总的范围不出治史与做人两大问题，读起来都使人受到思想教育和历史知识的启迪。

历史是昨天的政治，讲的都是一朝一代的兴亡和人物的活动与评价，都是关于治国成才的经验教训。先生极善于进行历史教育，这不仅仅表现为写几部讲义，在大学课堂上逐章逐节讲授历史，也突出地表现在各篇论著中，实在是有历史教育家的特殊艺术，所以非常成功。予谓不信，仍可以《探微集》作为证明。

选题作文，不论长短，都有自己的来龙去脉。不突兀，不跳跃。读之不但一下子被吸引住，而且看了开头，还一定愿意看到尾。关于曹操和清官，都曾是五六十年代热烈讨论的问题，报刊发表的文章很多，一般不难看到，也容易造成看了标题不必看内容，看了开头懒于看结尾的印象。但是先生把这么普遍性的争议问题做得富有吸引力。《关于曹操》一文，劈头来了个"符合时代进程需要的曹操"，立个肯定性的结论，又明确分点叙述，当然人们愿意看个仔细。同时定会引出，有符合时代需要的曹操，必须还会有不符合时代需要的曹操。针对由此而产生的疑问，果然，第二个问题就讲"违背人民愿望的曹操"。这又列举了曹操的罪恶事实。问题到此没有完结，因为过去不曾做公正的评价，而且究其原因，意见不一。所以进而主动掀起一个波浪，提出"什么力量歪曲了曹操"。内容详谈对曹操的毁誉及在不同时期与历史上曹操的关系，真使人读之欲罢不能。问题到此好似可以完了，可是还没有把曹操的评价说透，因此反转来追溯毁誉的根据，指出过去不管毁誉，他们的结论都不可信，结尾就立个"不必管结论"的小标题，让人重视以马克思主义的辩证唯物主义和历史唯物主义为指导，评价曹操，做出新结论。

《关于清官》一文，也是参加讨论的文章。因为长期形成的一些不正确思想多半是认为清官好的就好得不得了，和人民一样；认为清官坏的就坏得不得了，比赃官更坏。最为糊涂的是人云亦云，不知道谁定出来的清官，等等。先生抓住这些思想深处的认识和讨论中没有讲清楚的问题，分四大方面，有条有理地叙述了"清官也是官"，"清官是谁鉴定的"，"封建政权为什么宣扬清官"，"用阶级观点具体分析"。读了以后就使人产生这样一个信心：即使第一次接触这个问题，心里也有底了；再说，以后即使不再看其他文章，到此为止，也达到了相当的高度。

细腻入微，思想深邃，也是先生历史教育的一大特点。如丝绸之路，早已传为佳话，但是用一篇文章把问题讲清楚，可以说非先生莫属。看看收入《探微集》中的《关于丝绸之路》，难道不是如此吗？这篇文章用了大量中外的历史资料及研究成果，把中国的丝绸从传说到实际出现，从国内的广泛利用到对外输出；再从历史上最早出现的横贯东西的内陆交通大道，到丝绸之路的形成；进而又从丝绸之路的发展到丝绸之路经过的地方，条分缕析，一气呵成。问题想得极为周到，而全文只有一万五千字，约而不繁。

总之，《探微集》将是郑天挺先生的不朽之作，她会在现在和将来不断地给人们以令人信服的教育。她所表现的开拓精神，尤其会供后生们沿着先生走过的道路，取得更加光辉的成果。

（原载《郑天挺学记》，三联书店，1991 年 4 月）

郑天挺史学研究代表作《清史探微》解读

冯尔康

历史学家、教育家郑天挺教授自撰《五十自述》、《郑天挺自传》，[①] 为我们了解他的生平事迹提供了基本材料；他健在和去世后，他的学生、友人庆祝和缅怀其功业，撰写文章，结集成《郑天挺学记》[②]、《郑天挺纪念论文集》[③] 和《郑天挺先生百年诞辰纪念文集》[④]，丰富了关于他的为人和业绩的传记资料；他自己的各种著作，自然成为我们获知他的学术成就的第一手材料。笔者是他的学生，利用这些资料和以亲身的感受，试图对他有所介绍，并略述学习他的代表作《清史探微》的体会。

（一）将美好年华贡献给北大、
造就南开史学强大阵容的郑天挺

郑天挺，福建长乐人，字毅生，别号及时学人，1899 年生于北京。他的父亲郑叔忱，光绪十六年（1890）进士，任奉天学政、京师大学堂（北京大学前身）教务提调（教务长），1905 年病逝，其时郑天挺六岁；他的母亲陆嘉坤，天津北洋高等女学总教习，1906 年病故，将郑天挺委托亲戚梁济（梁漱溟之父）监护，郑天挺寄居亲戚张耀曾（一度任北洋政府司法部长）家，孤儿的经历令郑天挺自幼形成自立的意识和能力。

1907 年，八岁的郑天挺进入福建同乡在北京设立的闽学堂学习，1911

---

① 分别收入吴廷璆、陈生玺等编：《郑天挺纪念论文集》，中华书局 1990 年版；冯尔康、郑克晟编《郑天挺学记》，北京三联书店 1991 年版。

② 《郑天挺学记》，北京三联书店 1991 年版。

③ 《郑天挺纪念论文集》，中华书局 1990 年版。

④ 南开大学历史系、北京大学历史系编《郑天挺先生百年诞辰纪念文集》（张国刚主持编务），中华书局 2000 年版。

年，考入顺天高等学堂，其时国人反对列强侵略中国，学生自动进行课外军事训练，少年郑天挺扛不动枪，跟着练操，培养了爱国情操。1917 年，进入北京大学学习，从此与北大结成不解之缘。1919 年五四运动时期，参加学生会工作，被派到天津南开中学联系学生运动事务。同年，发生日本侵略者在福州残杀居民事件，北京的福建籍学生抗议日军暴行，街头讲演，拒买日货，郑天挺用"攫日"的笔名撰文，宣传打倒日本帝国主义。1920 年大学毕业，应聘去筹办中的厦门大学任教，次年到厦门，讲授国文课，兼任图书馆主任。1922 年，进入北京大学研究所国学门，师从钱玄同，研究"中国文字音义起源"。是时清朝内阁大库一部分档案存入北大研究所，学校组织"清代内阁大库档案整理会"，郑天挺加入该会，参加明清档案整理，从而奠定日后从事明清史研究的基础。同时，在由张耀曾任会长的法权讨论委员会任秘书，从外交档案中搜集资料，写作《列国在华领事裁判权志要》，主张废除各国在华领事裁判权，1923 年以该会名义出版，这是郑天挺的第一部著作。1924 年，在北大任讲师，并在北京女子高等师范学校（女高师）兼任授课，1926 年"三·一八"惨案，郑天挺发动教师给死难家属募捐，自家经济不富裕，而捐助甚多。1928 年，到杭州浙江大学任秘书和文理学院讲师。

1930 年，郑天挺回到北大，担任校长室秘书和讲授国文课。1933 年晋升教授，出任负责行政和总务的秘书长，到 1950 年卸职，历时十八载，加上秘书工作，则长达二十余年。在这期间，北大教授、中国共产党创始人之一的李大钊遇害，郑天挺参与安葬事务，处理非常妥善顺利。"一二·九"运动中，北大四名学生被捕，郑天挺以学校负责人的身份将他们保释，并亲自去警察局接他们出狱。[①] 抗战前，郑天挺主要在中文系教课，讲授古地理学、校勘学等课程，并在历史系开设魏晋南北朝史课。1937 年卢沟桥事变，北大负责人或先期不在校，或这时离校，郑天挺冒着遭受日军迫害的危险，留校负责全校事务，筹措经费安排经济困难的学生离校，帮助教授安全离开北平南下，转赴后来成立的西南联合大学，而他自己是最后一批离校的教授，辗转到达长沙临时大学，随后转移到云南昆明，北大、清华、南开组成的临时大学改称西南联合大学。郑天挺又应各方面的敦请，兼任联大总务长。其时北大文科研究所所长是傅斯年，郑天挺为副所长，学生就此戏编一副对联："郑

① 王德昭：《铿然舍瑟春风里——述往事忆郑天挺毅生师》，《郑天挺学记》，北京三联书店 1991 年版，第 58 页。

所长是副所长，傅所长是正所长，郑、傅所长掌研所；甄宝玉是假宝玉，贾宝玉是真宝玉，甄、贾宝玉共红楼"[①]，成为学术界的佳话。郑天挺还同陈寅恪一道指导研究生，开设的课程有明清史、清史研究、中国目录学史等。时值抗战，学生爱国热情高涨，希望了解中国近代史，选修郑天挺课程的多达一百数十人，盛况为前所未有。行政事务和教学之外，郑天挺研究先清史和清初史，写出《清代皇室之氏族与血系》、《满洲入关前后几种礼俗的变迁》等文，同时研究西南边疆史地，撰文《发羌之地望与对音》、《历史上的入滇通道》等。他将一部分论文结集成《清史探微》，于1946年初出版[②]。

抗战胜利后，郑天挺先期返回北平，筹备北大复校事务，校务正常后，仍任秘书长，并任历史系主任、明清史料整理室主任，讲授清史研究、清代史料、历史研究法等课。时值内战，学生运动勃兴，当局抓人，郑天挺获知信息后秘密通知学生出走。国民政府要在大学军训，以加强对学生的控制，郑天挺闻讯，打电报给在南京的北大校长胡适，请他设法制止，以保证学校的学术自由。1948年冬天，胡适南去，学校交由郑天挺等人管理，郑天挺再次负担起维持学校的重任，学生自治会于1948年12月17日北大五十周年校庆纪念会上，送给郑天挺书有"北大舵手"四字的锦旗，可见他在学生中的崇高威望和他维护北大的重要作用。

郑天挺于1950年辞去北大秘书长职务，1952年的"三反"、"五反"运动被审查，结果证明他的清白。他管总务，给教授安排好房屋居住，他自身却住在一般的房舍中。联大时期有研究生回忆郑天挺在昆明的生活，"一年到头穿一件旧蓝布长衫，自己洗衣服，打扫房间"；在北平，见他"全家啃窝头"，真是"清白自持，廉洁奉公"，不仅如此，他还"从未利用他的职权为自己的亲故友好谋私利"[③]。

郑天挺在北京大学的前半生，在学术上他是实证史学家，在国家民族存亡的关头，表现出爱国主义者的高尚情操；在观念上，应该说是自由主义信仰者，他在给胡适的信中说："大学有其使命，学术研究应有自由。"[④] 坚信大学是学术自由的园地，神圣不可侵犯。被他保护过的学生认为郑天挺的信念

---

① 王玉哲：《忆郑毅生师二三事》，《郑天挺学记》，北京三联书店1991年版，第47页。

② 郑天挺：《清史探微》，重庆独立出版社，1946年版。

③ 任继愈：《回忆郑毅生先生几件事》，《郑天挺学记》，北京三联书店1991年版，第42页。

④ 中国社会科学院近代史所编：《胡适来往书信选》下册，中华书局，1979—1980年版，第393页。

是："保护学生的人身安全，保卫学术自由的传统，是自己不可推诿的职责"；"坚决不能让军警入校抓人，如果努力失败，将和其他教授一起辞职抗议"。①值得注意的是"保卫学术自由的传统"的话，郑天挺所坚持的是蔡元培以来北京大学所贯彻的"学术自由、兼容并包"的办学方针，正因此他才能够长期主持北大校务行政。②

1952 年，全国高等学校院系调整，郑天挺被派任设立在天津的南开大学教授、历史系主任，自此，直至 1981 年 12 月 20 日病逝，历时三十载，是他教学与研究的另一个阶段，下面就他的教学、学术研究和社会活动三个方面分别作出说明。

教学活动。在南开大学历史系，郑天挺教授隋唐史、明清史、明史研究、清史概论、清代制度、史料学、史学研究等课；60 年代前期应邀在北京大学历史系、中共中央高级党校等高校讲授清史课程。他发现学生很少阅读原始史料，于是到处强调认真读书，要做到"博、精、深"三字，即"博览勤闻"，"多闻阙疑"。"文革"之后，1979 年受教育部委托，在南开大学开设高等学校明清史教师进修班，培养一批中青年教师骨干。在 50 年代，郑天挺招收研究生，采取研讨会方式培养学生，参加者受益良多。"文革"后，培养硕士生和博士生，以及国内外的进修生。晚年的他以八十高龄，仍然风雨无阻地进课堂讲授，学生深受感动；有学生生病，他到宿室探视，嘘寒问暖；带领学生去河北易县，对清西陵进行学术考察。对于南开历史系，郑天挺总想办出特点，决心将它办成"与国内素享厚望的几间大学的历史系并驾齐驱"③，他"认为办学应有自己的特色，从历史上看，北大和清华各有自己的长处，譬如清华注意外文，就应该学习……西南联大录取是很严的，总得有一个高标准，差一点也不行，南开历史系应该有个好的学风"，所以，改革开放初期录取研究生的标准是"双七十"（主课和总平均必须在 70 分以上）。④

学术研究和组织工作。中年以后的郑天挺致力于明清史，尤其是清史的研究，在南开历史系，于 1956 年创办明清史研究室，早年他在北大主持明清史料整理室，关注的是明清档案整理，至是强调明清史的研究，设立明清史

① 戴逸：《我所了解的郑天挺教授》，《郑天挺学记》，北京三联书店 1991 年版，第 362 页。

② 参阅冯尔康：《从三个方面景仰历史学家、教育家郑毅生师》，《郑天挺先生百年诞辰纪念文集》，中华书局 2000 年版，第 49 页。

③ 刘泽华：《教诲谆谆多启迪》，《郑天挺学记》，第 167 页。

④ 魏宏运：《回忆我与郑老相处的岁月》，《郑天挺先生百年诞辰纪念文集》，第 27 页。

研究的专门机构，这在高等学校是第一家，可知郑天挺从事的是学术开辟事业。该研究室在他领导下，前期主要从事张廷玉《明史》的标校工作，后来进行明清史的各项研究，如他主编《明清史资料》、《清史》（上）。晚年的郑天挺致力于将明清史研究室发展为明清史研究中心，以便扩展研究业务和提高研究水准，他亲自拟制规划，说明设立目的、任务、成员、出版、经费及研究内容，又同教育部部长蒋南翔交换意见，得到认可，① 然而终因他很快病逝而未能实现。郑天挺特别强调参与学术界的学术讨论，他自己著文参加资本主义萌芽、曹操、清官等问题的争论，发动历史系教师投身其间，组织关于封建主义土地所有制问题的讨论，邀请北京学者与会，会后，由杨志玖选编出版论文集《中国封建社会土地所有制形式问题讨论集》。郑天挺于 1980年 8 月主持召开南开大学"明清史国际学术讨论会"，出席的有日本、美国、澳大利亚、瑞士、德国（当时为德意志联邦共和国和德意志民主共和国）和我国香港地区学者三十余人，国内学者六十余人，与会者多系国内外明清史学界第一流专家和后起之秀。此时是改革开放初期，能将这么多的海外学者邀请到来，是史学界的空前盛况，只有郑天挺的胆识和崇高的学术地位才能做到。这次研讨会对中国明清史研究的开展，起了巨大的推动作用。为推动同仁的学术研究，在郑天挺组织下，南开大学历史系出版了《南开史学》（主编为陈振江），郑天挺亲自题写刊名，该刊每年出版两次，一时颇有盛誉。郑天挺对学术组织工作做了很多，1961 年，兼任全国高校文科教材历史组副组长，被借调到北京，与翦伯赞共同负责《中国通史参考资料》的选编与审定，实际上由他具体指导，并在"文革"前出版了一、二、三、四、五、六、八等七册。与此同时，还主编《史学名著选读》，有五种梓刻问世。晚年的郑天挺出任《中国历史大辞典》总编，这是一个重大的史学基本建设工程，其规模之大为前所未有，郑天挺以巨大的热情投入编撰组织工作中，逝世前夕，明代、清代两个分册编委会在天津开会，他原想抱病出席而未果，可以说在南开建立明清史研究中心及编撰历史大辞典两件事是他的未了心愿。郑天挺自身的研究，侧重在清代制度史和明清时代的特点，对先清史中社会性质问题连续进行探讨，所写论文，后来被汇集在新版的《清史探微》② 中。因对此

---

① 郑克晟：《老骥伏枥，志在千里——记父亲最后所关怀的几件事》，《郑天挺学记》，北京三联书店 1991 年版，第 367 页。

② 郑天挺：《清史探微》，北京大学出版社 1999 年版。

书将在下一节专门交待，这里从略。

社会活动。1963年，郑天挺出任南开大学副校长，由于其时在北京主持《中国通史参考资料》的编辑工作和点校《明史》，不久"文革"发生，所以，并没有参与多少校务的管理，然因有学校职务，辞去系主任；1979年，他重新被教育部任命为副校长，两年后辞职，改任学校顾问。他是中国民主促进会中央委员，天津市政协副主席，第三届、五届全国人民代表大会代表，中国史学会主席团主席，逝世之年为主席团执行主席。

总起来说，郑天挺一生，有以下特点：

第一，他是学者、教育家。人们称他为"杰出的历史学家、教育家"①，符合他的实际。北京大学副校长何芳川说，郑天挺"把最美好的年华献给了北京大学，而他一生最精彩的岁月是在北京大学度过的"，表明对他对北大贡献的认可和赞扬。史学家宁可在得知何芳川的见解后说："南开大学历史系有今天的强大阵容，而且很有后劲，是出于郑天挺先生的造就。"② 史学家、香港中文大学校长王德昭在《铿然舍瑟春风里——述往事忆郑天挺毅生师》一文中，认为郑天挺继孟森之后，"维持北大明清史学的一脉，而更发扬光大之。其后毅生师移帐到南开任教，中国明清史研究的重镇也遂移到南开"③。郑天挺对于北京大学的办学和南开史学的建设以及所取得的成就，是当之无愧的北大功臣、南开史学的一面旗帜（另一面旗帜是早年执教于清华，1952年与郑天挺联袂来南开的雷海宗教授）。

第二，爱国者的史学研究。他和他的同辈学者，相当多的是诚挚的爱国主义者，他们生活的那个时代，正是中华民族国家和民族观念的一个新的发展时期，人们以祖国独立富强为己任。郑天挺幼年就埋下爱国观念的种子，至老年不衰，所以，抗战胜利后对被惩处的汉奸绝不同情。而著书立说，多从爱国主义出发，撰写的关于边疆史地、满洲族与中国历史的密切关系，均充满爱国感情，故自云："涉及与邻国的争端，我也结合史实加以讲述。"④ 如在中印边界争端中，他查阅历史地图，发现在英国《泰晤士报》1922年出版的世界地图上并没有麦克马洪线标识（事见《天津日报》1959.9.13），遂将

---

① 《郑天挺先生百年诞辰纪念文集·学者、教育家的典范·郑天挺教授百年冥诞纪念（代序）》，中华书局2000年版，第1页。

② 《郑天挺先生百年诞辰纪念文集·后记》，第405页。

③ 《郑天挺学记》，第55、58页。

④ 《郑天挺学记》，第401页。

这一情况提供给有关方面参考。

第三，教学、学术研究与行政事务的妥善处理。他长期以大量的时间、精力从事学校行政工作，自然影响他的教学与研究工作的开展，乃至人们以为他是北大"兼任性质的教授"，可是他"对教书和学生的功课都是看得极认真的"①。他在北大，白天处理行政事务，晚上备课和研究，假日亦不间断。在西南联大时期，研究生眼见他行政事务无论怎么忙，"一直坚持研究和教学。在老师们当中，天天在十二点钟以后才熄灯的只有两位，一位是汤用彤先生，一位是郑毅生先生"②。正是这样日以继夜，年复一年地研究不辍，才能够在教学与研究中取得巨大的成就。郑天挺晚年，国家图书馆馆长任继愈向他表述敬佩他行政事务同时坚持研究的特点，郑天挺颇有知己之感。郑天挺的这种经验，很可为行政和研究"双肩挑"者所吸取。

第四，著作。郑天挺的那个时代，学者犹有清代学人"悔少作"的遗风，一般不轻易写作，郑天挺亦复如此，有研究，有见解，而不怎么动笔，即或写出，也常常置于笥箧之中。尽管如此，郑天挺仍有许多著作问世，主要是下列诸种：

《列国对华领事裁判权志要》，1923 年；

《清史探微》，重庆：独立出版社，1946 年；

《明末农民起义史料》，主编，北京：开明书店，1952 年；

《宋景诗起义史料》，主编，北京：中华书局，1954 年；

《中国通史参考资料》第 1、2、3、4、5、6、8 册，主编，中华书局，1964 年；

《史学名著选读》五种，主编，中华书局，1964 年；

张廷玉《明史》，点校，中华书局，1974 年；

《探微集》，北京：中华书局，1980 年；

《清史简述》，北京：中华书局，1980 年；

《明清史资料》，主编，天津人民出版社，1981 年；

《清史》（上），主编，天津：天津人民出版社，1989 年；

《清史探微》（由郑克晟整理），北京：北京大学出版社，1999 年，"北大名家名著文丛"；

① 柳存仁：《上郑先生的校勘课》，《郑天挺学记》，第 61 页。
② 任继愈：《回忆郑毅生先生几件事》，《郑天挺学记》，第 42 页。

《中国历史大辞典》（合订本），主编，上海：上海辞书出版社，2000年；

《及时学人谈丛》，北京：中华书局，2002年，"南开史学家论丛"。

（二）《清史探微》解读

前面已经说到《清史探微》有两种版本，即重庆版和北大出版社版，前一版的内容，业已全部包涵在后一版中，我们的介绍就以北大版为准。此书由四十篇组成，按文章的内容区分为八组，分别论述清初史、文献学、校勘学、西南边疆史地、清史研究专题、先清史等方面史事。兹根据它的内容，我们将归类说明，并在最后谈谈郑天挺史学研究的方法。

（1）先清史和清初史研究

关于"满洲"称谓与族源的探讨，孟森进行过，郑天挺先后在《清代皇族之氏族与血系》、《满族的统一》、《从〈清太祖武皇帝实录〉看满族族源》三篇文章中作出论述。第一篇文中认为满洲是部族的称谓，系与汉人对列，终清之世而未改，它不是国名；"'洲'字本训水中居地，与原野迥异，不曰满州而曰满洲，实避土地之名"（第4页）。《从〈清太祖武皇帝实录〉看满族族源》文提出族源问题的研究法，需要将原始著作一部一部地进行研究，然后合诸书作综合性讨论，才可能得出和事实真相接近的结论。他通察《清太祖武皇帝实录》原文，认为书中所说布库里英雄建国时所云"其国定号满洲"，是将国号与族称合一的，所谓"国"是指"族"（第390页）。《满族的统一》持有同样的认识，并认为"'满洲国'只是努尔哈赤的假想，最初可能他想建立这样一个国家，后来随形势的发展，就把它扩大为表示全民族的名称了"（第383页）。三篇文章都是针对日本侵略者"满洲独立论"谬论而发，故《清代皇族之氏族与血系》文云："近世强以满洲为地名，以统关外三省，更以之名国，于史无据，最为谬妄。"（第5页）又经过贯通的研讨，得出满洲出于明代的建州，是金代女真的支裔，其先祖为唐代的靺鞨，南北朝的勿吉，周代的肃慎，乃中华历史上宗族之一。

从清朝皇室的血系论证满洲是中国民族大家庭成员。在《清代皇族之氏族与血系》文中，郑天挺自清太宗开始，一直数到光绪、宣统，一一论述他们的父亲和生母的血统，进而说明他们的血系，指出清太祖以后诸帝母系血统，皆非纯粹之满洲人，太宗血统中有蒙古血，世祖亦然，圣祖有汉人、蒙古人血液各四分之一，另一半是满洲和杂叶赫蒙古成分的混合血液，世宗血统中汉人、蒙古各占八分之一，四分之三是满洲和叶赫成分，高宗有十六分之一汉血，其他为满洲血，仁宗以下也多少含有汉血，结论是"宣宗以前累世均有新血素之参入，此与当时武功之奋张，文化之调融，不无关系"（第21页）。文章还就满汉通婚的历史，指出世间传闻的一些误解，如所谓禁止满汉通婚，系指满女不能出嫁汉人，满人却可以娶汉人妻子；文章还讨论了选秀女制度和后妃的家庭出身问题，认为与明代不同，强调门第，从而有益于她们对子女的教育（第30页）。

论述满洲统一的历史。《满族的统一》一文，将努尔哈赤统一满洲，区分为三个阶段，即1583至1588年的发生时期；1588至1601年的发展阶段；1601至1619年的统一阶段。（第381页）郑天挺分析努尔哈赤能够如愿以偿的原因，是"重视生产、重视粮食、重视战备"（第385页）。

关于入关前的满洲族社会性质，史学界大体上有两种看法。一种认为是奴隶社会，一种认为已经进入封建社会，在后一说中，有人认为满族是从氏族社会跃进到封建社会。郑天挺撰文《清入关前满洲族的社会性质》和《清入关前满族的社会性质续探》，认为是经过奴隶社会而进入封建社会的：努尔哈赤建立政权以前满洲族的社会已经经历了奴隶制，正向着封建制转化，政权的建立标志着封建化的完成，建立的是封建政权。郑天挺将八旗制、后金政权的官僚体制看作是鲜明的阶梯统治制度，是封建制的特征。他特别论述了后金对中国历史发展的影响："惟其是在封建社会上升阶段，所以他在入关后，能够不同于明朝的腐朽统治，而在祖国各民族通力合作下，对祖国生产的发展起了很大的作用。"（第417页）郑天挺以此二文，成为这一观点的学术代表。

多尔衮历史的研讨。多尔衮是清朝入关之际的关键人物，又同太后下嫁历史疑案关联着，所以，郑天挺对他给予较多的关注，著文《多尔衮称皇父之臆测》、《墨勒根王考》、《释阿玛王》、《多尔衮与九王爷》，后三文考证墨勒根王、阿玛王、九王爷均指多尔衮，头一篇文章，发掘史料，从中获知大贝勒代善被封为"兄王"，郑亲王济尔哈朗被封为"信义辅政叔王"，而多尔衮先后称为"叔父摄政王"、"皇父摄政王"，因而认为这种封爵中加上亲属称谓，成为封爵制度，并非一般性的亲属称号，"叔王"是"亲王"以上的"爵秩"，"凡亲王建大勋者始封之，不以齿，不以尊，亦不以亲，尤非家人之通称"（第79页）。多尔衮作为摄政王，已经无爵可加，但"就家人行辈言之，亲尊于伯叔者惟父耳。左右献谀乃以'皇父摄政王'之称进，摄政示尊于国，皇父示尊于家","皇父摄政王"成为当时的最高爵秩（第83页）。这种现象的出现，同满洲旧俗有关，也是"建国伊始，典制未备，二三功高懿亲，位登极爵，莫可更晋，乃加称谓于封号，用示尊异，未暇计及体制当否"（第76页）。由此立论，郑天挺认为多尔衮的皇父称谓，与太后下嫁并无关系（第83页）。

关注清初四大疑案。郑天挺的清史研究，常常从社会关心的热点出发，刚刚说过对多尔衮的讨论，同太后下嫁传说有关；对于高宗身世问题，就传闻的换自陈阁老家的说法，郑天挺持有异议，他说世宗其时有子，"何必急急于夺人之子以为己子耶"（第31页）？

（2）清代制度史研究

有学者就郑天挺清史论文而言，说其中"以论清史典制者居多"①。诚然，郑天挺研治清代制度史，成就卓著，前述《满族的统一》，论述满洲与明朝的关系，就从制度入手，讲到明朝发给满洲各个部落的诰印冠带，这"诰"（诰敕、贡敕、敕书）就是任命的证书，凭着它才能到北京朝贡，而朝贡就是隶属关系的表现和确定（第379页）。有关的专题论文颇有一些。

章奏制度。在《清世祖入关前章奏程式》文中讲清世祖没有进北京以前，多尔衮主持政务，官员给他上书，称谓"启"，而不是给皇帝的"奏"；称呼多尔衮为"王上"，而自称"臣"；多尔衮的命令，称作"令旨"（第125页）。明了这种公文制度，极大地帮助学者理解其时公文内容。

包衣制度与宦官。宦官在中国政治历史上不时地扮演重要角色，往往是祸患之源，而清朝没有宦官之祸，郑天挺著《清代包衣制度与宦官》一文，从制度上予以解说。包衣是家奴，八旗内的为"旗下家奴"，世代服役，故称"家生子"。包衣有其组织，为"包衣参领"、"包衣佐领"（包衣牛录），上三旗包衣是皇室家奴，称"内务府属"、"皇帝包衣下"。内务府是负责皇家事务的，服役者即为包衣，在明朝是宦官服役，清初皇帝看到宦官乱政的恶果，压抑他们，但顺治十年（1653）设立太监十三衙门，十五年，发生内臣交通外官事件，世祖崩，圣祖继位，裁撤宦官衙门，逐渐建立和完善内务府制度，由它主管皇室事务和太监，内务府总管大臣由官员出任，定期或随时更换，故而不能像太监那样久任而形成势力，所属机构的官员，基本上由上三旗满洲和内务府包衣人充任。正是因为这种制度，宦官没有凭借，"所以清朝三百

---

① 来新夏：《〈探微集〉探微》，《郑天挺学记》，北京三联书店1991年版，第323页。

年无宦官之祸，这是包衣制的赐予"。（第 75 页）。

兵制。清代的八旗兵同八旗制度联系在一起，所以郑天挺在《清代的八旗兵和绿营兵》文中简单叙述八旗制度，然后说明八旗兵的挑选、兵种、驻防与京师八旗的区别，并列表交待八旗兵和绿营兵的兵别、营别、部族别、性质、每佐领下挑补人数。此文较短，然而对清代兵制的类型、功能、演变、本质作出概括的说明。

考试制度。清代实行科举取士的制度，考试采用八股文的文体，在废科举之后，八股文为社会淘汰，所以，几十年后人们就不知道什么是八股文了，郑天挺在《清代考试的文字——八股文和试帖诗》文中，举出光绪年间会试与乡试的八股文、试帖诗试卷的实际例子，讲解这两种文体是怎么回事。指明考四书文，有字数限制，行文讲求排偶、对仗，要"代圣贤立言"，限制人们思想的发挥，可是就文章而言，写得仍然清楚明白，清朝的上谕（官文书）还是容易看得懂的，比明朝的批红——"太监体"好得多（第 374 页）。

职官。对于满语官名，郑天挺专门作《清史语解》、《牛录·城守官·姓长》二文予以解释，如"一齐下喇哈番"为汉文的"郎中"；"一尔希哈番"为汉文的"少卿"；"牛录"是大箭的意思，"额真"是"主"，"牛录额真"是佐领，牛录制是八旗的基本组织；"城守官"是管理地方的军政联合机构首领；"喀喇达"，喀喇是姓，达是头目，故为姓长、族长。

幕府。在 1980 年的国际明清史研讨会上，郑天挺作《清代的幕府》演讲，给清史研究开拓一个新领域，以后效法者颇多。文章对幕府的来源、地位、政治作用、发展状况作出全面论述，列举约二百六十七名幕客，说明他们的基本情形和责任，指出幕府的十三种来源，以及宾主之间的对等关系，幕宾的颇受礼遇。

两京制。《明清的"两京"》一文，对作为陪都的明朝南京、清朝盛京的各自特点作出简明的论定，指出南京是政治上失意人物的聚集所，后来成为史可法等建立南明政权的中心；盛京体制远不如南京隆重，自然也起不到那样的作用。

礼俗（习惯法规）。《满洲人关前后几种礼俗之变迁》是关于早期满洲人生活方式、祭祀、服饰、丧葬、婚姻的重要论文，不仅表明其时满人的习俗，更涉及到汉人的反对剃发事件。渔猎本来是满人的生产方式，后来演变得带有娱乐性，而行猎则成为一种重要的军事训练，并形成秋狝制度。满人祭天的地点是"堂子"，到了北京后，保持祭堂子制度，重大的出师、凯旋，皇帝都要到堂子举行祭告仪式，祭堂子为满人所特有，汉官不能参与，这是满洲风俗保存最多的一种。满人丧葬的习俗，与汉人不同的地方主要是：父母和帝后的大丧，子女和臣民要"截发"，即剪发；丧家在门前立"丹旐"（相当于汉人的"铭旌"），其树立的位置幡上所绣的图案、绮文的多寡，表明死者的性别与社会地位，发引时用丹旐为前导，殡后烧掉，可能是用作招魂的；"殷奠"，焚烧死者生前穿着的衣服和纸钱；百日之内，不得剃头；"摘冠缨"，满人礼服，帽顶饰以红缨，遇丧事，将红缨摘掉，表示在服丧；侧室不能与夫主合葬，这由名分所决定，郑天挺就此而论，世祖生母孝庄后不祔葬在盛京的清太宗昭陵，别建昭西陵，后人由此怀疑太后下嫁，郑天挺从合葬制度来看，对下嫁说不以为然。与丧葬相联系的是殉葬，满洲旧俗，妻妾殉夫，奴婢殉主，后来予以禁止，特别不准强迫殉死。婚姻的聘礼，以鞍马盔甲为主，是尚武得妻的古风余绪；重视亲迎；没有庙见礼；婚姻不重辈分关系。关于剃发令，早在清太祖时期，对汉人、朝鲜人，一律以剃发表示归顺，强迫执行，入关后仍然如此，导致江南大屠杀。满人服装的特点是缨帽箭衣，尚窄瘦，与汉人的方巾大袖，纱帽圆领，尚宽博不同，清朝强行把满人服饰推行到汉人中，在官服方面得到实现，而女服仍为汉装。入关之初，清朝有五大弊政，剃发、易衣冠是其一，引起江南的抗清斗争。郑天挺讲述服饰史，结合着说明重大的历史事件。

　　上述各种典章制度、习俗，有的事情看似很小，可是关乎对清代历史的理解，经过郑天挺的研究，对那些"不甚清晰的制度、概念加以论述解释"，"为后学铺平了进一步钻研的道路"①。所以，有的学者说读郑天挺的著作，"越读越有一番如拨云雾而睹青天的感受"②。

（3）边疆史地研究

　　清代中后期学者多关心边疆史地的研究，尤其是关注西北史地。郑天挺继承了清人的传统，又赋有时代特色，在联大时期，致力于西南史地的考察，晚年对东北边疆史尤有兴趣，写出一些学者经常称道的论文。

　　关于西南边疆的文章有《发羌之地望与对音》、《〈隋书·西域传〉附国之地望与对音》、《〈隋书·西域传〉薄缘夷之地望与对音》和《历史上的入滇通

---

① 来新夏：《〈探微集〉探微》，《郑天挺学记》，北京三联书店1991年版，第324页。
② 孙文良：《伟大的开通精神——读〈探微集〉》，《郑天挺学记》，第344页。

道》、《滇行记》、《1944 年西南联大师生赴大理考察记》①，研究藏族及其相邻的不丹国历史。郑天挺从《新唐书·吐蕃传》中获得吐蕃是发羌后裔的记载，那么发羌生活在何处？就此记录，查阅相关的史籍，如《旧唐书》、《通典》、《唐会要》、《文献通考》、《太平寰宇记》和《宋史》的《吐蕃传》、《四夷传》，均无此内容，但是他利用语音学的知识，以古音证"发"字与"Bod"可相对，以地理证发羌之地望，论证发羌的地望与西康、西藏相应，它的读音又与西藏土名"Bod"相合，所以发羌的称谓实出于"Bod"的对音。《隋书》的附国，他认为"附"字是"发"字的对音，"亦即西藏人自称"Bod"的对音。他更从《附国传》所载的该地风土情形，与康藏地区比证，得出他们情况近似的结论，因此认为附国确实属于藏地，其取名于"Bod"的对音。对于"薄缘"，郑天挺经过考订，得知是西藏南邻山国不丹。由于这一番研究，表明发羌是藏族祖先，藏族在隋唐时代就同中央政府发生密切关系，是中国多民族国家大家庭的一员。对于薄缘的了解，不仅有助于对我国西南边境史地的考察，也是对中国与不丹两国关系史的开创性研究。郑天挺对发羌的研治，有一个学林嘉话，不仅表明他同友人的良好关系，也是他善于吸收他人长处，有助于他取得重要发现。这就是他在自述中所说的：他在文章写成后，向陈寅恪、罗常培、魏建功和邵循正等人征求意见，陈寅恪帮助订正梵文对音及佛经名称，罗常培就音韵学方面提供有关证明，邵循正依据伊兰语补充译文。② 古代前往云南的道路，郑天挺在《历史上的入滇通道》文中区分不同时代，指明路线：在秦汉是东、南、西三道；唐代为南北两路；元代除利用唐代路线，在忽必烈进军大理时，经满陀城过大渡河、金沙江，至大理北境，系崎岖小道；明清设立驿站，清代驿路从湖南常德出发，经过贵州，到达昆明，民国时期的公路亦复如此。

郑天挺在《关于古地理学》文中，论证古代地理学的主旨，是理论性很强的文章。关于地理学的名称，认为出自《周易》，"因地有山川原隰各有条理故称理也"，而后班固《汉书》遂有地理志；古地理学的研究对象，地方的自然状况和人文状况及建设，即记载"方域山川土宜地俗"，"人口风俗物产"；地学研究状况，始于官方，继而学者参与，魏晋以后地学昌盛，而以清

---

① 《滇行记》，记叙从北平南下至昆明的路程；《1944 年西南联大师生赴大理考察记》，记录对大理史地的考察，二文均收入郑天挺《及时学人论丛》，中华书局 2002 年版。

② 见《郑天挺学记》，北京三联书店 1991 年版，第 390 页。

代最盛；地理学文献，自班固以下，颇有可征。

前述《满族的统一》、《从〈清太祖武皇帝实录〉看满族族源》、《牛录·城守官·姓长》等文，以及未收入《清史探微》而结集在《及时学人谈丛》中的《明代在东北黑龙江的地方行政组织——努儿干都司》、《清初的统一黑龙江》、《关于柳条边》，是研究东北边疆史的专文，论证东北边疆与历代中央政府的隶属关系，批判前苏联学者对这个地区历史的歪曲，以"努儿干都司"一文而言，用大量史料证明黑龙江流域在明代是隶属于努儿干都司的辖区；在沙俄哥萨克到达远东滨海之前，清朝太宗时期已经进一步统一黑龙江流域，设立行政机关，征收赋税，行施主权。

（4）史料学、文献学、校勘学和档案学研究

郑天挺讲授史料学，系统的研究成果，收集在《及时学人谈丛》中，这里不去涉及，惟绍述《清史探微》收有的关于古籍史部著作的研究二文，即《中国古代史籍的分类》、《中国的传记文》。前文讲述古籍分类中的史部以及史部书籍的分类，认为史部书籍能够独立成为一类，证明历史研究的发达和历史地位的提高，其中，魏晋南北朝的史学著述的大量出现，是值得重视的时期；对史部著作的分类，他就《隋书》、《两唐书》、《宋史》、《明史》、《四库全书》、张之洞《书目答问》和《清史稿》诸书的分类，列表说明，颇为清晰。后文将传记文分为两大类，即年谱和碑传，论说传记文写法，特别忌讳的是诡异、虚美、曲隐。指出后世传记文的毛病：用后世语言表达前人话语，不协调，不能充分反映人物的个性（第145页）；用作者的主观意识去写作，不合传主的实际情况（第148页）。所论证的毛病在今人尤其存在，写语体文，而大量引用古文献资料，让读者一回与古人对话，一回又同今人对话，阅读焉能顺畅！所以郑天挺指出的弊病应该引起史家的警惕。

对于明清档案的接触，使得郑天挺成为明清史专家，也成为档案学家。他撰文《清史研究和档案》，指出档案是第一手史料中的第一手资料，明确了档案文献在史料中的特殊地位，档案材料的有关特性是真实性强，不过也有作伪的成分，故亦需批判使用。他还提出"以整理历史档案带动清史研究"的建议（第314页）。《〈明末农民起义史料〉序》一文，叙述所见、所知、所整理的内阁大库档案流散过程和后来的搜集、保存机构、整理的经过，成为研究档案保存史的重要文献；文章还讲述了档案整理的步骤和方法；介绍清代公文文种，为利用档案者所必须具备的知识。郑天挺利用宋景诗档案史料，撰写《宋景诗起义文献初探》，既论述关于宋景诗的档案，又介绍其人。文章为德国人贝喜发译出，刊于柏林德意志科学院东方研究所通报，1956年四卷第一期。

在校勘学方面，郑天挺讲授校勘学，指导学生掌握校勘基本功，同时自己著作《杭世骏〈三国志补注〉与赵一清〈三国志注补〉》，可以认为是一篇校勘学的经典之作。赵一清是清代中叶著述颇富的学者，所作将完稿的《直隶河渠水利书》被人窃据，而所著《三国志注补》又同友人、学者杭世骏的书有雷同的地方，因而被人怀疑是抄袭的，郑天挺经过周密的文献调查，查明赵一清生平，排出杭、赵二人学术活动年表，证明杭氏著书在赵氏之前，且未见过后者的作品，不会抄袭赵作，但杭书广采异文，失于疏证，稗贩为多；而赵书采撷更富，比杭书多出七八倍，且考订详细，许多地方纠正杭书之枉，从而证明赵一清是有成就学者，不是文抄公。此文是他早年少有的长文，写于1936年。

郑天挺的有关清史论文就介绍到这里，下面简单地说明他的史学研究方法，笔者认识到三个方面，胪陈于次：

历史语言研究法。20世纪20年代傅斯年、陈寅恪等人从西欧传来历史语言研究法，并建立中央研究院历史语言研究所。运用历史语言研究历史，是一种观念，也是一种方法。郑天挺对这种观念和方法颇感兴趣，故在《清史语解》中云："往尝有志于读史释词之作，顾惭谫陋，不敢自信。近陈寅恪先生于《读书通讯》论史乘胡名考证之要，读之心喜，因取清史习见满语加以诠释，明其本意，申其蕴潜。"（第100页）他将历史语言研究法与乾嘉考证法结合起来，撰写许多论文，《清代皇室之氏族与血系》一文，可视为代表作。文章论证满洲族之由来及先世之演变，从考证历史语言的变化入手，如讲到清朝皇室"爱新觉罗"的得姓，见朝鲜史籍记载女真人中有"夹温猛哥帖木儿"，明代汉人文献里有"童猛哥帖木儿"，那么"夹温"与"童"有无关联？遂根据《金史》卷末的《金国语解·姓氏类》、陶宗仪《南村辍耕录》、《清太祖武皇帝实录》等文献记录，得知夹温是姓氏（第9页），可能是"三万户"之一；"夹谷曰同"，夹温即夹谷，同、童、佟，三姓同音，而以童为习见，所以"童猛哥帖木儿"、"夹温猛哥帖木儿"，一用汉姓，一用对音，实系一人，以汉字论，即姓"童"（第11页）；"觉罗"，为一姓之姓，不是泛指的姓氏，"爱新"是汉语的"金"，在觉罗前面加上爱新成"爱新觉罗"之姓，是为美称和尊敬（第14页）；郑天挺的结论是"清代先世以童佟为汉姓，由于同字之转。同姓之来由于夹谷，清太祖重定姓氏，微易其字而为觉罗，复加爱新于其上，以示尊异"（第 16 页）。郑天挺在辨明爱新觉罗姓氏之前，还特地从历史语言学讲述少数民族首领使用汉姓的习惯与方法，如明朝初年给建州头人赐姓，习用唐朝赐姓李的习惯，而建州人自己命名"王台"、"王兀堂"，以王为姓，可能因为金朝后裔"完颜"汉姓为"王"，他们以此为尊贵，遂以"王"为姓。（第 8 页）《墨勒根王考》云，墨勒根，满语本为善射者之称，引申而为聪明之意，墨勒根王即聪明的王，疑为入关前世俗通称，其后官书称"睿王"本此，而不称"睿亲王"（第 91 页）。

探微的微观研究法。郑天挺一再以"探微"名其书，有的学者因而视为"探微的方法"①，并且同他的考证法联系在一起②。学者称道郑天挺的"'微'，固然有小的意思，但以小见大，由微而知著，微而不微"③。郑天挺的《"黄马褂"是什么？》似乎讲的是黄马褂一种服装，然而涉及的是服饰制度和赏赐制度的大事。该文只有二千字，因讨论电影《武训传》而牵涉到"赏穿黄马褂"的事，遂著文释疑。谓清朝服制有礼服、常服、行服和雨服四种，马褂属于行服，短身短袖，方便马上穿着，皇帝赏给随从出行的"内大臣"和"侍卫"的马褂，系明黄色，故为黄马褂。受赏赐的人，如果解除职务，就不能再穿。"赏穿"有两种情形，一是给参与行围打猎者，再是给有功的高级武官和统兵的文官。由于这样的制度，不可能赏赐武训黄马褂，传说的给予，是以后人的眼光，以为武训了不得，应当得到这种荣誉。短文说明制度大事，真乃小题大做，以小见大，见微知著。另一篇考证的代表作《关于徐一夔〈织工对〉》，细密地考证出《织工对》一文的写作时间和地点。

比较研究法。郑天挺在一些文章中讲到研究法，常用"比证"一词，如在《入关前满族的社会性质续探》中说："我相信，解释历史，说明历史，总以根据具体事实加以比证，比较可信。"（第 419 页）他的"比证"，就是比较研究法，即将研究的客体与其不同时代的同类事物进行比较研究；还将这一事物和其同时期的、与其有联系的其他事物进行比较研究，从而寻找各种事物的内部联系、异同，以期作出正确的说明。所以，他研究满族入关前的社会性质问题，对于辽金时期东北的墓葬所反映出来的当时生活情况、已经达

---

① 田余庆：《忆郑师》，《郑天挺先生百年诞辰纪念文集》，中华书局 2000 年版，第 25 页。

② 常建华：《求真求用的著名历史学家郑天挺教授》，《郑天挺先生百年诞辰纪念文集》，中华书局 2000 年版，第 64 页。

③ 孙文良：《伟大的开拓精神——读〈探微集〉》，《郑天挺学记》，北京三联书店 1991 年版，第 344 页。

到的生产力水平、社会形态诸方面进行了解，注意它们对入关前满族社会的影响，以考察其时的社会性质。郑天挺使用比证的方法发现事物的性质与变化，如前面说过的《清世祖入关前章奏程式》，讲臣工上书多尔衮称"启"、"王上"，多尔衮发布指示称为"令旨"，以此区别于皇帝的"圣旨"、"奏"、"圣上"、"皇上"。找出当时章奏程式的特点，就是在比较中得到的，而在入关后、多尔衮死后章奏程式变化，反映清朝政权执掌人的更迭。

写到这里，与郑天挺共过事的傅斯年关于郑天挺的话显现脑际，他说郑天挺"不为文则已，为文则他人所不能及"，诚然，郑天挺在他的研究领域中作出重要的学术贡献，笔者以为是：

继孟森、萧一山之后，郑天挺是清史研究开拓者行列的成员，对先清史和清初史、清代制度史、清代文献学等方面作出原创性的研究。

强调对有清一代的历史进行通贯的、整体的研究，而不能因古代史与近代史的历史分期将清史斩作两段，造成嘉道之际研究的中断。他的这个观点最鲜明地体现在他主持的明清史国际讨论会上，将研治近代史的专家邀请出席，共聚一堂，对明清间近六百年的历史进行整体的探索，而不将 1840 年以后的清史排除在外。

对边疆史地的研究多所发现。他不仅关注西南、东北边疆史地，对西北亦然，写出关于丝绸之路的论文，因未收入《清史探微》，故而本文未作绍述。

认为鸦片战争以前的明清时期是中国封建社会的晚期，或者说是后期，而不是封建社会的末期，而且中国封建社会也没有出现过末期。

认为明清时期是中国统一多民族国家的巩固和发展时期[1]。此说与上面的"晚期"说，在历史学界以外亦颇有影响。[2]

（原载仓修良主编《中国史学名著评价》，山东教育出版社，2006 年 2 月）

---

[1] 参阅陈生玺：《史学大师郑天挺先生的宏文卓识》，《郑天挺先生百年诞辰纪念文集》，中华书局 2000 年版，第 44 页；周远廉、朱诚如《一本简明而富有创见的清代史——读郑天挺教授的〈清史简述〉》，《郑天挺学记》，北京三联书店 1991 年版，第 338 页，冯尔康《从学琐记——兼述郑毅生师的学术成就》，《郑天挺学记》，北京三联书店 1991 年版，第 307 页。

[2] 本文的写作，得到郑克晟教授的帮助，特表谢忱。

一本简明而富于创见的清代史

—— 读郑天挺教授的《清史简述》

周远廉　朱诚如

　　一九六二年，我国著名历史学家、明清史专家郑天挺教授，应中共中央高级党校之请，在该校提纲挈领地讲述了清代的历史。十八年后的一九八〇年，郑先生的这次讲课记录稿由中华书局整理出版，题名为《清史简述》。这是建国以来第一本用马克思主义理论指导概述有清一代历史的专著，其学术价值不仅在于填补了解放后清朝断代史的空白，而且更重要的是开拓了我国清史研究的新路，为大部头的清朝断代史的问世奠定了一定的基础。书出之日，郑老尚健在，而我们写这篇文章的时候，先生已于一九八一年十二月十二日逝世，谨此志念。

　　郑天挺教授（一八九九———一九八一）是我国老一辈的著名历史学家。他博览群书，功力雄厚，曾与唐长孺教授主持编写部定全国高校历史系的《中国古代史教学大纲》；与翦伯赞教授主编《中国通史参考资料》。他逝世之前，尚在主编大部头的《中国历史大辞典》。他尤精于明清两代历史，造诣极深。他所主编的明清史参考书有《明清史资料》、《明末农民起义史料》、《宋景诗起义史料》。他主持标点校勘《明史》，还发起和主持了明清史国际学术讨论会。郑先生早年即从事清史研究，建国以后，又刻苦钻研马克思主义理论，并以此作为研究清史的指导，对清人关前的建国史和清初的历史作了深入的探索和研究。他对清代的官制、军制、学校科举制度、漕运制度，以及满族的族源、婚姻、习俗、宗教、八旗制度等方面的研究，都曾起了开拓的作用。特别是他用马克思主义理论作指导，对清人关前满族社会性质的探讨，在国内外学者中引起了强烈的反响，其主要论点颇为众多的清史专家、学者所赞同和推崇。他在多年精湛研究的基础上，撰写了大量有影响的学术论文。《清史探微》、《探微集》等就是他研究的结晶。先生确实不愧为我国著名的明清史专家。

　　有清一代典籍浩繁，史绪万端。清亡之后，前有清朝遗老编撰的《清史稿》，后有萧一山《清代通史》问世。但由于旧史学观点的影响，错谬甚多。
孟心史先生开拓了用近代方法研究清史。郑先生于前哲基础上，运用马克思
主义理论作指导，依据收集到的大量史料，经过深入研究，写出了这本言简
意赅、内容翔实、创见颇多的清代史——《清史简述》。它是我国史学界运用
马克思主义理论研究有清一代历史的一个丰硕成果。现仅就《清史简述》的
特色，胪举数端，以供有志于清史者参考。

一、高度概括，重点突出。全书分为概说、清代前期的政治和经济、清
代中期的政治和经济、鸦片战争前的近代文化四个部分。概说部分总论了清
代历史的特点，列举了涉及全国人民生活，甚至影响全世界的重大历史事件，
阐述了对这段历史分期的意见。这样就高度概括地勾勒出了鸦片战争前清代
历史的概貌，然后又以四分之三以上的篇幅，重点地讲述清代前期、中期的
政治和经济情况，以及整个前中期的文化。在分别重点讲政治和经济情况时，
也是先综述概况，然后讲政治、经济大事。这样纵横结合、粗细线条交织，
使读者既能了解整个清代历史的全貌，又能重点掌握清代前期、中期的政治
和经济状况。清前期的政治，作者重点突出清入关以后统一全国过程中，民
族矛盾和阶级矛盾的交错及其转化，和民族压迫与巩固统一的战争等问题。
在经济上，重点突出清代财政上两个主要的措施，即滋生人丁永不加赋和摊
丁入亩。这样使读者一下子抓住了问题的关键所在。在全书只有六七万字的
篇幅内，既概括又重点突出地述及鸦片战争前清代近二百年的这段历史，没
有对清史的精深研究和雄厚的造诣是很难做得到的。

二、不囿旧说，颇多创见。郑天挺教授素以治学严谨著称，但郑先生亦
以不囿旧说，独具创见而见长。《清史简述》中许多创见都是他毕生研究的心
得，不乏有说服力的真知灼见。在概说部分，他根据多年研究，提炼和归纳
出清代诸方面的特点，即：清代是中国封建社会的晚期，而不是末期；是孕
育着资本主义萌芽的封建经济继续发展时期；是满族封建社会的上升时期；
是多民族统一国家的巩固和发展时期；是抗拒西方殖民主义侵略的斗争时期；
此外，清朝又是在大规模的明末农民战争以后建立起来的。这些特点是综览
清史全局才得出的，是令人信服的。关于清史的分期，曾经是我国史学界众
说纷纭、争论不休的问题。郑先生认为，按照社会的政治、经济发展的特征，
应将从一六四四年清入关到一九一一年的辛亥革命这二百六十八年的历史划
分为三大段，（一）前期（一六四四——一七二三年），从清入关到摊丁入亩；
（二）中期（一七二三——一八四〇年），从摊丁入亩到鸦片战争；（三）后

期，或称晚期（一八四〇——一九一一年），从鸦片战争到辛亥革命，这是中国近代史的范围。郑先生对清史的分期意见，经过史学界的长期讨论，大部分清史学者基本上表示赞同。此外，关于吴三桂引清军入关一事，作者根据当时的历史条件，作了入情入理的分析，指出吴三桂是出卖人民利益的罪人，不能为吴三桂翻案。关于吴三桂在“三藩之乱”中的失败原因，作者从五个方面作了深刻分析，指出其失败的关键是失去民心。作者对清入关前后的社会主要矛盾及其转化作了精辟的分析，提出了自己的见解。对“康乾盛世”以及康熙、雍正、乾隆的评价，作者认为与明代皇帝相比，除了明太祖、明成祖以外，还没有谁比得上这三个人。即使在历代帝王中，他们也属于较好的一类。郑先生对清初有作为的三个皇帝的客观评价，在当时容易被指斥为吹捧帝王将相，是担风险的，今天，史学界的大部分同志则都赞同郑老的这种看法。此外，对于清代满汉民族之间的关系，清政府与边疆少数民族的战争，清代的对外关系、清代的反封建思想等问题，作者都有自己的创见。究其原因，除了郑先生对于清史功力深厚而外，很重要的一点，就是努力钻研马克思主义理论的结果。

三、比较研究。郑先生历来主张比较研究。就是把研究对象和它前后的同类事物“加以比证”，把同一时期的这一历史事物与其他事物加以互相联系，从中探索历史发展的规律。在《清史简述》中，郑先生依据他渊博的中外历史知识，娴熟地运用了比较研究法。在述及清初圈地时，与十七世纪英国的圈地相比较，指出：英国的圈地是由国家把圈出的土地卖给农业资本家，由资本家经营，而清初的圈地，是采用落后的奴隶制或农奴制的方式来进行生产的，两者本质上不能相提并论。在述及清代地主庄园时，与西方庄园制进行了比较。他认为：西方的庄园制是与城市相对立的一种富于弹性的经济形式，在其中不同的生产关系可以同时存在，亦可以包纳各行各业，产品自用和用于交换，并进行扩大再生产。而中国的庄园并没有形成庄园制，庄园生产的产品主要供自己享用而不是用于交换和扩大再生产。在谈到鸦片战争前清代手工业生产技术水平时，与英国一七六九年瓦特发明蒸汽机为标志的西方产业革命相比较。作者认为，采用水力推磨，中国早在汉代，至少在唐代已十分盛行，而西方使用水力是在一七六九年，中国比西方发明使用水力早一千多年，但我们没有走到机器生产，而西方在产业革命之后，就逐步广泛使用机器生产。在论及清初强大的原因时，与同样是少数民族入主中原而统一全国的元朝相比较，指出：元灭宋之前，宋政府已经十分腐朽，元灭宋以后，使中国社会得到了新生和发展。忽必烈时期，中国社会还是向前有所发展的。满族作为一个新兴民族刚刚进入封建制，它与腐朽的明王朝相比较，亦是有一股向上的新生活力，这就是清初强大的重要原因之一。在述及明清两代相对差别时，作者从清代的人口数字比明代有了发展；又从清代自"摊丁入亩"以后，人民有了一定的来往、居住、迁徙的自由，认为清代的人身依附关系比明代进一步松弛。在述及清代满汉政治地位时，曾就清代设置军机大臣，前后共一百八十三年（从一七二七年——一九一一年）中，满人和汉人担任过第一军机大臣（首枢）的人数进行比较，计共二十七人，其中有四个宗室贵族（亲王），任职的年限共二十五年。还有十五个旗人，任职共九十四年，八个是汉人，任职共三十七年。从数字的比较中很显然，满人政治地位高于汉人。

比较研究法的运用，不仅拓宽了读者的眼界，而且深化了读者对问题的理解。

四、提出了许多值得进一步研究的新问题，郑先生在《清史简述》中提出了大量的发人深思、富于启发性的问题。他把自己多年研究心得中重要而又需要深入探讨的问题无私地全盘托出，提供史学界共同研究。关于资本主义萌芽问题，作者提出，既然中国资本主义萌芽早在明代中叶就已经出现，经历了长期的发展过程，为什么乾隆时期，在经济那样高度发展的条件下，中国还没有进入资本主义社会？关于资本原始积累问题，西方资本主义国家主要以掠夺殖民地作资本原始积累的源泉，而中国恰恰相反，尽管海外贸易中国比别的国家早，但中国不仅不掠夺别的国家，反而通过贸易使别的国家获得好处，郑和下西洋就送了很多东西给别的国家。中国对某些少数民族和对待其他落后国家就没有采取掠夺政策，这就是一个很值得研究的问题。清代乾隆时，是有清一代最富庶的时期，而清代的没落也是从这时开始的，如何解释这种现象？如此等等问题的提出，确实令人耳目一新，启发人们思考。有些问题尽管二十多年前郑先生已经提出，但是直至今天，仍然是我们清史研究者深入研究的重要课题。可见，这些问题的提出，推动了清史研究的深入和发展。

此外，全书脉络贯通，繁而不乱，史论结合，有叙有论，深入浅出；体例新颖，语言通畅。这些也都是本书的明显特色。

由于全书系六十年代的讲课记录稿整理而成，内容受篇幅限制，许多问题没有进一步深入展开，这是客观条件带来的美中不足，至于书中的个别提法，亦不无可商榷之处，但是，经历了二十多年历史的检验，从观点到史实，从体例到内容，它都不失为一本难得的独具创见的简明清代史著作。

（原载《史学史研究》，一九八三年第三期）

喜读郑天挺主编的《清史》

王钟翰

　　天津南开大学教授、著名明清史学家郑毅生（天挺）先生生前受教育部委托，编写一部高校清史教材。编写大纲方拟定，而郑老旋即谢世。哲嗣与门弟子禀承遗志，经过数年共同努力，全书分上下两编，卒以续成。今上编47万字，已由天津人民出版社出版，并以相贻。解放以来，翰猥承不弃，屡蒙教言，郑老兼听并收，不以不同意见为忤，尤见治学谦抑，不自满假。今又得读郑老身后由门弟子与哲嗣续成的最后一部书，喜可知也！

　　郑老毕生致力于明清史教学与研究工作，历六十年。中岁著书，饮誉国内外。解放以后，特着眼于清史研究，先后发表多篇专题论文，建树尤多。晚年刊行《清史简述》与《探微集》（原名《清史探微》，因增入明以前的部分论文，故易今名）。《探微集·后记》犹引旧叙，有云："蓄疑难证，更不敢以言述作。"足见郑老学问情操，虚怀若谷如此。其实，郑老对清史研究最见功力，深思熟虑，具有独特的见解，而体系完整，自成一家之言，为当代海内外史学界所推许。

　　新出版的《清史》一书，编写大纲悉出之郑老手定，而各章各节的具体撰写均由门弟子与哲嗣分别承担，一以郑老的《清史简述》与《探微集》两书及其文章和讲课笔记为准则。虽不能说全书已经浑成一体、天衣无缝了，然书出众手，集腋成裘，仍不失师承之旨，洵可谓为一部传授有自、难能可贵的书了。总的说，《清史》这部书条分缕析，纲举目张，取材既详且赅，文字又深入浅出；既有益于初学清史的一般读者，亦为专家所必不可少之参考书。加之，全书篇幅适中，系统性、科学性、可读性三者兼而有之，正足以弥补目前高校清史一课亟需教材之缺。

　　本书的一大特色，突出地表现在据事直书，不溢美，不非议，言必有据，不轻下断语，断语由读者作出。举例来说，如叙八旗制度的创立，引《实录》满洲旧俗，出猎行围，依族寨而行。最先有一牛录额真（后改名佐领），而后发展为四旗、八旗，以至于扩而大之，八旗又有满、蒙、汉军之别；涉及八旗成员义务的负担和权利的分配问题，则引当时朝鲜人所著《建州闻见录》中所记高沙（固山）、柳累（牛录）一段话以为证，说是"这种平均分配的办法是满洲历来的习惯"（《清史》页59）。又如谈到后金政权，引《实录》所载费阿拉"筑城三层，启建楼台"以及"定国政，凡作乱、窃盗、欺诈，悉行严禁"。于是说"不许侵犯满族贵族的私有财产，至此国家政权的雏形已经产生"（页61—62）。嗣后由费阿拉迁至赫图阿拉，又引明末人《东夷努尔哈赤考》所记"城高七丈"，有内城、外城，城外有"人家约二万余户"，以及北门、南门、东门等住居情况。1616年，努尔哈赤即汗位，建元天命，国号大金（史称后金）。从而说："这样，努尔哈赤就正式建立了国家政权"（页62）。读后，你会得出后金是个封建政权的答案来的。这不能不说是一种很好的秉笔直书的史法了。

再举多尔衮为例。多尔衮死后，由于政敌的陷害，他的业绩泯灭殆尽，乾隆中虽为之昭雪，而官书正史仍有讳饰。本书于多尔衮多所表彰，为了说明多尔衮入关初之所以能建立殊勋，实操政柄，不喑自我称帝，故详加追述入关前多尔衮弱冠前后，屡建奇功，尤以收复察哈尔部之功为最；年方而立，适遭皇太极之丧，一国无主，乃"坚辞大宝"，均据《沈阳状启》、《皇父摄政王香册》诸书为证。又如吴三桂请师，多尔衮以迅雷不及掩耳之势，挥师一举而入主中原。是后，采纳范文程、洪承畴诸人之策，为明帝后发丧，提出为明"复君父仇"，"恤其士夫，拯其黎庶"等口号，他如减加派，斥太监，录用明臣，颁圈地令、剃发令和投充、逃人法等（页169—185），一反《实录》、《史稿》等之书世祖福临谕旨云云，新朝一切令行禁止，无一不出之多尔衮之口，亦无一不直书多尔衮之名。本来当时朝政，唯多尔衮一人是听，历史事实就是如此。本书这种实事求是地运用历史唯物主义观点作为指导思想来重写清史，毫无疑问，是值得充分肯定和大力提倡的。

如果这次《清史》一书的出版，郑老还健在的话，正值九十高龄，尚能目睹其苦心孤诣筹划的《清史》公开问世，而又能再次亲加笔削定稿，那该多好呀！惜郑老墓有宿草，这已经是回天乏术的事了；然而所堪庆幸者，郑老明史、清史专门之学，后继有人，而且新秀辈出，《清史》一书即是明证之一。此则良足告慰郑老在天之灵了！

（原载《光明日报》1990年5月23日）

郑天挺教授大事记

郑嗣仁

1899 年（清光绪二十五年），一岁

8 月 9 日（七月初四）出生于北京。名庆甡，字毅生，入大学后改天挺。

1905 年（光绪三十一年），七岁

父郑叔忱于是年秋病逝，年四十三。叔忱先生系福建长乐县人，字宸丹，光绪十六年（1890）进士，后任庶吉士，长期在翰林院任职。1902 年任奉天府丞，后丁忧回北京，在京师大学堂（即北京大学前身）任教务提调（教务长）。

1906 年（光绪三十二年），八岁

母陆嘉坤在天津病逝，年三十八。嘉坤先生为广西桂林人，出身于官宦之家，书香门第。1896 年与叔忱结婚，育有三子一女。叔忱死后，由于家庭生活，她应傅增湘之聘，到天津担任北洋高等女子学堂总教习。为人富正义感。因视友人疾而被传染白喉，不治逝世。旋姐姐郑庆珠及弟弟郑庆喆均先后去世。家中只剩下他及一位比他小五岁之弟弟郑庆珏（郑志文），字少丹。由于俩人年龄太小，寄养在姨父母家中，由表舅梁济（巨川）监护。并由表兄张耀曾（时留日）、张辉曾对他们进行教育。

1907 年（光绪三十三年），九岁

入京师闽学堂读书。班中人少，停办。

1908 年（光绪三十四年），十岁

改入江苏学堂读书。春季始业。

1909 年（宣统元年），十一岁

闽学堂成立高小，复回该校读书。次年因经费不足停办。当时学校仍以读经为主，如读《书经》、《诗经》等，但读的方式已与私塾不同，另加修身、作文、算术、史地等课。此时期与同学杨健、庄绍祖、周一鹤等熟识。杨系广东香山人，当时印不少图片，反对葡萄牙侵占澳门。庄系福建惠安人，亲友华侨多，传来了不少反满言论，对郑先生影响均大。

1911 年（宣统三年），十三岁

考入顺天高等学堂一年级。高班者有梁漱溟、张申府、汤用彤等人，同班者有李继侗。课程较深。高班同学反对列强瓜分中国，曾发动组织军事练习，称练兵操，先生亦参加。秋，武昌起义，学校停办。

1912 年（民国元年），十四岁

与弟弟单独赁房过活。夏，考入北京高等师范学校附属中学（即师大附中前身）读书，直至 1916 年毕业。读中学期间，对郑先生刺激最大的，即 1915 年 5 月 7 日本向袁世凯提出二十一条的最后通牒。全国掀起反日高潮、抵制日货。郑先生亦参加反日活动。

1917 年（民国六年），十九岁

考入北京大学国文系。当时北大考场每一教室放入天然冰一块，以防考生中暑，被传为佳话。时北大校长为蔡元培，文科学长为陈独秀，老师中有马裕藻、钱玄同、马叙伦、蒋梦麟、胡适诸人。

1918 年（民国七年），二十岁

埋头读书。同学熟识者有罗庸（膺中）、郑奠（石君）、张煦（怡荪）、罗常培（莘田，长一班）等人。此外，班中尚有邓康（中夏）、许宝驹（昂若）、杨亮功、萧棨原（钟美）、王友颧、许本裕（惇士）、彭仲铎等人。

是年开始，听贵州老学者姚华讲金石文字，每周末晚间一次。同听者有俞士镇、王翼如、罗承侨（惠伯）、汪谦（受益）、周一鹤等十几人。后先生曾为姚老先生写《〈莲华盦书画集〉序》（1934 年）。

1919 年（民国八年），二十一岁

仍在北大读书。是年爆发"五四"运动，走出书斋，参加学生会工作。曾代表北大至南开中学联系，并走向街头，参加游行及宣传活动。

是年十一月，日本帝国主义在福州残杀中国人民，并派海军陆战队登陆威胁。当时北京的福建同学为了响应福建人民，组织旅京福建学生联合会，游行示威，抗议日军之暴行。郑先生积极参加这一运动，到街头讲演，宣传不买日货，为学生联合会筹款，举办游艺会等。会中出版《闽潮周刊》，郑先生以"攉日"笔名写文章宣传打倒日本帝国主义。当时一起参加反日活动的福建同学尚有郭梦良（弼蕃）、黄英（庐隐）、徐其湘（六几）、朱谦之、郑振铎（西谛）、许地山、谢冰心、龚启鋆（礼贤）、张忠稼（哲农）、刘庆平、高兴伟等人。其中郑振铎系郑先生本家侄子。

1920 年（民国九年），二十二岁

是年春，福建学生运动仍在进行。在京的福建学生组织 S•R 学会（Social Reformation，意即社会改革），参加者有郭梦良、徐其湘、郑天挺（以上北大）；高师（师大）有张哲农、龚礼贤、刘庆平；女高师有黄庐隐、王世瑛、高奇如、何彤；清华有王世圻；师大附中有高仕圻；铁路学校有郑振铎；汇文中学有林昶，共十四人。由于是年暑假郑先生及许多人均大学毕业，学会活动不多。

是年秋，在北京右安门外买地葬父母。

1921 年（民国十年），二十三岁

春，陈嘉庚筹办厦门大学，以邓萃英为首任校长。郑先生亦参加筹备工作，任助教授兼图书馆主任。同事有何公敢、郑贞文、朱章宝、周予同、刘树杞等人。是年夏，更换校长，郑先生亦离去。

秋，与张煦、罗庸考入北大研究所国学门为研究生，由钱玄同等人指导。

秋，和泰州周俶女士结婚。周生于1897年，人极贤慧。

1922年（民国十一年），二十四岁

在北京女子高等师范学校（女高师）、市立一中等校教书。

是年秋，任法权讨论委员会（会长张耀曾）秘书。该会系政府机构，主要工作系翻译中国法典为英、法文，并筹备收回帝国主义在中国的领事裁判权。

1923年（民国十二年），二十五岁

是年夏，长女郑雯、次女郑晏同日生。

在法权讨论委员会会长张耀曾指导下，依据会中一些外交档案，撰写《列国在华领事裁判权志要》一书，以该会名义于是年八月正式出版。

1924年（民国十三年），二十六岁

一月十九日，赴安徽会馆参加戴东原二百年纪念会。有胡适、梁启超、朱希祖、沈兼士诸人演说。朱辨戴之《水经注》并非袭自赵一清。

是年春，为法权讨论委员会撰《中国司法小史》初稿。

是年秋，任北京大学预科讲师，授人文地理及国文课。仍兼女高师讲师。

是年，随法权会会长张耀曾等人去大同等地考察司法。

1925年（民国十四年），二十七岁

是年仍在北大、女高师（后改名女子师范大学）任教。法权讨论委员会任秘书。

1926年（民国十五年），二十八岁

春节时在厂甸购书，遇马衡先生，云：书摊卖清内阁档案甚多。

三月，北洋政府教育总长非法解散女师大，全校师生抵制。鲁迅、许寿裳等人另觅校址上课，郑先生亦参加此行动。

执政府制造"三·一八"惨案，屠杀学生。三月二十五日郑先生参加女师大追悼会，以示抗议，并发动一些教师为死难家属募捐。

是年夏，长子克昌出生。

1927年（民国十六年），二十九岁

是年，北洋政府欠薪严重，发薪不过一二成。

六月，浙江民政厅长马叙伦邀去该厅任秘书。马原拟邀先生为科长，因先生晚到，且无实际工作经验，乃改现职。同在厅中工作者有罗常培、毛彦文等人。不久马辞职，命先生代拆代行，负责移交。旋即回京。时北大已被北洋政府改组，法权讨论委员会亦被解散，失业半年。

1928年（民国十七年），三十岁

三月，与罗庸先生一起至上海、杭州，见到蔡元培、鲁迅、马叙伦、蒋梦麟诸先生。

四月，在杭参加国立艺术院开学典礼，蔡元培、吴稚晖、蒋梦麟演说。

应表兄梁漱溟之邀，于五月由杭至广州，任广东政治分会建设委员会（兼主任李济深，代主任梁漱溟）秘书。时友人傅斯年、罗常培、丁山、顾颉刚等人均在广州中山大学。

在会中先后听梁漱溟"乡治十讲"。梁之"乡村自治"计划，在省中未获通过。

是夏，弟郑少丹毕业于北平民国大学。

九月，郑由广州至杭州，任浙江大学（校长蒋梦麟已任教育部长，校务由秘书长刘大白代）秘书，文理学院讲师。

1929 年（民国十八年），三十一岁

除在浙大外，尚在浙江地方自治专修学校（负责人马巽）讲授中国现代法令课，编有讲义。

是年，西湖博览会开幕，为教育委员。

1930 年（民国十九年），三十二岁

二月，应蒋梦麟及刘大白（时任政务次长）之邀，任教育部简任秘书，负责筹备三月召开的第二次全国教育会议。

是年冬，蒋辞教育部长职，改任北大校长。先生亦随之回北大，任校长室秘书，并在预科讲授国文课。

是年，弟郑少丹赴日，就读于明治大学法律系。

1931 年（民国二十年），三十三岁

是年秋，次子克晟出生。旋"九·一八"事变，日军侵占东北。先生命克晟又名"念沈"。

1932 年（民国二十一年），三十四岁

是年初，与刘树杞等人去南京接回为反对日本侵略东北而南下示威的北大同学。

弟少丹等留日学生，为抗议日军侵华，愤而回国。后在上海法院任书记官。

1933 年（民国二十二年），三十五岁

春，参加李大钊老师葬礼。

十二月，任北大秘书长，中文系副教授。时文学院长胡适、法学院长周炳琳、理学院长刘树杞，课业长为樊际昌。

是年始，在北平大学女子文理学院（院长范文澜）讲授中国近三百年史。

1934 年（民国二十三年），三十六岁

一月，三子克扬生。

春，北大开始修建图书馆、地质馆、灰楼学生宿舍。先生日日视工程进度。

五月底，参加故宫博物院马衡院长游园招待会，观赏太平花。

是年夏，北大国文系改组，胡适兼系主任。先生为国文系同学讲授古地理学。

七月，北大国文系教授刘半农患回归热病逝。旋罗常培先生由史语所来国文系任教。

1935 年（民国二十四年），三十七岁

五月，至中山公园来今雨轩，参加益世报筹办"读书周刊"事。到有胡适、傅斯年、顾颉刚、罗常培、罗庸、钱穆、姚从吾、赵万里、吴俊升等人。毛子水主编。

同月，参加北平文史学者欢迎法国汉学家伯希和晚宴，由傅斯年、陈寅恪主持。

九月，至中山公园参观溥心畲夫妇书画展。

十月，参加学校图书馆、地质馆落成茶话会，招待中外人士，到者共三百余人。灰楼宿舍亦于次月完工。

十二月，保释北大被捕学生五人出狱。

本年度为国文系学生讲授校勘学。

1936 年（民国二十五年），三十八岁

是年初，弟郑少丹至南京商标局工作。

本年为历史系学生讲授魏晋南北朝史。

本年撰写《多尔衮称皇父之臆测》、《杭世骏〈三国志补注〉与赵一清〈三国志注补〉》诸文。

1937 年（民国二十六年），三十九岁

春，妻周俶难产逝世。先生深受刺激，为悼死者，从此不再续娶。

七月，日军大举侵华，"七七事变"，平津陷落。陷落前，由先生设法，使北大学生均离校。此后，北大、清华教授经常开会商对策。

八月，日本宪兵队搜查北大二院校长室，先生独自与之周旋。

九月，收臧晖（胡适）来信，劝先生诸人留平读书。但先生等人仍决定南下。

十月，先生行将南下，诸师友周作人、溥雪斋、刘抱愿（志敏）、李祖荫、王访渔、汪子舒、贺麟、张煦、罗庸、赵延泰、溥佺、溥佐等，均题诗赠画留念。其中罗庸书写《满江红》词，鼓励"待从头收拾旧山河"；贺麟则曰："宋时南渡之祸，复演于今日，兹当行将南渡之时，谨录朱文公感事诗二首志别，且寓他日北旋之望云尔"，亦对抗战胜利颇具信心。

十一月，北大、清华、南开合组长沙临时大学正式上课。与罗常培、罗庸、魏建功、陈雪屏等人离平去长沙临时大学。临行前多次看望重病的孟心史（森）先生，殷殷惜别。先生保护学校师生安全南下，得到全校师生之赞扬，当时长沙《力报》、上海《宇宙风》等报刊均有报导。

十二月，在临时大学由中文系转至历史系，任教授，讲授隋唐五代史。

1938 年（民国二十七年），四十岁

是年初，孟森教授在平去世。

三月，临时大学又迁昆明，名西南联合大学。由蒋梦麟、张伯苓、梅贻琦任常委，梅为常委会主席。师生分头由长沙至昆明，步行团四月底至昆。

西南联大文法学院暂设蒙自，由南开杨石先、清华王明之、北大郑先生负责筹办。

春，弟郑少丹回北京。南京陷落后，少丹落难于芜湖、湘潭、上海间。此时始回到北京，照顾家庭。

是年夏，开始注意西南边疆问题，撰《发羌之地望与对音》等文，并向陈寅恪、罗常培、魏建功、邵循正等人征求意见。

北大史学系师生召开孟森教授纪念会，先生撰《孟心史先生晚年著述述略》。文后记曰："余初意为心史先生作传，继欲改作遗事状。后与钱宾四（穆）先生商，专述晚年著作，遂成此篇。原有短序录存于此：'孟心史教授卒经年。北京大学师生将集文纪念，索传于余。余求先生行述久而未获，因用龚定盦、杭大宗逸事例，条举所知于次。载笔之士，或有取焉。'天挺志于昆明才盛巷寓庐。"

表兄张耀曾先生去世，年五十四岁。先生由云南辗转赴上海为之料理后事，凡两月，而未能回家省亲。

是年，开始讲授明清史，并涉及分期问题。此外尚开史部目录学等课。

1939 年（民国二十八年），四十一岁

五月，北大决定恢复文科研究所，由中研院史语所所长傅斯年兼主任，郑先生为副主任。陈寅恪、傅斯年、杨振声、罗常培、罗庸、汤用彤、唐兰、姚从吾、叶公超、郑天挺、向达为导师。所址在城内青云街靛花巷 3 号及北郊龙头村宝台山响应寺两处。与史语所一起，形同一家。时陈、汤、郑、罗常培等均住靛花巷，傅、向来城内亦住此处。

十一月，与梅贻琦、杨振声、陈雪屏等人乘火车去呈贡，看望吴文藻、谢冰心夫妇新居。这里风光秀丽，"远望滇池，彩叠数色"，至晚则"月色绝清，似灯而静"。是晚众人又听郑颖孙抚琴，张充和唱昆曲，尽兴而归。

是年，原拟与傅斯年纂辑新《明书》，拟定三十目，期以五年完成，因战事未成。

1940 年（民国二十九年），四十二岁

是年初，任西南联大总务长。

是年夏，撰《〈张文襄公书翰墨宝〉跋》一文。草就，即言："此文在辨许同莘致孟心史书，以'燕斋'为瑞璋之误，而定蒋泽春。此事本无关宏旨，然其方法或可为初学考证者一助：一、首就书翰内容考订为（张之洞）督粤时所作；二、再就书翰所述之事与奏稿参证，知其为光绪十一、十二年所作；三、再就书翰内容与称谓，知燕斋之姓氏为蒋，曾署盐运使，于是就其时察其官，审其姓，遂得蒋泽春之名。"此事缘于吴相湘先生在北平琉璃厂购张之洞之信札，求心史先生题记，孟老乃函许问"燕斋"其人。

是年冬，日军侵越南，云南局势骤变，史语所迁川，西南联大于四川叙永设分校，容纳一年级学生。

1941 年（民国三十年），四十三岁

五月至八月，与梅贻琦、罗常培至四川公干。至南溪县李庄史语所，与所中诸公商议北大任继愈、马学良、刘念和、李孝定论文答辩事；至成都参观四川大学及华西、齐鲁、金陵三大学，并至武汉大学参观；至重庆洽谈公务；顺游峨嵋山。

是年在联大讲授隋唐五代史、明清史，在云大讲隋唐五代史。

1942 年（民国卅一年），四十四岁

夏，在华山小学为云南省地方干部训练班做《明清两代滇黔之发达》演讲。计分叙论、区域分合、人口、土田、交通、矿产、盐、科举、改土归流、结论十部分。结论为：滇黔之发达在明清较前代为胜；明清滇黔之发达较之他省有过之。讲稿已佚。

十二月，在联大文史讲演会，做《满洲人关前后几种礼俗之变迁》讲演。

年末，患斑疹伤寒，在宿舍休养，并得师生照顾。同舍罗常培先生一日数来看。故先生在《〈恬盦语文论著甲集〉序》中谓："余与（罗）莘田生同日，长同师，壮岁各以所学游四方又多与共，知其穷年兀兀殚竭之所极；每深夜纵论上下古今，亦颇得其甘苦。用敢逊其愚陋，弁言卷首，为读者告。"

"此集清抄既竟，莘田以十二月十七日付之剞劂，以申敬于国立北京大学，会余病失期。病中三逢警报，余固莫能走避，而莘田亦留以相伴，古人交情复见今日，序成归之，有余愧焉。"正是说明两人的亲密关系及罗对他的爱护。

是年，在云南广播电台做《中国之传记文》的演讲。

1943 年（民国卅二年），四十五岁

一月，与汤用彤议北大文科研究所计划。主北大文科研究所历史考证方面，应以敦煌研究为主。

春，与西南联大教授姚从吾、雷海宗、邵循正等人至重庆，参加全国历史大会。

夏，长女郑雯由北平辗转洛阳、重庆来昆明，考入西南联大外语系上学。

1944 年（民国卅三年），四十六岁

一月，在西南联大历史系晚会做《清代包衣制与宦官》之讲演。

四月，在西南联大文史讲演会，做《清代皇室之氏族与血系》之讲演，并驳斥"满洲独立论"之谬说，强调："近世强以满洲为地名，以统关外三省，更以之国，于史无据，最为谬妄。"

暑假，应大理县志编纂会之邀，先生随西南联大、云大师生赴大理学术考察。共分八组，由罗常培领队。文史组尚有徐嘉瑞（组长）、游国恩、周定一、田汝康、吴乾就、王年芳、李俊昌等人。历时 35 天。其间，在大理三塔寺为干训班做《中国民族之拓展》讲演。计分：一、中国之移民；二、中西移民之不同；三、展拓之三方面；四、中国民族拓展的精神。听者千人。讲稿佚。

九月，应何炳棣、丁则良、王逊主持之十一学会约请，做《大理见闻》之讲演，讨论热烈。

十月，撰写《近百年来的中国建军》论文在《中央日报》（昆明版）发表。

1945 年（民国三十四年），四十七岁

一月，为云南文化界做《明代之云南》演讲，分绪论、范围、行政、形势、人口、土田、财富、交通、文化、结论十部分。讲稿佚。

四月，弟郑少丹在北平病逝。少丹先生回平后初未工作，为照顾全家糊口，后在国立华北编译馆（馆长瞿兑之）任编辑；北京大学法学院讲师。未成婚。

四月，《清史探微》序写成。其中道："天挺早失怙恃，未传家学，粗涉载籍，远惭博贯。比岁僻居无书，蓄疑难证，更不敢以言述作。独念南来以还，日罕暇逸，其研思有间恒在警报迭作晨昏野立之顷，其文无足存，而其时或足记也。"

六月，北大校长蒋梦麟任行政院秘书长。为《中央日报》（昆明版）撰写《六三纪念献辞》专论。六月三日系禁烟日。

七月，为昆明某纱厂做《清末洋务》之演讲。讲稿佚。

八月，抗日战争胜利，北大、清华、南开三校筹划迁返，成立三校联合迁移委员会。以先生为主席。

八月底，奉教育部命，至北平接收北京大学。因候飞机，九月三日飞渝，十一月三日始达北平，与家人团聚。

九月，胡适任北大校长，傅斯年为代理校长。

十一月，成立北京大学校产保管委员会于北平，由先生主持。后杨振声、郑华炽、曾昭抡、俞大绂均加入。

任北平临时大学补习班（主任陈雪屏）第二分班（文学院）主任。复约请陈垣、萧一山、董绍良、孔云卿（史）、俞平伯、孙人和、孙楷第、顾随（中文）、陈君哲、林宰平（哲）、陈福田、蒯淑平（外文）等人讲课。济济一堂，令人称羡。

任《经世日报·读书周刊》主编。该报尚有"禹贡周刊"（主编顾颉刚）及"文艺周刊"（主编杨振声）。

是年，《爱新觉罗得姓稽疑》一文，在《东方杂志》发表。

1946 年（民国卅五年），四十八岁

三月，至协和礼堂参加原北大地质系教授葛利普（美人）追悼会。为宗教仪式，极肃穆。

所著《清史探微》由重庆独立出版社出版。内包括近年所作清史论文十二篇。

七月，长女郑雯搭飞机由上海回平，在济南空难，不幸逝世，时年二十三岁。彼由西南联大即入清华外语系四年级，品学兼优。先生极感悲痛。

七月，胡适就北大校长职。文学院长汤用彤，理学院长饶毓泰，法学院长周炳琳，医学院长马文昭，农学院长俞大绂，教务长郑华炽，训导长陈雪屏，图书馆长毛子水。先生仍任秘书长。

夏，任故宫博物院专门委员。

十二月，北大西语系学生召开郑雯同学追悼会，教育系讲师严倚云等讲话。先生代表家属致答谢词。

是年，在北平广播电台做"如何读书"讲演。

1947 年（民国卅六年），四十九岁

是年夏，北大工学院（院长马大猷）开始招生。至此，北大成为当时北平包括文、理、法、农、工、医最完备之综合性大学。

是年，在《益世报》发表《琉球必须归还中国》一文。

是年讲授明清史、清史研究等课。并在一些报刊撰写社论。

1948（民国三十七年），五十岁

二月，为《周论》撰写《明清两代的陪都》一文。

四月，为学潮事，先生致在南京开会的胡适校长：“北大有自由批评之传统，外间颇多误解，今后处境将益困难。……大学有其使命，学术研究应有自由，如无实际行动，在校内似宜宽其尺度，若事事以配合（“剿总法令”）为责，奉行不善，其弊害不可胜言”。

八月，先生五十寿，北大胡适等二十六位教授为其祝贺，先生及家属均参加。

是年春夏，北平警备司令部多次要逮捕进步学生，先生出面阻拦，明确表示：绝不交出一个学生。并用一切办法阻止军警入校，坚持保护学生安全，设法使之离校。斗争取得胜利。

十月，教育部派督学主任来平，促劝北大南迁，遭先生及其他教授反对。

十二月，解放军包围北平。十五日，胡适校长飞南京。北大校务由汤用彤（文学院长）、周炳琳（法学院长）及先生负责。先生致电胡先生，建议上、中、下三策：上策回北大；中策去澳讲学；下策去美。

国民党派飞机接北平知名教授南下，除少数人走外，先生及大部分教授均拒绝南下。先生决心保护校产及师生安全，迎接解放。

十七日，北大五十周年校庆，学生自治会以全体同学名义，向先生献“北大舵手”锦旗。表明对先生之尊重及先生几十年在北大之地位并对北大之贡献。自治会致函郑先生并言：这种爱护北大的精神，“全北大同学不会忘记您，全中国人民不会忘记您，全中国后代的子孙也不会忘记您。”

是年，先生讲授明清史，历史研究法。

1949 年（民国卅八年），五十一岁

一月，北平和平解放。

五月，北平文管会接收北大。任命先生为北大校委会委员（常委会主席汤用彤）、秘书长，史学系主任。

是年夏，次女郑晏毕业于辅仁大学社会系。

1950 年，五十二岁

四月，辞北大秘书长职。校委会表彰先生 18 年行政工作之劳绩。仍任史学系主任，及文科研究所（所长罗常培）明清史料整理室主任。

是年夏，长子克昌毕业于南开大学经济系。

是年先生讲授中国史（四）元明清史，中国近代史（上）。

购买廿四史一部（"老同文"本）。

1951年，五十三岁

二月至五月，参加教育部门组织的中南区土改参观团。先生任团长，曾炳钧（清华政治系主任）任副团长。

十月，北大中文（四年级）、哲学（三、四年级）、史学（三、四年级）组成土改工作团，到江西吉安地区参加土改，先生任团长。

是年，由北大、清华历史系及中国科学院近代史所共同编辑《进步日报》（原《大公报》）《史学周刊》。先生为该刊撰写近代史论文多篇。

1952年，五十四岁

上半年，参加北大"三、五反"、"思想改造"、"忠诚老实"运动。先生被指定做重点检查。

五月，开始上课，仍讲授元明清史。

由先生主编之《明末农民起义史料》，由开明书局出版。先生为该书写序。

八月下旬，随学校工会组织去青岛休息。

九月上旬，院系调整，先生及原清华大学历史系主任雷海宗奉调至南开大学历史系。先生任系主任兼中国史教研室主任；雷先生任世界史教研室主任。故时人云，南开历史系为"小"西南联大。

任《历史教学》社编委，并为该刊撰写多篇论文。

十二月，在南开上课，讲授隋唐史。

1953年，五十五岁

春，当选天津市人民代表。

率历史系一年级学生至北京历史博物馆参观，承沈从文先生接待。

夏，至颐和园看望病中休养之老友罗常培先生，并同庆五十五岁生辰。老友郑奠亦参加。

九月，至北京参加全国综合性大学会议，任历史组负责人。后在《人民日报》撰文谈教育改革之体会。

冬，为三联书店审阅唐长孺《魏晋南北朝史论丛》一书。

先生原在北大主编之《宋景诗史料》，由开明书店出版。

当选为天津市历史学会会长。

1954年，五十六岁

七月，至北京参加全国高校文科教学研究座谈会，任历史组负责人。

暑假，自上海购买百衲本二十四史一部。先生虽藏书不少，但始终无力购买二十四史。至此已有二十四史两部，一部仍留京。

是年，讲授元明清史、史料学等课。

《宋景诗史料》改名为《宋景诗起义史料》，由中华书局再版。

撰写《马礼逊父子》等文。

1955 年，五十七岁

夏，身体不适，经常流鼻血，不知病因。但仍坚持工作。讲授明清史、史料学等课。

夏，次子克晟毕业于北京大学历史系。

1956 年，五十八岁

二月，至北京列席全国政协会议。

参加中科院历史研究所学术委员会议，为该所学术委员。

夏，至京出席全国高校教材会议，任历史组负责人。

评为一级教授。

十月，南开校庆，举办科学讨论会，先生做《关于资本主义萌芽问题》的报告，着重探讨《织工对》的年代问题。

是年，明清史研究室成立，先生为主任。

研究生陈生玺入学。

1957 年，五十九岁

撰写《关于徐一夔〈织工对〉》一文，于《历史研究》发表。

是年讲授明史专题、明清史等课。

1958 年，六十岁

春，全校教育革命，学术思想遭到大字报批判。先生对"左"的倾向不能适应，一度萌生退休念头。

夏，三子克扬毕业于北京航空学院三系。

十二月，罗常培先生病逝。先生赴京吊唁，异常伤感。

1959 年，六十一岁

夏，老友章廷谦、马巽、陈伯君、郑奠等在京为其祝寿。先生为六十周岁。

是年，注意中印边界文献，写《麦克马洪线不是合法的中印国界线》一文（内参）。

1960 年，六十二岁

六月，参加全国文教群英会，为特邀代表。

先生仍过单身吃公共食堂之生活。是时正值生活困难时期，先生身体亦受影响。

是年招研究生。冯尔康、倪明近、彭云鹤、赵涤贤入学。

是年讲授明清史专题、《资治通鉴》选读等课。

1961 年，六十三岁

三月，参加全国文科教材会议，任历史组副组长（组长翦伯赞）。此后一直住北京，从事文科教材选编工作。仍不时回津，为研究生上课。

在京期间，经常去各高校历史系讲演，强调要"精读一本书"。

研究生夏家骏入学。

秋，为北大历史系学生讲清史专题。

1962 年，六十四岁

二月，至厦门参加郑成功收复台湾三百周年讨论会，并在厦大及福建师院做学术讲演。回京经过上海时，又与黎澍等人访问复旦大学。

八月，应北京历史学会邀请，在北京历史博物馆作《论康熙》的报告。

是秋，在北大历史系讲清代专题，侧重清代晚期诸问题。

在南开大学学术讨论会上，做《关于满洲族入关前社会性质》的报告。

十二月，南开历史系教授雷海宗先生病逝。先生极悲痛与惋惜。

1963 年，六十五岁

次子郑克晟及妻傅同钦调至南开大学。郑克晟原毕业后分配至中国科学院历史研究所，研读明史。来南开后，在明清史研究室工作。

三月，任南开大学副校长。

七月，文科教材告一段落，回校。两年间主编（与翦伯赞合）《中国通史参考资料》十册（其中第八册清史资料，系先生及几位明清史研究室同仁自编），《史学名著选读》五册。

九月，中华书局将标点二十四史的专家集中于北京。先生乃至京住中华书局西北楼招待所，集中精力标点《明史》，并作《明史拾零》笔记。

是年，为南开大学学生讲中国近代史专题，为北大历史系学生讲清史专题。

参加中科院哲学社会科学学部扩大会议。

1964 年，六十六岁

春，在南开与诸教授讲中国文化史专题。

夏，辞历史系主任，由吴廷璆先生继。

至沈阳参加满族史讨论会，同去者有白寿彝、翁独健、傅乐焕、谢国桢、王钟翰等人。

冬，参加第三届全国人大会议，为人大代表。

1965 年，六十七岁

是年仍在中华书局标点《明史》，受政治气候影响，进展较慢。

1966 年，六十八岁

六月，"文革"开始，被南开领导人责令回校。后即遭到严重迫害，入牛棚，失去自由。精神上乃至肉体上备受折磨。所存书籍、稿件、教学资料、文物、信件、日记、照片全部被抄，损失极重。

1967 年，六十九岁

仍属"牛棚"重要人物，每日除劳动外，即被勒令写"交待材料"，仍遭迫害。

1968 年，七十岁

夏，由原住房迁至一9平米向阴小屋，单人居住。工宣队进校，受迫害尤甚。历史系办"活人展览"，先生居首。此种最伤害人心灵的迫害，"文革"期间亦不多见。

1969 年，七十一岁

是春，获"给出路"政策，改住一 12 平米向阳房间，每月生活费 150 元。是冬，随全校师生至河北完县劳动。仍不时受审查。

1970 年，七十二岁

五月，由河北完县返校，仍无自由。时在京家人均受株连，遭受审查。

六月，次子克晟全家下放至天津西郊插队落户，户口全迁，成为人民公社"新社员"，亦系受牵连之故。其时受此"待遇"者，历史系有八户。

夏，先生至天津郊区大苏庄劳动，管理已较缓和。

1971 年，七十三岁

是年南开开始招生。下半年先生的"问题"得以逐步缓解。先生开始注意清代边疆问题及丝绸之路之史料。

中华书局来函要求先生仍去京继续标点《明史》，遭南开拒绝，致使先生失去最后标点之机会。

秋，随历史系教师至故宫参观"金缕玉衣"展。

1972 年，七十四岁

仍侧重研读东北边疆史料，并对钓鱼岛史料予以关注。为中国近代史年轻教师讲课。

春至秋，先生已开始审阅《明史》标点稿件。

秋，随历史系古代史教师参观周口店"北京猿人"展。

1973 年，七十五岁

春，随历史系古代史教师至北师大历史系座谈。未发言。

是春，中华书局赵守俨等人仍要求先生审阅《明史》标点之三校稿。先生仍认真负责，做"复校异议"笔记，凡数百条。历时一年完成。

夏，至天津市参加中国历史地图之审阅工作。

次子克晟全家由农村回南开。

1974 年，七十六岁

夏，参加天津市"儒法斗争"座谈会，凡两天。此系先生"文革"以来第一次在天津文教界露面。

始恢复正常工资，"文革"以来所扣工资亦发还。

冬，至北京师院审阅《中国近代史知识手册》。

1975 年，七十七岁

三月，随历史系教师至中国历史博物馆参观，并至中华书局看望老友。

十一月，随历史系古代史教师至北京参观。次日随历博所备车至京郊香山脚下之演武厅、俗传正白旗曹雪芹故居参观。途经梁启超墓、樱桃沟（周家花园）、卧佛寺、香山、黑龙潭、明景泰陵、白家疃、圆明园等处，均下车参观。先生虽累，但情绪仍高。

1976 年，七十八岁

七月，唐山地震，天津亦波及，先生及家人在室外住塑料棚约两月。

1977 年，七十九岁

春，至抚顺参加《清代简史》讨论会。与会者多为从事清史研究之年轻学人。

冬，当选为第五届全国人大代表。

1978 年，八十岁

春，《光明日报》载南开郑天挺等人平反之报导。

六月，去武汉参加教育部召开的全国文史教育会议。

1979 年，八十一岁

春，去成都参加中国社科院召开的历史科学规划会议，途经西安。

五月，随天津市政协去庐山、井冈山等处参观。

秋，受教育部委托，主办明清史进修班，为学员讲课，主编《明清史资料》上、下册，并至清西陵参观。

是年，为研究生及留学生讲课。

冬，重任南开大学副校长。

在津召开《中国历史大辞典》首次会议，由先生任该书总编。

任中国社科院历史研究所兼任研究员。

1980 年，八十二岁

三月，至京参加中国史学会代表大会，当选为中国史学会主席团成员。

夏，先生之《探微集》及《清史简述》两书，由中华书局出版。《探微集》中包括先生所撰论文四十三篇。

当选为天津市政协副主席。

八月，由南开大学主办国际明清史讨论会，到中外学者一百二十多人，盛况空前。先生提交《清代的幕府》一文，博得与会者称赞。会后编出八十万字之论文集。先生决定：按论文性质排列次序，自己论文亦列其间。

至太原参加中国历史大辞典会议，会中决定分册主编制。

秋，随天津市政协去重庆参观。

参加中国共产党。

近年所招研究生白新良、汪茂和、林延清、王处辉、何本方于此前入学。

1981 年，八十三岁

四月，至厦门大学参加六十周年校庆，并讲演。

五月，至上海参加历史大辞典会议。任中国史学会执行主席。

暑假，参加教育部学位评定委员会议，为历史组组长；国务院学位评定委员会，与夏鼐同任组长。

十月，至武汉参加纪念辛亥革命七十周年学术讨论会，代表中国史学会致词。

十月，南开大学举办先生执教六十周年纪念会。先生辞副校长，改任学校顾问。

十二月二十日，先生自京开全国人代会后即患感冒，回津不及一周而病逝。

天津市举行向先生遗体告别仪式，市长胡启立等人参加。国务院副总理方毅、教育部长蒋南翔等均来电悼念。

1982 年

二月，中国社科院等单位，在京举行纪念会，对先生逝世，表示哀悼。刘大年教授等发言。《人民日报》、《光明日报》发表白寿彝、傅衣凌等文章，悼念先生。《中国史研究》发表张政烺所写怀念先生之文章。

《南开学报》辟专栏，发表戴逸教授等论文，纪念先生。

夏，《南开大学明清史讨论会论文集》由天津人民出版社出版。

十二月，天津社联及南开大学举行先生逝世一周年纪念会。

1988 年

三月，《人民日报》发表冯尔康所写纪念先生文章。

1989 年

先生主编《清史》出版。

十二月，南开大学举行先生九十冥寿纪念会，校长母国光等人发言。

1990 年

《郑天挺纪念论文集》由中华书局出版，由全国史学界著名学人撰写研究论文。范曾作画，缪钺题词。

1991 年

《郑天挺学记》由三联书店出版。书中包括史学界同仁及先生弟子所写纪念文字。书末附先生所写自传。

1998 年

北大百年校庆，《北大学报》发表《郑天挺与北京大学》一文。校史展及其他不少文字亦怀念及赞扬郑先生在北大之功绩。汤一介编《北大校长与中国文化》一书，刊有常建华所写《郑天挺教授与北大》一文。台湾史语所编《新学术之路》刊有《郑天挺先生与史语所》一文。

1999 年

夏，台湾《传记文学》发表吴相湘、郑克晟所写纪念先生百年文章，并附照片。

《南开学报》第四期辟纪念专栏，纪念先生百年诞辰。

南开大学历史所建所二十周年及纪念先生百年诞辰大会召开。

为纪念先生百年诞辰，南开大学举行《明清以来中国社会》学术讨论会，并在会中举行先生百年纪念会，及先生塑像揭幕仪式，到中外学者百余人。何兹全（书面）、任继愈、王钟翰、杨志玖等学者均发言。会前，何鲁丽、戴逸、夏家骏诸教授为先生百年题词。会议拟出版论文集及纪念先生之文集。

北大出版社《北大名家名著文丛》重印先生《清史探微》一书。

十月《北大学报》发表郭建荣纪念先生百年之文章。

《清史论丛》发表曹贵林及陈生玺所写纪念先生百年之文章。

2000 年

《郑天挺先生百年诞辰纪念文集》由中华书局出版，内包括回忆先生文章 20 余篇，学术文章 30 余篇。

2002 年

先生所著《及时学人谈丛》（《南开史学家论丛》之一）由中华书局出版，并于 2003 年 4 月在北京人民大会堂举行首发式。

2005 年

先生之《清史简述》由中华书局再版。

2006 年

是年，北大出版社出版《北大的学子们》，其中包括郭建荣所写《郑天挺——明清史大家》一文。该社又出版《我的父辈与北京大学》一书，内中包括郑嗣仁所写《三十年风风雨雨——郑天挺与北京大学》一文。

近年何炳棣及何兆武等教授所撰回忆文字，均称赞先生在西南联大时之教学及为人。

郑天挺教授生平论著索引

封越健　辑

　　说明：这份索引收入有关郑天挺教授生平之论著，大致分为三个部分：一、郑天挺教授自传；二、有关郑天挺教授生平活动的报道、访问、回忆和纪念文章，以及有关郑天挺教授学术和教学活动述评；三、有关郑天挺教授著作的评论。最后收录了一些记载郑天挺教授事迹较多的其他论著作为附录。论著编排以发表先后为序。

一、郑天挺教授自传

《五十自述》，《天津文史资料选辑》第 28 辑，天津人民出版社 1984 年 7 月

《自传》，载《郑天挺纪念论文集》，中华书局 1990 年 3 月；又载《郑天挺学记》，三联书店 1991 年 4 月；王世儒、闻迪编《我与北大》，北京大学出版社 1998 年 4 月

《1944 年赴大理考察记》，《天津文史资料选辑》第 46 辑，天津人民出版社 1989 年 4 月；又载南开大学校史研究室编《联大岁月与边疆人文》，南开大学出版社 2004 年 10 月

《滇行记》，《西南联大资料》第 1 编，云南教育出版社 1998 年；又载《箫吹弦诵情弥切》，中国文史出版社 1988 年 10 月；又载南开大学校史研究室编《联大岁月与边疆人文》，南开大学出版社 2004 年 10 月

《南迁岁月——我在联大的八年》，载《西南联大北京校友通讯》第 32 辑《西南联大成立 65 周年纪念特辑》，2002 年 10 月；又载南开大学校史研究室编《联大岁月与边疆人文》，南开大学出版社 2004 年 10 月

二、郑天挺教授生平论著

赵耀民《南开大学党委召开落实政策大会，为杨石先吴大任郑天挺教授等平反昭雪》，《光明日报》1978 年 11 月 19 日

〔中国新闻社天津十二月十二日电〕《天津爱国人士游清东陵记·郑天挺教授畅谈有关史实》，载《中国新闻》第 8539 期，1978 年 12 月 13 日，中国新闻社编印

周续端《东陵传闻史家谈》，载香港《大公报》（刊载时间待查）

鲁浄《与郑天挺教授谈明清史的研究与教学》，载（香港）《抖擞》第 34 期，1979 年 7 月

李立明《郑天挺》，载李立明《中国现代六百作家小传》，香港波文书局 1979 年 10 月

韩战辉、马波《老当益壮——访问郑天挺教授》，《光明日报》1980 年 4 月 12 日

张家宪《郑天挺教授近事》，香港《大公报》1980 年 8 月 5 日（农历庚申年六月五日）

周锦尉《志在千里——访著名明清史专家郑天挺》，《文汇报》1980 年 8 月 9 日

周锦尉《郑天挺与明清史》，香港《新晚报》1980 年 8 月 20 日

赵崇田《南开大学副校长郑天挺教授入党》，《天津日报》1980 年 10 月 18 日

本报通讯员光遥《喜从今日得登楼——访最近入党的郑天挺教授》，《天津日报》1980 年
　　11 月 14 日

李光茹、贾长华《莫道桑榆晚　为霞尚满天——记共产党员、著名明清史专家郑天挺》，
　　《天津日报》1981 年 6 月 27 日

闻：《经党中央批准，杨石先同志任我校名誉校长，郑天挺同志任顾问》，《南开大学》（校
　　刊）1981 年 10 月 8 日

南开历史系明清史研究室《郑天挺同志执教六十年》，《南开大学》（校刊）第 81 期 1981
　　年 10 月 8 日

〔新华社武汉十月十二日电〕《纪念辛亥革命七十周年学术讨论会开幕，一百多位中外学者
　　齐集武昌，研究辛亥革命史。屈武到会热烈祝贺，刘大年、梅益、韩宁夫、郑天挺也
　　讲了话》，《人民日报》1981 年 10 月 13 日

《检阅成果，交换心得，把辛亥革命的研究推向新境域，纪念辛亥革命七十周年学术讨论
　　会隆重开幕，密加凡主持开幕式，刘大年致开幕词，屈武、梅益、韩宁夫、郑天挺先
　　后讲话》，《湖北日报》1981 年 10 月 13 日

本报讯《桃李满天下，为国育英才——南大庆祝杨石先郑天挺执教业绩》，《天津日报》
　　1981 年 10 月 18 日

路清枝《国务院任命杨石先为南开大学名誉校长，郑天挺为南开大学顾问，滕维藻为校
　　长，南开大学隆重集会庆祝杨石先、郑天挺执教业绩》，《光明日报》1981 年 10 月
　　18 日

《在史学征途上永不停步的人——记南开大学副校长郑天挺》，《民进通讯》1981 年第 2 期
　　（作者待查）

本刊编辑部《向郑老学习，向郑老致敬！——热烈庆祝郑天挺教授执教六十周年》，《南开
　　史学》1981 年第 2 期

阎文儒《贺毅生师任教六十周年》，《南开史学》1981 年第 2 期

林乃燊、张磊《择善而从　高风亮节——回忆解放前夕的郑老》，载《南开史学》1981 年
　　第 2 期

冯尔康《从学琐记——庆贺郑老任教六十周年》，载《南开史学》1981 年第 2 期

雨父《郑天挺教授谈治学》，《湖南城市学院学报》1981 年第 4 期

明清史研究室《郑天挺同志执教六十周年》，载《南开校友通讯》复刊第 1 期，1981 年
　　10 月

王德昭《"铿然舍瑟春风里"——述往事为郑天挺毅生师寿》，载《南开校友通讯》复刊第
　　1 期，1981 年 10 月

熊德基《郑老给我的身教》，载《南开校友通讯》复刊第 1 期，1981 年 10 月

夏家骏《授我知识育我人——回忆郑老对我的教育》，载《南开校友通讯》复刊第 1 期，
　　1981 年 10 月

谢承仁《"桃李不言，下自成蹊"》，载《南开校友通讯》复刊第 1 期，1981 年 10 月

《著名历史学家、教育家、市政协副主席、南开大学顾问郑天挺同志逝世》，载《天津日
　　报》1981 年 12 月 27 日

〔新华社天津十二月二十八日电〕《著名历史学家郑天挺教授逝世》，载《人民日报》1981
　　年 12 月 29 日，又载《光明日报》1981 年 12 月 29 日

《悼念郑天挺同志逝世专刊》，《南开大学》校刊第 89 期，1981 年 12 月 29 日

《郑天挺同志生平事迹》，《南开大学》校刊第 89 期，1981 年 12 月 29 日

杨志玖《哲人其萎——痛悼毅生师》《南开大学》校刊第 89 期，1981 年 12 月 29 日

南开大学历史系、《历史教学》编委会《我国著名历史学家、南开大学顾问、〈历史教学〉
　　编委郑天挺教授逝世》，载《历史教学》1982 年第 1 期

本刊讯《中国档案学会顾问郑天挺教授逝世》，载《档案工作》1982 年第 1 期

本刊讯《中国档案学会顾问郑天挺教授逝世》，载《档案学通讯》1982 年第 1 期

本刊讯《中国档案学会顾问郑天挺教授逝世》，载《中国档案》1982 年第 1 期

本刊编辑部《继承郑老遗志，推进辞典编辑工作》，载《中国历史大辞典通讯》1982 年第
　　1 期

滕维藻《求真·求新·求用——怀念刻苦治史的史学家郑天挺》，载《天津日报》1982 年
　　2 月 3 日

魏宏运《毕生心血献史学——沉痛悼念郑天挺教授》，载《天津日报》1982 年 2 月 5 日

刘兆义、葛增福《郑天挺纪念会在京召开》，载《光明日报》1982 年 2 月 10 日

白寿彝《爱国·进步·谨严·笃实——悼念郑天挺同志》，载《人民日报》1982 年 2 月 19
　　日，又载《中国古代史论丛》1982 年第 2 辑；白寿彝《历史教育和史学遗产》，河南
　　人民出版社 1983 年 5 月

傅衣凌《敬悼郑天挺先生》，载《光明日报》1982 年 2 月 21 日，又载《中国社会经济史研
　　究》1982 年第 1 期；又载《中国古代史论丛》1982 年第 2 辑；傅衣凌《休休室治史文
　　稿补编》，中华书局 2008 年 5 月

杨志玖《回忆郑天挺师关于历史教学的一个意见》，载《历史教学》1982 年第 3 期

寺田隆信《郑天挺先生の生涯と业绩——附郑天挺先生著作目录》，载（日本）《明代史研
　　究》第 10 期，1982 年 3 月

武扬《对郑天挺教授的最后访问》（附郑天挺教授题词："后来居上" 1981 年 10 月），载《少年文史报》第 37 号，1982 年 4 月 15 日

邓云乡《忆郑天挺先生》，载《人民日报》1982 年 5 月 24 日

南开大学明清史研究室《怀念郑老》，载《南开学报》1982 年第 1 期

张政烺《忠厚诚笃，诲人不倦——悼郑天挺先生》，载《中国史研究》1982 年第 2 期

郑克晟《忆郑老与明清档案的二三事》，载《档案工作》1982 年第 2 期

郑克晟《博览勤闻，多闻阙疑——学习父亲郑天挺先生的治学精神》，载《社会科学战线》1982 年第 3 期

郑克晟《郑天挺》，载《中国史研究动态》1982 年第 6 期

《中国古代史论丛》1982 年第 2 辑，《纪念郑天挺先生》，收载白寿彝、傅衣凌、熊铁基、谢国桢、商鸿逵、刘泽华、郑克晟纪念郑先生的文章 7 篇，详细篇目见《郑天挺学记》

《郑天挺逝世》，载《中国历史学年鉴》（1982 年）

《逝世人物：郑天挺（1899—1981）》，载《中国百科年鉴》（1982 年）

滕维藻《向郑天挺同志学习》，载《南开学报》1982 年第 5 期

《南开史学》1983 年第 1 期 "忆郑天挺先生"，收载梁漱溟、蔡尚思、缪钺、杨向奎、任继愈、傅振伦、何兹全、王玉哲、罗继祖、成庆华、程溯洛、钟文典、欧阳琛回忆郑先生的文章 13 篇，详细篇目见《郑天挺学记》

魏宏运《郑天挺》，载《中国历史学年鉴》（1983 年）

郑克晟《郑天挺先生事略》，载《天津文史资料选辑》第 28 辑

黄扶先《郑天挺教授事迹点滴》，载《天津文史资料选辑》第 28 辑

冯尔康《郑天挺》，载陈清泉主编《中国史学家评传》下册，中州古籍出版社 1985 年 3 月

关国煊《郑天挺》，载（台湾）《传记文学》第 47 卷第 1 期，1985 年 7 月

汪茂和《郑天挺治学思想与治学作风散忆》，载《南开研究生论丛》1986 年第 1 期

汪茂和《郑天挺治学思想与治学作风》，载《南开教育论丛》1986 年第 4 期

赵捷民《北大教授剪影·郑天挺教授》，载《文史资料选辑》第 108 辑，中国文史出版社 1986 年 12 月，又载陈平原、夏晓红编《北大旧事》

郑克晟《郑天挺与中华书局》，载《回忆中华书局》（下），中华书局 1987 年 2 月

郑克晟《郑天挺传略》，载《中国现代社会科学家传略》第 9 辑，山西人民出版社 1987 年 7 月

文史组《历史学家郑天挺教授》，载《长乐文史资料》第 3 辑，1987 年

冯尔康《郑天挺的史学成就与教育贡献》，载《人民日报》1988 年 3 月 14 日

傅同钦、念沈《郑天挺》，载中共福州市委宣传部、福州市社会科学所编《福州历史人物》（二），1989 年 5 月

郑克晟《郑天挺传略》，载《文献》1989 年第 4 期

陈茂山、方广岭《郑天挺先生诞辰九十周年暨逝世八周年纪念会在天津召开》，载《历史教学》1990 年第 2 期

冯尔康、郑克晟编《郑天挺学记》，三联书店 1991 年 4 月

目录：

杨志玖《序》

白寿彝《爱国·进步·谨严·笃实——悼念郑天挺同志》

滕维藻《求真·求新·求用——怀念刻苦治史的史学家郑天挺》

傅衣凌《敬悼郑天挺先生》

蔡尚思《郑天挺同志治学与做人的特色》，又载蔡尚思《中国近现代学术思想史论》，广东人民出版社 1986 年 12 月

张政烺《忠厚诚笃，诲人不倦——悼郑天挺先生》

杨向奎《回忆郑天挺先生》

缪钺《怀念郑天挺先生》

谢国桢《悼念郑天挺先生》

何兹全《悼念毅生师》

任继愈《回忆郑毅生先生几件事》

王玉哲《忆郑毅生师二三事》

杨志玖《回忆在云南和郑师相处的日子》

王德昭《铿然舍瑟春风里——述往事忆郑天挺毅生师》

柳存仁《上郑先生的校勘课》

（日）寺田隆信《追忆郑天挺先生》

熊德基《郑老的"身教"永生难忘——敬悼郑毅生老师》

魏宏运《毕生心血献史学——忆郑天挺教授》

傅振伦《郑天挺先生行谊》

商鸿逵《怀念郑天挺师》

阎文儒《怀念毅生师》

罗继祖《忆郑毅老》，又载罗继祖《鲁诗堂谈往录》，上海书店出版社 2001 年 3 月

成庆华《怀念先师郑天挺同志的教诲》，又载《成庆华史学文存》，中国社会科学出版社 2006 年 3 月

程溯洛《怀念郑毅生老师》

欧阳琛《学习郑毅老的共产主义思想——从回忆里得到的启示》

李洵《记二十八年前我和郑老的一段学术因缘》

何炳棣《鱼鳞图册编制考实》

邓嗣禹《北大舌耕回忆录》

林树惠《郑老是怎样指导我们标校〈明史〉的》

潘镛《回忆我的老师毅生先生》

钟文典《回忆郑天挺老师》

袁良义《读〈明清史料丛书序〉》

刘泽华《教诲谆谆多启迪》

徐苹芳《记郑毅生先生论史料学》

曹贵林《忆郑老》

陈生玺《"仰之弥高　钻之弥坚"——郑天挺先生教席述略》，又载陈生玺《明清易
　代史独见》，中州古籍出版社 1991 年 6 月，陈生玺《明清易代史独见》（增订
　本），上海古籍出版社 2001 年 1 月

黎邦正《史学名家　后学良师——怀念天挺老师》

魏千志《学习郑天挺先生的治学方法》

吴天颖《缅怀郑老授业二三事》

夏家骏《授我知识育我人》

汤纲《循循善诱　诲人不倦》

王鸿江《忆郑天挺先生二三事》

曹月堂《印象中的郑师》

孟昭信《学习郑老可贵的"探微"精神》

南炳文《就治学忆郑天挺先生》，又载南炳文《明清史蠡测》，天津教育出版社 1996
　年 7 月

李宪庆《评议士林　公而无私——回忆郑先生主持学科评议会历史组的工作》

白新良、汪茂和、林延清《回忆我们的老师郑天挺先生》

冯佐哲《长者教诲　永志不忘》

陈祖武《缅怀郑老　学海求真——记郑天挺教授对我的一次教诲》

王处辉《从师问学脞记——忆郑天挺师教我写论文的几个片断》

冯尔康《从学琐记——兼述郑毅生师的学术成就》

傅同钦、郑克晟《忆郑先生对博物馆事业及档案工作的重视》

来新夏《〈探微集〉探微》

杨志玖、冯尔康《〈探微集〉述略——纪念郑天挺先生》

周远廉、朱诚如《一本简明而富有创见的清代史——读郑天挺教授的〈清史简
　述〉》，又载朱诚如《管窥集——明清史散论》，紫禁城出版社 2002 年 2 月

孙文良《伟大的开拓精神——读〈探微集〉》

梁漱溟《我对郑天挺教授家世之回忆》

戴逸《我所了解的郑天挺教授》，又载《皓首学术随笔·戴逸卷》（改题《纪念郑天
　挺老师》）中华书局 2006 年 10 月

郑克晟《"老骥伏枥，志在千里"——忆父亲最后所关怀的几件事》

附录：《郑天挺自传》

郑天挺先生已发表之主要著作目录

郑克晟《近代天津一位女教育家——陆嘉坤》，《天津文史》1992 年第 2 期

孙卫国《治学致精微　微处见大义——谈郑天挺先生的治学方法》，《中国典籍与文化》
　　1993 年第 2 期

任继愈《西南联大时期的郑天挺先生》，载《念旧企新——任继愈自述》，山西人民出版社
　　1997 年 12 月

白新良《郑天挺与南开大学》，《今晚报》1998 年 1 月 10 日

白新良《郑天挺在南开的日子里》，《南开大学历史系建系七十五周年纪念文集》，南开大
　　学出版社 1998 年 1 月

郑嗣仁《郑天挺与北京大学》，《北京大学学报》1998 年第 3 期，又载《北京大学校友通
　　讯》第 27 期，1999 年 10 月

郑克晟《郑天挺先生与史语所》，载中研院历史语言研究所纪念文集《新学术之路》，台湾
　　中研院历史语言研究所 1998 年 10 月

傅同钦等《记 1961 年文科教材会议——兼忆翦老与郑老》，载《翦伯赞纪念文集》，人民
　　教育出版社 1998 年 3 月

白新良《郑天挺在"文革"之后》，载梁吉生主编《南开逸事》，辽海出版社 1998 年 9 月

夏家骏《郑老教我治学》，载梁吉生主编《南开逸事》，辽海出版社 1998 年 9 月

常建华《历史研究在于求真求用——郑天挺教授与北大》，载汤一介编《北大校长与中国
　　文化》，北京大学出版社 1998 年

林延清《史学大师郑天挺——纪念郑天挺先生诞辰百年》，载《文史知识》1999 年 3 月；
　　又载林延清《明清史探究》，中国文史出版社 2005 年 5 月

郭建荣《百年学府纪闻（二）·北大舵手——郑天挺》，《文史精华》1998 年第 5 期

郭建荣《百年学府纪闻（三）》，《文史精华》1998 年第 7 期

魏宏运《郑天挺和中国现代文化教育事业——在郑天挺教授诞生 100 周年纪念会上的讲
　　话》，《历史教学问题》1999 年第 2 期

郑克晟《"七七事变"时的北京大学——忆先父郑天挺先生》，《传记文学》第 74 卷第 6
　　期，1999 年 6 月

吴相湘《郑天挺师百年诞辰纪念——解答六十年一疑团》，《传记文学》第 75 卷第 2 期，
　　1999 年 8 月；又载南开大学历史系、北京大学历史系编《郑天挺先生百年诞辰纪念文
　　集》，中华书局 2000 年 6 月

郑克扬《北大复校时期的傅斯年与郑天挺》，《文史精华》1999 年 7 月

王永兴《忠以尽己，恕以及人——怀念恩师郑天挺先生》（附郑天挺生平），《西南联大北
　　京校友会通讯》总 26 期，1999 年 8 月；又载南开大学历史系、北京大学历史系编

《郑天挺先生百年诞辰纪念文集》，中华书局 2000 年 6 月

《德高望重的历史学家郑天挺先生》，《南开大学历史研究所建所二十周年纪念文集》，南开
　　大学出版社 1999 年 8 月

王玉哲《郑老与"博物馆专业"、"先秦史研究室"的建立》，《南开学报》1999 年第 4 期；
　　又载南开大学历史系、北京大学历史系编《郑天挺先生百年诞辰纪念文集》，中华书
　　局 2000 年 6 月

杨志玖《重温郑师的治学轨迹》，《南开学报》1999 年第 4 期；又载南开大学历史系、北京
　　大学历史系编《郑天挺先生百年诞辰纪念文集》，中华书局 2000 年 6 月

杨翼骧《怀念郑天挺师》，《南开学报》1999 年第 4 期；又载南开大学历史系、北京大学历
　　史系编《郑天挺先生百年诞辰纪念文集》，中华书局 2000 年 6 月

魏宏运《回忆我与郑老相处的岁月》，《南开学报》1999 年第 4 期；又载南开大学历史系、
　　北京大学历史系编《郑天挺先生百年诞辰纪念文集》，中华书局 2000 年 6 月

刘泽华《忆郑天挺教授与〈中国历史大辞典〉》，《南开学报》1999 年第 4 期；又载南开大
　　学历史系、北京大学历史系编《郑天挺先生百年诞辰纪念文集》，中华书局 2000 年
　　6 月

郑克晟《我追随郑先生研读点校本〈明史〉三校稿》，《南开学报》1999 年第 4 期；又载南
　　开大学历史系、北京大学历史系编《郑天挺先生百年诞辰纪念文集》，中华书局 2000
　　年 6 月

李喜所《郑先生对我学术研究的潜移默化》，《南开学报》1999 年第 4 期；又载南开大学历
　　史系、北京大学历史系编《郑天挺先生百年诞辰纪念文集》，中华书局 2000 年 6 月

《郑天挺》，载林云武编《福州名人》，福建人民出版社 1999 年 9 月

郭建荣《从〈滇行记〉说起——关于郑天挺先生的人格境界与中国传统文化》，《北京大学
　　学报》1999 年第 5 期；又载南开大学历史系、北京大学历史系编《郑天挺先生百年诞
　　辰纪念文集》，中华书局 2000 年 6 月

陈捷先《郑天挺先生》，《明报》1999 年 10 月 2 日

张守常《怀念郑天挺先生》，《北京大学校友通讯》第 27 期，1999 年 10 月；又以《一代师
　　表　我师不死——怀念郑天挺先生》为题载《北京文史》2000 年第 1 期；南开大学历
　　史系、北京大学历史系编《郑天挺先生百年诞辰纪念文集》，中华书局 2000 年 6 月；
　　张守常《中国农民与近代革命》，大象出版社 2005 年 1 月

封越健《"郑天挺教授诞辰百年纪念会"暨雕像落成仪式在南开大学举行》，《北京大学校
　　友通讯》第 27 期，1999 年 10 月；《史学集刊》2000 年第 1 期

白新良《郑天挺》，《南开人物志》第二辑，南开大学出版社 1999 年 10 月

刘泽华《郑天挺与"大"辞典》，《今晚报》1999 年 11 月 18 日；又载南开大学历史系、北
　　京大学历史系编《郑天挺先生百年诞辰纪念文集》，中华书局 2000 年 6 月

南炳文《推动历史学科发展的三十年——郑天挺教授在南开大学》，《南开学报》1999 年第

5 期；又载南开大学历史系、北京大学历史系编《郑天挺先生百年诞辰纪念文集》，中
　　华书局 2000 年 6 月；南炳文《明史新探》，中华书局 2007 年 4 月

陈生玺《史学大师郑天挺的宏文卓识》，《清史论丛》1999 年号，河北教育出版社 1999 年；
　　又载南开大学历史系、北京大学历史系编《郑天挺先生百年诞辰纪念文集》，中华书
　　局 2000 年 6 月、陈生玺《明清易代史独见》（增订本），上海古籍出版社 2001 年 1 月

曹贵林《为教学与科研奋进的一生》，《清史论丛》1999 年号，河北教育出版社 1999 年

王永兴《怀念郑毅生先生》，载张世林编《学林往事》，朝华出版社 2000 年

冯尔康《关于郑天挺教授教学和研究的点滴体会》，载张世林编《学林往事》，朝华出版社
　　2000 年

季羡林《忆念郑毅生先生》，南开大学历史系、北京大学历史系编《郑天挺先生百年诞辰
　　纪念文集》，中华书局 2000 年 6 月；又载《此情犹思——季羡林回忆文集》第三卷
　　"追念师友，情系故土"，哈尔滨出版社 2006 年 1 月；季羡林《忆往述怀》，陕西师范
　　大学出版社 2008 年 5 月

何兹全《忆念郑毅生先生》，南开大学历史系、北京大学历史系编《郑天挺先生百年诞辰
　　纪念文集》，中华书局 2000 年 6 月

柯在铄《纪念郑天挺先生》，载南开大学历史系、北京大学历史系编《郑天挺先生百年诞
　　辰纪念文集》，中华书局 2000 年 6 月；又载《北京大学校友通讯》第 29 期，2000 年
　　11 月

王晓清《其学可感，其风可慨——郑天挺学记》，载王晓清《学者的师承与家派》，湖北人
　　民出版社 2000 年 9 月

顾真《学者教育家郑天挺先生》，载台北《历史月刊》154 期 2000 年第 11 期。

郑克扬等《西南联大时的郑天挺教授》，载昆明市政协文史委员会编《抗战时期文化名人
　　在昆明（一）》，云南美术出版社 2000 年

郑嗣仁《梅贻琦与郑天挺的友谊》，《西南联大北京校友会简讯》第 29 期，2001 年 4 月

郑克晟《陈寅恪与郑天挺》，《陈寅恪与二十世纪中国学术》，浙江人民出版社，2000 年 12
　　月；又载《北京大学校友通讯》第 31 期，2001 年 11 月

郑嗣仁《梅贻琦与郑天挺在昆明》，《北京大学校友通讯》第 30 期，2001 年 4 月

郑嗣仁《梅贻琦与郑天挺》，《清华校友文稿资料选编》第七辑，清华大学出版社 2001 年
　　4 月

常建华《郑天挺先生的清史研究》，《中国图书商报》2001 年 5 月 31 日

郑克晟《魏建功与郑天挺在北大时的友谊》，《北京大学校友通讯》第 33 期，2002 年 6 月

何兹全《郑天挺师的为人和学问——读〈及时学人谈丛〉》，《光明日报》2003 年 4 月 10 日

肖黎《作文与做人——解读郑天挺先生》，载肖黎《虎坊桥随笔》，兰州大学出版社 2003
　　年 7 月

严书琴《郑天挺的法学素养》，《法学图书馆学刊》第一卷（2004 年 12 月）

何炳棣《师友丛忆·郑天挺》，载何炳棣《读史阅世六十年》，香港商务印书馆 2004 年、
　　广西师范大学出版社版 2005 年 7 月

郑嗣仁《三十年风风雨雨——郑天挺与北京大学》，载钱理群、严瑞芳编《我们父辈与北
　　京大学》，北京大学出版社 2005 年

林延清《郑天挺与民族关系史研究》，载《经济与文化研究》2005 年第 2 期

孙肇净：《郑天挺于省吾与我的父亲丕容》，《今晚报》2006 年 1 月 15 日

郭建荣《郑天挺——明清史大家》，载郭建荣、杨慕学编著《北大的学子们》，中国经济出
　　版社 2006 年 1 月

郑克晟《中研院史语所与北大文科研究所——兼忆傅斯年、郑天挺先生》，载《傅斯年与
　　中国文化》，天津古籍出版社 2006 年 3 月，又载《北京大学校友通讯》第 44 期，2008
　　年 4 月

张镜渊《一丝不苟的郑天挺》，载吴孟庆主编《文苑剪影》，上海辞书出版社 2006 年 7 月

常建华《郑天挺教授与明清史学》，载《炎黄文化研究》第四辑，大象出版社 2006 年 7 月

魏宏运《忆郑天挺先生》，载《历史学家茶座》第六辑，山东人民出版社 2006 年 12 月

郑克晟《忆商鸿逵师与郑天挺先生的友谊》，载《清史论丛》2007 年号，中国广播电视出
　　版社 2006 年 12 月

马嘶《魏建功与郑天挺》，载马嘶《一代宗师魏建功》，文化艺术出版社 2007 年 2 月

陈作仪《想起郑天挺》，（天津）《老年时报》2007 年 6 月 22 日

桑逢康《胡适在北大关系网——郑天挺》，载桑逢康《胡适在北大》，文化艺术出版社
　　2007 年

南开学校校史研究室《南开学术名家志：著名历史学家、教育家——郑天挺》，《南开学
　　报》2007 年第 4 期

刘国生主编《郑天挺》，载《从北大走出的史学家》，内蒙古文化出版社 2008 年 1 月

王恩厚《怀念郑天挺先生——为纪念毅生师诞辰 110 周年而作》，《南开校友通讯》2008 年
　　上册（复刊第 32 期），2008 年 7 月出版

三、郑天挺教授著作评论

《清史探微》，《图书季刊》新 7 卷 1—2 期合刊，1946 年 4 月

李立明《〈清史探微〉郑天挺》，（香港）《明报》1976 年 3 月 28 日

刘光胜《〈明清史资料〉即将出版》，《人民日报》1980 年 4 月 29 日

刘光胜《郑天挺教授主编的〈明清史资料〉即将出版》，《历史教学》1980 年第 4 期

刘光胜《郑天挺著〈探微集〉出版》，《人民日报》1981 年 1 月 15 日

神田信夫《郑大挺著〈探微集〉》，（日本）《东洋史研究》第 40 卷第 2 号，1981 年

杨志玖、冯尔康《〈探微集〉述略——纪念郑天挺同志》，《历史研究》1982 年第 3 期

来新夏《〈探微集〉探微》，《书品》1989 年第 3 期

李侃《探微·求实·进取——读〈探微集〉》，《郑天挺纪念论文集》，中华书局 1990 年
　3 月

罗继祖《读〈探微集〉》，《郑天挺纪念论文集》，中华书局 1990 年 3 月；又载罗继祖《鲁
　诗堂谈往录》，上海书店出版社 2001 年 3 月

孙文良《伟大的开拓精神——读〈探微集〉》，《郑天挺学记》，三联书店 1991 年 4 月

周远廉、朱诚如《一本简明而富有创见的清代史——读郑天挺教授的〈清史简述〉》，《史
　学史研究》1983 年第 3 期，又载《郑天挺学记》，三联书店 1991 年 4 月、朱诚如《管
　窥集——明清史散论》，紫禁城出版社 2002 年 2 月

精诚《介绍一本明清史教学参考书——郑天挺教授主编的〈明清史资料〉》，《历史教学问
　题》1984 年第 1 期

王钟翰《喜读郑天挺主编的〈清史〉》，《光明日报》1990 年 5 月 23 日

陆申《一部独具特色的清史著述——读郑天挺先生主编的〈清史〉（上编）》，《史学集刊》
　1990 年第 2 期，又载中国人民大学复印报刊资料《明清史》1990 年第 7 期

李梦芝《史料翔实，融会贯通——〈清史〉（上编）读后》，《历史教学》1990 年第 12 期

楚天舒《一部不可多得的清史著述——郑天挺主编〈清史〉（上编）读后》，《清史研究》
　1991 年第 1 期，又载中国人民大学复印报刊资料《明清史》1991 年第 6 期

冯尔康《清史探微》，载仓修良主编《中国史学名著评价》，山东教育出版社 2006 年 2 月

南炳文《一部开拓性的清史研究名著——郑天挺〈清史探微〉提要》，载马宝珠主编《20
　世纪中国史学名著提要》，北京师范大学出版社 2007 年 4 月；又载南炳文《明史新
　探》，中华书局 2007 年 4 月

程道德主编《二十世纪北京大学著名学者手迹》，北京图书馆出版社 2003 年 5 月，第 125
　页收录郑天挺先生手迹《祝寿辞札》"蒙子先生六十荣庆"

四、附录

罗常培《七七事变后北大的残局》，载《国立北京大学五十周年纪念特刊》，国立北京大学
　出版部 1948 年 12 月；又载陈平原、夏晓虹编《北大旧事》，三联书店 1998 年 1 月；
　王世儒、闻迪编《我与北大》，北京大学出版社 1998 年 4 月

［美］魏斐德等著《中华人民共和国的明清史研究》（*Ming and Qing Historical Studies in
　the People's Republic of China*，此书中译本由孙卫国翻译，上海辞书出版社 2008 年
　12 月出版），Berkeley，Institute of East Asian Studies，University of California，China
　Research Monograph No. 17，1980.

周法高《记昆明北大文科研究所》，（台湾）《传记文学》第 42 卷 1—2 期，1983 年 1 月—2
　月，又见王世儒、闻迪编《我与北大》，北京大学出版社 1998 年 4 月

邓嗣禹《北大舌耕回忆录》，（台湾）《传记文学》第 46 卷第 1 期，1985 年 1 月，又载《郑天挺学记》，三联书店 1991 年 4 月

赵捷民《忆西南联大的几位文史教授》，《云南师范大学学报》1986 年第 1 期

张守常《回忆北京大学 50 周年纪念》，《北京大学校友通讯》第 4 期，1988 年 5 月 4 日

郑克晟《北大复员时期的傅斯年》，（台湾）《历史月刊》1996 年第 2 期，（美国）《世界日报》1996 年 5 月 7 日—5 月 8 日转载

罗常培《苍洱之间》，辽宁教育出版社 1996 年 9 月

陈以真《校格》，《北京大学校友通讯》第 24 期，1998 年 5 月

吴正明《秉古衡今史家情——戴逸和他的清史研究》，《书与人》1998 年第 6 期

王学珍等编《北京大学纪事（1898—1997）》，北京大学出版社 1998 年 4 月，2008 年 4 月

西南联大北京校友会编《国立西南联合大学校史》，北京大学出版社 1996 年版，2006 年增订版

北京大学、清华大学、南开大学等编《国立西南联合大学史料》，云南教育出版社 1998 年 10 月

黄文一《人心所向》，《北京大学校友通讯》第 26 期，1999 年 4 月

王永兴《怀念赵守俨先生》，《书品》1999 年第 2 期

姜德明《胡适的无奈》，《今晚报》1999 年 10 月 18 日

王学珍、郭建荣主编《北京大学史料》第三、四卷，北京大学出版社 2000 年 12 月

方裕谨《师表垂后世史才写探微——读〈郑天挺先生百年诞辰纪念文集〉》，载《历史档案》2001 年第 1 期

彦弘《〈郑天挺先生百年诞辰纪念文集〉出版》，载《中国史研究动态》2001 年第 2 期

黄延复、王小宁整理《梅贻琦日记（1941—1946）》，清华大学出版社 2001 年 4 月

孙卫国《历史主义对"史学革命"的一次反拨》，《淮北煤炭师范学院学报》（哲学社会科学版）2003 年第 1 期

郑克晟《刘半农与白涤洲之死》，《北京大学校友通讯》第 34 期，2003 年 6 月

郑嗣仁《罗庸与郑奠教授》，《北京大学校友通讯》第 35 期，2003 年 12 月

章怡和《心坎里别是一般疼痛——忆父亲与翦伯赞的交往》，《社会科学论坛》2004 年第 7 期、《江淮文史》2004 年第 5、6 期

何炳棣《读史阅世六十年》，广西师范大学出版社 2005 年 7 月版

马衡《马衡日记（附诗钞一九四九年前后的故宫）》，紫禁城出版社 2006 年版

罗荣渠《北大岁月》，商务印书馆 2006 年 6 月

何兆武口述，文靖撰写：《上学记》，三联书店 2006 年 8 月版

王昊《南开史学与郑门学风——写在郑天挺先生逝世廿五周年之际》，载夏中义、谢泳主编《大学人文》第 7 辑，广西师范大学出版社 2007 年 8 月

附言：这份索引除检索索引类工具书外，还翻检了有关报刊书籍。编者希望尽可能将有关
　　　郑天挺教授生平之论著收罗无遗，但因条件、时间所限，虽尽了最大努力，仍有不
　　　少遗留，如编者曾见过一本关于福建名人与地方风物的书，内有《郑天挺传》，但
　　　编者已不复记得该书书名及出版地，目前亦无从查找（该书繁体竖排，似为海外福
　　　建同乡编印）。其他遗漏一定还有，希望将来有机会加以补充，也盼望知道有关线
　　　索的先生不吝赐告。此外，在《中国大百科全书·中国历史卷》、1999 年新版《辞
　　　海》等辞书中也列有郑天挺教授的词条，报刊对史学界和北大、西南联大、南开的
　　　报道也多涉及郑天挺教授，这份索引没能一一列举。互联网上也有很多有关郑天挺
　　　教授的传记、消息、报道等文章，这里也未能一一列举。